제2판

민사소송 관련 사례 및 풀이

민사소송 사례연습

강수미

박영사

─ 제 2 판 머리말 ─

초판의 기본 틀을 유지하면서 민사소송의 이론과 실무에 대한 학생들의 이해를 돕고자 서술의 정확성과 논리성을 보완하였다.

최근 일부청구의 소 제기에 따른 시효중단의 범위, 청구의 병합, 예비적 공동소송, 소송참가, 소송승계 등의 영역에서 대법원이 종전 입장을 확인하거나 변경하고 있는 현실을 반영하여 관련 판례를 참고사례로 추가하였다. 민사소송에서 주요한 실체법상·소송법상 쟁점을 참고자료로 정리하였으며, 해당 사례에서 직접적 쟁점이 아닌 사항도 민사소송에 대한 체계적 이해를 위하여 필요한 내용은 각주로 서술하였다.

이 책의 출간을 격려하고 도와주신 동료 선후배들과 박영사 관계자들에게 감사의 마음을 전한다.

2024. 2.

— 머리말 —

    십수 년의 사례 강의를 통해 모인 자료를 정리함으로써 부족하나마 학생들에게 도움을 주고자 이 책을 발간하게 되었다.

    하나의 현상도 시각에 따라 달리 보일 수 있듯이 구체적 사건에 대한 해결방법도 다를 수 있기에 사례를 선정하고 풀이를 제시하는 데에 주의를 기울였다. 이 책은 실제 사례를 선별하여 기본적 쟁점을 체계적으로 다룸으로써 민사소송의 이론과 실무 전반에 대한 학생들의 이해를 높이고자 하였다. 민사소송을 원활히 수행하기 위하여 필요한 실체법적 쟁점도 다양하게 다루었다. 법조인이 되기 위해 변호사시험을 준비하는 수험생들이 민사소송법과 민사소송절차를 이해하는 데 조금이나마 도움이 되기를 바란다.

    이 책의 출간을 격려하고 도와주신 동료 선후배들과 박영사 관계자들에게 감사의 마음을 전한다.

2023. 2.
연세대학교 연구실에서

― 목 차 ―

― 법원 사례 ―

〈제 1 문〉

〈사실관계〉

　인천광역시에서 음식점을 운영하는 甲은 사업을 확장하는 데 자금이 필요하여 수원시에 거주하면서 의류 판매점을 운영하는 乙로부터 3억 원을 빌리기로 하고, 그 차용금채무를 담보하기 위하여 서울 서초구에 있는 甲 소유의 X 토지에 채무자 甲, 근저당권자 乙, 채권최고액 3억 5,000만 원으로 하는 근저당권을 설정해 주었다. 甲과 乙은 위 근저당권설정계약을 체결하면서 그 계약과 관련하여 분쟁이 발생하면 수원지방법원을 관할법원으로 하기로 합의하고 이를 계약서에 기재하였다. 乙에게 의류를 공급하던 丙은 乙이 3억 원의 물품대금을 지급하지 않자 乙을 상대로 물품대금청구의 소를 제기하여 그 확정판결에 기해 乙의 甲에 대한 위 대여금채권에 대하여 압류 및 전부명령을 받아 丙 명의로 X 토지에 관하여 근저당권 이전의 부기등기를 하였다. 甲은 乙에 대한 차용금채무가 존재하지 않는다고 주장하며 丙을 상대로 근저당권설정계약에 기한 근저당권설정등기 말소등기청구의 소를 서울중앙지방법원에 제기하였다. 서울중앙지방법원은 관할권이 없음을 이유로 사건을 수원지방법원으로 이송하는 결정을 하였다. 이 이송결정은 정당한가?

〈제 2 문〉

〈기초적 사실관계〉

　서울 서초구에 거주하면서 그곳에서 음식점을 운영하는 甲은 사업자금이 필요하여 2022. 6. 1. 서울 서대문구에 거주하는 乙로부터 1억 원을 변제기 2023. 5. 31.로 정하여 빌리면서 이와 관련하여 분쟁이 발생하면 서울서부지방법원에 소를 제기하기로 합의하고 그러한 내용을 계약서에 기재하였다. 乙에 대하여 2

억 원의 매매대금채권을 가지고 있는 丙은 乙을 상대로 매매대금청구의 소를 제기하여 그 확정판결에 기해 2023. 6. 10. 乙의 甲에 대한 위 대여금채권에 대한 압류 및 추심명령을 신청하였고, 그에 따른 압류 및 추심명령이 2023. 6. 30. 甲과 乙에게 각 송달되었다.

〈추가된 사실관계 1〉

甲은 2023. 7. 7. 위 압류 및 추심명령에 대한 즉시항고장을 집행법원에 제출하였는데, 즉시항고장을 각하하는 명령이 내려졌다. 甲은 이에 대하여 즉시항고를 하였는데, 즉시항고기록을 송부받은 항고법원은 사건을 대법원으로 이송하였다. 그러자 대법원은 사건을 항고법원으로 반송하는 이송결정을 하였다.

1. 대법원의 이송결정은 정당한가?

〈추가된 사실관계 2〉

乙은 2023. 8. 10. 甲을 상대로 위 대여금의 반환을 구하는 소를 서울중앙지방법원에 제기하였다. 乙과 甲이 변론기일에 출석하여 乙은 甲에게 위 1억 원을 대여한 사실과 변제기가 도래한 사실 등을 주장하였고, 甲은 乙로부터 1억 원을 빌렸다가 다 갚았다고 주장하였다.

2. 법원은 사건을 어떻게 처리하여야 하는가?

〈제 1 문〉

Ⅰ. 쟁점

서울중앙지방법원의 관할권 없음을 이유로 한 이송결정이 정당한지와 관련해서는 (ⅰ) 甲과 乙 간의 관할합의의 효력이 乙의 甲에 대한 채권을 전부받아 근저당권 이전의 부기등기를 마친 丙에게 미치는지 여부, (ⅱ) 甲과 乙 간의 관할합의의 유형과 甲과 丙 간의 소송에서 관할권을 가지는 법원을 검토하여야 한다.

Ⅱ. 甲과 乙 간의 관할합의의 효력이 丙에게 미치는지 여부

1. 관할합의의 효력이 미치는 주관적 범위

관할의 합의는 소송행위로서 당사자와 그 포괄승계인에게 효력이 미치지만, 제3자에게는 효력이 미치지 않는다.[1]

2. 특정승계인에게도 관할합의의 효력이 미치는지 여부

승계의 대상인 권리관계의 실체법상 성질을 기준으로 하여 당사자가 그 권리관계의 실체적 내용을 자유롭게 정할 수 있는 채권의 경우에는 관할합의로 인해 승계의 대상인 실체적 권리관계가 변동되는 것으로 볼 수 있으므로 채권·채무의 특정승계인도 변경된 권리관계를 승계하는 것으로 보아 관할합의에 구속된다고 할 수 있다.

그러나 승계의 대상인 권리관계가 물권일 경우에는 권리관계의 실체적 내용이 법률상 정형화되어 있어 당사자가 그 내용을 변경할 수 없고(민법 제185조),

---

[1] 채권자와 보증인 간에서 이루어진 관할합의의 효력은 주채무자에게 미치지 않는다(대법원 1988. 10. 25. 선고 87다카1728 판결).

그러한 합의의 내용을 등기로 공시할 수도 없기 때문에 당사자가 그 권리관계의 내용을 합의로 변경하더라도 그 효력은 당사자 간에만 미치는 것으로 볼 수 있으므로 그러한 권리관계에 관한 관할합의도 당사자 사이에서만 효력이 있다고 할 것이다.

가. 대출금채권자와 대출금채무자 사이의 관할합의의 효력이 대출금채권을 양수한 자에게 미치는지 여부

관할의 합의는 소송법상 행위로서 합의 당사자와 그 일반승계인을 제외한 제3자에게는 효력이 미치지 않는 것이 원칙이지만, 관할에 관한 당사자의 합의로 관할이 변경된다는 것을 실체법적으로 보면 권리행사의 조건으로서 그 권리관계에 불가분적으로 부착된 실체적 이행의 변경이라고 할 수 있으므로 지명채권과 같이 그 권리관계의 내용을 당사자가 자유롭게 정할 수 있는 경우에는 당해 권리관계의 특정승계인은 그와 같이 변경된 권리관계를 승계한 것으로 볼 수 있어 관할합의의 효력이 특정승계인에게도 미친다(대법원 2006. 3. 2.자 2005마902 결정).

나. 근저당권설정자와 근저당권자 사이의 관할합의의 효력이 근저당권설정자로부터 부동산을 양수한 자에게 미치는지 여부

관할합의의 효력은 부동산에 관한 물권의 특정승계인에게는 미치지 않는다고 보아야 하므로 부동산의 양수인이 근저당권 부담부 소유권을 취득한 특정승계인에 불과하여 근저당권의 채무자 겸 근저당권설정자의 지위를 승계하였다고 볼 수 없는 때에는 근저당권설정자와 근저당권자 사이에 이루어진 관할합의의 효력은 부동산의 양수인에게 미치지 않는다(대법원 1994. 5. 26.자 94마536 결정).

3. 사안의 경우

丙은 乙의 甲에 대한 대여금채권을 전부받고 이에 근거하여 근저당권 이전의 부기등기를 하였으므로 甲과 乙 간의 근저당권설정계약에 관한 관할합의의 효력이 丙에게 미친다고 볼 수 있다.[2]

---

2) 저당권의 경우에는 민법 제361조(저당권의 처분제한), 제369조(부종성) 등이 적용되기 때문

Ⅲ. 甲과 丙 간의 소송에서 관할권을 가지는 법원

1. 甲과 乙 간의 관할합의의 유형

가. 관할합의의 의의 및 효력

(1) 의의 및 법적 성질

관할합의란 일정한 법률관계에 관한 소를 대상으로 제1심에 한해 관할법원을 특정하여 서면으로 임의관할을 정하는 당사자 간의 합의를 말한다{민사소송법(이하 '법'이라 한다) 제29조}. 관할합의는 소송상 합의(소송계약)에 해당한다.[3]

에 저당권부채권의 양도에는 채권의 양도와 물권의 양도가 결합되어 있는 것으로 볼 수 있고, 따라서 근저당권부채권의 양도에는 근저당권 양도의 부동산물권 변동에 관한 규정과 채권양도에 관한 규정이 적용된다. 특히 피담보채권이 전부명령에 의해 이전된 경우에는 등기 없이도 근저당권 이전의 효력이 발생하게 되고, 전부명령이 확정되면 압류채권자는 채무자의 승낙이 없더라도 법원에 근저당권의 이전등기를 신청할 수 있다. 또한 근저당권의 이전에 의한 부기등기는 기존 근저당권설정등기에 의한 권리의 승계를 등기부상 명시하는 것이므로 근저당권설정등기 말소등기청구의 소를 제기하는 경우 양수인을 피고로 하여야 피고적격이 인정된다(사례의 경우에도 甲은 乙이 아니라 丙을 상대로 근저당권설정등기 말소등기청구의 소를 제기하였다). 근저당권의 피담보채권이 전부명령에 의해 이전된 때에는 근저당권에 관한 관할합의의 효력이 압류채권자(전부채권자)에게 미치는 것으로 볼 수 있다.

3) 국제거래의 당사자는 해당 거래와 관련하여 분쟁이 발생할 것을 대비하여 국제재판관할에 관한 합의를 하는 것이 일반적인데{부양사건(국제사법 제60조), 상속사건(같은 법 제76조)의 경우에는 합의관할이 인정되지만, 실종선고 등 사건의 특별관할(같은 법 제24조), 혼인·친생자·입양관계 및 부모·자녀 간의 법률관계에 관한 사건의 특별관할(같은 법 제56조부터 제59조), 후견·가사조정사건의 관할(같은 법 제61조, 제62조), 유언에 관한 사건의 관할(같은 법 제76조 제4항) 및 선박소유자 등의 책임제한사건의 관할 규정에 따라 국제재판관할이 정해지는 사건에는 합의관할이 인정되지 않는다(같은 법 제13조)}, 이를 반영하여 국제사법은 2022년 개정을 통해 합의관할에 관한 규정을 도입하였다. 당사자는 일정한 법률관계로 말미암은 소에 관하여 국제재판관할의 합의를 할 수 있는데, 그 합의가 (ⅰ) 합의에 따라 국제재판관할을 가지는 국가의 법(준거법의 지정에 관한 법규를 포함한다)에 따르면 그 합의가 효력이 없는 경우, (ⅱ) 합의를 한 당사자가 합의를 할 능력이 없었던 경우, (ⅲ) 대한민국의 법령 또는 조약에 따르면 합의의 대상이 된 소가 합의로 정한 국가가 아닌 다른 국가의 국제재판관할에 전속하는 경우, (ⅳ) 합의의 효력을 인정하면 소가 계속된 국가의 선량한 풍속이나 그 밖의 사회질서에 명백히 위반되는 경우에는 효력이 없다(국제사법 제8조 제1항). 국제재판관할의 합의는 서면(전보, 전신, 팩스, 전자우편 또는 그 밖의 통신수단에 의하여 교환된 전자적 의사표시를 포함한다)으로 하여야 하고(국제사법 제8조 제2항), 국제재판관할의 합의가 전속적인지는 당사자가 결정할 사항이지만, 그것이 분명하지 않은 때에는 합의로 정해진 관할은 전속적인 것으로 추정한다(같은 조 제3항). 국제재판관할의 합의가 당사자 간의 계약조항의 형식으로 되어 있는 경우 계약 중 다른 조항의 효력은 합의조항의 효력에 영향을 미치지 않는다(국제사법 제8조 제4항).

(2) 효력

관할합의가 성립하면 합의된 내용에 따라 관할권이 발생한다.[4]

나. 관할합의의 유형

(1) 유형

ⅰ. 전속적 합의

특정한 법원에만 관할권을 인정하고 다른 법원의 관할권을 배제하기로 하는 합의를 전속적 합의라고 한다.

ⅱ. 부가적 합의

법정관할법원 외에 한 개 또는 여러 개의 법원을 부가하여 관할법원으로 정하는 합의를 부가적 합의라고 한다.

(2) 당사자의 의사가 명백한 경우

관할합의의 유형에 관한 당사자의 의사가 명백한 경우에는 당사자의 의사에 따라 관할합의의 유형이 정해진다.

(3) 당사자의 의사가 명백하지 아니한 경우

당사자의 의사가 명백하지 않은 경우에는 당사자의 의사를 해석하여야 하는데, 이와 관련해서는 ① 법정관할법원 중에서 관할법원을 정한 때에는 전속적 합의로, 법정관할법원 외의 법원을 관할법원으로 정한 때에는 부가적 합의로 해석하여야 한다는 견해, ② 특정한 법원을 관할법원으로 정한 이상 이를 부가적

당사자 간에 일정한 법률관계로 말미암은 소에 관하여 외국법원을 선택하는 전속적 합의가 있는 경우 대한민국 법원에 그 소가 제기된 때에는 법원은 해당 소를 각하하여야 한다. 다만 (ⅰ) 국제재판관할 합의가 국제사법 제8조 제1항에서 규정하고 있는 무효사유로 인해 효력이 없는 경우, (ⅱ) 대한민국 법원에 변론관할이 발생하는 경우, (ⅲ) 합의에 따라 국제재판관할을 가지는 국가의 법원이 사건을 심리하지 아니하기로 하는 경우, (ⅳ) 합의가 제대로 이행될 수 없는 명백한 사정이 있는 경우에는 소를 각하하지 아니한다(국제사법 제8조 제5항).
소비자계약 또는 근로계약을 체결하면서 하는 국제재판관할의 합의는 (ⅰ) 분쟁이 이미 발생한 후 국제재판관할의 합의를 한 경우 또는 (ⅱ) 국제재판관할의 합의에서 대한민국 법원 외에 외국법원에도 소비자 또는 근로자가 소를 제기할 수 있도록 한 경우에만 효력이 있다(국제사법 제42조 제3항, 제43조 제3항).

4) 합의관할은 전속적 합의인 경우에도 임의관할이므로 원고가 합의의 내용과 다른 법원에 소를 제기하더라도 피고가 이의 없이 변론하면 변론관할이 생기고(법 제30조), 합의된 법원이라도 현저한 지연을 피한다는 공익상의 필요가 있는 때에는 다른 관할법원에 이송할 수 있다(법 제35조; 대법원 2008. 12. 16.자 2007마1328 결정).

합의로 보아야 할 특별한 사정이 없는 한 전속적 합의로 해석하여야 한다는 견해, ③ 당사자의 관할이익을 보호하기 위해서는 부가적 합의로 해석하여야 한다는 견해 등이 주장되고 있다.

판례는 당사자들이 법정관할법원에 속하는 여러 법원 중 어느 하나를 관할법원으로 하기로 약정한 때에는 그와 같은 약정은 그 약정이 이루어진 국가 내에서 재판이 이루어질 경우를 예상하여 그 국가 내에서의 전속적 관할법원을 정하는 취지의 합의라고 해석될 수 있다(대법원 2008. 3. 13. 선고 2006다68209 판결)는 입장이다.

다. 甲과 乙 간에서 근저당권설정등기 말소등기청구의 소가 제기되는 경우 법정관할권을 가지는 법원

(1) 보통재판적에 따른 관할법원

乙의 주소지(법 제2조, 제3조)인 수원시를 관할구역으로 하는 수원지방법원이 토지관할권을 가진다.

(2) 특별재판적에 따른 관할법원

의무이행지(법 제8조), 부동산이 있는 곳(법 제20조), 등기할 공공기관이 있는 곳(법 제21조)인 서울 서초구를 관할구역으로 하는 서울중앙지방법원이 토지관할권을 가진다.

라. 사안의 경우

관할합의의 유형에 관한 당사자의 의사가 명백하지 아니한 경우 법정관할법원 중에서 관할법원을 정한 때에는 전속적 합의로 보는 판례의 입장에 따르면 甲과 乙이 보통재판적에 근거하여 토지관할권을 가지는 수원지방법원을 관할법원으로 하기로 하였으므로 甲과 乙 간의 관할합의는 전속적 합의에 해당할 것이다.

2. 甲과 丙 간의 근저당권설정등기 말소등기소송의 관할권을 가지는 법원

가. 甲과 乙 간의 관할합의를 전속적 합의로 보는 견해에 따를 경우

수원지방법원만이 관할권을 가진다.

나. 甲과 乙 간의 관할합의를 부가적 합의로 보는 견해에 따를 경우

수원지방법원뿐 아니라 甲의 丙에 대한 청구에 관하여 법정관할권을 가지는 법원에도 관할권이 인정될 것이므로 서울중앙지방법원도 관할권을 가진다.

다. 판례의 입장에 따를 경우

당사자들이 법정관할법원에 속하는 여러 법원 중 어느 하나를 관할법원으로 하기로 약정한 때에는 그 약정이 이루어진 국가 내에서 재판이 이루어질 경우를 예상하여 그 국가 내에서의 전속적 관할법원을 정한 것으로 보는 판례의 입장에 따르면 수원지방법원만이 관할권을 가진다.

라. 사안의 경우

수원지방법원을 관할법원으로 하기로 한 甲과 乙 간의 관할합의가 전속적 합의에 해당하는 것으로 보는 판례의 입장에 따르면 甲이 그 관할합의의 효력이 미치는 丙을 상대로 근저당권설정등기 말소등기청구의 소를 제기하는 때에는 수원지방법원만이 관할권을 가진다고 할 것이다.

Ⅳ. 사례의 정리

甲과 乙 간의 근저당권설정계약에 관한 관할합의의 효력은 乙의 甲에 대한 대여금채권을 전부받아 이에 근거하여 근저당권이전의 부기등기를 마친 丙에게 미치며, 보통재판적에 근거하여 토지관할권을 가지는 수원지방법원을 관할법원으로 정한 甲과 乙 간의 관할합의가 전속적 합의에 해당하는 것으로 보는 판례의 입장에 따르면 수원지방법원만이 관할권을 가질 것이므로 서울중앙지방법원이 한 수원지방법원으로의 이송결정은 정당하다고 할 것이다.

〈제2문-1〉

I. 쟁점

대법원의 항고법원으로의 이송결정이 정당한지와 관련해서는 (ⅰ) 즉시항고장 각하명령에 대한 즉시항고의 법적 성질, (ⅱ) 심급관할을 위반하여 상급심법원에 잘못 이송된 경우 이송결정의 구속력(법 제38조)이 인정되는지를 검토하여야 한다.

II. 즉시항고장 각하명령에 대한 즉시항고의 법적 성질

1. 즉시항고장 각하명령의 법적 성질

집행법원의 즉시항고장 각하명령은 채권압류 및 추심명령을 1차적 처분으로 하여 집행법원이 그 채권압류 및 추심명령의 당부에 관하여 항고법원의 재판을 대신하여 판단한 2차적 처분이 아니라 그 채권압류 및 추심명령의 당부와는 무관하게 즉시항고장이 방식을 구비하였는지에 대하여 자신의 몫으로 판단하는 1차적 처분에 해당한다.

2. 즉시항고장 각하명령에 대한 즉시항고의 법적 성질 및 심급관할

집행법원의 즉시항고장 각하명령에 대한 불복방법인 즉시항고는 성질상 최초의 항고이므로 항고법원이 이에 대한 심급관할권을 가진다. 항고법원이 자신이 관할권을 가지는 최초의 항고를 재항고로 잘못 판단하여 대법원으로 이송하는 결정을 한 것과 관련하여 심급관할을 위반하여 이루어진 이송결정에 구속력이 인정될 것인지를 검토하여야 한다.

III. 심급관할 위반의 이송결정의 구속력 인정 여부

1. 이송결정의 구속력

가. 의의 및 인정 근거

이송결정이 확정되면 소송을 이송받은 법원은 이송결정에 따라야 한다(법 제38조 제1항). 일단 이송받은 법원은 그 이송이 잘못된 것이더라도 이송한 법원으로 반송하거나 다른 법원으로 전송할 수 없다(법 제38조 제2항). 이송받은 법원이 그 사건을 직접 처리하는 것이 적합하지 않다고 하여 다시 이송할 수 있다고 하면 이송만이 계속 반복될 염려가 있고, 이러한 결과는 이송제도를 인정한 취지에도 부합하지 않으므로 소송을 이송받은 법원은 다시 다른 법원으로 이송할수 없도록 이송결정에 구속력을 인정한 것이다.

나. 구속력이 배제되는 경우

이송결정이 확정된 후에 새로운 사유(청구의 변경으로 인해 새로운 관할법원이 생긴 경우 등)가 생긴 때에는 이송결정의 구속력이 배제되어 다시 이송할 수 있다.

다. 적용 범위

임의관할에 관한 규정을 위반하여 이송된 경우 이송받은 법원은 이송결정에 따라야 한다. 공익과 관련된 전속관할에 관한 규정을 위반하여 이송된 경우에도 구속력이 미치는지가 문제된다.

2. 전속관할 위반의 이송결정의 구속력 인정 여부

가. 긍정하는 견해

민사소송법 제38조와 무용한 절차 반복을 방지할 필요성 등을 근거로 전속관할을 위반하여 이루어진 이송결정에 구속력을 인정한다.

나. 부정하는 견해

전속관할이 공익적 성격을 가진다는 점과 전속관할 위반이 절대적 상고이유
라는 점(법 제424조 제1항 제3호) 등을 근거로 전속관할을 위반하여 이루어진 이
송결정에 구속력을 부정한다.

다. 판례의 입장

당사자에게 이송결정에 대한 불복방법으로 즉시항고가 마련되어 있는 점이
나 이송의 반복에 의한 소송 지연을 피하여야 할 공익적 요청은 전속관할을 위
반하여 이송한 경우라고 하여 예외일 수 없는 점에 비추어 보면 당사자가 이송
결정에 대하여 즉시항고를 하지 아니하여 확정된 이상 원칙적으로 법원이 전속
관할 규정을 위반하여 이송한 때에도 이송결정의 기속력이 미친다(대법원 1995.
5. 15.자 94마1059·1060 결정).

3. 심급관할 위반의 이송결정의 구속력 인정 여부

심급관할을 위반하여 이송이 이루어진 경우 이송결정의 기속력이 이송받은
상급심법원에도 미친다고 하면 당사자의 심급의 이익을 박탈하여 부당할 뿐 아
니라 이송받은 법원이 법률심인 대법원일 경우에는 직권조사사항을 제외하고는
새로운 소송자료의 수집과 사실확정이 불가능하여 당사자의 사실에 관한 주
장·증명의 기회가 박탈되는 불합리한 결과가 생기므로 심급관할을 위반한 이
송결정의 기속력은 이송받은 상급심법원에는 미치지 않는다고 보아야 하나, 그
기속력이 이송받은 하급심법원에도 미치지 않는다고 한다면 사건이 하급심법원
과 상급심법원 간에 반복하여 전전 이송되는 불합리한 결과를 초래하게 될 가
능성이 있어 이송결정의 기속력을 인정한 취지에 반할 뿐 아니라 민사소송의
심급 구조상 상급심의 이송결정은 특별한 사정이 없는 한 하급심을 구속하게
되는데(법원조직법 제8조) 이와 같은 법리에도 반하게 되므로 심급관할을 위반한
이송결정의 기속력은 이송받은 하급심법원에는 미친다고 보아야 한다는 것이
판례의 입장이다(대법원 1995. 5. 15.자 94마1059·1060 결정).

Ⅳ. 사례의 정리

심급관할을 위반하여 상급심법원에 이송한 결정의 구속력을 인정하지 않는 판례의 입장에 따르면 항고법원의 이송결정의 구속력이 대법원에 미치지 않으므로 대법원의 이송결정은 정당하다고 할 것이다.

〈제 2 문 - 2〉

Ⅰ. 쟁점

법원의 사건처리와 관련해서는 (i) 甲과 乙 간의 관할합의의 유형, (ii) 서울중앙지방법원이 관할권을 가지는지 여부, (iii) 서울중앙지방법원이 관할권을 가지지 못하는 경우 변론관할이 성립하는지 여부, (iv) 추심명령이 제3채무자에게 송달된 후에 채무자가 제3채무자를 상대로 이행의 소를 제기한 경우 당사자적격이 인정되는지 여부를 검토하여야 한다.

Ⅱ. 甲과 乙 간의 관할합의의 유형

1. 관할합의의 의의 및 효력

가. 의의 및 법적 성질

관할합의란 일정한 법률관계에 관한 소를 대상으로 제1심에 한해 관할법원을 특정하여 서면으로 임의관할을 정하는 당사자 간의 합의를 말한다(법 제29조). 관할합의는 소송상 합의(소송계약)에 해당한다.

나. 효력

관할합의가 성립하면 합의된 내용에 따라 관할권이 발생한다.

2. 관할합의의 유형

가. 유형

(1) 전속적 합의

특정한 법원에만 관할권을 인정하고 다른 법원의 관할권을 배제하기로 하는 합의를 전속적 합의라고 한다.

(2) 부가적 합의

법정관할법원 외에 한 개 또는 여러 개의 법원을 부가하여 관할법원으로 정하는 합의를 부가적 합의라고 한다.

나. 당사자의 의사가 명백한 경우

관할합의의 유형에 관한 당사자의 의사가 명백한 경우에는 당사자의 의사에 따라 관할합의 유형이 정해진다.

다. 당사자의 의사가 명백하지 아니한 경우

당사자의 의사가 명백하지 않은 경우에는 당사자의 의사를 해석하여야 하는데, 이와 관련해서는 ① 법정관할법원 중에서 관할법원을 정한 때에는 전속적 합의로, 법정관할법원 외의 법원을 관할법원으로 정한 때에는 부가적 합의로 해석하여야 한다는 견해, ② 특정한 법원을 관할법원으로 정한 이상 이를 부가적 합의로 보아야 할 특별한 사정이 없는 한 전속적 합의로 해석하여야 한다는 견해, ③ 당사자의 관할이익을 보호하기 위해서는 부가적 합의로 해석하여야 한다는 견해 등이 주장되고 있다.

판례는 당사자들이 법정관할법원에 속하는 여러 법원 중 어느 하나를 관할법원으로 하기로 약정한 때에는 그와 같은 약정은 그 약정이 이루어진 국가 내에서 재판이 이루어질 경우를 예상하여 그 국가 내에서의 전속적 관할법원을 정하는 취지의 합의라고 해석될 수 있다(대법원 2008. 3. 13. 선고 2006다68209 판결)는 입장이다.

3. 甲과 乙 간의 금전소비대차계약 관련 소송의 법정관할권을 가지는 법원

가. 보통재판적에 따른 관할법원

甲의 주소지(법 제2조, 제3조)인 서울 서초구를 관할구역으로 하는 서울중앙지방법원이 토지관할권을 가진다.

나. 특별재판적에 따른 관할법원

의무이행지(법 제8조)인 乙의 주소지인 서울 서대문구를 관할구역으로 하는 서울서부지방법원이 토지관할권을 가진다.

4. 서울중앙지방법원의 관할권 인정 여부

甲과 乙 간의 관할합의를 부가적인 것으로 보는 견해에 따르면 乙의 甲에 대한 대여금반환청구에 관하여 법정관할권을 가지는 서울중앙지방법원도 관할권을 가지게 된다. 그러나 甲과 乙 간의 관할합의를 전속적인 것으로 보는 견해와 판례의 입장에 따르면 서울중앙지방법원은 관할권을 가지지 못하게 된다.

III. 변론관할의 성립 여부

甲과 乙 간의 관할합의에 의해 서울서부지방법원만이 관할권을 가지는 것으로 볼 경우 소가 제기된 서울중앙지방법원에 변론관할이 생기는지를 검토하여야 한다.

1. 변론관할의 의의 및 요건

변론관할이란 원고가 관할권 없는 법원에 소를 제기한 경우 피고가 제1심법원에서 관할위반이라고 항변하지 않고 본안에 대하여 변론하거나 변론준비기일에서 진술함으로써 생기는 관할을 말한다(법 제30조). 전속적 합의관할도 임의관할에 해당하므로 변론관할의 대상이 될 수 있다.[5]

---

5) 국제민사소송에서 피고가 국제재판관할이 없음을 주장하지 않고 본안에 대하여 변론하거나 변론준비기일에서 진술하면 대한민국 법원에 그 사건에 대한 국제재판관할이 생긴다(국제사법 제9조). 부양사건(국제사법 제60조), 상속사건(같은 법 제76조)의 경우에는 변론관할이 인

2. 효과

피고가 관할위반이라고 항변하지 않고 본안에 대하여 변론하거나 변론준비기일에서 진술한 때에는 그 시점에 변론관할이 생긴다.

3. 사안의 경우

甲이 변론기일에서 관할위반이라고 항변하지 않고 乙에 대한 차용금채무를 변제하였다고 주장하였으므로 본안에 대하여 변론한 것으로 볼 수 있어 서울중앙지방법원에 관할권이 생긴다.

Ⅳ. 추심명령이 있는 경우 제3채무자에 대한 이행의 소의 당사자적격을 가지는 자

1. 추심명령의 의의

추심명령은 압류채권자가 대위의 절차를 거치지 않고 채무자를 갈음하여 제3채무자에 대하여 피압류채권의 이행을 청구하고[6] 이를 수령하여 원칙적으로

정되지만, 실종선고 등 사건의 특별관할(같은 법 제24조), 혼인·친생자·입양관계 및 부모·자녀 간의 법률관계에 관한 사건의 특별관할(같은 법 제56조부터 제59조), 후견·가사조정사건의 관할(같은 법 제61조, 제62조), 유언에 관한 사건의 관할(같은 법 제76조 제4항) 및 선박소유자 등의 책임제한사건의 관할 규정에 따라 국제재판관할이 정해지는 사건에는 변론관할이 인정되지 않는다(같은 법 제13조).

국제민사소송에서 당사자 또는 분쟁이 된 사안과 법정지인 대한민국 사이에 실질적 관련성이 인정되지 않더라도 변론관할이 생기는 때에는 대한민국 법원은 국제재판관할권을 가지게 된다(대법원 2014. 4. 10. 선고 2012다7571 판결).

당사자가 동일한 목적물의 소유권을 이전받기 위한 동일한 목적을 위하여 청구원인을 달리하여 주위적 및 예비적 청구에 대한 심판을 구하고, 그 청구원인이 각각 지방법원과 가정법원의 관할에 속하는 경우 법률적으로나 경제적으로 동일한 목적을 추구하는 청구의 병합이 있고 그중 어느 청구가 가정법원의 관할에 속하는 때에는 나머지 민사사건을 지방법원의 전속관할에 속하는 것으로 보는 것은 적절하지 않으므로 피고가 가사사건과 병합된 민사사건에 관하여 관할위반의 항변을 하지 않고 본안에 대하여 변론하거나 변론준비기일에서 진술한 경우 가정법원은 민사사건에 관하여 변론관할권을 가지는 것으로 보아야 한다(서울가정법원 2004. 4. 22. 선고 2002르2424 판결).

6) 추심명령이 있는 때에는 압류채권자는 대위절차 없이 압류채권을 추심할 수 있다(민사집행법 제229조 제2항).

자기의 채권의 변제에 충당할 수 있는 권능(추심권능)을 주는 집행법원의 결정
이다.[7] 추심명령은 압류채권자의 신청이 있어야 할 수 있는데, 집행법원에 서면
으로 신청하여야 한다(민사집행법 제4조). 실무상으로는 압류명령의 신청과 추심
명령의 신청을 동시에 하고 있다. 추심명령의 허부를 심리하는 때에는 채무자나
제3채무자를 심문할 수 있지만, 집행채권이나 피압류채권의 실체적 존부를 심
리할 수는 없다(대법원 1998. 8. 31.자 98마1535·1536 결정).

2. 추심명령의 효력 발생시기

집행법원은 직권으로 추심명령을 제3채무자와 채무자에게 송달하여야 하는
데(민사집행법 제229조 제4항, 제227조 제2항), 추심명령은 제3채무자에게 송달된
때에 효력이 생긴다(같은 법 제229조 제4항, 제227조 제3항). 채무자에 대한 송달은
추심명령의 효력발생요건이 아니다.[8]

3. 추심권능의 범위 및 행사

가. 추심권능의 범위

추심명령에 특별한 제한이 없는 한 압류된 채권의 전액에 대하여 추심권능
이 미친다(민사집행법 제232조 제1항 본문). 다만 압류된 채권이 채권자의 요구액
수(집행채권액과 집행비용의 합산액)보다 많은 경우 집행법원은 채무자의 신청에
따라 압류채권자를 심문하여 압류액수를 그 요구액수로 제한하고 채무자에게

---

7) 추심명령의 신청취지는 「"채권자는 채무자의 제3채무자에 대한 별지 기재의 압류된 채권을
추심할 수 있다."라는 재판을 구합니다.」라고 기재한다.
8) 압류된 금전채권을 집행채권의 변제를 갈음하여 권면액으로 압류채권자에게 이전시키는 집행
법원의 재판인 전부명령의 경우에는 전부명령이 확정되어야 효력이 발생하는데(민사집행법
제229조 제7항), 즉시항고권자인 채무자에게 송달되지 않으면 확정될 수 없으므로 채무자에
대한 송달도 전부명령의 효력발생요건이 된다. 전부명령의 확정에 따라 피전부채권이 전부채
권자에게로 이전되는 효력(권리이전효)과 이로 인해 집행채권이 소멸하는 효력(변제효)이 발
생하는데, 이러한 효력은 전부명령의 확정시, 즉 즉시항고가 제기되지 아니한 경우에는 1주의
즉시항고기간이 경과한 때에 발생하고, 즉시항고가 제기된 경우에는 그 기각 또는 각하결정
이 확정된 때에 발생하지만(민사집행법 제229조 제7항; 대법원 1992. 4. 15.자 92마213 결
정), 그 확정에 따라 발생하는 효력은 전부명령이 제3채무자에게 송달된 때로 소급하여 발생
하며(대법원 1998. 8. 21. 선고 98다15439 판결), 피압류채권이 장래의 채권인 경우에도 동일
하게 처리된다(대법원 2004. 9. 23. 선고 2004다29354 판결). 그러나 전부명령 자체가 무효일
경우에는 전부명령이 형식적으로 확정된 후에도 그 무효를 주장할 수 있다.

그 초과된 액수의 처분과 영수를 허가할 수 있다(민사집행법 제232조 제1항 단서). 이런 경우 다른 채권자는 그 제한 부분에 대하여 배당요구를 할 수 없다(민사집행법 제232조 제2항).

추심명령을 받은 집행채권자는 그 한도에서 우선변제를 받을 수 있다.

나. 추심권능의 행사

추심명령을 받은 채권자는 채권의 추심에 필요한 채무자의 권리 일체를 채무자를 갈음하여 채권자의 명의로 재판상 또는 재판 외에서 행사할 수 있다.

4. 추심명령이 있는 경우 제3채무자에 대한 이행의 소의 당사자적격을 가지는 자

가. 추심권능의 재판상 행사

추심명령을 받은 채권자는 자기 명의로 제3채무자를 상대로 이행의 소 또는 지급명령 신청 등의 방법으로 이행청구를 할 수 있고(민사집행법 제238조, 제249조), 일부청구를 할 수도 있다(대법원 1971. 11. 9. 선고 71다1941 판결). 채무자가 이미 소를 제기한 때에는 승계인으로서 참가할 수 있고, 채무자가 집행권원을 가지고 있는 경우에는 승계집행문을 부여받아 집행할 수 있다.

나. 추심명령에 의한 피압류채권에 대한 추심권능의 채권자에의 이전

채권에 대한 압류 및 추심명령이 있으면 피압류채권에 대한 추심권능(소송수행권)은 채권자에게 이전됨으로써 제3채무자에 대한 이행의 소는 추심채권자만이 제기할 수 있고, 채무자는 피압류채권에 대한 이행의 소를 제기할 당사자적격을 상실한다(대법원 2000. 4. 11. 선고 99다23888 판결; 대법원 2015. 5. 28. 선고 2013다1587 판결).

다만 채권자는 현금화절차가 끝나기 전까지 압류명령의 신청을 취하할 수 있고, 채권자가 압류명령의 신청을 취하한 때에는 채권자의 추심권능도 당연히 소멸하게 되며, 추심금청구의 소를 제기하여 확정판결을 받은 때에도 그 집행에 의한 변제를 받기 전에 압류명령의 신청을 취하하여 추심권능이 소멸하면 추심권능과 소송수행권이 모두 채무자에게 복귀되어 채무자가 당사자적격을 회복하게 된다(대법원 2009. 11. 12. 선고 2009다48879 판결).

다. 추심명령에 따른 채무자의 피압류채권에 대한 추심권능 상실에 대한 법원의 판단

채권에 대한 압류 및 추심명령에 의해 추심채권자만이 제3채무자에 대한 이행의 소를 제기할 수 있고, 채무자는 피압류채권에 대한 이행의 소를 제기할 당사자적격을 상실한다는 것은 소송요건에 관한 것이므로 당사자가 이를 주장하지 않더라도 법원은 사실심의 변론종결 시를 기준으로 직권으로 조사하여 판단하여야 한다(대법원 2008. 9. 25. 선고 2007다60417 판결). 당사자가 사실심의 변론종결 시까지 이에 관하여 주장하지 않았더라도 상고심에서 이를 새로이 주장·증명할 수 있고(대법원 2010. 2. 25. 선고 2009다85717 판결), 사실심의 변론이 종결된 후에 채무자가 추심명령에 의해 피압류채권에 대한 이행의 소를 제기할 당사자적격을 상실한 때에도 상고법원은 이를 참작하여야 한다(대법원 2010. 11. 25. 선고 2010다64877 판결).

라. 사안의 경우

乙의 甲에 대한 대여금채권은 乙에게 귀속하지만, 추심명령에 의해 대여금채권에 관한 추심권능이 丙에게 이전됨으로써 乙은 대여금청구에 관한 당사자적격을 상실하여 이를 소송상 청구할 수 없게 되었으므로 乙이 제기한 대여금청구의 소는 당사자적격을 흠결하여 부적법하다.

V. 사례의 정리

甲과 乙 간의 관할합의가 전속적 합의에 해당하는 것으로 보는 판례의 입장에 따르면 서울서부지방법원만이 관할권을 가지고 서울중앙지방법원은 관할권을 가지지 못하지만, 甲이 변론기일에 출석하여 관할위반이라고 항변하지 않고 乙에 대한 차용금채무를 변제하였다고 주장하고 있어 본안에 대하여 변론한 것으로 볼 수 있으므로 서울중앙지방법원이 관할권을 가지게 된다.

乙에 대하여 판결로 확정된 매매대금채권을 가지고 있는 丙이 乙의 甲에 대한 대여금채권을 피압류채권으로 하여 압류 및 추심명령을 받고 그 압류 및 추심명령이 甲에게 송달되었으므로 乙은 甲에 대한 대여금채권에 관한 추심권능을 상실하여 대여금반환소송의 당사자적격을 가지지 못하기 때문에 법원은 이러한 乙이 제기한 대여금반환청구의 소를 각하하여야 할 것이다.

참고사례

〈사례 1〉

성남시 분당구에 거주하면서 서울 서초구에 있는 직장에 근무하는 甲은 인천광역시에 거주하는 乙로부터 1억 원을 빌리면서 분당구에 있는 甲 소유의 X 토지에 근저당권을 설정해 주었는데, 그 당시 甲과 乙은 근저당권설정계약과 관련하여 분쟁이 발생하면 인천지방법원만을 관할법원으로 하기로 합의하고 그러한 내용을 근저당권설정계약서에 기재하였다. 그 후 甲은 X 토지를 서울 서대문구에 거주하는 丙에게 3억 원에 매도하고 이에 관한 소유권이전등기를 해 주었다. 丙은 乙을 상대로 甲의 乙에 대한 차용금채무가 소멸하였음을 이유로 소유권에 기하여 위 근저당권설정등기의 말소등기절차의 이행을 구하는 소를 수원지방법원 성남지원에 제기하였다. 그러자 乙은 전속적 관할합의가 존재함을 이유로 사건을 인천지방법원으로 이송해 줄 것을 신청하였고, 법원은 乙의 신청을 받아들여 관할위반을 이유로 사건을 인천지방법원으로 이송하는 결정을 하였다. 丙은 이 이송결정에 대하여 어떠한 조치를 취할 수 있는가?

〈사례 2〉

서울 서초구에 거주하는 甲은 2023. 1. 3. 서울 서대문구에 거주하는 乙에게 고양시 일산동구에 있는 X 토지를 5억 원에 매도하기로 하고, 그 매매계약서에 X 토지의 소유권과 관련하여 분쟁이 발생하면 서울중앙지방법원에 소를 제기하기로 하는 내용을 기재하였다. 乙은 甲에게 5억 원을 지급하고 2023. 1. 20. X 토지에 관한 소유권이전등기를 마친 후 2023. 1. 25. 고양시 일산동구에 거주하는 丙에게 X 토지를 매도하고 2023. 1. 27. 丙 명의로 소유권이전등기를 해 주었다. 甲이 X 토지를 인도하지 아니하자 丙은 2023. 2. 23. 甲을 상대로 소유권에 기하여 X 토지의 인도를 구하는 소를 의정부지방법원 고양지원에 제기하였다. 甲은 서울중앙지방법원만이 관할권을 가진다고 주장하였고, 법원은 관할위반을 이유로 사건을 서울중앙지방법원으로 이송하는 결정을 하였다. 법원의 이송결정은 정당한가?

〈사례 3〉

甲은 A로부터 서울 용산구에 있는 X 토지를 매수하여 2020. 7. 1. 이에 관한 소유권이전등기를 마쳤는데, 乙(외국 국가)은 X 토지에 인접한 Y 토지와 그 지상 D 건물의 소유권을 2010. 1. 4. 취득한 후 이를 외교공관으로 사용하고 있다. 甲은 D 건물의 일부가 X 토지의 15㎡(㉮ 부분)를 침범하고 있으며, 乙이 X 토지의 30㎡(㉯ 부분)를 D 건물 출입을 위한 인도로 사용하고 있다고 주장하며 乙을 상대로 ㉮ 부분 위의 D 건물철거와 ㉮, ㉯ 부분의 인도 및 ㉮, ㉯ 부분에 대한 차임 상당 부당이득의 반환을 구하는 소를 2023. 3. 10. 서울서부지방법원에 제기하였다. 법원의 심리 결과 D 건물의 ㉮ 부분 침범사실과 乙의 ㉯ 부분 사용사실이 인정되었으며, ㉮, ㉯ 부분의 월 차임이 100만 원인 것으로 밝혀졌고, 2023. 8. 31. 변론이 종결되었다. 이런 경우 법원은 사건을 어떻게 처리하여야 하는가?

〈제 1 문〉

〈사실관계〉

　전자제품을 제조·판매하는 甲 주식회사(이하 '甲'이라 한다)는 X 물산을 경영하는 乙에게 전자제품을 공급하여 오다가 甲과 乙은 2020. 3. 10. 물품대금을 3억 원으로 확정한 다음 乙이 위 3억 원을 2020. 9. 10. 甲에게 지급하기로 합의하고, 같은 날 위 물품대금채무를 담보하기 위하여 乙 명의의 X 토지에 채무자 乙, 근저당권자 甲, 채권최고액 3억 5,000만 원인 근저당권을 설정하고, 2020. 3. 17. 이에 관한 근저당권설정등기를 하였다. 甲의 대표이사 A는 변호사 B를 소송대리인으로 선임하여 乙을 상대로 2023. 3. 21. 위 물품대금 3억 원의 지급을 구하는 소를 제기하였는데, 乙은 2023. 2. 10. 사망하였다. 제1심법원은 甲의 청구를 인용하는 판결을 선고하였고, 이에 대하여 항소가 제기되지 아니하였다. 甲은 위 판결에 기한 집행을 시도하는 과정에서 乙의 사망사실을 알게 되었고, 2023. 12. 15. 乙의 단독상속인 丙을 상대로 위 물품대금 3억 원의 지급을 구하는 소를 제기하였다. 그러자 丙은 甲의 乙에 대한 물품대금채권이 시효로 소멸하였다고 주장하였고, 甲은 소멸시효기간이 경과하기 전인 2023. 3. 21. 소를 제기하였으므로 민법 제170조 제2항에 따라 소멸시효가 중단되었다고 주장하였다. 이런 경우 법원은 어떠한 판결을 하여야 하는가?

〈제 2 문〉

〈사실관계〉

　A 건설 주식회사(이하 'A'라고 한다)와 B 건설 주식회사(이하 'B'라고 한다)는 2023. 9. 1. 서울시가 발주한 X 공원 건설공사사업을 공동으로 할 목적으로 양자를 구성원으로 하여 A가 60%, B가 40%를 각 출자하기로 하고, 대표자를 A로

하는 "X 공원 건설공사 A · B 건설 공동사업체 C(이하 'C'라고 한다)"를 결성하였다. A는 C의 사업에 필요한 건설자재를 D 주식회사(이하 'D'라고 한다)로부터 3억 원에 매수하고 그 인도를 받았는데, D로부터 공급받은 건설자재의 품질이 떨어진다는 이유로 그 대금의 지급을 거절하였다. 이에 대하여 D는 자신이 인도한 건축자재는 약정에 따른 것이므로 A의 조치는 부당하다고 주장하였다.

甲은 2023. 8. 31. D에게 운영자금 5억 원을 변제기 2023. 12. 31.로 정하여 빌려주었는데, 변제기가 지나도록 D의 무자력으로 인해 대여금을 돌려받지 못하였다. 甲은 D가 위 물품대금채권을 가지고 있음을 알고 2024. 1. 10. D를 대위하여 A와 C를 공동피고로 하여 위 물품대금 3억 원의 지급을 구하는 소를 제기하였다. 甲의 소 제기 후에 D는 A로부터 연락을 받아 이 소송이 계속된 사실을 알게 되었다. 이 소는 적법한가?

〈제 3 문〉

〈기초적 사실관계〉

甲 주식회사(이하 '甲'이라 한다)의 공동대표이사인 A와 B는 乙을 상대로 물품대금 5억 원의 지급을 구하는 소를 제기하였다.

〈추가된 사실관계 1〉

A, B와 乙이 출석한 변론기일에서 乙은 5억 원의 물품대금 중 3억 원을 변제하였다고 주장하였는데, A는 그러한 사실이 없다고 진술하였고 B는 그러한 사실이 있다고 진술하였다.

1. 법원은 A와 B의 진술을 어떻게 처리하여야 하는가?

〈추가된 사실관계 2〉

A와 B는 제1심 소송계속 중에 공동대표이사의 직을 사임하였는데, 그러한 사실을 법원에 알렸지만, 乙에게는 알리지 아니한 상태에서 소를 취하한다는 내용이 기재되어 있는 서면을 법원에 제출하였고 그 서면이 乙에게 송달된 후 2

주가 경과하였다.

2. 이러한 사실을 알게 된 甲의 새로운 대표이사 D는 소 취하의 효력을 다툴 수 있는가?

〈추가된 사실관계 3〉

A와 B는 변호사 C를 소송대리인으로 선임(선임 시 청구의 포기·인낙, 소송상 화해, 소 취하에 관한 권한 수여)하여 제1심 소송을 수행하던 중 교통사고로 사망 하였는데, C는 그러한 사실을 법원에 알렸지만, 乙에게는 알리지 아니한 상태에 서 소를 취하한다는 내용이 기재되어 있는 서면을 법원에 제출하였고 그 서면 이 乙에게 송달된 후 2주가 경과하였다.

3. 이러한 사실을 알게 된 甲의 새로운 대표이사 D는 소 취하의 효력을 다툴 수 있는가?

― 당사자 / 소송상 대리인 사례 풀이 ―

〈제 1 문〉

I. 쟁점

甲이 乙에 대한 물품대금채권의 소멸시효기간이 경과하기 전에 사망한 乙을 소장에 피고로 기재하여 물품대금청구의 소를 제기하여 승소하였고, 그 소멸시효기간이 경과한 후에 乙의 단독상속인 丙을 상대로 그 물품대금청구의 소를 다시 제기한 경우 민법 제170조 제2항이 적용될 수 있는지가 문제되는데, 이와 관련해서는 (i) 소장에 피고로 기재된 자가 사망한 자임을 간과하고 선고된 제1심판결의 효력, (ii) 사망자를 피고로 한 소 제기가 시효중단사유인 재판상 청구에 해당하는지를 검토하여야 한다.

II. 소장에 피고로 표시된 자가 사망자임을 간과하고 선고된 제1심판결의 효력

1. 당사자의 확정의 의의

당사자의 확정이란 특정한 소송사건에서 원고가 누구이며 피고가 누구인지를 정하는 것을 말한다. 소송에서 당사자가 누구인지는 당사자능력, 당사자적격, 소송능력, 인적 재판적, 법관의 제척·기피의 원인, 송달, 중복된 소 제기의 해당 여부, 기판력의 주관적 범위 등과 직접적인 관련이 있으므로 법원은 당사자가 누구인지를 직권으로 확정하여 당사자에게 변론의 기회를 보장하여야 하고 판결서에 당사자를 명확히 기재하여야 한다.

소장에 당사자가 정확히 기재되어 있지 아니한 경우, 즉 당사자의 이름에 오기나 누락이 있는 때에는 주민등록표, 법인등기부 등 공부상 기재에 근거하여 당사자의 기재를 바로잡을 수 있으므로 이런 경우에는 당사자의 확정은 문제되지 않고 당사자의 특정이 문제될 뿐이다. 당사자의 특정은 소장상 누가 당사자로 표시되어 있는지를 식별하는 것인 데 대하여, 당사자의 확정은 원고에 의해 소장상 당사자로 특정된 사람을 법원이 해석을 통해 판정하는 것이라고 할 수 있다. 당사자의 확정은 원고에 의한 당사자의 특정을 전제로 한다. 당사자의 확정은 확정된 당사자가 당사자능력이나 당사자적격을 가지는지에 관한 문제보다 앞서 판단되는 사항이다.

2. 당사자의 확정 기준

특정한 소송사건에서 당사자를 확정하는 기준과 관련해서는 ① 피고는 제소자의 내심의 의사를 탐구하여 결정하여야 한다는 것을 전제로 원고가 당사자로 하려는 사람이 당사자가 된다는 견해(의사설),[1] ② 당사자를 확정하는 때에는 소를 제기하였거나 소를 제기당한 사람이 결정적인 기준이 된다는 것을 전제로 소송상 당사자로 행동하거나 당사자로 취급받은 사람이 당사자가 된다는 견해(행동설),[2] ③ 소장에 나타난 당사자의 표시를 기준으로 하는 시각에서 출발하여 소장의 당사자란 기재뿐 아니라 청구취지와 청구원인 및 그 밖의 기재사항 일체를 참작하여 소장의 기재를 합리적으로 해석하여 당사자를 정하여야 한다는 견해(실질적 표시설) 등이 주장되고 있다.[3]

---

1) 이 견해에 대하여는 누구의 의사를 기준으로 할 것인지가 문제되고, 의사의 내용을 확정하는 방법에 관한 객관적인 기준이 없다는 지적이 있다. 즉, 명확성이 요구되는 소송행위를 해석하는 때에는 객관적인 해석방법이 요구되는데, 원고의 의사를 기준으로 당사자를 확정한다면 원고의 확정이 곤란해지고, 이를 피하려고 법원의 의사를 기준으로 당사자를 확정한다면 원고가 소송물과 당사자를 정하는 처분권주의에 반하게 된다고 한다.
2) 이 견해에 대하여는 무엇을 기준으로 하여 현실적으로 소를 제기하였거나 제기당하였다고 인식할 수 있는지, 즉 당사자로 행동하거나 취급받은 것으로 평가할 수 있는 객관적 기준이 명확하지 않다는 지적이 있다.
3) 이러한 견해 외에도 ④ 소송상 나타난 모든 징표를 참작하여 실체법상 분쟁 주체가 되기에 가장 적합한 자를 당사자로 확정하여야 한다는 견해(적격설), ⑤ 원고의 확정은 행동설에 의하고, 피고의 확정은 원고의 의사, 적격, 표시의 순으로 정하여야 한다는 견해(병용설), ⑥ 소송절차의 진행단계에 따라 적용할 규범을 구분하여 당사자를 확정하여야 한다는 것을 전제로 소송의 개시단계에서는 표시설에 의하고, 소송절차가 어느 정도 진행된 단계에서는 평가규범을 적용하여 그때까지 진행된 절차의 효과를 누구에게 귀속시키는 것이 적당한가(누가 당사자로서 행동하였는가, 누가 분쟁 주체로서 절차보장을 받았는가 등을 기준)를 판단하여 당사자를 확정하여야 한다는 견해(규범분류설), ⑦ 분쟁 주체를 특정하는 행위책임이라는 개념을 도입하여 그러한 행위책임의 분배에 따라 당사자를 확정하여야 한다는 견해(분쟁주체특정책임설), ⑧ 당사자의 확정 기준에 관한 표시설, 의사설, 행동설 등은 서로 대립관계에 있지 않으며, 기본적으로는 표시에 따라 당사자가 확정되는데 의사, 행동 등은 표시행위의 해석기준이 된다는 견해 등이 주장되고 있다.

판례상 당사자의 확정이 문제되는 국면을 살펴보면 소장의 당사자표시가 착오로 잘못 기재된 경우(대법원 2011. 1. 27. 선고 2008다27615 판결), 당사자능력이 없는 자를 당사자로 잘못 표시한 경우(대법원 2002. 3. 29. 선고 2001다83258 판결), 제3자 소송담당에 의한 소송에서 당사자적격이 없는 자를 당사자로 잘못 표시한 경우(대법원 2013. 8. 22. 선고 2012다68279 판결), 당사자로 표시된 자가 사망자인 경우(대법원 2015. 1. 29. 선고 2014다34041 판결; 대법원 2015. 8. 13. 선고 2015다209002 판결), 다른 사람의 성명을 모용하여 소송을 수행한 경우(대법원 1964. 11. 17. 선고 64다328 판결; 대법원 1964. 3. 31. 선고 63다656 판결) 등이 있다.

판례는 소장에 당사자로 표시된 자와 당사자로 확정된 자가 일치하지 않는 경우 당사자로 확정된 자와 동일성이 인정되는 범위 내에서는 올바른 당사자로 표시를 정정하는 것을 허용한다(대법원 2011. 7. 28. 선고 2010다97044 판결). 소장의 당사자표시가 착오로 잘못 기재된 경우, 당사자능력이 없는 자를 당사자로 잘못 표시한 경우, 제3자 소송담당에 의한 소송에서 당사자적격이 없는 자를 당사자로 잘못 표시한 경우에는 법원은 소장에 기재된 당사자표시 및 청구의 내용과 원인사실 등 소장 전체의 취지를 합리적으로 해석하여 당사자를 확정한다. 소장상의 당사자표시행위에 대한 해석을 통해 당사자를 확정하는 때에는 소장의 기재 내용뿐 아니라 당사자의 주장 등 제반 사정을 고려하고 있다(대법원 2013. 8. 22. 선고 2012다68279 판결). 소장에 당사자로 표시된 자가 사망자일 경우에는 소 제기 후의 사정도 고려하여 당사자를 확정한다(대법원 2011. 3. 10. 선고 2010다99040 판결).

3. 사자명의소송에서 당사자의 확정 및 처리방법

당사자의 확정 기준에 관한 ③의 견해에 따르면 사망한 자가 당사자로 되는데, 당사자가 실재하지 않으므로 소 자체가 부적법하고 법원은 소를 각하하는 판결을 하여야 한다. 이런 경우 피상속인과 상속인은 동일한 사람이 아니므로 당사자표시정정이 허용되지 않고 상속인에 의한 소송수계도 허용되지 않는다. 피상속인을 상속인으로 바꾸는 것은 임의적 당사자 변경에 해당한다.

이런 경우의 사건처리와 관련해서는 ① 사망사실을 모르고 사자를 피고로 하여 소를 제기한 때에는 피고의 경정에 의한 보정의 기회를 주어야 한다는 견해, ② 사망사실을 모르고 사자를 피고로 하여 소를 제기하고 상속인이 현실적으로 소송을 수행함으로써 원고와 상속인과의 사이에 실질적인 소송관계가 성립한 때에는 신의칙상 상속인에게 그 소송수행의 결과와 판결의 효력을 인수시키는 것이 바람직하다는 견해 등이 주장되고 있다.

법원이 피고가 사망한 자임을 간과하고 본안판결을 선고하더라도 그 판결은 무효인 판결이기 때문에 기판력 등 판결의 효력이 생기지 않는다.

당사자의 확정 기준에 관한 ①의 견해(피고로 지정된 자가 사망한 사실을 모르고 소가 제기된 경우 등)와 ②의 견해에 따르면 상속인이 당사자로 확정될 수 있고, 그러한 때에는 판결의 효력이 상속인에게 미칠 것이다. 심리가 진행 중이라면 당사자표시정정의 방법으로 당사자표시를 피상속인에서 상속인으로 바꿀 수 있고, 판결이 선고된 때에는 판결경정(법 제211조)의 방법으로 당사자표시를 피상속인에서 상속인으로 바꿀 수 있다.

원고가 사망사실을 모르고 사망한 자를 피고로 표시하여 소를 제기한 경우, 판례는 청구의 내용과 원인사실, 당해 소송을 통해 분쟁을 실질적으로 해결하려는 원고의 소 제기 목적, 사망사실을 안 이후 원고의 피고표시정정신청 등의 여러 사정을 종합하여 당사자를 확정함으로써 사망자의 상속인을 실질적인 피고로 보아 당사자의 표시를 잘못한 것으로 취급하여 제1심에 한해 당사자표시정정을 허용한다(대법원 1969. 12. 9. 선고 69다1230 판결).

4. 소장에 피고로 표시된 자가 사망자임을 간과하고 제1심판결이 선고된 경우 판결의 효력

사망자를 피고로 한 소 제기는 원고와 피고의 당사자대립구조를 요구하는 민사소송법의 기본원칙을 무시한 부적법한 것이므로 실질적인 소송관계가 이루어지지 않은 이상 이러한 상태에서 선고된 제1심판결은 무효이다(대법원 2015. 1. 29. 선고 2014다34041 판결). 이런 경우 상속인의 소송수계신청은 허용되지 않으며(대법원 2015. 1. 29. 선고 2014다34041 판결; 대법원 1971. 2. 9. 선고 69다1741 판결; 대법원 1970. 3. 24. 선고 69다929 판결), 사망자 명의(대법원 1970. 3. 24. 선고 69다929 판결) 또는 상속인 명의(대법원 2003. 9. 26. 선고 2003다37006 판결)의

항소4)도 부적법하여 허용되지 않는다. 소 제기 전에 이미 사망한 자를 상대로
한 상고는 부적법하여 허용되지 않으며(대법원 2000. 10. 27. 선고 2000다33775 판
결), 사망자를 상대로 소를 제기한 때에는 상고심에 이르러 당사자표시정정의
방법으로 소송요건의 흠결을 보정할 수 없다. 사망한 자를 당사자로 한 판결에
대한 재심의 소는 부적법하다(대법원 1994. 12. 9. 선고 94다16564 판결).

Ⅲ. 사망자를 피고로 한 소 제기가 재판상 청구에 해당하는지 여부

1. 甲과 丙의 주장사실

가. 甲의 丙에 대한 물품대금청구의 권리발생사실(청구원인사실)

(1) 권리발생사실

실체법은 일정한 법률효과의 발생요건을 규정하고 있는데, 이러한 발생요건
을 법률요건 또는 구성요건이라고 하고, 그러한 법률효과가 인정되는지는 그 법
률요건에 해당하는 구체적 사실의 유무에 의해 정해진다. 법률효과에는 권리의
발생, 장애, 소멸 등이 포함되는데, 권리의 발생이라는 법률효과의 발생요건에
해당하는 구체적 사실을 권리발생사실이라고 한다. 권리근거규정의 요건사실이
권리발생사실에 해당한다.

(2) 물품대금청구의 권리발생사실

물품대금청구의 권리발생사실은 물품에 대한 매매계약의 체결사실이다. 매
매계약의 특정을 위해서는 계약의 당사자, 계약체결일, 계약의 목적물, 매매대
금5)을 적시하여야 한다. 매매대금의 지급기한은 매매의 본질적 요소가 아니므
로 매매대금 지급기한의 합의와 그 도래사실을 주장할 필요가 없다.

(3) 사안의 경우

甲은 자기와 전자제품에 관한 매매계약을 체결한 乙이 아니라 그 상속인인
丙을 상대로 乙과의 매매계약에 따른 물품대금의 지급을 청구하고 있으므로 甲

---

4) 상속인의 추후보완항소도 허용되지 않는다(대법원 2015. 1. 29. 선고 2014다34041 판결).
5) 매매대금은 매매계약의 본질적 요소이므로 그 구체적인 액수가 특정되어야 하지만, 반드시
   계약체결 당시에 구체적으로 확정하여야 하는 것은 아니고 사후에라도 이를 확정할 수 있는
   방법과 기준이 정해져 있으면 된다(대법원 2002. 7. 12. 선고 2001다7940 판결).

의 丙에 대한 물품대금청구의 권리발생사실은 ① 甲과 乙 간의 전자제품에 관한 매매계약 체결사실, ② 丙이 乙의 채무자 지위를 승계한 사실이다.

나. 丙의 항변사실

(1) 항변사실

권리의 장애, 소멸, 저지라는 법률효과의 발생요건에 해당하는 구체적 사실을 항변사실이라고 한다. 항변사실에는 권리장애사실(권리근거규정에 기한 권리의 발생을 처음부터 방해하는 권리장애규정의 요건사실), 권리소멸사실(권리근거규정에 기해 일단 발생한 권리를 소멸시키는 권리소멸규정의 요건사실), 권리저지사실(권리근거규정에 기한 권리의 발생을 저지하거나 권리근거규정에 기해 이미 발생한 권리의 행사를 저지하는 권리저지규정의 요건사실)이 포함된다.

(2) 시효소멸의 항변사실

권리자가 권리를 행사할 수 있는 때로부터(민법 제166조 제1항) 일정한 기간이 경과하면 소멸시효가 완성된다. 따라서 ① 권리자가 특정한 시점에 물품대금채권을 행사할 수 있었던 사실과 ② 그로부터 일정한 기간이 경과한 사실이 주요사실에 해당한다.

권리자가 권리를 행사할 수 있는 때란 법률상 장애가 없어진 때를 의미하는데, 확정기한이 있는 경우에는 그 기한이 도래한 때부터 소멸시효가 진행한다. 소멸시효의 기산점은 채무의 소멸이라는 법률효과의 발생요건에 해당하는 소멸시효기간 계산의 시발점으로서 소멸시효 항변의 법률요건을 구성하는 구체적인 사실에 해당하므로 변론주의가 적용되는 주요사실에 해당한다(대법원 1995. 8. 25. 선고 94다35886 판결).

소멸시효기간과 관련하여 어떤 권리의 소멸시효기간이 얼마나 되는지에 관한 주장은 법률상 주장에 불과하므로 변론주의의 적용대상이 아니고 법원이 직권으로 판단할 수 있다(대법원 2008. 3. 27. 선고 2006다70929·70936 판결).

(3) 상행위로 인한 물품대금채권의 소멸시효기간

甲의 乙에 대한 물품대금채권은 영업으로 하는 전자제품 매매행위로 인해 발생한 것이므로 상사채권에 해당하지만, 그 소멸시효기간은 상사시효인 5년이 적용되는 것이 아니라 이보다 단기인 민법상 3년의 단기소멸시효가 적용된다

(상법 제64조 단서,[6] 민법 제163조 제6호[7]).

(4) 사안의 경우

甲이 물품대금채권을 행사할 수 있는 때(2020. 9. 10.)로부터 3년이 경과하면 소멸시효가 완성된다.

다. 甲의 재항변사실

(1) 재항변사실

항변사실에 기한 효과의 발생에 장애가 되거나 일단 발생한 효과를 소멸시키거나 효과의 발생을 저지하는 사실을 재항변사실이라고 한다.[8] 피고의 시효 소멸 항변에 대하여 원고가 시효중단사유를 주장하거나 원고의 소유권에 기한 건물인도청구에 대한 피고의 임차권 항변에 대하여 원고가 차임 연체로 인한 임대차계약의 해지(민법 제640조)를 주장하는 것은 재항변에 해당한다.

(2) 시효중단[9]의 재항변사실

시효완성을 다투는 자는 시효중단사유(민법 제168조: 청구, 압류 또는 가압류, 가처분, 승인)[10]를 주장하여야 한다. 주장책임을 부담하는 당사자는 주요사실을 변론에 현출하기만 하면 되고, 그 주요사실의 존재로 인하여 어떠한 법률효과가 발생하는지에 관하여는 주장할 필요가 없다. 시효중단사유의 주장·증명책임은 시효완성을 다투는 당사자가 부담하는데, 그 주장책임의 정도와 관련해서는 중

---

6) 상법 제64조(상사시효) 상행위로 인한 채권은 본법에 다른 규정이 없는 때에는 5년간 행사하지 아니하면 소멸시효가 완성한다. 그러나 다른 법령에 이보다 단기의 시효의 규정이 있는 때에는 그 규정에 의한다.

7) 민법 제163조(3년의 단기소멸시효) 다음 각호의 채권은 3년간 행사하지 아니하면 소멸시효가 완성한다.
   6. 생산자 및 상인이 판매한 생산물 및 상품의 대가

8) 재항변사실에 기한 효과의 발생에 장애가 되거나 일단 발생한 효과를 소멸시키거나 효과의 발생을 저지하는 사실을 재재항변사실이라고 한다.

9) 소멸시효의 중단은 중단사유가 생기면 그때까지 진행하였던 소멸시효기간은 진행하지 않았던 것으로 되고, 중단사유가 종료한 때부터 다시 새로이 시효기간의 진행을 개시한다. 그러나 소멸시효의 정지는 정지사유가 존재하는 기간에만 일시적으로 소멸시효의 진행을 정지시키고 그 사유가 없어지면 남은 시효기간이 진행한다.

10) 특별법상 중단사유로는 회생절차참가, 파산절차참가, 개인회생절차참가(「채무자 회생 및 파산에 관한 법률」 제32조), 어음법 및 수표법상의 소송고지(어음법 제80조, 수표법 제64조), 국가재정법 및 지방재정법상의 납입고지(국가재정법 제96조 제4항, 지방재정법 제84조) 등이 있다.

단사유에 속하는 사실을 주장하기만 하면 되고 시효가 중단되었다는 명시적인 주장을 할 필요는 없다(대법원 1997. 4. 25. 선고 96다46484 판결).

(3) 사안의 경우

甲은 소멸시효기간이 경과하기 전에 사망한 채무자 乙을 피고로 하여 물품대금청구의 소를 제기하여 승소한 후에 소멸시효기간이 경과하고 나서 乙의 단독상속인인 丙을 상대로 물품대금의 지급을 구하는 소를 제기하였는데, 이와 관련해서는 甲의 乙에 대한 물품대금청구의 소 제기가 시효중단사유로서의 재판상 청구에 해당하는지가 문제된다.

2. 시효중단사유로서의 재판상 청구

가. 재판상 청구의 내용

소멸시효 중단사유 중 하나인 청구에는 재판상 청구가 포함된다(민법 제168조 제1호). 시효가 진행되는 권리에 관하여 이행의 소나 확인의 소, 재심의 소가 제기된 경우, 시효가 진행되는 권리가 발생한 기본적 법률관계에 관한 확인의 소가 제기된 경우, 권리자가 시효를 주장하는 자를 상대로 해당 권리를 소송상 청구로 하여 소를 제기한 경우, 시효를 주장하는 자가 제기한 소에 응소하여 적극적으로 해당 권리를 주장하여 그것이 받아들여진 경우 등이 시효중단사유인 재판상 청구에 해당한다.

나. 재판상 청구에 따른 시효중단의 효력

재판상 청구에 따른 시효중단의 효력은 소 제기 시에 발생하고(법 제265조 전단), 권리자에 대한 승소판결이 확정되면 시효중단의 효력이 확정되는 것으로 볼 수 있다(민법 제178조). 소멸시효가 완성되기 전에 소가 제기되었더라도 그 소가 취하 또는 각하되거나 청구가 기각된 때에는 시효중단의 효력이 소멸하고, 이런 경우 권리자가 6월 내에 재판상 청구, 파산절차참가, 압류 또는 가압류, 가처분을 한 때에는 시효는 최초의 재판상 청구로 인하여 중단된 것으로 본다(민법 제170조).

3. 채권자의 사망한 채무자에 대한 소 제기가 권리자의 의무자에 대한 권리행사에 해당하는지 여부

채권자의 사망한 채무자에 대한 소 제기는 권리자의 의무자에 대한 권리행사에 해당하지 않으므로 제1심에서 상속인을 피고로 하는 당사자표시정정이 이루어진 것과 같은 특별한 사정이 없는 한 이러한 소 제기로는 시효중단의 효력이 발생하지 않고, 법원이 이를 간과하고 본안판결을 하더라도 그 판결은 무효이므로 이런 경우에는 민법 제170조가 적용되지 않는다(대법원 2014. 2. 27. 선고 2013다94312 판결).

Ⅳ. 사례의 정리

소 제기에 의해 시효중단의 효력이 발생하였다가 그 효력이 소멸하였더라도 그로부터 6월 내에 재판상 청구 등을 하면 최초의 재판상 청구 시에 시효가 중단된 것으로 보게 되는데(민법 제170조 제2항), 사망한 자를 피고로 한 소 제기가 시효중단사유인 재판상 청구에 해당하지 않는 것으로 보는 판례의 입장에 따르면 乙을 상대로 한 甲의 소 제기는 당사자대립구조를 흠결한 것으로서 권리자의 의무자에 대한 권리행사로 볼 수 없어 소 제기에 따른 시효중단의 효력이 발생하지 않으므로 소 제기에 따른 시효중단 효력의 발생을 전제로 하는 민법 제170조가 적용되지 않을 것이다.

甲은 乙의 단독상속인 丙을 상대로 소멸시효기간이 경과한 후에 소를 제기한 경우에 해당하여 다른 사실의 주장·증명이 없는 한 丙의 시효소멸 항변이 받아들여질 것이고, 甲의 시효중단 재항변은 받아들여지지 않을 것이므로 법원은 甲의 乙에 대한 물품대금채권이 시효로 소멸한 것으로 인정하여 甲의 丙에 대한 청구를 기각하는 판결을 하여야 할 것이다.

〈제 2 문〉

Ⅰ. 쟁점

D의 채권자 甲이 자신의 D에 대한 대여금채권을 보전하기 위하여 A와 C를 공동피고로 하여 물품대금청구의 소를 제기하였는데, (ⅰ) 甲의 C에 대한 소의 적법 여부와 관련해서는 A와 B가 X 공원 건설사업을 공동으로 할 목적으로 C라는 건설 공동사업체를 결성한 것과 관련하여 C의 법적 성질을 검토하여야 한다. C를 민법상 조합으로 볼 경우 조합의 당사자능력이 인정되는지가 문제되고, 그에 따라 甲의 C에 대한 소의 적법 여부가 정해질 것이다.

(ⅱ) 甲의 A에 대한 소의 적법 여부와 관련해서는 조합채무에 관한 소송의 당사자적격과 관련하여 A와 B를 공동피고로 하여야 하는지가 문제되고, 채권자대위소송의 적법 여부와 관련하여 채권자대위소송의 법적 성질과 채권자대위소송의 소송요건을 검토하여야 한다.

Ⅱ. C의 당사자능력 인정 여부

1. C의 법적 성질

가. 법인 아닌 사단과 민법상 조합의 구별

일정한 단체가 법인 아닌 사단[11]에 해당하는지 아니면 민법상 조합에 해당하는지를 판단함에 있어서는 그 명칭이 아니라 실질을 고려하여야 한다. 단체성의 강약을 기준으로 하여 조합은 2인 이상이 상호 간에 금전 기타 재산 또는 노무를 출자하여 공동사업을 경영할 것을 약정하는 계약관계에 의해 성립하므로 어느 정도 단체성에서 오는 제약을 받기는 하지만 구성원의 개인성이 강하게

---

11) 사단이란 일정한 목적을 가진 다수인의 결합체로서 그 구성원의 가입·탈퇴에 관계없이 존속하며, 대내적으로 그 결합체의 의사를 결정하고 업무를 집행할 기관에 관한 정함이 있고, 대외적으로 그 결합체를 대표할 대표자에 관한 정함이 있는 단체를 말한다. 법인 아닌 사단의 경우 종중 또는 문중과 같이 특별한 조직행위 없이도 자연적으로 성립되는 예외적인 사단이 아닌 한 비법인사단이 성립되기 위해서는 사단으로서의 실체를 갖추는 조직행위가 있어야 한다(대법원 1991. 11. 26. 선고 91다30675 판결; 대법원 1999. 4. 23. 선고 99다4504 판결). 법인이 아닌 사단이나 재단은 대표자 또는 관리인이 있는 경우에는 그 사단이나 재단의 이름으로 당사자가 될 수 있다(법 제52조).

드러나는 인적 결합체인 데 대하여, 비법인사단은 구성원의 개인성과는 별개로 독자적 존재로서의 단체적 조직을 가지는 특성이 있다. 어떤 단체가 고유의 목적을 가지고 사단적 성격을 가지는 규약을 만들어 이에 근거하여 의사결정기관과 집행기관인 대표자를 두는 등의 조직을 갖추고 있고, 기관의 의결이나 업무집행방법이 다수결의 원칙에 의하여 행해지며, 구성원의 가입·탈퇴 등으로 인한 변경과 관계없이 단체 자체가 존속하고, 그 조직에 의하여 대표의 방법, 총회나 이사회 등의 운영, 자본의 구성, 재산의 관리 기타 단체로서의 주요 사항이 확정되어 있는 경우에는 비법인사단으로서의 실체를 가진다(대법원 1999. 4. 23. 선고 99다4504 판결).

나. 사안의 경우

A와 B가 X 공원 건설사업을 공동으로 하기 위하여 결성한 건설 공동사업체 C는 구성원의 개인성이 강하게 드러나는 인적 결합체로서 사단으로서의 실체를 갖추는 별도의 조직행위가 없었으므로 민법상 조합으로서의 성질을 가지는 것으로 볼 수 있다.

2. 민법상 조합의 당사자능력 인정 여부

甲이 C도 피고로 하여 소를 제기한 것과 관련하여 민법상 조합에 해당하는 C에게 당사자능력이 인정되는지를 검토하여야 한다. 당사자능력은 소송의 주체가 될 수 있는 일반적인 능력을 말하는데, 법인 아닌 사단보다 단체성이 약한 민법상 조합에 대표자가 있고 그 대표자가 대외적 활동을 하는 경우 그러한 조합에 당사자능력이 인정되는지에 관해서는 견해의 대립이 있다.

가. 민법상 조합에도 민사소송법 제52조를 적용하여 당사자능력을 인정하여야 한다는 견해

민법상 조합도 약하기는 하지만 단체성을 가지고 있고, 독립된 관리를 받는 조합재산을 기초로 하여 사회생활상 단위로서 그 이름으로 활동하는 경우가 있으므로 사단과 민법상 조합의 구별이 반드시 명확한 것은 아니다. 민법상 조합에 당사자능력을 인정하지 않으면 원고는 소 제기 시에 어느 단체가 사단인지 민법상 조합인지를 일일이 확인하여야 하는 불편이 따르게 된다. 적은 금액의 조합재산 분쟁일 경우 조합의 당사자능력을 긍정하는 것이 간단명료한 분쟁 해결방법이 될 수 있으므로 민법상 조합에 민사소송법 제52조를 적용하여야 한다.

나. 민법상 조합에는 민사소송법 제52조를 적용할 수 없어 당사자능력을 인정할 수 없다는 견해

사단과 민법상 조합은 구별되는 것으로서 민법상 조합은 동업을 위한 조합원 사이의 계약관계에 불과하다. 민법상 조합에는 조합원의 개성을 초월한 독립된 고유 목적을 가지는 단체로 인정할 만한 실질이 없다. 조합의 적극적 재산은 사단의 경우와는 달리 조합원의 합유에 속하고, 조합채무는 조합원 각자의 채무이기 때문에(민법 제704조, 제711조, 제712조) 민법상 조합에 민사소송법 제52조를 적용할 수 없다.

다. 판례의 입장

판례는 민법상 조합의 당사자능력을 인정하지 아니하여 민법상 조합을 당사자로 하는 소가 제기되면 그 소를 부적법한 것으로 보아 각하한다(대법원 1999. 4. 23. 선고 99다4504 판결).

라. 사안의 경우

민법상 조합의 당사자능력을 인정하지 않는 판례의 입장에 따르면 甲이 C를 상대로 제기한 물품대금청구의 소는 부적법하여 각하될 것이다.

III. 조합채무에 관한 소송의 당사자적격

1. 조합채권자가 조합재산에 대하여 채권을 행사하는 경우

조합의 채권자가 조합원에 대하여 조합재산에 의한 공동책임을 묻는 때에는 조합원 전원을 피고로 하여야만 피고적격이 인정된다. 만일 甲이 C의 재산에 대하여 물품대금의 지급을 구하는 때에는 조합원인 A와 B를 모두 피고로 하여야만 피고적격이 인정될 것이다.

2. 조합채권자가 조합원 개인에 대하여 채권을 행사하는 경우

가. 소송의 형태

조합의 채권자가 각 조합원의 개인적 책임에 기하여 채권을 행사하는 때에는 조합원 각자를 상대로 이행의 소를 제기할 수 있다. 조합의 채무는 조합이라는 단체의 채무로서의 성질을 갖지만, 각 조합원은 조합채무에 대하여 채권 발생 당시의 손실 부담의 비율에 따라 개인적인 책임을 부담한다. 다만 조합채권자가 그 채권 발생 당시에 조합원의 손실 부담의 비율을 알지 못한 때에는 각 조합원에게 균분하여 그 권리를 행사할 수 있다(민법 제712조).

나. 조합원 전원을 위하여 상행위가 되는 행위로 인하여 조합채무를 부담하게 된 경우 조합원의 책임의 내용

조합채무에 대하여 각 조합원이 개인적인 책임을 부담하는 경우 손실 부담의 비율에 따라 그 고유의 재산으로 변제하여야 하지만, 공동사업체의 구성원이 회사인 때에는 공동사업체가 그 사업을 위하여 제3자에게 부담하게 된 채무에 관하여 구성원이 부담하는 채무는 구성원인 회사의 상행위로 부담하게 된 것으로 보아야 하며, 공동사업체의 각 구성원은 그 채무에 대하여 연대책임을 부담하는 것으로 보아야 한다.

다. 판례의 입장

조합채권자가 각 조합원의 개인적 책임에 기하여 그 채권을 행사하는 경우 조합원 각자를 상대로 이행의 소를 제기할 수 있고, 조합원 전원을 위한 상행위로 인하여 조합채무를 부담하게 된 때에는 조합원들은 상법 제57조 제1항[12]에 따라 연대책임을 부담한다(대법원 1991. 11. 22. 선고 91다30705 판결).

---

[12] 상법 제57조(다수채무자 간 또는 채무자와 보증인의 연대) ① 수인이 그 1인 또는 전원에게 상행위가 되는 행위로 인하여 채무를 부담한 때에는 연대하여 변제할 책임이 있다.
② 보증인이 있는 경우에 그 보증이 상행위이거나 주채무가 상행위로 인한 것인 때에는 주채무자와 보증인은 연대하여 변제할 책임이 있다.

3. 사안의 경우

A와 B는 연대하여 D에게 건설자재대금을 지급할 의무를 부담하는데, 연대채무자는 의무를 공통으로 할 뿐 실체법상 관리처분권이 공동으로 귀속되는 경우에 해당하지 않으므로 D는 A만을 피고로 하여 소를 제기할 수 있다.

Ⅳ. 채권자대위소송의 적법 여부

1. 채권자대위소송의 의의

민법 제404조 제1항 본문에 따르면 채권자는 자기의 채권을 보전하기 위하여 채무자의 권리를 행사할 수 있는데, 이러한 채권자대위권에 기하여 채권자가 채무자의 제3채무자에 대한 권리를 소송상 행사하는 것을 채권자대위소송이라고 한다. 甲은 자신의 D에 대한 대여금채권을 보전하기 위하여 D의 물품대금채권을 甲의 이름으로 대위행사하고 있다.

2. 채권자대위소송의 법적 성질

가. 법정소송담당으로 보는 견해

채권자대위소송은 권리의무의 귀속 주체인 채무자를 대위하여 제3자인 채권자가 채무자의 권리관계에 관하여 당사자적격을 가지고 채권자의 이름으로 소송을 수행하는 것이므로 제3자 소송담당에 해당하고, 민법 규정에 의해 채권자에게 소송수행권이 인정되므로 법정소송담당이다.

나. 채권자가 자신의 고유한 실체법상 권리를 소송상 행사하는 것으로 보는 견해

채권자대위소송은 민법이 채권자에게 인정한 대위권이라는 실체법상 권리를 소송상 행사하는 것이고, 채권자는 자기의 채권을 보전하기 위하여 대위권을 행사하는 것이므로 자기의 이익을 위해 소송을 수행하는 것이다.

다. 판례의 입장

판례는 채권자대위소송에서 대위에 의하여 보전될 채권자의 채무자에 대한 권리가 인정되지 않으면 채권자가 스스로 원고가 되어 채무자의 제3채무자에 대한 권리를 행사할 당사자적격이 없다고 하여 소를 각하하는데(대법원 1994. 6. 24. 선고 94다14339 판결), 이러한 판례의 입장은 채권자대위소송이 법정소송담당이라는 시각에 입각한 것으로 볼 수 있다.[13]

라. 검토

채권자가 채권자대위소송을 통해 궁극적으로 다투고자 하는 것은 채무자의 제3채무자에 대한 권리라는 점, 채권자대위권 행사의 효과는 채권자에게 귀속되지 않고 채무자에게 귀속되어 모든 채권자를 위한 공동담보가 된다는 점에서 법정소송담당으로서의 성질을 가지는 것으로 보는 견해가 지지를 받고 있다.

3. 채권자대위소송의 소송요건

채권자대위소송에서는 ① 피보전채권의 존재, ② 피보전채권의 변제기 도래,[14] ③ 보전의 필요성(채무자의 무자력), ④ 대위할 채권에 대한 채무자의 권리 불행사, ⑤ 대위할 채권의 존재 등이 심리된다.

채권자대위소송을 법정소송담당으로 보는 견해에 따르면 ①부터 ④까지는 채권자가 자기의 채권을 보전하기 위하여 채무자의 제3채무자에 대한 권리를 행사하는 것을 정당화하는 소송요건에 해당하고, ⑤는 실체법적 요건사실에 해당하는데, 원고의 주장 자체로 당사자적격 유무를 판단하는 것은 자신의 권리에 관한 소송에만 적용되고 타인의 권리를 소송상 행사하는 때에는 적용되지 않는다.

채권자대위소송을 채권자의 실체법상 대위권을 소송상 행사하는 것으로 보는 견해에 따르면 ①부터 ⑤까지 모두 실체법상 요건사실에 해당하며, 이를 흠

---

13) 판례는 대법원 1975. 5. 13. 선고 74다1664 전원합의체 판결 이후 채권자대위소송을 제3자 소송담당으로 취급하고 있다.
14) 채권자가 채무자를 대위하여 보전행위를 하는 때에는 요건이 아니고, 법원의 허가를 받아 대위행위를 하는 때에는 변제기 도래 전에도 할 수 있다(민법 제404조 제2항).

결한 때에는 채권자대위권이 인정되지 않으므로 청구가 기각되고, 채권자대위소송의 당사자적격 유무도 원고의 주장 자체로 판단하게 된다.

판례는 채권자대위소송을 법정소송담당으로 보는 시각에서 채권자대위소송에서 대위에 의하여 보전될 채권자의 채무자에 대한 권리(피보전채권)가 인정되지 않으면 채권자가 스스로 원고가 되어 채무자의 제3채무자에 대한 권리(피대위채권)를 행사할 당사자적격이 없는 것으로 보아 채권자대위권에 기한 소를 각하한다(대법원 1994. 6. 24. 선고 94다14339 판결).

4. 사안의 경우

甲이 D에 대한 대여금채권을 보전하기 위하여 D의 물품대금채권을 대위행사하고 있는데, 채권자대위소송을 법정소송담당으로 보는 견해와 판례의 입장에 따르더라도 甲이 D에 대하여 변제기가 도래한 대여금채권을 가지고 있고, D가 무자력인 사실이 인정되며, D가 자신의 물품대금채권을 행사한 것으로 볼 수 있는 사정이 없으므로 甲이 제기한 채권자대위권에 기한 소는 적법한 것으로 볼 수 있다.

V. 사례의 정리

1. 甲의 C에 대한 소

민법상 조합의 당사자능력을 인정하지 않는 판례의 입장에 따르면 甲의 C에 대한 소는 당사자능력을 흠결하여 부적법하다고 할 것이다.

2. 甲의 A에 대한 소

조합채권자 D가 조합원 A의 개인적 책임에 근거하여 조합채무의 이행을 구하는 소를 제기하는 때에는 A만을 피고로 하여 소를 제기할 수 있고, D에 대하여 대여금채권을 가지고 있는 甲은 자신의 대여금채권을 보전하기 위하여 D를 대위하여 A를 상대로 물품대금의 지급을 구하는 소를 제기할 수 있으므로 甲의 A에 대한 소는 적법하다고 할 것이다.

〈제3문-1〉

I. 쟁점

서로 모순되는 A와 B 진술의 처리방법이 문제되는데, 이와 관련해서는 甲의 공동대표이사 A와 B의 소송법상 지위를 검토하여야 한다.

II. 법인 등의 대표자의 소송법상 지위

1. 법인 등의 대표자의 소송법상 지위

법인 등의 대표자에게는 민사소송법의 법정대리와 법정대리인에 관한 규정이 준용된다(법 제64조). 법정대리에 관하여 민사소송법에 특별한 규정이 없으면 민법 그 밖의 법률에 따르게 되므로(법 제51조) 甲의 공동대표이사인 A와 B는 상법에 근거하여 소송상 대표권을 공동으로 행사하게 된다(상법 제389조 제2항).

2. 소송상 공동대리

공동대리란 법정대리인이 여러 명이고 그들이 공동으로 대리권을 행사하여야 하는 경우를 말하는데, 친권을 공동으로 행사하는 부모(민법 제909조 제2항), 공동성년후견인(민법 제949조의2 제1항), 공동지배인(상법 제12조 제1항), 회사 등 법인의 공동대표{상법 제208조 제1항(합명회사의 공동대표사원), 제269조(합자회사의 공동대표사원), 제389조 제2항(주식회사의 공동대표이사), 제562조 제3항(유한회사의 공동대표이사), 제389조 제2항(주식회사의 공동청산인), 제542조 제2항(유한회사의 공동청산인)} 등이 공동대리인에 해당한다. 실체법상 공동대리에 관한 규정이 있는 경우 소송상 공동대리가 인정된다.

3. 여러 명의 법정대리인이 공동으로 대리권을 행사하여야 하는 경우 대리권의 행사방법

가. 수동적 소송행위의 경우

공동대리의 경우에도 상대방의 소송행위를 수령하는 것은 단독으로 할 수 있다(상법 제12조 제2항, 제208조 제2항, 제389조 제3항, 제562조 제4항). 소송서류의 송달은 공동대리인 중 한 사람에게 하면 되는데(법 제180조), 송달받을 대리인을 지정하여 신고한 때에는 반드시 그에게 송달하여야 한다{민사소송규칙(이하 '규칙'이라 한다) 제49조}.

나. 능동적 소송행위의 경우

능동적 소송행위 가운데 소 또는 상소의 제기, 소 또는 상소의 취하, 소송상 화해, 청구의 포기·인낙, 소송탈퇴 등 민사소송법 제56조 제2항에 규정된 소송행위는 공동대리인이 명시적으로 함께하여야 하고, 그 밖의 소송행위는 공동대리인 중 1인이 단독으로 하더라도 다른 대리인이 이에 대하여 이의를 제기하지 않으면 그 효력이 인정될 수 있다.

Ⅲ. 공동대표이사 A와 B의 모순되는 진술의 효력

공동대리인이 대리권을 행사한 결과 공동대리인의 소송행위가 서로 모순되는 경우의 처리와 관련해서는 ① 공동대리인의 소송행위가 모순되는 때에는 본인을 위한 유효한 소송행위가 되지 못하는 것으로 보는 견해, ② 민사소송법 제67조를 유추하여 공동대리인 중 1인의 행위가 본인에게 유리한 것이면 단독으로 할 수 있지만, 본인에게 불리한 것이면 공동대리인이 함께하여야 한다는 견해, ③ 민사소송법 제56조 제2항을 유추하여 본인에게 가장 이익이 되는 것의 효력을 인정하여야 한다는 견해 등이 주장되고 있다.

공동대리인의 소송행위가 모순된다고 하여 무조건 대리행위의 효력을 인정하지 않는 것은 부당하며, 본인에게 유리한 쪽으로 그 효력을 인정하면 될 것이다.

Ⅳ. 사례의 정리

법원은 甲에게 유리한 A 주장의 효력을 인정하여 甲이 乙의 일부 변제 주장을 다툰 것으로 처리하면 될 것이다.

〈제 3 문 - 2〉

Ⅰ. 쟁점

甲의 공동대표이사 A와 B가 소송을 수행하던 중에 대표이사직을 사임하고 그러한 사실을 법원에만 알린 상태에서 소를 취하한 경우 그 효력이 인정되는지가 문제되는데, 이와 관련해서는 소송계속 중에 사임한 대표자가 한 소송행위의 효력을 검토하여야 한다.

Ⅱ. 소송계속 중에 사임한 대표자가 한 소송행위의 효력

1. 법인 등의 대표자의 소송법상 지위

법인 등의 대표자에게는 민사소송법의 법정대리와 법정대리인에 관한 규정이 준용된다(법 제64조). 따라서 소송계속 중에 대표자가 변경된 때에는 법정대리권의 소멸통지에 관한 민사소송법 제63조가 준용된다.

2. 법정대리권의 소멸원인

법정대리권의 소멸은 민사소송법에 특별한 규정이 없으면 민법 그 밖의 법률에 따라 정해진다(법 제51조). 본인이나 법정대리인이 사망한 경우, 법정대리인이 성년후견개시심판이나 파산선고를 받은 경우(민법 제127조), 당사자 본인이 소송능력을 가지게 되거나 법정대리인이 그 자격을 상실한 경우에는 법정대리권이 소멸한다.

3. 법정대리권의 소멸통지

법정대리권의 소멸은 본인 또는 대리인이 상대방에게 통지하여야 하며, 통지하지 않으면 그 소멸의 효력을 주장할 수 없다(법 제63조 제1항 본문). 법정대리권이 소멸한 때에는 그 사실의 통지 유무에 따라 법정대리권의 소멸 여부를 획일적으로 처리함으로써 소송절차의 안정을 도모하기 위하여 소멸사실을 상대방에게 통지하도록 한 것이다.

법정대리권의 소멸을 통지할 본인은 소송능력을 취득하거나 회복한 본인을 의미하고, 대리인은 구 대리인 또는 새로운 대리인을 의미한다. 법정대리권의 소멸통지는 변론준비기일 또는 변론기일에서는 말로 할 수 있고, 기일 밖에서는 서면으로 할 수 있다. 다만 소멸통지를 한 사람은 그 취지를 법원에 서면으로 신고하여야 한다(규칙 제13조 제1항). 소송절차의 안정을 도모하기 위하여 법정대리권의 소멸사실을 법원에 서면으로 신고하도록 한 것이다.

4. 소멸통지 전에 한 구 대리인의 소송행위 또는 구 대리인에 대한 소송행위의 효력

소송절차가 진행되는 중에 법정대리권이 소멸한 때에는 본인 또는 대리인이 상대방에게 법정대리권이 소멸한 사실을 통지하지 않으면 소멸의 효력을 주장하지 못한다(법 제63조 제1항 본문). 상대방이 법정대리권의 소멸사실을 알고 있는 경우에도 그 소멸사실을 통지하여야 한다. 상대방이 대리권의 소멸원인의 발생사실을 알고 있는지 여부, 모르는 데 대한 과실이 있는지 여부를 불문하고 소멸의 통지가 없으면 소송절차는 중단되지 않으므로 대리권의 소멸통지가 상대방에게 도달할 때까지는 구 대리인이 한 소송행위나 구 대리인에 대한 소송행위의 효력이 인정된다.

다만 상대방에게 법정대리권의 소멸을 통지하지 않았더라도 법원이 법정대리권의 소멸사실을 알게 된 경우에는 법정대리인은 특별수권이 필요한 소송행위(법 제56조 제2항)를 할 수 없다(법 제63조 제1항 단서).

III. 사례의 정리

소송계속 중에 A와 B가 대표이사직을 사임한 것을 법원에만 알리고 乙에게는 알리지 않았으므로 甲은 A와 B의 대표권 소멸의 효력을 주장할 수 없지만, 법원이 A와 B의 사임사실을 안 이상 A와 B는 소를 취하할 수 없으므로 A와 B의 소 취하의 효력은 인정되지 않는다. 따라서 甲의 새로운 대표이사 D는 소 취하의 효력을 다툴 수 있을 것이다.

〈제 3 문 - 3〉

Ⅰ. 쟁점

甲의 공동대표이사 A와 B가 변호사 C를 소송대리인으로 선임하여 소송을 수행하던 중에 사망한 후 C가 소를 취하한 경우 그 효력이 인정되는지가 문제되는데, 이와 관련해서는 (ⅰ) A와 B의 사망으로 소송절차가 중단되는지 여부, (ⅱ) 소송대리인의 대리권의 범위를 검토하여야 한다.

Ⅱ. 소송계속 중에 대표자가 사망한 경우 소송절차의 중단 여부

1. 법인 등의 대표자의 소송법상 지위

법인 등의 대표자에게는 민사소송법의 법정대리와 법정대리인에 관한 규정이 준용된다(법 제64조).

2. 소송계속 중에 법정대리인이 사망하거나 대리권을 상실한 경우

소송계속 중에 법정대리인이 사망하거나 대리권을 상실한 때에는 소송절차가 중단된다(법 제235조 전문).

3. 당사자에게 소송대리인이 있는 경우

당사자에게 소송대리인이 있는 때에는 그러한 당사자의 법정대리인이 소송계속 중에 사망하거나 대리권을 상실하더라도 소송절차가 중단되지 않는다(법 제238조).

4. 사안의 경우

A와 B가 사망할 당시 甲에게 소송대리인 C가 있었으므로 소송절차가 중단되지 않는다.

III. 소송대리인의 대리권15)의 범위

1. 통상의 소송대리권(법 제90조 제1항)

소송위임에 의한 소송대리인은 특별수권사항(법 제90조 제2항)을 제외하고는 위임받은 사건에 관하여 소송수행에 필요한 일체의 소송행위를 할 수 있으므로 소의 제기, 청구의 변경, 중간확인의 소, 반소에 대한 응소, 제3자의 소송참가에 대한 응소, 공격방어방법의 제출, 강제집행, 가압류, 가처분 등의 소송행위를 할 수 있다. 주된 소송절차에 관한 대리권은 그에 부수되거나 그로부터 파생된 소송절차에도 미친다.

소송대리인이 할 수 있는 사법행위(私法行爲)와 관련하여 민사소송법 제90조 제1항은 변제의 영수를 할 수 있다고 규정하고 있는데, 이 규정은 예시적인 것으로서 해당 사건의 공격방어방법으로서 당사자가 할 수 있는 시효의 원용, 상계권·해제권·취소권 등의 사법상 형성권도 행사할 수 있다.16)

2. 특별수권사항(법 제90조 제2항)

소송상 당사자 본인에게 중대한 영향을 미치는 사항은 당사자 본인의 의사를 확인할 필요가 있으므로 당사자 본인으로부터 개별적인 수권을 받도록 하고 있다. 소송대리인이 반소를 제기하거나(제1호), 소의 취하, 소송상 화해, 청구의 포기·인낙이나 민사소송법 제80조에 따른 소송탈퇴를 하거나(제2호), 상소를 제기 또는 취하하거나(제3호), 대리인을 선임(제4호)하기 위해서는 당사자로부터 이에 관한 권한을 따로 받아야 한다. 실무상으로는 소송위임장에 이러한 사항

---

15) 소송위임에 의한 소송대리인의 대리권의 범위는 민사소송법에 규정되어 있는데, 변호사가 소송대리인일 경우에는 그의 소송대리권을 제한할 수 없지만(법 제91조 본문), 소송대리인이 변호사가 아닌 경우에는 그 대리권을 제한할 수 있다(법 제91조 단서). 변호사의 소송대리권을 제한할 수 없도록 한 것은 소송절차의 신속하고 원활한 진행을 도모하기 위한 것이고, 변호사 아닌 소송대리인의 대리권을 제한할 수 있도록 한 것은 당사자의 이익을 보호하기 위한 것이다.

16) 소송위임에 의한 소송대리인이 가지는 대리권에는 특별수권이 필요한 사항을 제외한 소송수행에 필요한 일체의 소송행위를 할 권한뿐만 아니라 소송목적인 채권의 변제를 채무자로부터 수령하는 권한을 비롯하여 위임받은 사건에 관한 실체법상 사법행위를 하는 권한도 포함된다(대법원 2015. 10. 29. 선고 2015다32585 판결).

가운데 상소의 제기를 제외한 나머지 권한을 포괄적으로 수여하는 것으로 기재하고 있다.

3. C의 소 취하의 효력 인정 여부

甲의 법정대리인에 준하는 지위를 가지는 공동대표이사 A와 B가 C에게 소 취하에 관한 권한을 수여하였으므로 C는 甲의 소송대리인으로서 소를 취하할 수 있고, 따라서 C의 소 취하의 효력이 인정된다.[17]

Ⅳ. 사례의 정리

A와 B가 사망할 당시 甲에게 소송대리인 C가 있었으므로 소송절차가 중단되지 않고, C는 甲을 대리하여 소송을 수행할 수 있다. 甲의 공동대표이사 A와 B가 C를 소송대리인으로 선임할 당시 C에게 소 취하에 관한 권한을 수여하였으므로 C의 소 취하의 효력이 인정될 것이고, 甲의 새로운 대표이사 D는 C의 소 취하의 효력을 다툴 수 없을 것이다.[18]

---

17) C에게 소 취하에 관한 수권이 없는 경우에는 C는 소를 취하할 수 없으므로 C의 소 취하는 무권대리인의 소송행위에 해당할 것이다. 소송상 대리권의 존재는 소송행위의 유효요건이므로 무권대리인에 의한 소송행위 또는 무권대리인에 대한 소송행위는 무효이다. 다만 확정적 무효는 아니므로 당사자 본인이나 정당한 대리인이 추인하면 소급하여 유효로 된다(법 제97조, 제60조). 소송절차의 안정과 소송행위의 명확성의 요청상 추인의 소급효는 절대적으로 인정된다. 당사자 등이 추인 거절의 의사를 표시한 때에는 무권대리행위는 확정적으로 무효가 되므로 그 후에는 추인할 수 없다(대법원 2008. 8. 21. 선고 2007다79480 판결). 소 제기 당시에는 대리권을 흠결하였더라도 소가 각하되지 않고 무권대리인의 소송행위에 대한 추인이 이루어진 때에는 그 소 제기에 따른 시효중단의 효력이 인정된다.
18) C에게 소 취하에 관한 권한이 수여되지 않은 때에는 C의 소 취하는 무권대리인의 행위로서 그 효력이 인정되지 않으므로 甲의 새로운 대표이사 D는 C의 소 취하의 효력을 다툴 수 있을 것이다.

참고사례

〈사례 1〉

〈기초적 사실관계〉

甲은 乙로부터 3억 원을 빌리면서 자기 소유의 X 건물에 근저당권을 설정해 준 후 X 건물을 丙에게 5억 원에 매도하고 소유권이전등기를 해 주었다. 그 후 丙은 乙을 상대로 甲의 乙에 대한 채무가 소멸하였음을 이유로 위 근저당권설정등기의 말소등기절차의 이행을 구하는 소를 제기하였다.

〈추가된 사실관계 1〉

乙의 동생 丁이 乙인 것처럼 제1심 변론기일에 출석하여 丙으로부터 1억 원을 지급받고, 근저당권설정등기를 말소해 주기로 하는 내용으로 소송상 화해를 하였다. 그 후 乙은 사망하였고 乙의 단독상속인 戊는 甲의 채무가 1억 원 이상 남아 있다고 주장하며 위 근저당권설정등기의 말소등기절차에 협력하지 않고 있다.

1. 戊가 위 소송상 화해와 관련하여 취할 수 있는 소송상 조치로는 어떠한 것이 있는가?

〈추가된 사실관계 2〉

戊는 乙을 재심원고로 하여 재심소장을 법원에 제출하였고, 법원은 심리 중에 乙이 이미 사망하였음에도 戊가 乙 명의로 소송을 수행하고 있는 사실을 알게 되었다.

2. 법원은 사건을 어떻게 처리하여야 하는가?

〈사례 2〉

〈기초적 사실관계〉

甲은 乙 종중(이하 '乙'이라 한다)이 甲에게 X 토지를 매도하고도 이에 관한 소유권이전등기를 해 주지 않기 위하여 丙과 X 토지에 관한 매매계약을 체결한 사실이 없음에도 매매를 가장하여 丙 명의로 소유권이전등기를 해 주었다고 주장하며 乙을 대위하여 丙을 상대로 X 토지에 관한 丙 명의 소유권이전등기의 말소등기절차의 이행을 구하는 소(A 소)를 제기하여 그 소송이 계속 중이다. 甲이 A 소를 제기하기 전에 乙의 대표자 丁은 종중총회의 결의를 거치지 않고 丙을 상대로 X 토지에 관한 丙 명의 소유권이전등기의 말소등기절차의 이행을 구하는 소(B 소)를 제기하였는데, 종중총회의 결의가 없음을 이유로 B 소를 각하한 판결이 확정되었다.

〈추가된 사실관계 1〉

A 소송에서 丙은 甲의 주장에 대하여 "丙이 乙로부터 X 토지를 매수하여 소유권이전등기까지 마쳤으므로 X 토지는 丙의 소유일 뿐 아니라 乙이 이미 丙을 상대로 X 토지에 관한 丙 명의 소유권이전등기의 말소등기청구의 소를 제기하여 패소판결이 확정되었으므로 甲은 丙을 상대로 X 토지에 관한 丙 명의 소유권이전등기의 말소등기절차의 이행을 구하는 소를 제기할 수 없다."라고 주장하였다.

1. A 소 법원의 심리 결과 乙과 丙 사이에 매매계약이 체결된 사실이 존재하는 것으로 인정되는 경우 법원은 사건을 어떻게 처리하여야 하는가?

〈추가된 사실관계 2〉

乙의 대표자 丁은 종중총회의 결의를 거쳐 원고로서 丙을 상대로 "乙이 X 토지에 관한 매매계약에 기해 丙에게 소유권이전등기를 해 주었음에도 丙이 잔금지급기일이 지나도록 매매잔금을 지급하지 아니하여 매매계약을 해제하였으므로 丙 명의의 소유권이전등기는 말소되어야 한다."라고 주장하며 X 토지에 관한 丙 명의의 소유권이전등기의 말소등기절차의 이행을 구하는 소(C 소)를 제기하였다.

2. C 소 법원의 심리 결과 乙과 丙 사이에 매매계약이 체결된 사실이 없는 것으로 인정되는 경우 법원은 사건을 어떻게 처리하여야 하는가?

〈사례 3〉

甲은 乙 주식회사(이하 '乙'이라 한다)를 상대로 乙 명의 소유권이전등기의 말소등기절차의 이행을 구하는 소를 제기하였다. 甲은 법인등기부에 대표이사로 기재되어 있는 A가 乙의 정당한 대표자인 줄 알고 소장에 A를 대표이사로 기재하였고, A는 소장부본을 송달받고 변론기일에 출석하여 자신은 乙의 대표이사이기는 하였지만, 甲이 소를 제기할 당시는 이미 사임한 후였고 B가 乙의 대표이사라고 진술하였다. 법원은 사건을 어떻게 처리하여야 하는가?

〈사례 4〉

甲 주식회사(이하 '甲'이라 한다)의 대표이사 A는 변호사 X를 소송대리인으로 선임(선임 시 X에게 소의 취하와 소송상 화해에 관한 권한 수여)하여 乙을 상대로 물품대금의 지급을 구하는 소를 제기하였다. 제2차 변론기일에서 乙이 변제를 약속하자 X는 소를 취하한다는 진술을 하였고 乙은 이에 동의하였으며 변론에 참석한 법원사무관은 그러한 내용을 변론조서에 기재하였다. 그러자 X와 함께 변론기일에 출석해 있던 A는 X의 소 취하의 진술을 철회한다고 진술하였다. 이런 경우 소 취하의 효력이 인정되는가?

〈사례 5〉

甲이 乙을 상대로 5,000만 원의 대여금반환을 구하는 소를 제기하였는데, 소송심리 중 甲이 소장을 제출하기 전에 성년후견개시심판을 받은 사실이 밝혀진 경우 법원은 사건을 어떻게 처리하여야 하는가?

참고자료

☒ **채권자대위소송의 소송물 및 공격방어방법**

민법 제404조[19] 제1항 본문에 따르면 채권자는 자기의 채권을 보전하기 위하여 채무자의 권리를 행사할 수 있는 채권자대위권을 가지며 채권자는 채권자대위권을 재판상 또는 재판 외에서 행사할 수 있는데, 채권자대위권을 재판상 행사하는 경우 채권자대위소송의 형태를 취하게 된다.[20]

채권자가 행사하는 채권자대위권에는 채무자에 대한 제3채무자의 변제를 수령할 권한도 포함되어 있으므로 대위청구의 내용이 금전의 지급일 경우에는 채권자인 원고는 제3채무자인 피고를 상대로 직접 자기에게 이행할 것을 청구할 수 있다. 채권자가 제3채무자로부터 금전을 수령한 경우에는 채무자에게 같은 금액의 금전을 지급하여야 하는 채무를 부담하지만, 채권자는 채무자에 대하여 가지는 금전채권을 자동채권으로 하여 상계권을 행사함으로써 사실상 우선변제를 받은 것과 같은 결과를 얻을 수 있다.

1. 소송물

채권자대위소송을 법정소송담당으로 보는 견해와 판례의 입장에 따르면 채무자의 제3채무자에 대한 권리(피대위채권)가 채권자대위소송의 소송물을 구성한다. 채권자대위소송을 채권자가 자신의 고유한 실체법상 권리를 소송상 행사하는 것으로 보는 견해에 따르면 채권자대위권이 소송물을 구성한다.

---

19) 민법 제404조(채권자대위권) ① 채권자는 자기의 채권을 보전하기 위하여 채무자의 권리를 행사할 수 있다. 그러나 일신에 전속한 권리는 그러하지 아니하다.
② 채권자는 그 채권의 기한이 도래하기 전에는 법원의 허가 없이 전항의 권리를 행사하지 못한다. 그러나 보전행위는 그러하지 아니하다.
20) 채권자대위소송과 관련해서는 채권자대위소송의 법적 성질, 채권자대위소송의 소송요건과 소송물, 중복된 소 제기의 금지(법 제259조), 재소금지(법 제267조 제2항), 기판력이 발생하는 객관적·주관적 범위(법 제218조 제3항), 채무자의 소송참가 형태 등을 검토할 필요가 있다.

2. 청구취지 기재방법

가. 원칙

채권자대위소송의 경우에는 피고(제3채무자)로 하여금 피대위자인 채무자에게 이행할 것을 명하는 판결을 구하는 것이 원칙이다. 이런 경우 청구취지는 "피고는 소외 A(채무자: 주소 등으로 특정)에게 ……하라."라는 내용으로 기재한다.

나. 원고[21] 앞으로의 직접 청구를 할 수 있는 경우

대위청구의 내용이 동산의 인도, 금전의 지급, 말소등기절차의 이행[22]인 경우에는 원고에게 직접 이행할 것을 명하는 판결을 구할 수 있다. 이런 경우 청구취지는 "피고는 원고에게 ……하라."라는 내용으로 기재한다.

다. 채무자 앞으로의 청구만을 하여야 하는 경우

대위청구의 내용이 이전등기절차의 이행일 경우에는 채무자에게 이행할 것을 명하는 판결을 구하여야 한다.

3. 청구원인

채권자대위권에 기한 청구와 직접 청구는 그 요건사실과 법률효과가 서로 다르므로 법원은 당사자가 직접 청구만을 하는 경우 바로 채권자대위권에 기한 청구를 인용해서는 안 되고, 변론 전체의 취지로 보아 채권자대위권에 기하여

---

21) 소장의 당사자란에 원고를 기재함에 있어서는 소송담당관계를 표시하지 않고 단순히 채권자를 원고로 기재하면 된다. 이와는 달리 (ⅰ) 권리의무의 귀속 주체의 수권에 의해 소송수행권을 가지는 임의적 소송담당의 경우, (ⅱ) 법정소송담당 가운데 권리의무의 귀속 주체에 갈음하여 소송수행권을 가지는 경우, (ⅲ) 직무상 당사자의 경우에는 당사자를 기재하는 때에 소송담당의 근거가 되는 법적 지위를 표시한다.

22) 채권자가 제3채무자에 대하여 직접 자기에게 이행할 것을 청구하여도 그 효과는 채무자에게 귀속되므로 채권자가 채권자대위권을 행사하여 제3채무자를 상대로 소유권이전등기의 말소등기절차를 직접 자기에게 이행할 것을 청구하여 승소하더라도 그 판결에 기한 말소등기에 따른 등기상태는 채무자 명의로 돌아가기 때문에 채권자대위권을 행사하는 채권자에게 직접 말소등기절차를 이행할 것을 명한 판결이 위법하다고 할 수 없다(대법원 1995. 4. 14. 선고 94다58148 판결).

청구하는 것으로 볼 수 있는 때에는 피고에게 의견진술의 기회를 주어야 한다 (대법원 1999. 12. 24. 선고 99다35393 판결; 대법원 2007. 7. 26. 선고 2007다19006 · 19013 판결).

A의 채권자 甲이 A에 대한 채권을 보전하기 위하여 乙을 상대로 A의 乙에 대한 채권의 이행을 구하는 소를 제기하는 경우 청구원인으로서 "① 甲의 A에 대한 채권(피보전채권)의 존재, ② 甲이 A에 대한 채권을 보전할 필요성, ③ A의 乙에 대한 채권(피대위채권)의 발생"이 요구된다.

가. 피보전채권의 존재

(1) 피보전채권의 의의

채권자대위권은 채권자의 채권을 보전하기 위한 제도이므로 채권자대위권을 행사하기 위해서는 채권자의 채무자에 대한 채권이 유효하게 존재하여야 하고, 그 채권은 구체적으로 발생한 권리이어야 한다.[23] 피보전채권은 보전의 필요성이 인정되고 이행기가 도래[24]한 것이면 되고, 채무자의 제3채무자에 대한 권리보다 먼저 성립되어 있을 필요가 없으며, 피보전채권을 제3채무자에게 대항할 수 있어야 하는 것도 아니다(대법원 2003. 4. 11. 선고 2003다1250 판결).

민법 제404조 제1항 본문은 '채권'을 보전하기 위하여 채권자대위권을 행사할 수 있는 것으로 규정하고 있는데, 채권자의 권리가 보전에 적합한 것인지와 관련해서는 (ⅰ) 금전채권이 아닌 비금전채권의 보전을 위한 경우, (ⅱ) 채권이 아닌 물권적 청구권의 보전을 위한 경우, (ⅲ) 재산적 권리가 아닌 비재산적 권리의 보전을 위한 경우가 주로 논의되고 있다. 판례는 금전채권, 특정채권, 물권

---

23) 이혼으로 인한 재산분할청구권은 협의 또는 심판에 의하여 구체적인 내용이 형성되기까지는 그 범위와 내용이 불명확 · 불확정하기 때문에 구체적으로 권리가 발생하였다고 할 수 없으므로 이러한 재산분할청구권을 보전하기 위하여 채권자대위권을 행사할 수 없다(대법원 1999. 4. 9. 선고 98다58016 판결).
주식회사 대표이사의 업무집행권 등은 대표이사의 개인적인 재산상 권리가 아니고, 주주권도 특정된 구체적인 청구권을 내용으로 하는 것이 아니므로 특별한 사정이 없는 한 대표이사의 업무집행권 등이나 주주의 주주권에 기하여 회사가 제3자에 대하여 가지는 특정물에 대한 물권적 청구권 등의 재산상 청구권을 직접 또는 대위하여 행사할 수 없다(대법원 1998. 3. 24. 선고 95다6885 판결).
24) 법원의 허가를 받아 대위행위를 하거나 대위행위가 보존행위에 해당하는 경우를 제외하고는 채권자는 피보전채권의 이행기가 도래하여야 채권자대위권을 행사할 수 있다(민법 제404조 제2항).

적 청구권은 피보전채권이 될 수 있는 것으로 보지만, 청구권을 재산권으로 보기 어렵거나 구체적인 권리로 볼 수 없는 경우에는 피보전채권이 될 수 없는 것으로 본다.

「채무자 회생 및 파산에 관한 법률」 제566조 본문은 "면책을 받은 채무자는 파산절차에 의한 배당을 제외하고는 파산채권자에 대한 채무의 전부에 관하여 그 책임이 면제된다."라고 규정하고 있고, 다만 그 단서에서 들고 있는 일정한 채무의 경우에만 책임이 면제되지 않는다는 예외 규정을 두고 있으므로 채무자가 파산절차에서 면책결정을 받은 때에는 파산채권이 위 법률 제566조 단서의 예외사유에 해당하지 않는 한 그 파산채권을 피보전채권으로 하여 채권자대위권을 행사할 수 없다(대법원 2009. 6. 23. 선고 2009다13156 판결; 대법원 2022. 9. 7. 선고 2022다230165 판결).

(2) 피보전채권이 존재하지 않는 경우 법원의 조치

채권자대위소송을 법정소송담당으로 보는 견해와 판례의 입장에 따르면 피보전채권의 존재는 채권자가 원고로서 채무자의 제3채무자에 대한 권리를 행사할 당사자적격을 구성하는 요소이므로 소송요건에 해당한다. 채권자대위소송에서 대위에 의하여 보전될 채권자의 채무자에 대한 권리(피보전채권)가 존재하는지는 소송요건으로서 법원의 직권조사사항이므로 법원은 그 판단의 기초자료인 사실과 증거를 직권으로 탐지할 의무까지는 없더라도 법원에 현출된 모든 소송자료에 비추어 피보전채권의 존부에 관하여 의심할 만한 사정이 인정되면 직권으로 추가적인 심리·조사를 하여 그 존재 여부를 확인하여야 할 의무가 있다(대법원 2009. 4. 23. 선고 2009다3234 판결).

피보전채권의 존재 여부는 소송요건으로서 법원의 직권조사사항에 해당하지만, 채권자대위권을 행사하는 자에게 피보전채권에 관한 주장·증명책임이 있으므로 법원은 원고가 피보전채권으로 주장하지 않은 권리에 대해서까지 피보전채권이 될 수 있는지를 판단할 필요가 없다(대법원 2014. 10. 27. 선고 2013다25217 판결).

채권자대위소송에서 대위에 의하여 보전될 채권자의 채무자에 대한 권리(피보전채권)의 존재가 인정되지 않는 때에는 법원은 채권자가 스스로 원고가 되어 채무자의 제3채무자에 대한 권리(피대위채권)를 행사할 당사자적격을 흠결한 것으로 보아 소를 각하한다(대법원 1988. 6. 14. 선고 87다카2753 판결).

피보전채권의 부존재를 간과하고 제1심법원이 원고의 청구를 기각한 때에는 항소법원은 제1심판결을 취소하고 소를 각하하여야 하며, 사건을 제1심법원에 환송할 것은 아니다(대법원 1991. 8. 27. 선고 91다13243 판결). 또한 항소법원이 피보전채권을 인정할 수 없다고 하면서도 이를 이유로 소를 각하하지 않고 청구를 기각한 때에도 그 청구의 본안에 대한 기판력이 발생하는 것은 아니므로 이러한 판결주문의 표현을 이유로 항소심판결을 파기할 것은 아니다(대법원 1993. 7. 13. 선고 92다48857 판결).

(3) 피보전채권의 존부에 관한 제3채무자의 주장의 허용 범위

(가) 채무자가 채권자에 대하여 가지는 권리항변의 경우

권리항변에서의 항변권은 권리자인 채무자가 행사 여부를 결정할 수 있고, 그에 따라 법률관계가 달라지므로 권리자 아닌 제3채무자가 이를 행사하거나 원용할 수 없는 것으로 보아 제3채무자는 채무자가 채권자에 대하여 가지는 권리항변사유를 원용할 수 없는 것으로 해석된다.

채무자가 채권자에 대하여 가지는 항변권을 제3채무자가 직접 행사할 수 있는지와는 별개로 채무자가 스스로 피보전채권을 부존재 또는 소멸하게 하는 항변권을 행사한 후에 그것이 채권자대위소송에서 주장된 때에는 법원은 당사자 적격의 흠결을 이유로 소를 각하하여야 한다. 채무자가 채권자대위소송에서든지 별소에서든지 채권자에 대하여 자신의 권리항변을 한 경우에는 제3채무자도 채권자대위소송에서 채무자의 항변권 행사 결과 피보전채권이 부존재 또는 소멸하였다고 주장할 수 있다(대법원 2008. 1. 31. 선고 2007다64471 판결). 이러한 제3채무자의 주장은 본안항변이 아니라 소송요건인 피보전채권의 존재를 다투는 본안전항변에 해당한다.

(나) 제3채무자가 채무자의 채권자에 대한 피보전채권의 시효소멸 항변을 원용할 수 있는지 여부

채권자대위소송에서 제3채무자는 채무자가 채권자에 대하여 가지는 항변으로 대항할 수 없고, 피보전채권의 소멸시효가 완성된 경우 이를 원용할 수 있는 자는 원칙적으로 시효의 이익을 직접 받는 자뿐이므로 채권자대위소송의 제3채무자는 피보전채권의 시효소멸 항변을 원용할 수 없다(대법원 1997. 7. 22. 선고

97다5749 판결; 대법원 1998. 12. 8. 선고 97다31472 판결; 대법원 2004. 2. 12. 선고 2001다10151 판결).[25]

(다) 제3채무자가 피보전채권의 존재를 다투는 주장을 하는 경우

피보전채권의 존부는 당사자적격의 문제로서 직권조사사항에 해당하므로 법원은 제3채무자의 주장을 고려하되 피보전채권의 존부를 직권으로 심리·판단할 수 있다. 이러한 제3채무자의 주장에 대하여는 변론주의가 적용되지 않는다.

채권자가 채권자대위권에 기한 소를 제기한 경우 제3채무자는 채무자가 채권자에 대하여 가지는 항변권이나 형성권 등과 같이 권리자에 의한 행사가 필요한 사유를 주장하여 채권자의 채무자에 대한 권리가 인정되는지를 다툴 수는 없지만, 채권자의 채무자에 대한 권리의 발생원인이 된 법률행위가 무효라거나 그 권리가 변제 등으로 소멸하였다는 등의 사실을 주장하여 채권자의 채무자에 대한 권리가 인정되는지를 다툴 수 있고, 이런 경우 법원은 제3채무자의 주장을 고려하여 채권자의 채무자에 대한 권리가 인정되는지에 관하여 직권으로 심리·판단하여야 한다(대법원 2015. 9. 10. 선고 2013다55300 판결).

(4) 채권자가 채무자를 상대로 피보전채권에 기한 이행의 소를 제기하여 승소판결이 확정된 후에 제기한 채권자대위소송에서 제3채무자가 그 청구권의 존재를 다툴 수 있는지 여부

채권자가 채권자대위권을 재판상 행사하는 경우 피보전채권의 존재사실, 보전의 필요성, 기한의 도래 등을 증명하면 족하고, 채권의 발생원인사실 또는 그 채권이 제3채무자인 피고에게 대항할 수 있는 채권이라는 사실까지 증명할 필요는 없으므로 채권자가 채무자를 상대로 그 보전되는 청구권에 기한 이행의 소를 제기하여 승소판결이 확정된 때에는 제3채무자는 그 청구권의 존재를 다툴 수 없게 된다(대법원 1995. 2. 10. 선고 94다39369 판결; 대법원 2003. 4. 11. 선고 2003다1250 판결; 대법원 2007. 5. 10. 선고 2006다82700·82717 판결).

채권자가 채무자를 상대로 보전되는 청구권에 기한 이행청구의 소를 제기하

---

25) 이와는 달리 채권자취소소송의 상대방이 된 사해행위의 수익자는 사해행위가 취소되면 사해행위에 의하여 얻은 이익을 상실하지만, 사해행위취소권을 행사하는 채권자의 채권이 소멸하면 그러한 이익의 상실을 면하게 되는 지위에 있으므로 그 채권의 소멸로 직접 이익을 받는 자에 해당하여 피보전채권의 시효소멸을 주장할 수 있다(대법원 2007. 11. 29. 선고 2007다54849 판결).

여 승소판결이 확정되었다면 특별한 사정이 없는 한 그 청구권의 발생원인이 되는 사실관계가 채권자대위소송의 제3채무자에 대한 관계에서도 증명되었다고 볼 수 있다. 그러나 그 청구권의 취득이 채권자로 하여금 채무자를 대신하여 소송행위를 하게 하는 것을 주목적으로 이루어진 경우와 같이 강행법규에 위반되어 무효라고 볼 수 있는 때에는 확정판결에도 불구하고 채권자대위소송의 제3채무자에 대한 관계에서는 피보전권리가 존재하지 않는다고 보아야 한다. 확정판결 또는 그와 같은 효력이 있는 재판상 화해가 재심이나 준재심으로 취소되지 아니하여 채권자와 채무자 간에서는 그 판결이나 화해가 무효라는 주장을 할 수 없는 경우에도 채권자대위소송의 제3채무자에 대한 관계에서는 피보전권리가 존재하지 않는 것으로 보아야 한다(대법원 2015. 9. 24. 선고 2014다74919 판결; 대법원 2019. 1. 31. 선고 2017다228618 판결).

(5) 채권자대위소송에서 피보전채권의 부존재를 이유로 한 소각하판결이 확정된 경우 그 판결의 기판력의 내용 및 작용

채권자대위소송에서 채권자가 채무자를 대위할 피보전채권이 인정되지 않는다는 이유로 소를 각하한 판결이 확정된 때에는 그 판결의 기판력은 피보전채권이 존재하지 아니하여 소가 부적법하다는 점에 관하여 발생한다.

피보전채권의 부존재를 이유로 한 채권자대위소송에 대한 소각하판결의 기판력이 채권자가 채무자를 상대로 피보전채권의 이행을 구하는 소송에 미치는지와 관련하여, 판례는 채권자가 채권자대위권을 행사하는 방법으로 제3채무자를 상대로 소를 제기하였다가 채무자를 대위할 피보전채권이 인정되지 않는다는 이유로 소각하판결을 선고받아 그 판결이 확정된 때에는 채권자대위소송의 당사자가 아닌 채무자에게는 채권자대위소송의 소송요건인 피보전채권의 존부에 관한 기판력이 발생하지 않으므로 그 소각하판결의 기판력은 채권자가 채무자를 상대로 피보전채권의 이행을 구하는 소송에 미치지 않는다(대법원 2014. 1. 23. 선고 2011다108095 판결)는 입장이다.

피보전채권의 부존재를 이유로 한 채권자대위소송에 대한 소각하판결의 기판력이 제3채무자가 채권자를 상대로 제기한 반대소송에 미치는지와 관련하여, 판례는 채권자대위소송에서 피보전채권의 부존재를 이유로 소각하판결을 선고받은 채권자가 그 판결 확정 후에 제3채무자가 제기한 반대소송에서 피보전채권이 있음을 항변사유로 주장하는 것은 그 소각하판결의 기판력에 저촉되어 허용되지 않는다(대법원 2001. 1. 16. 선고 2000다41349 판결)는 입장이다.

나. 보전의 필요성

채권자대위권은 채권자가 자기의 채권을 '보전하기 위하여' 채무자의 권리를 행사하는 것이므로 보전의 필요성이 인정되어야 채권자대위권을 행사할 수 있다. 보전의 필요성이란 채권자가 채무자의 권리를 대위행사하지 않으면 자기의 채권이 완전한 만족을 얻지 못하게 될 위험이 있는 상태를 의미한다. 피보전채권이 금전채권일 경우에는 채무자의 무자력을 요구하지만,[26] 특정채권일 경우에는 채무자의 무자력을 요구하지 않는 것이 판례의 입장이다.[27]

---

[26] 피보험자가 임의 비급여 진료행위에 따라 요양기관에 진료비를 지급한 다음 실손의료보험계약상의 보험자에게 청구하여 진료비와 관련한 보험금을 지급받았는데, 진료행위가 위법한 임의 비급여 진료행위로서 무효인 동시에 실손의료보험계약상 보험금 지급사유에 해당하지 아니하여 보험자가 피보험자에 대하여 보험금 상당의 부당이득반환채권을 가지게 된 경우 채권자인 보험자가 위 부당이득반환채권을 보전하기 위하여 채무자인 피보험자를 대위하여 제3채무자인 요양기관을 상대로 진료비 상당의 부당이득반환채권을 행사하는 형태의 채권자대위소송에서 채무자의 자력 유무에 상관없이 보전의 필요성이 인정되는지 여부: [다수의견]은 (ⅰ) 채권자인 보험자가 요양기관에 대한 부당이득반환채권을 대위하여 행사하지 않으면 자신의 채무자에 대한 부당이득반환채권의 완전한 만족을 얻을 수 없게 될 위험이 있다고 할 수 없고, 피보전채권인 보험자의 피보험자에 대한 부당이득반환채권과 대위채권인 피보험자의 요양기관에 대한 부당이득반환채권 사이에는 피보전채권의 실현 또는 만족을 위하여 대위권리의 행사가 긴밀하게 필요하다는 등의 밀접한 관련성을 인정할 수도 없으며, (ⅱ) 보험자가 요양기관의 위법한 임의 비급여 진료행위가 무효라는 이유로 자력이 있는 피보험자의 요양기관에 대한 권리를 대위하여 행사하는 것은 피보험자의 자유로운 재산관리행위에 대한 부당한 간섭이 될 수 있다는 것을 이유로 채권자인 보험자가 금전채권인 부당이득반환채권을 보전하기 위하여 채무자인 피보험자를 대위하여 제3채무자인 요양기관을 상대로 진료비 상당의 부당이득반환채권을 행사하는 형태의 채권자대위소송에서 채무자가 자력이 있는 때에는 보전의 필요성이 인정된다고 볼 수 없다고 하였고, [반대의견]은 (ⅰ) 요양기관의 피보험자에 대한 진료행위가 위법한 임의 비급여 진료행위에 해당하는 경우 그 계약은 효력이 없고, 보험자가 피보험자에 대하여 가지는 보험금 상당의 부당이득반환채권과 피보험자가 요양기관에 대하여 가지는 진료비 상당의 부당이득반환채권 사이에는 밀접한 관련성이 있으며, (ⅱ) 채권자인 보험자가 자신의 부당이득반환채권을 보전하기 위하여 채무자인 피보험자를 대위하여 제3채무자인 요양기관을 상대로 진료비 상당의 부당이득반환채권을 청구하는 채권자대위권 행사는 채권의 현실적 이행을 위한 유효적절한 수단으로서 채무자의 자유로운 재산관리행위에 대한 부당한 간섭에 해당한다고 볼 수 없다는 것을 이유로 채무자의 자력 유무와 관계없이 채권자대위권 행사요건인 보전의 필요성이 인정되는 것으로 보아야 한다고 하였다(대법원 2022. 8. 25. 선고 2019다229202 전원합의체 판결).

[27] 판례는 채권자대위권이 보충적으로만 행사되어야 하는지(대법원 2007. 5. 10. 선고 2006다82700 · 82717 판결)와 피보전채권의 한도에서만 채무자의 제3채무자에 대한 채권을 대위행

채권자와 채무자 사이에서 채권의 부존재가 판결로 확정된 후에 채권자가
제3채무자를 상대로 제기한 채권자대위소송에서 그 채권을 피보전채권으로 주
장할 수 있는지와 관련하여, 판례는 채권자가 채무자를 상대로 피보전채권에 기
한 이행의 소를 제기하였다가 패소판결을 선고받아 그 판결이 확정된 때에는
그 패소판결의 기판력으로 인해 채권자는 채무자에게 그 피보전채권의 이행을
청구할 수 없게 되었고, 이런 경우 설령 채권자가 채권자대위소송에서 승소하더
라도 채권자가 채무자를 상대로 다시 피보전채권의 이행을 청구할 수도 없으므
로 채권자는 채권자대위권을 행사함으로써 피보전채권을 보전할 필요가 없다
(대법원 1986. 2. 11. 선고 85다534 판결; 대법원 1993. 2. 12. 선고 92다25151 판결)는
입장이다.

채권자가 자기의 채권을 보전하기 위하여 채무자의 권리를 행사하려면 채무
자의 무자력을 요건으로 하지만, 임대차보증금반환채권을 양수한 채권자가 그
이행을 청구하기 위하여 임차인의 건물인도가 선이행되어야 할 필요가 있어 그
인도를 구하는 경우에는 그 채권의 보전과 채무자인 임대인의 자력 유무는 서
로 관계가 없으므로 무자력을 요건으로 하지 않는다(대법원 1989. 4. 25. 선고 88
다카4253 · 4260 판결).

채무자 소유의 부동산을 시효취득한 채권자의 공동상속인이 채무자에 대한
소유권이전등기청구권을 피보전채권으로 하여 제3채무자를 상대로 채무자의 제
3채무자에 대한 소유권이전등기의 말소등기청구권을 대위행사하는 경우에는 그
공동상속인은 자신의 지분 범위 내에서만 채무자의 제3채무자에 대한 소유권이
전등기의 말소등기청구권을 대위행사할 수 있고, 자신의 지분을 초과하는 부분
에 관하여는 채무자를 대위할 보전의 필요성이 없다(대법원 2014. 10. 27. 선고
2013다25217 판결).

보전의 필요성은 채권자대위권의 행사요건이므로 보전의 필요성이 인정되지
않으면 법원은 소를 각하하여야 한다는 것이 판례의 입장이다(대법원 2012. 8.
30. 선고 2010다39918 판결). 보전의 필요성 유무는 변론종결 시를 기준으로 하여
판단한다(대법원 1976. 7. 13. 선고 75다1086 판결).

사할 수 있는지(대법원 2012. 8. 30. 선고 2010다39918 판결)도 보전의 필요성 문제로 다루고
있다.

다. 피대위채권의 발생

채권자가 채무자의 권리를 대위행사하려면 그 피대위권리는 성질상 대위행사에 적합한 것이어야 한다. 민법 제404조 제1항 단서는 일신전속권을 피대위권리에서 배제하고 있다. 이와 관련하여 채권자대위권의 목적이 될 수 없는 일신전속권의 범위가 문제되는데, 압류가 금지된 권리, 양도가 금지된 권리, 일신전속권이 아니더라도 그 행사 여부가 채무자의 자유로운 의사에 맡겨져 있는 등 성질상 대위행사가 적합하지 않은 권리 등도 대위행사할 수 있는지가 논의되고 있다.

채권자대위소송을 법정소송담당으로 보는 견해와 판례의 입장에 따르면 채권자대위권 행사의 다른 요건은 소송요건에 해당하지만, 피대위권리의 존부는 실체법적 요건에 해당하여 피대위권리가 인정되지 않으면 법원은 청구를 기각하여야 한다.

피대위권리가 채권자대위권의 목적이 될 수 없는 경우의 처리방법이 문제되는데, 판례 중에는 피대위권리가 행사상의 일신전속성을 가지는 경우 대위권 행사의 목적이 될 수 없다고 하여 청구를 기각한 원심법원의 판단이 정당하다고 한 것이 있는가 하면(대법원 2010. 5. 27. 선고 2009다93992 판결[28]), 재심의 소 제기는 채권자대위권의 목적이 될 수 없으므로 채권자는 채무자를 대위하여 재심의 소를 제기할 당사자적격이 없다고 하여 채권자가 채무자를 대위하여 제기한 재심의 소를 각하한 것이 있다(대법원 2012. 12. 27. 선고 2012다75239 판결[29]).

---

28) 유류분반환청구권은 그 행사 여부가 유류분권리자의 인격적 이익을 위하여 그의 자유로운 의사결정에 전적으로 맡겨진 권리로서 행사상의 일신전속성을 가지므로 유류분권리자에게 그 권리행사의 확정적 의사가 있다고 인정되는 경우가 아니라면 채권자대위권의 목적이 될 수 없다.

29) 채권을 보전하기 위하여 채무자의 권리를 행사할 필요가 있는 경우에는 실체법상 권리뿐만 아니라 소송법상 권리도 대위행사할 수 있지만, 채무자와 제3채무자 간의 소송이 계속된 이후의 소송수행에 관한 개개의 소송상 행위는 그 권리의 행사를 소송당사자인 채무자의 의사에 맡기는 것이 타당하므로 채권자대위가 허용되지 않고, 같은 취지에서 볼 때 상소 제기와 마찬가지로 재심대상판결에 불복하여 종전 소송절차의 재개, 속행 및 재심판을 구하는 재심의 소 제기도 채권자대위권의 목적이 될 수 없다.

4. 항변 이하의 공격방어방법

가. 본안전항변

(1) 피보전채권이 존재하지 않는다는 주장

채권자대위소송을 법정소송담당으로 보는 견해와 판례의 입장에 따르면 피보전채권의 존재가 채권자대위소송의 소송요건으로 작용하므로 피고인 제3채무자가 피보전채권이 존재하지 않는다고 주장하는 것은 본안전항변에 해당한다. 당사자 간에 이에 관하여 다툼이 있는 경우 채권자인 원고가 피보전채권이 존재하는 것을 증명하여야 한다.

채권자가 제3채무자를 상대로 대위청구를 함과 아울러 채무자를 상대로 피보전채권의 이행을 구하는 경우 채무자가 그 소송절차에서 피보전채권의 시효소멸 항변을 한 때에는 피보전채권의 시효소멸 여부가 채권자대위소송에 현출된 것으로 볼 수 있으므로 법원은 피보전채권의 소멸시효가 완성되었는지에 관하여 심리·판단하여야 한다(대법원 2008. 1. 31. 선고 2007다64471 판결).

(2) 피보전채권에 기한의 약정이 있다는 주장

채권자대위소송을 법정소송담당으로 보는 견해와 판례의 입장에 따르면 피보전채권의 변제기가 도래한 것은 채권자대위소송의 소송요건으로 작용하므로 피고인 제3채무자가 피보전채권에 기한의 약정이 있다고 주장하는 것은 본안전항변에 해당한다. 당사자 간에 이에 관하여 다툼이 있으면 채권자인 원고가 피보전채권의 변제기가 도래한 것을 증명하여야 한다. 채권자인 원고는 법원의 허가를 받아 대위행위를 하였거나 대위행위가 보존행위에 해당한다는 것을 증명할 수도 있다(민법 제404조 제2항).

(3) 채무자가 그의 권리를 행사하였다는 주장

민법 제404조는 채무자가 그의 권리를 행사하지 않을 것을 규정하고 있지 않지만, 채권자대위권의 행사요건으로서 채무자가 스스로 그의 권리를 행사하지 않을 것을 요구하는 것이 판례의 입장이다(대법원 1970. 4. 28. 선고 69다1311 판결).

채무자가 스스로 그의 권리를 행사하지 않는다는 것은 채무자의 제3채무자에 대한 권리가 존재하고 채무자가 그 권리를 행사할 수 있는 상태에 있음에도 스스로 그 권리를 행사하지 않는 것을 의미한다. 여기에서 권리를 행사할 수 있는 상태에 있다는 것은 권리를 행사할 수 없게 하는 법률적 장애가 없어야 한다는 것을 의미하는데, 채무자 자신에 관한 현실적인 장애까지 없어야 한다는 것은 아니고 채무자가 그의 권리를 행사하지 않는 이유를 불문한다(대법원 1992. 2. 25. 선고 91다9312 판결). 채무자의 권리 불행사에 대한 고의나 과실 여부도 문제되지 않고, 사전에 채무자에 대하여 스스로 권리를 행사할 것을 최고할 필요도 없으며, 채무자가 채권자대위권 행사에 동의할 것을 요구하지도 않는다. 또한 채무자가 채권자대위권 행사에 반대의 의사를 표명하였더라도 채권자대위권을 행사하는 데 영향을 미치지 않는다(대법원 1963. 11. 21. 선고 63다634 판결).

채권자대위소송을 법정소송담당으로 보는 견해와 판례의 입장에 따르면 채무자가 그의 권리를 행사하지 아니한 것이 채권자대위소송의 소송요건으로 작용하므로 피고인 제3채무자가 채무자가 그의 권리를 행사한 사실을 주장하는 것은 본안전항변에 해당한다. 당사자 간에 이에 관하여 다툼이 있는 경우 채권자인 원고가 채무자가 그의 권리를 행사하지 아니한 것을 증명하여야 한다.

피고가 채무자가 그의 권리를 행사하였다고 주장하지 않고, 소송기록상 특별히 채무자가 그의 권리를 행사하였다고 의심할 만한 사정이 나타나지 아니한 때에는 법원은 이에 관하여 적극적으로 조사할 필요가 없을 것이다.

나. 본안항변

(1) 피대위채권의 장애사실·소멸사실·저지사실의 항변

제3채무자는 채무자에 대한 항변으로써 채권자에게 대항할 수 있다. 이에 대하여 채권자는 채무자의 제3채무자에 대한 사유로 제3채무자에게 재항변할 수 있지만, 자신의 독자적인 사유로는 제3채무자에게 재항변할 수 없다.

(2) 채권자대위권 행사의 통지 후에 채무자가 권리를 처분하였다는 재항변

채권자가 보전행위 외의 권리를 채권자대위권에 기해 행사한 때에는 채무자에게 이를 통지하여야 하고(민법 제405조[30]) 제1항), 채무자는 채권자대위권의 행

---

30) 민법 제405조(채권자대위권 행사의 통지) ① 채권자가 전조 제1항의 규정에 의하여 보전행위 이외의 권리를 행사한 때에는 채무자에게 통지하여야 한다.
② 채무자가 전항의 통지를 받은 후에는 그 권리를 처분하여도 이로써 채권자에게 대항하지 못한다.

사사실을 통지받은 후에 그 권리를 처분하여도 이로써 채권자에게 대항하지 못한다(같은 조 제2항).

피고가 피대위채권이 소멸하였다고 항변하는 경우 원고는 피대위채권이 소멸하기 전에 원고가 채무자에게 채권자대위권 행사사실을 통지하였거나 채무자가 원고의 채권자대위권 행사사실을 알았다는 것을 재항변할 수 있다.

채권자가 채무자를 대위하여 제3채무자의 부동산에 대한 처분금지가처분을 신청하여 처분금지가처분결정을 받은 때에는 이는 그 부동산에 관한 채무자의 제3채무자에 대한 소유권이전등기청구권을 보전하기 위한 것으로서 가처분의 피보전권리인 소유권이전등기청구권을 행사한 것으로 볼 수 있으므로 채무자가 채권자의 이러한 채권자대위권 행사사실을 알게 된 후에 그 부동산에 관한 매매계약을 합의해제함으로써 채권자대위권의 객체인 부동산에 관한 소유권이전등기청구권을 소멸시킨 경우에는 이로써 대위권을 행사하는 채권자에게 대항할 수 없다(대법원 1996. 4. 12. 선고 95다54167 판결).

채무자가 채권자대위권 행사사실을 통지받은 후에 채무를 불이행함으로써 그 통지 전에 체결된 약정에 따라 매매계약이 자동적으로 해제되거나 채권자대위권 행사사실을 통지받은 후에 채무자의 채무불이행을 이유로 제3채무자가 매매계약을 해제한 때에는 제3채무자는 계약해제로써 대위권을 행사하는 채권자에게 대항할 수 있다. 다만 형식적으로는 채무자의 채무불이행을 이유로 한 계약해제인 것처럼 보이지만, 실질적으로는 채무자와 제3채무자 간의 합의에 따라 계약을 해제한 것으로 볼 수 있거나 채무자와 제3채무자가 단지 대위채권자에게 대항하기 위하여 채무자의 채무불이행을 이유로 하는 계약해제인 것처럼 외관을 갖춘 것이라는 등의 특별한 사정이 있는 경우에는 채무자가 피대위채권을 처분한 것으로 볼 수 있어 제3채무자는 계약해제로써 대위권을 행사하는 채권자에게 대항할 수 없게 된다(대법원 2012. 5. 17. 선고 2011다87235 전원합의체 판결[31]).

---

31) 채무자의 채무불이행사실 자체만으로는 권리변동의 효력이 발생하지 아니하여 이를 채무자가 제3채무자에 대하여 가지는 채권을 소멸시키는 적극적인 행위로 파악할 수 없는 점, 법정해제는 채무자의 객관적 채무불이행에 대한 제3채무자의 정당한 법적 대응인 점, 채권이 압류 또는 가압류된 경우에도 압류 또는 가압류된 채권의 발생원인이 된 기본계약의 해제가 인정되는 것과 균형을 맞출 필요가 있는 점 등을 고려하면 채무자가 자신의 채무불이행을 이유로 매매계약이 해제되도록 한 것은 민법 제405조 제2항에서 말하는 '처분'에 해당한다고 할 수 없다.

― 소송상 청구 / 소의 이익 사례 ―

〈제1문〉

〈기초적 사실관계〉

甲 주식회사(이하 '甲'이라 한다)는 2019. 1.부터 2020 12.까지 X 물산을 경영하는 乙에게 전자제품을 공급하여 오다가 2021. 1. 10. 물품대금을 3억 원으로 확정하고 乙이 위 3억 원을 2021. 2. 10. 甲에게 지급하기로 합의하였으며, 乙은 甲에 대한 물품대금채무를 담보하기 위하여 乙 명의의 X 토지에 관하여 채무자 乙, 근저당권자 甲, 채권최고액 2억 원, 乙의 처(妻)인 丙 명의의 Y 토지에 관하여 채무자 乙, 근저당권자 甲, 채권최고액 1억 원인 근저당권을 각 설정하고, 이에 관한 근저당권설정등기를 모두 마쳤다. 그 후 甲과 乙은 X 토지에 관한 근저당권의 채권최고액을 3억 원으로 증액하기로 합의하고 이에 관한 변경등기를 하였다.

〈추가된 사실관계 1〉

乙은 자신이 甲에게 3억 원의 물품대금을 모두 지급하였음을 이유로 甲을 상대로 위 3억 원의 물품대금채무의 부존재 확인과 아울러 X 토지에 관한 근저당권설정등기 및 변경등기의 말소등기절차의 이행을 구하는 소를 제기하였다. 법원의 심리 결과 乙은 위 물품대금채무 가운데 2억 원만을 변제한 사실이 인정되었다.

1. 법원은 어떠한 판결을 하여야 하는가?

〈추가된 사실관계 2〉

丙은 2023. 12. 5. 乙이 甲에게 3억 원의 물품대금을 모두 지급하였음을 이유로 甲을 상대로 소유권에 기하여 Y 토지에 관한 근저당권설정등기의 말소등기

절차의 이행을 구하는 소를 제기하였다. 그러자 甲은 乙이 물품대금을 지급하지
아니하여 乙에 대한 물품대금채권이 존재하기 때문에 丙의 청구는 기각되어야
한다는 내용이 기재되어 있는 답변서를 2024. 1. 10. 법원에 제출하였다. 丙은
2024. 3. 5. 변론기일에 출석하여 甲의 물품대금채권은 2021. 2. 10.부터 3년이
경과하였으므로 시효로 소멸하였다고 진술하였고, 甲은 3년이 경과하기 전에
위 답변서를 통해 물품대금채권을 행사하였기 때문에 丙의 주장은 이유가 없다
고 진술하였다.

2. 법원은 어떠한 판결을 하여야 하는가?

〈제 2 문〉

〈사실관계〉

甲은 2023. 4. 1. 乙에게 5,000만 원을 빌려주면서 변제기를 2024. 3. 31., 이
자를 월 2%로 정하였는데, 乙은 위 5,000만 원 중 2,000만 원에 대하여는 담보
조로 액면금 2,480만 원, 지급기일 2024. 3. 31.인 약속어음을 발행하여 甲에게
교부하였고, 2023. 8. 31.까지 채권최고액 6,000만 원, 근저당권자 甲으로 하는
근저당권을 설정해 주기로 하였다. 乙이 2023. 4. 30.이 지나도록 이자를 지급하
지 않고 甲으로부터 2,000만 원만을 빌렸다고 주장하자 甲은 2023. 6. 20. 5,000
만 원의 대여금채권 중 그 존부에 관하여 다툼이 있는 3,000만 원에 대하여 대
여금채권의 존재 확인을 구하는 소(A 소)를 제기하였다. 2023. 8. 31.이 지나도
록 乙이 근저당권을 설정해 주지 않자 甲은 A 소송의 계속 중인 2023. 10. 10.
乙이 담보제공의무를 이행하지 않아 기한의 이익을 상실하였다고 주장하며 乙
에 대한 대여금 5,000만 원 가운데 乙이 빌린 사실을 다투고 있는 3,000만 원에
대하여 지급을 구하는 소(B 소)를 제기하였다. A 소와 B 소의 법원은 각 사건을
어떻게 처리하여야 하는가?

〈제 3 문〉

〈사실관계〉

甲은 사업을 확장하는 데 자금이 필요하여 의류 판매점을 운영하는 乙로부터 3억 원을 빌리기로 하고, 그 차용금채무를 담보하기 위하여 甲 소유의 X 토지와 甲의 처(妻)인 丙 소유의 Y 토지에 채무자 甲, 근저당권자 乙, 채권최고액 2억 원으로 하는 근저당권을 각 설정하고, 이에 관한 근저당권설정등기를 모두 마쳤다. 丙은 乙을 상대로 甲의 乙에 대한 차용금채무의 부존재 확인과 아울러 소유권에 기한 Y 토지에 관한 근저당권설정등기의 말소등기절차의 이행을 구하는 소를 제기하였다. 丙은 변론기일에서 甲이 乙로부터 영업자금을 빌리기로 하고 乙에게 근저당권설정등기를 해 주었지만, 甲이 사업확장계획을 철회하는 바람에 乙로부터 실제로 돈을 빌리지 않았기 때문에 甲의 乙에 대한 차용금채무가 존재하지 않으므로 Y 토지에 관한 근저당권설정등기는 무효의 등기라고 주장하였다. 乙은 변론기일에 출석하여 丙의 주장사실을 다투었다. 법원의 심리 결과 甲의 乙에 대한 차용금채무가 1억 원 존재하는 것으로 인정되는 경우 법원은 어떠한 판결을 하여야 하는가?

― 소송상 청구 / 소의 이익 사례 풀이 ―

〈제1문-1〉

Ⅰ. 쟁점

법원의 판결과 관련해서는 (ⅰ) 채무자가 근저당권의 피담보채무부존재 확인의 소를 제기할 확인의 이익이 인정되는지 여부, (ⅱ) 피담보채무의 소멸을 원인으로 한 근저당권변경등기에 대한 말소등기청구의 소의 이익이 인정되는지 여부, (ⅲ) 피담보채무 전부의 변제를 전제로 한 피담보채무부존재확인청구 및 근저당권설정등기의 말소등기청구에 대한 법원의 심리 결과 피담보채무의 일부가 존재하는 것으로 인정되는 경우 법원의 판단을 처분권주의와의 관계에서 검토하여야 한다.

Ⅱ. 채무자의 피담보채무부존재 확인의 소의 확인의 이익 인정 여부

1. 소의 이익

원고의 소송상 청구가 법원의 심판을 받기 위해서는 원고의 소송상 청구에 대하여 법원의 심판을 받을 자격과 법원의 심판을 구할 현실적인 필요성이 인정되어야 하고, 당사자와 관련해서는 각 당사자가 소송을 수행하여 본안판결을 받을 자격을 가지고 있어야 한다.

2. 확인의 이익의 의미

원고의 권리 또는 법적 지위에 불안이나 위험이 현존하고, 현존하는 법적 불안이나 위험을 제거하는 데 확인판결을 받는 것이 유효적절한 수단이어야 확인의 이익이 인정된다.

3. 근저당권설정등기가 되어 있는 경우 피담보채무부존재 확인의 소의 확인의 이익 인정 여부

가. 채무자가 피담보채무부존재 확인의 소를 제기하는 경우

채권을 담보하기 위하여 근저당권 등의 담보권이 설정되어 있는 경우 피담보채무가 원시적 또는 후발적 사유로 인정되지 않는 때에는 채무자는 근저당권자를 상대로 그 근저당권설정등기에 대한 말소등기절차의 이행을 구하는 소를 제기할 수 있다. 이러한 경우에도 채무자가 채권자를 상대로 피담보채무의 부존재 확인을 구하는 소를 제기할 수 있는가의 문제는 그 부존재 확인판결을 받는 것이 채무자의 법적 지위에 관한 불안을 제거하는 데 유효적절한 방법인지에 달려 있다고 할 수 있다.

채무자가 피담보채무가 부존재 또는 소멸하였다고 주장하며 근저당권설정등기의 말소등기절차의 이행을 구하는 소를 제기하는 경우 그 확정판결은 피담보채무의 존부를 확정하는 효력을 가지지 못하므로 채무자가 근저당권자를 상대로 근저당권설정등기 말소등기청구의 소를 제기하여 승소하더라도 그 확정판결의 효력이 피담보채무의 부존재 자체에는 미치지 않는다. 따라서 채권자가 채무자를 상대로 자기에게 피담보채권에 기한 이행청구권이 있다고 주장하며 그 이행을 구하는 소를 제기하는 경우 채무자는 다시 자기 채무의 부존재를 다투어야 한다.

채무자가 피담보채무가 전부 소멸하였다고 주장하며 근저당권설정등기의 말소등기절차의 이행을 구하는 소를 제기하는 경우 잔존 채무가 존재하는 것으로 밝혀진 때에는 특별한 사정이 없는 한 채무자가 잔존 채무를 변제하는 것을 조건으로 근저당권자에게 근저당권설정등기의 말소등기절차의 이행을 명하는 판결을 하여야 하는데, 이런 경우 선이행 부분에 기판력이 발생하지 않으므로 잔존 채무의 액수에 대하여 다시 다툼이 생기는 것을 막을 수 없다.

채무자가 근저당권설정등기의 말소등기절차의 이행을 구할 수 있더라도 채무자와 채권자 간에 피담보채무의 존부에 관한 다툼이 있는 때에는 그 채무부존재 확인의 소를 제기하여 확정판결에 의해 피담보채무가 존재하지 아니함을 확정해 두는 것이 채무자의 법적 불안을 제거하는 데 유효적절한 방법이라고 할 수 있다. 채무자가 채권자를 상대로 피담보채무의 부존재 확인을 구하는 소는 확인의 이익이 부정될 만한 특별한 사정이 없는 한 확인의 이익이 인정된다고 할 것이다.

나. 물상보증인이 피담보채무부존재 확인의 소를 제기하는 경우

채권자에 대하여 피담보채무를 부담하지 않는 물상보증인의 경우에는 채권자가 물상보증인에 대하여 피담보채권에 기한 이행청구권을 가지지 못하므로 물상보증인은 근저당권설정등기 말소등기청구의 소를 통해 그 등기를 말소시키면 충분하고 이와는 별도로 피담보채무부존재 확인의 소를 제기할 필요 또는 이익이 없다고 할 것이다.

다. 판례의 입장[1])

판례는 채무자가 근저당권설정등기의 말소등기청구와 함께 피담보채무부존재 확인을 구하는 때에는 확인의 이익을 별도로 문제삼지 않고 확인청구에 관한 본안판단을 한다(대법원 1993. 12. 21. 선고 92다47861 전원합의체 판결).

그러나 물상보증인의 상속인인 채무자가 근저당권설정계약에 기한 피담보채무가 존재하지 아니함의 확인을 구함과 아울러 그 근저당권설정등기의 말소등기절차의 이행을 구하는 때에는 근저당권설정자는 피담보채무가 존재하지 않음을 이유로 근저당권설정등기의 말소를 구하는 것이 분쟁을 유효적절하게 해결하는 직접적인 수단이 될 것이므로 별도로 근저당권설정계약에 기한 피담보채무가 존재하지 아니함의 확인을 구하는 것은 확인의 이익이 있다고 할 수 없다고 하였다(대법원 2000. 4. 11. 선고 2000다5640 판결[2])).

---

1) 사례와 직접적인 관련이 있는 것은 아니지만, 근저당권의 피담보채무에 관한 부존재 확인의 소가 근저당권설정등기가 말소되면 확인의 이익이 없어지는지가 문제된 사건에서 대법원은 확인의 소에서 확인의 대상은 현재의 권리 또는 법률관계이어야 하므로 특별한 사정이 없는 한 과거의 권리 또는 법률관계의 존부 확인은 인정되지 않기 때문에 근저당권의 피담보채무에 관한 부존재 확인의 소는 근저당권설정등기가 말소되면 과거의 권리 또는 법률관계의 존부에 관한 것으로서 확인의 이익이 없어진다고 하였다(대법원 2013. 8. 23. 선고 2012다17585 판결).

2) 이 판결의 사실관계를 살펴보면 원고(甲)는 채무자, 甲의 피상속인 A는 물상보증인으로서 A와 B 간에 B를 근저당권자로 하는 근저당권설정계약이 체결되고 이에 관한 등기가 이루어진

4. 사안의 경우

채무자는 근저당권설정등기의 말소등기절차의 이행을 구할 수 있더라도 채무자와 채권자 간에 피담보채무의 존부에 관한 다툼이 있는 때에는 피담보채무 부존재 확인의 소를 제기하여 그 확정판결에 의해 피담보채무가 존재하지 아니함을 확정해 두는 것이 채무자의 법적 불안을 제거하는 데 유효적절한 방법이라고 할 수 있으므로 乙은 甲을 상대로 물품대금채무의 부존재 확인을 구할 확인의 이익이 인정된다고 할 것이고, 법원은 이에 관한 乙의 청구가 이유 있는지를 판단하여야 할 것이다.

III. 피담보채무의 소멸을 원인으로 한 근저당권변경등기 말소등기청구의 소의 이익 인정 여부

1. 권리보호의 이익 또는 필요

원고의 소송상 청구는 권리보호의 자격[3]뿐 아니라 법원의 심판을 구할 현실적인 필요성, 즉 권리보호의 이익 또는 필요가 인정되어야 법원의 심판을 받을 수 있다. 원고의 소송상 청구에 대하여 법원의 심판을 구할 현실적인 필요성이 인정되기 위해서는 원고의 청구에 관하여 법률상·계약상 제소금지사유가 존재하지 않아야 하고, 당해 사건을 통상의 소보다 간이·신속한 특별한 구제절차에 의하여 해결할 수 있어서는 안 되며, (판례의 입장에 따르면) 원고가 동일한 청구

후에 B의 채권자 乙이 압류 및 전부명령에 의해 근저당권이전의 부기등기를 하였고, 그 후 A가 사망하여 甲을 비롯한 상속인들 명의로 상속을 원인으로 한 소유권이전등기가 이루어진 후에 甲이 다른 상속인들의 선정당사자로서 乙을 상대로 A와 B 간의 근저당권설정계약에 기한 피담보채무가 존재하지 아니함의 확인을 구함과 아울러 甲과 선정자들에게 근저당권설정등기의 말소등기절차의 이행을 구하는 소를 제기하였다. 이 사건의 경우는 근저당권설정자가 채무자(甲)가 아니라 물상보증인(A)이었다는 점과 채무자가 물상보증인이 제공한 담보목적물을 상속하였다는 점에서 채무자가 근저당권설정자인 경우와 차이가 있을 뿐 아니라 채권의 압류 및 전부명령에 의해 피담보채권이 B로부터 乙에게 이전되었다는 점에서 A와 B 간의 근저당권설정계약에 기한 피담보채무가 존재하지 아니함의 확인을 구하는 것은 과거의 법률관계를 대상으로 하는 것으로서 확인의 이익이 부정되는 것으로 볼 수도 있다.

3) 법원의 심판대상이 되기 위해서는 당사자 간의 분쟁이 법률상 쟁송이어야 하므로 원고의 청구는 법적 판단(법률적용)에 적합한 것이어야 하고, 단순한 사실의 존부에 관한 다툼은 원칙적으로 법원의 심판대상이 되지 못한다.

에 대하여 승소판결을 받아 그것이 확정된 경우이어서는 안 되고, 원고의 소 제기가 신의칙에 반하는 것이어서는 안 된다.

일정한 사항에 관하여 소 아닌 특별한 구제절차가 마련되어 있는 때에는 이를 이용하는 것이 그러한 제도를 둔 취지에 부합하는 것으로서 국가 제도의 합리적·효율적인 운영이 되기 때문에 법률이 통상의 소보다 간이·신속한 특별한 구제절차를 마련해 놓고 있거나 소에 의하지 않고 더 간편하고 경제적인 방법으로 목적을 달성할 수 있는 경우에는 민사소송을 제기할 소의 이익이 부정된다.

등기관의 직권사항인 부기등기 등의 말소등기와 각 말소등기에 대한 회복등기는 등기관의 직권에 의하여 행해지므로 그 등기명의인을 상대로 말소등기 또는 회복등기를 소구할 수 없다.

채권최고액을 증액(채무자 또는 근저당권의 목적물을 추가)하는 것을 내용으로 하는 근저당권변경등기는 근저당권설정등기에 대한 부기등기로서 주등기인 근저당권설정등기에 종속되어 주등기와 일체를 이루는 것이므로 피담보채무가 소멸한 경우 주등기인 근저당권설정등기의 말소를 구하면 되고, 주등기가 말소되면 등기관이 근저당권변경등기를 직권으로 말소하게 된다. 따라서 이러한 부기등기의 말소등기절차의 이행을 구하는 소는 권리보호의 이익이 없어 부적법하다.

2. 판례의 입장

채무자를 추가하는 것을 내용으로 하는 근저당권변경등기는 근저당권설정등기에 대한 부기등기로서 주등기인 근저당권설정등기에 종속되어 주등기와 일체를 이루는 것이므로 피담보채무가 소멸한 때에는 주등기인 근저당권설정등기의 말소만을 구하면 되고, 주등기가 말소되면 등기관이 근저당권변경등기를 직권으로 말소하게 되므로 이를 소구할 이익이 없다(대법원 1988. 11. 22. 선고 87다카 1836 판결; 대법원 2000. 10. 10. 선고 2000다19526 판결).

3. 사안의 경우

피담보채무의 소멸을 원인으로 한 근저당권변경등기의 말소등기절차의 이행을 구하는 소는 권리보호의 이익이 없어 부적법하므로 법원은 이에 관한 乙의 소를 각하하여야 할 것이다.

Ⅳ. 피담보채무 전부의 변제를 전제로 한 피담보채무부존재확인청구 및 근저당권설정등기의 말소등기청구에 대한 법원의 심리 결과 피담보채무의 일부가 존재하는 것으로 인정되는 경우 법원의 판단

1. 처분권주의의 의의 및 내용

법원의 심리 결과 乙의 甲에 대한 물품대금채무가 1억 원 존재하는 것으로 인정되는 경우 법원이 어떠한 판결을 하여야 하는지와 관련해서는 처분권주의와의 관계에서 채무 전부에 관한 부존재확인청구에 대한 법원의 심리 결과 채무의 일부가 존재하는 것으로 밝혀진 경우 존재하는 채무 부분에 대한 일부 패소판결을 할 수 있는지와 피담보채무 전부의 변제를 원인으로 한 근저당권설정등기의 말소등기청구 중에 잔존 피담보채무의 변제를 조건으로 장래의 이행을 청구하는 취지가 포함되어 있는 것으로 볼 수 있는지를 검토하여야 한다.

가. 처분권주의의 의의

처분권주의란 소송절차의 개시, 심판의 대상과 범위, 소송절차의 종료에 관하여 당사자가 처분권을 가지고 자유로이 결정하는 것을 말하며, 이는 당사자자치의 원칙이 소송법 영역에 반영된 결과 인정되는 것이다.

나. 심판의 대상과 범위

처분권주의가 적용되는 민사소송에서는 원고가 법원의 심판의 대상을 특정하여야 하고, 법원은 당사자가 신청한 사항에 대하여 그 범위 내에서 판단하여야 한다(법 제203조). 심판의 대상과 범위를 원고가 특정한 범위 내로 제한하는 것은 당사자가 예상 밖의 재판을 받는 것을 방지하기 위한 것이므로 원고의 신청사항에서 합리적으로 추단되는 범위가 법원의 심판대상이 된다.

판결내용이 신청사항과 형식적으로 일치하지 않는다고 하여 무조건 처분권주의에 반한다고 볼 것은 아니고, 판결내용이 신청사항에서 합리적으로 추단되는 원고의 의사에 부합하는 것으로 인정되면 처분권주의에 반하지 않는 것으로 볼 수 있다.

다. 원고의 청구에 대한 일부 인용

원고의 소송상 청구에 대하여 법원이 심리해 본 결과 그중 일부만이 이유 있는 것으로 인정되는 경우 법원은 그 일부를 인용하는 판결을 하게 되는데,[4] 일부 인용을 허용하는 이유는 이러한 때에는 일부라도 인용하는 것이 원고의 통상의 의사에 부합하는 것으로 볼 수 있고, 응소한 피고의 이익 보호와 소송제도의 합리적 운영을 위해서 바람직하기 때문이다. 이런 경우에는 원고는 청구취지를 변경할 필요가 없다.

(1) 가분적인 청구에 대한 양적인 일부 인용

가분적인 청구에 대한 양적인 일부 인용은 별다른 제한 없이 할 수 있다.

(2) 질적인 일부 인용의 허용 여부

단순이행청구에 대하여 선이행을 명하는 경우와 같이 청구의 내용이 변하는 때에는 변경된 내용이 원고의 청구에 포함되어 있는 것으로 볼 수 있고, 원고의 반대의 의사표시가 없는 경우에 한하여 법원은 원고의 청구에서 합리적으로 추단되는 범위 내에서 인용하고 나머지 청구를 기각할 수 있다.

2. 채무 전부에 관한 부존재확인청구에 대한 법원의 심리 결과 채무의 일부가 존재하는 것으로 밝혀진 경우 존재하는 채무 부분에 대한 일부 패소판결을 할 수 있는지 여부

소극적 확인의 소에서 원고가 부존재 확인을 구하는 목적인 법률관계가 가분적인 경우 법원이 심리해 본 결과 그 일부가 존재하는 것으로 인정되는 때에는 법원은 청구 전부를 기각할 것이 아니라 그 존재하는 법률관계 부분에 대하여 일부패소의 판결을 하여야 한다(대법원 1971. 4. 6. 선고 70다2940 판결).

---

4) 원고의 청구를 일부 인용하는 판결을 하는 때에는 "원고의 나머지 청구를 기각한다."라고 판단하여야 한다.

3. 피담보채무 전부의 변제를 원인으로 한 근저당권설정등기의 말소등기청구 중에 잔존 피담보채무의 변제를 조건으로 장래의 이행을 청구하는 취지가 포함된 것으로 볼 수 있는지 여부

가. 현재 이행의 소에 대한 장래 이행판결의 허용 여부

원고가 피고를 상대로 현재의 이행을 청구하고 있는데, 법원의 심리 결과 아직 이행기가 도래하지 않았거나 이행조건이 성취되지 않은 것으로 밝혀진 때에는 장래 이행을 명하는 판결을 할 수 있는지가 문제된다. 미리 청구할 필요가 인정되고 장래 이행판결을 하는 것이 원고의 의사에 반하지 않는 때에는 법원은 장래의 이행을 명하는 판결을 할 수 있다.[5]

나. 판례의 입장

원고가 피담보채무 전액을 변제하였다고 주장하며 근저당권설정등기에 대한 말소등기절차의 이행을 구하는 소를 제기하였는데, 법원의 심리 결과 피담보채무의 원리금 계산의 다툼 등으로 인하여 변제액이 채무 전액을 소멸시키는 데 미치지 못하고 잔존 채무가 있는 것으로 밝혀진 때에는 특별한 사정이 없는 한 원고의 청구 중에는 확정된 잔존 채무를 변제한 다음에 근저당권설정등기의 말소를 구하는 취지도 포함되어 있는 것으로 볼 수 있고, 장래 이행의 소로써 미리 청구할 이익도 인정된다(대법원 1996. 11. 12. 선고 96다33938 판결). 이런 경우 법원은 근저당권설정등기의 피담보채무 중 잔존원금 및 지연손해금의 액수를 심리·확정한 다음 그 변제를 조건으로 근저당권설정등기의 말소등기

---

5) 장래 이행의 소가 적법하기 위해서는 청구권 발생의 기초가 되는 사실상·법률상 관계가 변론종결 시에 존재하여야 하고, 그러한 상태가 장래까지 계속될 것이 변론종결 당시에 확실히 예상되어야 하며, 미리 청구할 필요가 인정되어야 한다.
장래 이행의 소는 채무자의 무자력에 따른 강제집행의 곤란에 대비하기 위한 것이 아니고, 쌍무계약관계의 이행기가 도래하지 않은 상태임에도 당사자 일방에 대하여 선제적으로 집행권원을 확보할 수 있게 하는 것은 계약관계의 균형을 깨뜨려 상대방 당사자의 계약상 권리가 침해될 수 있을 뿐 아니라 장래의 이행기에 이르기까지 발생할 수 있는 계약상 다양한 변화를 반영하지 못함으로써 이행기 당시 쌍방 당사자의 권리의무관계와 집행권원이 모순·충돌되는 불합리한 결과를 초래할 수도 있으므로 장래 이행의 소의 적법 여부는 엄격한 기준에 따라 신중하게 판단하여야 한다(대법원 2023. 3. 13. 선고 2022다286786 판결).

절차의 이행을 명하는 판결을 하여야 한다(대법원 2008. 4. 10. 선고 2007다83694 판결).

그러나 원고가 피담보채무가 발생하지 않았음을 이유로 근저당권설정등기의 말소등기절차의 이행을 구하는 때에는 원고의 청구에 피담보채무의 변제를 조건으로 장래의 이행을 구하는 취지가 포함된 것으로 볼 수 없다(대법원 1991. 4. 23. 선고 91다6009 판결).

4. 사안의 경우

乙은 甲에게 물품대금을 모두 지급하였음을 이유로 3억 원의 피담보채무부존재 확인과 아울러 피담보채무의 변제로 인한 근저당권의 소멸을 원인으로 하여 근저당권설정등기의 말소등기절차의 이행을 구하고 있는데, 법원의 심리 결과 甲과 乙 간에 피담보채무가 1억 원 남아 있는 것으로 밝혀진 때에는 법원은 乙의 물품대금채무 부존재확인청구에 대하여는 1억 원을 초과해서는 물품대금채무가 존재하지 아니함을 확인하고[6] 이에 관한 乙의 나머지 청구를 기각하는 판결을 하여야 하며, 乙의 근저당권설정등기 말소등기청구에 대하여는 甲에게 乙로부터 1억 원을 지급받은 다음 근저당권설정등기의 말소등기절차를 이행할 것을 명하고[7] 이에 관한 乙의 나머지 청구를 기각하는 판결을 하여야 할 것이다.

V. 사례의 정리

법원은 乙의 甲에 대한 근저당권변경등기의 말소등기청구에 관하여는 소의 이익의 흠결을 이유로 소를 각하하여야 하고, 乙의 甲에 대한 3억 원의 물품대

---

6) 별지 목록 기재 부동산에 관하여 △△지방법원 ▽▽등기소 ××××. ××. ××. 접수 제◇◇호로 마친 ⊗⊗⊗⊗. ⊗⊗. ⊗⊗. 근저당권설정계약(채권최고액 ○○○원, 채무자 원고, 근저당권자 피고)을 원인으로 한 근저당권설정등기의 피담보채무는 100,000,000원을 초과해서는 존재하지 아니함을 확인한다.

7) 사례의 경우에는 "피고는 원고로부터 100,000,000원을 지급받은 다음 원고에게 별지 목록 기재 부동산에 관한 위 근저당권설정등기의 말소등기절차를 이행하라."라는 내용이 될 것이다. 근저당권설정등기의 말소등기절차의 이행만을 청구한 경우에는 "피고는 원고로부터 100,000,000원을 지급받은 다음 원고에게 별지 목록 기재 부동산에 관하여 △△지방법원 ▽▽등기소 ××××. ××. ××. 접수 제◇◇호로 마친 근저당권설정등기의 말소등기절차를 이행하라."라는 내용이 될 것이다.

금채무 부존재확인청구에 관하여는 乙의 甲에 대한 물품대금채무는 1억 원을 초과해서는 존재하지 아니함을 확인하는 일부 인용판결(나머지 청구기각)을 하여야 하며, 乙의 甲에 대한 근저당권설정등기의 말소등기청구에 관하여는 甲은 乙로부터 1억 원을 지급받은 다음 근저당권설정등기의 말소등기절차를 이행할 것을 명하는 선이행판결(나머지 청구기각)을 하여야 할 것이다.

〈제 1 문 - 2〉

Ⅰ. 쟁점

Y 토지의 소유자인 丙이 甲을 상대로 乙의 甲에 대한 3억 원의 물품대금채무가 변제되었음을 이유로 소유권에 기하여 Y 토지에 관한 근저당권설정등기의 말소등기절차의 이행을 구하는 소를 제기하여 변론기일에서 甲의 乙에 대한 물품대금채권이 시효로 소멸하였음을 주장한 데 대하여, 甲이 乙에 대한 물품대금채권을 행사하였음을 이유로 시효중단을 주장하고 있으므로 甲의 乙에 대한 물품대금채권의 소멸시효가 중단되었는지가 문제된다. 이와 관련해서는 (i) 甲의 乙에 대한 물품대금채권의 소멸시효기간이 경과하였는지와 (ii) 물상보증인 丙이 제기한 근저당권설정등기 말소등기소송에 대한 채권자 겸 근저당권자인 甲의 응소행위가 甲의 乙에 대한 물품대금채권에 관한 소멸시효 중단사유인 재판상 청구에 해당하는지를 검토하여야 한다.

Ⅱ. 근저당권의 소멸사유로서 피담보채권의 소멸시효기간 경과 여부

1. 소유권에 기한 근저당권설정등기 말소등기청구의 권리발생사실(청구원인사실)

소유권에 기한 근저당권설정등기 말소등기청구의 권리발생사실은 ① 원고가 부동산을 소유하는 사실, ② 그 부동산에 피고 명의의 근저당권설정등기가 되어 있는 사실, ③ 근저당권이 소멸한 사실이다.

근저당권의 소멸원인은 후발적 원인(변제, 상계, 공탁, 면제, 시효소멸 등)과 원시적 원인(근저당권설정계약 자체가 무효이거나 취소된 경우, 피고 명의의 근저당권설

정등기가 원인무효인 소유권이전등기에 터 잡아 이루어진 경우8) 등)이 있다.9)

근저당권에 의하여 담보되는 채무는 기본계약이 존속하는 동안 증감·교체되므로 피담보채무의 소멸을 판단하기 위한 전제로서 그러한 상태를 종료시키는 피담보채무의 확정이 필요하게 된다. 기본계약에 결산기가 정해져 있으면 그 결산기의 도래 시에 피담보채무가 확정되며, 기본계약에 결산기에 관한 정함이 없는 때에는 피담보채무의 확정방법에 관한 다른 약정이 있으면 그에 따르고, 그 확정방법에 관한 약정이 없는 때에는 근저당권설정자는 해지의 의사표시를 함으로써 피담보채무를 확정시킬 수 있다.10) 따라서 근저당권의 소멸을 원인으로 근저당권설정등기의 말소등기절차의 이행을 구하는 원고는 피담보채무의 확정사유를 주장·증명하여야 한다.11)12)

2. 근저당권의 소멸사유 변경의 소송법상 의미

근저당권의 소멸사유는 원고의 공격방어방법에 해당하므로 피담보채무의 변제를 주장하다가 시효소멸을 주장하는 것은 청구의 변경을 초래하지 않는다.

권리자가 권리를 행사할 수 있는 때로부터(민법 제166조 제1항) 일정한 기간이 경과하면 소멸시효가 완성된다. 따라서 丙은 ① 甲이 2021. 2. 10. 乙에 대한 물품대금채권을 행사할 수 있었던 사실과 ② 그로부터 일정한 기간이 경과한 사실을 주장·증명하여야 한다.

---

8) 원인무효인 소유권이전등기에 터 잡은 근저당권자는 이해관계 있는 제3자에 해당하므로 근저당권자에 대하여 그 소유권이전등기의 말소등기에 대하여 승낙의 의사표시를 하라는 취지의 청구가 가능하지만, 실무상으로는 방해배제청구권의 행사로서 근저당권설정등기의 말소등기 청구를 허용하고 있다.

9) 근저당권이 후발적으로 소멸한 때에는 원고는 피담보채무의 확정과 소멸을 주장·증명하여야 하고, 원시적으로 소멸한 때에는 해당 사유를 주장·증명하면 된다.

10) 이런 경우 청구취지는 "피고는 원고에게 별지 목록 기재 부동산에 관하여 △△지방법원 ▽▽등기소 ××××. ××. ××. 접수 제◇◇호로 마친 근저당권설정등기에 대하여 ⊗⊗⊗⊗. ⊗⊗. ⊗⊗. 해지를 원인으로 한 말소등기절차를 이행하라."라는 내용이 될 것이다.

11) 근저당권의 피담보채무가 처음부터 특정채무일 때에도 피담보채무의 확정이 필요한지에 관해서는 견해의 대립이 있지만, 실무상으로는 확정이 요구되지 않는 것으로 처리된다.

12) 피담보채무가 확정되면 채무자는 피담보채무 전액을 변제하고 근저당권설정등기의 말소를 구할 수 있는데, 근저당권설정자가 물상보증인일 경우에는 채무의 전액이 아닌 채권최고액만을 변제하더라도 근저당권설정등기의 말소를 구할 수 있다(대법원 1974. 12. 10. 선고 74다998 판결).

3. 상행위로 인한 물품대금채권의 소멸시효기간

甲의 乙에 대한 물품대금채권은 영업으로 하는 전자제품 매매행위로 인해 발생한 것이므로 상사채권에 해당하지만, 그 소멸시효기간은 상사시효인 5년이 적용되는 것이 아니라 이보다 단기인 민법상 3년의 단기소멸시효가 적용된다 (상법 제64조 단서,[13] 민법 제163조 제6호[14]).

4. 사안의 경우

甲이 물품대금채권을 행사할 수 있는 때(2021. 2. 10.)부터 3년이 지났으므로 소멸시효기간이 경과하였다.

III. 甲의 乙에 대한 물품대금채권의 소멸시효 중단 여부

1. 소멸시효 중단사유로서의 재판상 청구

소멸시효의 중단사유 중 하나인 청구(민법 제168조 제1호)에는 재판상 청구가 포함된다. (i) 시효가 진행되는 권리에 관하여 이행의 소나 확인의 소, 재심의 소가 제기된 경우, (ii) 시효가 진행되는 권리가 발생한 기본적 법률관계에 관한 확인의 소가 제기된 경우, (iii) 권리자가 시효를 주장하는 자를 상대로 해당 권리를 소송상 청구로 하여 소를 제기한 경우, (iv) 시효를 주장하는 자가 제기한 소에 응소하여 적극적으로 해당 권리를 주장하여 그것이 받아들여진 경우 등이 시효중단사유인 재판상 청구에 해당한다.

2. 응소행위를 재판상 청구에 준하는 것으로 볼 수 있는 경우

권리자가 원고로서 소를 제기하여 그 권리를 주장하는 경우뿐 아니라 피고

---

13) 상법 제64조(상사시효) 상행위로 인한 채권은 본법에 다른 규정이 없는 때에는 5년간 행사하지 아니하면 소멸시효가 완성한다. 그러나 다른 법령에 이보다 단기의 시효의 규정이 있는 때에는 그 규정에 의한다.
14) 민법 제163조(3년의 단기소멸시효) 다음 각호의 채권은 3년간 행사하지 아니하면 소멸시효가 완성한다.
    6. 생산자 및 상인이 판매한 생산물 및 상품의 대가

로서 응소하여 그 소송절차 내에서 자신의 권리를 적극적으로 주장하여 그것이 받아들여진 경우도 소의 제기에 준하는 권리주장이 있는 것으로 보아 시효중단의 효력을 인정할 수 있다(대법원 1993. 12. 21. 선고 92다47861 전원합의체 판결).

가. 응소로 인한 시효중단의 효력 발생시기

응소행위에 의한 시효중단의 효력은 피고가 현실적으로 권리를 행사하여 응소한 때에 발생한다(대법원 2005. 12. 23. 선고 2005다59383 · 59390 판결; 대법원 2012. 1. 12. 선고 2011다78606 판결). 변론에서 응소에 해당하는 권리주장의 진술을 하거나 그러한 주장을 기재한 답변서 또는 준비서면을 제출한 때에 시효중단의 효력이 발생한다.

권리자인 피고가 응소하여 권리를 주장하였으나 그 소가 각하되거나 취하되는 등의 사유로 그 권리주장에 관한 판단 없이 소송이 종료된 때에는 민법 제170조 제2항을 유추적용하여 그때부터 6월 내에 재판상 청구 등 다른 시효중단 조치를 취하면 처음의 응소 시에 소급하여 시효중단의 효력이 있는 것으로 보아야 한다(대법원 2010. 8. 26. 선고 2008다42416 · 42423 판결; 대법원 2012. 1. 12. 선고 2011다78606 판결).

나. 응소행위로 인한 시효중단의 주장

민사소송의 심리와 관련하여 변론주의가 적용되는 결과 시효를 주장하는 자의 소 제기에 대하여 응소한 사실만으로는 시효중단의 효력이 인정되지 않고, 시효중단의 효력을 받고자 하는 피고가 자신의 응소행위에 의하여 시효가 중단되었다고 주장하여야 한다(대법원 2003. 6. 13. 선고 2003다17927 · 17934 판결; 대법원 2010. 8. 26. 선고 2008다42416 · 42423 판결). 다만 응소행위로 인한 시효중단의 주장은 반드시 응소 시에 할 필요는 없고, 소멸시효기간이 경과한 후에도 당해 소송의 사실심 변론종결 전이면 할 수 있다(대법원 2003. 6. 13. 선고 2003다17927 · 17934 판결; 대법원 2010. 8. 26. 선고 2008다42416 · 42423 판결).

3. 물상보증인이 제기한 근저당권설정등기의 말소등기소송에 대한 채권자 겸 근저당권자의 응소행위가 피담보채권에 관한 소멸시효 중단사유인 재판상 청구에 해당하는지 여부

타인의 채무를 담보하기 위하여 자기의 물건에 담보권을 설정한 물상보증인은 채권자에 대하여 물적 유한책임을 지고 있어 그 피담보채권의 소멸에 의해 직접 이익을 받는 관계에 있으므로 소멸시효의 완성을 주장할 수는 있지만, 채권자에 대하여 아무런 채무도 부담하지 않는 물상보증인이 피담보채무의 부존재 또는 소멸을 이유로 제기한 근저당권설정등기의 말소등기소송에서 채권자 겸 근저당권자가 청구기각의 판결을 구하면서 피담보채권의 존재를 주장하였더라도 이로써 직접 채무자에 대하여 재판상 청구를 한 것으로는 볼 수 없으므로 이러한 응소행위는 피담보채권의 소멸시효 중단사유에 관하여 규정하고 있는 민법 제168조 제1호의 청구에 해당하지 않는다(대법원 2004. 1. 16. 선고 2003다30890 판결).

4. 사안의 경우

채권자가 물상보증인에 대하여 피담보채권의 존재를 주장하더라도 권리자의 의무자에 대한 권리행사로 보지 않는 판례의 입장에 따르면 丙은 자기 소유인 Y 토지를 乙의 甲에 대한 물품대금채무의 담보로 제공한 물상보증인으로서 물품대금채권자인 甲에 대하여 채무를 부담하지 않으므로 甲이 그러한 丙에 대하여 물품대금채권의 존재를 주장하는 내용이 기재되어 있는 답변서를 법원에 제출하였더라도 이는 권리자의 의무자에 대한 권리행사로는 볼 수 없을 것이다. 따라서 丙이 甲을 상대로 제기한 근저당권설정등기의 말소등기소송에서 甲이 乙에 대한 피담보채권의 존재를 주장하는 내용이 기재되어 있는 답변서를 법원에 제출하였더라도 그 피담보채권에 관한 소멸시효의 진행이 중단되지 않을 것이다.

IV. 사례의 정리

甲의 乙에 대한 물품대금채권의 소멸시효기간이 중단없이 경과하였으므로

甲의 乙에 대한 물품대금채권은 시효로 소멸하였고, 그 물품대금채무를 피담보
채무로 하는 근저당권은 피담보채무의 소멸에 의해 소멸하였으므로 법원은 丙
의 甲에 대한 근저당권설정등기의 말소등기청구를 인용하는 판결을 하여야 할
것이다.

〈제 2 문〉

I. 쟁점

甲은 5,000만 원의 대여금채권 중 乙이 그 존부에 관하여 다투고 있는 3,000
만 원에 대하여 존재 확인의 소(A 소)를 제기한 후 그 소송계속 중에 乙이 담보
제공의무를 이행하지 않자 위 3,000만 원에 대한 이행의 소(B 소)를 제기하였는
데, 이와 관련해서는 5,000만 원 중 3,000만 원에 대한 일부청구의 소가 제기되
었으므로 그 소송물의 구성방법을 검토하여야 한다.

3,000만 원에 대한 대여금채권 존재 확인을 구하는 소송의 계속 중 이에 대
한 이행을 구하는 소를 제기한 것과 관련해서는 동일한 법률관계에 관한 확인
의 소와 이행의 소가 경합하는 경우 법원의 처리방법을 검토하여야 한다.

乙이 기한의 이익을 상실하였다고 주장하며 甲이 3,000만 원의 지급을 구하
는 소를 제기한 것과 관련해서는 이러한 이행의 소의 유형을 검토하여야 한다.

II. 일부청구의 소송물 구성

원고가 가분할 수 있는 청구의 일부만을 소송상 청구하는 것을 일부청구라고
한다. 일부청구의 경우 당해 소송에서 청구된 일부만이 소송물을 구성하는 것으
로 볼 것인지 채권 전부가 소송물을 구성하는 것으로 볼 것인지가 문제된다.[15]

---

15) 일부청구에 관한 소가 제기된 경우 시효중단의 범위: 청구 부분이 특정될 수 있는 경우의 일부청
구는 나머지 부분에 대한 시효중단의 효력이 없고, 이런 경우 나머지 부분에 관하여는 소를
제기하거나 그 부분에 관한 청구를 확장하는 서면을 법원에 제출한 때에 비로소 시효중단의
효력이 생긴다(대법원 1975. 2. 25. 선고 74다1557 판결).
신체의 훼손으로 인한 손해배상사건에서 법원의 신체감정절차를 거친 후 그 결과에 따라 청
구금액을 확장하겠다는 뜻을 소장에 객관적으로 명백히 표시한 경우에는 소 제기에 따른 시

1. 청구한 일부만이 소송물을 구성하는 것으로 보는 견해

민사소송에는 처분권주의가 적용되는 결과 소송물의 특정은 원고의 권능이고, 소송 밖에서 권리의 일부만을 행사하는 것이 허용되므로 청구의 대상인 권리를 수량적으로 가분할 수 있는 한 일부청구는 허용되는 것으로 보아야 한다. 이 견해에 따르면 당해 소송에서 청구한 일부만이 소송물이 된다.

2. 채권의 일부를 특정할 수 있는 식별기준이 없는 한 채권 전부가 소송물을 구성하는 것으로 보는 견해

1회의 소송절차를 이용하여 해결할 수 있는 분쟁을 원고의 자의에 의해 여러

효중단의 효력이 발생하는 범위가 문제된다. 한 개의 채권 중 일부에 관해서만 판결을 구한다는 취지를 분명히 하여 소를 제기한 때에는 소 제기에 의한 소멸시효 중단의 효력이 그 일부에 대해서만 발생하고 나머지 부분에 대하여는 발생하지 않지만, 한 개의 채권 중 일부만을 청구한 경우라도 그 취지로 보아 채권 전부에 관하여 판결을 구하는 것으로 해석된다면 그 청구액을 소송물인 채권 전부로 보아야 하고, 이런 경우에는 그 채권의 동일성이 인정되는 범위 내에서 그 전부에 관하여 시효중단의 효력이 발생한다고 해석하여야 하므로(대법원 2001. 9. 28. 선고 99다72521 판결) 신체의 훼손으로 인한 손해배상사건에서 손해액을 확정하기 위해서는 통상 법원의 신체감정이 필요하므로 그러한 절차를 거친 후 그 결과에 따라 청구금액을 확장하겠다는 뜻을 소장에 객관적으로 명백히 표시(그 소송절차 내에서 청구금액을 확장)한 때에는 소 제기에 따른 시효중단의 효력은 소장에 기재된 일부 청구액뿐 아니라 그 손해배상채권 전부에 대하여 발생한다(대법원 1992. 4. 10. 선고 91다43695 판결; 대법원 2023. 10. 12. 선고 2020다210860 · 210877 판결).
그러나 소장에서 청구의 대상으로 삼은 채권 중 일부만을 청구하면서 소송의 진행 경과에 따라 장차 청구금액을 확장할 뜻을 표시하였으나 당해 소송이 종료될 때까지 실제로 청구금액을 확장하지 않은 경우에는 소송의 경과에 비추어 채권 전부에 관하여 판결을 구한 것으로 볼 수 없으므로 나머지 부분에 대하여는 재판상 청구로 인한 시효중단의 효력이 발생하지 않는 것으로 보아야 한다. 다만 이러한 경우에도 소를 제기하면서 장차 청구금액을 확장할 뜻을 표시한 채권자에게는 장래에 나머지 부분을 청구할 의사가 있다고 보는 것이 일반적이므로 다른 특별한 사정이 없는 한 당해 소송이 계속 중인 동안에는 나머지 부분에 대하여 권리를 행사하겠다는 의사가 표명되어 최고에 의해 권리를 행사하고 있는 상태가 지속되고 있는 것으로 보아야 하고, 따라서 채권자는 당해 소송이 종료된 때부터 6월 내에 민법 제174조에서 정한 조치를 취함으로써 나머지 부분에 대한 소멸시효를 중단시킬 수 있다(대법원 2020. 2. 6. 선고 2019다223723 판결).
소장에서 청구의 대상으로 삼은 채권 중 일부만을 청구하면서 소송의 진행 경과에 따라 장차 청구금액을 확장할 뜻을 표시하였더라도 그 후 채권의 특정 부분을 청구범위에서 명시적으로 제외한 때에는 그 부분에 대하여는 애초부터 소의 제기가 없었던 것과 마찬가지이므로 재판상 청구로 인한 시효중단의 효력이 발생하지 않는다(대법원 2021. 6. 10. 선고 2018다44114 판결; 대법원 2022. 5. 26. 선고 2020다206625 판결).

차례의 소송으로 해결하는 것은 피고와의 관계에서 불공평하고 분쟁 해결의 실효성 측면에서도 문제가 있으므로 청구의 대상이 되는 부분을 담보권, 반대급부, 이행기 등의 기준에 의해 다른 부분과 구별하여 특정할 수 없는 한 일부청구는 허용되지 않는 것으로 보아야 한다. 이 견해에 따르면 채권의 일부를 특정할 수 있는 식별기준이 있는 때에는 그 일부만이 소송물이 되고, 그러한 식별기준이 없는 때에는 채권 전부가 소송물이 된다.

3. 일부청구임을 명시한 때에는 청구한 일부만이 소송물을 구성하는 것으로 보는 견해

처분권주의와 상대방 보호를 절충하여 일부청구임이 명시되어 있는 때에는 일부청구가 허용되고, 그렇지 않은 때에는 허용되지 않는 것으로 보아야 한다. 이 견해에 따르면 당해 소송에서 일부만을 특정하여 청구하고 나머지 부분은 별도의 소송으로 청구하겠다는 취지를 명시적으로 유보한 때에는 그 청구한 일부만이 소송물이 되고, 일부청구임을 명시하지 않은 때에는 채권 전부가 소송물이 된다.

4. 판례의 입장

전 소송에서 불법행위를 원인으로 치료비의 지급을 청구하면서 일부만을 특정하여 청구하고 그 외의 부분은 별도의 소송으로 청구하겠다는 취지를 명시적으로 유보한 때에는 전 소송의 소송물은 그 청구한 일부의 치료비에 한정되므로 전 소송의 계속 중에 별소로 유보한 나머지 치료비의 지급을 청구하더라도 중복된 소 제기에 해당하지 않는다(대법원 1985. 4. 9. 선고 84다552 판결).

5. 사안의 경우

甲이 乙을 상대로 대여금 5,000만 원 중 乙이 빌린 사실을 다투고 있는 3,000만 원에 대하여 지급을 구하는 B 소송에서 甲은 가분채권인 금전채권의 일부에 대한 이행을 구하고 있으므로 甲의 乙에 대한 3,000만 원 지급청구의 소송물이 이에 한정되는지가 문제된다. B 소송에서 甲이 지급을 구하고 있는 3,000만 원 부분은 나머지 2,000만 원 부분과 담보권 설정에 의해 구별되고, 甲

은 대여금 5,000만 원 중 乙이 빌린 사실을 다투는 부분을 한정하여 지급을 구하고 있으므로 어느 견해에 따르더라도 B 소송의 소송물은 3,000만 원의 지급청구가 될 것이다.

Ⅲ. 동일한 법률관계에 관한 확인의 소와 이행의 소가 경합하는 경우 법원의 처리방법

1. 확인의 이익의 문제로 처리하는 견해

동일한 법률관계에 관한 확인의 소와 이행의 소가 경합하는 경우 청구취지가 서로 다르므로 중복된 소 제기의 문제로 처리할 것이 아니라 확인의 소의 보충성 문제로 다루어야 하며, 채권자가 제기한 이행소송의 계속 중에 동일한 법률관계에 관하여 별소로 채권자가 채권 존재 확인의 소를 제기하거나 채무자가 채무부존재 확인의 소를 제기하는 것은 확인의 소의 보충성에 반하여 확인의 이익이 없다.

채권존재확인소송의 계속 중에 채권자가 별소로 이행의 소를 제기한 때에는 이행의 소가 취하될 가능성이 없는 경우에 한하여 확인의 이익이 부정되고, 채무부존재확인소송의 계속 중에 채권자가 그 채무의 이행을 구하는 별소를 제기하면 확인의 이익이 부정될 가능성이 있지만, 그 확인소송이 상소심에 계속 중이거나 이미 본안심리를 마친 경우에 확인의 이익을 부정하는 것은 소송경제상 부당하다.

2. 중복된 소 제기의 문제로 처리하는 견해

동일한 법률관계에 관한 확인의 소와 이행의 소가 경합하는 경우 중복된 소 제기금지 규정을 유추적용할 수 있는지와 관련해서는 ① 양 소의 소송물이 동일하지 않은 이상 중복된 소 제기로 보아서는 안 되며, 이행청구가 변제기 미도래를 이유로 기각될 수도 있으므로 어느 것이 선행되더라도 양 소는 동일한 사건이 아니라는 견해, ② 동일한 법률관계를 대상으로 하는 이상 심리의 중복과 판결의 모순·저촉을 방지하기 위하여 동일한 소송절차에서 청구를 변경할 수 있으므로 별개의 소송절차를 이용하는 것은 중복된 소 제기를 금지하는 규정에

반하는 것으로서 허용되지 않는다는 견해,16) ③ 이행판결은 이행청구권의 존재
를 확정하는 효력이 있어 그 한도에서 이행청구권의 확인판결과 동일한 기능을
하므로 이행의 소가 먼저 제기된 후에 확인의 소를 제기하는 것은 동일한 사건
으로 볼 수 있지만, 이행의 소는 이행청구권의 존재를 전제로 이행명령을 해 줄
것을 요구하는 것이므로 확인의 소가 먼저 제기된 후에 이행의 소를 제기하는
것은 동일한 사건으로 볼 수 없다는 견해 등이 주장되고 있다.

3. 판례의 입장

채권자가 채무인수자를 상대로 제기한 채무이행소송(전소)의 계속 중에 채무
인수자가 채권자를 상대로 원래 채무자의 채권자에 대한 채무부존재 확인의 소
(후소)를 제기한 때에는 그 청구취지와 청구원인이 서로 다르므로 후소는 중복
된 소에 해당하지 않지만, 채무인수자는 전소에서 청구기각의 판결을 구함으로
써 채권자가 자신이나 채무자에 대하여 채권을 가지고 있지 아니함을 다툴 수
있으므로 이와는 별도로 채권자를 상대로 채무자의 채권자에 대한 채무가 존재
하지 아니한다는 확인을 구할 이익이 없어 채무인수자의 채권자에 대한 채무부
존재 확인의 소는 부적법하다(대법원 2001. 7. 24. 선고 2001다22246 판결17)).

Ⅳ. 법원의 조치

1. A 소 법원의 조치

동일한 법률관계에 관하여 확인의 소와 이행의 소가 경합하는 경우 확인의

---

16) 이 견해에 대하여는 청구의 변경은 전소가 사실심 계속 중인 때에만 가능하므로 전소가 상고
심에 계속 중인 때에는 청구의 변경을 이용할 수 없다는 지적이 있다.
17) 대법원은 이 사건 소(후소)는 소외 A의 피고에 대한 채무가 존재하지 아니한다는 확인의 소
이고, 피고가 원고를 상대로 제기한 채권확정의 소(전소)는 원고가 소외 A의 피고에 대한 채
무를 병존적으로 인수하였음을 이유로 한 금전채무이행의 소로서 그 청구취지와 청구원인이
서로 다르므로 중복된 소 제기에 해당하지 않지만{다만 항소법원은 이행의 소인 채권확정의
소가 먼저 제기된 후에 후소로서 제기된 확인의 소는 중복된 소에 해당하여 부적법하다고 하였
다(서울지방법원 2001. 3. 22. 선고 2000나1029 판결)}, 원고가 소외 A의 채무를 병존적으로
인수하였다고 하여 원고를 상대로 1억 원의 지급을 구하는 피고의 채권확정의 소가 이미 계속
되어 있고, 원고는 그 소송에서 청구기각의 판결을 구함으로써 피고가 원고나 소외 A에 대하여
1억 원의 채권을 가지고 있지 아니함을 다툴 수 있으므로 이와 별도로 피고를 상대로 소외 A
의 피고에 대한 1억 원의 채무가 존재하지 아니한다는 확인을 구할 이익이 없다고 하였다.

소의 처리방법을 확인의 이익과 관련하여 검토하여야 한다.[18)

가. 중복된 소 제기의 문제로 처리하는 견해에 따를 경우

(1) B 소를 중복된 소 제기에 준하여 부적법한 것으로 보는 견해에 따를 경우

이행의 소를 제기할 수 없는 때에는 확인의 소를 제기할 확인의 이익 자체는 인정될 수 있지만, 사례와 같은 사정이 존재하는 때에는 A 소 법원은 甲에게 이행의 소로 청구를 변경할 것을 석명할 수 있을 것이다.

(2) B 소를 적법한 것으로 보는 견해에 따를 경우

A 소 법원이 확인청구에 관한 본안심리를 마친 때에는 소송경제 등을 고려하여 A 소 법원은 본안판단을 하는 것이 바람직할 것이다.

나. 확인의 이익의 문제로 처리하는 견해에 따를 경우

이행의 소(B 소)가 취하될 가능성이 없는 때에는 확인의 소(A 소)의 확인의 이익이 부정되어 A 소 법원은 소를 각하하여야 할 것이다.

---

18) 손해배상채무의 부존재 확인을 구하는 본소에 대하여 그 채무의 이행을 구하는 반소가 제기된 경우 본소에 관한 확인의 이익이 소멸하는지가 문제되는데, 판례는 소송요건을 구비하여 적법하게 제기된 본소가 그 후에 상대방이 제기한 반소로 인하여 소송요건에 흠결이 생겨 부적법하게 되는 것은 아니므로 원고가 피고에 대하여 손해배상채무의 부존재 확인을 구할 이익이 있어 본소로 그 확인을 구하였다면 피고가 그 손해배상채무의 이행을 구하는 반소를 제기하더라도 그러한 반소가 제기되었다는 사정만으로 본소청구에 관한 확인의 이익이 소멸하여 본소가 부적법하게 된다고 볼 수는 없다(대법원 1999. 6. 8. 선고 99다17401 · 17418 판결)는 입장이다. 또한 반소가 제기되었다는 이유로 원고가 본소를 취하한 경우 피고가 일방적으로 반소를 취하함으로써 원고가 당초 추구한 기판력을 취득할 수 없는 사태가 발생할 수 있으므로 반소가 제기되었다는 사정만으로 본소청구에 관한 확인의 이익이 소멸한다고는 볼 수 없다(대법원 2010. 7. 15. 선고 2010다2428 · 2435 판결).
원고가 피고를 상대로 대출계약에 기한 대출금과 그 지연손해금의 지급을 구하는 본소청구에 대하여 피고가 원고를 상대로 그 대출금 및 지연손해금채무의 부존재 확인을 구하는 반소를 제기한 경우 반소가 적법한지가 문제되는데, 반소가 적법하기 위해서는 본소청구의 기각을 구하는 것 이상의 적극적인 내용이 반소청구에 포함되어 있어 반소의 이익이 인정되어야 한다. 따라서 채권에 기한 이행의 소에 대하여 동일 채권에 관한 채무부존재 확인의 반소를 제기하는 것은 그 반소청구의 내용이 실질적으로 본소청구의 기각을 구하는 데 불과하여 부적법하다(대법원 2007. 4. 13. 선고 2005다40709 · 40716 판결).

2. B 소 법원의 조치

가. 3,000만 원의 지급을 구하는 소의 유형

이행의 소는 변론종결 당시 이행기가 도래하였는지에 따라 현재 이행의 소와 장래 이행의 소로 구별되는데, 이행기가 변론종결 후에 도래하는 것으로 되어 있더라도 채무자가 담보제공의무를 이행하지 아니하여 기한의 이익을 상실하였다고 주장하며 그 이행을 구하는 소를 제기하는 경우는 현재 이행의 소에 해당한다.

나. B 소의 처리

(1) 3,000만 원에 대한 이행의 소를 중복된 소 제기에 준하여 허용되지 않는 것으로 보는 견해에 따르면 B 소 법원은 소를 각하하여야 할 것이다.

(2) 3,000만 원에 대한 이행의 소를 적법한 것으로 보는 견해에 따르면 B 소 법원은 甲의 청구가 이유 있는지를 판단하여야 할 것이다.

〈제 3 문〉

Ⅰ. 쟁점

법원의 판결과 관련해서는 (ⅰ) 물상보증인이 근저당권자 겸 채권자를 상대로 근저당권의 피담보채무부존재 확인의 소를 제기할 확인의 이익이 인정되는지 여부, (ⅱ) 丙은 甲의 乙에 대한 차용금채무가 성립하지 아니하였음을 주장하며 근저당권설정등기의 말소등기절차의 이행을 구하고 있고, 乙은 丙의 주장 사실을 다투고 있는데, 법원의 심리 결과 甲의 乙에 대한 차용금채무가 1억 원 존재하는 것으로 인정되는 경우 법원의 판단을 처분권주의와의 관계에서 검토하여야 한다.

II. 물상보증인의 피담보채무부존재 확인의 소의 확인의 이익 인정 여부

1. 소의 이익

원고의 소송상 청구가 법원의 심판을 받기 위해서는 원고의 소송상 청구에 대하여 법원의 심판을 받을 자격과 법원의 심판을 구할 현실적인 필요성이 인정되어야 하고, 당사자와 관련해서는 각 당사자가 소송을 수행하여 본안판결을 받을 자격을 가지고 있어야 한다.

2. 확인의 이익의 의미

원고의 권리 또는 법적 지위에 불안이나 위험이 현존하고, 현존하는 법적 불안이나 위험을 제거하는 데 확인판결을 받는 것이 유효적절한 수단이어야 확인의 이익이 인정된다.

3. 근저당권설정등기가 되어 있는 경우 피담보채무부존재 확인의 소의 확인의 이익 인정 여부

가. 채무자가 피담보채무부존재 확인의 소를 제기하는 경우

채권을 담보하기 위하여 근저당권 등의 담보권이 설정되어 있는 경우 피담보채무가 원시적 또는 후발적 사유로 인정되지 않는 때에는 채무자는 근저당권자를 상대로 그 근저당권설정등기에 대한 말소등기절차의 이행을 구하는 소를 제기할 수 있다. 이러한 경우에도 채무자가 채권자를 상대로 피담보채무의 부존재 확인을 구하는 소를 제기할 수 있는가의 문제는 그 부존재 확인판결을 받는 것이 채무자의 법적 지위에 관한 불안을 제거하는 데 유효적절한 방법인지에 달려 있다고 할 수 있다.

채무자가 피담보채무가 부존재 또는 소멸하였다고 주장하며 근저당권설정등기의 말소등기절차의 이행을 구하는 소를 제기하는 경우 그 확정판결은 피담보채무의 존부를 확정하는 효력을 가지지 못하므로 채무자가 근저당권자를 상대로 근저당권설정등기 말소등기청구의 소를 제기하여 승소하더라도 그 확정판결의 효력이 피담보채무의 부존재 자체에는 미치지 않는다. 따라서 채권자가 채무자를 상대로 자기에게 피담보채권에 기한 이행청구권이 있다고 주장하며 그 이행을 구하는 소를 제기하는 경우 채무자는 다시 자기 채무의 부존재를 다투어야 한다.

채무자가 피담보채무가 전부 소멸하였다고 주장하며 근저당권설정등기의 말소등기절차의 이행을 구하는 소를 제기하는 경우 잔존 채무가 존재하는 것으로 밝혀진 때에는 특별한 사정이 없는 한 채무자가 잔존 채무를 변제하는 것을 조건으로 근저당권자에게 근저당권설정등기의 말소등기절차의 이행을 명하는 판결을 하여야 하는데, 이런 경우 선이행 부분에 기판력이 발생하지 않으므로 잔존 채무의 액수에 대하여 다시 다툼이 생기는 것을 막을 수 없다.

채무자가 근저당권설정등기의 말소등기절차의 이행을 구할 수 있더라도 채무자와 채권자 간에 피담보채무의 존부에 관한 다툼이 있는 때에는 그 채무부존재 확인의 소를 제기하여 확정판결에 의해 피담보채무가 존재하지 아니함을 확정해 두는 것이 채무자의 법적 불안을 제거하는 데 유효적절한 방법이라고 할 수 있다. 채무자가 채권자를 상대로 피담보채무의 부존재 확인을 구하는 소는 확인의 이익이 부정될 만한 특별한 사정이 없는 한 확인의 이익이 인정된다고 할 것이다.

나. 물상보증인이 피담보채무부존재 확인의 소를 제기하는 경우

채권자에 대하여 피담보채무를 부담하지 않는 물상보증인의 경우에는 채권자가 물상보증인에 대하여 피담보채권에 기한 이행청구권을 가지지 못하므로 물상보증인은 근저당권설정등기 말소등기청구의 소를 통해 그 등기를 말소시키면 충분하고 이와는 별도로 피담보채무부존재 확인의 소를 제기할 필요 또는 이익이 없다고 할 것이다.

다. 판례의 입장

판례는 채무자가 근저당권설정등기의 말소등기청구와 함께 피담보채무부존재 확인을 구하는 때에는 확인의 이익을 별도로 문제삼지 않고 확인청구에 관한 본안판단을 한다(대법원 1993. 12. 21. 선고 92다47861 전원합의체 판결).

그러나 물상보증인의 상속인인 채무자가 근저당권설정계약에 기한 피담보채무가 존재하지 아니함의 확인을 구함과 아울러 그 근저당권설정등기의 말소등기절차의 이행을 구하는 때에는 근저당권설정자는 피담보채무가 존재하지 않음을 이유로 근저당권설정등기의 말소를 구하는 것이 분쟁을 유효적절하게 해결하는 직접적인 수단이 될 것이므로 별도로 근저당권설정계약에 기한 피담보채무가 존재하지 아니함의 확인을 구하는 것은 확인의 이익이 있다고 할 수 없다고 하였다(대법원 2000. 4. 11. 선고 2000다5640 판결).

4. 사안의 경우

물상보증인 丙은 채권자 겸 근저당권자 乙을 상대로 피담보채무인 甲의 乙에 대한 차용금채무의 부존재 확인을 구할 이익이 없으므로 丙이 乙을 상대로 甲의 乙에 대한 차용금채무의 부존재 확인을 구하는 소는 부적법하다고 할 것이다.

Ⅲ. 물상보증인의 피담보채무부존재를 원인으로 한 근저당권설정등기의 말소등기청구에 대한 법원의 판단

1. 물상보증인이 피담보채무의 부존재를 원인으로 근저당권설정등기의 말소등기절차의 이행을 구할 소의 이익 인정 여부

타인의 채무를 담보하기 위하여 자기의 물건에 근저당권을 설정한 물상보증인에게는 피담보채무가 존재하지 않음을 이유로 근저당권설정등기의 말소를 구하는 것이 해당 근저당권에 관한 분쟁을 유효적절하게 해결하는 직접적인 수단이 될 수 있으므로 피담보채무의 부존재를 이유로 근저당권설정등기의 말소등기절차의 이행을 구할 소의 이익이 인정된다.

따라서 甲의 乙에 대한 차용금채무의 부존재를 원인으로 한 丙의 乙에 대한 근저당권설정등기 말소등기청구의 소는 소의 이익이 인정되어 적법하므로 법원은 이러한 丙의 청구가 이유 있는지를 판단하여야 한다.

2. 처분권주의의 의의 및 내용

丙은 甲의 乙에 대한 차용금채무가 성립하지 아니하였음을 주장하며 근저당권설정등기의 말소등기절차의 이행을 구하고 있고 乙은 丙의 주장사실을 다투고 있는데, 법원의 심리 결과 甲의 乙에 대한 차용금채무가 1억 원 존재하는 것으로 인정되는 경우 법원이 어떠한 판결을 하여야 하는지와 관련해서는 처분권주의와의 관계에서 피담보채무가 발생하지 않은 것을 전제로 한 근저당권설정등기의 말소등기청구 중에 피담보채무의 변제를 조건으로 장래의 이행을 청구하는 취지가 포함되어 있는 것으로 볼 수 있는지를 검토하여야 한다.

가. 처분권주의의 의의

처분권주의란 소송절차의 개시, 심판의 대상과 범위, 소송절차의 종료에 관하여 당사자가 처분권을 가지고 자유로이 결정하는 것을 말하며, 이는 당사자자치의 원칙이 소송법 영역에 반영된 결과 인정되는 것이다.

나. 심판의 대상과 범위

처분권주의가 적용되는 민사소송에서는 원고가 법원의 심판의 대상을 특정하여야 하고, 법원은 당사자가 신청한 사항에 대하여 그 범위 내에서 판단하여야 한다(법 제203조). 심판의 대상과 범위를 원고가 특정한 범위 내로 제한하는 것은 당사자가 예상 밖의 재판을 받는 것을 방지하기 위한 것이므로 원고의 신청사항에서 합리적으로 추단되는 범위가 법원의 심판대상이 된다.

판결내용이 신청사항과 형식적으로 일치하지 않는다고 하여 무조건 처분권주의에 반한다고 볼 것은 아니고, 판결내용이 신청사항에서 합리적으로 추단되는 원고의 의사에 부합하는 것으로 인정되면 처분권주의에 반하지 않는 것으로 볼 수 있다.

다. 원고의 청구에 대한 일부 인용

원고의 소송상 청구에 대하여 법원이 심리해 본 결과 그중 일부만이 이유 있는 것으로 인정되는 경우 법원은 그 일부를 인용하는 판결을 하게 되는데, 일부 인용을 허용하는 이유는 이러한 때에는 일부라도 인용하는 것이 원고의 통상의 의사에 부합하는 것으로 볼 수 있고, 응소한 피고의 이익 보호와 소송제도의 합리적 운영을 위해서 바람직하기 때문이다. 이런 경우에는 원고는 청구취지를 변경할 필요가 없다.

가분적인 청구에 대한 양적인 일부 인용은 별다른 제한 없이 할 수 있다. 그러나 단순이행청구에 대하여 선이행을 명하는 경우와 같이 청구의 내용이 변하는 때에는 변경된 내용이 원고의 청구에 포함되어 있는 것으로 볼 수 있고, 원고의 반대의 의사표시가 없는 경우에 한하여 법원은 원고의 청구에서 합리적으로 추단되는 범위 내에서 인용하고 나머지 청구를 기각할 수 있다.

3. 피담보채무가 발생하지 않은 것을 전제로 한 근저당권설정등기의 말소등기청구 중에 피담보채무의 변제를 조건으로 장래의 이행을 청구하는 취지가 포함된 것으로 볼 수 있는지 여부

가. 현재 이행의 소에 대한 장래 이행판결의 허용 여부

원고가 피고를 상대로 현재의 이행을 청구하고 있는데, 법원의 심리 결과 아직 이행기가 도래하지 않았거나 이행조건이 성취되지 않은 것으로 밝혀진 때에는 장래 이행을 명하는 판결을 할 수 있는지가 문제된다. 미리 청구할 필요가 인정되고 장래 이행판결을 하는 것이 원고의 의사에 반하지 않는 때에는 법원은 장래의 이행을 명하는 판결을 할 수 있다.

나. 판례의 입장

원고가 피담보채무 전액을 변제하였다고 주장하며 근저당권설정등기에 대한 말소등기절차의 이행을 구하는 소를 제기하였는데, 법원의 심리 결과 피담보채무의 원리금 계산의 다툼 등으로 인하여 변제액이 채무 전액을 소멸시키는 데 미치지 못하고 잔존 채무가 있는 것으로 밝혀진 때에는 특별한 사정이 없는 한 원고의 청구 중에는 확정된 잔존 채무를 변제한 다음에 근저당권설정등기의 말소를 구하는 취지도 포함되어 있는 것으로 볼 수 있고, 장래 이행의 소로써 미리 청구할 이익도 인정된다(대법원 1996. 11. 12. 선고 96다33938 판결). 이런 경우 법원은 근저당권설정등기의 피담보채무 중 잔존원금 및 지연손해금의 액수를 심리·확정한 다음 그 변제를 조건으로 근저당권설정등기의 말소등기절차의 이행을 명하는 판결을 하여야 한다(대법원 2008. 4. 10. 선고 2007다83694 판결).

그러나 원고가 피담보채무가 발생하지 않았음을 이유로 근저당권설정등기의 말소등기절차의 이행을 구하는 때에는 원고의 청구에 피담보채무의 변제를 조건으로 장래의 이행을 구하는 취지가 포함된 것으로 볼 수 없다(대법원 1991. 4. 23. 선고 91다6009 판결).

4. 사안의 경우

甲의 乙에 대한 차용금채무 자체가 발생하지 않았음을 전제로 한 丙의 乙에 대한 근저당권설정등기의 말소등기청구 중에 甲의 乙에 대한 차용금채무의 변제를 조건으로 근저당권설정등기의 말소등기절차의 이행을 구하는 취지가 포함되어 있는 것으로 보지 않는 판례의 입장에 따르면 법원의 심리 결과 甲의 乙에 대한 차용금채무가 존재하는 것으로 밝혀졌으므로 법원은 丙의 청구를 기각하는 판결을 하여야 할 것이다.

Ⅳ. 사례의 정리

법원은 丙의 乙에 대한 차용금채무부존재확인청구에 관하여는 확인의 이익을 흠결하였음을 이유로 소를 각하하여야 하고, 丙의 乙에 대한 근저당권설정등기의 말소등기청구에 관하여는 甲의 乙에 대한 차용금채무가 존재함을 이유로 丙의 청구를 기각하는 판결을 하여야 할 것이다.

참고사례

〈기초적 사실관계〉

甲은 2023. 3. 3. 주류 판매점을 운영하는 乙로부터 3억 원을 빌리면서 그 차용금채무를 담보하기 위하여 甲 소유의 X 토지와 처(妻)인 丙 소유의 Y 토지에 관하여 채무자 甲, 근저당권자 乙, 채권최고액 3억 원인 근저당권을 각 설정하고, 이에 관한 근저당권설정등기를 모두 마쳤다. 乙에게 주류를 공급하던 주식회사 丁(이하 '丁'이라 한다)은 乙이 5억 원의 주류대금을 지급하지 않자 乙을 상대로 물품대금청구의 소를 제기하여 그 확정판결에 기해 乙의 甲에 대한 위 대여금채권을 피압류채권으로 하여 압류 및 전부명령을 신청하였고, 그 명령이 2023. 10. 5. 乙과 甲에게 각 송달되었다. 丁은 위 압류 및 전부명령이 확정되자 그의 명의로 X 토지에 관하여 근저당권이전의 부기등기를 하였다.

〈추가된 사실관계 1〉

甲은 乙에게 2023. 9. 5. 위 차용금 3억 원을 모두 갚았음을 이유로 乙을 상대로는 X 토지에 관한 근저당권설정등기의 말소등기절차의 이행을 구하고, 丁을 상대로는 위 근저당권이전등기의 말소등기절차의 이행을 구하는 소를 제기하였다. 乙과 丁은 변론기일에 출석하여 乙이 2023. 9. 5. 甲으로부터 3억 원을 받기는 하였지만, 그것은 乙이 甲에게 2023. 3. 3. 빌려주었던 돈을 받은 것이 아니라 그전에 빌려주었던 돈을 받은 것이라고 주장하였다.

1. 법원의 심리 결과 甲과 乙 간에는 2023. 3. 3. 체결된 금전소비대차계약을 제외하고는 다른 금전거래가 없었던 것으로 밝혀진 경우 법원은 사건을 어떻게 처리하여야 하는가?

〈추가된 사실관계 2〉

  丙은 甲이 乙에게 위 차용금 3억 원을 모두 갚았으므로 Y 토지에 설정된 근저당권설정등기는 말소되어야 한다고 주장하며 乙을 상대로 Y 토지에 설정된 저당권설정등기의 말소등기절차의 이행을 구하는 소를 제기하였다.

  2. 법원의 심리 결과 甲이 乙에게 차용금 3억 원 중 2억 원만을 변제한 것으로 밝혀진 경우 법원은 사건을 어떻게 처리하여야 하는가?

〈사례 2〉

  A와 B는 학교법인 乙(이하 '乙'이라 한다)이 실시하는 건축설계 도급계약 입찰에 참가하기 위하여 사업공동체 C를 결성하여 참가하였고, 乙의 이사회에서는 C의 경쟁업체 D를 낙찰자로 선정하고 D와의 건축설계 도급계약 체결을 승인하는 결의를 하였다. 그러자 A는 乙을 상대로 그 결의에 대한 무효확인을 구하는 소를 제기하였다. 乙은 변론에서 C의 구성원 중 1인인 A는 단독으로 결의무효확인의 소를 제기할 수 없고, 무효확인의 대상인 결의는 乙과 D 간의 법률관계에 관한 것으로서 타인 간의 법률관계에 대하여는 무효확인을 구할 이익이 없다고 주장하였다. 이러한 乙의 주장은 이유 있는가?

― 소 제기의 효과 사례 ―

〈제 1 문〉

〈사실관계〉

甲은 연회장을 운영하는 乙과 2023. 7. 10. 연회장 설비의 개보수공사를 대금 5,000만 원, 인도일 2023. 8. 31., 공사대금은 2023. 7. 10.과 2023. 8. 10. 각 1,000만 원을, 2023. 8. 31. 3,000만 원을 지급하기로 하는 도급계약을 체결하였다. 이 공사는 甲의 사정으로 지연되었는데, 甲은 2023. 9. 10. 공사를 완료하고 乙에게 잔금 3,000만 원의 지급을 청구하였다. 그런데 乙은 잔금 3,000만 원을 2023. 8. 31. 甲의 의뢰로 甲의 하도급업자에게 직접 지급하였다고 하면서 잔금의 지급을 거절하고, 공사가 지연됨에 따라 적어도 2,000만 원 상당의 손해(예약자 보상비, 광고비 등)가 발생하였다고 주장하였다. 甲은 개보수한 연회장을 일단 乙에게 인도한 다음 乙을 상대로 공사대금 3,000만 원의 지급을 구하는 소(A 소)를 서울서부지방법원에 제기하였다. 乙은 위에서 주장한 2,000만 원에 대하여 손해금의 지급을 구하는 소(B 소)를 서울중앙지방법원에 제기하였다. 그 후 乙은 甲의 공사 지연으로 인해 1,000만 원의 손해를 더 입은 것으로 판단되어 B 소송에서 청구액을 3,000만 원으로 확장하고자 하였다. 그런데 甲은 재정상태가 악화되어 신용 불안상태에 빠지게 되었고, 이러한 사실을 알게 된 乙은 공사 지연으로 인한 손해에 대하여 B 소송에서 청구를 확장하지 않고 A 소송에서의 패소를 면하기 위하여 상계항변을 하는 것을 검토하고 있다. 乙의 선택과 관련하여 소송법상 문제될 수 있는 사항을 검토하시오.

〈제 2 문〉

〈사실관계〉

甲은 사업을 확장하는 데 자금이 필요하여 의류 판매점을 운영하는 乙로부터 3억 원을 빌리기로 하고, 그 차용금채무를 담보하기 위하여 甲 소유의 X 토지에 채무자 甲, 근저당권자 乙, 채권최고액 3억 5,000만 원으로 하는 근저당권을 설정하고, 이에 관한 근저당권설정등기를 하였다. 의류를 생산·판매하는 A 주식회사(이하 'A'라고 한다)는 乙에게 의류를 계속 공급하여 오다가 2020. 6. 30. 乙과의 거래를 종료하고 물품대금을 5억 원으로 확정한 다음 그 물품대금의 지급을 담보하기 위하여 乙로부터 발행인 乙, 수취인 A, 액면금 5억 원, 지급기일 2020. 11. 30.인 약속어음을 교부받았다. 지급기일이 지나도록 乙이 어음금을 지급하지 아니하자 A는 2020. 12. 5. 위 어음금채권을 보전하기 위하여 乙 소유의 Z 토지에 대하여 가압류를 신청하여 2020. 12. 31. 이에 관한 기입등기가 이루어졌다.

甲은 乙을 상대로 甲의 乙에 대한 차용금채무가 존재하지 않는다고 주장하며 X 토지에 관하여 근저당권설정계약에 기한 근저당권설정등기 말소등기청구의 소를 제기하였다. 그 소송의 계속 중에 甲은 X 토지를 丙에게 매도하였고, 甲으로부터 X 토지에 관한 소유권이전등기를 받지 못한 丙은 甲에 대한 소유권이전등기청구권을 보전하기 위하여 乙을 상대로 소유권에 기한 근저당권설정등기 말소등기청구의 소를 제기하였다. 丙이 제기한 소송의 법원은 사건을 어떻게 처리하여야 하는가?

〈제 3 문〉

〈기초적 사실관계〉

甲은 전자제품 판매점을 운영하는 乙로부터 3억 원을 빌리면서 그 차용금채무를 담보하기 위하여 甲 소유의 X 토지에 채무자 甲, 근저당권자 乙, 채권최고액 3억 5,000만 원으로 하는 근저당권을 설정하고, 이에 관한 근저당권설정등기를 하였다. 전자제품을 제조·판매하는 丙 주식회사(이하 '丙'이라 한다)는 乙에게 전자제품을 계속 공급하여 오다가 2020. 6. 30. 乙과의 거래를 종료하고 물품대금을 3억 원으로 확정한 다음 그 물품대금의 지급을 담보하기 위하여 乙로부터 발행인 乙, 수취인 丙, 액면금 3억 원, 지급기일 2020. 11. 30.인 약속어음을 교부받았다. 지급기일이 지나도록 乙이 어음금을 지급하지 않자 丙은 2020. 12.

15. 위 어음금채권을 보전하기 위하여 乙의 A 은행(이하 'A'라고 한다)에 대한 예금채권에 대하여 가압류신청을 하였고, 이에 따른 가압류결정이 2020. 12. 31. A에게 송달되었다. 乙에게 전자제품을 공급하던 丁 주식회사(이하 '丁'이라 한다)는 乙이 5억 원의 물품대금을 지급하지 아니하자 乙을 상대로 물품대금청구의 소를 제기하여 그 확정판결에 기해 乙의 甲에 대한 위 대여금채권에 대하여 압류 및 전부명령을 받아 丁 명의로 X 토지에 관하여 근저당권이전의 부기등기를 하였다.

〈추가된 사실관계 1〉

丙은 乙이 물품대금을 지급하지 아니하자 2023. 12. 15. 乙을 상대로 3억 원의 물품대금청구의 소를 제기하였다.

1. 丙과 乙은 이 소송에서 각각 어떠한 주장을 할 수 있는지 검토하시오.

〈추가된 사실관계 2〉

甲은 乙의 甲에 대한 위 대여금채권에 대한 압류 및 전부명령을 송달받기 전에 乙에게 3억 원의 차용금채무를 변제하였음을 이유로 X 토지에 관한 근저당권등기를 말소하고자 한다.

2. 甲은 소송상 어떠한 조치를 취하여야 하는가?

─ 소 제기의 효과 사례 풀이 ─

〈제 1 문〉

I. 청구의 확장과 청구의 변경

청구의 확장에는 (i) 상환이행청구에서 단순이행청구로 바꾸는 질적 확장과 (ii) 금전채권 중 일부를 청구하다가 나머지 부분까지 청구하는 양적 확장이 있다. 특히 금전의 지급을 구하는 청구에서 동일한 청구권에 근거하여 청구의 수량적 범위만을 확장하는 때에는 청구원인의 변경이 없는데, 이러한 경우도 청구의 변경(법 제262조 제1항)에 해당하는지가 문제된다.

1. 견해의 대립

이와 관련해서는 ① 일부청구에서 전부청구로 확장하는 것은 청구원인에 변경이 없어 청구의 동일성이 유지되므로 청구의 변경에 해당하지 않는다는 견해, ② 이행명령의 상한을 변동시키는 것에 불과하므로 청구의 동일성이 유지되어 청구의 변경에 해당하지 않는다는 견해, ③ 명시적 일부청구에서 전부청구로 확장하는 때에는 증액 부분은 기존의 명시적 일부청구와는 별개의 청구로서 소송물의 변동이 생기므로 청구의 동일성을 상실하여 청구의 추가적 변경에 해당한다는 견해, ④ 명시적 일부청구가 아닌 경우도 청구취지의 변경이 있고 피고가 방어 범위의 증가에 따른 예상하지 못한 판결을 받을 가능성이 있다는 것을 이유로 피고의 방어권을 보장하기 위해서는 청구의 변경으로 취급하여야 한다는 견해 등이 주장되고 있다.

2. 판례의 입장

한 개의 금전채권의 수량적인 일부라는 취지가 명시되어 있는 경우에는 명시된 부분만이 소송물을 구성하는 것으로 보는 판례의 입장에 따르면 나머지

청구까지 청구를 확장하는 것은 소송물을 추가하는 경우에 해당한다.[1]

3. 사안의 경우

乙이 확장하고자 하는 1,000만 원은 동일한 도급계약의 이행지체를 원인으로 하는 손해배상채권에 기한 것이므로 B 소송의 심판대상이 되어 있는 손해배상채권의 일부에 해당한다.

일부청구의 소송물에 관한 판례의 입장에 따르면 乙이 B 소송에서 공사 지연으로 인한 손해배상청구의 일부로서 2,000만 원의 지급을 구하는 것임을 명시한 때에는 1,000만 원을 확장하는 것은 청구의 추가적 변경에 해당할 것이다.

乙이 B 소송에서 일부청구임을 명시하지 않은 때에도 실무상 청구취지를 3,000만 원으로 확장하는 청구취지 확장신청서를 제출하면 청구의 변경절차에 따라 절차가 진행된다.

II. 상계항변 제출의 필요성

1. 상계의 담보적 기능

乙이 A 소송에서 상계를 주장하고자 하는 이유는 자신이 A 소송에서 패소할 경우 공사대금 3,000만 원을 지급하여야 하는데, B 소송에서 3,000만 원의 승소판결을 받더라도 신용 불안상태에 있는 甲으로부터 그에 대한 현실적인 이행을 받지 못할 염려가 있으므로 A 소송에서 방어방법으로 3,000만 원의 손해배상채권을 자동채권으로 하여 대등액에서 상계한다는 취지의 주장을 할 이익이 있기 때문이다. 甲의 공사대금채권의 존재가 인정되더라도 乙의 상계항변이 받아들여지면 乙은 A 소송에서 승소할 수 있어 3,000만 원의 이행을 받은 것과 같은 결과를 얻을 수 있으므로 상계는 담보적 기능(간이·신속하고 확실한 결제수단)을 할 수 있다.

---

[1] 실무상으로는 소송물의 동일성이 인정되는 경우에도 청구취지 확장신청서를 제출하게 하여 그 부본을 상대방에게 송달하고 있다.

2. 사안의 경우

기판력의 표준시인 사실심의 변론종결 후에도 상계권을 행사할 수 있는 것으로 보는 판례의 입장에 따르면 乙은 A 소송에서 상계항변을 하지 않아 패소하였더라도 그 확정판결에 대하여 판결 확정 후에 상계의 의사표시를 한 것을 이의사유로 하여 청구에 관한 이의의 소(민사집행법 제44조)를 제기할 수 있다[2] 그러나 청구에 관한 이의의 소를 제기하더라도 강제집행의 속행에 영향을 미치지 않으므로(민사집행법 제46조 제1항) 확정판결에 기한 강제집행을 저지하기 위하여 乙은 집행정지의 재판(잠정처분)을 신청하여야 하고(같은 조 제2항),[3] 그러한 절차를 밟는 데에 시간이 소모되어 상계의 담보적 기능이 상실될 수도 있으므로 A 소송에서 상계항변으로 승소할 실익이 있다고 할 것이다.

III. 상계의 항변과 중복된 소 제기의 금지

1. 중복된 소 제기의 금지

어느 소송의 청구채권을 다른 소송에서 상계항변의 자동채권으로 주장하는 것이 허용되는지가 상계항변에 관한 판단에 기판력이 인정(법 제216조 제2항)되는 것과 관련하여 문제된다.

---

2) 당사자 쌍방의 채무가 상계적상에 있더라도 그 자체만으로 상계로 인한 채무소멸의 효력이 생기는 것은 아니고, 상계의 의사표시를 기다려 비로소 상계로 인한 채무소멸의 효력이 생기는 것이므로 채무자가 채무명의(집행권원)인 확정판결의 변론종결 전에 상대방에 대하여 상계적상에 있는 채권을 가지고 있었더라도 집행권원인 확정판결의 변론종결 후에 비로소 상계의 의사표시를 한 경우에는 민사소송법 제505조 제2항(현행 민사집행법 제44조 제2항)이 규정하는 '이의원인이 변론종결 후에 생긴 때'에 해당하는 것으로 보아야 하며, 당사자가 집행권원인 확정판결의 변론종결 전에 자동채권의 존재를 알았는지 몰랐는지에 관계없이 적법한 청구이의사유가 된다(대법원 1998. 11. 24. 선고 98다25344 판결).

3) 청구에 관한 이의의 소는 강제집행을 계속하여 진행하는 데 영향을 미치지 않으므로(민사집행법 제46조 제1항) 그 인용판결이 선고되더라도 그 판결이 확정되지 않는 한 집행력 배제의 효과가 발생하지 않고 판결이 확정된 다음 집행기관에 대하여 집행의 정지·취소를 구할 수 있을 뿐이다(같은 법 제49조 제1호). 따라서 판결 확정시까지 집행을 저지하지 못하는 채무자를 구제하기 위하여 청구에 관한 이의의 소에 대한 판결 전에 채무자의 신청에 의하여 본안판결이 있을 때까지 집행의 정지 또는 실시한 집행처분의 취소 등의 결정을 할 수 있도록 법원의 잠정처분을 허용하고 있다(민사집행법 제46조).

가. 의의 및 제도적 취지

당사자는 법원에 계속되어 있는 사건과 동일한 사건에 대하여 다시 소를 제기하지 못한다(법 제259조). 소송경제를 도모하고 판결의 모순·저촉을 방지하기 위하여 중복된 소 제기를 금지하고 있다.

나. 요건

후소가 전소와 동일한 사건일 경우 중복된 소에 해당하는데, 당사자와 소송상 청구가 동일하면 동일한 사건에 해당한다. 전소와 후소는 소송계속 발생 시점의 선후에 의하여 정해지므로 소 제기에 앞서 가압류, 가처분 등 보전절차가 선행되어 있더라도 이를 기준으로 정할 것은 아니다(대법원 1994. 11. 25. 선고 94다12517·12524 판결).

(1) 전소의 소송계속 중에 후소를 제기하였을 것

중복된 소 제기의 금지는 소송계속을 전제로 한 효과이므로 전소의 소송계속 중에 후소를 제기하여야 하는데, 같은 법원에 제기되어야 하는 것은 아니고 제소의 형태도 문제되지 않는다. 판례는 소장부본 송달 시를 기준으로 전소와 후소를 구별한다(대법원 1990. 4. 27. 선고 88다카25274·25281 판결).

전소에 대한 판결절차가 현존하면 소송계속이 인정되기 때문에 전소가 적법할 것이 요구되지 않는다. 전소가 소송요건을 구비하지 못하였더라도 후소의 변론종결 시까지 전소가 취하, 각하 등에 의하여 소송계속이 소멸하지 않으면 후소는 중복된 소에 해당한다.

(2) 당사자의 동일

당사자의 동일성은 전소와 후소에서 당사자로서의 동일성을 의미하므로 원고 또는 피고의 지위 자체는 문제되지 않고 전소와 후소에서 원고와 피고의 지위가 서로 바뀌더라도 당사자의 동일성이 인정된다.[4]

---

4) 소송상 청구가 동일하더라도 당사자가 다르면 동일한 사건이 아니며, 전소의 보조참가인(법 제71조)을 후소의 피고로 한 경우는 전소의 당사자가 아닌 보조참가인을 후소의 당사자로 한 것이므로 동일한 사건에 해당하지 않는다.
당사자가 동일하지 않더라도 기판력의 확장으로 전소판결의 효력을 받게 되는 사람을 후소의 당사자로 한 경우에는 동일한 사건이라고 할 수 있다. 따라서 사실심의 변론종결 후에 소송물

(3) 소송상 청구의 동일

전소와 후소의 당사자뿐 아니라 소송상 청구가 동일한 경우 후소가 전소와 동일한 사건에 해당한다. 전소와 후소의 청구취지가 다르면 원칙적으로 동일한 사건에 해당하지 않는다.[5]

다. 효과

전소의 소송계속 중에 전소와 동일한 후소가 제기된 때에는 후소는 민사소송법 제259조에 따라 부적법 각하된다.[6]

2. 상계항변으로 주장된 권리를 별소로 청구하거나 별소로 청구하고 있는 채권을 후소에서 반대채권으로 하여 상계항변을 하는 것이 허용되는지 여부[7]

가. 허용되는 것으로 보는 견해

상계항변 자체는 소송상 청구가 아니라 방어방법에 불과하므로 중복된 소

을 양도받은 승계인이 동일한 상대방에 대하여 소를 제기한 때에는 당사자가 다르다는 것을 이유로 중복된 소가 아니라고 할 수 없다.

5) 전소와 후소의 청구취지는 동일하고 청구원인이 다른 경우 전소와 후소가 동일한 사건에 해당하는지가 문제되는데, 실체법상 권리의 주장이 소송물의 내용을 이루는 것으로 보는 구실체법설에 따르면 청구취지가 동일하더라도 청구원인을 이루는 실체법상 권리가 다르면 동일한 사건이 아니다.

실체법상 권리가 아니라 원고가 소로써 달성하고자 하는 목적이 소송물의 내용을 이루는 것으로 보는 소송법설 중 일지설에 따르면 청구취지가 동일하면 청구원인이 다르더라도 동일한 사건으로서 공격방어방법 또는 법적 관점만을 달리할 뿐이다. 소송법설 중 이지설에 따르면 청구취지가 동일하더라도 청구원인상의 사실관계가 다르면 동일한 사건이 아닌 것으로 된다.

6) 중복된 소 제기에 해당하는지는 법원이 직권으로 조사하여야 하므로 당사자의 주장에 상관없이 중복된 소에 해당하면 법원은 후소를 각하하여야 한다. 다만 동일한 사건이더라도 전소 소송기록의 분실로 인해 소송을 진행할 수 없는 경우에는 기록의 재편을 위한 새로운 소의 제기가 허용될 수 있다.

7) 기판력은 주문에 포함된 것에 대해서만 발생하므로(법 제216조 제1항) 선결적 법률관계, 항변으로 주장된 법률관계 등에 대하여는 기판력이 발생하지 않는다. 그러나 상계항변으로 주장된 법률관계는 상계권의 행사로 소멸하므로 이를 이중으로 행사하는 것을 방지할 필요가 있어 예외적으로 상계로 대항한 액수에 관하여 기판력을 인정하고 있다(상계항변에 대한 판결이유 중의 판단에 기판력이 발생하기 위해서는 민법 제492조 이하에 규정된 단독행위로서 상계를 항변의 대상으로 하여야 하고, 수동채권이 소송상 청구로 심판받는 소구채권이거나 소구채권과 실질적으로 동일한 경우에 해당하여야 하며, 자동채권의 존부에 관하여 법원이 실질적으로 판단하였어야 한다). 이러한 상계항변의 특성과 관련하여 이미 계속 중인 소송에서 상계항변으로 주장한 채권(자동채권, 반대채권)을 별소로 청구하거나 별소로 청구하고 있는 채권을 후소에서 반대채권으로 하여 상계항변을 하는 것이 허용되는지가 문제된다.

제기금지 규정이 적용되지 않으므로 상계항변으로 주장된 권리를 별소로 청구하거나 별소로 청구하고 있는 채권을 후소에서 반대채권으로 하여 상계항변을 할 수 있다.

나. 허용되지 않는 것으로 보는 견해

상계항변에 제공된 반대채권(자동채권)의 존재에 대한 심리가 중복되어 기판력이 모순·저촉될 염려가 있으므로 중복된 소 제기금지 규정을 유추적용하여 상계항변으로 주장된 권리를 별소로 청구하거나 별소로 청구하고 있는 채권을 후소에서 반대채권으로 하여 상계항변을 할 수 없는 것으로 보아야 한다.

다. 절충적인 견해

① 원칙적으로는 허용되는 것으로 보면서도 이미 계속 중인 소송에서 상계항변으로 주장된 반대채권에 관하여 별소를 제기하는 것을 금지하고 기왕의 소송에서 법원이 석명권을 행사하여 반소를 제기하도록 유도하여야 하며, 피고가 반대채권에 대하여 반소를 제기하지 않고 별소를 제기한 때에는 별소를 소송의 이송, 이부, 변론의 병합을 통해 기왕의 소송절차에서 함께 심리하도록 하여야 한다는 견해, ② 소송의 이송, 이부 등으로 병합하여 하나의 소송절차에서 심리하도록 하되 그것이 불가능한 경우 상계항변이 예비적이면 후소를 적법한 소로 허용하고, 상계항변이 무조건적이면 중복된 소로 처리하여야 한다는 견해 등이 주장되고 있다.

라. 판례의 입장

상계의 항변을 제출할 당시 이미 자동채권에 기한 소송이 별도로 계속 중인 때에는 사실심의 담당재판부는 전소와 후소를 같은 기회에 심리·판단하기 위하여 이송, 이부 또는 변론의 병합 등을 시도함으로써 기판력의 모순·저촉을 방지함과 아울러 소송경제를 도모함이 바람직하였다고 할 것이나, 그렇다고 하여 특별한 사정이 없는 한 별소로 계속 중인 채권을 자동채권으로 하는 소송상 상계의 주장이 허용되지 않는다고 볼 수는 없다(대법원 2001. 4. 27. 선고 2000다4050 판결). 또한 먼저 제기된 소송에서 상계항변을 제출한 다음 그 소송계속 중에 자동채권과 동일한 채권에 기한 소송을 별도의 소나 반소로 제기하는 것도 가능하다(대법원 2022. 2. 17. 선고 2021다275741 판결).

3. 사안의 경우

乙이 B 소송에서 일부청구임을 명시한 때에는 B 소송에서 청구하였던 2,000만 원에 대하여는 중복된 소에 해당하는지가 문제될 수 있지만, 1,000만 원에 대하여는 중복된 소에 해당하는지가 문제되지 않을 것이다.

乙이 B 소송에서 일부청구임을 명시하지 않은 때에는 3,000만 원에 대하여 중복된 소에 해당하는지가 문제될 수 있다.

Ⅳ. 상계항변의 제출이 실기한 방어방법에 해당하는지 여부

1. 실기한 공격방어방법의 각하

가. 의의 및 인정 근거

당사자가 적시제출주의를 위반하여 고의 또는 중대한 과실로 공격방어방법을 뒤늦게 제출함으로써 소송의 완결을 지연시키게 하는 것으로 인정되는 경우 뒤늦게 제출된 공격방어방법을 각하하고 심리하지 않는 제도를 실기한 공격방어방법의 각하라고 한다(법 제149조 제1항). 당사자가 공격방어방법을 적시에 제출하도록 유도하여 소송의 촉진과 심리의 집중을 도모하기 위하여 실기한 공격방어방법을 각하할 수 있게 한 것이다.

나. 각하 요건

공격방어방법(주장, 부인, 항변, 증거신청 등)만이 각하의 대상이고, 소송상 청구, 참가신청 등은 각하의 대상이 아니다.

(1) 당사자가 적시제출주의를 위반하여 공격방어방법을 뒤늦게 제출하였을 것

당사자가 공격방어방법을 소송의 진행 정도에 비추어 적절한 시기에 제출하였는지는 소송의 구체적인 진행 정도와 내용에 따라 개별적으로 판단할 문제이지만, 통상 변론의 진행 과정에 비추어 해당 공격방어방법이 제출된 시점보다 이전의 변론에서 제출할 수 있었던 때에는 뒤늦게 제출한 것으로 볼 수 있다.

항소심에서 새로운 공격방어방법을 제출하는 것이 시기에 늦었는지를 판단
하는 경우 항소심만을 기준으로 할 것인지 제1심과 항소심을 모두 고려하여 판
단할 것인지가 문제되는데, 항소심은 제1심의 속심으로서의 성질을 가지며 민
사소송법 제149조는 총칙 규정에 해당하므로 제1심과 항소심을 모두 고려하여
판단하여야 한다.8)

(2) 당사자에게 고의 또는 중대한 과실이 있을 것

적절한 시기에 늦게 공격방어방법을 제출한 데 대하여 당사자에게 고의 또
는 중대한 과실이 있는지는 당사자 본인 또는 대리인을 기준으로 하여 공격방
어방법의 종류와 당사자의 법률지식 정도 등을 고려하여 개별적으로 판단하여
야 한다. 상계항변이나 건물매수청구권 행사의 항변은 출혈적 항변으로서 최종
적인 방어방법이므로 이러한 항변을 소송의 초기에 제출할 것을 기대하기 어렵
고, 본인소송과 변호사 대리소송을 동일하게 취급하기는 어려울 것이다.

다만 상계항변의 경우에도 피고가 의도적으로 늦게 상계항변을 제출한 것이
분명하거나 반대채권(자동채권)의 존재가 의심스러워 그 상계항변이 소송 지연
책으로 인정되는 때에는 각하할 수 있다. 환송 전의 항소심에서 상계항변을 할
기회가 있었음에도 의도적으로 또는 속단에 의해 하지 않았다가 환송 후의 항
소심에서 비로소 상계항변을 한 경우에는 피고의 고의 또는 중대한 과실이 인
정될 수 있다(대법원 2005. 10. 7. 선고 2003다44387 · 44393 판결).9)

---

8) 항소심의 계속 중에 증거서류가 위조되었다는 증거를 확보하게 된 사정 등에 비추어 제1심
   이후 21개월여가 지난 후에 제출된 위조항변은 실기한 공격방어방법에 해당하지 않고(대법원
   1992. 2. 25. 선고 91다490 판결), 제1심에서 패소한 후 항소심에서 약정해제권을 행사한 것
   은 신의칙에 반하거나 실기한 공격방어방법에 해당하지 않는다(대법원 2004. 12. 9. 선고
   2004다51054 판결). 다만 건물철거와 대지인도소송의 제1심에서 유치권항변을 할 수 있었을
   뿐만 아니라 항소심의 제3차 변론기일까지 유치권항변을 할 수 있었음에도 만연히 주장하지
   않다가 제4차 변론기일에서야 비로소 유치권항변을 한 것은 시기에 늦게 방어방법을 제출한
   것이고, 만일 이러한 항변의 제출을 허용한다면 소송완결의 지연을 가져올 것이 분명하다(대
   법원 1962. 4. 4. 선고 4294민상1122 판결).
9) 항소심에 이르러 동일한 쟁점에 관한 대법원의 첫 판결이 선고되자 그 판결의 취지를 토대로
   계약의 취소를 전제로 한 새로운 주장을 제출한 것은 당사자의 고의 또는 중대한 과실로 시
   기에 늦게 공격방어방법을 제출한 것으로 보기 어렵다(대법원 2006. 3. 10. 선고 2005다
   46363 · 46370 · 46387 · 46394 판결).

(3) 당사자가 뒤늦게 제출한 공격방어방법을 심리하는 경우 소송의 완결을 지연시키게 하는 것으로 인정될 것

소송완결의 지연 여부에 관한 판단방법과 관련해서는 ① 공격방어방법이 현실로 제출된 시점을 기준으로 그 공격방어방법을 심리하는 경우 각하할 때보다 절차가 더 오래 지속될 것인지에 의해 결정하여야 한다는 견해, ② 공격방어방법이 적시에 제출되었을 경우를 가정하여 적시에 제출되었더라면 소요되었을 기간과 현재 제출된 공격방어방법을 심리함으로써 절차가 지속될 기간을 비교하여 지연 여부를 결정하여야 한다는 견해 등이 주장되고 있다. 공격방어방법이 뒤늦게 제출되었더라도 이와는 별도로 심리하거나 증거조사를 하여야 할 사항이 남아 있어 어차피 기일의 속행이 필요하고 그 속행기일의 범위 내에서는 해당 공격방어방법에 대한 심리도 마칠 수 있거나 공격방어방법의 내용이 이미 심리를 마친 소송자료의 범위 안에 포함되어 있는 경우에는 뒤늦게 제출된 공격방어방법을 심리하는 것이 소송의 완결을 지연시키는 것으로 볼 수 없다(대법원 2000. 4. 7. 선고 99다53742 판결; 대법원 2010. 1. 14. 선고 2009다55808 판결).

(i) 법률상 주장, (ii) 그 내용이 이미 심리를 마친 소송자료의 범위 안에 포함되어 있어 별도의 증거조사가 필요하지 않은 항변, (iii) 당해 기일에서 즉시 조사할 수 있는 증거의 신청 등은 이에 관하여 심리하더라도 소송의 완결을 지연시키지 않는 것으로 볼 수 있다.[10)]

당사자가 고의 또는 중대한 과실로 시기에 늦게 공격방어방법을 제출하였더라도 법원이 이를 각하하지 않고 그에 대한 증거조사까지 마친 때에는 더 이상 소송의 완결을 지연시킬 염려가 없는 것으로 볼 수 있다.

다. 각하 절차

각하 여부의 재판은 직권으로 또는 상대방의 신청에 따라 결정으로 한다(법

---

10) 법원이 당사자의 변론재개신청을 받아들여 변론을 재개한 경우 소송관계는 변론을 재개하기 전의 상태로 환원되므로 그 재개된 변론기일에서 제출된 주장·증거가 실기한 공격방어방법에 해당하는지를 판단하는 때에는 변론의 재개 자체로 인한 소송완결의 지연은 고려할 필요가 없고, 민사소송법 제149조 제1항이 규정하는 요건을 충족하는지를 기준으로 판단하여야 한다(대법원 2010. 10. 28. 선고 2010다20532 판결).

제149조 제1항). 각하 여부는 법원의 재량사항으로 볼 수 있다.[11] 상대방이 실기한 공격방어방법이라고 다투고 있는 당사자의 주장에 대하여 법원이 판결이유에서 판단한 때에는 이러한 주장이 실기한 공격방어방법이어서 각하되어야 한다는 상대방의 주장을 배척하는 취지의 판단이 포함되어 있는 것으로 볼 수 있다(대법원 2010. 1. 14. 선고 2009다55808 판결).

공격방어방법을 각하당한 당사자는 각하결정에 대하여 독립하여 항고할 수 없고 종국판결에 대한 상소와 함께 불복하여야 한다(법 제392조 본문). 법원이 상대방의 각하 신청을 배척하고 공격방어방법의 제출을 허용한 때에는 이러한 법원의 조치는 법원의 소송지휘에 관한 사항이므로 불복신청이 허용되지 않는다.

공격방어방법이 각하되지 않은 경우에도 적절한 시기에 공격방어방법을 제출하지 아니하여 소송을 지연시킨 당사자는 승소하더라도 그 지연으로 말미암아 증가된 소송비용을 부담할 수 있고(법 제100조), 민사소송법 제149조 제1항은 주로 변론기일에 적용되나 변론준비절차에도 준용된다(법 제286조).

2. 사안의 경우

乙은 A 소송의 계속 중에 甲의 공사 지연으로 인해 1,000만 원의 손해를 더 입은 사실을 알게 되었고, B 소송에서 청구취지를 확장하여 승소하더라도 甲의 재정상태 악화로 집행상의 문제가 발생할 수 있는 상황에서 A 소송에서 상계항변을 하는 것은 소송절차의 진행 정도에 비추어 乙의 고의 또는 중대한 과실로 시기에 늦게 공격방어방법을 제출한 경우에 해당하지 않을 것이다.

V. 상계항변에 대한 법원의 판단순서

乙은 A 소송에서 공사대금채권을 변제하였다고 주장하며 그 존재를 다투고 있으므로 乙이 A 소송에서 상계의 주장을 하는 때에는 "만일 변제가 인정되지 않는다면 공사대금채권과 손해배상채권을 대등액에서 상계한다."라는 내용으로 될 것이다. 상계항변에 관한 판결이유 중의 판단에 대하여도 기판력이 발생하므로(법 제216조 제2항) 법원은 소구채권이 존재한다고 인정되고 다른 항변이 이유

---

11) 민사소송법 제149조 제1항을 신속한 소송완결을 위한 공익적 규정으로 보아 실기한 공격방어방법을 반드시 각하하여야 한다는 견해가 주장되기도 한다.

없다고 인정되는 경우 비로소 상계항변에 관하여 판단하여야 한다.

VI. 상계권의 소송상 행사

1. 상계권의 소송상 행사의 소송법적 의미

상계권이 소송상 행사된 경우[12] 이러한 상계 주장의 법적 성질, 효과와 관련해서는 ① 상계권을 소송상 행사하는 것은 외관상 하나의 행위인 것처럼 보이지만, 법률적으로는 상계권의 행사라는 상대방에 대한 사법상 의사표시(사법행위)와 그러한 의사표시가 있었다는 법원에 대한 사실의 주장(소송행위)이 병존하는 것으로서 사법상 의사표시라는 측면에서는 실체법의 규율을 받고 법원에 대한 사실의 주장이라는 측면에서는 소송법의 규율을 받는데, 소송상 공격방어방법으로 상계권을 행사한 때에는 해당 소가 취하 또는 각하되거나 상계권 행사에 관한 주장이 실기한 공격방어방법으로서 각하되는 등의 소송법상 사유가 발생하더라도 그러한 소송법상 사유와는 상관없이 사법상 효과는 유효하게 존속하는 것으로 보는 견해, ② 소송절차 내에서 상계권을 행사한 경우에는 사법행위와 소송행위로서의 성질을 모두 가지는 한 개의 행위가 있는 것이므로 소송법상 사유로 소송행위가 무(無)로 돌아가면 사법상 효과도 소멸하는 것으로 보는 견해, ③ 상계권을 소송상 공격방어방법으로 행사한 것이므로 순수한 소송행위로 보아야 하고, 그 요건과 효과도 소송법의 규율을 받을 뿐 사법상으로는 아무런 효과도 발생하지 않으므로 소송법상 사유가 발생하더라도 사법상으로는 아무런 영향을 미치지 않는 것으로 보는 견해, ④ 사법행위와 소송행위가 병존

---

12) 당사자가 소송 밖에서 사법상 형성권을 행사한 후 소송절차에서 사법상 형성권을 행사한 사실을 주장하는 경우 사법상 형성권의 행사 자체는 사법상 법률행위로서 이에 대하여는 실체법이 적용되고, 소송 밖에서 사법상 형성권을 행사한 사실을 소송절차에서 주장하는 것은 사실의 주장으로서 공격방어방법에 해당하므로 이에 대하여는 민사소송법이 적용된다. 당사자가 소송 밖에서 사법상 형성권을 행사한 후 그러한 사실을 소송절차에서 주장하는 때에는 양 행위가 서로 구별되므로 그 효력과 관련하여 특별히 문제될 것이 없다.
그러나 소송절차에서 사법상 형성권을 행사하는 경우, 즉 사법상 형성권의 행사와 함께 항변이 이루어진 때에는 (ⅰ) 그 소송법적 의미를 어떻게 파악할 것이며, (ⅱ) 소가 취하 또는 각하되거나 형성권 행사에 관한 주장이 실기한 공격방어방법으로서 각하되거나 소송계속 중에 소송상 화해나 민사조정이 성립되는 등의 사유가 발생하여 형성권 행사의 항변이 소송행위로서의 의미를 상실하게 되는 경우 형성권 행사의 사법상 효력이 인정될 것인지가 문제된다.

하는 것으로 보면서도 상계항변이 소송상 공격방어방법으로서의 의미를 상실한 때에는 사법상 효과가 발생하지 않는 것으로 보는 견해[13] 등이 주장되고 있다.

소송상 방어방법으로 상계권이 행사된 후에 민사조정이 성립된 경우 상계항변의 사법상 효과가 발생하는지가 문제되는데, 판례는 소송상 방어방법으로서의 상계항변은 수동채권의 존재가 확정되는 것을 전제로 하여 행해지는 예비적 항변으로서 소송절차에서의 상계의 의사표시에 의해 그 효과가 확정적으로 발생하는 것이 아니라 해당 소송에서 수동채권의 존재 등 상계에 관한 법원의 실질적인 판단이 이루어진 때에 비로소 실체법상 상계의 효과가 발생한다(대법원 2014. 6. 12. 선고 2013다95964 판결)는 입장이다.[14]

2. 사안의 경우

乙은 A 소송에서 공사대금을 지급하였다고 주장하였으므로 乙이 A 소송에서 상계항변을 하는 경우 주위적으로 변제의 항변을, 예비적으로 상계항변을 하는 형태를 취할 것이다. 법원의 심리 결과 乙의 공사대금채권이 변제로 소멸한 것으로 인정되는 경우 법원은 상계항변에 관하여 판단하지 않을 것이다. 乙이 A 소송에서 상계권을 행사한 때에도 甲의 공사대금채권이 변제로 소멸한 것으로 인정되면 손해배상채권을 자동채권으로 하는 상계의 주장은 소송행위로서의 의미를 상실하게 된다. 상계권이 소송상 행사된 경우 법원이 상계항변에 관하여 실질적으로 판단하지 않은 때에는 그 사법상 효과가 발생하지 않는 것으로 보는 판례의 입장에 따르면 乙의 상계권 행사의 사법상 효과가 발생하지 않을 것이므로 乙은 다시 손해금의 지급을 청구할 수 있을 것이다.

乙의 공사대금 지급사실이 인정되지 않는 경우 법원은 乙의 상계항변에 관

---

13) 소송행위로서의 상계항변에 대한 사유와 관련해서는 ㉮ 실기 각하의 경우와 다른 경우를 구별하여 실기 각하의 경우에만 사법상 효과가 발생하지 않는 것으로 보는 견해, ㉯ 개별적인 소송상의 사유를 고려하지 않고 상계항변이 소송행위로서의 의미를 상실한 때에는 사법상 효과가 발생하지 않는 것으로 보는 견해 등이 주장되고 있다

14) 소송상 방어방법으로서의 상계항변은 수동채권의 존재가 확정되는 것을 전제로 하여 행해지는 예비적 항변으로서 당사자가 소송상 상계항변으로 달성하려는 목적, 상호 양해에 의한 자주적 분쟁 해결수단인 조정의 성격 등에 비추어 보면 해당 소송절차의 진행 중에 당사자 사이에 조정이 성립됨으로써 수동채권의 존재에 관한 법원의 실질적인 판단이 이루어지지 아니한 때에는 그 소송절차에서 행해진 상계항변의 사법상 효과도 발생하지 않는다(대법원 2013. 3. 28. 선고 2011다3329 판결).

하여 판단하여야 할 것이다.

〈제 2 문〉

Ⅰ. 쟁점

甲이 乙을 상대로 제기한 근저당권설정계약에 기한 근저당권설정등기 말소등기소송의 계속 중에 甲의 채권자 丙이 甲을 대위하여 乙을 상대로 소유권에 기한 근저당권설정등기 말소등기청구의 소를 제기한 것이 중복된 소 제기에 해당하는지가 문제되는데, 이와 관련해서는 근저당권설정계약에 기한 근저당권설정등기 말소등기청구와 소유권에 기한 근저당권설정등기 말소등기청구의 소송물이 동일한 것인지를 검토하여야 한다.

Ⅱ. 중복된 소 제기에 해당하는지 여부

1. 의의 및 제도적 취지

당사자는 법원에 계속되어 있는 사건과 동일한 사건에 대하여 다시 소를 제기하지 못한다(법 제259조). 소송경제를 도모하고 판결의 모순·저촉을 방지하기 위하여 중복된 소 제기를 금지하고 있다.

2. 요건

후소가 전소와 동일한 사건일 경우 중복된 소에 해당하는데, 당사자와 소송상 청구가 동일하면 동일한 사건에 해당한다. 전소와 후소는 소송계속 발생 시점의 선후에 의하여 정해지므로 소 제기에 앞서 가압류, 가처분 등 보전절차가 선행되어 있더라도 이를 기준으로 정할 것은 아니다(대법원 1994. 11. 25. 선고 94다12517·12524 판결).

가. 전소의 소송계속 중에 후소를 제기하였을 것

중복된 소 제기의 금지는 소송계속을 전제로 한 효과이므로 전소의 소송계속 중에 후소를 제기하여야 하는데, 같은 법원에 제기되어야 하는 것은 아니고 제소의 형태도 문제되지 않는다. 판례는 소장부본 송달 시를 기준으로 전소와 후소를 구별한다(대법원 1990. 4. 27. 선고 88다카25274 · 25281 판결).

전소에 대한 판결절차가 현존하면 소송계속이 인정되기 때문에 전소가 적법할 것이 요구되지 않는다. 전소가 소송요건을 구비하지 못하였더라도 후소의 변론종결 시까지 전소가 취하, 각하 등에 의하여 그 소송계속이 소멸하지 않으면 후소는 중복된 소에 해당한다.

나. 당사자의 동일

(1) 의미

당사자의 동일성은 전소와 후소에서 당사자로서의 동일성을 의미하므로 원고 또는 피고의 지위 자체는 문제되지 않고 전소와 후소에서 원고와 피고의 지위가 서로 바뀌더라도 당사자의 동일성이 인정된다.[15]

(2) 채무자가 제3채무자에 대한 권리를 소송상 행사하고 있는데 채권자가 채권자대위권에 기한 소를 제기한 경우 법원의 처리

① 채권자대위소송을 법정소송담당으로 보는 입장에서 채무자가 제3채무자에 대한 권리를 행사하고 있는데 채권자가 채권자대위권에 기한 소를 제기하는 것은 중복된 소 제기에 해당하는 것으로 보는 견해, ② 채권자대위소송을 법정소송담당으로 보는 입장에서 채권자대위권은 채무자가 제3채무자에 대한 권리를 행사하지 않는 경우에만 채권자가 자기의 채권을 보전하기 위하여 행사할 수 있다는 것을 이유로 채권자가 대위권을 행사할 당시 이미 채무자가 그의 권리를 재판상 행사한 때에는 채권자는 채무자를 대위하여 채무자의 권리를 행사할 당사자적격이 없는 것으로 보는 견해, ③ 채권자대위소송을 채권자가 자신의 고유한 실체법상 대위권을 소송상 행사하는 것으로 보는 입장에서 이런 경

---

15) 소송상 청구가 동일하더라도 당사자가 다르면 동일한 사건이 아니며, 전소의 보조참가인(법제71조)을 후소의 피고로 한 경우는 전소의 당사자가 아닌 보조참가인을 후소의 당사자로 한 것이므로 동일한 사건에 해당하지 않는다.
당사자가 동일하지 않더라도 기판력의 확장으로 전소판결의 효력을 받게 되는 사람을 후소의 당사자로 한 경우에는 동일한 사건이라고 할 수 있다. 따라서 사실심의 변론종결 후에 소송물을 양도받은 승계인이 동일한 상대방에 대하여 소를 제기한 때에는 당사자가 다르다는 것을 이유로 중복된 소가 아니라고 할 수 없다.

우에는 채무자가 자신의 권리를 행사하고 있으므로 실체법상 대위권 행사요건을 흠결한 것으로 보아 채권자대위소송의 청구를 기각하여야 한다는 견해 등이 주장되고 있다.

판례 중에는 채무자가 제3채무자를 상대로 제기한 소송의 계속 중에 채권자가 채무자를 대위하여 같은 제3채무자를 상대로 청구취지와 청구원인을 같이하는 소를 제기한 때에는 양 소송은 당사자가 다를지라도 실질상으로 동일한 소송이므로 후소는 중복된 소 제기금지 규정에 저촉되는 것으로 본 것(대법원 1981. 7. 7. 선고 80다2751 판결)과 채권자대위권은 채무자가 제3채무자에 대한 권리를 행사하지 않는 경우에 한하여 채권자가 자기의 채권을 보전하기 위하여 행사할 수 있는 것이므로 채권자가 대위권을 행사할 당시 이미 채무자가 그의 권리를 재판상 행사한 때에는 채권자는 채무자를 대위하여 채무자의 권리를 행사할 수 없어 당사자적격을 흠결한 것으로 본 것(대법원 2009. 3. 12. 선고 2008다65839 판결)16)이 있다.17)

다. 소송상 청구의 동일

전소와 후소의 당사자뿐 아니라 소송상 청구, 즉 소송물이 동일한 경우 후소가 전소와 동일한 사건에 해당한다. 근저당권설정계약에 기한 근저당권설정등기의 말소등기청구와 소유권에 기한 근저당권설정등기의 말소등기청구의 소송물이 동일한 것인지 문제된다.

(1) 소송물의 의의

원고가 소로써 법원에 대하여 당부 판단을 구하는 원고의 피고에 대한 권리 또는 법적 지위의 주장을 소송물18)이라고 하는데, 이는 법원의 심판대상(소송의

---

16) 판례는 2000년대에 들어서는 채무자가 제3채무자에 대한 권리를 소송상 행사한 경우 채무자가 그의 권리를 행사한 것으로 보아 채권자가 채무자를 대위하여 채무자의 제3채무자에 대한 권리를 소송상 행사할 당사자적격이 없는 것으로 판단하고 있다.

17) 비법인사단이 사원총회의 결의 없이 제기한 소는 소 제기에 관한 특별수권을 결하여 부적법하고, 이런 경우에는 소 제기에 관한 비법인사단의 의사결정이 있었다고 할 수 없으므로 비법인사단인 채무자 명의로 제3채무자를 상대로 한 소가 제기되었다가 사원총회의 결의 없이 총유재산에 관한 소가 제기되었다는 이유로 각하판결을 선고받고 그 판결이 확정된 때에는 채무자가 스스로 제3채무자에 대한 권리를 행사한 것으로 볼 수 없다(대법원 2018. 10. 25. 선고 2018다210539 판결).

18) 민사소송법상 소송물에 관한 직접적인 규정은 존재하지 않고, '청구(법 제25조 제1항, 제253

객체)이 된다.

(2) 소송물의 내용

(가) 구실체법설

실체법상 권리의무의 주장이 소송물의 내용을 이룬다.

(나) 소송법설

이행의 소와 형성의 소의 경우에는 일정한 급부의 실현이나 특정한 법률관계의 변동을 구할 수 있는 법적 지위의 주장이 소송물의 내용을 이루고, 확인의 소의 경우에는 특정한 권리 또는 법률관계의 주장이 소송물의 내용을 이룬다.

(3) 소송물의 특정

(가) 구실체법설

이행의 소와 형성의 소의 경우에는 실체법상 이행청구권과 형성청구권이 기재되는 청구원인에 의해 소송물이 특정되고, 확인의 소의 경우에는 실체법상 권리의무가 청구취지에 기재되므로 청구취지에 의해 소송물이 특정된다.

(나) 소송법설 중 일지설

원고의 신청을 기준으로 소송물이 정해지고 원고의 신청을 이유 있게 하기 위해 주장되는 사실관계는 신청을 해석하는 수단에 불과하다. 이행의 소와 형성의 소의 경우에는 급부와 형성의 대상과 내용이 기재되는 청구취지에 의해 소송물이 특정되지만, 청구의 내용이 금전 기타 대체물의 일정한 수량의 지급을 구하는 것일 때에는 청구취지에 금원의 성질이 표시되지 않으므로 이행청구의 내용을 특정하기 위해서는 청구원인에 나타난 사실관계를 고려하여야 하고, 확인의 소의 경우에는 확인을 구하는 권리 또는 법률관계가 기재되는 청구취지에 의해 소송물이 특정된다.

(다) 소송법설 중 이지설

원고의 신청과 그 신청을 이유 있게 하기 위해 주장되는 사실관계가 소송물의 대등한 구성요소를 이룬다. 이행의 소와 형성의 소의 경우 급부와 형성의 대상과 내용이 기재되는 청구취지뿐 아니라 이행청구와 형성청구의 근거가 되는

조, 제262조)', '소송목적이 되는 권리나 의무(법 제25조 제2항, 제65조)', '소송목적인 권리 또는 의무(법 제81조, 제82조)'와 같은 용어가 사용되고 있을 뿐이다. 다만 민사집행법에는 '소송물인 권리 또는 법률관계'라는 용어가 사용되고 있다(민사집행법 제309조 제1항).

사실관계가 기재되는 청구원인에 의해 소송물이 특정되고, 확인의 소의 경우 확인을 구하는 권리 또는 법률관계가 기재되는 청구취지만으로 소송물이 특정되는 것으로 볼 것인지, 청구취지와 아울러 확인청구의 근거가 되는 사실관계가 기재되는 청구원인에 의해 소송물이 특정되는 것으로 볼 것인지에 관하여 견해의 대립이 있다.[19]

(4) 소송물의 동일성 여부

(가) 구실체법설에 따를 경우

근저당권설정계약에 기한 근저당권설정등기의 말소등기청구와 소유권에 기한 근저당권설정등기의 말소등기청구는 그 실체법적 근거를 달리하므로 별개의 소송물에 해당한다.

(나) 소송법설 중 일지설에 따를 경우

근저당권의 소멸 등을 이유로 근저당권설정등기의 말소를 구할 수 있는 법적 지위는 하나이므로 동일한 소송물에 해당한다.

(다) 소송법설 중 이지설에 따를 경우

근저당권설정계약에 기한 근저당권설정등기의 말소등기청구와 소유권에 기한 근저당권설정등기의 말소등기청구의 사실관계가 다르면 별개의 소송물에 해당할 수 있다.

(라) 판례의 입장

소유권에 기한 방해배제청구권 행사로서의 근저당권설정등기의 말소등기청구와 계약해제에 따른 계약상 권리에 기한 원상회복으로서 담보물의 반환을 받기 위한 근저당권설정등기의 말소등기청구는 청구원인을 달리하는 것이어서 소유권에 기한 방해배제청구권 행사로서 한 말소등기청구에 대한 전소 확정판결의 기판력은 근저당권설정계약에 기한 원상회복으로 말소등기청구를 하는 후소에 미치지 않는다(대법원 1993. 9. 14. 선고 92다1353 판결).[20]

---

19) 이와 관련해서는 ㉮ 확인의 소의 경우에도 청구취지와 청구원인에 의하여 소송물이 특정된다는 견해, ㉯ 절대권 확인의 경우에는 청구취지만으로 소송물이 특정되지만, 청구권 확인의 경우에는 청구취지와 청구원인에 의하여 소송물이 특정된다는 견해 등이 주장되고 있다.

20) 근저당권이 설정된 후에 그 부동산의 소유권이 제3자에게 이전된 경우 근저당권설정자인 종전의 소유자가 근저당권자를 상대로 피담보채무의 소멸을 이유로 근저당권설정등기의 말소를 청구할 수 있는지가 문제되는데, 근저당권이 설정된 후에 그 부동산의 소유권이 제3자에게 이전된 경우 현재의 소유자는 자신의 소유권에 기하여 피담보채무의 소멸을 원인으로 그

Ⅲ. 사례의 정리

근저당권설정등기 말소등기소송의 소송물에 관한 판례의 입장에 따르면 근저당권설정계약에 기하여 근저당권설정등기의 말소등기절차의 이행을 구하는 소의 소송물은 채권적 말소등기청구권인 데 대하여, 소유권에 기한 방해배제청구로서 근저당권설정등기의 말소등기절차의 이행을 구하는 소의 소송물은 물권적 말소등기청구권이므로 양 소의 소송물은 다른 것으로 볼 수 있다.

채권자대위소송을 채권자가 자신의 고유한 실체법상 권리를 소송상 행사하는 것으로 보는 견해뿐 아니라 채권자대위소송을 법정소송담당으로 보는 견해에 따르더라도 甲의 乙에 대한 근저당권설정계약에 기한 근저당권설정등기의 말소등기청구와 소유권에 기한 근저당권설정등기의 말소등기청구의 소송물이 다른 것으로 보면 甲의 乙에 대한 근저당권설정계약에 기한 근저당권설정등기 말소등기소송의 계속 중에 甲의 채권자 丙이 자신의 甲에 대한 소유권이전등기청구권을 보전하기 위하여 甲을 대위하여 乙을 상대로 소유권에 기한 근저당권설정등기 말소등기청구의 소를 제기하더라도 소송물과 당사자가 다르므로 중복된 소 제기에 해당하지 않을 것이다. 따라서 다른 소송요건의 흠결이 문제되지 않으면 법원은 丙의 청구의 당부에 관하여 판단하여야 할 것이다.

〈제 3 문 - 1〉

Ⅰ. 쟁점

丙이 乙을 상대로 제기한 물품대금소송에서 丙과 乙이 주장할 수 있는 사실과 관련해서는 (ⅰ) 丙의 물품대금청구의 권리발생사실, (ⅱ) 乙의 물품대금채권 시효소멸의 항변사실, (ⅲ) 丙의 소멸시효 중단의 재항변사실을 검토하여야 한다.

근저당권설정등기의 말소를 청구할 수 있고, 근저당권설정자인 종전의 소유자는 근저당권설정계약의 당사자로서 근저당권의 소멸에 따른 원상회복으로서 근저당권자에게 근저당권설정등기의 말소를 청구할 수 있는 계약상 권리가 있으므로 이러한 계약상 권리에 터 잡아 근저당권자에게 피담보채무의 소멸을 원인으로 그 근저당권설정등기의 말소를 청구할 수 있다(대법원 1994. 1. 25. 선고 93다16338 전원합의체 판결).

II. 丙의 乙에 대한 물품대금청구의 권리발생사실

1. 권리발생사실

실체법은 일정한 법률효과의 발생요건을 규정하고 있는데, 이러한 발생요건을 법률요건 또는 구성요건이라고 하고, 그러한 법률효과가 인정되는지는 그 법률요건에 해당하는 구체적 사실의 유무에 의해 정해진다. 법률효과에는 권리의 발생, 장애, 소멸 등이 포함되는데, 권리의 발생이라는 법률효과의 발생요건에 해당하는 구체적 사실을 권리발생사실이라고 한다. 권리근거규정의 요건사실이 권리발생사실에 해당한다.

2. 물품대금청구의 권리발생사실

물품대금청구의 권리발생사실은 물품에 대한 매매계약의 체결사실이다. 매매계약의 특정을 위해서는 계약의 당사자, 계약체결일, 계약의 목적물, 매매대금[21]을 적시하여야 한다. 매매대금의 지급기한은 매매의 본질적 요소가 아니므로 매매대금 지급기한의 합의와 그 도래사실을 주장할 필요는 없다.

3. 사안의 경우

丙의 乙에 대한 물품대금청구의 권리발생사실은 丙과 乙 간의 전자제품에 관한 매매계약 체결사실이다.

III. 乙이 주장할 수 있는 항변사실

1. 항변사실

권리의 장애, 소멸, 저지라는 법률효과의 발생요건에 해당하는 구체적 사실을 항변사실이라고 한다. 항변사실에는 권리장애사실(권리근거규정에 기한 권리의

---

21) 매매대금은 매매계약의 본질적 요소이므로 그 구체적인 액수가 특정되어야 하지만, 반드시 계약체결 당시에 구체적으로 확정하여야 하는 것은 아니고 사후에라도 이를 확정할 수 있는 방법과 기준이 정해져 있으면 된다(대법원 2002. 7. 12. 선고 2001다7940 판결).

발생을 처음부터 방해하는 권리장애규정의 요건사실), 권리소멸사실(권리근거규정에 기해 일단 발생한 권리를 소멸시키는 권리소멸규정의 요건사실), 권리저지사실(권리근거규정에 기한 권리의 발생을 저지하거나 권리근거규정에 기해 이미 발생한 권리의 행사를 저지하는 권리저지규정의 요건사실)이 포함된다.

2. 시효소멸의 항변사실

권리자가 권리를 행사할 수 있는 때로부터(민법 제166조 제1항) 일정한 기간이 경과하면 소멸시효가 완성된다. 따라서 ① 권리자가 특정한 시점에 물품대금채권을 행사할 수 있었던 사실과 ② 그로부터 일정한 기간이 경과한 사실이 주요사실에 해당한다.

권리자가 권리를 행사할 수 있는 때란 법률상 장애가 없어진 때를 의미하는데, 확정기한이 있는 경우에는 그 기한이 도래한 때부터 소멸시효가 진행한다. 소멸시효의 기산점은 채무의 소멸이라는 법률효과의 발생요건에 해당하는 소멸시효기간 계산의 시발점으로서 소멸시효 항변의 법률요건을 구성하는 구체적인 사실에 해당하므로 변론주의가 적용되는 주요사실에 해당한다(대법원 1995. 8. 25. 선고 94다35886 판결).

소멸시효기간과 관련하여 어떤 권리의 소멸시효기간이 얼마나 되는지에 관한 주장은 법률상 주장에 불과하므로 변론주의의 적용대상이 아니고 법원이 직권으로 판단할 수 있다(대법원 2008. 3. 27. 선고 2006다70929·70936 판결).

3. 물품대금의 지급을 담보하기 위하여 약속어음이 교부된 경우 물품대금채무의 변제기

가. 원인채무의 지급을 담보하기 위하여 약속어음이 교부된 경우의 법률관계

원인채무의 지급을 담보하기 위하여 어음이 수수된 때에는 양 채권은 병존하며, 채권자는 자기 의사에 따라 양 채권을 행사할 수 있다. (ⅰ) 채권자가 어음채권을 먼저 행사하는 경우 어음채권의 행사는 원인채권의 영향을 받지 않는데, 채무자가 어음채무를 이행하면 어음채권과 원인채권이 함께 소멸하고, 채무자가 어음채무의 이행을 거절하면 채권자는 원인채권을 행사하든지 어음상 상환청구권을 행사할 수 있다. (ⅱ) 채권자가 원인채권을 먼저 행사하는 경우 원인채권의 행사는 어음채권의 영향을 받는다. 채무자가 어음을 회수하지 않고 원인채무를 이행하는 경우 어음이 다른 사람에게 유통되면 이중 지급의 위험을 부담하게 되므로 채무자는 채권자에게 어음을 반환할 것을 요구할 수 있고, 어음의 상환과 동시이행으로만 자신의 원인채무를 이행하겠다는 동시이행의 항변을 할 수 있다. 이런 경우 채무자에게 인정되는 동시이행항변권은 민법 제536조의 쌍무계약상의 동시이행항변권이 아니고 채무자의 이중 지급 위험을 방지하기 위한 것으로 해석되므로 원인채무의 변제기가 도래하면 채무자는 지참채무의 원칙상 원인채무의 이행을 제공하여야 한다. 원인채무 이행의무와 어음 반환의무가 동시이행관계에 있다고 하더라도 이는 어음의 반환과 상환으로 하지 않으면 원인채무를 이행할 필요가 없어 이를 거절할 수 있다는 것을 의미하는 것에 불과하므로 채무자가 어음이 반환되지 않음을 이유로 원인채무의 변제를 거절할 수 있는 권능을 가진다고 하여 채권자가 어음의 반환을 제공하지 않으면 채무자에게 적법한 이행최고를 할 수 없다는 것은 아니어서 채무자가 원인채무의 이행기를 경과한 때에는 원칙적으로 이행지체의 책임을 진다(대법원 1999. 7. 9. 선고 98다47542 판결).

나. 원인채무의 지급을 담보하기 위하여 어음이 교부된 경우 원인채무의 변제기

원인채무의 지급을 담보하기 위하여 어음이 수수된 경우 채권자는 임의로 선택하여 원인채권이나 어음채권을 행사할 수 있으므로 원인채무의 변제기가 약속어음의 지급기일로 유예된 것으로 볼 수 있는 특별한 사정이 없는 한 채권자는 원인채권의 변제기가 도래하면 원인채권을 행사할 수 있다고 보는 것이 채권자에게 행사할 권리를 선택할 수 있도록 한 취지에 부합할 것이다. 다만 당사자 간에 원인채무의 변제기에 관한 별도의 약정이 없는 때에는 원인채무의 지급을 담보하기 위하여 약속어음이 교부된 경우에도 약속어음의 지급기일이 원인채무의 변제기가 되는 것으로 볼 수 있다.

다. 판례의 입장

약속어음이 원인채무의 지급을 위하여 수수된 경우, 즉 매수인과 매도인 간

의 물품대금 지급방법에 관한 약정에 따라 그 대금의 지급을 위하여 지급기일
이 물품공급 일자 이후로 된 약속어음을 발행·교부한 때에는 물품대금 지급채
무의 이행기는 다른 특별한 사정이 없는 한 그 약속어음의 지급기일이다(대법원
2000. 9. 5. 선고 2000다26333 판결; 대법원 2014. 6. 26. 선고 2011다101599 판결).

그러나 원인채무의 지급을 담보하기 위하여 약속어음이 수수된 경우와 관련
해서는 원인채무의 변제기와 약속어음의 지급기일이 일치하는 경향이 있고, 원
인채무의 변제기보다 뒤의 날짜인 어음의 지급기일로 인해 원인채무의 변제기
가 유예되는지에 관하여는 판례상 다루어지지 않고 있다.

4. 상행위로 인한 물품대금채권의 소멸시효기간

丙의 乙에 대한 물품대금채권은 영업으로 하는 전자제품 매매행위로 인해
발생한 것이므로 상사채권에 해당하지만, 그 소멸시효기간은 상사시효인 5년이
적용되는 것이 아니라 이보다 단기인 민법상 3년의 단기소멸시효가 적용된다
(상법 제64조 단서,[22] 민법 제163조 제6호[23]).

5. 사안의 경우

乙이 丙에 대한 물품대금채무의 지급을 담보하기 위하여 丙에게 약속어음을
교부하였으므로 丙은 물품대금채권이나 어음금채권을 선택적으로 행사할 수 있
지만, 乙과 丙 간에 물품대금채무의 변제기에 관한 별도의 약정이 없으므로 乙
의 丙에 대한 물품대금채무의 변제기는 약속어음의 지급기일인 2020. 11. 30.인
것으로 볼 수 있다. 丙이 물품대금채권을 행사할 수 있는 2020. 11. 30.부터 3년
이 경과하면 丙의 乙에 대한 물품대금채권의 소멸시효가 완성될 것이다.

---

22) 상법 제64조(상사시효) 상행위로 인한 채권은 본법에 다른 규정이 없는 때에는 5년간 행사하
지 아니하면 소멸시효가 완성한다. 그러나 다른 법령에 이보다 단기의 시효의 규정이 있는 때
에는 그 규정에 의한다.
23) 민법 제163조(3년의 단기소멸시효) 다음 각호의 채권은 3년간 행사하지 아니하면 소멸시효가
완성한다.
6. 생산자 및 상인이 판매한 생산물 및 상품의 대가

Ⅳ. 丙이 주장할 수 있는 재항변사실

1. 재항변사실

항변사실에 기한 효과의 발생에 장애가 되거나 일단 발생한 효과를 소멸시키거나 효과의 발생을 저지하는 사실을 재항변사실이라고 한다.[24] 피고의 시효소멸 항변에 대하여 원고가 소멸시효 중단사유를 주장하거나 원고의 소유권에 기한 건물인도청구에 대한 피고의 임차권 항변에 대하여 원고가 차임 연체로 인한 임대차계약의 해지(민법 제640조)를 주장하는 것은 재항변에 해당한다.

2. 원인채권의 지급을 담보하기 위하여 약속어음이 교부된 경우 어음채권의 행사에 의해 원인채권의 소멸시효가 중단되는지 여부

원인채권에 관한 소 제기가 어음채권의 소멸시효 중단사유에 해당하는지와 어음채권에 관한 소 제기가 원인채권의 소멸시효 중단사유에 해당하는지가 문제된다.

가. 원인채권에 관한 소 제기가 어음채권의 시효중단사유에 해당하는지 여부

원인채권과 어음채권은 별개의 권리이기 때문에 원인채권을 행사한 것을 어음채권을 행사한 것으로 볼 수 없으므로 원인채권에 관하여 소를 제기한 때에는 어음채권의 소멸시효가 중단되지 않는다.

나. 어음채권에 관한 소 제기가 시효중단사유에 해당하는지 여부

어음채권은 원인채권을 실현하기 위한 것으로서 어음채권에 관한 소를 제기한 때에는 원인채권의 소멸시효를 중단시킬 필요가 있으므로 어음채권에 관하여 소를 제기하면 원인채권의 소멸시효도 중단되는 것으로 보아야 한다.

---

24) 재항변사실에 기한 효과의 발생에 장애가 되거나 일단 발생한 효과를 소멸시키거나 효과의 발생을 저지하는 사실을 재재항변사실이라고 한다.

다. 판례의 입장

원인채권의 지급을 확보하기 위한 방법으로 어음이 수수된 때에는 그 어음은 경제적으로 동일한 급부를 위하여 원인채권의 지급수단으로 수수된 것으로서 어음채권의 행사는 원인채권을 실현하기 위한 것일 뿐 아니라 원인채권의 시효소멸은 어음금소송에서 채무자의 인적 항변사유에 해당하는 관계로 채권자가 어음채권의 소멸시효를 중단시켜 두더라도 원인채권의 소멸시효가 중단되지 않는다고 하면 채무자의 인적 항변에 따라 그 권리를 실현할 수 없게 되는 불합리한 결과가 발생할 수 있으므로 채권자가 어음채권을 청구한 때에는 원인채권의 소멸시효를 중단시키는 효력이 있다고 보아야 하고, 이러한 법리는 채권자가 어음채권을 피보전권리로 하여 채무자의 재산을 가압류함으로써 어음채권을 행사한 때에도 적용된다(대법원 1999. 6. 11. 선고 99다16378 판결).

3. 사안의 경우

어음채권의 지급을 확보하기 위하여 어음이 수수된 경우 어음채권을 청구한 때에는 원인채권의 소멸시효가 중단되는 것으로 보는 판례의 입장에 따르면 어음채권을 피보전권리로 하여 乙의 A 은행에 대한 예금채권을 가압류한 사실은 원인채권인 물품대금채권의 소멸시효 중단사유로서 乙의 시효소멸 항변에 기한 효과의 발생에 장애가 되는 재항변사실에 해당한다. 물품대금채권의 소멸시효 기간이 경과하기 전에 물품대금채무의 지급을 담보하기 위하여 교부된 어음상의 채권을 피보전권리로 하여 乙의 A에 대한 예금채권을 가압류하여 그 가압류결정이 2020. 12. 31. A에게 송달되었으므로 丙이 가압류신청을 한 날인 2020. 12. 15.에 소급하여 그 원인채권인 물품대금채권의 소멸시효가 중단된 것으로 볼 수 있을 것이다.[25]

---

25) 가압류에 의한 시효중단 효력의 발생시기: 민법 제168조 제2호에서 가압류를 소멸시효 중단사유로 정하고 있지만 가압류로 인한 시효중단의 효력이 언제 발생하는지에 관하여는 명문규정이 없다. 따라서 재판상 청구에 의한 시효중단의 시기에 관한 민사소송법 제265조를 유추적용하여 가압류를 신청한 때에 시효중단의 효력이 생기는 것으로 볼 수 있다. 다만 채권가압류의 효력은 가압류결정이 제3채무자에게 송달된 때에 생기므로 가압류에 의한 시효중단의 효력은 가압류결정이 제3채무자에게 송달되면 가압류를 신청한 때에 소급하여 발생하는 것으로 보아야 한다(대법원 2017. 4. 7. 선고 2016다35451 판결).

〈제 3 문 - 2〉

I. 쟁점

甲이 乙에 대한 차용금채무를 변제하였음을 이유로 이에 관한 근저당권 관련 등기를 말소하고자 하는 경우 누구에 대하여 어떠한 청구를 하여야 하는지가 문제되는데, 이와 관련해서는 (ⅰ) 피담보채무의 소멸을 원인으로 한 근저당권이전등기 말소등기청구의 소의 이익이 인정되는지 여부, (ⅱ) 근저당권이전등기가 되어 있는 경우 근저당권설정등기 말소등기청구의 피고적격을 가지는 자가 양도인과 양수인 중 누구인지를 검토하여야 한다.

II. 피담보채무의 소멸을 원인으로 한 근저당권이전등기 말소등기청구의 소의 이익 인정 여부

1. 권리보호의 이익 또는 필요

원고의 소송상 청구는 권리보호의 자격뿐 아니라 법원의 심판을 구할 현실적인 필요성, 즉 권리보호의 이익 또는 필요가 인정되어야 법원의 심판을 받을 수 있다. 원고의 소송상 청구에 대하여 법원의 심판을 구할 현실적인 필요성이 인정되기 위해서는 원고의 청구에 관하여 법률상·계약상 제소금지사유가 존재하지 않아야 하고, 당해 사건을 통상의 소보다 간이·신속한 특별한 구제절차에 의하여 해결할 수 있어서는 안 되며, (판례의 입장에 따르면) 원고가 동일한 청구에 대하여 승소판결을 받아 그것이 확정된 경우이어서는 안 되고, 원고의 소 제기가 신의칙에 반하는 것이어서는 안 된다.

일정한 사항에 관하여 소 아닌 특별한 구제절차가 마련되어 있는 때에는 이를 이용하는 것이 그러한 제도를 둔 취지에 부합하는 것으로서 국가 제도의 합리적·효율적인 운영이 되기 때문에 법률이 통상의 소보다 간이·신속한 특별한 구제절차를 마련해 놓고 있거나 소에 의하지 않고 더 간편하고 경제적인 방법으로 목적을 달성할 수 있는 경우에는 민사소송을 제기할 소의 이익이 부정된다.

등기관의 직권사항인 부기등기 등의 말소등기와 각 말소등기에 대한 회복등기는 등기관의 직권에 의하여 행해지므로 등기명의인을 상대로 말소등기 또는 회복등기를 소구할 수 없다.

근저당권이전등기는 근저당권설정등기에 대한 부기등기로서 주등기인 근저당권설정등기에 종속되어 주등기와 일체를 이루는 것이므로 피담보채무가 소멸한 경우 주등기인 근저당권설정등기의 말소를 구하면 되고, 주등기가 말소되면 등기관이 근저당권이전등기를 직권으로 말소하게 된다. 따라서 이러한 부기등기의 말소등기절차의 이행을 구하는 소는 권리보호의 이익이 없어 부적법하다.

2. 판례의 입장

근저당권 이전의 부기등기는 기존의 주등기인 근저당권설정등기에 종속되어 주등기와 일체를 이루는 것이어서 피담보채무가 소멸하였거나 근저당권설정등기가 당초 원인무효인 경우 주등기인 근저당권설정등기의 말소를 구하면 되고, 그 부기등기는 별도로 말소를 구하지 않더라도 주등기의 말소에 따라 등기관이 직권으로 말소하게 되므로 근저당권이전등기의 말소를 소구할 이익이 없다(대법원 1995. 5. 26. 선고 95다7550 판결).

다만 근저당권 이전의 원인만이 무효이거나 취소 또는 해제되어 근저당권 이전의 부기등기에 대해서만 그 효력을 다투는 때에는 그 부기등기의 말소등기절차의 이행을 소구할 필요나 이익이 있으므로 소의 이익이 인정된다(대법원 2005. 6. 10. 선고 2002다15412 · 15429 판결).

3. 사안의 경우

피담보채무의 소멸을 원인으로 한 근저당권이전등기의 말소등기절차의 이행을 구하는 소는 소의 이익이 없어 부적법하므로 甲은 근저당권이전등기 말소등기청구의 소를 제기할 수 없다. 피담보채무의 소멸을 원인으로 근저당권 관련 등기를 말소하기 위해서는 근저당권설정자 甲은 근저당권설정등기의 말소등기절차의 이행을 구하는 소를 제기하여야 할 것이다.

Ⅲ. 근저당권이전등기가 되어 있는 경우 근저당권설정등기 말소등기청구의 피고적격을 가지는 자

1. 피고적격을 가지는 자

근저당권의 양도에 의한 부기등기는 기존의 근저당권설정등기에 의한 권리의 승계를 등기부상 명시할 뿐이고, 그 등기에 의하여 새로운 권리가 생기는 것이 아니어서 근저당권설정등기의 말소등기청구는 양수인만을 상대로 하면 족하므로 양도인은 그 말소등기청구에 관한 피고적격이 없다(대법원 1995. 5. 26. 선고 95다7550 판결). 따라서 근저당권설정자가 양수인이 아닌 양도인을 피고로 하여 근저당권설정등기의 말소등기절차의 이행을 구하는 소를 제기하면 그 소는 부적법하게 된다.

2. 사안의 경우

근저당권이전등기가 되어 있는 경우 근저당권설정등기 말소등기청구의 상대방에 관한 판례의 입장에 따르면 乙의 甲에 대한 대여금채권을 전부받아 근저당권이전등기를 마친 丁이 근저당권설정등기 말소등기청구의 피고적격을 가지므로 甲은 丁을 피고로 하여 근저당권설정등기의 말소등기절차의 이행을 구하는 소를 제기하여야 할 것이다.

Ⅳ. 사례의 정리

근저당권이전등기가 되어 있는 경우 피담보채무의 소멸을 원인으로 한 근저당권 관련 등기의 말소등기청구의 소의 이익과 피고적격에 관한 판례의 입장에 따르면 甲이 乙에 대한 차용금채무를 변제하였음을 이유로 그 차용금채무를 피담보채무로 하는 X 토지에 관한 근저당권 관련 등기를 말소하기 위해서는 甲은 丁을 피고로 하여 근저당권설정등기의 말소등기절차의 이행을 구하는 소를 제기하여야 할 것이다.

참고사례

〈사례 1〉

甲은 2020. 3. 5. 횡단보도를 건너던 중 乙 주식회사(이하 '乙'이라 한다)의 운전기사 丙이 운전하는 화물자동차에 치여 상해를 입었고, 2022. 9. 1. 乙을 상대로 위 사고로 인한 손해배상청구의 소(A 소)를 제기하였다. 甲은 위 사고로 인한 일실이익 손해 중에서 우선 1,000만 원의 지급을 구하고 향후 청구금액을 확장하겠다는 취지를 소장에 기재하였고 이를 변론에서 진술하였다. 甲은 제1심의 변론이 종결될 때까지 청구금액을 확장하지 않았고, 제1심법원은 2023. 1. 10. 甲의 청구를 모두 인용하는 판결을 선고하였다. 제1심 판결정본이 2023. 1. 20. 甲과 乙에게 각 송달되었는데, 乙은 항소하지 아니하였다. 甲은 2023. 7. 10. 乙을 상대로 위 사고로 인한 일실이익 손해 가운데 A 소송에서 청구하지 않았던 1,000만 원의 지급을 구하는 소(B 소)를 제기하였다. B 소송의 변론에서 乙은 A 소송에서 甲의 일실이익 손해배상청구를 전부 인용한 판결이 확정되었으므로 甲은 더 이상 일실이익 손해배상청구를 할 수 없을 뿐 아니라 사고가 발생한 후 3년이 지났으므로 이로 인한 손해배상채권은 시효로 소멸하였다고 주장하였고, 甲은 A 소의 제기에 의해 손해배상채권의 소멸시효가 중단되었다고 주장하였다. B 소 법원의 심리 결과 甲이 주장하는 일실이익 손해가 발생한 것으로 인정되는 경우 법원은 사건을 어떻게 처리하여야 하는가?

〈사례 2〉

甲은 2020. 3. 5. 횡단보도를 건너던 중 乙 주식회사(이하 '乙'이라 한다)의 운전기사 丙이 운전하는 화물자동차에 치여 상해를 입어 병원에 입원하였다가 2020. 8. 10. 퇴원하였다. 甲은 2022. 9. 5. 乙을 상대로 사용자책임에 기하여 불법행위를 원인으로 치료비 5,000만 원, 의료기기 구입비 1,000만 원, 일실이익 1억 원의 배상을 구하는 소를 제기하였다. 甲이 법원에 제출한 소장에는 이 사건 사고로 인한 손해 가운데 우선 1억 6,000만 원의 지급을 구하는 것이며 향후 청구금액을 확장하겠다는 내용이 기재되어 있었다. 甲은 제2차 변론기일(2023. 1. 30.)에서 퇴원 시 구입하였던 의료기기 구입비 1,000만 원을 청구에서 제외하고 청구금액을 1억 5,000만 원으로 감축한다는 진술을 하였다. 신체에 대한 감정결과가 나온 후에 甲은 2023. 9. 15. 일실이익을 1억 5,000만 원으로 증액하고, 제2차 변론기일에서 청구에서 제외하였던 의료기기 구입비 1,000만 원을 추가하여 청구취지를 2억 1,000만 원으로 확장한다는 취지의 서면을 법원에 제출하였다. 乙은 2023. 9. 25. 변론기일에 출석하여 甲이 증액한 일실이익 5,000만 원과 의료기기 구입비 1,000만 원에 대한 손해배상채권은 시효로 소멸하였다고 주장하였다. 법원은 乙의 주장을 어떻게 판단하여야 하는가?

참고자료

※ 원인채무의 지급과 관련하여 어음이 수수된 경우의 법률관계

1. 당사자 의사의 해석

당사자가 원인채무의 지급과 관련하여 어음을 수수한 경우 이러한 어음의 수수가 '지급에 갈음하여'인지, '지급을 위하여'인지, '지급을 담보하기 위하여'인지가 문제되는데, 이는 당사자의 의사에 따라 결정된다.

당사자의 의사가 분명하지 아니한 때에는 (i) 자기앞수표와 같이 현금의 대용물로 평가되는 것이 수수된 경우에는 '지급에 갈음하여'로 추정되고, (ii) 당좌수표(약속어음에 비해 지급의 확실성이 보장되기 때문)나 제3자방지급어음26)('지급을 담보하기 위하여'로 해석하면 채무자가 그의 주소지에서 원인채무에 대한 자금을, 지급장소에서 어음채무에 대한 자금을 준비하여야 하는 이중의 부담을 지게 되기 때문), 어음채무자가 어음발행인이 아니어서 복수의 어음채무자가 존재하는 경우('지급을 위하여'로 해석하더라도 어음소지인에게 불리하지 않고, 어음소지인인 채권자는 어음의 주채무자인 발행인으로부터 지급받는 것에 동의한 것으로 볼 수 있기 때문)에는 '지급을 위하여'로 추정되며, (iii) 기타의 경우에는 '지급을 담보하기 위하여'로 추정된다.

판례는 당사자 사이에 특별한 의사표시가 없으면 어음의 교부가 있더라도 원인채무는 여전히 존속하고 단지 그 '지급을 위하여' 또는 그 '담보를 위하여' 교부된 것으로 추정되므로 특별한 사정이 없는 한 원인채무는 소멸하지 않고 어음상 채무와 병존하는 것으로 보아야 하고, 이런 경우 어음상 주채무자가 원인관계상의 채무자와 동일하지 아니한 때에는 제3자인 어음상 주채무자에 의한 지급이 예정되어 있으므로 이는 '지급을 위하여' 교부된 것으로 추정하여야 하

---

26) 환어음의 지급인 또는 약속어음의 발행인의 주소 외의 장소(지급장소)에서 지급되는 것(제3자방지급문언)으로 기재된 어음을 제3자방지급어음이라고 한다(어음법 제4조, 제77조 제2항).

는 것으로 본다(대법원 1996. 11. 8. 선고 95다25060 판결).

2. 원인채무의 지급에 갈음하여 약속어음이 교부된 경우

가. 채무의 존속 여부

원인채무의 지급에 갈음하여 약속어음이 수수된 경우에는 원인채무에 대한 대물변제의 수단으로 교부되는 것이어서 원인채무는 소멸하고 어음채무만이 남는 것으로 보아야 한다. 원인채권이 소멸하는 경우 원인채권에 부착된 종된 권리, 즉 담보나 보증관계도 소멸하는지가 문제되는데, 원인채무가 대물변제로 소멸하면 대물변제의 법리상 그에 부착된 담보나 보증도 소멸하는 것으로 보아야 한다.

나. 권리의 행사

원인채권이 소멸하므로 채권자는 원인채권을 행사할 수 없고 어음상의 권리만을 행사할 수 있다. 어음상의 권리도 시효나 상환청구권 보전절차의 흠결로 소멸한 경우 다시 원인채권을 행사할 수 있는지가 문제되는데, 이런 경우 한번 소멸한 원인채권은 부활하지 않으며 채권자는 어음상 권리소멸의 대가로 이득상환청구권[27]만을 행사할 수 있다.

3. 원인채무의 지급을 위하여 약속어음이 교부된 경우

가. 원인채무와 어음채무의 병존

원인채무의 지급을 위하여 약속어음이 수수된 경우에는 원인채무와 어음채무가 병존한다. 어음채권은 어음행위의 무인성으로 인하여 어음채권의 소멸원인에 의해서만 소멸할 뿐 원인채권의 소멸에 의해 영향받지 않는다.

---

[27] 어음이나 수표에서 생긴 권리가 절차의 흠결로 인하여 소멸하였거나 소멸시효가 완성된 경우 그 소지인이 발행인, 배서인, 인수인(환어음의 경우), 지급보증을 한 지급인(수표의 경우)에 대하여 그들이 받은 이익의 한도 내에서 상환을 청구할 수 있는 권리를 이득상환청구권이라고 한다(어음법 제79조; 수표법 제63조). 판례는 이득상환청구권을 법률의 규정에 의하여 어음의 효력이 소멸할 당시의 소지인에게 부여된 지명채권으로 본다(대법원 1976. 1. 13. 선고 70다2462 전원합의체 판결).

그러나 원인채권의 경우에는 그 지급을 위하여 교부된 어음채무가 이행되면 원인채권의 목적이 달성된 것이므로 원인채권도 소멸하지만, 원인채권의 목적이 달성되는 것이 아니라 단순히 어음채권이 시효 등으로 소멸한 때에는 원인채권은 소멸하지 않는다.

나. 권리의 행사

(1) 권리행사의 순서

'지급을 위하여' 어음이 수수된 경우 양 채권이 병존하더라도 당사자 간에 별도의 합의가 없는 한 채권자는 어음채권부터 행사하여야 하는 것으로 해석된다.

(2) 원인채권의 행사와 채무자의 이행거절권

채권자가 어음채권을 행사하지 않고 원인채권부터 행사하는 경우 채무자는 이중 지급의 위험을 부담하므로 채권자의 청구를 거절하면서 어음상 권리를 먼저 행사하든지 아니면 어음상 권리를 포기하고 어음을 반환할 것을 주장할 수 있다. 원인채권이 지명채권의 양도방법으로 양도된 때에는 채무자는 그 양수인에 대하여 이러한 거절권을 행사할 수 있으므로(민법 제451조 제2항[28]) 채무자는 어음을 반환받을 때까지 이행거절권을 행사할 수 있다. 판례는 채무의 지급을 위하여 약속어음을 교부받은 채권자가 원인채권만을 제3자에게 양도한 때에도 채무자는 어음의 반환 없는 원인채무만의 이행을 거절할 수 있는 것으로 본다 (대법원 1996. 3. 22. 선고 96다1153 판결).

(3) 원인채무의 불이행책임 인정 여부

채권자가 어음을 반환할 때까지 채무자는 원인채권에 대하여 이행거절권을 가지므로 원인채권의 변제기가 지나도록 채무자가 원인채무를 이행하지 않더라도 이행지체에 빠지지 않는다. 채무자는 금전채무 불이행으로 인한 지연손해금을 배상할 책임을 부담하지 않고 채권자는 이행지체를 이유로 계약을 해제할 수 없다.

(4) 일방 채권의 지급이 타방 채권에 미치는 영향

원인채무의 지급을 위하여 어음이 수수된 것이므로 어음금이 지급되는 등

---

28) 민법 제451조(승낙, 통지의 효과) ② 양도인이 양도통지만을 한 때에는 채무자는 그 통지를 받은 때까지 양도인에 대하여 생긴 사유로써 양수인에게 대항할 수 있다.

어음채무가 이행되면 그 목적을 달성하게 되어 원인채권도 소멸한다. 다만 어음 채권이 시효 등으로 소멸한 때에는 원인채권의 목적이 달성되지 않은 것이므로 원인채권은 소멸하지 않는다.

원인채무가 이행된 경우 어음이 반환되지 않은 채로 제3자에게 유통되면 어음행위의 추상성으로 인하여 채무자는 이중 지급의 위험을 부담하게 되며, 제3자가 악의일 경우 악의의 항변을 할 수 있을 뿐이다.

(5) 어음상 권리의 소멸과 원인채권의 행사

채권자가 어음상 상환청구권 보전절차를 밟지 아니하여 상환청구권을 상실하거나 어음채권이 시효로 소멸한 경우 채권자가 배서인인 채무자에 대하여 원인채권을 행사할 수 있는지가 문제된다. 이와 관련해서는 ① 어음채권자가 자기의 잘못으로 어음채권을 상실한 이상 원인채권을 행사하는 것은 부당하고, 어음채권자는 이득상환청구권을 행사할 수 있으므로 불공평하지 않다는 것을 이유로 이런 경우 채권자는 원인채권을 행사할 수 없다는 견해, ② 어음채권이 소멸한다고 하여 원인채권이 당연히 소멸하는 것은 아니고, 채무자가 적극적 채권침해로 인한 손해배상채권이라는 반대채권을 취득한 때에는 채권자의 원인채권 행사에 대하여 상계권을 행사할 수 있다는 견해 등이 주장되고 있다. 판례는 채무자가 채권자에 대하여 손해배상채권을 취득한 경우에는 그 손해배상채권으로써 채권자의 원인채권 행사에 대하여 상계권을 행사할 수 있는 것으로 본다(대법원 1995. 10. 13. 선고 93다12213 판결; 대법원 2010. 7. 29. 선고 2009다69692 판결).

4. 원인채무의 지급을 담보하기 위하여 약속어음이 교부된 경우

가. 원인채무와 어음채무의 병존

원인채무의 지급을 담보하기 위하여 약속어음이 수수된 경우에는 원인채무와 어음채무가 병존한다.

나. 권리의 행사

원인채무의 지급을 담보하기 위하여 어음이 수수된 경우 양 채권은 병존하며, 채권자는 자기 의사에 따라 양 채권을 행사할 수 있다.

(1) 채권자가 어음채권을 먼저 행사하는 경우

채권자가 어음채권을 먼저 행사하는 경우 어음채권의 행사는 원인채권의 영향을 받지 않는데, 채무자가 어음채무를 이행하면 어음채권과 원인채권이 함께 소멸하고, 채무자가 어음채무의 이행을 거절하면 채권자는 원인채권을 행사하든지 어음상 상환청구권을 행사할 수 있다.

(2) 채권자가 원인채권을 먼저 행사하는 경우

채권자가 원인채권을 먼저 행사하는 경우 원인채권의 행사는 어음채권의 영향을 받는다. 채무자가 어음을 회수하지 않고 원인채무를 이행하는 경우 어음이 유통되면 이중 지급의 위험을 부담하게 되므로 채무자는 채권자에게 어음을 반환해 줄 것을 요구할 수 있고, 어음의 상환과 동시이행으로만 자신의 원인채무를 이행하겠다는 동시이행의 항변을 할 수 있다. 이런 경우 채무자에게 인정되는 동시이행항변권은 민법 제536조의 쌍무계약상의 동시이행항변권이 아니고 채무자의 이중 지급 위험을 방지하기 위한 것으로 해석되므로 원인채무의 변제기가 도래하면 채무자는 지참채무의 원칙상 원인채무의 이행을 제공하여야 한다. 원인채무이행의무와 어음반환의무가 동시이행관계에 있더라도 이는 어음반환과 상환으로 하지 않으면 원인채무를 이행할 필요가 없어 이를 거절할 수 있다는 의미에 불과하므로 채무자가 어음이 반환되지 않음을 이유로 원인채무의 변제를 거절할 수 있는 권능을 가진다고 하여 채권자가 어음의 반환을 제공하지 않으면 채무자에게 적법한 이행최고를 할 수 없다는 것은 아니고, 채무자는 원인채무의 이행기가 경과하면 원칙적으로 이행지체의 책임을 지게 된다(대법원 1999. 7. 9. 선고 98다47542 판결).

다. 어음채권이 시효로 소멸한 경우 이득상환청구권의 발생 여부

이득상환청구권이 성립하기 위해서는 어음소지인이 유효하게 어음상 권리를 취득하였어야 하고, 어음상 권리가 보전절차의 흠결 또는 시효로 인하여 소멸하였어야 하며, 다른 구제수단이 존재하지 않아야 하고, 이득상환의무자가 이득을 취하고 있어야 한다. 이득상환청구권은 실질관계상의 형평을 도모하기 위한 구제수단으로서 보충성이 요구되는데, 판례는 이득상환청구권의 성립요건을 엄격하게 해석하여 원인관계에 있는 채권의 지급을 확보하기 위하여 어음이 발행된 경우에는 어음채권이 시효로 소멸하더라도 이득상환청구권이 발생하지 않는 것으로 본다(대법원 1993. 10. 22. 선고 93다26991 판결). 또한 원인관계상의 채무를 담보하기 위하여 어음이 발행되거나 배서된 경우에는 어음채권이 시효로 소멸하여도 발행인 또는 배서인에 대하여 이득상환청구권이 발생하지 않으며, 어음채권의 시효소멸을 전후하여 그 원인관계상의 채권이 시효 등의 원인으로 소멸하더라도 이득상환청구권이 발생하지 않는다(대법원 2000. 5. 26. 선고 2000다10376 판결).

라. 채권의 지급을 확보하기 위하여 발행된 약속어음의 최후소지인이 어음상의 권리를 상실한 경우 바로 이득상환청구권이 발생하는지 여부

어음법에 의한 이득상환청구권이 발생하기 위해서는 모든 어음상 또는 민법상의 채무자에 대하여 권리가 소멸하여야 하는데, 원인관계에 있는 채권의 지급을 확보하기 위하여 발행된 약속어음이 전전 양도되어 최후의 소지인이 어음상의 권리를 상실한 경우에도 원인채무는 그대로 존속하는 것이므로 발행인이 바로 어음금액 상당의 이득을 얻고 있다고는 할 수 없다(대법원 1993. 3. 23. 선고 92다50942 판결).

〈제 1 문〉

〈사실관계〉

　甲 명의로 등기되어 있던 X 토지에 관하여 乙 명의로 소유권이전등기가 마쳐진 후에 丙이 X 토지를 점유하고 있다. 甲은 2023. 7. 5. 丙을 상대로 소유권에 기하여 X 토지의 인도를 구하는 소를 제기하였다. 甲은 변론기일에서 자기 소유인 X 토지에 관하여 乙이 등기서류를 위조하여 乙 명의로 소유권이전등기를 하였고, 현재는 丙이 X 토지를 점유하고 있다고 주장하였다. 이에 대하여 丙은 甲의 주장이 사실이라고 하더라도 자신은 乙로부터 X 토지를 매수하여 2000년경부터 점유·사용하고 있으므로 甲의 청구에 응할 수 없다고 주장하였다. 甲과 丙은 이 소송에서 승소하기 위하여 각각 어떠한 사실을 주장·증명하여야 하는가?

〈제 2 문〉

〈사실관계〉

　甲 명의로 등기되어 있던 X 토지에 관하여 丙 명의로 소유권이전등기가 마쳐진 사실을 알게 된 甲은 2023. 8. 10. 乙과 丙을 상대로 소유권에 기하여 丙 명의 소유권이전등기의 말소등기절차의 이행을 구하는 소를 제기하였다. 甲은 변론기일에 출석하여 자신은 A로부터 X 토지를 매수하여 소유하고 있는데, 乙과 丙이 등기서류를 위조하여 丙 명의로 소유권이전등기를 마쳤으므로 丙 명의의 소유권이전등기는 원인무효의 등기로서 말소되어야 한다고 주장하며 매매를 원인으로 하여 甲에서 丙으로 소유권이전등기가 마쳐진 것으로 기재되어 있는 등기사항증명서를 증거(갑제1호증)로 제출하였다. 위와 같은 甲의 주장이 기재되어 있는 소장부본이 乙과 丙에게 각 송달되었고, 乙은 변론기일에 출석하였으나

甲의 주장사실을 다투지 않았으며, 丙은 답변서를 제출하지 않은 채 변론기일에 출석하지 아니하였다. 법원은 2023. 12. 21. 변론을 종결하였다.

　1. 법원은 사건을 어떻게 처리하여야 하는가?

〈추가된 사실관계〉

　제1심판결이 선고될 즈음 해외 출장에서 돌아온 丙은 판결정본은 송달받은 후 항소를 제기하였고, 항소심 변론기일에 출석하여 甲으로부터 X 토지를 증여받았지만 편의상 매매를 등기원인으로 하여 丙 명의로 소유권이전등기를 하였던 것이므로 X 토지는 丙의 소유라고 주장하였다. 이에 대하여 甲은 丙이 제1심에서 甲의 주장사실을 다투지 않았으므로 丙은 甲의 주장사실과 다른 사실을 주장할 수 없다고 진술하였다. 항소법원은 甲과 丙에게 변론의 기회를 준 다음 甲과 丙이 새로운 사실과 증거를 제출하지 아니하자 변론을 종결하였다.

　2. 항소법원은 甲과 丙 간의 소송관계를 어떻게 처리하여야 하는가?

　　〈제 3 문〉

〈사실관계〉

　甲은 자신이 거주할 주택을 신축하기 위하여 건설업을 하는 乙 주식회사(이하 '乙'이라 한다)와 2020. 10. 10. 공사대금 10억 원, 주택인도일 2021. 9. 30., 공사대금 중 1억 원은 계약 당일, 4억 원은 2021. 3. 31., 나머지 5억 원은 2021. 9. 30. 각 지급하기로 하는 도급계약을 체결하였다. 乙은 주택을 완공하여 2021. 9. 30. 甲에게 인도하면서 甲으로부터 공사잔금 5억 원 중 4억 원은 현금으로 지급받았고, 1억 원은 A 발행의 액면금 1억 원, 지급기일 2021. 10. 31.인 약속어음을 배서·교부받았다.

　乙은 위 약속어음의 지급기일에 지급장소에서 지급제시를 하였는데, 예금 부족으로 지급이 거절되었다. 甲은 2022. 6. 10. 甲 명의의 X 토지를 그의 처(妻)인 丁에게 증여하고, 그다음 날 이에 관한 소유권이전등기를 해 주었다. 그런데

甲은 2020. 4. 10. B로부터 2억 원을 빌리면서 X 토지에 채권최고액 2억 5,000만 원인 근저당권설정등기를 해 주었다가 2023. 1. 20. 위 차용금채무를 전부 변제하고 근저당권설정등기를 말소하였다.

乙은 甲으로부터 교부받은 약속어음이 지급거절되자 2021. 11. 30. 甲에게 그 약속어음을 반환하였으며, 2022. 3. 10. 甲을 상대로 1억 원 공사대금의 지급을 구하는 소를 제기하였다. 그 재판부는 甲으로 하여금 乙에게 1억 원과 이에 대한 2021. 12. 1.부터 2022. 5. 31.까지는 연 6%의, 그다음 날부터 다 갚는 날까지는 연 12%의 각 비율로 계산한 돈을 지급할 것을 명하는 판결을 선고하였고, 이에 대하여는 항소가 제기되지 아니하였다.

乙은 甲에 대한 위 공사대금판결에 기한 강제집행을 시도하던 2023. 1. 10. X 토지 외에는 다른 재산이 없는 甲이 처인 丁에게 X 토지를 증여한 사실을 알게 되었다. 이러한 사실을 알게 된 乙은 2023. 5. 10. 丁을 상대로 甲과 丁 간의 증여계약의 취소와 丁 명의 소유권이전등기의 말소등기절차의 이행을 구하는 소를 제기하였다. 법원은 심리 결과 甲과 丁 간에 체결된 증여계약이 사해행위에 해당한다는 심증을 얻어 2023. 11. 30. 변론을 종결하였는데, 그 무렵 X 토지의 시가는 4억 원인 것으로 밝혀졌다.

1. 乙이 제기한 소는 적법한가?

2. 법원은 乙의 청구에 대하여 어떠한 판결을 하여야 하는가?

— 소송심리의 기본원칙 사례 풀이 —

〈제 1 문〉

I. 쟁점

甲이 丙을 상대로 소유권에 기하여 X 토지의 인도를 구하는 소송에서 甲은 X 토지인도청구의 권리발생사실을 주장·증명하여야 하고, 甲의 X 토지인도청구를 다투는 丙은 그에 대한 반대사실(권리장애·소멸·저지사실)을 주장·증명하여야 한다.

II. 甲의 소유권에 기한 X 토지인도청구의 권리발생사실

1. 변론주의

가. 의의 및 내용

변론주의는 법원이 원고의 소송상 청구의 당부에 관하여 판단하는 데 필요한 소송자료를 당사자에게 수집·제출할 것을 요구하는 소송상의 심리원칙이다. 이러한 변론주의는 당사자가 주장하지 않은 사실을 판결의 기초로 하여 재판할 수 없고(사실의 주장책임), 어느 사실에 관하여 당사자의 진술이 일치하는 때에는 그 사실을 판결의 기초로 하여야 하며(자백의 구속력), 어느 사실의 존부에 관하여 증명을 하여야 할 필요가 있는 때에는 당사자가 이에 관한 증거조사를 신청하여야 하는 것(증거제출책임)을 내용으로 한다.

나. 주요사실의 의미

당사자가 변론에서 주장하여야만 판결의 기초로 삼을 수 있는 사실을 주요사실이라고 한다.[1] 주장책임의 대상이 되는 주요사실의 의미와 관련해서는 ①

---

[1] 법원은 당사자가 주장한 범위 내에 속하는 사실을 인정할 수 있다.

법률효과를 발생시키는 법규의 법률요건에 직접 해당하는 사실을 주요사실로
보는 견해, ② 소송의 승패에 영향을 미치는 중요한 사실로서 당사자에게는 공
격방어의 목표가 되고 법원에는 심리활동의 지침이 되는 사실을 주요사실로 보
는 견해,2) ③ 변론주의의 적용을 받는 사실을 법률효과를 발생시키는 법규의
요건사실에 한정하지 않고, 과실, 인과관계, 권리남용, 신의성실 등과 같은 일반
규정의 경우에는 요건사실을 구성하는 개개의 구체적인 사실을 주요사실로 보
는 견해,3) ④ 요건사실(법률요건에 해당하는 사항)과 주요사실(변론주의의 적용을
받는 사실로서 당사자가 주장하고 법원이 심리해야 하는 중요한 사실)이 구별된다는
것을 전제로 과실, 소유권 등과 같이 사실에 대한 법적 평가나 권리 자체가 법
률요건에 해당하는 때에는 과실 등은 요건사실이기는 하지만 변론주의가 적용
되는 주요사실은 아니고, 과실로 평가되는 행위(음주운전, 과속운전 등)가 주요사
실에 해당하는 것으로 보는 견해 등이 주장되고 있다.

판례는 변론주의가 적용되는 사실은 권리의 발생·소멸이라는 법률효과의
판단에 직접 필요한 주요사실만을 의미하고, 그러한 사실의 존부를 판단하는 데
도움이 될 뿐인 간접사실에는 변론주의가 적용되지 않는다(대법원 2002. 6. 28.
선고 2000다62254 판결)는 입장이다.

민사소송의 대상이 되는 권리 또는 법률관계에 관하여 규율하고 있는 실체
법 체계를 살펴보면 일정한 법률효과가 인정되기 위해서는 그 전제로서 일정한
법률요건이 요구되는데, 이러한 법률요건은 개개의 법률사실들로 구성된다. 이
러한 맥락에서 실체법상 법률요건을 구성하는 사실을 요건사실이라고 할 수 있
다. 다만 이러한 의미의 요건사실에는 때와 장소에 의해 특정할 수 있는 역사
적·사회적 사실뿐 아니라 구체적 사실에 대한 법적 구성이나 평가가 수반되는
경우도 포함되어 있다. 그런데 변론주의가 적용되는 것은 사실에 한정되고, 당
사자가 주장한 사실을 법적으로 구성하거나 평가하는 것은 법원의 직책에 속하
는 것으로 보아야 한다. 따라서 원고의 소송상 청구가 이유 있는지를 판단하는

---

2) 이 견해에 대하여는 주요사실에 해당하는지에 관한 별도의 판단이 필요하고, 그 기준이 모호
하다는 지적이 있다.
3) 이 견해에 따르면 과실을 추인케 하는 음주운전 등의 구체적 사실은 당사자의 주장이 없으면
판결의 기초로 할 수 없고, 당사자가 졸음운전만을 주장하고 있는 경우 법원은 음주운전사실
을 인정할 수 없다.

데 직접 필요한 구체적 사실이 당사자가 변론에서 주장하지 않으면 법원이 판결의 기초로 삼을 수 없는 주요사실에 해당하는 것으로 보아야 한다.

2. 사안의 경우

甲의 丙에 대한 소유권에 기한 X 토지인도청구(민법 제213조 본문)의 권리발생사실은 ① 甲이 X 토지를 소유하는 사실, ② 丙이 X 토지를 점유하는 사실이다.

가. 甲의 X 토지 소유사실

甲의 주장에 대하여 丙이 甲의 소유임을 인정하고 있으므로 甲은 소유권 취득원인사실에 관하여 구체적으로 주장·증명할 필요가 없다.

나. 丙의 X 토지 점유사실

丙이 자신의 점유사실을 인정하고 있으므로 재판상 자백이 성립하여 법원은 이를 기초로 판단하여야 한다.

Ⅲ. 丙의 점유시효취득 항변

1. 丙의 점유시효취득 주장의 소송법적 의미

丙은 甲이 주장하는 권리발생사실이 진실임을 전제로 그와 양립할 수 있는 별개의 사실을 주장하고 있으므로 丙의 점유시효취득 주장은 항변에 해당한다.

민법 제245조 제1항에 따르면 20년간 소유의 의사로 평온, 공연하게 부동산을 점유하는 자는 등기함으로써 소유권을 취득하게 되는데, 민법 제197조 제1항에 따르면 점유자는 소유의 의사로 선의, 평온 및 공연하게 점유한 것으로 추정된다.

2. 丙이 주장하여야 하는 사실

가. 점유자는 소유의 의사로 선의, 평온 및 공연하게 점유한 것으로 추정(민법 제197조 제1항)

전제사실로부터 일정한 사실을 추정하는 것이 아니라 전제사실 없이 무조건으로 일정한 사실을 추정하는 것을 무전제의 추정이라고 하는데, 이렇게 추정된 사실을 잠정적 진실이라고 한다. 그 근거가 되는 규정은 본문 규정에 대한 단서 규정으로서의 성질을 가지므로 그 반대사실에 대한 증명책임을 상대방에게 전환하는 기능을 하고(추정된 사실의 부존재에 대한 증명책임을 상대방에게 부담시키는 취지를 간접적으로 표현), 상대방이 이를 깨뜨리기 전에는 일응 진실한 것으로 본다. 법조문의 표현상으로는 어떤 법률효과의 발생요건으로 되어 있지만, 실제로는 그 부존재가 법률효과의 장애요건에 해당하므로 상대방이 권리장애사실에 관한 주장·증명책임을 부담하게 된다.

나. 점유시효취득의 항변사실

민법 제197조 제1항에 따르면 점유자는 소유의 의사로 선의, 평온 및 공연하게 점유한 것으로 추정되므로 부동산에 관한 점유시효취득을 주장하는 자는 해당 부동산을 20년간 점유한 사실만을 주장·증명하면 되고, 상대방이 그 반대의 점유, 즉 타주(他主)·폭력(暴力)·은비(隱秘)점유에 관한 주장·증명책임을 부담하게 된다.

취득시효에서 자주점유의 요건인 소유 의사의 유무는 객관적으로 점유권원의 성질에 의하여 결정되는데, 점유권원의 성질이 분명하지 않은 때에는 민법 제197조 제1항에 의하여 자주점유로 추정되므로 점유자는 스스로 자주점유를 뒷받침할 점유권원의 성질을 주장·증명할 책임이 없고, 그 법률상 추정을 번복하여 타주점유임을 주장하는 상대방이 타주점유에 대한 증명책임을 부담한다 (대법원 1994. 11. 8. 선고 94다36438·36445 판결).

3. 점유 계속의 증명방법

가. 법률상 추정

(1) 의의

법규화된 경험칙(추정규정)을 이용하여 일정한 전제사실로부터 일정한 법률효과의 발생요건사실이나 일정한 권리 또는 법률효과를 추인하는 것을 법률상 추정이라고 한다.

(2) 유형

추정되는 것이 권리인지 사실인지에 따라 법률상 권리추정과 법률상 사실추정으로 나눌 수 있다. 점유사실에서 점유물에 대하여 행사하는 권리를 적법하게 보유한 것으로 추정(민법 제200조)하는 것은 법률상 권리추정에 해당하고,[4] 전후 양 시점에 점유한 사실로부터 점유의 계속을 추정(민법 제198조)하는 것은 법률상 사실추정에 해당한다.[5]

(3) 효과

(가) 증명책임 부담자에 대한 관계

추정규정이 있는 경우 증명책임을 부담하는 자는 증명주제를 선택할 수 있게 된다. 증명책임을 부담하는 자는 주요사실을 직접 증명할 수도 있지만, 통상적으로 그보다는 증명이 쉬운 전제사실을 증명함으로써 추정을 통해 주요사실의 존재를 인정받고자 한다. 이러한 의미에서 추정규정은 증명책임을 완화시킨다고 할 수 있다.

(나) 상대방에 대한 관계

추정규정이 있는 경우 전제사실이 증명된 때에는 상대방은 주요사실의 부존재에 관하여 증명책임을 부담한다는 의미에서 증명책임이 전환되는 것으로 볼 수 있다. 상대방이 추정을 깨뜨리기 위하여 제출하는 증거(반대사실의 증거)는 본증으로서의 성질을 가진다.

나. 사안의 경우

점유시효취득을 주장하는 丙은 20년간 계속하여 점유한 사실을 직접 증명할 수도 있고, 특정 시점에서의 점유와 그로부터 20년이 경과한 후의 특정 시점에서의 점유를 증명함으로써 민법 제198조에 의하여 점유의 계속을 추정받을 수도 있다.

민법 제198조에 의한 점유의 계속 추정은 법률상 추정이므로 그사이 점유가 중단 또는 상실되었다는 사실은 甲이 주장·증명책임을 부담하는 재항변사유가

---

4) 부부의 특유재산 추정에 관한 민법 제830조 제1항, 귀속불명재산의 공유 추정에 관한 민법 제830조 제2항 등이 이에 해당한다.
5) 처가 혼인 중에 포태(胞胎)한 자에 대한 부(夫)의 친생자 추정에 관한 민법 제844조 등이 이에 해당한다.

된다. 점유 중단의 주장이 재항변사유가 되는 것은 丙이 양 시점에서의 점유를 증명하여 그사이의 점유 계속을 추정받은 경우이다. 丙이 20년간의 계속 점유 사실을 직접 증명하는 때에는 점유 중단에 관한 甲의 주장은 부인에 해당한다.

Ⅳ. 사례의 정리

丙의 점유시효취득 항변과 관련하여 甲이 丙의 X 토지 점유사실을 인정하고 있으므로 법원은 이를 기초로 판단하여야 한다. X 토지의 점유자인 丙은 소유의 의사로 평온·공연하게 X 토지를 점유한 것으로 추정되므로 상대방인 甲이 丙의 타주·폭력·은비점유에 관하여 주장·증명하여야 한다.

(ⅰ) 丙의 20년간 점유주장에 대하여 甲이 이를 인정하면 재판상 자백이 성립하여 법원은 이를 기초로 판단하여야 한다. (ⅱ) 丙의 20년간 점유주장에 대하여 甲이 이를 명백히 다투지 않으면 자백간주되어 법원은 이를 기초로 판단하여야 한다. (ⅲ) 丙의 20년간 점유주장에 대하여 甲이 이를 다투는 때에는 丙은 20년간 계속하여 점유한 사실을 직접 증명할 수도 있지만(이런 경우 점유 중단에 관한 甲의 주장은 부인에 해당한다), 특정 시점에서의 점유와 그로부터 20년 후의 특정 시점에서의 점유만을 증명하여 민법 제198조에 의해 점유의 계속을 추정받을 수도 있다(이런 경우 점유 중단에 관한 甲의 주장은 재항변에 해당한다).

〈제 2 문 - 1〉

Ⅰ. 쟁점

甲이 乙과 丙을 공동피고로 하여 소를 제기하였으므로 공동소송의 형태와 이에 따른 법원의 심판방법을 검토하여야 하고, 등기절차의 이행을 구하는 소의 당사자적격 판단기준과 관련하여 乙은 X 토지의 등기부에 소유자로 등기된 적이 없는데, 그러한 乙이 소유권이전등기의 말소등기청구에 관하여 당사자적격을 가지는지를 검토하여야 하며, 甲의 丙에 대한 청구와 관련해서는 丙이 甲의 소장부본을 송달받고 답변서를 제출하지 않은 상태에서 변론기일에 출석하지 않았으므로 소장에 기재되어 있는 甲의 주장사실에 대하여 자백한 것으로 간주되는지를 검토하여야 한다.

II. 甲의 乙과 丙에 대한 공동소송의 형태 및 심판방법

1. 공동소송의 요건

甲이 乙과 丙을 공동피고로 하여 소를 제기하였으므로 공동소송의 요건(법 제65조, 제253조)을 구비하였는지를 검토하여야 한다.

가. 공동소송의 주관적 요건

甲의 乙과 丙에 대한 각 소유권이전등기의 말소등기청구는 법률상 같은 원 인으로 말미암아 생긴 것이므로 민사소송법 제65조 전문의 요건을 구비한 것으 로 볼 수 있다.

나. 공동소송의 객관적 요건

甲의 乙과 丙에 대한 각 소유권이전등기의 말소등기청구는 모두 민사소송사 항에 해당하고(같은 종류의 소송절차), 甲이 乙과 丙을 공동피고로 하여 각 소유 권이전등기의 말소등기절차의 이행을 구하는 것은 민사소송법 제65조 전문에 해당하므로 수소법원이 乙과 丙 중 한 사람에 대하여 관할권을 가지면 재판할 수 있다(공통의 관할권, 관련재판적).

2. 공동소송의 유형

가. 통상공동소송과 필수적 공동소송의 구별

소송목적의 합일확정이 요구되는 경우는 필수적 공동소송에, 그렇지 아니한 경우는 통상공동소송에 해당한다. 소송목적의 합일확정이 요구되는 경우란 실 체법상 관리처분권이 여러 사람에게 공동으로 귀속되거나 소송법상 판결의 효 력이 확장되는 등 법률상 합일확정이 요구되는 경우를 의미한다.

나. 사안의 경우

甲의 乙과 丙에 대한 각 소유권이전등기의 말소등기청구는 실체법상으로든 소송법상으로든 소송목적의 합일확정이 요구되는 경우에 해당하지 않으므로 甲이 乙과 丙을 공동피고로 하여 제기한 소송은 통상공동소송에 해당한다.

3. 통상공동소송에 대한 법원의 심판방법

가. 공동소송인 독립의 원칙

통상공동소송에서 각 공동소송인의 소송관계는 다른 공동소송인과의 사이에서 서로 독립된 것이므로 각 공동소송인은 독자적으로 소송을 수행할 뿐이고 소송을 수행함에 있어 다른 공동소송인과 연합관계에 있지 않다. 공동소송인 가운데 한 사람의 소송행위 또는 공동소송인 가운데 한 사람에 대한 상대방의 소송행위와 공동소송인 가운데 한 사람에 관한 사항은 다른 공동소송인에게 영향을 미치지 않는다(법 제66조).

(1) 소송요건의 개별적 심사

통상공동소송의 경우 소송요건의 존부는 공동소송인마다 개별적으로 심사하여 처리한다. 일부 공동소송인이 소송요건을 구비하지 못한 경우에는 그 공동소송인에 관한 청구에 대해서만 소를 각하하면 된다.

(2) 소송자료의 불통일

통상공동소송의 경우 공동소송인 가운데 한 사람의 소송행위는 유불리를 불문하고 원칙적으로 다른 공동소송인에게 영향을 미치지 않는다. 각 공동소송인은 각자 소 또는 상소의 취하, 청구의 포기·인낙, 소송상 화해, 상소의 제기, 재판상 자백 등을 할 수 있고, 그 효력은 그러한 소송행위를 한 공동소송인에게만 미치고 다른 공동소송인에게는 미치지 않는다.

(3) 소송진행의 불통일

통상공동소송의 경우 공동소송인 가운데 한 사람의 소송진행 상황은 다른 공동소송인에게 영향을 미치지 않는다. 일부 공동소송인에 대하여 소송절차의 중단·중지사유가 발생한 때에는 그 사유가 발생한 공동소송인에 관한 소송절차만이 정지되고, 기일 또는 기간의 해태에 따른 효과도 기일 등을 해태한 공동소송인에게만 생기고 다른 공동소송인에게는 생기지 않는다. 판결에 대한 상소기간도 공동소송인별로 개별적으로 진행한다.

(4) 당사자 지위의 독립

통상공동소송의 경우 각 공동소송인은 자신의 소송관계에서만 당사자이므로 다른 공동소송인의 대리인, 보조참가인이 될 수 있고 다른 공동소송인에게 소송고지를 할 수 있다(법 제84조). 자기의 주장사실과는 관계가 없고 다른 공동소송인의 이해에만 관계가 있는 사항에 대하여는 증인이 될 수 있다.

(5) 재판의 불통일

통상공동소송의 경우 공동소송인 가운데 한 사람에 대하여 판결할 수 있을 정도로 심리가 이루어진 때에는 변론을 분리하여 일부판결을 할 수 있고, 재판 결과가 공동소송인마다 다르게 나오더라도 상관이 없다(대법원 1992. 12. 11. 선고 92다18627 판결). 공동소송인 측이 패소한 때에는 공동소송인별로 소송비용을 산정하는 것이 원칙이지만, 각 공동소송인 간의 소송비용 부담에 관하여는 특칙이 있다(법 제102조).

나. 사안의 경우

甲과 乙의 소송관계와 甲과 丙의 소송관계는 서로 독립된 것으로서 乙과 丙은 독자적으로 소송을 수행하고 乙과 丙 간에 연합관계가 형성되지 않는다. 소송요건의 존부는 乙과 丙에 대하여 개별적으로 심사하여 처리하면 되고, 乙(丙)의 소송행위 또는 乙(丙)에 대한 甲의 소송행위는 丙(乙)에게 영향을 미치지 않으며, 乙(丙)에 대한 소송진행 상황은 丙(乙)에게 영향을 미치지 않는다. 법원은 甲의 乙에 대한 청구와 甲의 丙에 대한 청구에 대하여 개별적으로 판단하여야 한다.

III. 乙의 당사자적격 인정 여부

1. 등기절차의 이행소송에서 당사자적격을 가지는 자

甲은 乙과 丙을 상대로 소유권이전등기의 말소등기절차의 이행을 구하고 있는데, 甲이 원고적격을 가지는지와 乙과 丙이 각 피고적격을 가지는지를 검토하여야 한다.

가. 통상의 이행의 소의 경우 당사자적격 판단기준

통상의 이행의 소의 경우에는 자기에게 이행청구권이 있다고 주장하는 자가 원고로서의 당사자적격을 가지고, 원고에 의해 이행의무자로 주장된 자가 피고로서의 당사자적격을 가진다. 이행의 소의 경우에는 당사자의 주장 자체에 의해 당사자적격이 정해지므로 당사자적격 판단과 관련해서는 당사자가 실제로 이행청구권자나 이행의무자일 필요가 없다. 본안심리 결과 당사자가 이행청구권자나 이행의무자가 아닌 것으로 밝혀진 때에는 법원은 원고의 청구를 기각하면 된다.

나. 등기절차의 이행을 구하는 소의 경우 당사자적격 판단기준

등기절차의 이행을 구하는 소의 경우에는 등기부의 기재 자체를 기준으로 당사자적격의 유무를 판단한다. 다만 이러한 때에도 원고가 실제로 실체법상 이행청구권자인지 피고가 그 상대방인지를 고려하지 않는다. 즉, 해당 등기가 행하여짐으로써 실체적 권리관계에서 권리의 취득 기타의 이익을 받는 자라는 것이 등기부상 형식적으로 표시되는 자 또는 등기의 형식상 등기될 사항에 의하여 직접적으로 권리를 얻거나 의무를 면하게 되는 자가 해당 등기절차의 이행소송에서 원고적격을 가지고, 해당 등기가 행하여짐으로써 실체적 권리관계에서 권리의 상실 기타의 불이익을 받는 자라는 것이 등기부상 형식적으로 표시되는 자 또는 등기의 형식상 등기될 사항에 의하여 직접적으로 권리를 잃거나 부담을 받게 되는 자가 해당 등기절차의 이행소송에서 피고적격을 가지게 된다. 따라서 등기의무자(등기명의인 또는 그 포괄승계인)가 아닌 자나 등기에 관한 이해관계 있는 제3자가 아닌 자를 상대로 한 말소등기절차의 이행을 구하는 소는 당사자적격이 없는 자를 상대로 한 부적법한 소에 해당한다(대법원 1992. 7. 28. 선고 92다10173 · 10180 판결; 대법원 2019. 5. 30. 선고 2015다47105 판결).

2. 사안의 경우

甲은 丙 명의의 소유권이전등기가 말소되면 등기명의를 회복함으로써 X 토지에 관한 소유권을 취득하게 되는 것이 등기부상 인정되므로 丙 명의 소유권이전등기의 말소등기청구의 원고적격을 가진다고 할 것이다.

丙은 이로 인해 X 토지에 관한 소유권을 상실하게 되는 것이 등기부상 인정되므로 丙 명의 소유권이전등기의 말소등기청구의 피고적격을 가지지만, 乙은 丙 명의의 소유권이전등기가 말소되는 경우 소유권을 상실하거나 불이익을 받을 자라는 것이 등기부상 나타나 있지 않으므로 X 토지에 관한 소유권이전등기의 말소등기청구의 피고적격을 가지지 못한다고 할 것이다.

Ⅳ. 소장에 기재된 사실에 대한 자백간주의 성립 여부

1. 甲의 丙에 대한 소유권이전등기의 말소등기청구의 권리발생사실

가. 권리발생사실

甲이 丙을 상대로 소유권에 기하여 X 토지에 관한 丙 명의 소유권이전등기의 말소등기절차의 이행을 구하는 경우 甲은 소유권이전등기의 말소등기청구의 권리발생사실을 주장·증명하여야 하고, 甲의 소유권이전등기의 말소등기청구를 다투기 위해서는 丙은 반대사실(권리장애·소멸·저지사실)을 주장·증명하여야 한다.

甲의 소유권에 기한 X 토지에 관한 丙 명의 소유권이전등기의 말소등기청구(민법 제214조 전단)의 권리발생사실은 ① 甲이 X 토지를 소유하는 사실, ② 丙 명의의 소유권이전등기가 되어 있는 사실, ③ 丙 명의의 소유권이전등기가 원인무효인 사실이다.

나. 사안의 경우

甲은 변론기일에서 X 토지를 A로부터 매수하여 소유하고 있는 사실과 X 토지에 관하여 丙 명의로 소유권이전등기가 되어 있는 사실 및 丙 명의의 소유권이전등기가 위조된 등기서류에 의해 이루어진 사실을 주장하였다.

2. 甲의 주장사실에 대한 丙의 자백간주 성립 여부

가. 자백간주의 요건

상대방이 소장, 답변서, 준비서면 등으로 예고한 사항에 대하여 다투는 취지의 답변서, 준비서면 등을 제출하지 아니한 상태에서 공시송달의 방법이 아닌 적법한 기일통지를 받은 당사자가 변론기일에 출석하지 않거나 출석하더라도 변론하지 않은 때에는 출석한 상대방 당사자가 준비서면 등을 통해 예고한 사항에 대하여 자백한 것으로 본다(법 제150조 제3항 · 제1항 본문).

나. 자백간주의 효과

자백간주가 성립하면 법원에 대한 구속력이 생기므로 법원은 자백한 것으로 간주된 사실을 판결의 기초로 삼아야 한다. 법원은 증거에 의하여 자백간주된 사실과 상반되는 심증을 얻은 경우에도 자백간주된 사실을 그대로 인정하여야 한다. 자백간주의 요건이 갖추어진 이상 그 후에 공시송달의 방법으로 절차가 진행되는 등의 사정이 생기더라도 일단 발생한 자백간주의 효과가 소멸하지 않는다.

자백간주가 성립하더라도 당사자에 대한 구속력은 인정되지 않으므로(법 제150조 제3항 · 제1항 단서) 당사자는 그 후의 변론에서 자백간주된 사실을 다툼으로써 그 효과를 번복할 수 있다. 제1심에서 자백간주가 성립하였더라도 항소심의 변론종결 시까지 그에 대하여 다투면 자백간주의 효과가 배제된다(대법원 1987. 12. 8. 선고 87다368 판결; 대법원 2004. 9. 24. 선고 2004다21305 판결). 다만 민사소송법 제149조와 제285조의 제약하에서 다툴 수 있다(법 제408조).

다. 사안의 경우

丙이 소장부본을 송달받고도 甲의 주장사실을 다투는 취지의 답변서를 제출하지 아니한 채 변론기일에 출석하지 않았으므로 법원은 甲이 소장에 기재한 권리발생사실에 대하여 丙이 자백한 것으로 보아야 할 것이다.

V. 사례의 정리

甲의 乙과 丙에 대한 공동소송은 통상공동소송에 해당하여 공동소송인 독립의 원칙이 적용되므로 법원은 甲의 乙에 대한 청구와 甲의 丙에 대한 청구에 관하여 개별적으로 판단하여야 한다. 甲의 乙에 대한 청구에 관하여는 피고적격의 흠결을 이유로 소를 각하하고, 甲의 丙에 대한 청구에 관하여는 丙이 甲의 주장사실을 자백한 것으로 보아 청구를 인용하는 판결을 하여야 할 것이다.

〈제 2 문 - 2〉

I. 쟁점

제1심에서 자백간주된 사실에 대하여 丙이 항소심에서 다투는 것이 허용되는지와 관련하여 자백간주의 구속력이 당사자에게 미치는지를 검토하여야 하고, 甲이 서증으로 제출한 등기사항증명서(갑제1호증)상 매매를 원인으로 하여 甲에서 丙으로 소유권이전등기가 마쳐진 것으로 기재되어 있는 것과 관련하여 그 기재 내용에 대하여 증거공통의 원칙이 적용되는지와 등기의 추정력이 인정되는지를 검토하여야 하며, 丙 명의의 소유권이전등기가 위조된 등기서류에 의해 이루어졌다는 甲의 주장을 丙이 다투고 있는데 이에 대한 증명이 없는 것과 관련하여 증명책임의 분배를 검토하여야 하고, 항소법원의 사건처리와 관련하여 변론의 갱신과 항소가 이유 있는 경우 항소법원의 판단을 검토하여야 한다.

II. 자백간주의 구속력이 당사자에게 미치는지 여부

1. 자백간주의 요건

상대방이 소장, 답변서, 준비서면 등으로 예고한 사항에 대하여 다투는 취지의 답변서, 준비서면 등을 제출하지 아니한 상태에서 공시송달의 방법이 아닌 적법한 기일통지를 받은 당사자가 변론기일에 출석하지 않거나 출석하더라도 변론하지 않은 때에는 출석한 상대방 당사자가 준비서면 등을 통해 예고한 사항에 대하여 자백한 것으로 본다(법 제150조 제3항·제1항 본문).

2. 자백간주의 효과

자백간주가 성립하면 법원에 대한 구속력이 생기므로 법원은 자백한 것으로 간주된 사실을 판결의 기초로 삼아야 한다. 법원은 증거에 의하여 자백간주된 사실과 상반되는 심증을 얻은 경우에도 자백간주된 사실을 그대로 인정하여야 한다. 자백간주의 요건이 갖추어진 이상 그 후에 공시송달의 방법으로 절차가 진행되는 등의 사정이 생기더라도 일단 발생한 자백간주의 효과가 소멸하지 않는다.

자백간주가 성립하더라도 당사자에 대한 구속력은 인정되지 않으므로(법 제150조 제3항·제1항 단서)[6] 당사자는 그 후의 변론에서 자백간주된 사실을 다툼으로써 그 효과를 번복할 수 있다. 제1심에서 자백간주가 성립하였더라도 항소심의 변론종결 시까지 그에 대하여 다투면 자백간주의 효과가 배제된다(대법원 1987. 12. 8. 선고 87다368 판결; 대법원 2004. 9. 24. 선고 2004다21305 판결). 다만 민사소송법 제149조와 제285조의 제약하에서 다툴 수 있다(법 제408조).

3. 사안의 경우

丙이 제1심에서 소장부본을 송달받고도 甲의 주장사실을 다투는 취지의 답변서를 제출하지 않고 변론기일에 출석하지 아니하여 甲이 소장에서 주장한 권리발생사실에 대하여 자백한 것으로 간주되었더라도 해외 출장으로 인해 제1심 소송을 수행할 수 없었던 丙은 사실심인 항소심에서 제1심에서 자백간주되었던 甲의 주장사실을 다툴 수 있을 것이다.

Ⅲ. 甲의 丙에 대한 청구에 관한 법원의 판단

1. 甲의 丙에 대한 소유권이전등기의 말소등기청구의 권리발생사실

甲의 丙에 대한 소유권이전등기의 말소등기청구(민법 제214조 전단)가 인정되

---

6) 민사소송법 제150조 제3항에서 제1항을 준용하고 있는데, 제1항에 따르면 변론 전체의 취지로 보아 다툰 것으로 인정되는 경우 자백한 것으로 보지 않는다.

기 위해서는 甲은 ① 甲이 X 토지를 소유하는 사실, ② 丙 명의의 소유권이전
등기가 되어 있는 사실, ③ 丙 명의의 소유권이전등기가 원인무효인 사실을 주
장·증명하여야 한다. 제1심에서의 소송행위의 효력은 항소심에서도 유지되므
로 甲은 이에 관하여 주장한 것으로 취급된다.

2. 등기사항증명서(갑제1호증)의 기재 내용에 대한 증거가치 평가방법

가. 증거공통의 원칙

(1) 의의
증거조사의 결과는 그 증거를 제출한 당사자에게 유리하게 판단될 수 있을
뿐 아니라 상대방 당사자에게 유리하게 판단될 수도 있는데, 이를 증거공통의
원칙이라고 한다.

(2) 인정 근거
소송상 다투어지는 사실은 하나의 사실이므로 그 사실의 진실 여부는 양 당
사자에게 공통될 것이고, 증거력 평가는 법관의 자유심증에 의하므로 증거조사
의 결과가 양 당사자에게 공통되는 것으로 볼 수 있어 증거공통의 원칙을 인정
한 것이다.

(3) 상대방의 원용 필요 여부
증거공통의 원칙은 증거자료에 대한 증거력 평가에 자유심증주의가 적용되
는 결과 인정되는 것이므로 증거조사결과에 대한 상대방의 원용은 필요하지 않
다. 다만 실무상으로는 증거조사결과와 관련하여 이익을 받게 될 당사자가 원용
하는 것이 일반적인데, 이러한 당사자의 원용은 증거가치 판단에 관한 법관의
주의를 환기시키는 의미가 있을 뿐이다. 증거는 어느 당사자에 의하여 제출되었
는지 상대방이 이를 원용하였는지에 상관없이 당사자 어느 쪽의 유리한 사실인
정의 증거로 할 수 있다(대법원 2004. 5. 14. 선고 2003다57697 판결;[7] 대법원 2014.

---

7) * 처분문서라도 그 기재 내용과 다른 명시적·묵시적 약정이 있는 사실이 인정되는 때에는
그 기재 내용과 다른 사실을 인정할 수 있고, 작성자의 법률행위를 해석함에 있어서는 경험칙
과 논리칙에 어긋나지 않는 범위 내에서 자유로운 심증으로 판단할 수 있다. * 변론주의는
권리의 발생·변경·소멸이라는 법률효과 판단의 요건이 되는 주요사실에 관한 주장·증명에
적용되는 것이므로 주요사실의 존부를 확인하는 데 도움이 되는 간접사실이나 그 증빙자료에
대하여는 적용되지 않는다.

3. 13. 선고 2013다213823 · 213830 판결).

(4) 소송상 취급

(가) 변론주의와의 관계

변론주의는 증거의 제출책임을 당사자에게 부과하는 것인 데 대하여, 자유심증주의는 법원에 제출된 증거에 대한 평가에 관한 것이므로 양자는 작용 국면을 달리하는 것으로 볼 수 있다.

(나) 증거조사 개시 후 증거신청 철회의 제한

증거공통의 원칙이 적용되는 결과 증거조사가 개시된 이상 상대방에게 유리한 증거자료가 나올 가능성도 있으므로 상대방의 동의 없이 증거신청을 철회할 수 없는 것으로 해석된다. 다만 증거조사가 개시되기 전에는 상대방의 동의 없이 증거신청을 철회할 수 있다(대법원 1971. 3. 23. 선고 70다3013 판결).

(다) 통상공동소송인 간의 적용 여부[8]

통상공동소송의 경우 공동소송인 독립의 원칙을 엄격히 적용하면 각 공동소송인의 증명활동에 따라 판결결과가 달라질 수 있는데, 이를 방지하기 위하여 공동소송인 중 한 사람에 관한 증거조사결과가 다른 공동소송인에게도 공통되는 것으로 보아 다른 공동소송인의 원용 없이도 공통된 사실인정의 자료로 할 수 있는 것으로 보는 것이 다수의 입장이다. 다만 공동소송인 간에 증거공통의 원칙이 적용된다고 하더라도 공동소송인 간에 이해가 상반되는 때에는 이해가 상반되는 공동소송인의 방어권을 보장할 필요가 있으므로 그러한 당사자의 원용이 있어야 한다.

(5) 사안의 경우

甲이 제출한 등기사항증명서는 공문서로서 진정성립이 추정되고(법 제356조 제1항), 甲이 서증으로 제출한 등기사항증명서에 기재되어 있는 내용은 상대방인 丙에게 유리하게 평가될 수도 있다.

---

8) 필수적 공동소송의 경우에는 소송목적의 합일확정을 도모하기 위하여 공동소송인 간에 연합관계가 형성되고, 공동소송인 가운데 한 사람의 소송행위는 모두의 이익을 위해서만 효력을 가지므로(법 제67조 제1항) 이러한 범위 내에서는 증거공통의 원칙이 적용되는 것으로 볼 수 있다.

나. 등기의 추정력

(1) 등기의 추정력의 의의

어떤 등기가 되어 있으면 그 등기가 표상하는 실체적 권리관계가 존재하는 것으로 추정하고, 부동산등기는 그것이 형식적으로 존재하는 것 자체로부터 적법한 등기원인에 의하여 마쳐진 것으로 추정하는 효력을 등기의 추정력이라고 한다(대법원 1997. 9. 30. 선고 95다39526 판결). 판례는 물권변동의 성립 또는 효력발생요건으로서 등기의 권리표상적 공시작용에 근거하여 등기의 추정력을 인정한다(대법원 1993. 5. 11. 선고 92다46059 판결).[9]

(2) 추정력이 미치는 범위

(가) 권리의 추정

등기능력이 있는 권리에 관한 등기가 있는 경우 그 등기에 의하여 공시되는 권리가 등기명의인에게 귀속되어 존재하는 것으로 추정되고, 그 등기로 인해 물권변동이 유효하게 성립한 것으로 추정된다. 이러한 물권변동은 제3자에 대한 관계에서는 물론 당사자 사이에서도 추정된다(대법원 1993. 5. 11. 선고 92다46059 판결; 대법원 1994. 9. 13. 선고 94다10160 판결). 현재의 등기명의자뿐 아니라 전 등기명의자도 등기권리자로서 기재되어 있었던 이상 그 등기기간 내에는 정당한 권리자로 추정된다. 등기의 추정력은 등기명의자의 이익만을 위하여 인정되는 것은 아니고 등기명의자에게 불이익한 경우에도 인정된다.

등기가 말소된 때에는 그 권리는 실체법상 소멸하여 존재하지 않는 것으로 추정되며, 말소 전의 기간에도 그 권리가 존재하였던 것으로 추정되지 않는다. 다만 그 등기가 말소원인 없이 불법으로 말소된 때에는 그 등기가 회복되기 전에도 그 권리는 존재하는 것으로 추정된다.

부동산에 관한 소유권이전등기가 있으면 그 등기명의자에게 소유권이 귀속하는 것으로 추정된다. 등기는 현재의 진실한 권리상태를 공시하면 그에 이르는 과정이나 태양을 그대로 반영하지 않더라도 유효한 것으로서 등기명의자가 전 소유자로부터 부동산을 취득할 당시 등기부상 기재된 등기원인에 의하지 않고

---

9) 이러한 판례의 입장에 대하여는 명문규정이 없는 상황에서 법률상 추정력을 인정하는 것에 의문을 제기하는 견해가 주장되기도 한다.

다른 원인으로 적법하게 취득하였다고 하면서 등기원인의 태양이나 과정을 다소 다르게 주장하더라도 이러한 주장만으로는 등기의 추정력이 깨어지지 않으므로 이런 경우에는 이를 다투는 측에서 등기명의자의 소유권이전등기가 전 등기명의자의 의사에 반하여 이루어진 것으로서 무효라는 주장·증명을 하여야 한다(대법원 2005. 9. 29. 선고 2003다40651 판결). 다만 등기부상 기재된 등기원인행위가 없었던 사실이 인정되고, 등기명의자가 주장하는 다른 등기원인행위의 태양이나 과정이 지나치게 추상적인 경우에는 등기의 추정력이 유지될 수 없다(대법원 2001. 8. 21. 선고 2001다23195 판결[10]).

부동산에 관한 지분권이전등기가 마쳐진 경우 그 등기는 적법하게 된 것으로서 진실한 권리상태를 공시하는 것으로 추정되므로 그 등기가 위법하게 된 것이라고 주장하는 상대방이 그 추정력을 번복할 만한 반대사실을 증명하여야 한다(대법원 1992. 10. 27. 선고 92다30047 판결).

(나) 등기원인의 추정[11]

부동산등기는 그것이 형식적으로 존재하는 것 자체로부터 적법한 등기원인에 의하여 마쳐진 것으로 추정되고(대법원 2004. 9. 24. 선고 2004다27273 판결), 등기명의자가 등기부에 기재된 것과 다른 원인으로 등기명의를 취득하였다고 주장하는 경우 그 주장사실이 인정되지 않는다고 하여 그 자체로 등기의 추정력이 깨어지는 것은 아니므로 이러한 때에도 등기가 원인 없이 마쳐진 것이라고 주장하는 측에서 그 무효사유를 주장·증명하여야 한다(대법원 1997. 9. 30. 선고 95다39526 판결).

---

10) 토지수용절차를 거친 사실이 없음에도 토지수용을 원인으로 소유권이전등기를 마친 토지개량조합이 토지수용이 아닌 다른 원인으로 소유권을 양도받았다거나 다른 원인으로 소유권을 취득한 자로부터 다시 특정승계 또는 포괄승계하였을 수도 있다고만 주장하는 것은 등기원인행위의 태양이나 과정을 무한정 확대하여 추상적으로 주장하는 것이어서 등기의 추정력이 유지될 수 없다.

11) 등기원인의 존재 및 유효성과 관련해서는 ① 등기의 기재에 대한 권리추정력이 개연성, 즉 경험칙에 근거한 것이라고 한다면 이와 같은 이유로 등기원인에 대하여도 추정력을 인정하여야 한다는 견해, ② 현재의 권리상태의 기재가 진실한 권리상태에 부합할 개연성에 비하여 물권변동의 태양 및 과정의 기재가 실체와 일치될 개연성이 적다는 것을 이유로 그 추정력을 인정해서는 안 된다는 견해 등이 주장되고 있다. 판례상 인정되고 있는 등기원인의 추정은 법률상 사실추정에 해당한다.

(다) 절차의 적법 추정

등기가 있는 경우에는 그 등기에 의해 공시되는 권리의 존재가 추정될 뿐 아니라 그 등기가 절차상으로도 요건을 갖추어 적법하게 이루어진 것으로 추정된다. 종전 등기명의자인 미성년자가 자신의 소유 지분을 친권자에게 증여한 행위가 이해상반행위에 해당하는 경우 그에 따른 친권자 명의의 소유권이전등기가 마쳐진 때에는 그 소유권이전등기에 필요한 절차를 적법하게 거친 것으로 추정된다(대법원 2002. 2. 5. 선고 2001다72029 판결). 또한 소유권이전등기의 멸실회복등기에서 전 등기의 접수일자, 접수번호 및 원인일자 등이 '불명'으로 기재되어 있더라도 특별한 사정이 없는 한 이는 등기관에 의하여 멸실회복등기의 실시요강에 따라 토지대장등본 등 전 등기의 권리를 증명할 공문서가 첨부된 등기신청서에 의하여 적법하게 처리된 것으로 추정된다(대법원 1997. 11. 25. 선고 97다34723 판결; 대법원 2003. 12. 12. 선고 2003다44615 · 44622 판결). 다만 등기절차가 적법하게 진행되지 않은 것으로 볼 만한 의심스러운 사정이 있음이 증명된 때에는 그 추정력이 깨어진다(대법원 2003. 2. 28. 선고 2002다46256 판결).

(라) 등기절차의 전제요건 구비의 추정

등기가 있는 경우에는 등기절차 자체의 적법함이 추정될 뿐 아니라 실체법상 또는 이론상 등기하는 데 필요한 전제요건을 갖추었거나 전치절차를 거친 것으로 추정된다. 부동산을 매수하여 등기한 자가 그 매매가 전 소유자의 대리인과의 사이에 이루어진 것이라고 주장하는 경우 그 대리권의 존재는 일응 추정되므로 이를 다투기 위해서는 전 소유자가 대리권의 흠결을 증명하여야 한다(대법원 1995. 5. 9. 선고 94다41010 판결; 대법원 2009. 9. 24. 선고 2009다37831 판결).

(3) 추정력의 부수적 효과

등기부상 명의인과 매도인이 동일인일 경우에는 그를 소유자로 믿고 부동산을 매수한 자는 특별한 사정이 없는 한 과실 없는 점유자라고 할 수 있지만(대법원 1998. 2. 24. 선고 96다8888 판결), 등기부상 명의인이 매도인이 아닌 제3자일 경우에는 매수인이 부동산을 인도받아 선의로 점유하였더라도 과실 없이 점유를 개시하였다고 볼 수 없다(대법원 1992. 11. 13. 선고 92다30245 판결[12])).

---

12) * 등기부 시효취득의 경우 점유의 개시에 과실이 없었음이 필요하고, 그 증명책임은 주장자에게 있다. * 부동산매매에서 등기부상 명의인이 매도인 아닌 제3자일 경우에는 거래관념상

(4) 추정력이 깨어지는 경우

(가) 소유권이전등기의 경우

전 소유자의 사망 후에 소유권이전등기가 이루어진 경우(대법원 1990. 5. 8. 선고 90다카1097 판결; 대법원 2008. 4. 10. 선고 2007다82028 판결), 전 소유명의자가 허무인인 경우(대법원 1985. 11. 12. 선고 84다카2494 판결), 등기부의 기재 자체에 의하여 부실등기임이 명백한 경우(대법원 1997. 9. 5. 선고 96다33709 판결) 등에는 소유권이전등기의 추정력이 깨어진다.

(나) 소유권보존등기의 경우

소유권보존등기는 소유권이 진실하게 보존되어 있다는 사실에 관해서만 추정력이 인정되고, 소유권보존 외의 권리변동이 진실하다는 점에 관하여는 추정력이 인정되지 않으므로 소유권보존등기의 명의인이 원시취득자가 아니라는 점이 증명된 때에는 그 보존등기의 추정력이 깨어진다(대법원 1982. 9. 14. 선고 82다카707 판결).

(다) 특별조치법에 의한 등기의 경우

「부동산소유권 이전등기 등에 관한 특별조치법」(이하 '특별조치법'이라 한다) 등은 통상의 등기절차와는 다른 간이한 절차에 의한 등기를 허용하되, 국가기관의 관여하에 그 절차요건을 엄격히 규정하고 사위 기타 부정한 방법으로 해당 등기절차를 밟은 자에 대하여는 형사처벌을 하도록 하고 있다.

특별조치법에 따라 마쳐진 등기에도 추정력이 인정되는데(대법원 1987. 10. 13. 선고 86다카2928 전원합의체 판결), 소유권보존등기와 소유권이전등기 간에 차이가 없는 점이 통상의 등기와 다르다. 특별조치법에 따른 등기의 추정력을 깨뜨리려면 등기절차상 소요되는 보증서나 확인서가 허위 또는 위조되었다거나 그 밖의 사유로 적법하게 등기된 것이 아니라는 점을 주장·증명하여야 한다(대법원 2017. 6. 29. 선고 2017다8388 판결). 허위의 보증서나 확인서란 권리변동의 원인이 되는 실체적 기재 내용이 진실에 부합하지 않는 보증서나 확인서를 말

매도인의 권한에 대하여 의심할 만한 사정이 있다고 할 것이므로 매수인이 등기부상 소유명의자에 대하여 진부를 확인하거나 매도인에게 처분권한이 있는지를 확인하지 않은 때에는 부동산을 인도받아 선의로 점유하였더라도 과실 없이 점유를 개시하였다고 볼 수 없고, 위와 같은 과실이 부동산을 매수하여 점유를 취득할 당시에 존재하였다면 그 후 매도인이 등기명의를 취득하였더라도 무과실로 전환되지 않는다.

하는데, 그 실체적 기재 내용이 진실이 아님을 의심할 만큼 증명된 때에는 그 등기의 추정력이 깨어진다(대법원 1992. 1. 17. 선고 91다37157 판결; 대법원 1992. 4. 28. 선고 91다46779 판결).

등기명의인이 보증서나 확인서에 기재된 취득원인이 사실과 다름을 인정하더라도 다른 취득원인에 따라 권리를 취득하였음을 주장하는 때에는 그 주장 자체에서 특별조치법에 따른 등기를 할 수 없음이 명백하거나 그가 주장하는 내용이 구체성이 전혀 없다거나 그 자체로서 허구임이 명백한 경우 등의 특별한 사정이 없는 한 그러한 사유만으로는 등기의 추정력이 깨어지지 않는다(대법원 2001. 11. 22. 선고 2000다71388·71395 전원합의체 판결).

(5) 점유의 추정력과의 관계

점유자의 권리추정 규정(민법 제200조)은 특별한 사정이 없는 한 부동산물권에는 적용되지 않고, 부동산물권의 경우 등기에 대해서만 추정력이 인정된다(대법원 1982. 4. 13. 선고 81다780 판결). 미등기토지에 대한 점유자가 있는 경우에도 토지대장에 그 토지의 소유자로 등재된 자는 반증이 없는 한 소유권자로 사실상 추정을 받는다(대법원 1976. 9. 28. 선고 76다1431 판결; 대법원 1991. 4. 26. 선고 90다13413 판결).

(6) 사안의 경우

丙은 자신이 甲으로부터 X 토지를 증여받았다고 주장하며 乙과 丙이 등기서류를 위조하여 丙 명의로 소유권이전등기를 마쳤다는 甲의 주장을 다투고 있는데, 甲이 서증으로 제출한 등기사항증명서에 매매를 원인으로 하여 甲에서 丙으로 소유권이전등기가 마쳐진 것으로 기재되어 있으므로 부동산등기에 대하여 추정력을 인정하는 판례의 입장에 따르면 丙이 등기원인을 달리 주장하더라도 등기의 추정력에 의하여 X 토지의 소유권이 丙에게 있는 것으로 추정될 것이다.

3. 증명책임의 분배

가. 증명책임의 의의 및 내용

(1) 객관적 증명책임

소송상 어느 요증사실의 존부가 확정되지 않는 경우 그 사실이 존재하지 않

는 것으로 취급되어 법률판단을 받게 되는 당사자 일방의 불이익을 객관적 증
명책임이라고 한다. 객관적 증명책임은 증거조사를 마친 심리의 최종단계에 이
르기까지 당사자의 주장사실의 진실 여부에 관하여 법관이 확신을 갖지 못한
경우 누가 그로 인한 불이익을 부담할 것인가의 문제라고 할 수 있다. 객관적
증명책임은 모든 증거조사를 마친 후에도 사실의 존부가 불분명한 경우 법원이
재판을 할 수 있게 하기 위한 것이므로 변론주의가 적용되는 절차뿐 아니라 직
권탐지주의가 적용되는 절차에서도 인정된다.

(2) 주관적 증명책임

요증사실의 존부가 불분명한 경우 불이익한 판단을 받게 되기 때문에 증명
책임 부담자가 이러한 불이익을 면하기 위하여 소송과정에서 증거를 제출하여
증명활동을 해야 하는 행위책임을 주관적 증명책임 또는 증거제출책임이라고
한다. 객관적 증명책임은 증거조사를 마친 심리의 최종단계에서 문제되지만, 주
관적 증명책임은 증거조사과정에서 문제된다.13) 주관적 증명책임은 변론주의가
적용되는 절차에서만 인정되고, 직권탐지주의가 적용되는 절차에서는 인정되지
않는다.14)

나. 증명책임분배이론15)

증명책임분배의 기준과 관련하여 과거에는 요증사실의 성질이나 그 존부의
개연성을 기준으로 삼아야 한다는 견해,16) 주장하는 자가 증명책임을 부담하여

---

13) 객관적 증명책임의 분배와 주관적 증명책임의 분배는 모두 적용되는 법규에 따라 추상적으로
   정해지는 것으로서 분배의 내용은 동일하지만, 그 기능이 나타나는 시기가 객관적 증명책임
   은 증거조사를 마친 심리의 최종단계이고 주관적 증명책임은 증거조사과정인 점에서 차이가
   있다.
14) 변론주의가 적용되는 민사소송에서는 당사자가 소송자료를 제출하여야 하므로 당사자가 증거
   제출책임을 게을리하면 소송에서 패소하게 된다. 그러나 직권탐지주의가 적용되는 소송절차
   에서는 법원이 직권으로 사실을 밝혀야 하므로 당사자가 증거제출을 게을리하더라도 반드시
   패소하는 것은 아니다.
15) 요증사실에 대하여 누가 증명책임을 부담하는지에 따라 소송의 승패가 결정된다고 할 수 있
   을 정도로 증명책임의 분배는 소송상 중요한 의미가 있다. 그런데 증명책임분배에 관한 일반
   규정은 없다. 증명책임분배에 관한 개별규정으로는 무권대리인의 상대방에 대한 책임에 관한
   민법 제135조 제1항, 보증인의 최고·검색의 항변권에 관한 민법 제437조 본문 등이 있다.
16) 이 견해에 따르면 요증사실 가운데 적극적 사실이나 외계의 사실은 증명할 수 있어 그 사실
   을 주장하는 자가 증명책임을 부담하고, 소극적 사실이나 내심의 사실은 증명할 수 없어 그러
   한 사실의 존부를 다투는 상대방이 증명책임을 부담한다. 그러나 동일한 내용의 사실을 적극

야 한다는 견해 등이 주장되기도 하였지만, 오늘날에는 증명책임의 분배기준을 법규의 구조나 형식에서 찾아야 한다는 견해와 실질적인 이익형량을 통해 증명책임분배의 규범적 근거를 찾아야 한다는 견해 등이 주장되고 있다.

(1) 법률요건분류설에 따른 증명책임분배

법규의 구조나 형식에서 증명책임의 분배기준을 찾는 법률요건분류설에 따르면 각 당사자는 자기에게 유리한 법규의 요건사실의 존재에 대하여 증명책임을 부담한다. 소송요건과 관련해서는 그것이 존재하여야만 본안판결을 받을 수 있으므로 원고가 그 존재를 증명하여야 한다. 본안과 관련해서는 권리의 존재를 주장하는 자는 권리근거규정의 요건사실(권리발생사실)을, 권리의 존재를 다투는 상대방은 반대규정의 요건사실(권리장애·소멸·저지사실)을 증명하여야 한다.[17]

(2) 법률요건분류설의 보완

실질적인 기준에 의해 증명책임을 분배하고자 하면 그 기준이 명확하지 않고, 입법자도 통상적으로는 당사자 간의 공평 등 실질적 요소를 고려하여 권리근거규정과 반대규정을 제정하는 것이므로 증명책임을 분배하는 때에는 법규의 규정 형식을 일응의 기준으로 삼을 수 있다. 다만 공해소송, 의료소송, 제조물책임소송 등의 경우에는 증거가 당사자 일방에게 편재되어 있어 법규의 규정 형식만을 기준으로 증명책임을 분배하고자 하면 증명책임을 부담하는 당사자가 증명활동을 할 수 없는 결과를 초래하기도 하는데, 이러한 때에는 증명책임을 전환하거나 완화하고자 하는 시도가 이루어지고 있다.

(3) 검토

증명책임을 분배하는 경우 법적 안정성을 고려하여 일단 일반적·추상적인 기준에 따르고, 이러한 일반적 기준에 따르면 불합리한 결과가 초래될 수 있는 경우에는 구체적 타당성을 고려하여 수정을 가하는 방법으로 증명책임의 전환 또는 완화가 이루어질 수 있다.

적으로도 소극적으로도 주장할 수 있을 뿐 아니라 소극적 사실이나 내심의 사실도 간접사실을 통해 증명할 수 있어 증명책임 분배기준으로서 불명확하다는 한계 때문에 이 견해는 오늘날 통용되지 못하고 있다.

17) 원고가 권리의 존재를 주장하는 통상의 경우에는 원고가 소를 제기하여 피고에게 권리 또는 법적 지위를 주장하고, 피고는 원고의 소송상 청구에 대하여 다투게 되므로 원고는 권리발생사실에 대하여, 피고는 권리의 장애·소멸·저지사실에 대하여 증명책임을 부담한다. 다만 소극적 확인의 소의 경우에는 피고가 권리발생사실에 대하여 증명책임을 부담한다.

다. 사안의 경우

甲의 丙에 대한 소유권이전등기의 말소등기청구가 인정되기 위한 주요사실 가운데 甲의 X 토지 소유사실과 丙 명의 등기의 원인무효사실이 다투어지고 있는데, 이는 권리발생사실로서 甲이 증명책임을 부담한다. 등기의 추정력을 인정하는 판례의 입장에 따르면 X 토지의 소유권이 丙에게 있는 것으로 추정될 것이므로 甲은 丙 명의의 소유권이전등기가 위조된 등기서류에 의해 이루어져 원인무효임을 증명하여야 한다. 따라서 甲이 이러한 사실을 증명하지 못하면 甲에게 민법 제214조 전단에 따른 소유물방해제거청구권이 인정되지 않을 것이다.

4. 항소법원의 판단

가. 항소심의 심리

항소는 제1심의 종국판결에 대하여 사실상 또는 법률상 이유를 들어 불복하는 것인데, 비약상고의 합의(법 제390조 제1항 단서)나 불상소의 합의가 있는 경우에는 제1심판결에 대하여 항소할 수 없다. 항소가 제기되면 항소법원은 법률이 요구하는 방식을 갖춘 항소장이 항소기간 내에 제출되었는지, 항소가 적법한지, 항소와 부대항소에 의한 불복이 이유 있는지를 심리하여야 한다.

(1) 항소의 적법 여부에 관한 심사

항소인이 방식에 맞게 작성된 항소장을 항소기간 내에 제출한 경우 항소법원은 항소의 적법요건을 갖추었는지를 직권으로 조사하여야 한다. 조사 결과 부적법한 항소로서 그 흠을 보정할 수 없는 것으로 인정되는 때에는 항소법원은 변론을 거치지 않고 판결로 항소를 각하할 수 있다(법 제413조). 불항소합의가 있는 상태에서 항소를 제기한 경우, 항소의 이익 없이 항소를 제기한 경우, 판결선고 전에 항소를 제기한 경우는 그 흠을 보정할 수 없는 때에 해당한다. 그러나 소송대리인이 소송대리권이 소멸한 후에 항소를 제기한 경우는 추인의 여지가 있으므로 보정할 수 없는 때에 해당하지 않는다.

(2) 본안심리

항소법원은 항소가 적법하다고 인정되면 항소가 이유 있는지, 즉 본안에 관하여 심리하여야 한다. 항소심에서의 심리는 제1심의 소송절차에 준하여 변론을 거쳐야 한다(법 제408조). 항소인은 변론에서 제1심판결에 대하여 변경을 구하는 한도, 즉 불복의 범위를 명확히 진술하여야 한다. 이에 대하여 피항소인은 항소의 각하 또는 기각의 신청을 할 수도 있고 부대항소를 할 수도 있다.

나. 변론의 갱신과 증거조사결과에 대한 변론의 기회 부여

민사소송의 항소심은 속심의 구조를 취하고 있으므로 항소법원은 제1심 변론의 속행으로서 제1심의 소송자료와 항소심에서의 새로운 소송자료를 기초로 하여 심리하게 된다. 당사자는 제1심에서의 소송자료를 항소심에 상정하여야 하므로 불복신청에 필요한 한도에서 제1심에서의 변론의 결과를 진술하여야 하는데(법 제407조 제2항), 이를 변론의 갱신이라고 한다.

제1심에서의 변론, 증거조사, 그 밖의 소송행위는 항소심에서도 그 효력이 있다(법 제409조). 다만 제1심에서 자백간주가 성립하였더라도 항소심에서 다툰 때에는 자백간주의 구속력이 인정되지 않는다(대법원 2004. 9. 24. 선고 2004다21305 판결).

당사자가 항소심 변론기일에 출석하여 소송관계를 표명하고 증거조사결과에 대하여 변론한 때에는 제1심에서의 공격방어방법과 증거조사결과를 원용한 것으로 인정할 수 있다(대법원 1987. 12. 22. 선고 87다카1458 판결).

다. 항소가 이유 있는 경우 항소법원의 판단

항소인의 항소가 이유 있는 경우 항소법원은 제1심판결을 취소하고 원고 청구의 당부에 관하여 판단하여야 한다.

라. 사안의 경우

丙이 제기한 항소가 적법한 경우 항소법원은 丙의 항소가 이유 있는지를 판단하여야 하는데, 제1심에서 이루어진 변론, 증거조사 등의 소송행위의 효력은 항소심에서도 인정된다. 丙은 항소심에서 제1심판결에서 인정된 甲의 X 토지 소유사실과 丙 명의 소유권이전등기의 원인무효사실을 다투고 있으므로 甲이 증명책임을 부담하는 X 토지에 관한 丙 명의의 소유권이전등기가 원인무효인 사실을 증명하지 못하는 때에는 항소법원은 甲의 丙에 대한 청구를 인용한 제1심판결을 취소하고 甲의 丙에 대한 청구를 기각하는 판결을 하여야 할 것이다.

IV. 사례의 정리

제1심에서 甲의 주장사실에 대하여 자백간주가 성립하였더라도 丙이 항소심에서 X 토지가 자기의 소유라고 주장하며 甲의 주장사실을 다투고 있으므로 자백간주의 구속력이 인정되지 않을 것이다. 따라서 항소법원은 甲이 X 토지를 소유하고 있는지와 丙 명의의 소유권이전등기가 원인무효의 등기인지를 심리하여야 한다.

丙은 자신이 甲으로부터 X 토지를 증여받았다고 주장하며 乙과 丙이 등기서류를 위조하여 丙 명의로 소유권이전등기를 마쳤다는 甲의 주장을 다투고 있는데, 甲이 서증으로 제출한 등기사항증명서에 매매를 원인으로 하여 甲에서 丙으로 소유권이전등기가 마쳐진 것으로 기재되어 있으므로 등기의 추정력을 인정하는 판례의 입장에 따르면 丙이 등기원인을 달리 주장하더라도 등기의 추정력에 의하여 X 토지의 소유권이 丙에게 있는 것으로 추정될 것이다. 따라서 甲은 丙 명의의 소유권이전등기가 위조된 등기서류에 의해 이루어져 원인무효임을 증명하여야만 丙에 대한 청구가 인용될 것이다.

甲이 丙 명의의 소유권이전등기가 위조된 등기서류에 의해 이루어져 원인무효임을 증명하지 못하는 한 항소법원은 甲의 丙에 대한 청구를 인용한 제1심판결을 취소하고 甲의 丙에 대한 청구를 기각하는 판결을 하여야 할 것이다.

〈제 3 문 - 1〉

I. 쟁점

乙이 丁을 상대로 甲과 丁 간의 증여계약의 취소 및 丁 명의 소유권이전등기의 말소등기절차의 이행을 구하는 소를 제기하였는데, 이는 채권자취소소송에 해당한다. 채권자취소소송의 적법 여부와 관련해서는 (i) 채권자취소소송의 형태, (ii) 채권자취소소송의 대상이 되는 법률행위, (iii) 채권자취소소송에서 피고적격을 가지는 자, (ⅳ) 채권자취소의 소를 제기할 수 있는 제척기간을 검토하여야 한다.

II. 채권자취소소송의 형태[18]

1. 채권자취소권의 의의 및 법적 성질

채권자취소권은 채무자의 사해행위를 취소하고 채무자의 재산을 회복시키는 것을 목적으로 하는 채권자의 권리(민법 제406조 제1항)로서 형성권과 원상회복

---

18) 동일한 채권자가 피보전채권을 달리하여 동일한 사해행위에 대하여 채권자취소의 소를 제기한 경우 소송물의 동일성이 인정되는지 여부: 채권자가 사해행위취소 및 원상회복청구를 하면서 보전하고자 하는 채권을 추가하거나 교환하는 것은 사해행위취소권과 원상회복청구권을 이유 있게 하는 공격방어방법에 관한 주장을 변경하는 것일 뿐 소송물 또는 청구 자체를 변경하는 것은 아니므로 전소와 후소의 소송물이 동일하다고 보아야 한다(대법원 2012. 7. 5. 선고 2010다80503 판결).

사해행위취소의 대상인 금전지급행위의 법률적 평가를 달리 주장하는 경우 소송물이 달라지는지 여부: 채권자가 채무자의 금전지급행위가 사해행위에 해당한다고 하여 그 취소를 구하면서 그 금전지급행위의 법률적 평가를 증여 또는 변제로 달리 주장하는 것은 그 사해행위취소권을 이유 있게 하는 공격방어방법에 관한 주장을 달리하는 것일 뿐이지 소송물 또는 청구 자체를 달리하는 것으로 볼 수 없다(대법원 2005. 3. 25. 선고 2004다10985·10992 판결).

각기 다른 채권자가 동일한 사해행위에 대하여 채권자취소의 소를 제기한 경우 중복된 소 제기가 문제는지 여부: 채권자취소권의 요건을 갖춘 각 채권자는 고유의 권리로서 채무자의 재산처분행위를 취소하고 그 원상회복을 구할 수 있는데, 각 채권자가 동시 또는 이시에 사해행위취소 및 원상회복청구의 소를 제기하더라도 이런 소송은 당사자와 소송물이 모두 다르므로 중복된 소 제기가 문제되지 않는다(대법원 2003. 7. 11. 선고 2003다19558 판결).

어느 한 채권자가 동일한 사해행위에 관하여 사해행위취소 및 원상회복청구를 하여 승소판결을 선고받아 그 판결이 확정된 경우 다른 채권자의 동일한 사해행위에 관한 사해행위취소 및 원상회복청구가 권리보호의 이익이 없어지는지 여부: 어느 한 채권자가 동일한 사해행위에 관하여 사해행위취소 및 원상회복청구를 하여 승소판결을 선고받아 그 판결이 확정되었다는 것만으로는 그 후에 제기된 다른 채권자의 동일한 사해행위에 관한 사해행위취소 및 원상회복청구가 권리보호의 이익이 없어지는 것은 아니고, 그 확정판결에 기해 재산이나 가액의 회복을 마친 경우 비로소 다른 채권자의 사해행위취소 및 원상회복청구는 그와 중첩되는 범위 내에서 권리보호의 이익이 없게 된다(대법원 2003. 7. 11. 선고 2003다19558 판결).

➤ 동일한 사해행위에 대한 취소소송이 중첩되는 경우 선행소송의 확정판결에 기해 가액반환이 종료된 때에는 후행소송에서 사해행위의 목적물에 대한 시가 평가액이 증가되었음을 이유로 그 증가된 시가 평가액 상당의 가액배상을 구하는 것은 권리보호의 이익이 없다(대법원 2005. 3. 24. 선고 2004다65367 판결).

➤ 수익자를 상대로 원물반환을 청구하여 승소판결이 확정된 후에는 어떠한 사유로 원물반환의 목적을 달성할 수 없게 되더라도 다시 원상회복청구권을 행사하여 가액배상을 청구할 수 없으므로 가액배상을 청구하는 소를 제기하는 것은 권리보호의 이익이 없다(대법원 2006. 12. 7. 선고 2004다54978 판결).

청구권이 결합되어 있는 것으로 볼 수 있다. 사해행위취소소송이 형성의 소로서의 성질을 가지는지와 관련해서는 ① 반드시 소로써 사해행위취소를 구할 필요가 없으며 수익자 또는 전득자를 피고로 하여 원상회복을 구하면서 사해행위취소를 선결문제로 주장하면 되는 것으로 보는 견해, ② 사해행위취소소송에 의해서만 사해행위를 취소할 수 있는 것으로 보는 견해 등이 주장되고 있다. 판례는 사해행위의 취소는 법원에 소를 제기하는 방법으로 청구할 수 있을 뿐 소송상 공격방어방법으로 주장할 수는 없다(대법원 1998. 3. 13. 선고 95다48599·48605 판결)는 입장이다.

채권자취소소송은 통상은 사해행위취소와 함께 원상회복을 청구하는데, 이러한 때에는 사해행위의 취소를 구하는 형성의 소와 원상회복을 구하는 이행의 소가 병합된 것으로 볼 수 있다.[19]

2. 민법 제406조 제1항의 사해행위취소청구와 원상회복청구를 분리하여 할 수 있는지 여부

채권자는 원상회복만을 청구해서는 안 되고[20] 반드시 사해행위의 취소도 함께 소구하여야 하지만, 원상회복을 구하지 않은 상태에서 사해행위의 취소만을 먼저 소구할 수는 있다(대법원 2001. 9. 4. 선고 2001다14108 판결).

3. 사안의 경우

乙은 甲과 丁 간의 증여계약의 취소를 구하고 그 증여를 원인으로 한 丁 명의 소유권이전등기의 말소등기절차의 이행을 구하고 있으므로 甲과 丁 간의 사

---

19) 사해행위취소소송과 원상회복청구소송은 서로 소송물과 쟁점을 달리하는 별개의 소로서 양자가 반드시 동시에 제기되어야 하는 것은 아니고 별개로 제기될 수 있으며, 사해행위취소소송에서는 승소하더라도 원상회복청구소송에서는 당사자가 제출한 공격방어방법 여하에 따라 패소할 수도 있고, 취소채권자가 사해행위취소의 소를 제기하여 승소한 경우 그 취소의 효력은 민법 제407조에 따라 모든 채권자의 이익을 위하여 미침으로써 그 소송의 목적이 달성될 수 있으므로 채권자가 원상회복청구소송에서 패소할 것이 예상된다는 이유로 그와는 별개인 사해행위취소소송에 대하여 소송요건을 갖추지 못한 것으로 보아 소의 이익을 부정할 수 없다(대법원 2012. 12. 26. 선고 2011다60421 판결).
20) 채권자가 사해행위의 취소를 구하지 않고 원상회복만을 구하는 소를 제기한 때에는 원상회복의 전제가 되는 사해행위의 취소가 없으므로 원상회복청구권이 발생하지 않으므로 원고의 청구를 기각하여야 할 것이다.

해행위의 취소와 그 원상회복을 청구하는 것으로 볼 수 있다.

III. 채권자취소소송의 대상이 되는 법률행위

1. 채무자와 수익자 간의 법률행위

채권자취소권의 대상이 되는 사해행위는 채무자가 한 법률행위이어야 하므로 수익자나 전득자가 한 법률행위는 채권자취소권의 대상이 되지 않는다(대법원 2004. 8. 30. 선고 2004다21923 판결). 채권자가 수익자나 전득자가 한 법률행위에 대하여 사해행위로서 취소를 구하는 소를 제기하면 그 소는 소의 이익 흠결을 이유로 각하된다.

2. 사안의 경우

甲의 채권자 乙은 채무자 甲과 수익자 丁 간의 증여계약의 취소를 구하고 있으므로 채권자취소소송의 소의 이익이 인정되어 적법하다고 할 것이다.

IV. 채권자취소소송의 피고적격을 가지는 자

1. 수익자 또는 전득자

채권자가 채권자취소권을 행사한 때에는 채권자와 수익자 또는 전득자 사이에서만 상대적으로 무효가 되는 것으로 보는 판례의 입장에 따르면 채무자는 채권자취소소송의 피고적격을 가지지 못하므로(대법원 2004. 8. 30. 선고 2004다21923 판결) 채권자가 채무자를 상대로 채권자취소의 소를 제기한 때에는 그 소는 피고적격의 흠결을 이유로 각하된다.[21]

수익자만 있는 경우에는 수익자를 피고로 하여 채권자취소의 소를 제기하면

---

21) 채권자가 채무자와 수익자를 공동피고로 하여 소를 제기하여 제1심법원이 채무자에게 구상금의 지급을 명하고, 채무자와 수익자 간의 매매계약이 사해행위에 해당한다고 하여 이를 취소하고 그 원상회복으로서 소유권이전등기의 말소등기절차의 이행을 명하는 판결을 선고하자 채무자가 자기에게 구상금의 지급을 명한 판결 부분에 대하여는 항소하지 않고 사해행위취소와 원상회복을 명한 판결 부분에 대해서만 항소한 때에는 채무자는 자신이 당사자가 아니어서 항소를 제기할 당사자적격이 없는 제1심판결 부분에 대하여 항소를 제기한 것이므로 항소법원은 채무자의 항소를 각하하여야 한다.

된다. 수익자와 전득자가 존재하는 때에는 그들이 각각의 법률행위를 할 당시에 취소를 구하는 법률행위가 채권자를 해한다는 사실을 알고 있었는지에 따라 달라질 수 있다. 즉, 수익자는 선의이고 전득자가 악의일 경우에는 전득자를 상대로 원물반환청구를 하면 되고(대법원 2012. 8. 17. 선고 2010다87672 판결), 수익자가 악의이고 전득자가 선의일 경우에는 원칙적으로 수익자를 상대로 가액배상을 청구하면 된다(대법원 1998. 5. 15. 선고 97다58316 판결). 사해행위가 이루어진 후에 그 목적물에 관하여 제3자가 저당권이나 지상권 등의 권리를 취득한 때에는 수익자가 목적물을 저당권 등의 제한이 없는 상태로 회복하여 이전해 줄 수 있는 등의 특별한 사정이 없는 한 채권자는 수익자를 상대로 원물반환 대신 그 가액 상당의 배상을 청구할 수 있지만, 그렇다고 하여 채권자가 스스로 위험이나 불이익을 감수하면서 원물반환을 청구하는 것이 허용되지 않는 것으로 볼 것은 아니고, 그러한 경우 채권자는 원상회복의 방법으로 가액배상 대신 수익자 명의 등기의 말소를 청구하거나 수익자를 상대로 채무자 앞으로 직접 소유권이 전등기절차를 이행할 것을 청구할 수 있다(대법원 2001. 2. 9. 선고 2000다57139 판결). 수익자와 전득자가 모두 악의일 경우에는 채권자는 수익자와 전득자를 모두 피고로 하여 사해행위취소 및 원상회복을 구할 수도 있고, 수익자와 전득자 중 1인을 피고로 선택하여 사해행위취소 및 원상회복을 구할 수도 있다. 채권자가 수익자와 전득자를 공동피고로 하여 가액배상을 청구하는 때에는 양 채무는 부진정연대채무에 해당한다.

사해행위취소판결의 효력은 채권자와 수익자 또는 전득자 간에서만 상대적으로 생기고, 소송당사자가 아닌 채무자 또는 채무자와 수익자 간의 법률관계에는 생기지 않으며(대법원 1988. 2. 23. 선고 87다카1989 판결), 수익자만을 피고로 한 사해행위취소판결의 효력은 전득자에게 미치지 않는다(대법원 1984. 11. 24.자 84마610 결정).

2. 사안의 경우

甲의 채권자 乙은 수익자 丁을 피고로 사해행위취소 및 원상회복을 구하는 소를 제기하였으므로 채권자취소소송의 피고적격을 가지는 자를 피고로 하여 적법하다고 할 것이다.

V. 제척기간의 준수 여부

1. 제소기간으로서의 제척기간

채권자는 취소원인을 안 날부터 1년, 법률행위가 있은 날부터 5년 이내에 채권자취소권을 행사하여야 한다(민법 제406조 제2항). 이 기간이 경과하면 채권자는 채권자취소의 소를 제기할 수 없다. 이 기간의 경과 여부는 법원이 직권으로 조사하여야 하고, 제척기간이 경과한 후에 제기된 소는 부적법하여 각하된다. 제척기간의 경과에 대한 증명책임은 채권자취소소송의 상대방이 부담한다(대법원 2009. 3. 26. 선고 2007다63102 판결; 대법원 2000. 9. 29. 선고 2000다3262 판결).

채권자취소소송에서 제척기간이 경과한 후에 당초의 청구취지의 변경이 잘못되었음을 이유로 다시 청구취지를 변경하더라도 최초의 소 제기 시에 발생한 제척기간 준수의 효과에는 영향을 미치지 않는다(대법원 2005. 5. 27. 선고 2004다67806 판결).

채권자취소권의 행사기간은 제소기간이므로 법원은 그 기간의 준수 여부를 직권으로 조사하여 그 기간이 경과한 후에 제기된 채권자취소의 소를 각하하여야 하는데, 그 기간의 준수 여부가 의심스러운 경우 법원은 필요한 정도에 따라 직권으로 증거조사를 할 수 있지만, 법원에 현출된 소송자료에 비추어 그 기간이 경과하였다고 의심할 만한 사정이 인정되지 않는 경우까지 법원이 직권으로 추가적인 증거조사를 하여 그 기간의 준수 여부를 확인하여야 할 의무는 없다(대법원 2005. 4. 28. 선고 2004다71201 판결; 대법원 2012. 4. 12. 선고 2011다110579 판결).[22]

가. 채권자취소권 행사의 기산점인 채권자가 '취소원인을 안 날'의 의미

제척기간의 기산점인 채권자가 '취소원인을 안 날'[23]이란 채무자가 채권자를

---

[22] 채권사취소권의 행사기간은 제척기간으로서 그 준수는 법원의 직권조사사항인 소송요건에 해당하므로 제척기간이 경과하였다는 피고의 주장은 본안전항변에 해당한다. 법원에 현출된 소송자료에 비추어 제척기간이 경과하였다고 의심할 만한 사정이 인정되지 않으면 법원은 직권으로 추가적인 증거조사를 하여 그 기간의 준수 여부를 확인할 의무가 없으므로(대법원 2002. 7. 26. 선고 2001다73138 · 73145 판결) 피고는 제척기간이 경과하였다고 의심할 만한 사정에 관한 자료를 제출할 필요가 있다.

[23] 채권자가 사해행위의 취소원인을 알게 되어 채권자취소소송의 제척기간이 진행되던 중에 채

해함을 알면서 사해행위를 한 사실을 알게 된 날을 의미하는데, 이는 단순히 채무자가 그의 재산을 처분하는 법률행위를 한 사실을 아는 것만으로는 부족하고, 그 법률행위가 일반채권자를 해하는 행위라는 것을 알았을 뿐 아니라 채무자에게 사해의 의사가 있었음을 안 것을 의미한다(대법원 2003. 12. 12. 선고 2003다40286 판결). 채무자가 그의 유일한 재산인 부동산을 매각하여 소비하기 쉬운 금전으로 바꾼 경우는 채무자의 사해의사가 사실상 추정되므로 채권자가 그 매각사실을 알았다면 특별한 사정이 없는 한 채무자의 사해의사도 알았다고 볼 수 있다(대법원 2000. 9. 29. 선고 2000다3262 판결).[24] 수익자나 전득자의 악의는 추정되므로 수익자나 전득자의 악의까지 알 필요는 없다.

가등기의 등기원인인 법률행위와 본등기의 등기원인인 법률행위가 명백히 다른 경우가 아닌 한 가등기 및 본등기의 원인행위에 대한 사해행위취소 등 청구의 제척기간의 기산일은 가등기의 원인행위가 사해행위임을 안 때라고 할 것이므로 채권자가 가등기의 원인행위가 사해행위임을 안 때부터 1년 이내에 가등기의 원인행위에 대하여 취소를 구하는 소를 제기하였다면 본등기의 원인행위에 대한 취소를 구하는 소를 그 원인행위에 대한 제척기간이 경과한 후에 제기하더라도 적법하다(대법원 2006. 12. 21. 선고 2004다24960 판결).

나. '법률행위가 있은 날'의 의미

제척기간의 기산점인 '법률행위가 있은 날'은 사해행위가 실제로 이루어진 날을 기준으로 판단한다(대법원 2010. 2. 25. 선고 2007다28819 · 28826 판결).

2. 사해행위취소청구를 제척기간 내에 한 경우 원상회복청구를 제척기간이 경과한 후에 할 수 있는지 여부

사해행위취소청구와 원상회복청구에 대한 심판을 별개의 소로써 구하는 경

권자가 파산하여 파산관재인이 선임된 경우 파산관재인이 사해행위의 취소원인을 안 때부터 제척기간이 새로 진행되는 것은 아니다(대법원 2006. 8. 25. 선고 2004다24144 판결).
24) 채권자가 가등기사실을 알고 재산상태를 조사한 후에 가압류를 한 경우에는 가압류 무렵에 취소원인을 안 것으로 볼 수 있고(대법원 1999. 4. 9. 선고 99다2515 판결), 채권자가 처분금지가처분을 신청하면서 그전에 부동산 등기사항증명서를 발급받아 본 경우에는 등기사항증명서를 발급받은 때에 취소원인을 안 것으로 볼 수 있다.

우 사해행위취소의 소가 민법 제406조 제2항에서 정한 기간 내에 제기되었다면 원상회복청구의 소는 그 기간이 지난 후에도 제기할 수 있다(대법원 2001. 9. 4. 선고 2001다14108 판결).

3. 수익자에 대한 소송으로 채무자와 수익자 간의 법률행위를 취소한 후에 별소로 전득자를 상대로 사해행위취소를 구하는 경우의 제척기간

채권자가 수익자에 대한 채권자취소소송과는 별소로 전득자에 대하여 채권자취소권을 행사하여 원상회복을 구하는 때에는 민법 제406조 제2항에서 정한 기간 내에 전득자에 대한 관계에서 채무자와 수익자 간의 사해행위의 취소를 구하여야 한다(대법원 2005. 6. 9. 선고 2004다17535 판결).

4. 기존 전득자 명의의 등기가 말소된 후에 새로 등기를 마친 전득자를 상대로 사해행위취소를 소구하는 경우의 제척기간

기존 전득자 명의의 등기가 말소된 후에 새로운 전득자 명의로 등기가 이루어져 새로운 전득자에 대한 관계에서 채무자와 수익자 간의 사해행위의 취소를 소구하는 때에도 민법 제406조 제2항에서 정한 기간 내에 새로운 전득자에 대한 관계에서 채무자와 수익자 간의 사해행위의 취소를 구하여야 한다(대법원 2014. 2. 13. 선고 2012다204013 판결).

5. 사안의 경우

乙은 甲과 丁 간의 사해행위가 있은 날부터 5년 내이고, 취소원인을 안 날부터 1년 내인 2023. 5. 10. 사해행위취소 및 원상회복을 구하는 소를 제기하였으므로 민법 제406조 제2항에서 정한 제척기간을 준수하여 적법하다고 할 것이다.

VI. 사례의 정리

乙은 수익자 丁을 피고로 하여 채무자 甲과 수익자 丁 간의 증여계약의 취소와 그 증여를 원인으로 한 丁 명의 소유권이전등기의 말소등기절차의 이행을 구하는 소를 甲과 丁 간에 증여계약이 체결된 날부터 5년, 乙이 다른 재산이 없는 甲이 X 토지를 丁에게 증여한 사실을 알 날부터 1년 내인 2023. 5. 10. 제기하였으므로 乙이 丁을 상대로 제기한 채권자취소의 소는 적법하다고 할 것이다.

<제 3 문 – 2>

Ⅰ. 쟁점

법원의 심리 결과 甲과 丁 간에 체결된 증여계약이 사해행위에 해당한다는 심증을 얻은 경우 법원의 판단과 관련해서는 근저당권이 설정되어 있는 부동산이 근저당권자 외의 자에게 사해행위로 양도된 후에 그 근저당권설정등기가 말소된 경우 사해행위취소권 행사의 범위와 원상회복의 방법을 검토하여야 한다. 또한 甲의 채권자 乙이 甲과 丁 간의 증여계약의 일부취소와 가액배상을 청구하여야 함에도 甲과 丁 간의 증여계약의 취소와 丁 명의 소유권이전등기의 말소등기절차의 이행을 구하고 있는 것과 관련해서는 처분권주의와의 관계에서 법원의 심판대상과 범위, 즉 근저당권이 설정되어 있는 부동산에 관하여 사해행위가 이루어진 후에 그 근저당권설정등기가 말소된 경우 사해행위인 계약의 전부취소와 원물반환을 구하는 청구취지 속에 계약의 일부취소와 가액배상을 구하는 취지가 포함된 것으로 볼 수 있는지를 검토하여야 한다.

Ⅱ. 채권자취소권 행사의 범위와 방법[25]

1. 사해행위취소권 행사의 범위

가. 취소채권자의 피보전채권액

채권자취소권을 행사하는 채권자는 자신의 채권액의 한도에서 사해행위의 취소를 구할 수 있다. 사해행위의 목적물이 가분일 경우에는 피보전채권액의 범위 내로 취소가 제한된다.

그러나 사해행위의 목적물이 불가분이거나 다른 채권자가 배당요구를 할 것

---

[25] 사해행위취소와 원상회복을 병합하여 청구하는 경우 실무상으로는 사해행위의 취소범위에 앞서 원상회복의 방법을 검토한 다음 사해행위취소의 범위와 가액배상의 범위를 일치시키고 있다.

이 명백한 때에는 채권액을 초과하여 취소를 구할 수 있고(대법원 1997. 9. 9. 선고 97다10864 판결), 부동산에 관한 법률행위가 사해행위에 해당하는 때에는 그 사해행위를 취소하고 소유권이전등기의 말소 등 부동산 자체의 회복을 구하는 것이 원칙이다.

나. 피보전채권액의 산정시기

피보전채권액의 산정시기와 관련해서는 사해행위 시를 기준으로 할 것인지 변론종결 시를 기준으로 할 것인지 견해가 대립하는데, 판례는 기본적으로 사해행위 시를 기준으로 피보전채권액을 산정하여 사해행위 후에 새로 발생한 채권액은 피보전채권액에 포함시키지 않지만, 사해행위 이후 사해행위취소소송의 변론종결 시까지 채권액에 대하여 발생한 이자나 지연손해금은 사해행위 당시의 원본채권에서 파생된 채권으로 보아 피보전채권액에 포함시킨다(대법원 2002. 4. 12. 선고 2000다63912 판결).

2. 원상회복의 방법

가. 원물반환의 원칙

(1) 의의

사해행위의 취소에 따른 원상회복은 원물반환이 가능한 때에는 원물반환을 청구하여야 하고, 가액배상은 원물반환이 불가능하거나 현저히 곤란한 경우에 예외적으로 허용된다. 다만 채권자가 스스로 위험이나 불이익을 감수하고 원물반환을 청구할 수는 있다(대법원 2001. 2. 9. 선고 2000다57139 판결).

(2) 원물반환의 방법

사해행위에 의해 재산의 급여가 이루어진 때에는 사해행위의 취소와는 별개로 사해행위로 이전된 재산의 반환을 청구할 수 있다.

사해행위의 목적물이 동산 또는 금전일 경우에는 당해 동산 등을 소유 또는 점유하고 있는 수익자 또는 전득자를 상대로 그 인도 또는 지급을 청구하여야 하고(대법원 1999. 8. 24. 선고 99다23468 · 23475 판결[26]), 사해행위의 목적물이 채

---

26) 이런 경우 취소채권자는 직접 자기에게 인도 또는 지급할 것을 청구할 수 있다.

권일 경우에는 수익자가 취득한 채권을 채무자에게 양도하고 그 채권양도의 통지를 그 채권의 채무자에게 할 것을 청구하여야 한다(대법원 1997. 10. 10. 선고 97다8687 판결).

사해행위의 목적물이 부동산 또는 이에 준하는 권리일 경우에는 사해행위로 이루어진 수익자 또는 전득자 명의의 소유권이전등기 등의 말소를 청구하여야 하지만, 예외적으로 채무자 앞으로 소유권을 표상하는 등기가 되어 있었거나 채무자가 법률에 의하여 소유권을 취득하였던 때에는 채권자는 사해행위의 취소로 인한 원상회복 방법으로 수익자 명의 소유권이전등기의 말소를 청구하는 대신에 수익자를 상대로 채무자 앞으로 직접 소유권이전등기절차를 이행할 것을 청구할 수도 있다(대법원 2000. 2. 25. 선고 99다53704 판결). 소유권이전등기청구권을 보전하기 위한 가등기가 사해행위에 의해 이루어진 때에는 매매예약을 취소하고 원상회복으로서 그 가등기를 말소하면 족하고, 가등기 후에 저당권이 말소되었거나 그 피담보채무가 일부 변제되었다는 사정은 원상회복 방법에 영향을 미치지 않는다(대법원 2003. 7. 11. 선고 2003다19435 판결). 사해행위가 이루어진 후에 제3자가 목적물에 관하여 저당권 등의 권리를 취득한 때에는 취소채권자는 원물반환 대신 그 가액 상당의 배상을 청구할 수 있지만, 채권자 스스로 위험이나 불이익을 감수하고 원물반환을 청구할 수도 있다. 이런 경우 채권자가 원물반환을 청구하는 때에는 수익자 명의 등기의 말소를 청구하거나 수익자를 상대로 채무자 앞으로 직접 소유권이전등기절차를 이행할 것을 청구할 수 있다(대법원 2001. 2. 9. 선고 2000다57139 판결).

나. 근저당권이 설정되어 있는 부동산이 근저당권자 외의 자에게 사해행위로 양도된 후에 그 근저당권설정등기가 말소된 경우 사해행위취소의 범위와 원상회복의 방법

(1) 사해행위의 일부취소와 가액배상

근저당권이 설정되어 있는 부동산이 근저당권자 외의 자에게 사해행위로 양도된 후에 그 근저당권설정등기가 말소된 경우에도 사해행위의 전부취소와 원물반환을 허용한다면 당초 일반채권자들의 공동담보로 제공되지 않은 부분까지 회복시키는 결과가 되어 불공평하므로 목적물의 가액 중 일반채권자를 위한 공

동담보로 환원시켜야 하는 금액의 한도에서 사해행위를 취소하고 그 가액의 배
상을 명하여야 한다. 채권자는 그 부동산의 가액에서 근저당권의 피담보채권액
을 공제[27])한 잔액의 한도 내에서 사해행위의 일부취소와 그 가액의 배상을 청
구할 수 있을 뿐이고, 그러한 가액산정은 사실심의 변론종결 시를 기준으로 하
여야 한다(대법원 1999. 9. 7. 선고 98다41490 판결; 대법원 2001. 9. 4. 선고 2000다
66416 판결).

저당권이 설정되어 있는 부동산이 사해행위로 이전된 후에 그 저당권설정등
기가 말소되어 그 부동산의 가액에서 저당권의 피담보채권액을 공제한 잔액의
한도 내에서 사해행위의 일부취소와 그 가액의 배상을 청구하여야 하는 경우
사해행위인 계약 전부의 취소와 부동산 자체의 반환을 구하는 청구취지 속에는
부동산의 가액에서 저당권의 피담보채권액을 공제한 잔액의 한도에서의 일부취
소와 그 가액배상을 구하는 취지도 포함되어 있다고 볼 수 있으므로 이런 경우
에는 청구취지의 변경이 없더라도 법원은 가액반환을 명할 수 있다(대법원 2002.
11. 8. 선고 2002다41589 판결[28])).

---

27) 여러 개의 저당권이 설정되어 있는 부동산에 관하여 사해행위가 이루어진 후에 그중 일부 저
당권설정등기만이 말소된 때에는 사해행위취소에 따른 원상회복은 가액배상의 방법에 의할
수밖에 없고, 이런 경우 배상하여야 하는 가액은 사해행위취소 시인 사실심의 변론종결 시를
기준으로 하여 그 부동산의 가액에서 말소된 저당권의 실제 피담보채권액, 말소되지 않은 저
당권의 실제 피담보채권액을 모두 공제하여 산정하여야 한다(대법원 1998. 2. 13. 선고 97다
6711 판결).
근저당권의 피담보채권액이 사해행위 시를 기준으로 증감한 경우, 피담보채권액이 증가한 때
에는 채권최고액의 범위 내에서 사실심의 변론종결 시까지 증가한 전액을 공제하고, 피담보
채권액이 감소한 때에는 사해행위 당시의 피담보채권액을 공제하면 된다(대법원 2005. 10.
14. 선고 2003다60891 판결).
주택임대차보호법 제3조의2의 우선변제권이나 같은 법 제8조의 최우선변제권이 있는 임차인
의 경우에는 일반채권자보다 우선변제권이 있어 근저당권과 별다른 차이가 없으므로 그 보증
금은 가액배상 시 공제될 금액에 포함되지만(대법원 2007. 7. 26. 선고 2007다29119 판결),
주택임대차보호법상의 대항력만을 갖추었을 뿐 그전에 이미 선순위 근저당권설정등기가 되
어 있어 부동산이 매각되면 소멸할 운명에 놓인 우선변제권이 없는 임차인의 경우에는 일반
채권자보다 우선변제권이 있다고 볼 수 없으므로 그 보증금은 가액배상 시 공제될 금액에 포
함되지 않는다(대법원 2001. 6. 12. 선고 99다51197·51203 판결).
가압류된 부동산을 사해행위로 취득한 수익자 또는 전득자가 그 가압류의 청구채권을 변제하
거나 채권액 상당을 해방공탁하여 가압류를 해제시키거나 그 집행을 취소시킨 경우 법원이
사해행위를 취소하고 원상회복으로서 원물반환 대신 가액배상을 명하는 때에는 그 가압류 청
구채권의 변제액은 공제되지 않는다(대법원 2003. 2. 11. 선고 2002다37474 판결).
28) 저당권이 설정되어 있는 부동산이 사해행위로 이전된 후 그 저당권설정등기가 말소되어 그

(2) 가액배상의 범위

저당권의 말소 등으로 사해행위의 일부취소와 가액배상을 청구하는 경우 그 일부취소 및 가액배상의 범위는 (i) 사해행위 목적물의 공동담보가액, (ii) 취소채권자의 피보전채권액, (iii) 수익자나 전득자가 취득한 이익 중에서 가장 적은 금액을 한도로 한다.

(가) 사해행위 목적물의 공동담보가액

사해행위의 목적물이 가지는 공동담보가액은 사해행위의 목적물 가액에서 피담보채권액을 공제한 금액인데, 이런 경우 배상하여야 하는 가액은 목적물의 가액에서 말소된 저당권의 피담보채권액은 물론 말소되지 않은 다른 저당권이 있는 때에는 그 저당권의 피담보채권액까지 모두 공제하여 산정하여야 한다. 사해행위 목적물의 가액과 피담보채권액은 사실심의 변론종결 시를 기준으로 하여 산정한다(대법원 2001. 12. 27. 선고 2001다33734 판결).[29]

(나) 취소채권자의 피보전채권액

가액배상의 범위를 정하는 기준이 되는 채권자의 피보전채권액은 원칙적으로 채권자취소권의 행사범위와 같다. 가액배상의 경우에는 목적물의 불가분성을 고려할 필요가 없으므로 목적물의 불가분성으로 인한 취소범위의 확장 문제는 발생하지 않고, 취소채권자는 직접 자기에게 가액배상금을 지급할 것을 청구할 수 있다.[30]

부동산의 가액에서 저당권의 피담보채무액을 공제한 잔액의 한도에서 사해행위를 취소하고 그 가액의 배상을 구하는 경우 그 부동산이 사해행위로 이전된 후 피담보채무 전액이 소멸된 이상 특별한 사정이 없는 한 그 피담보채무의 소멸원인이 무엇인지, 소멸의 원인 중에 변제도 포함되어 있다면 변제의 실제 자금의 출연 주체가 누구인지는 따질 필요도 없으며, 사해행위인 계약 전부의 취소와 부동산 자체의 반환을 구하는 청구취지 속에는 위와 같이 일부취소를 하여야 하는 경우 그 일부취소와 가액배상을 구하는 취지도 포함되어 있다고 볼 수 있으므로 법원은 청구취지의 변경이 없더라도 가액반환을 명할 수 있다.

29) 설정된 담보물권이 근저당권인 경우에는 채권최고액이 아니라 변론종결 당시의 실제 피담보채권액을 공제하여야 하지만, 피담보채권액이 밝혀지지 아니한 때에는 채권최고액을 공제할 수밖에 없을 것이다.

30) 취소채권자가 지급받은 가액배상금을 분배하는 방법이나 절차 등에 관한 명문규정이 없어 다른 채권자들이 그 가액배상금에 대하여 배당요구를 할 수도 없으므로 채권자는 자신의 피보전채권액을 초과하여 가액배상을 청구할 수 없다(대법원 2008. 11. 13. 선고 2006다1442 판결). 피보전채권의 일부에 관하여 우선변제권이 확보되어 있는 때에는 그 부분만큼 공제되어야 하고, 이자나 지연손해금이 발생한 때에는 변론종결 시까지의 발생분이 포함된다.

(다) 수익자 또는 전득자가 취득한 이익

수익자 또는 전득자는 자신이 받은 이익의 범위 내에서 반환할 의무를 부담한다. 수익자 등이 소유권을 이전받은 경우에는 수익자 등이 취득한 이익은 사해행위 목적물의 공동담보가액과 일치하지만, 수익자 등이 저당권을 설정받은 경우에는 수익자 등이 취득한 이익은 사해행위 목적물의 공동담보가액과 일치하지 않고 피담보채권액이 된다(대법원 2001. 9. 4. 선고 2000다66416 판결).

다. 가액배상 관련 쟁점

(1) 여러 명의 채권자가 채권자취소의 소를 제기한 경우 가액배상의 범위

여러 명의 채권자가 제기한 채권자취소소송이 하나의 소송절차로 병합되어 진행되든지 별개의 소송절차로 진행되든지 상관없이 수익자가 반환하여야 할 가액의 범위 내에서 각 채권자의 피보전채권액 전액의 반환을 명하여야 하고, 수익자가 반환하여야 할 가액을 각 채권자의 피보전채권액에 비례하여 채권자별로 안분한 범위 내에서 반환을 명할 것은 아니다(대법원 2008. 6. 12. 선고 2008다8690·8706 판결). 이런 경우 이중 지급의 위험은 청구에 관한 이의의 소를 통해 해결하면 된다(대법원 2008. 4. 24. 선고 2007다84352 판결).

(2) 지연손해금의 기산점 및 이율

사해행위취소판결의 확정시에 가액배상의무가 발생하므로 그 판결 확정일 다음 날부터 지연손해금이 발생한다. 가액배상을 청구하는 것은 장래의 이행을 구하는 소에 해당하는데, 장래 이행의 소의 경우에는 「소송촉진 등에 관한 특례법」의 적용이 배제되므로(같은 법 제3조 제1항 단서) 법정이율이 적용된다(대법원 2009. 1. 15. 선고 2007다61618 판결).

(3) 가집행선고의 허용 여부

사해행위의 취소와 가액배상을 명하는 판결을 하는 경우 사해행위취소 부분은 형성판결이고, 가액배상 부분은 취소판결이 확정되지 않은 상태에 있어 아직 가액배상의무가 발생하기 전이므로 각 부분에 대하여 그 성질상 가집행선고를 할 수 없다. 그러나 사해행위취소판결이 확정된 후에 가액배상을 청구하는 소가 제기된 때에는 가액배상판결에서 가집행선고를 할 수 있다.

3. 사안의 경우

甲이 丁에게 근저당권이 설정되어 있는 X 토지를 증여한 후에 甲이 피담보채무를 변제하여 그 근저당권설정등기가 말소되었으므로 甲과 丁 간의 증여계약이 사해행위에 해당하는 경우 甲의 채권자 乙이 사해행위취소권을 행사할 수 있는 범위는 사실심 변론종결 시의 X 토지의 가액에서 근저당권의 피담보채권액을 공제한 잔액의 한도 내이다. 이런 경우 가액배상의 구체적인 범위는 (i) 사해행위 목적물의 공동담보가액, (ii) 취소채권자의 피보전채권액, (iii) 수익자가 취득한 이익 중에서 가장 적은 금액을 한도로 하는데, (i) 사실심 변론종결 시의 X 토지의 시가 4억 원에서 甲과 丁 간의 증여계약 체결 전에 존재하였던 B의 근저당권의 피담보채권액 2억 원을 공제한 2억 원이 사해행위 목적물의 공동담보가액이 되고, (ii) 乙의 甲에 대한 공사대금채권 1억 원과 2021. 12. 1.부터 2022. 5. 31.까지의 지연손해금채권 300만 원과 2022. 6. 1.부터 2023. 11. 30.까지의 지연손해금채권 1,800만 원을 합한 1억 2,100만 원이 취소채권자의 피보전채권액이 되며, (iii) 丁은 甲의 증여에 의해 사실심 변론종결 시의 X 토지의 시가 4억 원에서 근저당권의 피담보채권액 2억 원을 공제한 2억 원을 취득한 것으로 볼 수 있다. 따라서 乙은 甲과 丁 간의 증여계약에 대하여 1억 2,100만 원의 한도에서 사해행위취소권을 행사할 수 있고, 그에 따른 원상회복으로서 乙에게 1억 2,100만 원의 지급을 청구할 수 있을 것이다.

Ⅲ. 근저당권이 설정되어 있는 부동산에 관하여 사해행위가 이루어진 후에 그 근저당권설정등기가 말소된 경우 사해행위인 계약의 전부취소와 원물반환을 구하는 청구취지 속에 계약의 일부취소와 가액배상을 구하는 취지가 포함된 것으로 볼 수 있는지 여부

1. 처분권주의 의의 및 내용

乙은 丁을 상대로 甲과 丁 간의 증여계약의 취소와 丁 명의 소유권이전등기의 말소등기절차의 이행을 구하였는데, 법원의 심리 결과 乙이 甲과 丁 간의 증여계약에 대하여 1억 2,100만 원의 한도에서 취소를 구하고 丁에게 1억 2,100만 원의 가액배상을 청구할 수 있는 것으로 인정되는 경우 법원이 어떠한 판결을 하여야 하는지와 관련해서는 처분권주의와의 관계에서 근저당권이 설정되어 있는 부동산에 관하여 사해행위가 이루어진 후에 그 근저당권설정등기가 말소된 경우 사해행위인 계약의 전부취소와 원물반환을 구하는 청구취지 속에 계약의 일부취소와 가액배상을 구하는 취지도 포함된 것으로 볼 수 있는지를 검토하여야 한다.

가. 처분권주의의 의의

처분권주의란 소송절차의 개시, 심판의 대상과 범위, 소송절차의 종료에 관하여 당사자가 처분권을 가지고 자유로이 결정하는 것을 말하며, 이는 당사자자치의 원칙이 소송법 영역에 반영된 결과 인정되는 것이다.

나. 심판의 대상과 범위

처분권주의가 적용되는 민사소송에서는 원고가 법원의 심판의 대상을 특정하여야 하고, 법원은 당사자가 신청한 사항에 대하여 그 범위 내에서 판단하여야 한다(법 제203조). 심판의 대상과 범위를 원고가 특정한 범위 내로 제한하는 것은 당사자가 예상 밖의 재판을 받는 것을 방지하기 위한 것이므로 원고의 신청사항에서 합리적으로 추단되는 범위가 법원의 심판대상이 된다.

판결내용이 신청사항과 형식적으로 일치하지 않는다고 하여 무조건 처분권주의에 반한다고 볼 것은 아니고, 판결내용이 신청사항에서 합리적으로 추단되는 원고의 의사에 부합하는 것으로 인정되면 처분권주의에 반하지 않는 것으로 볼 수 있다.

다. 원고의 청구에 대한 일부 인용 허용

원고의 소송상 청구에 대하여 법원이 심리해 본 결과 그중 일부만이 이유 있는 것으로 인정되는 경우 법원은 그 일부를 인용하는 판결을 하게 되는데, 일부 인용을 허용하는 이유는 이러한 때에는 일부라도 인용하는 것이 원고의 통상의 의사에 부합하는 것으로 볼 수 있고, 응소한 피고의 이익 보호와 소송제도의 합리적 운영을 위해서 바람직하기 때문이다. 이런 경우에는 원고는 청구취지를 변경할 필요가 없다.

가분적인 청구에 대한 양적인 일부 인용은 별다른 제한 없이 할 수 있다. 그러나 단순이행청구에 대하여 선이행을 명하는 경우와 같이 청구의 내용이 변하는 때에는 변경된 내용이 원고의 청구에 포함되어 있는 것으로 볼 수 있고, 원고의 반대의 의사표시가 없는 경우에 한하여 법원은 원고의 청구에서 합리적으로 추단되는 범위 내에서 인용하고 나머지 청구를 기각할 수 있다.

2. 근저당권이 설정되어 있는 부동산에 관하여 사해행위가 이루어진 후에 그 근저당권설정등기가 말소된 경우 사해행위인 계약의 전부취소와 원물반환을 구하는 청구취지 속에 계약의 일부취소와 가액배상을 구하는 취지가 포함된 것으로 볼 수 있는지 여부

근저당권이 설정되어 있는 부동산이 근저당권자 외의 자에게 사해행위로 양도된 후에 그 근저당권설정등기가 말소된 경우에도 사해행위의 전부취소와 원물반환을 허용한다면 당초 일반채권자들의 공동담보로 제공되지 않은 부분까지 회복시키는 결과가 되어 불공평하므로 채권자는 사실심 변론종결 시의 그 부동산의 가액에서 근저당권의 피담보채권액을 공제한 잔액의 한도에서 사해행위를 취소하고 그 가액의 배상을 청구할 수 있을 뿐이다(대법원 1999. 9. 7. 선고 98다41490 판결; 대법원 2001. 9. 4. 선고 2000다66416 판결). 이런 경우 사해행위의 전부취소와 원물반환을 구하는 채권자의 주장 속에는 사해행위의 일부취소와 가액배상을 구하는 취지도 포함되어 있는 것으로 볼 수 있으므로 채권자가 사해행위의 전부취소와 원물반환을 구하는 때에도 법원은 사해행위의 일부취소와 가액배상을 명할 수 있다.

3. 사안의 경우

甲이 근저당권이 설정되어 있는 X 토지를 丁에게 증여한 행위가 사해행위에 해당하는 경우 그 후에 근저당권설정등기가 말소된 때에는 甲의 채권자 乙이 甲과 丁 간의 증여계약을 취소시키고 원상회복으로서 丁 명의의 소유권이전등기를 말소시키는 것은 일반채권자의 공동담보로 제공되지 않은 부분까지 회복시키는 결과가 되어 불공평하므로 乙은 X 토지의 가액에서 근저당권의 피담보채권액을 공제한 잔액의 한도 내에서 증여계약의 일부취소와 그 가액의 배상을 청구하여야 한다. 그럼에도 乙이 甲과 丁 간의 증여계약의 취소와 丁 명의 소유권이전등기의 말소등기절차의 이행을 구하는 소를 제기하였는데, 이런 경우 사해행위의 전부취소와 원물반환을 구하는 청구취지 속에는 사해행위의 일부취소와 가액배상을 구하는 취지도 포함되어 있는 것으로 보는 판례의 입장에 따르면 법원은 甲과 丁 간의 증여계약을 1억 2,100만 원의 한도에서 취소하고, 丁으로 하여금 乙에게 1억 2,100만 원을 지급할 것을 명함과 아울러 乙의 나머지 청구를 기각하는 판결을 하여야 할 것이다.

Ⅳ. 사례의 정리

甲이 근저당권이 설정되어 있는 X 토지를 丁에게 증여한 행위가 사해행위에 해당하는 경우 그 후에 근저당권설정등기가 말소된 때에는 甲의 채권자 乙은 甲과 丁 간의 증여계약에 대하여 (ⅰ) 사실심 변론종결 당시의 X 토지의 시가 4억 원에서 근저당권의 피담보채권액 2억 원을 공제한 2억 원, (ⅱ) 乙의 甲에 대한 피보전채권액 1억 2,100만 원, (ⅲ) 丁이 취득한 이익인 2억 원 중에서 적은 금액인 1억 2,100만 원의 범위에서 취소를 구하고, 그에 따른 원상회복으로서 丁에게 1억 2,100만 원의 지급을 청구할 수 있을 것이다.

乙은 甲과 丁 간의 증여계약의 취소와 丁 명의 소유권이전등기의 말소등기절차의 이행을 구하는 소를 제기하였지만, 이런 경우에는 법원이 청구취지의 변경 없이도 사실심 변론종결 시의 부동산의 가액에서 근저당권의 피담보채권액을 공제한 잔액의 한도에서 증여계약의 일부취소와 그 가액배상을 명하는 판결을 할 수 있는 것으로 보는 판례의 입장에 따르면 법원은 甲과 丁 간의 증여계약을 1억 2,100만 원의 한도에서 취소하고, 丁으로 하여금 乙에게 1억 2,100만 원을 지급할 것을 명함과 아울러 乙의 나머지 청구를 기각하는 판결을 하여야 할 것이다.

참고사례

〈사례 1〉

甲은 자신이 거주할 주택을 신축하기 위하여 건설업을 하는 乙 주식회사(이하 '乙'이라 한다)와 2020. 10. 10. 공사대금 10억 원, 주택인도일 2021. 9. 30., 공사대금 중 1억 원은 계약 당일, 4억 원은 2021. 3. 31., 나머지 5억 원은 2021. 9. 30. 각 지급하기로 하는 도급계약을 체결하였다. 乙은 주택을 완공하여 2021. 9. 30. 甲에게 인도하면서 甲으로부터 공사대금 5억 원 중 4억 원은 현금으로 지급받았고, 1억 원은 A 발행의 액면금 1억 원, 지급기일 2021. 10. 31.인 약속어음을 배서·교부받았다.

乙은 2022. 1. 20. 丙에 대한 1억 원 상당의 차용금채무의 변제에 갈음하여 甲에 대한 위 1억 원의 공사대금채권을 丙에게 양도하고 같은 달 25. 그러한 사실을 甲에게 통지하였다. 丙은 2022. 3. 10. 甲을 상대로 1억 원 및 2021. 11. 1.부터 다 갚는 날까지의 연 6%의 비율로 계산한 지연손해금의 지급을 구하는 소를 제기하였다. 丙과 甲은 이 소송에서 각각 어떠한 주장을 할 수 있는지 검토하시오.

〈사례 2〉

〈기초적 사실관계〉

甲은 2022. 5. 1. A로부터 X 점포를 매수하고 2022. 5. 3. 이에 관한 소유권이전등기를 하였는데, 그 당시 乙은 A로부터 X 점포를 임대차보증금 1억 원, 임대차기간 2013. 1. 1.부터 2022. 12. 31.까지, 차임 500만 원(매월 1일 지급)으로 정하여 임차한 후 사업자등록을 마치고 음식점을 운영하고 있었다. 甲은 2022. 10. 31. 자신이 X 점포를 사용할 계획이어서 임대차계약을 갱신할 의사가 없음을 乙에게 통지하였다. 乙은 2022. 12. 31.이 지나도록 X 점포를 인도하지 않고 계속 음식점을 운영하면서 2023. 1.부터는 차임을 지급하지 않고 있다.

1. 甲은 2023. 2. 1. 乙을 상대로 채무불이행과 불법행위를 원인으로 하여 2023. 1. 1.부터 乙이 X 점포를 甲에게 인도할 때까지 월 500만 원의 지급을 구하는 소를 병합하여 제기하였다. 乙은 변론기일에 출석하여 자신이 A에게 지급하였던 1억 원의 임대차보증금을 돌려받을 때까지는 甲의 청구에 응할 수 없다고 주장하였고, 2023. 5. 31. 제1심 변론이 종결되었다. 법원의 심리 결과 乙이 A에게 지급하였던 1억 원의 임대차보증금을 돌려받지 못한 것으로 인정되는 경우 법원은 어떠한 판결을 하여야 하는가?

〈추가된 사실관계〉

甲이 乙을 상대로 임대차계약의 종료를 원인으로 X 점포의 인도를 구하는 소를 제기하자 乙은 변론기일에 출석하여 자신이 A에게 1억 원의 임대차보증금을 지급하였으므로 이를 돌려받을 때까지는 X 점포를 甲에게 인도할 수 없다고 주장하였다. 甲이 乙의 임대차보증금 지급사실을 다투자 乙은 1억 원의 임대차보증금반환채권 존재 확인을 구하는 반소를 제기하였다.

2. 법원의 심리 결과 乙이 A에게 임대차보증금 1억 원을 지급한 사실이 인정되는 경우 법원은 甲의 본소와 乙의 반소에 대하여 어떠한 판결을 하여야 하는가?

참고자료

☒ 채권자취소소송의 본안요건

채권자가 민법 제406조[31] 제1항에 근거하여 사해행위취소와 원상회복을 구하는 소를 제기하는 경우 사해행위취소청구와 원상회복청구가 병합된 것으로 볼 수 있다.

1. 사해행위취소청구

가. 사해행위취소권의 성립요건

사해행위취소소송의 심리사항은 ① 채권자의 피보전채권 존재, ② 채무자의 사해행위 존재, ③ 채무자의 사해의사, ④ 수익자 또는 전득자의 악의인데, ①, ②, ③은 청구원인사실에, ④는 항변사실에 해당한다. ①과 ②는 객관적 요건에, ③과 ④는 주관적 요건에 해당한다.

(1) 청구원인

(가) 채권자의 피보전채권 존재

채권자취소권은 채권에 부수된 종된 권리이므로 채권자취소권이 인정되기 위해서는 채권자가 채무자에 대하여 유효한 채권을 가지고 있어야 한다. 채권자취소권의 피보전채권은 원칙적으로 사해행위로서 취소되어야 할 행위가 행해지기 전에 성립되어 있어야 한다(대법원 1995. 2. 10. 선고 94다2534 판결).

채권이 성립되어 있는 이상 그 액수나 범위까지 확정되어 있을 필요는 없다(대법원 2018. 6. 28. 선고 2016다1045 판결). 다만 채권의 액수나 범위는 사해성의

---

31) 민법 제406조(채권자취소권) ① 채무자가 채권자를 해함을 알고 재산권을 목적으로 한 법률행위를 한 때에는 채권자는 그 취소 및 원상회복을 법원에 청구할 수 있다. 그러나 그 행위로 인하여 이익을 받은 자나 전득한 자가 그 행위 또는 전득 당시에 채권자를 해함을 알지 못한 경우에는 그러하지 아니하다.
② 전항의 소는 채권자가 취소원인을 안 날로부터 1년, 법률행위 있은 날로부터 5년내에 제기하여야 한다.

판단, 즉 채무자의 무자력 여부를 판단하는 데 영향을 미칠 수 있다. 피보전채권이 사해행위 전에 성립되어 있는 이상 사해행위 시에 변제기가 도래할 필요는 없다.[32]

채권자취소권은 채무자가 채권자를 해함을 알면서 자기의 일반재산을 감소시키는 행위를 한 경우 그 행위를 취소하여 채무자의 일반재산을 원상회복시킴으로써 모든 채권자를 위하여 채무자의 책임재산을 보전하는 권리이므로 사해행위취소소송에서의 피보전채권은 금전채권이나 종류채권이어야 한다.

채권자취소권은 강제집행을 준비하기 위하여 행사하는 것이므로 강제집행이 가능한 경우에 인정된다. 따라서 강제집행을 할 수 없는 자연채무나 파산절차에서 면책결정이 확정된 채권(대법원 2008. 6. 26. 선고 2008다25978 판결)은 피보전채권이 될 수 없다.[33]

ⅰ. 특정채권을 보전하기 위하여 채권자취소권을 행사할 수 있는지 여부

채권자취소권은 채무자가 채권자를 해함을 알면서 자기의 일반재산을 감소시키는 행위를 한 경우 그 행위를 취소하여 채무자의 일반재산을 원상회복시킴으로써 모든 채권자를 위하여 채무자의 책임재산을 보전하는 권리이므로 특정채권을 보전하기 위해서는 채권자취소권을 행사할 수 없다(대법원 1995. 2. 10. 선고 94다2534 판결). 따라서 점유취득시효가 완성된 후에 소유자가 목적 부동산을 처분하더라도 점유자는 시효취득을 원인으로 한 소유권이전등기청구권을 보전하기 위하여 채권자취소권을 행사할 수 없다(대법원 1992. 11. 24. 선고 92다33855·33862 판결).

특정채권이 사해행위 당시에는 아직 금전채권으로 전환되지 않았지만, 장차 손해배상채권 등의 금전채권으로 전환될 것을 전제로 하여 피보전채권이 될 수 있는지에 관하여 견해가 대립하는데, 판례는 특정물에 관한 소유권이전등기청

---

32) 채권자취소권의 행사 시에 피보전채권의 이행기가 도래하여야 하는지가 문제되는데, 채권자취소권의 행사요건으로서 집행권원을 요구하지 않는 민법하에서는 피보전채권의 이행기가 도래하지 않았더라도 사해행위취소의 소를 제기할 수 있다고 보아야 한다. 다만 변론종결 시까지 이행기가 도래하지 아니한 채권의 경우 피보전채권의 이행기가 변론종결 시로부터 장시간 뒤일 때에는 사해성이 인정되지 않을 수 있다.

33) 채권자취소소송에서 피보전채권의 존재가 인정되어 사해행위취소 및 원상회복을 명하는 판결이 확정된 경우에도 그 확정판결에 기해 재산이나 가액의 회복을 마치기 전에 피보전채권이 소멸하여 채권자가 채무자의 책임재산에 대하여 강제집행을 할 수 없게 된 때에는 채무자는 청구에 관한 이의의 소를 제기할 수 있다(대법원 2017. 10. 26. 선고 2015다224469 판결).

구권을 보전하기 위하여 채권자취소권을 행사하는 것은 허용되지 않으므로 부동산의 제1양수인은 자신의 소유권이전등기청구권을 보전하기 위하여 양도인과 제3자 사이에서 이루어진 이중 양도행위에 대하여 채권자취소권을 행사할 수 없고(대법원 1996. 9. 20. 선고 95다1965 판결), 부동산을 양도받아 소유권이전등기청구권을 가지고 있는 자가 양도인이 그 부동산을 제3자에게 이중으로 양도하고 소유권이전등기를 해 줌으로써 취득하게 되는 부동산 가액 상당의 손해배상채권은 사해행위 후에 취득한 것이므로 피보전채권에 해당하지 않는다(대법원 1999. 4. 27. 선고 98다56690 판결)는 입장이다.

　　ⅱ. 사해행위 당시 아직 발생하지 아니한 채권을 피보전채권으로 할 수 있는
　　　　지 여부

사해행위에 의하여 사해행위 후에 권리를 취득한 채권자를 해친다고 할 수 없으므로 취소채권자의 채권은 사해행위가 이루어지기 전에 발생하였어야 한다(대법원 1995. 2. 10. 선고 94다2534 판결). 따라서 가등기의 원인인 법률행위가 취소채권자의 채권보다 먼저 발생한 때에는 그 가등기는 원칙적으로 채권자취소권의 대상이 될 수 없다(대법원 2002. 4. 12. 선고 2000다43352 판결).

다만 (ⅰ) 채권 성립의 기초가 되는 법률관계가 사해행위 당시에 성립되어 있었고(기초적 법률관계의 존재), (ⅱ) 가까운 장래에 채권이 성립하리라는 고도의 개연성이 인정되며(채권 성립의 고도의 개연성), (ⅲ) 실제로 가까운 장래에 채권이 성립함으로써 그 개연성이 현실화된 때(개연성의 현실화)에는 사해행위 당시에 발생하지 아니한 채권도 피보전채권이 될 수 있다(대법원 2004. 11. 12. 선고 2004다40955 판결). 채권자취소권을 행사하는 채권자는 이러한 사항들을 증명함으로써 피보전채권의 존재를 증명할 수 있다.

　　ⅲ. 피보전채권이 양도된 경우 채권양수인이 채권자취소권을 행사할 수 있는
　　　　지 여부

원칙적으로는 사해행위 당시 이미 발생한 채권이 피보전채권이 될 수 있는데, 채권자의 채권이 사해행위 전에 성립된 이상 그 채권이 양도되더라도 그 양수인은 채권자취소권을 행사할 수 있고, 이런 경우 채권양도의 대항요건을 사해행위 이후에 갖추었더라도 채권양수인이 채권자취소권을 행사하는 데 장애사유가 되지 않는다(대법원 2006. 6. 29. 선고 2004다5822 판결).

iv. 수익자가 피보전채권의 시효소멸을 주장할 수 있는지 여부

소멸시효를 원용할 수 있는 사람은 권리의 소멸에 의하여 직접 이익을 받는 자에 한정되는데, 사해행위취소소송의 상대방이 된 사해행위의 수익자는 사해행위가 취소되면 사해행위에 의하여 얻은 이익을 상실하지만, 사해행위취소권을 행사하는 채권자의 채권이 소멸하면 그러한 이익의 상실을 면하게 되는 지위에 있으므로 피보전채권의 소멸로 직접 이익을 받는 자에 해당하여 피보전채권의 시효소멸을 주장할 수 있다(대법원 2007. 11. 29. 선고 2007다54849 판결).[34]

(나) 채무자의 사해행위 존재

ⅰ. 채무자의 재산권을 목적으로 한 법률행위

채무자와 수익자 간의 법률행위가 사해행위취소의 대상이 되고, 수익자와 전득자 간의 법률행위는 사해행위취소의 대상이 될 수 없다(대법원 2004. 8. 30. 선고 2004다21923 판결).

채무자의 재산처분행위가 사해행위가 되는지, 즉 채무자의 재산처분행위로 인하여 채무자의 총재산 감소가 초래되어 채권의 공동담보에 부족이 생기게 되는지는 재산처분행위 당시를 기준으로 판단하여야 한다(대법원 2001. 4. 27. 선고 2000다69026 판결; 대법원 2002. 11. 8. 선고 2002다41589 판결; 대법원 2009. 6. 23. 선고 2009다549 판결). 따라서 채무자의 총재산이나 채권의 담보로 제공된 담보물의 가액과 관련해서는 가액의 하락이 예상되는 등 특별한 사정이 없는 한 재산처분행위 당시의 시가를 주장·증명하여야 한다. 이런 경우 사해행위에 해당하는 법률행위가 언제 있었는지는 실제로 그러한 법률행위가 이루어진 날을 기준으로 판단하게 되는데, 부동산의 경우 특별한 사정이 없는 한 처분문서에 기초한 것으로 보이는 등기부상 등기원인일자를 중심으로 주장하면 된다(대법원 2002. 11. 8. 선고 2002다41589 판결).

가등기에 기하여 본등기가 이루어진 때에는 가등기의 원인인 법률행위와 본등기의 원인인 법률행위가 명백히 다른 경우가 아닌 한 사해행위 요건의 구비

---

34) 이와는 달리 채권자대위소송에서 제3채무자는 채무자가 채권자에 대하여 가지는 항변으로 대항할 수 없고, 피보전채권의 소멸시효가 완성된 경우 이를 원용할 수 있는 자는 원칙적으로 시효의 이익을 직접 받는 자뿐이므로 채권자대위소송의 제3채무자는 피보전채권의 시효소멸 항변을 원용할 수 없다(대법원 1997. 7. 22. 선고 97다5749 판결; 대법원 1998. 12. 8. 선고 97다31472 판결; 대법원 2004. 2. 12. 선고 2001다10151 판결).

여부는 가등기의 원인인 법률행위 당시를 기준으로 판단하여야 한다(대법원 2001. 7. 27. 선고 2000다73377 판결; 대법원 2002. 4. 12. 선고 2000다43352 판결).

채무자와 수익자 간의 소송에서의 확정판결 등을 통해 이루어진 소유권이전등기가 사해행위취소로 인한 원상회복으로서 말소되는 경우 그것이 확정판결 등의 효력에 반하는 것인지가 문제되는데, 채권자가 사해행위의 취소와 함께 수익자로부터의 책임재산의 회복을 명하는 판결을 받은 때에는 수익자가 채권자에 대하여 사해행위취소로 인한 원상회복의무를 부담하게 될 뿐 채권자와 채무자 간에서 취소로 인한 법률관계가 형성되는 것은 아니므로 채무자와 수익자 간의 소송에서의 확정판결 등을 통해 이루어진 소유권이전등기가 사해행위취소로 인한 원상회복으로서 말소되더라도 그것이 확정판결 등의 효력에 반한다고 할 수 없다(대법원 2017. 4. 7. 선고 2016다204783 판결). 건축 중인 건물 외에 다른 재산이 없는 채무자가 수익자에게 책임재산인 그 건물을 양도하기 위해 수익자 앞으로 건축주 명의를 변경해 주기로 약정한 때에는 그러한 건축주 명의변경의 약정은 채무자의 재산감소 효과를 가져오는 행위로서 다른 일반채권자의 이익을 해하는 사해행위가 될 수 있다(대법원 2017. 4. 27. 선고 2016다279206 판결).35)

부존재 또는 무효인 법률행위는 채권자취소권의 대상이 되지 않지만, 통정허위표시에 의한 법률행위는 채권자취소권의 대상이 될 수 있다(대법원 1998. 2. 27. 선고 97다50985 판결).

상속인이 상속을 포기하면 상속인의 지위 자체가 소멸하므로 상속의 포기는 민법 제406조 제2항에서 정한 '재산권에 관한 법률행위'에 해당하지 아니하여 사해행위취소의 대상이 되지 않지만(대법원 2011. 6. 9. 선고 2011다29307 판결), 상속재산 협의분할의 경우 기여분, 특별수익에 의해 수정된 구체적 상속분에 미달하는 부분은 사해행위취소의 대상이 될 수 있다(대법원 2001. 2. 9. 선고 2000다51797 판결36)).

---

35) 이런 경우 건물에 관한 건축주 명의가 수익자 앞으로 변경된 후 수익자가 건물을 완공하여 사용승인을 받고 소유권보존등기까지 마친 때에는 사해행위취소에 따른 원상회복으로서 건축주 명의 변경절차를 이행할 수 없으므로 가액배상의 방법으로 원상회복의무를 이행하여야 한다.

36) * 상속재산의 분할협의는 상속이 개시되어 공동상속인 사이에 잠정적 공유가 된 상속재산에 대하여 그 전부 또는 일부를 각 상속인의 단독소유로 하거나 새로운 공유관계로 이행시킴으로써 상속재산의 귀속을 확정하는 것으로서 재산권을 목적으로 하는 법률행위이므로 사해행

협의 또는 심판에 의하여 구체화되지 않은 이혼에 따른 재산분할청구권을 포기하는 행위는 채권자취소권의 대상이 되지 않는다(대법원 2013. 10. 11. 선고 2013다7936 판결). 재산분할의 액수와 방법을 정함에 있어서는 당사자 쌍방의 협력으로 이룩한 재산의 액수 기타 사정을 참작하여야 하는 것이 민법 제839조의2 제2항의 규정상 명백하므로 재산분할자가 이미 채무초과의 상태에 있다거나 어떤 재산을 분할한다면 무자력이 되는 경우에도 분할자가 부담하는 채무액 및 그것이 공동재산의 형성에 어느 정도 기여하고 있는지를 포함하여 재산분할의 액수와 방법을 정할 수 있고, 재산분할자가 당해 재산분할에 의하여 무자력이 되어 일반채권자에 대한 공동담보를 감소시키는 결과가 되더라도 그러한 재산분할이 민법 제839조의2 제2항의 규정취지에 반하여 상당하다고 할 수 없을 정도로 과대하고, 재산분할을 구실로 이루어진 재산처분이라고 인정할 만한 특별한 사정이 없는 한 사해행위로서 채권자취소권의 대상이 되지 않으며, 위와 같은 특별한 사정이 있어 사해행위로서 채권자취소권의 대상이 되는 경우에도 취소되는 범위는 그 상당한 부분을 초과하는 부분에 한정된다(대법원 2005. 1. 28. 선고 2004다58963 판결).

소멸시효가 완성된 후에 한 채무자의 시효이익 포기행위는 채권자취소권의 대상인 사해행위가 될 수 있다(대법원 2013. 5. 31.자 2012마712 결정).

ii. 채권자를 해하는 법률행위

(ⅰ) 의의

채권자를 해하는 법률행위란 공동담보의 부족 또는 부족상태의 심화를 초래하는 처분행위를 의미한다. 채무자가 수익자에게 양도한 목적물에 저당권이 설정되어 있는 경우 그 목적물 중에서 일반채권자들의 공동담보에 제공되는 책임재산은 피담보채권액을 공제한 나머지 부분만이고, 그 피담보채권액이 목적물의 가액을 초과하는 때에는 당해 목적물의 양도는 사해행위에 해당하지 않는다.

위취소권 행사의 대상이 될 수 있다. ✽ 채무초과 상태에 있는 채무자가 상속재산의 분할협의를 하면서 상속재산에 관한 권리를 포기함으로써 결과적으로 일반채권자에 대한 공동담보가 감소하더라도 그 재산분할의 결과가 채무자의 구체적 상속분에 상당하는 정도에 미달하는 과소한 것이라고 인정되지 않는 한 사해행위로서 취소되어야 할 것은 아니고, 구체적 상속분에 상당하는 정도에 미달하는 과소한 경우에도 사해행위로서 취소되는 범위는 그 미달하는 부분에 한정하여야 한다.

여러 개의 부동산에 공동저당권이 설정되어 있는 경우 책임재산을 산정하는 때에는 각 부동산이 부담하는 피담보채권액은 특별한 사정이 없는 한 민법 제368조의 입법취지에 비추어 공동저당권의 목적으로 된 각 부동산의 가액에 비례하여 공동저당권의 피담보채권액을 안분한 금액이라고 할 것이다(대법원 2003. 11. 13. 선고 2003다39989 판결). 다만 여러 개의 부동산 중 일부는 채무자의 소유이고 다른 일부는 물상보증인의 소유인 때에는 그 물상보증인이 채무자에 대하여 구상권을 행사할 수 없는 특별한 사정이 없는 한 채무자 소유의 부동산에 관한 피담보채권액을 공동저당권의 피담보채권액 전액으로 보아야 하고(대법원 2008. 4. 10. 선고 2007다78234 판결), 이러한 법리는 하나의 공유부동산 중 일부 지분이 채무자의 소유이고 다른 일부 지분이 물상보증인의 소유인 경우에도 동일하게 적용된다(대법원 2013. 7. 18. 선고 2012다5643 전원합의체 판결).

(ii) 여러 개의 재산처분행위가 이루어진 경우 사해행위 여부 판단방법

채무자의 재산처분행위가 사해행위가 되기 위해서는 그 행위로 말미암아 채무자의 총재산의 감소가 초래됨으로써 채권의 공동담보에 부족이 생겨 채무자의 소극재산[37]이 적극재산보다 많아져야 하는데, 채무자가 연속하여 여러 개의 재산처분행위를 한 경우에는 그 행위들을 하나의 행위로 보아야 할 특별한 사정이 없는 한 각각의 행위마다 그로 인하여 무자력이 초래되었는지에 따라 사해행위 여부를 판단하여야 한다(대법원 2001. 4. 27. 선고 2000다69026 판결).

다만 일련의 행위들을 하나의 행위로 볼 특별한 사정이 있는 때에는 이들을 일괄하여 전체로서 사해행위에 해당하는지를 판단하여야 하는데, 그러한 특별한 사정이 있는지는 행위 상대방의 동일성, 각 재산처분행위의 시간적 근접성, 채무자와 상대방의 관계, 행위의 동기 또는 기회의 동일성 여부 등을 기준으로 정하여야 한다(대법원 2010. 5. 27. 선고 2010다15387 판결).

---

37) 채권자취소권 행사의 요건인 채무자의 무자력 여부를 판단하는 때에는 그 대상이 되는 소극재산은 원칙적으로 사해행위라고 볼 수 있는 행위가 행해지기 전에 발생하였어야 하는데, 사해행위 당시에 이미 채무 성립의 기초가 되는 법률관계가 성립되어 있었고, 가까운 장래에 그 법률관계에 터 잡아 채무가 성립되리라는 점에 대한 고도의 개연성이 있으며, 실제로 가까운 장래에 그 개연성이 현실화되어 채무가 성립된 경우에는 그 채무도 채무자의 소극재산에 포함시켜야 한다(대법원 2000. 9. 26. 선고 2000다30639 판결).

(iii) 연대보증인의 재산처분행위에 대한 사해행위 여부 판단방법

채권자의 채권에 보증인, 연대채무자 등 인적 담보가 설정되어 있는 때에는 채권자에게 반드시 우선변제가 보장되는 것이 아니므로 보증인 등의 자력을 고려하여 채무초과 상태를 증명할 필요가 없으며, 연대보증인의 법률행위가 사해행위에 해당하는지를 판단하는 경우 주채무에 관하여 주채무자 또는 제3자 소유의 부동산에 대하여 채권자 앞으로 근저당권이 설정되어 있는 등 채권자에게 우선변제권이 확보되어 있는 경우38)가 아닌 한 주채무자의 일반적인 자력은 고려 요소가 아니다(대법원 2003. 7. 8. 선고 2003다13246 판결).

(iv) 취소채권자의 채권에 물상담보권 등 우선변제권이 확보되어 있는 경우 채무자의 재산처분행위에 대한 사해행위 여부 판단방법

채권자의 채권에 저당권 등의 담보물권이 설정되어 있는 경우 담보목적물39)의 가치가 피담보채권액을 초과하면 담보채권자에게는 그 채권 전액에 대하여 우선변제권이 인정되므로 채무자가 그 담보목적물 또는 다른 재산을 처분하더라도 그 담보채권자에 대한 관계에서는 사해행위가 되지 않는다(대법원 2000. 12. 8. 선고 2000다21017 판결; 대법원 2002. 11. 8. 선고 2002다41589 판결).40) 이러한 처분행위는 담보목적물의 가치가 피담보채권액을 초과하는 범위 내에서 일반채권자에 대한 관계에서는 사해행위가 될 수 있다(대법원 1996. 5. 14. 선고 95다50875 판결).

그러나 담보목적물의 가치가 피담보채권액에 미달하는 경우 채무자가 그 담보목적물이 아닌 다른 재산을 처분한 때에는 담보채권자에게 담보목적물로부터 우선변제받을 금액을 공제한 나머지 채권액에 대해서만 사해행위가 될 수 있다(대법원 2002. 4. 12. 선고 2000다63912 판결).41) 이런 경우 피보전채권의 존재와

---

38) 주채무자 소유의 부동산에 채권자 앞으로 근저당권이 설정되어 있고 그 부동산의 가액 및 채권최고액이 당해 채무액을 초과하여 채무 전액에 대하여 채권자에게 우선변제권이 확보되어 있으면 연대보증인이 그의 유일한 재산을 처분하더라도 사해행위에 해당하지 않는다(대법원 2000. 12. 8. 선고 2000다21017 판결).

39) 담보목적물이 채무자의 소유이든 제3자의 소유이든 불문한다(대법원 2000. 12. 8. 선고 2000다21017 판결; 대법원 2002. 4. 12. 선고 2000다63912 판결).

40) 이런 경우 채권자가 근저당권을 가진 때에는 채권최고액이 아니라 실제 피담보채권액을 기준으로 판단하여야 하고 담보목적물의 가액뿐 아니라 채권최고액도 해당 채무액을 초과하여야 한다.

41) 이런 경우에는 일반채권자에게도 채권자취소권이 인정된다.

범위는 채권자취소권 행사의 요건에 해당하므로 채권자취소권을 행사하는 채권자는 담보권이 존재함에도 자신이 주장하는 피보전채권이 그 우선변제권의 범위 밖에 있다는 점을 주장·증명하여야 한다(대법원 2002. 11. 8. 선고 2002다41589 판결). 담보목적물의 가치가 피담보채권액에 미달하는 경우 채무자가 그 담보목적물을 처분하더라도 담보채권자에 대한 관계에서도 일반채권자에 대한 관계에서도 사해행위가 되지 않는다(대법원 1997. 9. 9. 선고 97다10864 판결; 대법원 2001. 3. 9. 선고 2000다70484 판결; 대법원 2013. 11. 28. 선고 2012다31963 판결).

iii. 사해성의 판단시기

(i) 사해행위 당시 및 사해행위취소소송의 사실심 변론종결 시에 사해성 요구

사해성의 요건은 채무자의 재산처분행위 당시는 물론 채권자가 채권자취소권을 행사할 당시(사해행위취소소송의 사실심 변론종결 시)에도 갖추고 있어야 한다. 처분행위 당시에는 채권자를 해하는 것이었더라도 그 후에 채무자가 자력을 회복하거나 채무가 감소하는 등의 사유로 채권자취소권을 행사할 당시 채권자를 해하지 않게 된 경우에는 채권자취소권에 의하여 책임재산을 보전할 필요성이 없어지므로 채권자취소권이 소멸하는 것으로 보아야 하는데(대법원 2009. 3. 26. 선고 2007다63102 판결), 이러한 사정변경이 있다는 사실은 채권자취소소송의 상대방이 증명하여야 한다(대법원 2007. 11. 29. 선고 2007다54849 판결).

(ii) 채무자의 법률행위가 예약 또는 가등기에 의하여 이루어진 경우 사해성의 판단 대상

채무자의 재산처분행위가 예약과 예약완결권의 행사에 의해 이루어진 경우 사해행위에 해당하는지는 예약 시를 기준으로 판단하여야 한다(대법원 2016. 7. 14. 선고 2014다233268 판결). 따라서 피보전채권이 발생하기 전에 한 매매예약에 기하여 그 채권이 발생한 후에 예약완결권이 행사된 경우에는 사해행위 당시 피보전채권이 성립하지 않았으므로 그 매매는 취소의 대상이 되지 않는다. 대물변제예약에 기하여 대물변제가 된 경우에도 대물변제예약 시를 기준으로 사해행위에 해당하는지를 판단하여야 한다(대법원 2002. 9. 6. 선고 2002다9257 판결).

가등기에 기하여 본등기가 이루어진 때에는 가등기의 원인인 법률행위와 본등기의 원인인 법률행위가 명백히 다른 경우가 아닌 한 사해행위 요건의 구비 여부는 가등기의 원인인 법률행위 시를 기준으로 판단하여야 한다(대법원 2001.

7. 27. 선고 2000다73377 판결). 따라서 가등기가 이루어질 당시 피보전채권이 성립하지 않은 때에는 그 후에 본등기가 이루어지더라도 사해행위임을 이유로 취소할 수 없다.

(ⅲ) 취소채권자의 피보전채권액 산정시기

피보전채권액의 산정시기와 관련해서는 사해행위 시를 기준으로 할 것인지 사해행위취소소송의 변론종결 시를 기준으로 할 것인지 견해가 대립하는데, 판례는 기본적으로 사해행위 시를 기준으로 피담보채권액을 산정하여 사해행위 후에 새로 발생한 채권액은 피보전채권액에 포함시키지 않지만, 사해행위 이후 사해행위취소소송의 변론종결 시까지 채권액에 대하여 발생한 이자나 지연손해금은 사행행위 당시의 원본채권에서 파생된 채권으로 보아 피보전채권액에 포함시킨다(대법원 2002. 4. 12. 선고 2000다63912 판결).

(ⅳ) 부동산 가액의 평가

채무자의 재산처분행위가 사해행위가 되는지는 그 처분행위 당시를 기준으로 판단하여야 하므로 담보로 제공된 부동산이 사해성 여부가 문제되는 재산처분행위가 있고 난 후에 임의경매 등의 절차에서 환가된 경우 그 재산처분행위의 사해성 여부를 판단하기 위하여 부동산 가액을 평가하는 때에는 부동산 가액의 하락이 예상되는 등 특별한 사정이 없는 한 사후에 환가된 가액을 기준으로 할 것이 아니라 사해성 여부가 문제되는 재산처분행위 당시의 시가를 기준으로 하여야 한다(대법원 2002. 11. 8. 선고 2002다41589 판결).

ⅳ. 사해성이 문제되는 개별적인 경우

(ⅰ) 부동산의 매매 또는 증여

매각의 경우 염가의 매각은 사해행위에 해당하지만 적정 가격에 의한 매각은 재산의 소유형태가 부동산에서 금전으로 바뀔 뿐 총재산의 가액에는 변동이 없으므로 원칙적으로 사해행위가 되지 않는다고 보는 것이 다수의 입장이다.[42]

그러나 채무자가 채권자 중 한 사람과 통모하여 그 채권자만이 우선적으로 채권의 만족을 얻게 할 목적으로 부동산을 매각한 경우에는 그 대금이 상당하

---

42) 이와 관련해서는 부동산을 은닉 또는 소비하기 쉬운 금전으로 바꾸는 것은 실질적으로 재산 감소행위와 다를 바가 없다는 것을 이유로 적정한 가격에 의한 매각도 사해행위가 된다는 견해가 주장되기도 한다.

더라도 사해행위가 성립하고(대법원 1995. 6. 30. 선고 94다14582 판결), 채무초과
가 아닌 상태에서 통모도 없이 유일한 재산인 부동산을 매각하여 소비하기 쉬
운 금전으로 바꾸거나 타인에게 무상으로 이전한 경우에는 사해행위가 성립한
다(대법원 2001. 4. 24. 선고 2000다41875 판결). 따라서 채권자는 이러한 사항을 주
장·증명하여 채무자의 부동산매매 또는 증여행위를 취소의 대상으로 삼을 수
있다.

(ⅱ) 변제

채무자는 채무의 본지에 따라 채무를 이행할 의무를 부담하기 때문에 다른
채권자가 있는 경우에도 그 채무의 이행을 거절하지 못하므로 채무자가 특정
채권자에게 채무의 내용에 따른 변제를 한 이상 그로 인해 다른 채권자의 공동
담보가 감소하더라도 원칙적으로는 사해행위가 되지 않는다(대법원 2001. 4. 10.
선고 2000다66034 판결). 다만 채무자가 일부 채권자와 통모하여 다른 채권자를
해할 의사를 가지고 변제하였거나(대법원 2001. 4. 10. 선고 2000다66034 판결; 대법
원 2003. 6. 24. 선고 2003다1205 판결) 변제기가 도래하지 않은 채권을 변제한 경
우에는 사해행위가 될 수 있다. 따라서 채권자는 이러한 사항을 주장·증명하여
채무자의 변제행위를 취소의 대상으로 삼을 수 있다.

(ⅲ) 대물변제

채무초과 상태[43]에 있는 채무자가 특정 부동산을 일부 채권자에게 대물변제
로 제공한 경우(대법원 1999. 11. 12. 선고 99다29916 판결; 대법원 2010. 9. 30. 선고
2007다2718 판결)와 채무초과 상태에 있는 채무자가 여러 채권자 중 일부에게만
채무이행과 관련하여 그 채무의 본래 목적이 아닌 다른 채권 기타 적극재산을
양도한 경우(대법원 2011. 10. 13. 선고 2011다28045 판결)에는 사해성의 일반적인
판단기준에 비추어 그 행위가 궁극적으로 일반채권자를 해하는 행위로 볼 수
없는 특별한 사정이 없는 한 원칙적으로 다른 채권자들에 대한 관계에서 사해
행위가 될 수 있다. 채권자는 이러한 사항을 주장·증명하여 채무자의 대물변제
행위를 취소의 대상으로 삼을 수 있다.

(ⅳ) 담보의 제공

채무자가 특정 채권자에게 담보를 제공하는 것은 원칙적으로 사해행위가 되

---

43) 대물변제의 경우에는 매각의 경우와는 달리 채무자가 채무초과 상태에 있을 것이 요구된다.

지 않지만, 담보를 제공할 당시 이미 채무초과 상태에 있었다면 특별한 사정[44]이 없는 한 사해행위가 성립한다는 것이 판례의 입장이다(대법원 1997. 9. 9. 선고 97다10864 판결; 대법원 2002. 4. 12. 선고 2000다43352 판결). 이러한 판례의 입장에 따르면 채권자가 채무자의 담보 제공행위를 취소의 대상으로 하기 위해서는 채무자가 특정 채권자에게 담보를 제공할 당시 채무자가 채무초과 상태에 있었던 사실을 주장·증명하여야 한다.

(다) 채무자의 사해의사

ⅰ. 의의

채무자의 사해의사란 채무자가 자신의 재산처분행위로 말미암아 공동담보에 부족이 생기거나 이미 부족상태에 있는 공동담보가 더욱 부족하게 됨으로써 채권자의 채권을 완전하게 만족시킬 수 없게 된다는 사실을 인식하는 것을 의미한다. 이러한 인식은 일반채권자에 대한 관계에서 있으면 되고, 특정 채권자를 해한다는 인식이 있어야 하는 것은 아니다(대법원 2004. 7. 9. 선고 2004다12004 판결).

ⅱ. 판단시기

채무자의 사해의사는 사해행위 당시를 기준으로 판단한다. 다만 사해행위라고 주장되는 행위 이후의 채무자의 변제 노력과 채권자의 태도 등도 행위 당시의 사해의사 유무를 판단하는 데 다른 사정과 함께 간접사실로 작용할 수 있다(대법원 2003. 12. 12. 선고 2001다57884 판결).

ⅲ. 증명책임

채무자의 사해의사는 채권자가 증명하여야 하는데(대법원 1997. 5. 23. 선고 95다51908 판결), 채무자가 유일한 재산인 부동산을 매각하여 소비하기 쉬운 금전으로 바꾸거나 타인에게 무상으로 이전해 준 행위는 특별한 사정이 없는 한 채권자에 대하여 사해행위가 된다고 볼 수 있으므로 채무자의 사해의사가 추정된다(대법원 1998. 4. 14. 선고 97다54420 판결; 대법원 2001. 4. 24. 선고 2000다41875 판

---

44) 채무초과 상태에 있는 채무자가 그 소유의 부동산을 채권자 중 한 사람에게 채권담보로 제공하는 행위는 다른 채권자들에 대한 관계에서 사해행위가 될 수 있지만, 자금난으로 사업을 계속 추진하기 어려운 상황에 처한 채무자가 자금을 융통하여 사업을 계속 추진하는 것이 채무변제력을 갖게 되는 최선의 방법이라고 생각하고 자금을 융통하거나 사업을 계속하기 위하여 채무초과 상태에 있음에도 부득이 부동산을 특정 채권자에게 담보로 제공하였다면 달리 특별한 사정이 없는 한 채무자의 담보권 설정행위는 사해행위에 해당하지 않는다(대법원 2001. 5. 8. 선고 2000다66089 판결; 대법원 2011. 1. 13. 선고 2010다68084 판결).

결). 이러한 추정은 사실상 추정에 해당하므로 증명책임이 상대방에게 전환되지 않고, 이 추정을 깨뜨리기 위한 사실을 증명하는 것은 간접반증에 해당한다.

(2) 항변 이하의 공격방어방법

(가) 수익자 또는 전득자의 선의

수익자 또는 전득자는 자신이 선의라는 사실, 즉 채무자의 행위가 일반채권자를 해한다는 것을 알지 못한 사실을 주장·증명하여 항변할 수 있다(대법원 1997. 5. 23. 선고 95다51908 판결; 대법원 2006. 7. 4. 선고 2004다61280 판결; 대법원 2007. 7. 12. 선고 2007다18218 판결). 수익자 등의 선의에 과실이 있는지는 문제되지 않는다(대법원 2007. 11. 29. 선고 2007다52430 판결).

ⅰ. 수익자 또는 전득자의 악의의 의미

수익자 또는 전득자의 악의란 수익자나 전득자가 채무자의 재산처분행위가 사해행위의 객관적 요건을 충족시킨 것을 인식하는 것을 의미한다. 채무자의 재산처분행위가 사해행위에 해당하는 때에는 수익자나 전득자의 악의는 추정된다(대법원 2006. 4. 14. 선고 2006다5710 판결).

ⅱ. 수익자 또는 전득자의 악의 판단시기 및 판단방법

수익자의 경우는 수익자와 채무자 간의 법률행위 시를 기준으로 채무자의 재산처분행위의 사해성을 인식하였는지를 판단하고, 전득자의 경우는 전득행위 시를 기준으로 채무자의 재산처분행위의 사해성을 인식하였는지를 판단한다(대법원 2006. 7. 13. 선고 2004다61280 판결). 수익자 등이 그 기준 시 후에 비로소 채무자의 재산처분행위의 사해성을 인식한 때에는 채권자취소권이 성립하지 않는다.

전득자의 악의를 판단함에 있어서는 전득자가 전득행위 당시에 채무자와 수익자 간의 법률행위의 사해성을 인식하였는지만이 문제될 뿐이고, 수익자가 채무자와 수익자 간의 법률행위의 사해성을 인식하였는지는 원칙적으로 문제되지 않는다(대법원 2012. 8. 17. 선고 2010다87672 판결).

(나) 채무자의 자력 회복

채무자의 재산처분행위 당시에는 그 행위가 채권자를 해하는 것이었더라도 그 후 채무자가 자력을 회복하거나 채무가 감소하여 사해행위취소소송의 사실심 변론종결 시에는 채권자를 해하지 않게 된 때에는 사해행위취소권이 소멸한다. 이러한 사정변경이 있는지에 관한 증명책임과 관련해서는 ① 채권자가 청구원인으로 사해행위 당시의 채무자의 무자력 상태와 변론종결 시의 채무자의 무자력 상태를 모두 증명하여야 한다는 견해, ② 사해행위취소소송의 상대방(수익자 등)이 항변으로써 채무자의 자력 회복을 증명하여야 한다는 견해가 주장되고 있다. 판례는 처분행위 당시에는 채권자를 해하는 것이었더라도 그 후 채무자가 자력을 회복하여 사해행위취소권을 행사하는 사실심의 변론종결 시에는 채권자를 해하지 않게 된 경우에는 책임재산 보전의 필요성이 없어져 사해행위취소권이 소멸하는 것으로 보아야 하고, 이러한 사정변경이 있다는 사실은 채권자취소소송의 상대방이 증명하여야 한다(대법원 2007. 11. 29. 선고 2007다54849 판결)는 입장이다.

(다) 피보전채권의 시효소멸

수익자 또는 전득자가 피보전채권이 시효로 소멸하였다는 항변을 할 수 있는지와 관련해서는 ① 사해행위의 취소가 채권의 효력이 예외적으로 제3자에게도 미치는 경우일 뿐 아니라 수익자 등이 채권의 존부에 직접적인 이해관계를 가진다는 것을 이유로 수익자 등이 피보전채권의 시효소멸을 항변할 수 있다는 견해, ② 채무자가 그 채무를 이행할 의사가 있는 경우조차 수익자 또는 전득자에 의하여 채권을 소멸시키는 것은 불합리하다는 것을 이유로 수익자 등이 피보전채권의 시효소멸을 항변할 수 없다는 견해가 주장되고 있다. 판례는 사해행위취소소송에서 수익자는 사해행위취소권을 행사하는 채권자의 채권이 소멸하면 사해행위로 얻은 이익의 상실을 면하게 되는 지위에 있으므로 피보전채권의 소멸로 직접 이익을 받는 자에 해당하여 피보전채권의 시효소멸을 주장할 수 있다(대법원 2007. 11. 29. 선고 2007다54849 판결)는 입장이다.

나. 사해행위취소권의 행사범위

(1) 취소채권자의 피보전채권액

사해행위취소권을 행사하는 채권자는 자신의 채권액의 한도에서 사해행위의 취소를 구할 수 있다.

(가) 사해행위의 목적물이 가분인 경우

사해행위의 목적물이 가분일 경우에는 피보전채권액의 범위 내로 취소가 제한된다.

채권자가 수익자 또는 전득자를 상대로 사해행위취소 및 원상회복청구의 소를 제기하여 승소판결을 받아 그 판결이 확정되었더라도 확정판결에 기하여 재산이나 가액의 회복을 마치지 않은 때에는 채권자는 자신의 피보전채권에 기하여 다른 수익자 등에 대하여 별도로 사해행위취소 및 원상회복청구를 할 수 있고, 채권자가 여러 명의 수익자를 상대로 사해행위취소 및 원상회복청구의 소를 제기하여 여러 개의 소송이 계속 중일 경우에는 각 소송에서 채권자의 청구에 따라 사해행위의 취소 및 원상회복을 명하는 판결을 선고하여야 하며, 수익자가 가액배상을 하여야 하는 경우에도 다른 소송의 결과를 참작할 필요 없이 수익자가 반환하여야 하는 가액의 범위 내에서 채권자의 피보전채권 전액의 반환을 명하여야 한다. 이러한 법리는 채무자가 동시에 여러 개의 부동산을 여러 명의 수익자에게 처분한 결과 채무초과 상태가 됨으로써 그러한 각각의 처분행위가 모두 사해행위로 되고, 채권자가 그 수익자들을 공동피고로 하여 사해행위취소 및 원상회복을 구하여 각 수익자가 부담하는 원상회복의무의 대상이 되는 책임재산의 가액을 합산한 금액이 채권자의 피보전채권액을 초과하는 경우에도 동일하게 적용된다(대법원 2008. 11. 13. 선고 2006다1442 판결).

(나) 사해행위의 목적물이 불가분인 경우

사해행위의 목적물이 불가분일 경우에는 채권자는 자신의 채권액을 넘어서 불가분한 목적물 전체에 대하여 취소권을 행사할 수 있고, 부동산에 관한 법률행위가 사해행위에 해당하는 때에는 그 사해행위의 취소와 소유권이전등기의 말소 등 부동산 자체의 회복을 구하는 것이 원칙이다. 채권자는 사해행위의 목적물이 불가분인 사실을 주장·증명함으로써 자신의 채권액을 넘어서 목적물 전체에 대하여 취소권을 행사할 수 있다.

사해행위의 목적물의 불가분성은 반드시 물리적·법률적 불가분성을 의미하는 것이 아니라 사회경제적 단일성과 거래의 실정을 고려하여 결정되는 것이므로 소유자가 같은 대지와 그 지상 건물은 사해행위취소소송에서 불가분의 관계에 있다고 보아야 한다(대법원 1975. 2. 25. 선고 74다2114 판결[45]).

---

45) 소유자가 같은 토지와 건물의 처분행위를 채권자취소권에 의하여 취소하는 경우 대지의 가격이 채권자의 채권액보다 다액이더라도 대지와 건물 중 일방만을 취소하게 되면 건물의 소유

취소채권자가 다른 채권자들과 함께 채권자단을 구성하고 있는 경우와 같이 다른 채권자가 배당요구를 할 것이 명백한 때에는 채권자는 채권액을 초과하여 취소할 수 있고(대법원 1997. 9. 9. 선고 97다10864 판결), 취소채권자의 채권액 중 일부에 대하여 우선변제권이 확보되어 있는 경우에는 우선변제권의 범위 밖에 있는 채권액만이 취소권 행사의 범위를 정하는 기준이 된다(대법원 2002. 11. 8. 선고 2002다41589 판결). 취소채권자는 다른 채권자가 배당요구를 할 것이 명백한 사실을 주장·증명함으로써 다른 채권자의 채권액까지 포함하여 취소권을 행사할 수 있다.[46]

(2) 피보전채권액의 산정시기

피보전채권액의 산정시기와 관련해서는 사해행위 시를 기준으로 할 것인지 사해행위취소소송의 변론종결 시를 기준으로 할 것인지 견해가 대립하는데, 판례는 기본적으로 사해행위 시를 기준으로 피보전채권액을 산정하여 사해행위 후에 새로 발생한 채권액은 피보전채권액에 포함시키지 않지만, 사해행위 이후 사해행위취소소송의 변론종결 시까지 채권액에 대하여 발생한 이자나 지연손해금은 사행행위 당시의 원본채권에서 파생된 채권으로 보아 피보전채권액에 포함시킨다(대법원 2002. 4. 12. 선고 2000다63912 판결).

2. 원상회복청구

가. 원상회복의 방법

(1) 원물반환의 원칙

(가) 의의

사해행위의 취소에 따른 원상회복은 원칙적으로 그 목적물 자체의 반환에 의하여야 한다. 사해행위를 취소하고 원물반환이 가능한 때에는 원물반환을 청구하여야 하고, 가액배상은 원물반환이 불가능하거나 현저히 곤란한 경우에 예

자와 대지의 소유자가 다르게 되어 가격과 효용을 현저히 감소시킬 것이므로 전부를 취소함이 정당하다.

46) 이와 관련해서는 다른 채권자가 있는 경우에는 그가 배당요구를 하리라는 사실이 추인되므로 취소채권자는 다른 채권자가 존재한다는 사실과 그 채권의 합계액을 주장·증명하면 족하고, 다른 채권자가 배당요구를 하지 않을 것이라는 특별한 사정은 피고 측에서 주장·증명하여야 한다는 견해가 주장되기도 한다.

외적으로 허용된다. 다만 채권자가 스스로 위험이나 불이익을 감수하고 원물반환을 청구할 수는 있다(대법원 2001. 2. 9. 선고 2000다57139 판결).

사해행위의 내용이 채무면제와 같이 재산의 급여가 수반되지 않은 단독행위일 경우에는 사해행위의 취소를 구함으로써 충분하고 별도로 재산반환을 청구할 여지가 없다.

(나) 원물반환의 방법

사해행위에 의해 재산의 급여가 이루어진 때에는 사해행위의 취소와는 별개로 사해행위로 이전된 재산의 반환을 청구할 수 있다.

사해행위의 목적물이 동산 또는 금전일 경우에는 당해 동산 등을 소유 또는 점유하고 있는 수익자 또는 전득자를 상대로 그 인도 또는 지급을 청구하여야 하고(대법원 1999. 8. 24. 선고 99다23468·23475 판결),[47] 사해행위의 목적물이 채권일 경우에는 수익자가 취득한 채권을 채무자에게 양도하고 그 채권양도의 통지를 그 채권의 채무자에게 할 것을 청구하여야 한다(대법원 1997. 10. 10. 선고 97다8687 판결).

사해행위의 목적물이 부동산 또는 이에 준하는 권리일 경우에는 사해행위로 이루어진 수익자 또는 전득자 명의의 소유권이전등기 등의 말소를 청구하여야 하지만,[48] 예외적으로 채무자 앞으로 소유권을 표상하는 등기가 되어 있었거나 채무자가 법률에 의하여 소유권을 취득하였던 때에는 채권자는 사해행위의 취소로 인한 원상회복 방법으로 수익자 명의 소유권이전등기의 말소를 청구하는 대신 수익자를 상대로 채무자 앞으로 직접 소유권이전등기절차를 이행할 것을 청구할 수도 있다(대법원 2000. 2. 25. 선고 99다53704 판결).

소유권이전등기청구권을 보전하기 위한 가등기가 사해행위에 의해 이루어진 때에는 매매예약을 취소하고 원상회복으로서 그 가등기를 말소하면 족하고, 가등기 후에 저당권이 말소되었거나 그 피담보채무가 일부 변제되었다는 사정은 원상회복 방법에 영향을 미치지 않는다(대법원 2001. 6. 12. 선고 99다20612 판결;

---

47) 이런 경우 취소채권자는 직접 자기에게 인도 또는 지급할 것을 청구할 수 있다.
48) 1. 피고와 소외 A 사이에 별지 목록 기재 부동산에 관하여 ××××. ××. ××. 체결된 매매계약을 취소한다.
2. 피고는 소외 A에게 별지 목록 기재 부동산에 관하여 △△지방법원 ▽▽등기소 ⊗⊗⊗. ⊗⊗. ⊗⊗. 접수 제◇◇호로 마친 소유권이전등기의 말소등기절차를 이행하라.

대법원 2003. 7. 11. 선고 2003다19435 판결).[49]

사해행위가 이루어진 후에 제3자가 목적물에 관하여 저당권 등의 권리를 취득한 때에는 취소채권자는 원물반환 대신 그 가액 상당의 배상을 청구할 수 있지만, 채권자 스스로 위험이나 불이익을 감수하고 원물반환을 청구할 수도 있다. 이런 경우 채권자가 원물반환을 청구하는 때에는 수익자 명의 등기의 말소를 구하거나 수익자를 상대로 채무자 앞으로 직접 소유권이전등기절차를 이행할 것을 구할 수 있다(대법원 2001. 2. 9. 선고 2000다57139 판결).

(2) 예외적으로 가액배상이 허용되는 경우

(가) 원물반환이 불가능하거나 현저히 곤란한 경우

원물반환이 사실상 또는 법률상 불가능하거나 공평의 관점에서 원상회복이 불가능한 때에는 원물반환을 할 수 없고 예외적으로 가액배상이 허용된다.[50] 채권자가 원물반환을 청구하는 때에는 사해행위취소청구의 청구원인사실 외에 원상회복 방법에 관한 사실을 별도로 주장·증명할 필요가 없지만, 가액배상을 청구하는 때에는 가액배상이 허용되는 사정에 관한 사실을 주장·증명하여야 한다. 따라서 저당권이 설정되어 있는 부동산이 사해행위로 양도된 후에 그 저당권이 소멸한 경우는 공평의 관점에서 가액배상만을 할 수 있는데(대법원 2001. 12. 27. 선고 2001다33734 판결), 이런 경우 원고인 채권자는 "① 해당 부동산에 저당권이 설정되어 있었던 사실, ② 저당권이 설정된 상태에서 사해행위로 부동산에 관한 권리가 이전된 사실, ③ 그 후에 저당권설정등기가 말소된 사실"을 주장·증명하여야 한다.

---

49) 1. 피고와 소외 A 사이에 별지 목록 기재 부동산에 관하여 ××××. ××. ××. 체결된 매매예약을 취소한다.

  2. 피고는 소외 A에게 별지 목록 기재 부동산에 관하여 △△지방법원 ▽▽등기소 ⊗⊗⊗⊗. ⊗⊗. ⊗⊗. 접수 제◇◇호로 마친 소유권이전청구권가등기의 말소등기절차를 이행하라.

50) 가액배상이 예외적으로 허용되는 사유에 대한 판단기준에 관해서는 견해의 대립이 있는데, (ⅰ) 목적물이 멸실되거나 일반재산에 혼입되어 특수성을 상실하는 경우와 같이 사실상 불가능한 경우, (ⅱ) 수익자가 선의의 전득자에게 목적물을 양도한 경우와 같이 법률상 불가능한 경우, (ⅲ) 저당권의 소멸로 인하여 공평의 관점에서 원상회복이 불가능한 경우 등으로 구분하는 것이 일반적이다.

(나) 저당권이 설정되어 있는 부동산이 저당권자 외의 자에게 사해행위로 양도
된 후에 그 저당권설정등기가 말소[51]된 경우[52]

ⅰ. 사해행위의 일부취소와 가액배상

저당권이 설정되어 있는 부동산이 저당권자 외의 자에게 사해행위로 양도된
후에 그 저당권설정등기가 말소된 경우에도 사해행위의 전부취소와 원물반환을
허용한다면 당초 일반채권자들의 공동담보로 제공되지 않은 부분까지 회복시키
는 결과가 되어 불공평하므로 목적물의 가액 중 일반채권자를 위한 공동담보로
환원시켜야 하는 금액의 한도에서 사해행위를 취소하고 그 가액의 배상을 명하
여야 한다(대법원 2001. 12. 27. 선고 2001다33734 판결; 대법원 2002. 11. 8. 선고
2002다41589 판결).[53] 채권자는 그 부동산의 가액에서 근저당권의 피담보채권액
을 공제한 잔액의 한도 내에서 사해행위의 일부취소와 그 가액의 배상을 청구
할 수 있을 뿐이고, 그러한 가액산정은 사실심의 변론종결 시를 기준으로 하여
야 한다(대법원 2001. 9. 4. 선고 2000다66416 판결).

저당권이 설정되어 있는 부동산이 사해행위로 이전된 후에 그 저당권설정등
기가 말소되어 그 부동산의 가액에서 저당권의 피담보채권액을 공제한 잔액의
한도 내에서 사해행위의 일부취소와 그 가액의 배상을 청구하여야 하는 경우
사해행위인 계약 전부의 취소와 부동산 자체의 반환을 구하는 청구취지 속에는
부동산의 가액에서 저당권의 피담보채권액을 공제한 잔액의 한도에서의 일부취
소와 그 가액배상을 구하는 취지도 포함되어 있다고 볼 수 있으므로 이런 경우
에는 청구취지의 변경이 없더라도 법원은 가액반환을 명할 수 있다(대법원 2002.
11. 8. 선고 2002다41589 판결).[54]

---

51) 저당권의 피담보채권이 소멸한 때에는 저당권설정등기의 현실적인 말소 여부는 문제삼지 않
는다.

52) 저당권이 설정된 부동산이 사해행위로 양도된 경우에도 저당권이 존속하는 때에는 저당권이
붙어 있는 채로 부동산 자체를 반환하는 방법으로 원상회복이 이루어진다.

53) 이런 경우와는 달리 사해행위 후에 사해행위의 목적물에 관하여 선의의 제3자가 저당권을
취득하였음을 이유로 가액배상을 명하는 때에는 사해행위 당시 일반채권자들의 공동담보로
되어 있던 부동산의 가액 전부의 배상을 명하여야 하고, 그 부동산의 가액에서 제3자가 취득
한 저당권의 피담보채권액을 공제할 것은 아니다(대법원 2003. 12. 12. 선고 2003다40286
판결).

54) 1. 피고와 소외 A 사이에 별지 목록 기재 부동산에 관하여 ××××. ××. ××. 체결된 매
매계약을 ○○○원(사해행위 목적물의 공동담보가액, 취소채권자의 피보전채권액, 수익자
또는 전득자가 취득한 이익 중에서 가장 적은 금액)의 한도 내에서 취소한다.

ii. 공제대상[55]

여러 개의 저당권이 설정되어 있는 부동산에 관하여 사해행위가 이루어진 후에 그중 일부 저당권설정등기만이 말소된 때에는 사해행위의 취소에 따른 원상회복은 가액배상의 방법에 의할 수밖에 없고, 이런 경우 배상하여야 할 가액은 사해행위의 취소 시인 사실심의 변론종결 시를 기준으로 하여 그 부동산의 가액에서 말소된 저당권의 실제 피담보채권액과 말소되지 않은 저당권의 실제 피담보채권액을 모두 공제하여 산정하여야 한다(대법원 1998. 2. 13. 선고 97다6711 판결).

근저당권의 피담보채권액이 사해행위 시를 기준으로 증감한 경우, 피담보채권액이 증가한 때에는 채권최고액의 범위 내에서 사실심의 변론종결 시까지 증가한 전액을 공제하고, 피담보채권액이 감소한 때에는 사해행위 당시의 피담보채권액을 공제하면 된다(대법원 2005. 10. 14. 선고 2003다60891 판결).

나. 가액배상의 범위

저당권의 말소 등으로 사해행위의 일부취소와 가액배상을 청구하는 경우 그 일부취소 및 가액배상의 범위는 (i) 사해행위 목적물의 공동담보가액, (ii) 취소채권자의 피보전채권액, (iii) 수익자나 전득자가 취득한 이익 중에서 가장 적은 금액을 한도로 한다. 사해행위취소와 원상회복을 병합하여 청구하는 경우 실무상으로는 사해행위의 취소범위에 앞서 원상회복의 방법을 검토한 다음 사해

---

2. 피고는 원고에게 ○○○원 및 이에 대한 이 판결 확정일 다음 날부터 다 갚는 날까지 연 5%의 비율로 계산한 돈(원고가 지연손해금의 지급을 청구한 경우)을 지급하라.
3. 원고의 나머지 청구를 기각한다.
55) 주택임대차보호법 제3조의2의 우선변제권이나 같은 법 제8조의 최우선변제권이 있는 임차인의 경우에는 일반채권자보다 우선변제권이 있어 근저당권과 별다른 차이가 없으므로 그 보증금은 가액배상 시 공제될 금액에 포함되지만(대법원 2007. 7. 26. 선고 2007다29119 판결), 주택임대차보호법상의 대항력만을 갖추었을 뿐 그전에 이미 선순위 근저당권설정등기가 되어 있어 부동산이 매각되면 소멸할 운명에 놓인 우선변제권이 없는 임차인의 경우에는 일반채권자보다 우선변제권이 있다고 볼 수 없으므로 그 보증금은 가액배상 시 공제될 금액에 포함되지 않는다(대법원 2001. 6. 12. 선고 99다51197 · 51203 판결).
가압류된 부동산을 사해행위로 취득한 수익자 또는 전득자가 그 가압류의 청구채권을 변제하거나 채권액 상당을 해방공탁하여 가압류를 해제시키거나 그 집행을 취소시킨 경우 법원이 사해행위를 취소하고 원상회복으로서 원물반환 대신 가액배상을 명하는 때에는 그 가압류 청구채권의 변제액은 공제되지 않는다(대법원 2003. 2. 11. 선고 2002다37474 판결).

행위취소의 범위와 가액배상의 범위를 동일한 기준으로 판단함으로써 사해행위 취소의 범위와 가액배상의 범위를 일치시키고 있다.

(1) 사해행위 목적물의 공동담보가액

사해행위의 목적물이 가지는 공동담보가액은 사해행위의 목적물 가액에서 피담보채권액을 공제한 금액인데, 이런 경우 배상하여야 하는 가액은 목적물의 가액에서 말소된 저당권의 피담보채권액은 물론 말소되지 않은 다른 저당권이 있는 때에는 그 저당권의 피담보채권액까지 모두 공제하여 산정하여야 한다. 사해행위 목적물의 가액과 피담보채권액은 사실심의 변론종결 시를 기준으로 하여 산정한다(대법원 2001. 12. 27. 선고 2001다33734 판결). 설정된 담보물권이 근저당권인 경우에는 채권최고액이 아니라 변론종결 당시의 실제 피담보채권액을 공제하여야 하지만, 피담보채권액이 밝혀지지 아니한 때에는 채권최고액을 공제할 수밖에 없을 것이다.

(2) 취소채권자의 피보전채권액

가액배상의 범위를 정하는 기준이 되는 채권자의 피보전채권액은 원칙적으로 채권자취소권의 행사범위와 동일하다. 가액배상의 경우에는 목적물의 불가분성을 고려할 필요가 없으므로 목적물의 불가분성으로 인한 취소범위의 확장 문제는 발생하지 않고, 취소채권자는 직접 자기에게 가액배상금을 지급할 것을 청구할 수 있다. 다만 취소채권자가 지급받은 가액배상금을 분배하는 방법이나 절차 등에 관한 명문규정이 없어 다른 채권자들이 그 가액배상금에 대하여 배당요구를 할 수도 없으므로 채권자는 자신의 피보전채권액[56]을 초과하여 가액배상을 청구할 수 없다(대법원 2008. 11. 13. 선고 2006다1442 판결).

(3) 수익자 또는 전득자가 취득한 이익

수익자 또는 전득자는 자신이 받은 이익의 범위 내에서 반환할 의무를 부담한다. 수익자 등이 소유권을 이전받은 경우에는 수익자 등이 취득한 이익은 사해행위 목적물의 공동담보가액과 일치하지만, 수익자 등이 저당권을 설정받은 경우에는 수익자 등이 취득한 이익은 사해행위 목적물의 공동담보가액과 일치하지 않고 피담보채권액이 된다(대법원 2001. 9. 4. 선고 2000다66416 판결).

---

[56] 피보전채권의 일부에 관하여 우선변제권이 확보되어 있는 때에는 그 부분만큼 공제되어야 하고, 이자나 지연손해금이 발생한 때에는 변론종결 시까지의 발생분이 포함된다.

사해행위인 매매예약에 기하여 수익자 앞으로 가등기를 한 후에 전득자 앞으로 가등기 이전의 부기등기를 하고 그 가등기에 기한 본등기까지 한 경우 그 부기등기는 사해행위인 매매예약에 기한 수익자의 권리의 이전을 나타내는 것으로서 부기등기에 의하여 수익자로서 지위가 소멸하지 않으므로 채권자는 수익자를 상대로 매매예약의 취소를 구할 수 있다. 또한 부기등기가 이루어진 결과 가등기 및 본등기에 대한 말소등기소송에서 수익자의 피고적격이 부정되는 등의 사유로 수익자의 원물반환의무인 가등기말소의무의 이행이 불능으로 되더라도 달리 볼 것은 아니며, 특별한 사정이 없는 한 수익자는 가등기 및 본등기로 인해 생긴 채권자들의 공동담보 부족에 관하여 원상회복의무로서 가액을 배상할 의무를 부담한다(대법원 2015. 5. 21. 선고 2012다952 전원합의체 판결).

다. 가액배상 관련 쟁점

(1) 여러 명의 채권자가 채권자취소의 소를 제기한 경우 가액배상의 범위

여러 명의 채권자가 제기한 채권자취소소송이 하나의 소송절차로 병합되어 진행되든지 별개의 소송절차로 진행되든지 상관없이 수익자가 반환하여야 할 가액의 범위 내에서 각 채권자의 피보전채권액 전액의 반환을 명하여야 하고, 수익자가 반환하여야 할 가액을 각 채권자의 피보전채권액에 비례하여 채권자별로 안분한 범위 내에서 반환을 명할 것은 아니다(대법원 2008. 6. 12. 선고 2008다8690·8706 판결). 이런 경우 이중 지급의 위험은 청구에 관한 이의의 소를 통해 해결하면 된다(대법원 2008. 4. 24. 선고 2007다84352 판결).

(2) 지연손해금의 기산점 및 이율

사해행위취소판결의 확정시에 가액배상의무가 발생하므로 그 판결 확정일 다음 날부터 지연손해금이 발생한다. 가액배상을 청구하는 것은 장래의 이행을 구하는 소에 해당하는데, 장래 이행의 소의 경우에는 「소송촉진 등에 관한 특례법」의 적용이 배제되므로(같은 법 제3조 제1항 단서) 법정이율이 적용된다(대법원 2009. 1. 15. 선고 2007다61618 판결).

(3) 가집행선고의 허용 여부

사해행위의 취소와 가액배상을 명하는 판결을 하는 경우 사해행위취소 부분은 형성판결이고, 가액배상 부분은 취소판결이 확정되지 않은 상태에 있어 아직 가액배상의무가 발생하기 전이므로 각 부분에 대하여 그 성질상 가집행선고를 할 수 없다. 그러나 사해행위취소판결이 확정된 후에 가액배상을 청구하는 소가 제기된 때에는 가액배상판결에 가집행선고를 할 수 있다.

― 변론 사례 ―

〈제 1 문〉

〈사실관계〉

서울 중구에 본점을 둔 甲 은행(이하 '甲'이라 한다)은 2022. 10. 10. 그 본점에서 서울 동대문구에 거주하는 乙에게 1억 원을 변제기 2023. 10. 10.로 정하여 대출해 주었는데, 같은 날 서울 마포구에 거주하는 乙의 친구 丙은 乙의 甲에 대한 위 채무를 연대보증하는 계약을 甲의 마포지점(서울 마포구 소재)에서 체결하였다. 甲은 2024. 1. 5. 乙과 丙이 채무를 이행하지 않는다고 주장하며 乙과 丙을 공동피고로 하여 1억 원의 지급을 구하는 소를 서울중앙지방법원에 제기하였다. 丙에 대한 소장부본은 丙의 주소지로 송달되었고, 乙에 대한 소장부본은 우편집배원이 乙의 주소지에서 송달을 시도해 보았지만, 그곳에서 乙과 그의 가족 등을 만나지 못하였다는 이유로 법원에 반송되었다. 법원사무관은 甲의 업무담당자에게 乙의 근무장소에 관한 자료의 제출을 촉구한 결과 근무장소가 불명인 것으로 밝혀져 소장부본을 乙의 주소지로 등기우편으로 발송하였고, 乙에 대한 변론기일통지서도 같은 사유로 등기우편으로 발송하였다. 乙과 丙은 제1차 변론기일에 모두 출석하지 아니하였다. 丙은 甲의 업무담당자의 기망에 의해 甲과 연대보증계약을 체결하였으므로 이를 이유로 연대보증계약을 취소한다는 내용, 乙의 대출금채무 중 5,000만 원이 변제되었다는 내용, 甲의 丙에 대한 청구에 대하여는 서울중앙지방법원이 아니라 서울서부지방법원이 관할권을 가지므로 甲의 丙에 대한 소송을 서울서부지방법원으로 이송해 줄 것을 신청한다는 내용을 기재한 답변서를 제1차 변론기일이 열리기 전에 법원에 제출하였다. 제1차 변론을 진행한 법원은 사건을 어떻게 처리하여야 하는가?

〈제 2 문〉

〈사실관계〉

전자제품을 제조·판매하는 甲 주식회사(이하 '甲'이라 한다)는 A 물산을 경영하는 乙에게 전자제품을 공급하여 오다가 甲과 乙은 2021. 1. 10. 물품대금을 3억 원으로 확정하고 乙이 위 3억 원을 2021. 2. 10.까지 甲에게 지급하기로 합의하였으며, 같은 날 乙은 위 물품대금채무를 담보하기 위하여 乙 명의의 X 토지에 채무자 乙, 근저당권자 甲, 채권최고액 3억 5,000만 원인 근저당권을 설정하고, 2021. 1. 15. 이에 관한 근저당권설정등기를 하였다. 乙은 2023. 11. 30. 甲을 상대로 위 근저당권설정등기의 말소등기절차의 이행을 구하는 소를 제기하기 위하여 변호사 B를 방문하여 상담한 결과 B와 제1심에 한하여 소송위임계약을 체결하고 소송대리권을 수여하여 B에게 소장을 작성·제출하도록 하였다. 乙이 2023. 12. 10. 교통사고로 갑자기 사망하였는데, B는 이러한 사실을 모르고 2023. 12. 15. 乙을 원고로 하여 위 근저당권설정등기의 말소등기절차의 이행을 구하는 소를 제기하여 소송을 수행한 결과 乙의 청구를 기각하는 판결이 선고되었으며, 그 판결정본이 B에게 송달되었다. 이러한 사실을 알게 된 乙의 상속인 丁과 戊는 변호사 C를 소송대리인으로 선임하여 乙 명의로 항소를 제기하였고, C가 항소심의 소송을 수행하고 있다. 항소심의 소송절차를 유지하고자 하는 경우 丁과 戊는 소송상 어떠한 조치를 취하여야 하는가?

〈제 3 문〉

〈사실관계〉

甲은 2023. 7. 5. 乙을 상대로 X 토지에 관한 매매를 원인으로 한 소유권이전등기절차의 이행을 구하는 소를 서울중앙지방법원에 제기하였다. 甲은 乙의 주소를 알고 있음에도 모른다고 하여 재판장의 명령에 의해 공시송달의 방법으로 소장부본 기타 소송서류의 송달이 이루어졌다. 제1심법원은 甲의 청구를 인용하는 판결을 선고하였고, 2023. 11. 30. 법원 홈페이지 법원게시판에 제1심 판결정본의 송달사실이 게시되었다. 乙은 X 토지에 관한 등기부를 열람하였다

가 甲 명의로 소유권이전등기가 마쳐진 사실을 알고는 2024. 1. 5. 甲을 찾아가
소가 제기된 사실을 알게 되었고, 2024. 1. 8. 법원에 가서 소송기록을 열람해
본 결과 공시송달의 방법으로 소송서류가 송달된 사실을 알게 되었다.

1. 乙은 2024. 1. 19. 서울중앙지방법원에 위와 같은 사유를 기재한 항소장을
제출하였다. 乙의 항소는 적법한가?

2. 乙은 X 토지에 관한 소유권을 되찾을 방법을 모색하다가 2024. 2. 5. 위
판결에 민사소송법 제451조 제1항 제11호 전단에 해당하는 재심사유가 존재한
다고 주장하며 서울중앙지방법원에 재심의 소를 제기하였다. 법원의 심리 결과
甲과 乙 간에 X 토지에 관한 매매계약이 체결된 사실이 없는 것으로 밝혀진 경
우 법원은 사건을 어떻게 처리하여야 하는가?

― 변론 사례 풀이 ―

〈제 1 문〉

I. 쟁점

甲이 乙과 丙을 공동피고로 하여 소를 제기한 것과 관련하여 공동소송의 형태와 이에 따른 법원의 심판방법을 검토하여야 하는데, 특히 丙이 제출한 답변서가 진술간주되는 경우 丙이 답변서에서 乙의 대출금채무의 일부 변제를 주장한 것이 乙에 대하여도 효력이 미치는지를 검토하여야 하고, 乙에 대하여 소장부본과 변론기일통지서가 우편송달의 방법으로 송달된 것과 관련하여 우편송달이 적법한지를 검토하여야 하며, 乙과 丙이 변론기일에 불출석한 것과 관련하여 乙에 대한 관계에서는 자백간주(법 제150조 제3항·제1항)가 성립하는지를, 丙에 대한 관계에서는 진술간주(법 제148조 제1항)가 성립하는지를 검토하여야 하고, 丙의 관할위반을 이유로 한 이송신청에 대하여 법원이 재판하여야 하는지와 관련하여 당사자에게 관할위반을 이유로 한 이송신청권이 인정되는지를 검토하여야 하며, 서울중앙지방법원이 甲의 丙에 대한 청구에 관하여 관할권을 가지는지와 관련하여 관련재판적이 인정되는지를 검토하여야 한다.

II. 甲의 乙과 丙에 대한 공동소송의 형태 및 심판방법

1. 공동소송의 요건

甲이 乙과 丙을 공동피고로 하여 소를 제기하였으므로 공동소송의 요건(법 제65조, 제253조)을 구비하였는지를 검토하여야 한다.

가. 공동소송의 주관적 요건

(1) 주관적 요건

여러 사람이 공동소송인으로서 당사자가 되기 위해서는 소송목적이 되는 권리나 의무가 여러 사람에게 공통되거나 사실상 또는 법률상 같은 원인으로 말미암아 생긴 경우에 해당하거나(법 제65조 전문) 소송목적이 되는 권리나 의무가 같은 종류의 것이고 사실상 또는 법률상 같은 종류의 원인으로 말미암은 것인 경우에 해당하여야 한다(법 제65조 후문).

주관적 요건은 소송의 목적이 된 청구와 아무런 관련이 없는 청구까지 공동소송의 형태로 심판받는 것을 방지하기 위하여 요구하는 것이므로 원고가 이 요건을 흠결하여 공동소송으로 소를 제기하더라도 피고가 이에 대하여 이의를 제기하지 않으면 법원은 공동소송으로 병합하여 심리할 수 있다.

(2) 사안의 경우

주채무와 연대보증채무의 관계에 관하여 ① 의무가 공통되는 것으로 보는 견해, ② 발생원인이 공통되는 것으로 보는 견해가 주장되고 있는데, 어느 견해에 따르더라도 민사소송법 제65조 전문에 해당하는 것으로 볼 수 있다.

나. 공동소송의 객관적 요건

(1) 객관적 요건

고유필수적 공동소송을 제외한 공동소송의 경우에는 청구의 병합이 수반되므로 청구의 병합요건을 구비하여야 한다. 공동소송인의 청구 또는 공동소송인에 대한 청구는 모두 같은 종류의 소송절차에서 심판받을 수 있어야 하고, 수소법원은 공동소송인에 관한 각 청구에 대하여 관할권을 가지고 있어야 한다.

소송목적이 되는 권리나 의무가 여러 사람에게 공통되거나 사실상 또는 법률상 같은 원인으로 말미암아 생긴 경우(법 제65조 전문)에는 민사소송법 제25조 제2항(관련재판적)에 의하여 수소법원은 공동소송인 가운데 한 사람에 관한 청구에 대하여 관할권을 가지면 다른 공동소송인에 관한 청구에 대하여도 관할권을 가질 수 있지만, 소송목적이 되는 권리나 의무가 같은 종류의 것이고 사실상 또는 법률상 같은 종류의 원인으로 말미암은 것인 경우(법 제65조 후문)에는 관련재판적이 인정되지 않기 때문에 수소법원은 공동소송인에 관한 각 청구에 대하여 개별적으로 관할권을 가지고 있어야 한다. 공동소송의 객관적 요건은 법원의 직권조사사항에 해당한다.

(2) 사안의 경우

甲의 乙과 丙에 대한 각 청구는 모두 민사소송사항에 해당하고(같은 종류의 소송절차), 甲이 乙과 丙을 공동피고로 하여 乙을 상대로 주채무의 이행을 구하고, 丙을 상대로 연대보증채무의 이행을 구하는 것은 민사소송법 제65조 전문에 해당하므로 수소법원이 乙과 丙 중 한 사람에 대하여 관할권을 가지면 재판할 수 있다(공통의 관할권, 관련재판적).

2. 공동소송의 유형

가. 통상공동소송과 필수적 공동소송의 구별

소송목적의 합일확정이 요구되는 경우는 필수적 공동소송에, 그렇지 아니한 경우는 통상공동소송에 해당한다. 소송목적의 합일확정이 요구되는 경우란 실체법상 관리처분권이 여러 사람에게 공동으로 귀속되거나 소송법상 판결의 효력이 확장되는 등 법률상 합일확정이 요구되는 경우를 의미한다.

나. 사안의 경우

甲의 乙과 丙에 대한 각 청구는 실체법상으로든 소송법상으로든 소송목적의 합일확정이 요구되는 경우에 해당하지 않으므로 甲이 乙과 丙을 공동피고로 하여 제기한 소송은 통상공동소송에 해당한다.

3. 통상공동소송에 대한 법원의 심판방법

가. 공동소송인 독립의 원칙

통상공동소송에서 각 공동소송인의 소송관계는 다른 공동소송인과의 사이에서 서로 독립된 것이므로 각 공동소송인은 독자적으로 소송을 수행할 뿐이고 소송을 수행함에 있어 다른 공동소송인과 연합관계에 있지 않다. 공동소송인 가운데 한 사람의 소송행위 또는 공동소송인 가운데 한 사람에 대한 상대방의 소송행위와 공동소송인 가운데 한 사람에 관한 사항은 다른 공동소송인에게 영향을 미치지 않는다(법 제66조).

(1) 소송요건의 개별적 심사

통상공동소송의 경우 소송요건의 존부는 공동소송인마다 개별적으로 심사하여 처리한다. 일부 공동소송인이 소송요건을 구비하지 못한 경우에는 그 공동소송인에 관한 청구에 대해서만 소를 각하하면 된다.

(2) 소송자료의 불통일

통상공동소송의 경우 공동소송인 가운데 한 사람의 소송행위는 유불리를 불문하고 원칙적으로 다른 공동소송인에게 영향을 미치지 않는다. 각 공동소송인은 각자 소 또는 상소의 취하, 청구의 포기·인낙, 소송상 화해, 상소의 제기, 재판상 자백 등을 할 수 있고, 그 효력은 그러한 소송행위를 한 공동소송인에게만 미치고 다른 공동소송인에게는 미치지 않는다.

(3) 소송진행의 불통일

통상공동소송의 경우 공동소송인 가운데 한 사람의 소송진행 상황은 다른 공동소송인에게 영향을 미치지 않는다. 일부 공동소송인에 대하여 소송절차의 중단·중지사유가 발생한 때에는 그 사유가 발생한 공동소송인에 관한 소송절차만이 정지되고, 기일 또는 기간의 해태에 따른 효과도 기일 등을 해태한 공동소송인에게만 생기고 다른 공동소송인에게는 생기지 않는다. 판결에 대한 상소기간도 공동소송인별로 개별적으로 진행한다.

(4) 당사자 지위의 독립

통상공동소송의 경우 각 공동소송인은 자신의 소송관계에서만 당사자이므로 다른 공동소송인의 대리인, 보조참가인이 될 수 있고 다른 공동소송인에게 소송고지를 할 수 있다(법 제84조). 자기의 주장사실과는 관계가 없고 다른 공동소송인의 이해에만 관계가 있는 사항에 대하여는 증인이 될 수 있다.

(5) 재판의 불통일

통상공동소송의 경우 공동소송인 가운데 한 사람에 대하여 판결할 수 있을 정도로 심리가 이루어진 때에는 변론을 분리하여 일부판결을 할 수 있고, 재판결과가 공동소송인마다 다르게 나오더라도 상관이 없다(대법원 1992. 12. 11. 선고 92다18627 판결). 공동소송인 측이 패소한 때에는 공동소송인별로 소송비용을 산정하는 것이 원칙이지만, 각 공동소송인 간의 소송비용 부담에 관하여는 특칙이 있다(법 제102조).

나. 공동소송인 독립의 원칙에 대한 수정 논의

통상공동소송의 경우에는 소송목적의 합일확정이 법률상 요구되지 않고, 각 공동소송인은 다른 공동소송인과의 관계에서 독립된 지위를 가지며, 공동소송인 가운데 한 사람의 소송행위는 다른 공동소송인에게 영향을 미치지 않지만, 동일한 소송절차에서 공동소송으로 병합·심리되는 때에는 공동소송인 간에 소송의 진행을 같이하고, 재판의 통일도 어느 정도 도모할 수 있다는 것과 관련하여 민사소송법 제65조 전문에 해당하는 통상공동소송의 경우에는 공동소송인 독립의 원칙을 수정할 필요가 있는지가 문제된다. 이와 관련해서는 대립당사자 간에 적용되는 주장공통의 원칙이나 증거공통의 원칙이 공동소송인 간에 적용될 수 있는지가 주로 논의되고 있다.

다. 사안의 경우

甲과 乙의 소송관계와 甲과 丙의 소송관계는 서로 독립된 것으로서 乙과 丙은 독자적으로 소송을 수행하고 乙과 丙 간에 연합관계가 형성되지 않는다. 소송요건의 존부는 乙과 丙에 대하여 개별적으로 심사하여 처리하면 되고, 丙의 소송행위 또는 丙에 대한 甲의 소송행위는 乙에게 영향을 미치지 않으며, 乙에 대한 소송진행 상황은 丙에게 영향을 미치지 않는다. 법원은 甲의 乙에 대한 청구와 甲의 丙에 대한 청구에 대하여 개별적으로 판단하여야 한다.

Ⅲ. 乙과 丙의 변론기일 불출석에 대한 처리

1. 甲과 乙 간의 소송관계

가. 乙에 대한 소장부본,[1] 변론기일통지서 송달[2]의 효력

소장부본이 乙에게 적법하게 송달되어야 甲과 乙 간에 소송계속의 효과가

---

1) 원고의 소장 제출에 의해 제1심 소송절차가 개시되고, 소장을 중심으로 당사자의 공격과 방어가 전개되므로 그 부본을 피고에게 송달하여야 한다(법 제255조 제1항; 규칙 제64조 제1항).
2) 송달의 의의: 당사자 기타 소송관계인에게 소송서류의 내용을 알 수 있는 기회를 주고, 이를 공증하기 위하여 법률이 정한 방식에 따라 하는 통지행위를 송달이라고 한다.
　송달받을 사람: 송달받을 사람은 원칙적으로 소송서류의 명의인인 당사자이고, 법정대리인, 소

발생하고, 乙이 변론기일에 출석하지 않은 것과 관련하여 乙에게 변론기일통지서가 적법하게 송달된 경우에만 乙에게 기일 불출석에 따른 효과가 발생할 수 있다(대법원 1997. 7. 11. 선고 96므1380 판결).

(1) 우편송달의 요건

(i) 송달할 장소에서 교부송달도 보충송달도 유치송달도 할 수 없는 경우, 즉 송달할 장소에서 송달받을 사람도 대행인도 만나지 못하거나 근무장소에서 보충송달을 하는 때에 대행인이 소송서류의 수령을 거부하는 경우(법 제187조), (ii) 당사자 등이 송달장소의 변경을 신고하지 않은 상황에서 소송기록에 나타난 자료만으로는 송달할 장소를 알 수 없는 경우(법 제185조 제2항)에는 법원사무관 등은 소송서류를 대법원규칙이 정하는 방법(등기우편)으로 발송할 수 있다. 여기에서 '송달할 장소'란 송달받을 사람의 실제 생활근거지가 되는 주소, 거소, 영업소 또는 사무소 등 송달받을 사람이 소송서류를 받아 볼 가능성이 있는 적법한 송달장소를 의미한다(대법원 2001. 9. 7. 선고 2001다30025 판결).

민사소송법 제187조에 의해 우편송달이 이루어지는 때에는 해당 소송서류만을 우편송달할 수 있다(대법원 1994. 11. 11. 선고 94다36278 판결[3])).

(2) 우편송달의 효력 발생시기

우편송달은 발송한 때에 송달된 것으로 본다(법 제189조). 우편송달에 의한 발송송달은 송달할 소송서류를 등기우편으로 발송한 때에 송달 명의인에게 송달된 것으로 보게 되고, '발송한 때'란 법원사무관 등이 송달서류를 우체국 창구

송대리인, 법규상 송달영수권이 있는 사람, 신고된 송달영수인 등도 소송서류를 송달받을 수 있다.

송달장소: (i) 송달은 송달받을 사람의 주소, 거소, 영업소 또는 사무소에서 하고(법 제183조 제1항 본문), 법정대리인에 대한 송달은 본인의 영업소 또는 사무소에서도 할 수 있다(법 제183조 제1항 단서). (ii) 송달받을 사람의 주소 등을 알지 못하거나 주소 등에서 송달할 수 없는 때에는 송달받을 사람이 고용, 위임, 그 밖의 법률상 행위로 취업하고 있는 다른 사람의 주소, 거소, 영업소 또는 사무소(근무장소)에서 송달할 수 있다(법 제183조 제2항). 근무장소는 현실적인 근무장소를 의미하고, 소장 등에 기재된 주소 등에서 송달을 시도하지도 않은 채 근무장소에서 한 송달은 위법하다(대법원 2004. 7. 21.자 2004마535 결정).

송달의 방법: 송달은 교부송달(법 제178조)을 원칙으로 하고, 보충송달(법 제186조 제1항 · 제2항), 유치송달(법 제186조 제3항), 우편송달(법 제185조 제2항, 제187조), 송달함 송달(법 제188조), 공시송달(법 제194조부터 제196조) 등의 방법으로 송달이 이루어지기도 한다.

3) 등기우편에 의한 발송송달은 해당 소송서류에 관하여 교부송달, 보충송달, 유치송달 등의 불가능을 요건으로 하므로 해당 소송서류의 송달에 한하여 할 수 있다.

에 접수하여 우편함에 투입한 때를 의미한다(대법원 2006. 1. 9.자 2005마1042 결정).[4] 우편송달은 발신주의에 의하므로 소송서류의 현실적인 도달 여부나 도달 시기를 불문한다.

(3) 사안의 경우

乙에 대한 소장부본과 변론기일통지서의 송달은 각각 우편송달의 요건을 구비한 것으로서 적법하다고 할 것이다.

나. 변론기일 불출석에 따른 효과로서 자백간주의 성립 여부

(1) 기일 불출석(기일해태)[5]

당사자가 적법한 기일통지를 받고도 필수적 변론기일에 출석하지 않거나 출석하더라도 변론하지 않는 것을 기일 불출석이라고 한다.

(2) 자백간주의 요건

상대방이 소장, 답변서, 준비서면 등으로 예고한 사항에 대하여 다투는 취지의 답변서, 준비서면 등을 제출하지 아니한 상태에서 공시송달의 방법이 아닌 적법한 기일통지를 받은 당사자가 변론기일에 출석하지 않거나 출석하더라도 변론하지 않은 때에는 출석한 상대방 당사자가 준비서면 등을 통해 예고한 사항에 대하여 자백한 것으로 본다(법 제150조 제3항·제1항).

(3) 자백간주의 효과

자백간주가 성립하면 법원에 대한 구속력이 생기므로 법원은 자백한 것으로 간주된 사실을 판결의 기초로 삼아야 한다. 법원은 증거에 의하여 자백간주된 사실과 상반되는 심증을 얻은 경우에도 자백간주된 사실을 그대로 인정하여야

---

4) 등기우편에 의한 발송송달은 송달사무 처리기관인 법원사무관 등이 송달실시기관이 되어 송달을 시행하는 것이므로 스스로 송달보고서를 작성하여야 하고, 그 송달보고서 작성 시에는 소정의 양식에 따라 송달장소, 송달일시 등을 기재하되 사건번호가 명기된 우체국의 특수우편물수령증을 첨부하여야 하며, 이러한 송달은 발송 시에 송달의 효력이 발생하는 관계로 우편물 발송일시가 중요하고 그 송달일시의 증명은 확정일자 있는 우체국의 특수우편물수령증에 의할 수밖에 없으므로 이러한 특수우편물수령증이 첨부되지 않은 송달보고서에 의한 송달은 부적법하여 우편송달로서 효력이 발생하지 않는다(대법원 2009. 8. 31.자 2009스75 결정).

5) 판결절차는 원칙적으로 양쪽 당사자가 법원의 공개 법정에 출석하여 말로 변론을 진행하여야 하므로(법 제134조 제1항) 당사자의 한쪽 또는 양쪽이 변론기일에 출석하지 않으면 변론을 진행할 수 없게 된다. 민사소송법은 당사자의 기일 불출석에 대하여 일정한 요건하에 당사자 한쪽이 불출석한 때에는 진술간주(법 제148조 제1항), 자백간주(법 제150조 제3항·제1항)로, 당사자 양쪽이 불출석한 때에는 소 취하 간주(법 제268조)로 처리한다.

한다. 자백간주의 요건이 갖추어진 이상 그 후에 공시송달로 절차가 진행되는 등의 사정이 생기더라도 일단 발생한 자백간주의 효과가 소멸하지 않는다.

자백간주가 성립하더라도 당사자에 대한 구속력은 인정되지 않으므로(법 제150조 제3항·제1항 단서) 당사자는 그 후의 변론에서 자백간주된 사실을 다툼으로써 그 효과를 번복할 수 있다. 제1심에서 자백간주가 성립하였더라도 항소심의 변론종결 시까지 그에 대하여 다투면 자백간주의 효과가 배제된다(대법원 1987. 12. 8. 선고 87다368 판결; 대법원 2004. 9. 24. 선고 2004다21305 판결). 다만 민사소송법 제149조와 제285조의 제약하에서 다툴 수 있다(법 제408조).

(4) 사안의 경우

乙이 甲의 소장부본을 송달받고도 다투는 취지의 답변서를 제출하지 아니한 채 변론기일에 출석하지 않았으므로 법원은 甲이 소장에 기재한 청구원인사실에 대하여 乙이 자백한 것으로 보아야 할 것이다.

2. 甲과 丙 간의 소송관계

가. 한쪽 당사자가 변론기일에 불출석한 경우 법원의 조치

한쪽 당사자가 변론기일에 불출석한 경우 법원은 변론을 진행할 것인지 기일을 연기할 것인지를 재량으로 정할 수 있다. 다만 출석한 당사자만으로 변론을 진행하는 때에는 반드시 불출석한 당사자가 그때까지 제출한 소장, 답변서, 그 밖의 준비서면에 적혀 있는 사항을 진술한 것으로 보아야 한다(대법원 2008. 5. 8. 선고 2008다2890 판결).

나. 법원이 변론을 진행하는 경우 처리방법

(1) 진술간주

한쪽 당사자가 소장, 답변서, 준비서면 등을 제출한 채 변론기일에 출석하지 않거나 출석하더라도 변론하지 아니한 경우 법원은 불출석한 당사자가 제출한 서면에 기재되어 있는 사항을 진술한 것으로 보고 출석한 상대방에게 변론을 명할 수 있다(법 제148조 제1항).[6]

---

6) 진술간주의 적용 범위: 진술간주의 대상은 원칙적으로 준비서면 등에 기재된 공격방어방법이다. 진술간주 제도의 적용 범위와 관련해서는 (ⅰ) 준비서면 등에 청구의 포기·인낙, 화해의

진술이 간주되는 서면의 기재 내용에 따라 소송절차의 구체적인 진행방법이 달라지는데, 진술간주되는 준비서면에서 자기에게 불리한 상대방의 주장사실을 인정한 때에는 재판상 자백이 성립하고, 명백히 다투지 않은 때에는 자백이 간주되어 증거조사를 하지 않고 변론을 종결할 수 있다. 그러나 불출석한 당사자가 진술간주되는 준비서면에서 상대방의 주장사실을 다툰 때에는 증거조사가 필요하므로 법원은 변론을 속행하여야 한다.

(2) 사안의 경우

丙은 甲이 소장에서 주장한 청구원인사실을 다투는 취지의 답변서를 제출하고 변론기일에 출석하지 않았지만, 법원이 변론을 진행하였으므로 丙이 제출한 답변서에 기재되어 있는 사항을 진술한 것으로 보아야 하는데, 진술간주되는 답변서에서 丙이 甲의 주장사실을 다투고 있으므로 법원은 증거조사 등 심리를 계속하기 위하여 변론을 속행하여야 할 것이다.

다. 乙과 丙 간에 주장공통의 원칙이 적용되는지 여부[7]

(1) 공동소송인 간에 주장공통의 원칙[8] 적용 여부가 문제되는 국면

필수적 공동소송의 경우에는 공동소송인 가운데 한 사람이 한 유리한 소송

취지가 기재되어 있는 경우 그 서면의 진술간주에 의해 청구의 포기·인낙, 화해의 효력을 인정할 수 있는지 여부(법 제148조 제2항·제3항), (ii) 원고가 관할권 없는 법원에 소를 제기하고 피고가 본안에 관한 답변서를 제출한 채 변론기일에 불출석한 경우 답변서의 진술간주에 의해 변론관할이 생기는지 여부{민사소송법 제30조의 변론관할이 생기려면 피고가 변론준비기일이나 변론기일에서 본안에 대하여 현실적으로 진술하여야 하므로 피고의 불출석으로 인해 답변서 등이 진술간주되는 경우에는 제30조가 적용되지 않는다(대법원 1980. 9. 26.자 80마403 결정)}, (iii) 준비서면 등에 증거가 첨부되어 있는 경우 그 서면의 진술간주에 의해 증거신청의 효과가 발생하는지 여부{법원 밖에서 증거조사를 하는 경우를 제외하고는 당사자가 변론준비기일이나 변론기일에 출석하여 현실적으로 서증을 제출하여야 하므로 서증이 첨부된 소장이나 준비서면 등이 진술간주되더라도 그 첨부된 증거에 대한 증거신청의 효과가 발생하지 않는다(대법원 1991. 11. 8. 선고 91다15775 판결)} 등이 문제된다.

7) 공동소송인 간에 증거공통의 원칙이 적용되는지 여부: 공동소송인 간에 증거공통의 원칙이 적용되는지에 관하여는 ① 자유심증주의가 적용되는 영역에서 하나의 역사적 사실에 대한 심증은 공동소송인 모두에게 공통되는 것으로 볼 수 있다는 것을 이유로 같은 소송절차에서 공동소송으로 병합·심리되는 경우에는 변론 전체의 취지 및 증거조사결과를 참작하여 얻은 법관의 심증은 각 공동소송인에게 공통되는 것으로 볼 수 있으므로 공동소송인 가운데 한 사람이 제출한 증거는 다른 공동소송인의 원용 없더라도 다른 공동소송인을 위한 유리한 사실인정의 자료로 할 수 있다는 견해, ② 증거공통의 원칙은 변론주의와의 관계상 대립당사자 간에서만 적용되는 것이고, 통상공동소송의 경우에는 공동소송인 독립의 원칙이 적용되는 결과 이론상

행위의 효력이 다른 공동소송인에게도 미치므로 주장공통 원칙의 적용 여부가 별도로 문제되지 않는다. 그러나 통상공동소송인 간에는 공동소송인 독립의 원칙이 적용되는 결과 공동소송인 가운데 한 사람의 소송행위의 효력은 다른 공동소송인에게 미치지 않으므로 통상공동소송인 간에 실질적인 견련관계가 있는 경우 주장공통의 원칙을 적용하여 공동소송인 간에 재판의 통일을 도모할 필요가 있는지가 문제된다. 다만 공동소송인 간에 주장공통 원칙의 적용 여부가 문제되는 것은 공동소송인 간에 공통되는 사실에 대하여 공동소송인 가운데 일부는 주장하고, 다른 일부는 주장하지 않는 경우이다. 따라서 각 공동소송인에게 개별적으로 요구되는 사실과 관련해서는 주장공통 원칙의 적용 여부 자체가 문제되지 않는다(대법원 1994. 5. 10. 선고 93다47196 판결). 또한 공동소송인이 공통되는 사실에 대하여 적극적으로 서로 다른 주장을 한 경우에는 재판결과가 다르게 되는 것이 부득이한 일이고, 법원이 이에 관하여 석명하지 않더라도 위법하지 않으며, 이러한 때에는 주장공통의 원칙 적용 여부가 문제되지 않는다.

(2) 공동소송인 가운데 한 사람의 소송행위의 효력이 이를 원용하지 않은 다른 공동소송인에게 미치는지 여부

공동소송인 가운데 한 사람이 상대방의 주장사실을 다투는 등 다른 공동소송인에게 유리한 소송행위를 한 경우 다른 공동소송인의 원용 없이도 다른 공동소송인에게 그 효력이 미치는지가 문제된다. 이와 관련해서는 ① 통상공동소송의 경우에도 변론과 증거조사가 공통으로 이루어져 재판의 통일을 도모할 수 있다는 것을 이유로 공동소송인 가운데 한 사람의 주장이 다른 공동소송인의 이익에 반하지 않고, 다른 공동소송인이 적극적으로 이와 저촉되는 주장을 하지

으로 다른 공동소송인이나 상대방의 원용이 없으면 공동소송인 가운데 한 사람이 제출한 증거는 다른 공동소송인에 관한 청구의 사실인정 자료로 삼을 수 없으며, 실무상으로 법원이 그 원용 여부를 석명하여 판결의 모순·저촉을 방지하여야 한다는 견해 등이 주장되고 있다. 공동소송인 간에 증거공통의 원칙이 적용된다고 하더라도 공동소송인 간에 이해가 상반되는 때에는 다른 공동소송인의 방어권을 보장하기 위하여 이해가 상반되는 당사자의 명시적인 원용이 필요한 것으로 보아야 한다. 공동소송인 가운데 한 사람이 자백한 때에는 자백한 공동소송인의 소송관계에서는 증거에 의한 심증에도 불구하고 자백 내용대로 사실을 확정하여야 하고, 다른 공동소송인의 소송관계에서는 변론 전체의 취지로 작용하게 된다(대법원 1976. 8. 24. 선고 75다2152 판결).

8) 민사소송의 변론에서는 대립하는 당사자 간에 주장공통의 원칙이 적용되는 결과 주장책임을 부담하는 당사자가 주요사실을 주장하여야만 하는 것은 아니고 어느 당사자든지 주장하면 된다.

않은 때에는 다른 공동소송인에게도 유리한 효과가 미치는 것으로 보는 견해, ② 공동소송인 간에는 주장공통의 원칙을 적용할 것이 아니라 법원이 석명권을 적극적으로 행사하여 공동소송인 간에 재판결과가 달라지는 것을 방지하면 된다는 견해, ③ 공동소송인 간에 재판결과가 달라지는 것을 방지하기 위해서는 공동소송인 간에 보조참가이익이 인정되면 당사자의 신청이 없더라도 보조참가관계를 인정하여 공동소송인 가운데 한 사람의 소송행위는 다른 공동소송인을 위하여 한 것으로 취급하여야 한다는 견해 등이 주장되고 있다.

판례는 통상공동소송인의 지위에 관한 민사소송법 규정(법 제66조)과 민사소송법이 취하고 있는 변론주의 소송구조 등을 고려하면 통상공동소송인 간에는 주장공통의 원칙이 적용되지 않는다(대법원 1994. 5. 10. 선고 93다47196 판결; 대법원 2009. 4. 23. 선고 2009다1313 판결)는 입장이다. 또한 공시송달의 방법이 아닌 적법한 기일통지를 받고도 답변서 기타 준비서면 등을 제출하지 아니한 채 변론기일에 출석하지 아니하여 원고의 주장사실을 자백한 것으로 간주된 피고와 원고의 주장을 다툰 피고 사이에 동일한 실체관계에 대하여 서로 배치되는 내용의 판단이 내려지더라도 이를 위법하다고 할 수 없다(대법원 1997. 2. 28. 선고 96다53789 판결).

(3) 사안의 경우

丙이 제출한 답변서의 진술간주에 의해 丙이 乙의 대출금채무가 일부 변제된 사실을 주장한 것으로 보게 되더라도 통상공동소송인 간에 주장공통의 원칙이 적용되지 않는 것으로 보는 판례의 입장에 따르면 丙의 이러한 주장은 甲과 乙 간의 소송관계에는 영향을 미치지 않을 것이며, 乙이 답변서를 제출하지 않고 변론기일에 출석하지 아니하여 甲이 소장에서 주장한 사실에 대하여 자백한 것으로 간주되는 때에는 법원은 甲의 주장사실을 기초로 甲의 乙에 대한 청구의 당부에 관하여 판단하여야 할 것이다.

Ⅳ. 丙의 이송신청에 대한 법원의 처리

1. 소송이송의 의의 및 이송사유

어느 법원에 계속되어 있는 소송의 전부 또는 일부를 그 법원의 이송재판을

통해 다른 법원으로 옮기는 것을 소송의 이송이라고 한다. 통상공동소송의 경우
에는 그 일부도 이송의 대상이 될 수 있다.

소송의 이송은 관할위반을 원인으로 하는 경우(법 제34조 제1항), 현저한 손해
나 지연을 피하기 위한 경우(법 제35조) 등이 있는데, 관할위반을 원인으로 한
소송이송의 경우 당사자에게 이송신청권이 인정되는지가 문제된다.

2. 서울중앙지방법원에 甲과 丙 간의 소송에 대한 관할권 인정 여부

가. 관할의 의의

특정한 소송사건에 대하여 어느 법원이 재판권을 행사할 것인가라는 재판권
의 분담관계를 정해 놓은 것을 관할이라고 하고, 재판권의 분담에 따라 법원이
재판권을 행사할 수 있는 권능을 관할권이라고 하며, 관할권을 가지는 법원을
관할법원이라고 한다.

나. 관할의 종류

관할은 그 발생 근거에 따라 법정관할(법 제2조부터 제25조), 지정관할(법 제28
조), 합의관할(법 제29조), 변론관할(법 제30조)로 분류할 수 있다. 법정관할은 그
결정 기준의 내용에 따라 직분관할,[9] 사물관할,[10] 토지관할[11]로 분류할 수 있

---

9) 직분관할이란 법원이 담당하는 직분의 내용에 따라 재판권의 분담관계를 정해 놓은 것을 말
한다. 직분관할은 법원이 담당하는 재판작용의 내용을 구별기준으로 하는데, 판결절차를 담
당하는 것은 수소법원의 직분이고, 강제집행절차를 담당하는 것은 집행법원의 직분이다. 또
한 제1심 재판은 지방법원 또는 그 지원의 단독판사(시·군법원 판사 포함)와 합의부의 직분
에 속하고, 제2심 재판은 지방법원 본원 또는 일부 지원의 합의부와 고등법원 또는 그 지부의
직분에 속하며, 제3심 재판은 대법원의 직분에 속한다.

10) 사물관할이란 제1심 소송사건을 다루는 지방법원 단독판사와 합의부 간에 사건의 경중에 따
라 재판권의 분담관계를 정해 놓은 것을 말한다.
지방법원 합의부의 사물관할: 소송목적의 값이 5억 원을 초과하는 민사사건(「민사 및 가사소송
의 사물관할에 관한 규칙」 제2조 본문), 「민사소송 등 인지법」 제2조 제4항의 민사사건(소송
목적의 값을 계산할 수 없는 재산권상의 소와 비재산권상의 소), 재정 합의부사건(법원조직법
제32조 제1항 제1호; 법 제34조 제2항·제3항)
지방법원 단독판사의 사물관할: 소송목적의 값이 5억 원 이하인 민사사건, 어음금·수표금 청구
사건, 금융기관 등이 원고가 된 대여금·보증금·구상금 청구사건, 자동차나 철도 운행, 산업
재해로 인한 손해배상 청구사건 및 이에 관한 채무부존재확인사건, 단독판사가 심판할 것으
로 합의부가 결정한 사건(「민사 및 가사소송의 사물관할에 관한 규칙」 제2조 단서)

11) 토지관할이란 소재지를 달리하는 같은 종류의 법원 간에 재판권의 분담관계를 정해 놓은 것

고, 법원과 당사자에 대한 구속력의 차이에 따라 전속관할과 임의관할로 분류할
수 있다.

다. 관할 결정의 기준시

법원의 관할은 소 제기 시를 기준으로 정해진다(법 제33조). 소송절차의 안정
과 획일적 처리를 도모하기 위하여 소 제기 시를 기준으로 한다.

라. 사안의 경우 법정관할권을 가지는 법원

(1) 사물관할

소송목적의 값이 1억 원인 제1심 사건이므로 지방법원 단독판사가 사물관할
권을 가진다.

(2) 토지관할

토지관할은 甲과 乙 간의 소송관계와 甲과 丙 간의 소송관계로 나누어 검토
하여야 하는데, 甲과 乙 간의 소송관계에서 보통재판적인 乙의 주소지는 서울
동대문구이므로 서울북부지방법원이 토지관할권을 가지고, 특별재판적으로서
의무이행지는 甲의 본점 소재지인 서울 중구이므로 서울중앙지방법원이 토지관
할권을 가진다.

甲과 丙 간의 소송관계에서 보통재판적인 丙의 주소지는 서울 마포구이므로
서울서부지방법원이 토지관할권을 가지고, 특별재판적으로서 의무이행지는 甲
의 지점 소재지인 서울 마포구이므로[12] 서울서부지방법원이 토지관할권을 가
진다.

을 말한다. 제1심 소송사건을 어느 곳의 지방법원이 담당·처리할 것인가는 토지관할에 의해
정해진다. 각 법원 간에는 그 직무집행의 지역적 범위로서 관할구역이 정해져 있으므로(「각
급 법원의 설치와 관할구역에 관한 법률」) 특정한 사건이 어느 법원의 관할구역 내의 특정한
지점과 일정한 관련이 있는 경우 그 지점을 기준으로 하여 그 법원에 토지관할권이 인정된다.
재판적은 특정한 사건과 관련된 일정한 지점을 의미하는 것으로서 당사자의 주소지, 소송의
목적물인 부동산의 소재지, 의무이행지 등이 이에 해당한다. 모든 사건에 공통하여 적용되는
재판적을 보통재판적(법 제2조부터 제6조)이라고 하고, 특별한 종류 또는 특별한 내용의 사
건에 관해서만 적용되는 재판적을 특별재판적(법 제7조부터 제25조)이라고 한다. 특별재판적
에는 다른 사건과 관계없이 인정되는 독립재판적(법 제7조부터 제24조)과 다른 사건과 관련
하여 비로소 인정되는 관련재판적(법 제25조)이 있다.
12) 영업에 관한 채무의 변제장소는 채권자의 현영업소이고(민법 제467조 제2항 단서), 채권자의
지점에서의 거래로 인한 채무이행의 장소는 그 지점이 된다(상법 제56조).

마. 관련재판적 인정 여부

甲이 소를 제기한 서울중앙지방법원이 甲의 乙에 대한 청구에 관해서만 토지관할권을 가지고 甲의 丙에 대한 청구에 관하여는 토지관할권을 가지지 못하는 것과 관련하여 甲의 丙에 대한 청구에 관하여 관련재판적이 인정되는지를 검토하여야 한다. 甲의 乙(주채무자)에 대한 청구와 甲의 丙(연대보증인)에 대한 청구 간에는 실질적 견련관계가 인정되어 민사소송법 제25조 제2항이 적용되는 결과 甲과 乙 간의 소송에 관하여 토지관할권을 가지는 서울중앙지방법원은 관련재판적에 의해 甲과 丙 간의 소송에 관하여도 관할권을 가지게 된다.

3. 관할위반을 이유로 한 이송신청에 대한 법원의 처리

관할위반에 의한 이송규정(법 제34조 제1항)은 다른 원인에 의한 이송규정(법 제34조 제2항, 제35조, 제36조 제1항·제3항, 제269조 제2항)과는 달리 법원에 대한 관계에서만 규정하고 있을 뿐 당사자의 신청에 관하여 규정하고 있지 않다. 이와 관련하여 관할위반의 경우 당사자에게 이송신청권이 인정되는지가 문제된다.

가. 당사자의 이송신청권을 인정하는 견해

관할권 있는 법원에서 재판받을 피고의 관할이익을 보호할 필요성, 다른 원인에 의한 이송의 경우 당사자에게 이송신청권이 인정되는 것과의 형평성, 임의관할의 경우 관할위반이 상소이유가 되지 않으므로 당사자에게 관할위반을 이유로 한 이송신청권을 인정하여야 할 현실적인 필요성 등을 고려하면 당사자에게 이송신청권을 인정하여야 한다.

나. 당사자의 이송신청권을 인정하지 않는 견해

다른 원인에 의한 이송과는 달리 당사자의 신청을 인정하는 명문규정이 없고, 관할권의 유무는 당사자의 이송신청 여부에 상관없이 법원이 직권으로 조사하여야 하므로 당사자에게 이송신청권이 인정되지 않는다.

다. 판례의 입장

법원에 관할권이 있고 없음은 법원의 직권조사사항으로서 법원은 그 관할에 속하지 아니함을 인정한 때에는 민사소송법 제34조 제1항에 의하여 직권으로 이송결정을 하는 것이고, 당사자에게 관할위반을 이유로 한 이송신청권이 있는 것은 아니다. 그러므로 당사자가 관할위반을 이유로 한 이송신청을 한 경우에도 이는 법원의 직권 발동을 촉구하는 의미밖에 없는 것이어서 법원은 그 이송신청에 대하여 재판할 필요가 없고, 법원이 그 이송신청을 거부하는 재판을 하였더라도 항고가 허용될 수 없으므로 항고법원은 이를 각하하여야 한다. 항고법원이 항고를 각하하지 않고 항고이유의 당부에 관하여 판단하여 항고를 기각하는 결정을 하였더라도 그 항고기각결정은 항고인에게 불이익을 주는 것이 아니기 때문에 그 결정에 대하여 재항고할 아무런 이익이 없으므로 이에 대한 재항고는 부적법하다(대법원 1993. 12. 6.자 93마524 전원합의체 결정[13])).

법원이 당사자의 신청에 따른 직권 발동으로 이송결정을 한 경우에는 즉시항고가 허용되지만(법 제39조), 당사자에게 이송신청권이 인정되지 않는 이상 항고심에서 원심에서의 이송결정이 취소되더라도 이에 대한 신청인의 재항고는 허용되지 않는다(대법원 2018. 1. 19.자 2017마1332 결정).

4. 사안의 경우

甲과 乙 간의 소송에 관하여 토지관할권을 가지는 서울중앙지방법원은 관련재판적에 의해 甲과 丙 간의 소송에 관하여도 관할권을 가지게 된다. 丙은 관할위반을 이유로 甲과 丙 간의 소송에 대하여 이송을 신청하였는데, 당사자에게 관할위반을 이유로 한 이송신청권이 인정되지 않는 것으로 보는 판례의 입장에 따르면 丙의 이송신청에 대하여 법원은 별도로 재판할 필요가 없을 것이고, 甲

---

13) [반대의견] 민사소송법 제34조 제1항은 법원이 소송의 전부 또는 일부가 그 관할에 속하지 아니함을 인정한 때에는 결정으로 관할법원에 이송하도록 규정하고 있는데, 이는 피고의 관할이익을 보호하여야 하는 법원의 책무를 규정한 것으로 볼 것이지 피고의 이송신청권을 부정하는 취지라고 해석할 것은 아니다. 당사자에게 법률상 관할위반을 이유로 한 이송신청권이 있고 없고를 떠나서 법원이 일단 이송신청을 기각하는 재판을 하였으면 적어도 그에 대한 불복은 허용되어야 한다.

과 丙 간의 소송에 관하여도 심판할 수 있을 것이다.

V. 사례의 정리

甲의 乙과 丙에 대한 공동소송은 통상공동소송에 해당하여 공동소송인 독립의 원칙이 적용되므로 법원은 甲의 乙에 대한 청구와 甲의 丙에 대한 청구에 관하여 개별적으로 판단하여야 하는데, 甲의 乙에 대한 청구와 관련해서는 乙이 소장부본을 송달받고도 다투는 취지의 답변서를 제출하지 아니한 채 변론기일에 출석하지 않았으므로 甲이 소장에서 주장한 청구원인사실에 대하여 乙이 자백한 것으로 보아야 할 것이고, 丙이 제출한 답변서의 진술간주에 의해 丙이 乙의 대출금채무가 일부 변제된 사실을 주장한 것으로 보게 되더라도 통상공동소송인 간에 주장공통의 원칙이 적용되지 않는 것으로 보는 판례의 입장에 따르면 丙의 이러한 주장은 甲과 乙 간의 소송관계에는 영향을 미치지 않을 것이다.

甲의 丙에 대한 청구와 관련해서는 丙이 답변서를 제출하고 변론기일에 출석하지 않았지만, 법원이 변론을 진행하였으므로 丙이 제출한 답변서에 기재된 사항을 진술한 것으로 보아야 하는데, 丙이 관할위반을 이유로 서울서부지방법원으로의 이송을 신청하고 있으나 서울중앙지방법원은 관련재판적에 의해 甲과 丙 간의 소송에 관하여도 관할권을 가지며, 당사자에게 관할위반을 이유로 한 이송신청권을 인정하지 않는 판례의 입장에 따르면 법원은 丙의 관할위반을 이유로 한 이송신청에 대하여 재판할 필요가 없고, 丙이 진술간주되는 답변서에서 甲의 업무담당자의 기망에 의해 甲과 연대보증계약을 체결하였음을 이유로 그 계약을 취소한다고 주장하고 있을 뿐 아니라 乙의 대출금채무 중 5,000만 원이 변제되었다고 주장하고 있으므로 법원은 증거조사 등 심리를 계속하기 위하여 변론을 속행하여야 할 것이다.

〈제 2 문〉

I. 쟁점

乙이 변호사 B에게 소송대리권을 수여한 후 사망한 사실을 모르고 B가 乙을 원고로 하여 소를 제기한 것과 관련하여 B가 乙을 대리하여 제기한 소가 적법한지와 乙을 원고로 하여 선고된 제1심판결의 효력이 乙의 상속인 丁과 戊에게 미치는지를 검토하여야 하고, 변호사에게 소송대리권을 수여한 후에 사망한 자를 원고로 하여 소가 제기된 때에는 소송계속 중에 당사자가 사망한 경우와 같이 다루는 판례의 입장에 따르면 소송절차의 중단시점과 소송수계신청을 할 법원을 검토하여야 하며, 乙의 상속인 丁과 戊가 소송수계절차를 밟지 않은 상태에서 선임한 소송대리인 C가 제기한 항소가 적법한지와 C가 항소심에서 한 개별적인 소송행위의 효력 및 그 흠을 치유하는 방법을 검토하여야 한다.

II. B가 乙을 대리하여 제기한 소의 적법 여부 및 乙을 원고로 하여 선고된 제1심판결의 효력이 乙의 상속인 丁과 戊에게 미치는지 여부

1. 변호사에게 소송대리권을 수여한 후에 사망한 자를 원고로 하여 제기된 소의 적법 여부

당사자가 사망하더라도 소송대리인의 소송대리권은 소멸하지 않으므로(법 제95조 제1호) 소송대리인에게 소송위임을 한 후 사망한 사실을 모르고 소송대리인이 사망한 자를 원고로 하여 소를 제기한 때에는 그 소는 적법하고, 시효중단 등 소 제기의 효력은 사망한 자의 상속인에게 귀속된다는 것이 판례의 입장이다(대법원 2016. 4. 29. 선고 2014다210449 판결).

2. 乙을 원고로 하여 선고된 제1심판결의 효력이 乙의 상속인 丁과 戊에게 미치는지 여부

가. 변호사에게 소송대리권을 수여한 후에 사망한 자를 원고로 하여 소가 제기된 경우 소송상 취급

소송대리인에게 소송위임을 한 후 사망한 사실을 모르고 소송대리인이 사망한 자를 원고로 하여 소를 제기한 때에는 소송계속 중에 당사자가 사망한 경우에 관한 민사소송법 제233조 제1항이 유추적용된다는 것이 판례의 입장이다(대법원 2016. 4. 29. 선고 2014다210449 판결).

나. 소송계속 중에 당사자가 사망한 경우 망인의 소송상 당사자 지위가 상속인
   에게 당연승계[14]되는지 여부

(1) 당연승계를 긍정하는 견해

상속인이 피상속인의 재산에 관한 포괄적 권리의무를 승계하는 것으로 규정
하고 있는 민법 규정(제1005조 본문)에 근거하여 소송상 당사자 지위의 당연승계
를 인정할 수 있고, 소송계속 중에 당사자가 사망하면 소송절차가 중단되지만
(법 제233조 제1항) 사망한 당사자에게 소송대리인이 있는 때에는 소송절차가
중단되지 않으며(법 제238조), 소송절차가 중단된 중에도 판결을 선고할 수 있는
것(법 제247조 제1항)은 소송상 당사자 지위의 당연승계를 전제로 한 것이다.

(2) 당연승계를 부정하는 견해

소송상 당사자개념을 형식적으로 이해하는 이상 실체법상 포괄승계사유가
발생하더라도 소송상 당사자로서 지위가 당연히 승계되는 것으로는 볼 수 없고,
실체법상 상속의 포기가 허용되는 것과 관련하여 당연승계를 인정하기 어렵다.
소송계속 중에 당사자가 사망한 경우 상속인은 소송수계를 통해 비로소 피상속
인의 당사자 지위를 포괄승계하게 된다.

(3) 판례의 입장

대립당사자 구조를 갖추어 적법하게 제기된 소송의 계속 중에 당사자가 사
망함으로써 당사자로서 자격을 상실하게 된 경우에는 그 대립당사자 구조가 없
어져 버리는 것이 아니고, 그때부터 소송은 그의 지위를 당연히 이어받게 되는
상속인들과의 관계에서 대립당사자 구조를 형성하여 존재하게 된다(대법원
1995. 5. 23. 선고 94다28444 전원합의체 판결).

다. 소송대리인이 있어 소송절차가 중단되지 않는 경우 소송대리인의 지위

(1) 소송계속 중에 당사자가 사망한 경우 소송절차의 중단 여부

소송계속 중에 당사자가 사망하면 소송절차가 중단되지만(법 제233조 제1항),
사망한 당사자에게 소송대리인이 있는 때에는 소송절차 중단되지 않고 속행된

---

14) 당사자의 사망 등과 같은 실체법상 포괄승계원인이 발생한 경우 그 승계인이 소송당사자로서
   지위를 당연히 이어받는 것을 당연승계라고 할 수 있다.

다(법 제238조).

(2) 소송대리인이 있어 소송절차가 중단되지 않는 경우 소송대리인의 지위

소송대리인이 있어 소송절차가 중단되지 않는 경우 당사자 지위의 당연승계를 인정하는 한 망인이 선임한 소송대리인은 새로운 당사자(상속인)의 소송대리인이 된다. 乙이 사망하기 전에 B에게 소송대리권을 수여하였으므로 B의 소송대리권이 발생하였고, 소송대리권을 수여한 후에 乙이 사망하더라도 B의 소송대리권은 소멸하지 않는다.

라. 소송대리인이 있어 소송절차가 중단되지 않는 경우 판결의 효력을 받는 자

당사자가 사망하였으나 소송대리인이 있어 소송절차가 중단되지 않는 경우 소송대리인은 상속인 전원을 위하여 소송을 수행하게 되며, 판결의 당사자표시가 망인 명의로 되어 있더라도 그 판결은 상속인 전원에게 효력이 미친다(대법원 1995. 9. 26. 선고 94다54160 판결). 상속인이 밝혀진 때에는 상속인을 소송승계인으로 하여 새로운 당사자로 표시하여야 하지만, 상속인이 누구인지 모를 때에는 망인을 그대로 당사자로 표시하여도 무방하며, 새로운 당사자를 잘못 표시하였더라도 그 표시가 망인의 상속인, 소송승계인, 소송수계인 등 망인의 상속인임을 나타내는 문구로 되어 있으면 잘못 표시된 당사자에게는 판결의 효력이 미치지 않고 정당한 상속인에게 판결의 효력이 미친다(대법원 1992. 11. 5.자 91마342 결정).

3. 사안의 경우

변호사에게 소송대리권을 수여한 후 사망한 자를 원고로 하여 제기된 소송의 처리에 관한 판례의 입장에 따르면 乙이 사망하기 전에 B에게 소송대리권을 수여하였으므로 B의 소송대리권이 발생하였고, 그 후 乙이 사망하더라도 B의 소송대리권은 소멸하지 않으므로 B가 乙의 사망 후에 乙을 원고로 하여 제기한 소는 소송대리권을 가지는 소송대리인이 제기한 소로서 적법하고, 소송계속 중에 乙이 사망한 경우와 같이 취급될 것이다.

소송계속 중에 당사자가 사망한 경우 망인의 소송상 당사자 지위가 상속인에게 당연승계되는 것으로 보는 판례의 입장에 따르면 乙의 사망으로 乙의 원고로서 지위를 乙의 상속인 丁과 戊가 승계하게 되고, 乙에게 소송대리인 B가 있어 소송절차는 중단되지 않으며 B가 乙의 상속인 丁과 戊의 소송대리인으로서 소송을 수행하고, 그 결과 받은 제1심판결의 효력은 乙의 상속인 丁과 戊에게 미칠 것이다.

Ⅲ. 소송절차의 중단시점 및 수계신청을 할 법원

1. 소송대리권의 시적 범위

소송위임에 의한 소송대리인의 대리권의 소멸시기와 관련해서는 ① 소송을 위임할 당시의 심급이 종료한 때에 소송대리권이 소멸하는 것으로 보는 견해, ② 사건이 종국적으로 완결된 때에 소송대리권이 소멸하는 것으로 보는 견해 등이 주장되고 있다.

판례는 특별한 사정이 없는 한 소송대리권은 소송대리인을 선임한 심급에 한정되어 소송대리인이 수임한 소송사무가 종료하는 시기인 해당 심급의 판결을 송달받을 때까지 존속하는 것으로 본다(대법원 2000. 1. 31.자 99마6205 결정).

2. 소송계속 중에 사망한 당사자에게 소송대리인이 있는 경우 소송절차의 중단시점

소송계속 중에 사망한 당사자에게 소송대리인이 있는 경우 소송절차의 중단시점을 소송대리권의 시적 범위와 관련하여 검토해 보면 ① 사건이 종국적으로 완결된 때에 소송대리권이 소멸하는 것으로 보는 견해에 따르면 소송계속 중에 당사자가 사망한 경우 소송대리인을 선임한 심급의 판결정본이 소송대리인에게 송달되더라도 사건이 종국적으로 완결되기 전에는 소송절차가 중단되지 않을 것이고, ② 소송을 위임할 당시의 심급에 한하여 소송대리권이 존속하는 것으로 보는 견해와 판례의 입장에 따르면 소송대리인을 선임한 심급의 판결정본이 소송대리인에게 송달되면 소송절차가 중단될 것이다(대법원 1995. 5. 23. 선고 94다23500 판결; 대법원 1996. 2. 9. 선고 94다61649 판결; 대법원 2016. 4. 29. 선고 2014다210449 판결). 다만 후자의 입장에 따르더라도 소송대리인에게 상소에 관한 수권이 있는 때에는 판결정본이 소송대리인에게 송달되어도 소송절차가 중단되지 않는다(대법원 1992. 11. 5.자 91마342 결정; 대법원 2010. 12. 23. 선고 2007다22859 판결).15)

3. 소송절차 중단의 해소

소송절차의 중단은 당사자 측의 수계신청이나 법원의 속행명령에 의하여 해소되며 이에 따라 소송절차의 진행이 재개된다. 중단사유가 있는 당사자 측의 새로운 소송수행자뿐만 아니라 상대방 당사자의 신청에 의해서도 소송수계가 이루어질 수 있다(법 제241조).

4. 종국판결의 송달 시에 소송절차가 중단된 경우 수계신청을 할 법원

가. 소송수계신청

당사자 측에서 중단된 소송절차의 속행을 구하는 것을 소송수계신청이라고 한다. 수계신청인과의 관계에서는 수계신청과 동시에 소송절차의 중단이 해소된다. 수계신청만으로 중단이 해소되므로 수계신청 후에는 수계신청에 대한 재판이 있기 전이라도 상소를 제기할 수 있고, 수계신청과 동시에 상소를 제기할 수도 있다.

---

15) 이런 경우 소송대리인이 패소한 당사자를 위하여 상소를 제기하지 않은 때에는 상소기간의 경과로 판결이 확정되고, 사망한 당사자의 소송대리인, 상속인 또는 상대방 당사자에 의하여 적법하게 상소가 제기된 때에는 판결이 확정되지 않고 상소심으로 이심된다(대법원 2010. 12. 23. 선고 2007다22859 판결).
소송대리인에게 상소에 관한 수권이 있는 경우 소송대리인이 그 수권에 따라 상소를 제기한 때에는 상소 제기 시에 소송절차가 중단된다. 소송대리인에게 상소에 관한 수권이 있어 소송대리인이 상소를 제기하여 판결의 확정이 차단되고 상소심절차가 개시되더라도 상소가 제기되기 전에 소송수계를 하지 않은 상속인에 대하여는 상소 제기 이후 소송대리인의 대리권이 소멸함에 따라 소송절차가 중단된 상태에 놓이게 되므로 이러한 상속인은 상소심에서 소송절차를 수계하여야 한다(대법원 2010. 12. 23. 선고 2007다22859 판결; 대법원 2016. 4. 29. 선고 2014다210449 판결).
판결서상 당사자표시가 잘못되었더라도 사망한 당사자의 소송상 지위를 당연승계한 정당한 상속인들 모두에게 효력이 미치는 판결에 대하여 그 잘못된 당사자표시를 신뢰한 (상소 제기에 관한 수권이 있는) 소송대리인이나 상대방 당사자가 판결서상 잘못 기재된 당사자 모두를 상소인 또는 피상소인으로 하여 상소를 제기한 경우에는 상소를 제기한 사람의 합리적 의사에 비추어 볼 때 특별한 사정이 없는 한 정당한 상속인들 모두에게 효력이 미치는 판결 전부에 대하여 상소가 제기된 것으로 보아야 한다(대법원 2010. 12. 23. 선고 2007다22859 판결).

나. 수계신청을 할 법원

통상의 경우에는 소송절차의 중단사유가 발생할 당시에 소송이 계속되어 있던 법원에 소송절차의 수계신청을 하여야 한다. 종국판결의 송달과 동시에 또는 그 후에 소송절차가 중단된 때에는 원칙적으로 그 재판을 한 법원에 수계신청을 하여야 한다. 이런 경우 그 재판을 한 원심법원이 수계신청에 대하여 결정하여야 하고(법 제243조 제2항), 원심법원이 수계를 허가하는 결정을 한 경우에는 이를 당사자에게 송달하여야 하며, 그 결정이 당사자에게 송달된 때부터 상소기간이 진행한다.

종국판결의 송달 시에 소송절차가 중단된 경우 반드시 원심법원에 수계신청을 하여야 하는지가 문제되는데, 이와 관련해서는 ① 재판이 송달된 후에 중단된 소송절차의 수계에 대하여는 그 재판을 한 법원이 결정하여야 하는 것으로 규정하고 있는 것(법 제243조 제2항)과 상소장을 원심법원에 제출하도록 규정하고 있는 것(법 제397조, 제425조)을 이유로 원심법원에 수계신청을 하여야 하는 것으로 보는 견해, ② 민사소송법이 상소장을 원심법원에 제출하도록 하는 이상 재판이 송달된 후에 소송절차가 중단된 때에는 원심법원에 수계신청을 하여야 하지만, 소송절차 중단사유의 발생 또는 중단의 효과를 간과하고 상소한 때에는 이의권의 포기·상실에 의해 그 하자가 치유되어 상소가 적법하게 될 수 있으므로 상소심에서도 소송수계를 할 수 있는 것으로 보는 견해 등이 주장되고 있다.

판례는 상고에 관한 수권을 받지 않은 소송대리인이 원고를 대리하여 항소심을 수행하던 중 원고가 사망한 경우에는 항소심 판결정본이 소송대리인에게 송달된 때에 소송절차가 중단되고, 이러한 상태에서 피고가 제기한 상고는 소송절차의 중단 중에 제기된 것으로서 부적법하지만 상고법원에 수계신청을 하여 그 하자를 치유할 수 있다(대법원 1996. 2. 9. 선고 94다61649 판결)는 입장이다.

5. 사안의 경우

소송을 위임할 당시의 심급에 한하여 소송대리권이 존속하는 것으로 보는 판례의 입장에 따르면 B는 乙로부터 제1심에 한하여 소송대리권을 수여받았으므로 제1심 판결정본이 B에게 송달된 때에 소송절차가 중단되는 것으로 보아야 할 것이다. 제1심 판결정본이 B에게 송달된 때에 소송절차가 중단되는 것으로 보는 경우 乙의 상속인으로서 소송수계권자인 丁과 戊 또는 상대방 당사자인 甲은 제1심법원에 수계신청을 하였어야 할 것이다.

Ⅳ. 소송절차 중단 중의 당사자의 소송행위의 효력 및 하자 치유방법

1. 소송절차 중단 중의 당사자의 소송행위의 효력[16]

소송절차가 중단된 경우 당사자는 본안에 관한 소송을 수행하지 못하므로 중단을 해소하기 위한 소송행위[17]를 제외하고는 소송행위를 할 수 없다. 소송절차의 중단 중에 한 당사자의 소송행위는 원칙적으로 무효이다. 이 무효는 상

---

16) 소송절차의 중단을 간과한 법원의 소송행위의 효력: 소송절차의 중단 중에는 법원은 기일을 지정하거나 기간을 정할 수 없으며 증거조사, 재판(변론종결 후에 중단사유가 발생한 경우는 예외) 등 일체의 소송행위를 할 수 없으므로 이에 위반된 법원의 소송행위는 원칙적으로 무효이다. 다만 당사자의 이의권 포기·상실에 의해 그 하자가 치유될 수 있다.
변론종결 전에 소송절차가 중단되었음을 간과하고 선고된 판결의 효력: 법원이 소송절차의 중단을 간과하고 변론을 종결하고 판결을 선고한 때에는 그 판결의 효력이 문제된다. 이와 관련해서는 ① 소송계속 중에 당사자가 사망한 경우 상속인이 당연히 당사자가 되는 것으로 볼 수 없음을 이유로 이러한 판결은 당사자능력이 소멸된 후의 판결로서 무효라는 견해, ② 소송절차가 중단된 상태에서 선고된 판결은 유효하나 소송절차의 중단을 간과하고 선고된 절차상 위법한 판결로서 당사자가 소송행위를 할 수 없는 상태에서 선고되었으므로 대리인에 의하여 적법하게 대리되지 아니한 경우에 준하여 대리권의 흠을 이유로 상소 또는 재심의 소를 통해 그러한 판결의 취소를 구할 수 있다는 견해 등이 주장되고 있다.
판례는 변론이 종결되기 전에 소송절차가 중단되었음을 간과하고 선고된 판결은 소송에 관여할 수 있는 적법한 수계인의 권한을 배제한 결과가 되는 절차상 위법은 있으나 당연무효라고는 할 수 없고, 대리인에 의하여 적법하게 대리되지 않았던 경우와 같이 대리권의 흠결을 이유로 상소 또는 재심의 소에 의하여 그 판결의 취소를 구할 수 있다(대법원 1995. 5. 23. 선고 94다28444 전원합의체 판결)는 입장이다.
소송절차의 중단을 간과하고 본안판결이 선고된 후에 상속인이 수계신청을 하여 판결을 송달받아 상소한 경우뿐 아니라 정당한 상속인이 사실상 판결을 송달받아 상소장을 제출하고 상소심에서 수계절차를 밟은 경우에도 그 수계와 상소는 적법한 것으로 취급된다(대법원 1995. 5. 23. 선고 94다28444 전원합의체 판결). 또한 소송절차의 중단을 간과하고 본안판결이 선고된 후에 당사자가 명시적 또는 묵시적으로 원심절차를 적법한 것으로 추인한 때에는 민사소송법 제451조 제2항을 유추하여 그 상소이유 또는 재심사유가 소멸하는 것으로 보아야 한다(대법원 1995. 5. 23. 선고 94다28444 전원합의체 판결; 대법원 2003. 11. 14. 선고 2003다34038 판결).
17) 소송절차가 중단된 경우에도 당사자는 소송 밖에서 소송대리인을 선임하거나 해임하는 행위를 유효하게 할 수 있다.

대방만이 주장할 수 있고 당사자 본인은 신의칙상 주장할 수 없다.

2. 소송절차 중단에 관한 규정의 법적 성질

소송절차의 중단을 인정하는 것은 소송수행에 관한 당사자의 이익을 보호하기 위한 것이므로 이에 관한 규정은 임의규정으로서의 성질을 가진다.

3. 소송절차 중단 중의 당사자의 소송행위의 하자를 치유하는 방법

소송절차 중단 중의 소송행위도 소송절차에 관한 이의권의 포기·상실이나 추인에 의해 그 하자가 치유될 수 있다. 소송절차 중단 중의 당사자의 소송행위가 무효이더라도 상대방이 아무런 이의를 제기하지 않으면 이의권이 상실되어 유효하게 되고, 당사자가 추인하면 유효하게 된다. 추인은 명시적 또는 묵시적으로 할 수 있다.

소송절차가 중단된 상태에서 제기된 상소는 부적법하지만 상소심법원에 수계신청을 하여 그 하자를 치유할 수 있다(대법원 1996. 2. 9. 선고 94다61649 판결; 대법원 1999. 12. 28. 선고 99다8971 판결; 대법원 2003. 11. 14. 선고 2003다34038 판결; 대법원 2016. 4. 29. 선고 2014다210449 판결).

4. 사안의 경우

丁과 戊는 소송절차가 중단된 상태에서 C를 소송대리인으로 선임하여 C로 하여금 항소를 제기하게 하여 항소심의 소송을 수행하게 하였으므로 C가 丁과 戊를 대리하여 제기한 항소는 부적법하고 항소심에서의 C의 소송행위는 무효라고 할 것이다.

소송절차 중단 중의 당사자의 소송행위의 효력 및 하자 치유에 관한 판례의 입장에 따르면 乙의 상속인으로서 소송수계권자인 丁과 戊는 항소법원에 소송수계를 신청하고 C의 항소 제기 기타 소송행위를 추인할 수 있는데, 丁과 戊의 추인에 의해 소송절차 중단 중의 C의 소송행위의 하자가 치유되어 항소는 적법하고 기타 소송행위는 유효하게 될 수 있다.

V. 사례의 정리

乙의 상속인 丁과 戊가 항소심의 소송절차를 유지하기 위해서는 항소법원에 소송수계를 신청하고 C의 항소 제기와 기타 항소심에서의 소송행위를 추인함으로써 C가 제기한 항소를 적법하게 하고 C의 항소심에서의 소송행위를 유효하게 하여야 할 것이다.

〈제3문-1〉

I. 쟁점

제1심 판결정본이 공시송달의 방법으로 송달되었고 그로부터 50일 정도 지난 후에 乙이 항소장을 제출한 것과 관련하여 이것이 추완항소로서 적법한지가 문제되는데, 이와 관련해서는 (i) 甲이 乙의 주소를 알면서도 모른다고 법원을 기망하여 소장부본을 비롯하여 판결정본이 재판장의 명령에 의해 공시송달의 방법으로 송달된 경우 송달로서 효력이 인정될 것인지와 그 효력이 인정된다고 할 경우 판결정본 송달의 효력이 발생하는 시기를 검토하여야 하고, (ii) 乙이 책임질 수 없는 사유로 항소기간을 지킬 수 없었던 경우에 해당하는지와 (iii) 乙이 항소기간을 지킬 수 없었던 사유가 없어진 날부터 2주 이내에 항소장을 제출한 것인지와 乙이 항소장을 제출하면서 추완항소라는 문언을 기재하지 않은 때에도 항소를 추후보완한 것으로 볼 수 있는지를 검토하여야 한다.

II. 공시송달에 의한 판결정본 송달의 효력 인정 여부 및 효력 발생시기

1. 상대방의 주소를 알면서도 모른다고 법원을 기망하여 실시된 공시송달에 의한 송달의 효력 인정 여부

가. 공시송달의 요건

송달할 장소(당사자의 주소 등 또는 근무장소)를 알 수 없는 경우와 외국에서 하여야 할 송달에 관하여 민사소송법 제191조에 따를 수 없거나 그에 따르더라도 효력이 없을 것으로 인정되는 경우(외국의 관할 공공기관이 대한민국 법원이 한 송달의 촉탁에 응하지 않고 대한민국의 대사 등에 대하여도 송달을 촉탁할 수 없는 경우)에는 법원사무관 등이나 재판장이 직권으로 또는 당사자의 신청에 따라 공시송달에 의한 송달을 할 수 있다(법 제194조 제1항).

당사자나 그에 준하는 사람(소송참가인, 피고지인, 소송승계인, 법정대리인, 대표자, 관리인 등)에 대한 송달은 공시송달의 방법으로 할 수 있지만, 증인이나 감정인에 대한 출석요구서의 송달은 그 성질상 공시송달의 방법으로 할 수 없다.[18]

나. 공시송달의 방법

법원사무관 등의 공시송달처분 또는 재판장의 공시송달명령이 있는 경우 법원사무관 등은 송달할 서류를 보관하고 그러한 사유를 법원게시판에 게시하거나 관보, 공보 또는 신문에 게재하거나 전자통신매체를 이용하여 공시한다(법 제195조; 규칙 제54조 제1항). 민사소송규칙 제54조에 따른 공시송달절차에서의 공시는 공시사항을 인터넷 법원 홈페이지 법원게시판에 게시하는 방법으로 한다.

다. 공시송달의 요건에 흠이 있는 경우 송달로서 효력 인정 여부

재판장이 공시송달을 명하여 절차가 진행된 이상 공시송달의 요건에 흠이 있더라도 송달이 유효하다는 것이 판례의 입장이다(대법원 1991. 11. 8. 선고 90다17804 판결).[19] 이러한 판례의 입장에 대하여는 법원의 잘못이 있는데도 송달을 유효한 것으로 취급하는 것은 부당하다는 견해가 주장되기도 한다.

판결정본이 공시송달의 방법으로 피고에게 송달되었다면 피고의 주소가 거짓이거나 공시송달의 요건에 흠이 있더라도 그 송달은 유효한 것이므로 항소기간의 경과로 판결은 형식적으로 확정되어 기판력이 발생한다(대법원 2008. 2. 28. 선고 2007다41560 판결). 다만 잘못된 공시송달에 의한 송달로 심리가 진행된 결

---

18) 외국에서 할 송달에 대한 공시송달은 법원사무관 등이 송달할 서류를 보관하고 그 사유를 법원게시판에 게시함과 아울러 그 외국에 주재하는 대한민국의 대사, 공사 또는 영사에게 통지하여야 한다(국제민사사법공조법 제10조 제1항).
19) 그러나 공시송달의 요건에 흠이 있는 경우가 아닌 송달 일반의 흠, 예를 들면 사망한 사람에 대한 송달은 송달로서 효력이 인정되지 않는다(대법원 2007. 12. 14. 선고 2007다52997 판결).

과 패소한 때에는 송달받을 사람은 상소의 추후보완(법 제173조)이나 재심의 소 (법 제451조 제1항 제11호 전단)에 의하여 구제받을 수 있다(대법원 2011. 12. 22. 선고 2011다73540 판결).

2. 공시송달에 의한 송달의 효력 발생시기

첫 공시송달은 이를 실시한 날부터 2주가 지나면 효력이 생기며, 동일한 당사자에게 하는 그 뒤의 공시송달은 이를 실시한 다음 날부터 효력이 생긴다(법 제196조 제1항). 다만 외국에서 할 송달에 대한 첫 공시송달은 이를 실시한 날부터 2월이 지나야 효력이 생긴다(법 제196조 제2항). 공시송달의 효력 발생기간은 불변기간이 아니고, 이를 늘릴 수는 있지만 줄일 수는 없다(법 제196조 제3항).

3. 사안의 경우

甲이 乙의 주소를 알고 있었으므로 공시송달의 요건에 흠이 있는 것으로 볼 수 있는데, 이러한 경우에도 재판장의 명에 의해 공시송달의 방법으로 절차가 진행된 이상 송달을 유효한 것으로 보는 판례의 입장에 따르면 공시송달에 의한 소장부본 기타 소송서류 송달의 효력이 인정될 것이다. 판결정본의 송달은 첫 공시송달 뒤의 송달에 해당하여 공시송달이 실시된 다음 날부터 송달의 효력이 생기므로 甲의 청구를 인용한 제1심 판결정본이 법원 홈페이지 법원게시판에 게시된 다음 날인 2023. 12. 1. 송달의 효력이 발생한다.

乙에 대한 관계에서 2023. 12. 1.부터 항소기간이 진행하였을 것인데, 乙이 항소기간이 경과 후인 2024. 1. 19. 항소장을 제출하였으므로 이러한 乙의 소송행위가 항소의 추후보완 요건을 구비하였는지를 검토하여야 한다.

Ⅲ. 항소의 추후보완사유 인정 여부

1. 의의

당사자가 책임질 수 없는 사유로 불변기간을 지킬 수 없었던 경우까지 불변기간을 지키지 못한 데에 대한 제재를 가하는 것은 당사자에게 가혹하다는 점을 고려하여 당사자가 책임질 수 없는 사유로 불변기간을 지킬 수 없었던 때에는 해당 소송행위의 추후보완을 허용한다(법 제173조 제1항).

2. 당사자가 책임질 수 없는 사유로 불변기간을 지킬 수 없었던 경우

당사자가 책임질 수 없는 사유란 당사자가 해당 소송행위를 하는 데 일반적으로 요구되는 주의를 다하였음에도 불구하고 그 기간을 지킬 수 없었던 사유를 의미하고(대법원 2009. 9. 24. 선고 2009다44679 판결), 당사자에는 당사자 본인뿐 아니라 그 소송대리인과 소송대리인의 보조인도 포함된다(대법원 1999. 6. 11. 선고 99다9622 판결).

3. 공시송달의 방법으로 판결정본이 송달된 경우 항소기간을 지킬 수 없었던 것이 추후보완사유에 해당하는지 여부

처음부터 공시송달의 방법으로 소장부본 기타 소송서류 등이 송달된 때에는 특별한 사정이 없는 한 피고는 과실 없이 판결정본의 송달을 알지 못한 것으로 볼 수 있으므로 그가 책임질 수 없는 사유로 불변기간을 지킬 수 없었던 경우에 해당한다(대법원 2000. 9. 5. 선고 2000므87 판결).[20]

4. 사안의 경우

乙에 대한 관계에서 소장부본 기타 소송서류가 처음부터 공시송달의 방법으로 송달됨으로써 乙이 과실 없이 판결정본의 송달사실을 알지 못하여 乙이 책임질 수 없는 사유로 항소기간을 지킬 수 없었던 경우에 해당하므로 항소의 추후보완사유가 인정될 것이다.

---

20) 공시송달은 송달받을 사람의 주소 등 송달장소를 알 수 없어 통상의 방법으로는 소송서류를 송달할 수 없는 경우 법원사무관 등이 송달하여야 할 소송서류를 보관하고 그러한 사유를 법원 홈페이지 법원게시판에 게시하는 방법으로 이루어지므로 송달받을 사람이 송달사실과 그 내용을 알기 어렵다. 따라서 당사자가 책임질 수 없는 사유로 소의 제기사실, 판결정본의 송달사실 등을 알지 못한 경우에는 소송행위의 추후보완을 허용하여 송달받을 자가 불이익을 입는 것을 방지할 필요가 있다. 이런 경우 소송행위의 추후보완을 허용한다고 하여 공시송달 제도의 취지와 효력을 무의미하게 하는 것은 아니다(대법원 1999. 4. 27. 선고 99다3150 판결).
공시송달의 방법으로 소송서류가 송달된 절차에서 선고된 판결에 대한 추완항소사유의 유무를 판단함에 있어서는 공시송달 신청 자체에 과실이 있는지를 판단할 것이 아니라 일단 효력이 발생한 공시송달을 전제로 항소기간을 지키지 못한 것이 항소인이 책임질 수 없는 사유로 인한 것인지를 판단하여야 한다(대법원 1970. 3. 24. 선고 69다1171 판결).

IV. 항소 추후보완기간의 준수 여부 및 항소 추후보완의 방식

1. 소송행위의 추후보완기간

당사자가 책임질 수 없는 사유로 불변기간을 지킬 수 없었던 경우에는 그 사유가 없어진 날부터 2주 이내에 불변기간을 지키지 못한 소송행위를 보완할 수 있다(법 제173조 제1항 본문). 다만 추후보완사유가 없어질 당시 외국에 있던 당사자는 그 사유가 없어진 날부터 30일 이내에 불변기간을 지키지 못한 소송행위를 보완할 수 있다(법 제173조 제1항 단서).[21]

2. 추후보완사유가 없어진 날의 의미

추후보완사유가 없어진 날이란 불변기간을 지킬 수 없었던 장애사유가 없어진 날을 의미한다. 천재지변 기타 이와 유사한 사유로 불변기간을 지킬 수 없었던 경우에는 그 재난이 없어진 때를 의미하고, 공시송달에 의한 판결 송달사실을 알지 못하여 불변기간을 지킬 수 없었던 경우에는 당사자나 소송대리인이 판결이 있었던 사실을 안 때가 아니라 해당 판결이 공시송달의 방법으로 송달된 사실을 안 때를 의미한다(대법원 2000. 9. 5. 선고 2000므87 판결).

3. 소송행위의 추후보완 방식

가. 기간을 지키지 못한 소송행위의 방식

소송행위의 추후보완은 독립된 방식을 요구하지 않으므로 추후보완사유가 있는 당사자는 기간을 지키지 못한 소송행위를 관할하는 법원에 그 소송행위의 방식대로 하면 된다.[22]

---

21) 추후보완기간은 불변기간이 아니므로 당사자가 책임질 수 없는 사유로 추후보완기간을 지키지 못하였더라도 추후보완신청을 추후보완할 수는 없다. 추후보완기간은 불변기간이 아니므로 부가기간을 정할 수 없고, 늘리거나 줄일 수도 없다(법 제173조 제2항).

22) 기간을 지키지 못한 소송행위에 변론이 필요한 때에는 추후보완사유의 유무와 기간을 지키지 못한 소송행위의 당부를 동일한 변론절차에서 함께 심리한다. 추후보완사유의 존부는 소송요건에 해당하므로 법원은 이에 관하여 직권으로 조사하여야 한다. 추후보완사유의 존부에 관한 당사자의 주장은 법원의 직권 발동을 촉구하는 의미밖에 없으므로 법원이 이러한 당사자의 주장에 대하여 판단하지 않더라도 판단누락의 상고이유가 되지 않는다(대법원 1999. 4.

나. 항소 제기 시 추완항소라는 문언을 기재하지 않았더라도 소송행위의 추후보 완에 의한 항소로 볼 수 있는 경우

당사자가 항소를 제기하면서 추완항소라는 문언을 기재하지 않았더라도 그 전체적인 취지에 비추어 항소를 추후보완한다는 주장이 있는 것으로 볼 수 있는 때에는 법원은 추후보완사유에 대하여 심리·판단하여야 한다. 이런 경우 증거에 의하여 항소기간의 경과가 당사자가 책임질 수 없는 사유로 말미암은 것으로 인정되는 때에는 처음부터 추후보완에 의하여 제기된 항소로 보아야 한다 (대법원 2008. 2. 28. 선고 2007다41560 판결).

4. 사안의 경우

乙이 항소장에 추완항소라는 문언을 기재하지 않았더라도 소장부본 기타 소송서류가 공시송달의 방법으로 송달됨으로써 항소기간을 지킬 수 없었다고 항소장에 기재하고 있으므로 항소의 전체적인 취지에 비추어 항소를 추후보완한다는 주장이 있는 것으로 볼 수 있을 것이다. 乙은 2024. 1. 8. 제1심 판결정본이 공시송달의 방법으로 송달된 사실을 알게 되었고, 그로부터 2주(2024. 1. 22.)가 지나기 전인 2024. 1. 19. 서울중앙지방법원에 항소장을 제출하였으므로 乙의 항소장 제출은 추완항소로서 적법하다고 할 것이다.

V. 사례의 정리

소송서류가 처음부터 공시송달의 방법으로 송달되어 甲이 자신을 상대로 소를 제기한 사실을 비롯하여 판결정본이 송달된 사실을 알지 못하여 항소기간

---

27. 선고 99다3150 판결). 추후보완사유의 존재에 관하여는 추후보완신청을 한 당사자가 증명하여야 한다.

추후보완사유가 인정되면 법원은 추후보완된 소송행위의 당부에 관하여 판단하여야 하고, 추후보완사유가 인정되지 않으면 추후보완하고자 하는 소송행위는 불변기간을 경과한 부적법한 것이므로 법원은 해당 소송행위를 각하하여야 한다.

추후보완항소가 적법하여 해당 사건이 항소심에 계속된 경우에는 통상의 항소심과 동일하게 절차가 진행된다. 원고와 피고는 실기한 공격방어방법에 해당하지 않는 한 자유로이 공격방어방법을 제출할 수 있고, 피고는 상대방의 심급의 이익을 해할 우려가 없거나 상대방의 동의를 받은 때에는 반소를 제기할 수 있다(대법원 2013. 1. 10. 선고 2010다75044·75051 판결).

내에 항소를 제기할 수 없었던 乙이 제1심판결이 공시송달의 방법으로 송달된 사실을 안 날부터 2주 이내인 2024. 1. 19. 원심법원인 서울중앙지방법원에 이러한 사유를 기재한 항소장을 제출하였으므로 乙이 항소장에 추완항소라는 문언을 기재하지 않았더라도 항소의 전체적인 취지에 비추어 항소를 추후보완한다는 주장이 있는 것으로 볼 수 있고, 乙의 항소장 제출은 추완항소로서 적법하다고 할 것이다.

〈제 3 문 - 2〉

I. 쟁점

항소추완사유가 존재함에도 乙이 추완기간 내에 항소를 추완하지 않고 재심의 소를 제기한 것과 관련하여 이러한 경우에도 재심의 소의 보충성이 요구되는지를 검토하여야 하고, 乙이 민사소송법 제451조 제1항 제11호 전단의 재심사유를 주장하며 제기한 재심의 소가 적법한지와 관련하여 재심의 소가 재심제기기간 내에 제기된 것인지를 검토하여야 하며, 乙이 제기한 재심의 소가 적법할 경우 법원의 심판방법을 검토하여야 한다.

II. 항소추완사유가 존재함에도 추완기간 내에 항소를 추완하지 아니한 경우 재심의 소의 보충성이 요구되는지 여부

1. 재심의 소의 보충성의 의의 및 소송법상 의미

재심의 소는 재심사유를 재심 전 소송에서 상소로써 주장할 수 없었던 경우에 한하여 보충적으로 제기할 수 있는데(법 제451조 제1항 단서), 이를 상소에 대한 관계에서 재심의 소의 보충성이라고 한다. 재심의 소에 보충성을 요구하는 것은 당사자가 상소를 제기할 수 있는 시기에 재심사유의 존재를 안 경우에는 상소에 의하여 재심사유를 주장하게 하고, 상소로써 주장할 수 없었던 경우에 한하여 재심의 소에 의한 구제를 인정하려고 한 것이다(대법원 2011. 12. 22. 선고 2011다73540 판결).

재심의 소의 보충성의 소송법상 의미와 관련해서는 이를 ① 재심의 소의 적법요건으로 보는 견해, ② 재심요건으로 보는 견해 등이 주장되고 있다. 판례는 재심의 소의 보충성을 재심의 소의 적법요건으로 파악하여 보충성을 흠결한 때에는 재심의 소를 각하한다(대법원 1991. 11. 12. 선고 91다29057 판결).

2. 항소추완사유가 존재함에도 추완기간 내에 항소를 추완하지 않은 경우에도 재심의 소의 보충성이 요구되는지 여부

가. 항소추완사유의 인정 여부

乙에 대한 관계에서 소장부본 기타 소송서류가 처음부터 공시송달의 방법으로 송달된 사실이 인정되므로 항소추완사유가 인정될 것이다.

나. 항소추완기간의 경과 여부

당사자가 책임질 수 없는 사유로 불변기간을 지킬 수 없었던 경우에는 그 사유가 없어진 날부터 2주 이내에 불변기간을 지키지 못한 소송행위를 보완할 수 있다(법 제173조 제1항 본문). 다만 추후보완사유가 없어질 당시 외국에 있던 당사자는 그 사유가 없어진 날부터 30일 이내에 불변기간을 지키지 못한 소송행위를 보완할 수 있다(법 제173조 제1항 단서).

추후보완사유가 없어진 날이란 불변기간을 지킬 수 없었던 장애사유가 없어진 날을 의미하는데, 공시송달에 의한 판결의 송달사실을 알지 못하여 불변기간을 지킬 수 없었던 경우에는 당사자나 소송대리인이 해당 판결이 공시송달의 방법으로 송달된 사실을 안 때를 의미한다(대법원 2000. 9. 5. 선고 2000므87 판결).

乙은 2024. 1. 8.부터 2주 내인 2024. 1. 22.까지 항소를 추완할 수 있었는데, 이 기간 내에 항소를 추완하지 않았고 항소추완기간이 경과한 후인 2024. 2. 5. 재심의 소를 제기하였다.

다. 추완항소와 재심의 소의 관계

추완항소와 재심의 소는 서로 목적이 다르고, 추완항소는 송달받을 사람의 주관적 사유를 기준으로 하는 데 대하여 재심의 소는 송달신청인의 주관적 사유와 관련 있는 것이어서 추완항소와 재심의 소는 피고의 구제수단으로서 양립할 수 있다. 따라서 당사자는 각각의 해당 요건이 충족되면 어느 것이든 선택할 수 있다.[23)]

라. 판례의 입장

재심의 소의 보충성은 당사자가 상소를 제기할 수 있는 시기에 재심사유의 존재를 안 경우에는 상소에 의해 이를 주장하게 하고 상소로 주장할 수 없었던 경우에 한하여 재심의 소에 의한 비상구제를 인정하려는 것이며, 추완항소도 상소로 재심사유를 주장할 수 없었던 경우에 인정되는 구제수단이라는 점에서 추완항소와 재심의 소는 독립된 별개의 제도이다. 추완항소의 방법을 택하는 경우에는 항소의 추완기간 내에, 재심의 소의 방법을 택하는 경우에는 재심제기기간 내에 각각 제기할 수 있으므로 공시송달의 방법으로 판결이 선고되고 판결정본이 송달되어 확정된 후에 추완항소의 방법이 아닌 재심의 소의 방법을 택하는 때에는 항소추완기간이 경과하였더라도 재심제기기간 내이면 재심의 소를 제기할 수 있다고 보아야 한다(대법원 2011. 12. 22. 선고 2011다73540 판결).

3. 사안의 경우

추완항소와 재심의 소를 별개의 제도로 보아 추완항소에 대한 관계에서 재심의 소의 보충성을 요구하지 않는 판례의 입장에 따르면 乙은 항소추완기간 내에 항소를 추완하지 않았더라도 재심의 소의 다른 적법요건을 구비하여 재심의 소를 제기할 수 있다.

III. 재심제기기간의 준수 여부

1. 재심의 소의 적법요건

재심의 소가 적법하기 위해서는 (a) 재심의 당사자[24)]로서 재심의 소를 제기

---

23) 재심의 소를 선택하면 심급의 이익을 누릴 수는 있지만 제소기간의 제한을 받게 되고, 항소의 추완을 선택하면 심급의 이익을 누릴 수 없지만 항소기간을 지킬 수 없었던 사유가 오래 계속되어도 그 사유가 없어진 날부터 2주 이내에는 항소를 추완할 수 있다.

24) 재심의 소는 확정판결을 취소시켜 그 기판력을 배제하고자 하는 것이므로 확정판결의 기판력

할 이익을 가지는 자가 (b) 재심의 대상이 될 만한 재판을 대상으로 하여 (c) 재
심제기기간 내에 (d) 법률에 규정된 재심사유를 주장하며 재심의 소를 제기하여
야 한다.25) 재심의 소가 제기되면 법원은 재심의 소의 적법요건과 일반 소송요
건을 구비하였는지를 직권으로 조사하여야 한다. 사안의 경우에는 재심제기기
간을 준수한 것인지를 검토하여야 한다.

민사소송법 제451조 제1항에 규정되어 있는 재심사유 가운데 대리권의 흠(제
3호: 대리권이 전면적으로 흠결된 경우)과 기판력의 저촉(제10호)을 제외(법 제457
조)한 다른 재심사유의 경우에는 당사자는 재심의 대상인 판결이 확정된 후 재
심의 사유를 안 날부터 30일 이내에 재심의 소를 제기하여야 하고(법 제456조 제
1항),26) 판결이 확정된 후 5년이 지난 때에는 재심의 소를 제기하지 못한다(법
제456조 제3항).27)

에 의하여 불이익을 받은 자가 재심원고가 되고 이익을 받은 자가 재심피고가 되는 것이 원
칙이다.
25) 재심의 소는 재심의 대상이 된 판결을 한 법원에 제기하여야 하는데(법 제453조 제1항), 乙은
제1심법원인 서울중앙지방법원에 재심의 소를 제기하였으므로 전속관할권을 가지는 법원에
재심의 소를 제기한 것으로 볼 수 있다.
26) 재심원고는 원칙적으로 재심의 대상인 판결이 확정된 후 재심사유를 안 날부터 30일 이내에
재심의 소를 제기하여야 한다(법 제456조 제1항). 30일의 기간은 불변기간이므로(법 제456조
제2항) 당사자가 책임질 수 없는 사유로 재심제기기간을 지킬 수 없었던 경우에는 재심의 소
를 추후보완할 수 있다(법 제173조). 여러 개의 재심사유를 주장하는 때에는 각 재심사유마다
그 사유를 안 날부터 재심제기기간이 진행한다(대법원 1993. 9. 28. 선고 92다33930 판결).
재심의 소 제기 후에 재심사유를 변경한 때에는 그 변경 시에 새로운 재심사유에 의한 소가
제기된 것으로 보아 재심제기기간의 준수 여부를 판단하여야 한다(대법원 1990. 12. 26. 선고
90재다19 판결). 새로운 재심사유를 추가하는 것이 아니라 기존의 재심사유를 구성하는 사실
관계만을 추가하는 것은 공격방어방법의 추가에 해당하므로 제소기간의 제한을 받지 않는다.
형사상 가벌적 행위를 재심사유(법 제451조 제1항 제4호부터 제7호까지 규정된 재심사유)로
하는 경우에는 해당 가벌적 행위에 관한 유죄판결 등이 확정되었음을 안 날부터 재심제기기
간이 진행한다(대법원 1996. 5. 31. 선고 95다33993 판결). 다만 증거 부족 외의 이유로 유죄
판결 등을 할 수 없었던 경우에는 그러한 사정을 안 때부터 재심제기기간이 진행한다(대법원
2006. 10. 12. 선고 2005다72508 판결).
재심사유가 발생한 날이 아니라 재심사유를 안 날부터 진행하는 민사소송법 제456조 제1항의
재심제기기간은 제456조 제3항의 기간과는 별개의 재심제기기간이므로 제1항의 기간이 경과
한 때에는 재심대상판결의 확정일부터 진행하는 제3항의 기간이 경과하였는지와는 관계없이
재심의 소를 제기할 수 없게 된다(대법원 1996. 5. 31. 선고 95다33993 판결).
27) 재심사유의 존재를 알지 못하였더라도 판결이 확정되고 5년이 경과하면 재심의 소를 제기할
수 없게 된다(법 제456조 제3항). 5년의 기간은 불변기간이 아니므로 추후보완의 대상이 되
지 않는다. 5년의 기간은 재심사유가 판결이 확정되기 전에 생긴 경우에는 그 판결의 확정일
부터 기산하고, 재심사유가 판결이 확정된 후에 생긴 경우에는 그 사유가 발생한 때부터 기산

2. 사안의 경우

민사소송법 제451조 제1항 제11호 전단의 재심사유를 주장하는 경우에는 민사소송법 제456조 제1항이 적용되므로 乙은 재심사유가 존재하는 것을 안 날인 2024. 1. 8.부터 30일 이내(2024. 2. 7.)에 재심의 소를 제기하여야 하는데, 乙은 재심제기기간이 경과하기 전인 2024. 2. 5. 재심의 소를 제기하였으므로 乙이 제기한 재심의 소는 적법하다고 할 것이다.

Ⅳ. 재심의 소가 적법한 경우 법원의 심판

1. 재심사유의 존재 여부에 관한 심판

재심의 소가 적법하면 법원은 재심원고가 주장하는 재심사유의 존재 여부에 관하여 심리하여야 한다. 재심사유에 관한 증명책임은 재심원고가 부담한다(대법원 1990. 8. 14. 선고 89다카6812 판결).

기판력 있는 확정판결의 취소는 당사자가 임의로 처분할 수 있는 것이 아니기 때문에 재심사유의 존부에 관한 당사자의 처분권이 인정되지 않으므로 재심소송에서는 청구의 포기·인낙, 소송상 화해가 허용되지 않는다. 재심사유에 해당하는 사실의 존부에 관한 자료의 수집에는 원칙적으로 직권탐지주의가 적용되므로 법원은 당사자가 주장하는 재심사유에 해당하는 사실의 존부에 관한 자료를 직권으로 탐지하여 판단하여야 한다. 따라서 재심사유에 대하여는 재판상 자백과 자백간주에 관한 규정이 적용되지 않는다(대법원 1992. 7. 24. 선고 91다45691 판결[28]).

한다(법 제456조 제4항; 대법원 1991. 6. 25. 선고 91다1561 판결). 재심사유가 판결이 확정된 후에 생긴 때란 재심대상판결이 확정된 후에 가벌적 행위에 대한 유죄판결 등이 확정되거나 판결의 기초가 된 재판 또는 행정처분이 바뀐 경우를 의미한다(대법원 1982. 9. 14. 선고 82다16 판결).

[28] 재심의 소는 확정판결에 대하여 그 효력을 인정할 수 없는 흠이 있는 경우 구체적 정의를 위하여 법적 안정성을 희생시켜 확정판결의 취소를 허용하는 비상수단으로서 소송제도의 기본목적인 분쟁 해결의 실효성과 정의 실현의 조화를 도모하여야 하므로 재심사유의 존부에 관하여는 당사자의 처분권을 인정할 수 없고, 법원은 당사자가 주장하는 재심사유 해당사실의 존부에 관한 자료를 직권으로 탐지하여 판단할 필요가 있으므로 재심사유에 대하여는 당사자의 자백이 허용되지 않으며 자백간주에 관한 민사소송법 제150조 제1항이 적용되지 않는 것

법원은 재심원고가 주장하는 재심사유에 관해서만 조사·판단하여야 한다. 법원의 심리 결과 재심사유가 존재하지 않는 것으로 인정되면 종국판결로 재심청구를 기각하여야 한다(대법원 1990. 12. 7. 선고 90다카21886 판결). 재심사유가 존재하는 것으로 인정되는 경우 그 존부에 관하여 당사자 간에 다툼이 있으면 중간판결을 하거나(법 제454조 제2항) 종국판결의 이유에서 판단하면 된다.

2. 본안에 관한 심판

가. 본안심리

재심사유가 존재하는 것으로 인정되는 때에는 법원은 본안에 관하여 심리하여야 하므로 원판결에 의하여 완결된 전 소송에 대하여 다시 심판하여야 한다. 원판결의 대상이 된 청구에 관하여 처음부터 새로 심리하는 것은 아니고 그 청구에 관한 재심 전 소송의 변론종결 전의 상태로 돌아가서 심리하게 된다. 이런 경우 본안에 관한 변론은 재심 전 소송의 변론의 속행으로서 재심 전 소송과 일체를 이루며, 재심사유에 해당하는 하자가 존재하는 절차에 관한 부분을 제외하고는 종전의 절차는 그대로 효력이 유지된다. 다만 변론의 갱신절차를 밟아야 하고, 재심의 소가 사실심에 계속 중이면 당사자는 새로운 공격방어방법을 제출할 수 있다(대법원 2001. 6. 15. 선고 2000두2952 판결). 재심원고는 재심의 소를 취하할 수 있고, 본안의 원고는 본안의 소를 취하할 수 있으며 당사자는 본안의 소송물에 관하여 화해할 수 있다.

본안의 변론과 재판은 재심의 청구이유의 범위(원판결에 대한 불복신청의 범위) 안에서 하여야 한다(법 제459조 제1항). 재심피고에 의하여 부대재심(법 제455조, 제403조, 제425조)이 제기되지 않는 한 재심원고에 대하여 원래의 확정판결보다 불이익한 판결을 할 수 없다(대법원 2003. 7. 22. 선고 2001다76298 판결). 가벌적 행위를 재심사유로 하는 경우 법원이 본안에 관하여 심판함에 있어서는 형사소송의 유죄판결 내용과 같은 사실을 인정하여야 하는 것은 아니고 자유롭게 판단할 수 있다.

으로 보아야 한다.

나. 종국판결

심리 결과 원판결이 정당하지 않다고 인정되면 법원은 원판결을 불복신청의 한도 내에서 취소하고 이에 갈음하는 판결을 하여야 한다. 재심판결은 원판결을 소급하여 취소하는 형성판결에 해당한다.

원판결이 정당하다고 인정되면 법원은 재심사유가 존재하더라도 재심청구를 기각하여야 한다(법 제460조; 대법원 1991. 12. 24. 선고 91므528 판결). 원판결이 표준시 전의 사유에 비추어 정당한 것으로 인정되는 때에는 법원은 재심청구를 기각하여야 한다. 원판결이 표준시 전의 사유에 비추어 보면 정당하지 않지만, 표준시 후에 발생한 새로운 사유로 인해 원판결의 결론이 정당하게 된 경우의 처리방법이 문제된다. 이와 관련해서는 ① 이런 경우에는 재심청구를 기각할 것이 아니라 원판결을 취소하고 동일한 내용의 판결을 하여야 한다는 견해, ② 이러한 경우에도 민사소송법 제460조에 따라 재심청구를 기각할 수 있지만 기판력의 표준시가 재심대상판결의 변론종결 시가 아니라 재심판결의 변론종결 시로 변경되는 것으로 보는 견해 등이 주장되고 있다. 판례는 법원이 재심사유가 있다고 인정하면서도 재심대상판결의 변론종결 후의 사유를 이유로 재심청구를 기각한 때에는 그 기판력의 표준시를 재심대상판결의 변론종결 시가 아니라 재심판결의 변론종결 시로 본다(대법원 1993. 2. 12. 선고 92다25151 판결).

재심소송의 당사자는 종국판결에 대하여 그 심급에 대응하여 상소할 수 있다.[29] 재심의 상고심에서는 사실심의 변론종결 후에 생긴 재심사유인 사실을 주장할 수 없다.

3. 사안의 경우

재심사유가 존재하는 것으로 인정되면 법원은 본안에 관하여 심리하여야 하는데, 심리 결과 甲의 청구를 인용한 제1심판결이 정당하지 않은 것으로 판단되면 乙이 불복을 신청한 한도 내에서 제1심판결을 취소하고 이에 갈음하는 판결

---

29) 제1심법원에 제기된 재심소송의 판결에 대하여는 항소할 수 있고, 항소법원에 제기된 재심소송의 판결에 대하여는 상고할 수 있다. 또한 상소심판결에 새로운 재심사유가 존재하면 이를 대상으로 하여 재심의 소를 제기할 수 있다.

을 하여야 한다. 甲은 乙의 주소를 알고 있음에도 모른다고 하여 공시송달의 방법으로 소송서류의 송달이 이루어지게 하였으므로 甲의 청구를 인용한 판결에는 민사소송법 제451조 제1항 제11호 전단의 재심사유가 존재하는 것으로 볼 수 있고, 법원의 심리 결과 甲과 乙 간에 X 토지에 관한 매매계약이 체결된 사실이 없는 것으로 밝혀졌으므로 법원은 甲의 청구를 인용한 판결을 취소하고 甲의 청구를 기각하는 판결을 하여야 할 것이다.

V. 사례의 정리

추완항소에 대한 관계에서 재심의 소의 보충성을 요구하지 않는 판례의 입장에 따르면 乙이 항소추완기간 내에 항소를 추완하지 않았더라도 乙은 민사소송법 제451조 제1항 제11호 전단의 사유를 주장하여 재심의 소를 제기할 수 있고, 乙이 제기한 재심의 소는 재심제기기간 내에 제기되었으므로 법원은 재심사유가 존재하는지를 판단하여야 하는데, 민사소송법 제451조 제1항 제11호 전단의 재심사유가 존재하는 것으로 인정되고, 법원의 심리 결과 甲과 乙 간에 X 토지에 관한 매매계약이 체결된 사실이 없는 것으로 밝혀졌으므로 법원은 甲의 청구를 인용한 판결을 취소하고 甲의 청구를 기각하는 판결을 하여야 할 것이다.

참고사례

〈사례 1〉

A가 사망하자 A 명의의 X 토지를 甲(妻)과 乙(子, 30세)이 상속하여 그에 관한 상속등기를 하였다. 甲은 X 토지를 乙의 동의 없이 丙에게 매도하였는데, 甲은 丙에게 X 토지를 매도할 당시 乙의 인감도장, 인감증명서, 위임장 등을 제시하지 아니한 채 丙과 매매계약을 체결하였다. 丙은 甲과 乙을 상대로 위 매매를 원인으로 한 소유권이전등기절차의 이행을 구하는 소를 제기하였는데, 그 소 제기 당시 乙은 해외 출장 중이었다. 甲과 乙은 같은 곳에서 생활하고 있었으므로 甲과 乙에 대한 소장부본 기타 소송서류가 같은 곳으로 송달되었고, 甲은 乙에 대한 소송서류를 수령하고도 乙에게 그 사실을 알리지 아니하여 乙은 丙이 자신을 상대로 소를 제기한 사실을 알지 못하였고, 甲과 乙이 변론기일에 출석하지 않자 법원은 丙의 청구를 인용하는 판결이 선고하였다. 甲은 2023. 5. 10. 판결정본을 송달받았는데, 그 사실을 乙에게 알리지 않았고 항소하지도 아니하였다. 丙은 위 판결에 기해 그의 명의로 소유권이전등기를 하였다. 乙은 출장에서 돌아와 2023. 6. 5. X 토지에 관하여 丙 명의로 소유권이전등기가 되어 있는 것을 발견하고 甲에게 확인해 본 결과 丙이 소를 제기한 사실, 甲이 소장부본과 판결정본 등을 송달받은 사실을 알게 되었다. 이런 경우 乙은 소송상 어떠한 조치를 취할 수 있는가?

〈사례 2〉

甲은 乙을 상대로 乙 명의로 소유권이전등기가 되어 있는 X 토지에 관하여 매매를 원인으로 한 소유권이전등기절차의 이행을 구하는 소를 제기하였다. 乙은 변호사 A를 소송대리인으로 선임(상소에 관한 권한 수여)하여 제1심 소송을 수행하던 중 사망하였고, 乙의 상속인으로는 丙(아들)과 丁(딸)이 있는데, 甲은 丙만이 乙의 상속인인 줄 알고 丙에 대해서만 소송수계절차를 밟았다. 제1심법원은 판결서에 丙만을 피고로 기재하여 甲의 청구를 전부 인용하는 판결을 선고하였고, 그 판결정본이 甲과 A에게 각 송달되었다. A가 丙을 항소인으로 하여 항소를 제기한 경우 丁은 이 소송에 관여하기 위하여 어떠한 조치를 취하여야 하는가?

〈사례 3〉

甲은 2022. 1. 10. 乙에게 3억 원을 변제기 1년으로 정하여 빌려주었는데, 乙이 변제기가 지나도록 갚지 않는다고 주장하며 변호사 A를 소송대리인으로 선임(상소에 관한 권한 수여)하여 2023. 5. 15. 乙을 상대로 대여금의 반환을 구하는 소를 제기하였다. 甲은 제1심 계속 중에 사망하였고 그의 상속인으로는 B(아들)와 C(딸)가 있는데, 乙은 B만이 甲의 상속인인 줄 알고 B에 대해서만 소송수계절차를 밟았다. 제1심법원은 판결서에 B만을 원고로 기재하여 B의 청구를 기각하는 판결을 선고하였고, 그 판결정본이 2023. 9. 5. A에게 송달되었다. B는 2023. 9. 20. 그 명의의 항소장을 제1심법원에 제출하였다. 항소법원의 심리 결과 甲이 乙에게 3억 원을 빌려주고 반환받지 못하였으며, 甲의 상속인으로 B, C가 있는 것으로 밝혀진 경우 법원은 사건을 어떻게 처리하여야 하는가?

〈사례 4〉

甲은 2022. 3. 10. 乙에게 3억 원을 변제기 1년으로 정하여 빌려주었는데, 乙이 변제기가 지나도록 갚지 않는다고 주장하며 변호사 A를 소송대리인으로 선임(상소에 관한 권한을 수여하지 않음)하여 2023. 5. 10. 乙을 상대로 대여금의 반환을 구하는 소를 제기하였다. 甲은 제1심 계속 중에 사망하였고 그의 상속인으로는 B(아들)와 C(딸)가 있는데, 乙은 甲의 상속인으로 B만 있는 줄 알고 B에 대해서만 소송수계절차를 밟았다. 제1심법원은 판결서에 B만을 원고로 기재하여 B의 청구를 기각하는 판결을 선고하였고, 그 판결정본이 2023. 9. 5. A에게

송달되었다. B는 2023. 9. 19. 그 명의의 항소장을 제1심법원에 제출하였다. 항
소법원의 심리 결과 甲이 乙에게 3억 원을 빌려주고 반환받지 못하였으며, 甲의
상속인으로 B, C가 있는 것으로 밝혀진 경우 법원은 사건을 어떻게 처리하여야
하는가?

〈제 1 문〉

〈사실관계〉

甲은 2023. 9. 5. 乙을 상대로 소유권에 기하여 X 토지의 인도를 구하는 소를 제기하였다. 甲은 변론기일에 출석하여 자신은 A로부터 X 토지를 매수하여 소유하고 있는데, 乙이 이를 점유하고 있으므로 소유권에 기하여 X 토지의 인도를 구하게 되었다고 주장하며 X 토지에 관한 등기사항증명서를 증거(갑제1호증)로 제출하였다(갑제1호증에는 A에서 甲으로 소유권이전등기가 마쳐진 것으로 기재되어 있다). 이에 대하여 乙은 X 토지를 2023. 1. 1.부터 2025. 12. 31.까지 임차하기로 하고 2023. 1. 1. 甲으로부터 X 토지를 인도받아 점유하고 있으므로 甲의 청구에 응할 수 없다고 주장하며 임대차계약서를 증거(을제1호증)로 제출하였다. 이에 대하여 甲은 乙에게 X 토지를 임대하지 않았다고 주장하고 있다. 갑제1호증과 을제1호증에 대한 인부절차에서 乙은 갑제1호증의 성립을 인정하였고, 甲은 을제1호증 중 임대인란에 기재된 甲의 이름 옆에 날인된 인영이 자신의 인장에 의한 것은 맞지만 자신은 날인한 사실이 없다고 다투었는데, 乙은 甲의 동생인 丙이 甲을 대신하여 날인하였다고 주장하였으며, 甲은 乙의 주장을 원용하였다. 甲과 乙이 더 이상 새로운 사실과 증거를 제출하지 아니하자 법원은 변론을 종결하였다. 법원은 어떠한 판결을 하여야 하는가?

〈제 2 문〉

〈사실관계〉

甲 명의로 등기되어 있던 X 토지에 관하여 乙 명의로 소유권이전등기가 마쳐진 후에 乙은 2014. 3. 10. 丙에게 X 토지를 매도하고 그다음 날 丙 명의로 소유권이전등기를 해 주고 점유를 이전해 주었다. 2022. 12. 15. 이러한 사실을

알게 된 甲은 2023. 1. 10. 乙과 丙을 상대로 소유권에 기하여 각 소유권이전등기의 말소등기절차의 이행을 구하는 소를 제기하였다. 甲은 변론기일에 출석하여 자신은 A로부터 X 토지를 매수하여 소유하고 있는데, 乙이 등기서류를 위조하여 乙 명의로 소유권이전등기를 하였고 그 후 丙 명의로 소유권이전등기가 이루어졌으므로 乙과 丙 명의의 소유권이전등기는 원인무효의 등기로서 말소되어야 한다고 주장하며 甲에서 乙로, 乙에서 丙으로 매매를 원인으로 소유권이전등기가 차례로 마쳐진 것으로 기재되어 있는 등기사항증명서를 증거(갑제1호증)로 제출하였다. 乙은 변론기일에 출석하여 甲의 주장사실을 다투지 않았지만, 丙은 변론기일에 출석하여 甲의 주장은 사실이 아니며 만에 하나 사실이라고 하더라도 자신은 위조사실을 모르고 등기부상 소유자로 등기되어 있는 乙로부터 X 토지를 매수하였고, X 토지에 관한 소유권이전등기와 점유를 2013. 3. 11. 乙로부터 넘겨받아 현재까지 계속하여 X 토지를 점유하고 있으므로 X 토지에 관한 소유권을 취득하였다고 주장하였다. 甲은 乙 명의의 소유권이전등기가 위조된 등기서류에 의해 이루어진 사실을 증명하였고, 법원의 심리 결과 丙은 2014. 3. 11. 乙로부터 X 토지에 관한 소유권이전등기와 점유를 넘겨받은 사실이 인정되었다. 甲, 乙, 丙이 더 이상 소송자료를 제출하지 않자 법원은 2023. 6. 23. 변론을 종결하였다. 법원은 어떠한 판결을 하여야 하는가?

〈제 3 문〉

〈사실관계〉

甲은 乙로부터 X 토지를 매수하였다고 주장하며 乙과 丙을 공동피고로 하여 乙을 상대로는 매매를 원인으로 한 소유권이전등기절차의 이행을 구하고, 乙로부터 소유권이전등기를 받은 丙을 상대로는 乙을 대위하여 丙 명의 소유권이전등기의 말소등기절차의 이행을 구하는 소를 제기하였다. 甲의 乙에 대한 청구에 관하여는 乙이 甲의 청구를 인낙하는 진술을 하자 법원사무관이 이를 변론조서에 기재하였고, 甲의 丙에 대한 청구에 관하여는 丙 명의의 소유권이전등기가 乙의 A에 대한 채무를 담보하기 위하여 마쳐진 것임을 이유로 乙이 A에게 그 채무를 이행한 다음 丙 명의 소유권이전등기의 말소등기절차를 이행할 것을 명하는 판결이 선고되었다. 이에 따라 丙 명의의 소유권이전등기가 말소되었고, 甲 명의로 소유권이전등기가 마쳐진 후에 丁 명의로 소유권이전등기가 마쳐졌다. 그 후 丙은 자신이 X 토지의 소유자 乙로부터 X 토지를 매수하여 이에 관한 소유권이전등기를 마쳤음에도 乙과 A가 공모하여 丙 명의의 소유권이전등기가 乙의 A에 대한 채무를 담보하기 위하여 마쳐진 것처럼 법원을 기망하여 丙 명의의 소유권이전등기가 말소되었음을 이유로 乙과 A를 사기죄로 고소하였고 乙과 A에 대한 유죄판결이 확정되었다. 丙은 丁에게 丁 명의 소유권이전등기의 말소등기절차에 협력할 것을 요구하였는데, 丁이 X 토지가 자기의 소유라고 주장하며 협력하지 않자 丙은 丁을 상대로 X 토지가 丙의 소유라는 확인을 구하는 소를 제기하였다. 丙은 X 토지의 소유자 乙로부터 X 토지를 매수하여 이에 관한 소유권이전등기를 마쳤으므로 X 토지는 자기의 소유라고 주장하며 丙이 X 토지의 소유자 乙로부터 X 토지를 매수한 사실을 인정한 위 형사사건의 판결서 사본을 증거(갑제1호증)로 제출하였다. 그런데 丁은 갑제1호증에 대한 인부절차에서 부지로 답변하였고, 변론기일에서 丙이 乙로부터 X 토지를 매수한 사실을 알지 못하며 乙에서 丙으로 소유권이전등기가 마쳐졌더라도 그에 관한 말소등기절차의 이행을 명한 판결에 기해 丙 명의의 소유권이전등기가 말소된 이상 丙은 X 토지에 관한 소유권을 주장할 수 없을 뿐 아니라 乙의 청구의 인낙에 기해 甲 명의로 소유권이전등기가 마쳐졌고, 丁이 그러한 甲으로부터 X 토지를 매수한 이상 丙이 丁에게 X 토지에 관한 소유권을 주장하는 것은 위 청구의 인낙의 내용에 반하여 허용되지 않는다고 주장하였다. 법원은 어떠한 판결을 하여야 하는가?

─ 증거 사례 풀이 ─

〈제1문〉

Ⅰ. 쟁점

甲이 乙을 상대로 소유권에 기하여 X 토지의 인도를 청구하자 乙은 자신이 X 토지를 임차하여 점유하고 있다고 주장하였고, 甲이 X 토지를 임대하지 않았다고 다투자 乙은 X 토지를 임차한 사실을 증명하기 위하여 임대차계약서를 증거(을제1호증)로 제출하였는데, 그 기재 내용이 乙이 증명하고자 하는 사실을 증명하기 위해서는 乙의 서증신청이 적법하여야 하고, 을제1호증의 형식적 증거력과 실질적 증거력이 인정되어야 한다. 을제1호증의 형식적 증거력과 관련해서는 乙이 자신에게 불리한 甲이 아닌 丙이 날인한 사실을 진술한 후에 甲이 이를 원용한 것과 관련하여 丙이 날인한 사실에 대하여 재판상 자백이 성립하는 것으로 볼 수 있는지와 甲이 아닌 丙이 날인한 사실이 인정되는 경우 을제1호증의 진정성립에 관한 증명책임을 甲과 乙 중 누가 부담하는지를 검토하여야 한다. 을제1호증의 형식적 증거력이 인정되지 않는 경우 법원은 증명책임분배의 원칙에 따라 재판하게 될 것이므로 증명책임의 분배에 따른 법원의 판단을 검토하여야 한다.

Ⅱ. 甲의 소유권에 기한 X 토지인도청구의 권리발생사실

甲이 乙을 상대로 소유권에 기하여 X 토지의 인도를 구하는 소송에서 甲은 X 토지인도청구의 권리발생사실을 주장·증명하여야 하고, 甲의 X 토지인도청구를 다투는 乙은 그에 대한 반대사실(권리장애·소멸·저지사실)을 주장·증명하여야 한다.

1. 甲의 乙에 대한 청구의 권리발생사실

甲의 乙에 대한 청구가 인정되기 위해서는 甲은 ① 甲이 X 토지를 소유하는 사실, ② 乙이 X 토지를 점유하는 사실을 주장·증명하여야 한다.

2. 甲의 주장사실 인정 여부

甲은 자신이 A로부터 X 토지를 매수하여 소유하고 있는 사실과 乙이 X 토지를 점유하고 있는 사실을 주장하고 있다. 甲이 X 토지를 소유하고 있다는 주장에 대하여는 乙이 명백히 다투지 않았으므로 자백간주가 성립하게 된다(법 제150조 제1항 본문). 乙이 X 토지를 점유하고 있다는 주장에 대하여는 乙이 임차권 항변을 하고 있으므로 이러한 甲의 주장사실에 대하여 재판상 자백이 성립한 것으로 볼 수 있다(법 제288조 본문).

III. 乙의 서증신청의 적법 여부

1. 乙의 임차권 항변[1]

乙은 甲의 X 토지인도청구에 대하여 甲으로부터 X 토지를 임차하여 점유하고 있으므로 甲의 청구에 응할 수 없다고 주장하고 있는데, 이러한 乙의 주장은 항변에 해당한다.

乙은 甲과 임대차계약을 체결한 사실과 甲으로부터 X 토지를 인도받은 사실을 주장하고 있는데, 甲이 乙의 주장사실을 다투고 있으므로 乙은 이를 증명하여야 한다.

---

1) 甲이 乙을 상대로 소유권에 기하여 X 토지의 인도를 청구하는 경우 乙은 X 토지를 점유할 권리가 있는 때에는 그 인도를 거절할 수 있으므로(민법 제213조 단서) 甲의 X 토지인도청구에 대하여 乙은 항변으로서 X 토지를 점유할 권리가 있는 사실을 주장·증명할 수 있다 구체적인 점유권원으로는 (i) 지상권, 전세권, 유치권과 같이 점유를 권리의 내용으로 하는 제한물권, (ii) 임차권과 같이 물건을 점유하는 것을 내용으로 하는 채권적 권리, (iii) 점유자에게 그의 인도의무의 이행을 거절할 권능을 생기게 하는 동시이행항변권 등이 있다. 乙이 X 토지를 甲으로부터 임차하였다고 주장하는 경우 乙은 임차권의 발생원인사실인 "① 甲과 乙이 X 토지에 관하여 임대차계약을 체결한 사실, ② 甲이 ①의 계약에 기해 乙에게 X 토지를 인도한 사실"을 주장·증명하여야 한다.

2. 서증신청의 방법[2]

乙은 임대차계약의 체결사실을 증명하기 위하여 임대차계약서를 법원에 제출함으로써 서증을 신청하였다. 자신이 소지한 문서를 법원에 직접 제출함으로써 서증을 신청하는 때에는 문서의 원본, 정본 또는 인증 있는 등본을 제출하여야 한다(법 제355조 제1항).

3. 사안의 경우

乙은 임대차계약서 원본을 제출하였으므로 乙의 서증신청은 적법하다고 할 것이다.

Ⅳ. 을제1호증의 형식적 증거력 인정 여부

1. 형식적 증거력의 의의 및 내용[3]

일정한 사실을 증명하기 위하여 제출된 문서가 서증으로 채택되기 위해서는

---

2) 서증신청의 방법으로는 (ⅰ) 자기가 소지하는 문서를 법원에 직접 제출하는 방법(법 제343조 전단), (ⅱ) 제출의무 있는 문서소지자에게 문서를 법원에 제출하도록 명할 것을 신청하는 방법(법 제343조 후단), (ⅲ) 문서제출의무의 유무에 상관없이 문서소지자에게 문서를 법원에 보내도록 촉탁할 것을 신청하는 방법(법 제352조), (ⅳ) 법원이 문서가 있는 곳에서 서증조사를 해 줄 것을 신청하는 방법(법 제297조)이 있다.

3) 증거조사의 대상이 될 수 있는 자격을 증거능력이라고 하는데, 민사소송에서는 형사소송과 달리 증거능력에 관한 제한이 없다. 전기통신의 감청은 제3자가 전기통신의 당사자인 송신인과 수신인의 동의를 받지 않고 전기통신의 내용을 녹음하는 등의 행위를 하는 것은 의미하는데, 전기통신에 해당하는 전화 통화의 당사자 일방이 상대방 모르게 통화 내용을 녹음하는 것은 전기통신의 감청에 해당하지 않지만, 제3자의 경우는 전화 통화 당사자 일방의 동의를 받고 그 통화 내용을 녹음하였더라도 그 상대방의 동의가 없었던 이상 전기통신의 감청에 해당한다. 불법감청에 의하여 지득 또는 채록된 전기통신의 내용은 재판 또는 징계절차에서 증거로 사용할 수 없으므로(통신비밀보호법 제4조, 제3조 제1항) 제3자가 전화 통화 당사자 일방만의 동의를 받고 전화 통화 내용을 녹음한 녹취서는 증거능력이 없다(대법원 2021. 8. 26. 선고 2021다236999 판결).
문서의 증거능력이 인정되는 경우 그 문서의 증거력을 판단하게 되는데, 문서의 증거력을 판단하는 때에는 우선 문서가 작성명의인의 의사에 의하여 작성된 것인지(형식적 증거력)를 확정한 다음 형식적 증거력이 인정되는 경우 문서의 기재 내용이 진실한 것으로서 요증사실을 증명할 수 있는지(실질적 증거력)를 검토한다. 서증은 문서에 표현된 작성자의 의사를 증거자료로 하여 요증사실을 증명하려는 것이므로 우선 그 문서가 증거신청 당사자에 의하여 작성자로 주장되는 자의 의사에 의하여 작성된 것임이 밝혀져야 하고, 이러한 형식적 증거력이 인

그 문서가 작성명의인의 의사에 의하여 작성되어 진정하게 성립되었어야 한다. 문서가 진정하게 성립된 경우 형식적 증거력이 인정된다.

작성명의인의 의사에 기한 것이면 되기 때문에 작성명의인의 자필일 필요는 없고 작성명의인의 승낙 하에 다른 사람이 작성하여도 된다. 처분문서에 기재된 작성명의인인 당사자의 서명이 자신의 자필임을 그 당사자가 다투지 않는 때에는 날인이 되어 있지 않더라도 그 문서의 진정성립이 추정되므로 납득할 만한 설명 없이 그 증명력을 배척할 수 없다(대법원 1994. 10. 14. 선고 94다11590 판결[4])).

문서에 대한 진정성립의 인정 여부는 법원이 모든 증거자료와 변론 전체의 취지를 참작하여 자유심증에 따라 판단한다(대법원 2003. 4. 8. 선고 2001다29254 판결).

가. 진정성립의 인부

문서가 증거로 제출되면 법원은 형식적 증거력을 조사하기 위하여 상대방에게 그 문서의 진정성립을 인정하는지에 관하여 답변하게 하는데, 상대방의 답변을 '성립의 인부(認否)'라고 한다.[5] 성립의 인부절차에서 상대방의 태도는 (ⅰ) 성립 인정, (ⅱ) 침묵, (ⅲ) 부인, (ⅳ) 부지로 나타날 수 있다. 성립의 인부는 변론에서 말로 할 수 있는데 변론준비절차에서도 할 수 있다(법 제274조 제2항, 제281조 제3항 본문, 제286조).

(1) 상대방이 문서의 진정성립을 인정하거나 침묵하는 경우

문서의 진정성립 여부에 관하여 상대방이 진정성립을 인정하거나 침묵하면

정된 다음 비로소 작성자의 의사가 요증사실의 증거로서 얼마나 유용한가에 관한 실질적 증명력을 판단하여야 한다(대법원 2002. 8. 23. 선고 2000다66133 판결).

4) 문서를 백지에 서명만을 하여 교부하여 준다는 것은 이례에 속하는 것이므로 백지에 서명만을 한 채 교부한 후에 임의로 작성된 문서임을 인정하여 그 문서의 진정성립의 추정력을 뒤집으려면 그럴 만한 합리적인 이유와 이를 뒷받침할 증거가 필요하다.

5) 실무상 제출된 서증에 관하여 상대방이 적극적·명시적으로 인부의 진술을 하지 않는 경우 그에게 인부의 진술을 촉구하지는 않지만, 부각된 쟁점에 비추어 해당 문서의 진정성립에 대하여 다툼이 있는 문서, 해당 문서로 증명될 사실의 존부 등이 쟁점이어서 이에 관한 판단이 실질적으로 중핵적인 증거가치를 가지고 있는 문서, 기타 사건의 쟁점과 관련된 문서로서 그에 관한 성립의 인부가 꼭 필요하다고 판단되는 문서의 경우에는 상대방에게 인부의 의견을 진술하게 하고 있다.

주요사실의 경우처럼 재판상 자백 또는 자백간주가 성립하는 것으로 취급되어 법원을 구속하고 당사자의 취소가 제한된다(대법원 1988. 12. 20. 선고 88다카3083 판결; 대법원 1991. 1. 11. 선고 90다8244 판결; 대법원 2001. 4. 24. 선고 2001다5654 판결; 대법원 2019. 7. 11. 선고 2015다47389 판결).

(2) 상대방이 문서의 진정성립에 관하여 부인 또는 부지로 답변하는 경우

문서의 진정성립 여부에 관하여 상대방이 부인 또는 부지로 답변할 수도 있는데, 부인으로 답변하는 경우 부인하는 이유를 구체적으로 밝혀야 한다(규칙 제116조). 자기 명의의 문서에 대하여는 부지로 답변할 수 없고 부인 또는 인정하여야 한다.6)

나. 사문서의 진정성립의 증명

상대방이 사문서의 진정성립 여부에 관하여 부인 또는 부지의 답변을 하는 경우 문서제출자는 그 문서가 작성명의인의 의사에 의하여 작성되었음을 증명하여야 한다(법 제357조; 대법원 1994. 11. 8. 선고 94다31549 판결). 문서의 진정성립을 증명하는 경우 그 증명방법에는 제한이 없으나 신빙성이 있어야 하고, 문서에 대한 증거조사가 통상의 방법7)으로 이루어진 때에는 변론 전체의 취지만으로도 그 진정성립을 인정할 수 있다(대법원 1993. 4. 13. 선고 92다12070 판결).

다. 사문서의 진정성립의 추정8)

사문서의 진정성립에 관하여 상대방이 다투면 문서제출자가 성립의 진정을

---

6) 사문서의 작성명의인이 본인 명의 문서의 진정성립에 관하여 부지로 답변하는 경우 법원의 조치: 사문서의 작성명의인이 본인 명의 문서의 진정성립에 관하여 부지로 답변하는 경우 법원은 인영 부분의 진정성립 여부를 석명한 후 그에 따라 문서의 진정성립 여부에 관하여 심리하여야 한다(대법원 2000. 10. 13. 선고 2000다38602 판결).

7) 실무상 문서에 대한 증거조사는 원본과 함께 상대방 당사자의 수에 1을 더한 수의 사본을 제출하면 법원이 원본을 상대방에게 보여주고 인부를 시킨 다음 사본을 상대방에게 주고, 남는 사본을 소송기록에 철한 다음 원본을 제출자에게 돌려주는 방식으로 이루어진다.

8) 공문서의 경우에는 문서의 작성방식과 취지에 의하여 공무원이 직무상 작성한 것으로 인정되는 때에는 진정한 공문서로 추정하고, 공문서가 진정한지 의심스러운 때에는 법원은 직권으로 해당 공공기관에 조회할 수 있다(법 제356조 제1항 · 제2항). 외국의 공공기관이 작성한 문서에 대하여도 공문서의 진정의 추정에 관한 규정이 준용된다(법 제356조 제3항).
추정의 범위는 공문서의 진정성립에 한한다. 공문서의 진정성립의 추정은 실체법상 요건사실의 추정에 관한 것이 아니므로 법률상 추정에 해당하지 않고 형식적 증거력에 관한 것이므로

증명하여야 하는데(법 제357조), 문서에 있는 본인 또는 대리인의 서명이나 날인 또는 무인이 진정한 것임을 증명한 때에는 진정한 문서로 추정받는다(법 제358조).9)

라. 인영 부분을 인정하면서 문서의 진정성립을 다투는 경우 문서의 형식적 증거력

문서에 날인된 작성명의인의 인영이 그의 인장에 의하여 현출된 인영임이 인정되면 특별한 사정이 없는 한 그 인영의 진정성립, 즉 날인행위가 작성명의인의 의사에 의하여 이루어진 것으로 추정되고(1단계의 추정), 인영의 진정성립이 추정되면 민사소송법 제358조에 의하여 문서 전체의 진정성립이 추정된다(2단계의 추정). 따라서 문서가 위조된 것임을 주장하는 자는 인영이 작성명의인의 의사에 반하여 날인된 것임을 증명할 필요가 있다(대법원 2002. 2. 5. 선고 2001다72029 판결).

증거법칙적 추정에 해당한다. 이러한 추정을 깨뜨리기 위한 상대방의 증명활동과 관련해서는 ① 상대방은 반대사실(성립의 부진정)을 증명할 필요 없이 법관으로 하여금 문서의 진정성립에 관하여 의심을 품게 하면 추정을 깨뜨릴 수 있는 것으로 보는 견해, ② 상대방은 문서의 진정성립에 의심이 들 정도로 반증하는 것으로는 부족하고 반대사실을 증명하여야 추정을 깨뜨릴 수 있는 것으로 보는 견해 등이 주장되고 있다. 판례는 공문서의 진정 추정에 관하여 민사소송법 제356조 제1항이 문서의 작성방식과 취지에 의하여 공무원이 직무상 작성한 것으로 인정한 때에는 이를 진정한 공문서로 추정한다고 규정하고 있으므로 이러한 추정을 뒤집을 만한 특단의 사정이 증거에 의하여 밝혀지지 않는 한 그 성립의 진정은 부인될 수 없다(대법원 1985. 5. 14. 선고 84누786 판결)는 입장이다.

9) 민사소송법 제358조에 따른 사문서의 진정 추정의 소송상 취급과 관련해서는 이를 ① 법률규정에 의한 법률상 추정으로 보는 견해, ② 실체법상 요건사실의 추정에 관한 것이 아니라 형식적 증거력에 관한 증거법칙적 추정으로 보는 견해 등이 주장되고 있다. ②의 견해는 이러한 추정을 깨뜨리기 위한 상대방의 증명활동과 관련하여 ㉮ 문서의 진정성립에 의심을 품게 하는 반증으로 추정을 깨뜨릴 수 있는 것으로 보는 견해, ㉯ 상대방은 반대사실을 증명하여야 추정을 깨뜨릴 수 있는 것으로 보는 견해 등으로 입장이 나뉜다. 판례는 사문서는 본인 또는 대리인의 서명, 날인 또는 무인이 있는 경우 진정한 것으로 추정되므로 사문서의 작성명의인이 그 문서에 날인된 인영 부분의 성립을 인정한 때에는 반증으로 그러한 추정이 번복되는 등의 다른 특별한 사정이 없는 한 그 문서 전체에 관한 진정성립이 추정되고, 이러한 완성문서로서의 진정성립의 추정력을 뒤집으려면 그럴 만한 합리적인 이유와 이를 뒷받침할 간접반증 등의 증거가 필요하다(대법원 2009. 5. 14. 선고 2009다7762 판결)는 입장이다.

마. 작성명의인이 아닌 자의 날인사실이 인정되는 경우 증명책임의 소재

문서에 날인된 작성명의인의 인영이 그의 인장에 의하여 현출된 것이라면 특별한 사정이 없는 한 그 인영의 진정성립, 즉 날인행위가 작성명의인의 의사에 의한 것임이 사실상 추정되고, 인영의 진정성립이 추정되면 민사소송법 제358조에 의하여 문서 전체의 진정성립이 추정되지만, 위와 같은 사실상 추정은 날인행위가 작성명의인 외의 자에 의하여 이루어진 것임이 밝혀진 때에는 깨어지므로 문서제출자는 그 날인행위가 작성명의인으로부터 위임받은 정당한 권원에 의한 것이라는 사실을 증명하여야 한다(대법원 2003. 4. 8. 선고 2002다69686 판결; 대법원 2009. 9. 24. 선고 2009다37831 판결).10)

2. 丙이 날인한 사실에 대한 재판상 자백의 성립 여부

가. 재판상 자백의 의의 및 요건

재판상 자백이란 변론기일 또는 변론준비기일에서 상대방의 주장과 일치하는 자기에게 불리한 사실을 진술하는 것을 말한다(대법원 1983. 11. 22. 선고 83다521 판결).

(1) 자백의 대상(구체적 사실)

자백은 상대방이 주장하는 사실상 진술에 대하여 성립하는 것이므로 상대방이 주장하는 법률상 진술 또는 의견이 자백의 대상이 되는지가 문제된다. 법률상 진술에는 법규의 존부 또는 해석에 관한 진술,11) 사실에 대한 평가적 판단에

---

10) 작성명의인의 날인만 되어 있고 내용이 백지인 문서를 교부받아 후일 다른 사람이 그 백지 부분을 보충한 백지보충문서의 경우 문서의 일부가 미완성인 상태에서 서명날인을 하여 교부하는 것은 이례에 속하므로 그 문서의 작성·교부 당시 백지상태인 공란 부분이 있었고 그것이 사후에 보충되었다는 점은 작성명의인이 증명하여야 하고, 문서의 내용 중 일부가 사후 보충되었다는 사실이 증명된 때에는 그 백지 부분의 기재에 따른 효과를 주장하는 당사자가 그 백지 부분이 정당하게 위임받은 권한에 의하여 보충되었다는 사실을 증명하여야 한다(대법원 2000. 6. 9. 선고 99다37009 판결). 다만 백지어음의 경우에는 보충권을 당연히 예정하고 있으므로 발행인(작성명의인)은 수취인 또는 소지인에게 백지 부분을 보충하도록 하는 보충권을 줄 의사로 발행한 것이 아니라는 점, 즉 백지어음이 아니고 불완전어음으로서 무효라는 점을 증명하여야 한다(대법원 2001. 4. 24. 선고 2001다6718 판결).
11) 법규의 존부 판단이나 해석은 법원의 전권사항이므로 자백의 대상이 되지 않는다. 따라서 이에 관한 당사자 간의 일치된 진술은 법원을 구속하지 않으며 법원은 직권으로 법률적 판단을

관한 진술,12) 법률적 사실의 진술,13) 소송상 청구의 당부 판단의 전제가 되는 선결적 법률관계에 관한 진술,14) 소송상 청구의 내용을 이루는 권리 또는 법률관계에 관한 진술15) 등이 포함된다.

(2) 자백의 내용(자기에게 불리한 사실상 진술)

자백은 자기에게 불리한 사실상 진술이어야 하는데, 자기에게 불리한 사실의 의미와 관련해서는 ① 상대방이 증명책임을 지는 사실로서 자신의 자백으로 인해 상대방이 증명책임을 면하게 되는 사실을 자기에게 불리한 사실로 보는 견해, ② 해당 사실에 기초하여 판결하게 되면 패소할 가능성이 있는 때에는 자신

하여야 한다.

12) 사실에 대한 평가적 판단(법적 추론)에 관한 진술에는 과실, 정당한 사유, 선량한 풍속 기타 사회질서 위반, 의사표시의 해석, 법률행위의 법적 성질, 증거에 대한 가치평가(실질적 증거력) 등에 관한 진술이 포함되는데, 사실에 대한 법적 추론은 법원의 직무에 속하므로 이에 관한 진술은 자백의 대상이 되지 않는다. 법률상 유언이 될 수 없는 것을 당사자가 유언이라고 인정하더라도 유언이 될 수 없다(대법원 2001. 9. 14. 선고 2000다66430·66447 판결).

13) 법률적 사실의 진술이란 법률용어를 사용하여 사실을 진술하는 것을 말하는데, 이런 경우에는 그 내용을 이루는 사실을 압축하여 법률용어로 진술한 것으로 보아 매매나 소비대차와 같이 일반적으로 널리 알려진 법률용어로서 진술자가 그 의미를 이해하고 있으면 그 내용을 이루는 사실에 대한 자백으로서의 구속력을 인정할 수 있다. 당사자가 법률용어를 사용하여 진술한 경우 그것이 동시에 구체적 사실관계의 표현으로서 사실상 진술을 포함하고 있는 때에는 그러한 사실상 진술의 범위에서 자백의 성립이 인정된다(대법원 1984. 5. 29. 선고 84다122 판결).

14) 선결적 법률관계에 관한 불리한 진술이란 당해 소송의 목적인 법률관계의 존부 판단의 전제가 되는 선결적 법률관계를 인정하는 것을 말하는데, 선결적 법률관계에 관한 불리한 진술의 처리방법과 관련해서는 ① 당사자에 대하여는 구속력을 인정하여 진술한 당사자에 의한 임의철회를 금지하고, 법원에 대하여는 구속력을 부정하여 법원이 당사자의 진술에 반하는 인정을 할 수 있는 것으로 보아야 한다는 견해, ② 소유권에 기한 건물인도청구에서 소유권 문제는 소전제를 이룬다는 점에서 사실관계와 다를 바가 없다는 것을 이유로 자백으로서 효력을 인정하여야 한다는 견해, ③ 선결적 법률관계가 중간확인의 소의 대상이 된 경우 상대방이 청구를 인낙할 수 있는 것을 고려하면 자백의 성립을 인정하여야 한다는 견해 등이 주장되고 있다.
판례는 소송물의 전제가 되는 법률관계나 법률효과를 인정하는 진술은 자백으로서의 구속력이 없지만(대법원 1992. 2. 14. 선고 91다31494 판결), 그 내용을 이루는 사실에 대하여는 자백이 성립하는 것으로 볼 수 있다(대법원 1989. 5. 9. 선고 87다카749 판결)는 입장이다. 다만 선결적 법률관계에 관한 불리한 진술이 그 내용을 이루는 사실에 대한 진술로서 재판상 자백으로 인정될 수 있는 것은 그러한 사실에 대한 법적 추론의 결과에 대하여 당사자 간에 다툼이 없는 경우에 한하며, 선결적 법률관계의 내용을 이루는 사실에 대한 법적 추론의 결과에 관하여 당사자 간에 다툼이 있는 때에는 선결적 법률관계에 관한 불리한 진술은 권리자백으로서의 성질을 가질 뿐이다(대법원 2007. 5. 11. 선고 2006다6836 판결).

15) 소송상 청구를 이루는 권리 또는 법률관계 자체에 관한 불리한 진술은 청구의 포기·인낙으로서 일정한 효력이 인정된다(법 제220조).

에게 증명책임이 있는 사실도 자기에게 불리한 사실에 포함되는 것으로 보는 견해 등이 주장되고 있다. 판례는 자신이 증명책임을 부담하는 사항에 관하여 자기에게 불리한 진술을 한 경우 상대방이 이를 원용한 때에는 자백이 성립한다(대법원 1993. 9. 14. 선고 92다24899 판결16))는 입장이다.

(3) 자백의 모습(상대방의 주장사실과 일치17)하는 사실상 진술)

자백은 상대방 당사자의 주장사실과 일치하는 자기에게 불리한 진술이어야 한다. 법원은 필요한 경우 양 당사자의 사실상 진술이 일치하는지에 관하여 석명권을 행사하여 변론 전체의 취지로 판단하여야 한다(대법원 2007. 6. 28. 선고 2007다26424 판결).

상대방이 먼저 진술한 후에 이를 시인하는 것이 보통이지만, 원고가 먼저 피고로부터 일부 변제를 받았다고 진술하는 경우와 같이 당사자 일방이 먼저 자진하여 불리한 진술을 하기도 한다.

(4) 자백의 방식(변론기일이나 변론준비기일에서 소송행위로서 진술)

자백은 법원에 대한 단독적 소송행위이므로 상대방이 변론기일에 출석하지 않더라도 자백할 수 있다. 상대방의 주장사실에 대하여 자백하는 취지의 서면이 진술간주(법 제148조 제1항)된 경우에도 재판상 자백으로서 효력이 인정된다. 법원에 제출되어 상대방에게 송달된 답변서나 준비서면에 자백에 해당하는 내용이 기재되어 있는 경우에도 그것이 변론기일이나 변론준비기일에서 진술 또는 진술간주되어야 재판상 자백이 성립한다(대법원 2015. 2. 12. 선고 2014다229870 판결). 자백은 소송행위로서의 진술이므로 소송자료가 되지만, 증거조사의 일종인 당사자신문에서 상대방의 주장사실과 일치하는 진술을 하더라도 그 진술은 증거자료에 불과하여 자백으로 되지 않는다. 소송 밖에서 상대방이나 제3자에

---

16) 원고들이 토지에 관한 소유권 확인을 구하는 경우 원고들의 피상속인 명의로 소유권이전등기가 마쳐진 것이라는 점은 원고들이 증명책임을 부담하는 사항인데, 그 소유권이전등기를 마치지 않았다는 사실을 원고들이 자인한 때에는 피고가 이를 원용하면 이 점에 관하여 자백이 성립하게 되고, 원고들은 그 자백이 진실에 반하고 착오로 인한 것임을 증명하지 못하는 한 이를 취소할 수 없다.

17) 상대방의 주장과의 일치 정도: 자백에는 가분성이 인정되므로 자백하는 당사자의 진술이 상대방의 주장과 완전히 일치하여야 하는 것은 아니다. (ⅰ) 상대방의 주장사실을 전체로서는 다투면서 그 일부에 대하여는 일치하는 진술을 하거나 (ⅱ) 상대방의 주장사실을 인정하면서 그에 대한 방어방법을 부가하는 때에는 일치하는 부분에 한하여 자백의 성립을 인정할 수 있다.

대하여 자기에게 불리한 진술을 하는 것은 재판 외의 자백에 해당한다. 다른 소
송사건의 변론에서 자기에게 불리한 진술을 하여도 재판 외의 자백에 불과하며,
이러한 진술은 증거원인이 될 수 있을 뿐이다(대법원 1996. 12. 20. 선고 95다
37988 판결[18])).

나. 문서의 진정성립에 관한 사실이 자백의 대상이 되는지 여부

문서의 진정성립 여부에 관하여 상대방이 성립인정으로 답변하거나 침묵하
면 주요사실의 경우처럼 재판상 자백과 자백간주 규정이 적용되어 법원을 구속
하고 당사자의 취소가 제한된다. 문서의 성립에 관한 자백 또는 인영의 진정에
관한 자백은 보조사실에 관한 것이지만, 판례는 문서의 진정성립에 관한 자백의
취소를 주요사실에 관한 자백의 취소와 동일하게 취급하여 서증의 진정성립을
자백한 당사자는 자유롭게 그 진술을 철회할 수 없는 것으로 처리한다(대법원
1988. 12. 20. 선고 88다카3083 판결; 대법원 1991. 1. 11. 선고 90다8244 판결; 대법원
2001. 4. 24. 선고 2001다5654 판결; 대법원 2019. 7. 11. 선고 2015다47389 판결).

다. 당사자 일방이 자진해서 한 불리한 사실상 진술의 소송상 취급

(1) 소송법적 의미

당사자 일방이 자진해서 한 불리한 사실상 진술의 소송법적 의미와 관련해
서는 ① 상대방이 원용하기 전의 상태를 선행자백으로 보는 견해, ② 상대방이
원용하여 재판상 자백으로 된 경우를 선행자백으로 보는 견해 등이 주장되고
있다.

판례는 재판상 자백의 일종인 선행자백은 당사자 일방이 자진하여 자기에게
불리한 사실상 진술을 한 후에 상대방이 이를 원용함으로써 그 사실에 관하여
당사자 쌍방의 주장이 일치할 것을 요구하므로 그러한 일치가 있기 전에는 자
인진술을 선행자백이라고 할 수 없다(대법원 2016. 6. 9. 선고 2014다64752 판결)는
입장이다.

---

18) 이 사건에서 대법원은 소유권이전등기의 말소등기소송에서 패소한 당사자가 소유권에 기하여
   진정한 등기명의의 회복을 위한 소유권이전등기를 청구하는 것을 인정하였는데, 이러한 입장
   은 대법원 2001. 9. 20. 선고 99다37894 전원합의체 판결에 의해 변경되었다.

(2) 불리한 자인진술에 대하여 상대방의 원용 또는 일치하는 진술이 있는 경우

당사자가 변론에서 상대방이 주장하기도 전에 자진하여 자기에게 불리한 사실을 진술하고 상대방이 이를 명시적으로 원용하거나 그 진술과 일치하는 진술을 한 경우에는 재판상 자백이 성립하여 법원도 그 자백에 구속되어 이에 저촉되는 사실을 인정할 수 없다(대법원 2005. 11. 25. 선고 2002다59528·59535 판결).

(3) 불리한 자인진술에 대하여 상대방의 원용 또는 일치하는 진술이 없는 경우[19]

당사자 일방이 자진하여 자기에게 불리한 사실을 진술한 때에도 상대방이 이를 명시적으로 원용하거나 그 진술과 일치하는 진술을 하여 그 사실에 관한 양 당사자의 주장이 일치하기 전에는 자인진술을 선행자백이라고 할 수 없으므로 자기에게 불리한 사실을 진술한 당사자도 상대방의 원용이 있기 전에는 그 자인한 진술을 철회하고 이와 모순되는 진술을 함으로써 자인진술을 소송자료에서 제거할 수 있다(대법원 2016. 6. 9. 선고 2014다64752 판결).

3. 사안의 경우

문서의 진정성립에 관한 자백과 선행자백에 관한 판례의 입장에 따르면 乙이 먼저 자기에게 불리한 丙이 날인한 사실을 진술한 후에 甲이 이를 원용하였으므로 丙이 날인한 사실에 대하여 재판상 자백이 성립한 것으로 볼 수 있다. 이로써 丙의 날인사실이 인정되므로 乙은 丙에게 날인에 관한 정당한 권원이 있었음을 증명하여야 을제1호증의 진정성립을 인정받을 수 있는데, 乙이 이를 증명하지 못하였으므로 을제1호증의 형식적 증거력이 인정되지 아니하여 그 기재 내용은 증거자료가 될 수 없을 것이다.

[19) 불리한 자인진술에 대하여 상대방의 원용이나 일치하는 주장이 없는 경우 그 자인진술에 관하여 법원에 대한 구속력이 인정되는지에 관해서는 이를 긍정하는 견해와 부정하는 견해가 주장되고 있다. 다만 상대방의 원용이나 그에 상응하는 주장이 없는 상태로 변론이 종결된 경우에도 이러한 자인진술은 당사자가 스스로 자기에게 불리한 사실을 진술하고 있다는 점에서 법원의 사실인정에 중요한 자료가 될 수 있다.

V. 증명책임의 분배

1. 증명책임의 의의 및 내용

가. 객관적 증명책임

소송상 어느 요증사실의 존부가 확정되지 않는 경우 그 사실이 존재하지 않는 것으로 취급되어 법률판단을 받게 되는 당사자 일방의 불이익을 객관적 증명책임이라고 한다. 객관적 증명책임은 증거조사를 마친 심리의 최종단계에 이르기까지 당사자의 주장사실의 진실 여부에 관하여 법관이 확신을 갖지 못한 경우 누가 그로 인한 불이익을 부담할 것인가의 문제라고 할 수 있다. 객관적 증명책임은 모든 증거조사를 마친 후에도 사실의 존부가 불분명한 경우 법원이 재판을 할 수 있게 하기 위한 것이므로 변론주의가 적용되는 절차뿐 아니라 직권탐지주의가 적용되는 절차에서도 인정된다.

나. 주관적 증명책임

요증사실의 존부가 불분명한 경우 불이익한 판단을 받게 되기 때문에 증명책임 부담자가 이러한 불이익을 면하기 위하여 소송과정에서 증거를 제출하여 증명활동을 해야 하는 행위책임을 주관적 증명책임 또는 증거제출책임이라고 한다. 객관적 증명책임은 증거조사를 마친 심리의 최종단계에서 문제되지만, 주관적 증명책임은 증거조사과정에서 문제된다.[20] 주관적 증명책임은 변론주의가 적용되는 절차에서만 인정되고, 직권탐지주의가 적용되는 절차에서는 인정되지 않는다.[21]

---

20) 객관적 증명책임과 주관적 증명책임의 분배는 모두 적용되는 법규에 따라 추상적으로 정해지는 것으로서 분배의 내용은 동일하지만, 그 기능이 나타나는 시기가 객관적 증명책임은 증거조사를 마친 심리의 최종단계이고 주관적 증명책임은 증거조사과정인 점에서 차이가 있다.
21) 변론주의가 적용되는 민사소송에서는 당사자가 소송자료를 제출하여야 하므로 당사자가 증거제출책임을 게을리하면 소송에서 패소하게 된다. 그러나 직권탐지주의가 적용되는 소송절차에서는 법원이 직권으로 사실을 밝혀야 하므로 당사자가 증거제출을 게을리하더라도 반드시 패소하는 것은 아니다.

2. 증명책임분배이론[22]

증명책임분배의 기준과 관련하여 과거에는 요증사실의 성질이나 그 존부의 개연성을 기준으로 삼아야 한다는 견해,[23] 주장하는 자가 증명책임을 부담하여야 한다는 견해 등이 주장되기도 하였지만, 오늘날에는 증명책임의 분배기준을 법규의 구조나 형식에서 찾아야 한다는 견해와 실질적인 이익형량을 통해 증명책임분배의 규범적 근거를 찾아야 한다는 견해 등이 주장되고 있다.

가. 법률요건분류설에 따른 증명책임분배

법규의 구조나 형식에서 증명책임의 분배기준을 찾는 법률요건분류설에 따르면 각 당사자는 자기에게 유리한 법규의 요건사실의 존재에 대하여 증명책임을 부담한다. 소송요건과 관련해서는 그것이 존재하여야만 본안판결을 받을 수 있으므로 원고가 그 존재를 증명하여야 한다. 본안과 관련해서는 권리의 존재를 주장하는 자는 권리근거규정의 요건사실(권리발생사실)을, 권리의 존재를 다투는 상대방은 반대규정의 요건사실(권리장애·소멸·저지사실)[24]을 증명하여야

---

22) 요증사실에 대하여 누가 증명책임을 부담하는지에 따라 소송의 승패가 결정된다고 할 수 있을 정도로 증명책임의 분배는 소송상 중요한 의미가 있다. 그런데 증명책임분배에 관한 일반규정은 없다. 증명책임분배에 관한 개별규정으로는 무권대리인의 상대방에 대한 책임에 관한 민법 제135조 제1항, 보증인의 최고·검색의 항변권에 관한 민법 제437조 본문 등이 있다.

23) 이 견해에 따르면 요증사실 가운데 적극적 사실이나 외계의 사실은 증명할 수 있어 그 사실을 주장하는 자가 증명책임을 부담하고, 소극적 사실이나 내심의 사실은 증명할 수 없어 그러한 사실의 존부를 다투는 상대방이 증명책임을 부담한다. 그러나 동일한 내용의 사실을 적극적으로도 소극적으로도 주장할 수 있을 뿐 아니라 소극적 사실이나 내심의 사실도 간접사실을 통해 증명할 수 있어 증명책임 분배기준으로서 불명확하다는 한계 때문에 이 견해는 오늘날 통용되지 못하고 있다.

24) 권리장애사실의 항변: 권리근거규정에 기한 권리의 발생을 처음부터 방해하는 권리장애규정의 요건사실을 주장하는 것을 권리장애사실의 항변이라고 한다. 권리장애사실은 권리근거사실의 발생과 동시에 또는 그 이전부터 존재하여야 한다. 의사능력 흠결, 강행법규 위반, 선량한 풍속 기타 사회질서 위반(민법 제103조), 불공정한 법률행위(민법 제104조), 통정허위표시(민법 제108조) 등의 법률행위의 무효사유, 원시적 이행불능 등을 주장하는 경우가 권리장애사실의 항변에 해당한다. 원고가 피고로부터 금전을 지급받기로 하는 약정이 있었다고 주장하고 그러한 약정의 존재를 증명한 때에는 그 약정금의 범위 내에서 구체적인 액수 등에 관하여 더 심리해 볼 필요가 있더라도 원고는 권리발생의 근거에 관한 주장·증명을 한 것이므로 그 약정에 따른 채무가 발생하지 않았다는 주장은 피고의 항변에 해당한다(대법원 1997. 3. 25. 선고 96다42130 판결).

권리소멸사실의 항변: 권리근거규정에 기해 일단 발생한 권리를 소멸시키는 권리소멸규정의 요

한다.25)

나. 법률요건분류설의 보완

실질적인 기준에 의해 증명책임을 분배하고자 하면 그 기준이 명확하지 않고, 입법자도 통상적으로는 당사자 간의 공평 등 실질적 요소를 고려하여 권리근거규정과 반대규정을 제정하는 것이므로 증명책임을 분배하는 때에는 법규의 규정 형식을 일응의 기준으로 삼을 수 있다. 다만 공해소송, 의료소송, 제조물책임소송 등의 경우에는 증거가 당사자 일방에게 편재되어 있어 법규의 규정 형식만을 기준으로 증명책임을 분배하고자 하면 증명책임을 부담하는 당사자가 증명활동을 할 수 없는 결과를 초래하기도 하는데, 이러한 때에는 증명책임을 전환하거나 완화하고자 하는 시도가 이루어지고 있다.

다. 검토

증명책임을 분배하는 경우 법적 안정성을 고려하여 일단 일반적 · 추상적인 기준에 따르고, 이러한 일반적 기준에 따르면 불합리한 결과가 초래될 수 있는 경우에는 구체적 타당성을 고려하여 수정을 가하는 방법으로 증명책임의 전환 또는 완화가 이루어질 수 있다.

건사실을 주장하는 것을 권리소멸사실의 항변이라고 한다. 권리소멸사실은 권리근거사실보다 뒤에 발생한다는 점에서 권리장애사실과 구별된다. 변제, 소멸시효 완성 등의 권리소멸규정의 요건사실을 주장하거나 해제권, 해지권, 취소권, 상계권 등 사법상 형성권의 행사로 일단 발생한 법률효과를 배제시키는 권리배제규정의 요건사실을 주장하는 경우가 권리소멸사실의 항변에 해당한다.

권리저지사실의 항변: 권리근거규정에 기한 권리의 발생을 저지하거나 권리근거규정에 기해 이미 발생한 권리의 행사를 저지하는 권리저지규정의 요건사실을 주장하는 것을 권리저지사실의 항변이라고 한다. 이는 상대방의 이행청구에 대하여 그 이행을 일시적 · 잠정적으로 거절하는 연기적 항변에 해당한다. 정지조건 또는 기한 존재의 항변, 유치권항변, 보증인의 최고 · 검색의 항변(민법 제437조 본문), 동시이행항변 등이 권리저지사실의 항변에 해당한다. 유치권항변이나 동시이행항변의 경우 그 항변이 이유 있는 때에는 법원은 상환이행판결을 하여야 한다.

25) 원고가 권리의 존재를 주장하는 통상의 경우에는 원고가 소를 제기하여 피고에게 권리 또는 법적 지위를 주장하고, 피고는 원고의 소송상 청구에 대하여 다투게 되므로 원고는 권리발생사실에 대하여, 피고는 권리의 장애 · 소멸 · 저지사실에 대하여 증명책임을 부담한다. 다만 소극적 확인의 소의 경우에는 피고가 권리발생사실에 대하여 증명책임을 부담한다.

3. 사안의 경우

甲이 乙을 상대로 소유권에 기하여 X 토지의 인도를 청구한 데 대하여(민법 제213조 본문) 乙이 X 토지를 점유할 권리로서 임차권의 존재를 주장하였는데(같은 조 단서), 乙의 임차권 항변은 甲의 X 토지에 관한 소유물반환청구권의 발생을 저지하는 것으로서 증명책임분배에 관한 법률요건분류설과 판례의 입장에 따르면 乙은 甲과 X 토지에 관하여 임대차계약을 체결한 사실과 그 임대차계약에 기하여 甲으로부터 X 토지를 인도받은 사실에 대하여 증명책임을 부담한다. 따라서 甲이 乙에게 X 토지를 임대한 사실을 다투는 경우 乙은 이러한 사실을 증명하여야 하는데, 乙이 증명하지 못하였으므로 그러한 사실이 존재하지 않는 것으로 취급되어 乙의 임차권 항변은 이유 없게 될 것이고 법원은 甲의 청구를 인용하는 판결을 하여야 할 것이다.

Ⅵ. 사례의 정리

甲이 乙을 상대로 소유권에 기하여 X 토지의 인도를 청구하자 乙이 甲으로부터 X 토지를 임차하였다고 항변하였고, 甲이 乙에게 X 토지를 임대하지 않았다고 다투자 乙이 임대차계약의 체결사실을 증명하기 위하여 임대차계약서를 증거로 제출하였는데, 임대차계약서상 甲의 날인과 관련하여 문서의 진정성립에 관한 자백과 선행자백에 관한 판례의 입장에 따르면 乙이 먼저 자기에게 불리한 丙이 날인한 사실을 진술한 후에 甲이 이를 원용하였으므로 丙이 날인한 사실에 대하여 재판상 자백이 성립하고, 이로써 丙의 날인사실이 인정되므로 乙은 丙에게 날인에 관한 정당한 권원이 있었음을 증명하여야 임대차계약서의 진정성립을 인정받을 수 있는데, 乙이 이를 증명하지 못하였으므로 임대차계약서의 형식적 증거력이 인정되지 아니하여 그 기재 내용은 증거자료가 될 수 없을 것이다.

증명책임분배에 관한 법률요건분류설과 판례의 입장에 따르면 乙은 甲과 X 토지에 관하여 임대차계약을 체결한 사실과 그 임대차계약에 기하여 甲으로부터 X 토지를 인도받은 사실에 대하여 증명책임을 부담하게 되므로 甲이 乙에게 X 토지를 임대한 사실을 다투는 경우 乙은 이러한 사실을 증명하여야 하는데,

乙이 이러한 사실을 증명하지 못하였으므로 그러한 사실이 존재하지 않는 것으로 취급되어 乙의 항변은 이유 없게 될 것이고 법원은 甲의 청구를 인용하는 판결을 하여야 할 것이다.

〈제 2 문〉

I. 쟁점

甲이 乙과 丙을 공동피고로 하여 소를 제기하였으므로 공동소송의 형태와 이에 따른 법원의 심판방법을 검토하여야 하고, 甲의 乙에 대한 청구와 관련해서는 乙이 변론기일에 출석하여 甲의 주장사실을 명백히 다투지 아니하였는데, 이런 경우 甲의 주장사실에 대하여 자백한 것으로 간주되는지를 검토하여야 하며, 甲의 丙에 대한 청구와 관련해서는 丙이 甲의 주장사실을 다투면서 그와 양립할 수 있는 등기부 시효취득을 주장하였는데, 甲이 乙 명의의 소유권이전등기가 위조된 등기서류에 의해 마쳐진 사실을 증명한 상황에서 丙이 등기부 시효취득을 인정받기 위하여 변론에서 주장해야 하는 사실은 무엇이고, 특히 丙이 주장한 등기와 점유의 기산일이 법원에 의해 인정된 기산일과 다른 것과 관련하여 법원은 어느 시점을 기준으로 하여 판단하여야 하는지, 즉 취득시효의 기산일이 주요사실인지 간접사실인지를 검토하여야 한다.

II. 甲의 乙과 丙에 대한 공동소송의 형태 및 심판방법

1. 공동소송의 요건

甲이 乙과 丙을 공동피고로 하여 소를 제기하였으므로 공동소송의 요건(법 제65조, 제253조)을 구비하였는지를 검토하여야 한다.

가. 공동소송의 주관적 요건

甲의 乙과 丙에 대한 각 소유권이전등기의 말소등기청구는 동일한 법률상 원인으로 말미암아 발생한 것이므로 민사소송법 제65조 전문의 요건을 구비한 것으로 볼 수 있다.

나. 공동소송의 객관적 요건

甲의 乙과 丙에 대한 각 청구는 모두 민사소송사항에 해당하고(같은 종류의 소송절차), 甲이 乙과 丙을 공동피고로 하여 각 소유권이전등기의 말소등기절차의 이행을 구하는 것은 민사소송법 제65조 전문에 해당하므로 수소법원이 乙과 丙 중 한 사람에 대하여 관할권을 가지면 재판할 수 있다(공통의 관할권, 관련재판적).

2. 공동소송의 유형

가. 통상공동소송과 필수적 공동소송의 구별

소송목적의 합일확정이 요구되는 경우는 필수적 공동소송에, 그렇지 아니한 경우는 통상공동소송에 해당한다. 소송목적의 합일확정이 요구되는 경우란 실체법상 관리처분권이 여러 사람에게 공동으로 귀속되거나 소송법상 판결의 효력이 확장되는 등 법률상 합일확정이 요구되는 경우를 의미한다.

나. 필수적 공동소송으로 볼 수 있는지가 문제되는 경우

공동소송인 사이에 권리의무가 공통되거나(실체법상 관리처분권이 여러 사람에게 공동으로 귀속되는 경우는 제외) 공동소송인의 권리의무의 발생원인이 사실상 또는 법률상 공통되는 경우, 공동피고 전원에 대하여 승소하지 않으면 소송의 목적을 달성할 수 없는 경우 등에는 공동소송인 간에 소송목적이 합일적으로 확정될 현실적인 필요성은 인정되지만, 실체법상 이유든지 소송법상 이유든지 법률상 소송목적의 합일확정이 요구되지는 않는다.[26]

---

26) 공동소송인에 관한 각 청구가 별개의 것으로서 소송목적의 합일확정이 법률상 요구되지는 않지만, (동일한 부동산에 관하여 여러 사람에 대하여 소유권 확인을 구하는 경우, 동일한 어음에 관한 여러 명의 배서인에 대하여 상환을 청구하는 경우 등과 같이) 공동소송인의 각 청구 또는 공동소송인에 대한 각 청구가 중요한 쟁점을 공통으로 하고 있거나 (원인무효를 이유로 여러 사람 명의로 차례로 마쳐진 소유권이전등기의 각 말소등기절차의 이행을 청구하는 경우 등과 같이) 공동피고에 대한 청구가 목적과 수단의 관계에 있는 때에는 공동소송인이 서로 다른 내용의 판결을 받으면 소송의 목적을 달성하기 어렵게 될 수 있다.

당사자가 자주적으로 분쟁을 해결할 수 있기 마련인 변론주의가 적용되는 민사소송에서 우연히 여러 개의 청구가 공동으로 제소되거나 병합·심리되었다고 하여 당사자가 본래부터 가지고 있던 자주적 해결권이 다른 공동소송인에 의해 제한이나 간섭을 받는 것은 아니므로 이러한 유형의 공동소송은 통상공동소송에 해당한다(대법원 1991. 4. 12. 선고 90다9872 판결).

이러한 유형의 소송이 통상공동소송에 해당한다고 하면 소송목적의 합일확정의 현실적인 필요성을 어떻게 충족시킬 것인지가 문제되는데, 이러한 유형의 공동소송에 공동소송인 독립의 원칙이 적용되기는 하지만 통상공동소송에서도 변론, 증거조사 등을 같은 기일에 함께 진행하고, 사실확정을 위한 증거자료를 공통으로 이용함으로써 판결의 모순·저촉을 어느 정도 방지할 수 있다.

다. 사안의 경우

甲이 乙과 丙에 대하여 모두 승소하지 않으면 소송의 목적을 달성하기 어려운 측면이 있더라도 이러한 유형의 공동소송을 통상공동소송으로 보는 판례의 입장에 따르면 甲의 乙과 丙에 대한 각 소유권이전등기의 말소등기청구는 실체법상으로든 소송법상으로든 소송목적의 합일확정이 요구되는 경우에 해당하지 않으므로 甲이 乙과 丙을 공동피고로 하여 제기한 소송은 통상공동소송에 해당할 것이다.

3. 통상공동소송에 대한 법원의 심판방법

가. 공동소송인 독립의 원칙

통상공동소송에서 각 공동소송인의 소송관계는 다른 공동소송인과의 사이에서 서로 독립된 것이므로 각 공동소송인은 독자적으로 소송을 수행할 뿐이고 소송을 수행함에 있어 다른 공동소송인과 연합관계에 있지 않다. 공동소송인 가운데 한 사람의 소송행위 또는 공동소송인 가운데 한 사람에 대한 상대방의 소송행위와 공동소송인 가운데 한 사람에 관한 사항은 다른 공동소송인에게 영향을 미치지 않는다(법 제66조).

나. 사안의 경우

甲과 乙의 소송관계와 甲과 丙의 소송관계는 서로 독립된 것으로서 乙과 丙은 독자적으로 소송을 수행하고 乙과 丙 간에 연합관계가 형성되지 않는다. 소송요건의 존부는 乙과 丙에 대하여 개별적으로 심사하여 처리하면 되고, 丙의 소송행위 또는 丙에 대한 甲의 소송행위는 乙에게 영향을 미치지 않으며, 乙에 대한 소송진행 상황은 丙에게 영향을 미치지 않는다. 법원은 甲의 乙에 대한 청구와 甲의 丙에 대한 청구에 관하여 개별적으로 판단하여야 한다.

III. 甲의 乙에 대한 청구에 관한 판단

1. 甲의 乙에 대한 소유권이전등기 말소등기청구의 권리발생사실

甲이 乙을 상대로 소유권에 기하여 X 토지에 관한 乙 명의 소유권이전등기의 말소등기절차의 이행을 구하는 경우 甲은 소유권이전등기 말소등기청구의 권리발생사실을 주장·증명하여야 하고, 甲의 소유권이전등기 말소등기청구를 다투기 위해서는 乙은 반대사실(권리장애·소멸·저지사실)을 주장·증명하여야 한다.

甲의 소유권에 기한 X 토지에 관한 乙 명의 소유권이전등기의 말소등기청구(민법 제214조 전단)의 권리발생사실은 ① 甲이 X 토지를 소유하는 사실, ② 乙 명의의 소유권이전등기가 되어 있는 사실, ③ 乙 명의의 소유권이전등기가 원인무효인 사실이다. 이러한 사실은 변론주의의 적용을 받는 주요사실로서 당사자가 변론에서 주장하여야 법원이 판결의 기초로 삼을 수 있는데, 甲은 이러한 사실을 주장하였다.

2. 甲의 주장사실에 대한 乙의 자백간주 성립 여부

가. 자백간주의 요건

당사자가 변론기일 또는 변론준비기일에 출석하여 상대방의 주장사실을 명백히 다투지 아니한 때에는 그 사실을 자백한 것으로 본다(법 제150조 제1항 본문, 제286조). 다만 변론 전체의 취지로 보아 그 사실에 대하여 다툰 것으로 인정되는 때에는 자백한 것으로 보지 않는다(법 제150조 제1항 단서).

당사자는 변론이 종결될 때까지 어느 때라도 상대방의 주장사실을 다툼으로써 자백간주를 배제할 수 있고, 변론 전체의 취지에 비추어 상대방의 주장사실을 다툰 것으로 인정할 것인지는 사실심 변론종결 당시의 상태에서 변론 전체를 살펴서 구체적으로 결정하여야 한다(대법원 2004. 9. 24. 선고 2004다21305 판결).

나. 자백간주의 효과

자백간주가 성립하면 법원에 대한 구속력이 생기므로 법원은 자백한 것으로 간주된 사실을 판결의 기초로 삼아야 한다. 법원은 증거에 의하여 자백간주된 사실과 상반되는 심증을 얻은 경우에도 자백간주된 사실을 그대로 인정하여야 한다. 자백간주의 요건이 갖추어진 이상 그 후에 공시송달의 방법으로 절차가 진행되는 등의 사정이 생기더라도 일단 발생한 자백간주의 효과가 소멸하지 않는다.

자백간주가 성립하더라도 당사자에 대한 구속력은 인정되지 않으므로(법 제150조 제1항 단서) 당사자는 그 후의 변론에서 자백간주된 사실을 다툼으로써 그 효과를 번복할 수 있다. 제1심에서 자백간주가 성립하였더라도 항소심의 변론종결 시까지 그에 대하여 다투면 자백간주의 효과가 배제된다. 다만 민사소송법 제149조와 제285조의 제약하에서 다툴 수 있다(법 제408조).

3. 사안의 경우

甲은 자신이 X 토지를 A로부터 매수하여 소유하고 있는데, 乙이 등기서류를 위조하여 乙 명의로 소유권이전등기를 마쳤다고 주장하였고, 乙은 이에 대하여 명백히 다투지 않았으므로 乙이 甲의 주장사실을 자백한 것으로 간주될 것이다. 따라서 법원은 甲의 乙에 대한 청구를 인용하는 판결을 하여야 할 것이다.

Ⅳ. 甲의 丙에 대한 청구에 관한 판단

1. 甲의 丙에 대한 소유권이전등기 말소등기청구의 권리발생사실

甲이 丙을 상대로 소유권에 기하여 X 토지에 관한 丙 명의 소유권이전등기의 말소등기절차의 이행을 구하는 경우 甲은 소유권이전등기 말소등기청구의 권리발생사실을 주장·증명하여야 하고, 甲의 소유권이전등기 말소등기청구를 다투기 위해서는 丙은 반대사실(권리장애·소멸·저지사실)을 주장·증명하여야 한다.

甲의 소유권에 기한 X 토지에 관한 丙 명의 소유권이전등기의 말소등기청구의 권리발생사실은 ① 甲이 X 토지를 소유하는 사실, ② 丙 명의의 소유권이전등기가 되어 있는 사실, ③ 丙 명의의 소유권이전등기가 원인무효인 사실이다.

丙이 甲의 주장사실을 다투었는데, 甲은 乙 명의의 소유권이전등기가 위조된 등기서류에 의해 이루어진 사실을 증명하였다. 乙 명의의 소유권이전등기가 원인무효인 것으로 인정되면 이에 터 잡아 이루어진 丙 명의의 소유권이전등기도 원인무효인 것으로 된다.

2. 丙의 등기부 시효취득 항변

가. 丙의 등기부 시효취득 주장의 소송법적 의미

丙이 등기부 시효취득을 주장하는 것은 甲이 주장하는 권리발생사실이 진실임을 전제로 그와 양립할 수 있는 별개의 사실을 주장하는 것이므로 항변에 해당한다.

부동산의 소유자로 등기된 자가 10년간 소유의 의사로 평온, 공연하게 선의이며 과실 없이 그 부동산을 점유한 때에는 소유권을 취득하는데(민법 제245조 제2항), 점유자는 소유의 의사로 선의, 평온 및 공연하게 점유한 것으로 추정된다(민법 제197조 제1항).

나. 등기부 시효취득의 항변사실

민법 제197조 제1항에 따르면 점유자는 소유의 의사로 선의, 평온 및 공연하게 점유한 것으로 추정되므로[27] 부동산에 관한 등기부 시효취득을 주장하는 자는 ① 과실 없이 점유를 개시한 사실, ② 10년간 소유자로 등기되어 있고 점유를 계속한 사실을 주장·증명하면 된다.[28]

양도인이 등기부상 명의인과 동일인일 경우에는 등기부상 양도인의 명의를 의심할 만한 특별한 사정이 없는 한 그 부동산을 양수한 자는 과실 없는 점유자에 해당한다(대법원 1998. 2. 24. 선고 96다8888 판결).

다. 사안의 경우

丙은 등기부상 소유자로 등기되어 있는 乙로부터 X 토지를 매수하였으며, 2013. 3. 11. 乙로부터 X 토지에 관한 소유권이전등기와 점유를 넘겨받아 현재까지 계속하여 X 토지를 점유하고 있다고 주장하였으므로 등기부 시효취득의 주요사실을 주장한 것으로 볼 수 있다.

3. 丙의 등기부 시효취득 항변의 인정 여부

가. 등기부 시효취득 요건으로서 '소유자로 등기된 자'의 의미

등기부 시효취득의 요건으로서 소유자로 등기된 자는 적법·유효한 등기를 마친 자일 필요가 없고, 무효인 등기라도 소유자로 등기한 자가 10년간 소유의 의사로 평온·공연하게 선의이며 과실 없이 부동산을 점유한 때에는 소유권을

---

27) 전제사실로부터 일정한 사실을 추정하는 것이 아니라 전제사실 없이 무조건으로 일정한 사실을 추정하는 것을 무전제의 추정이라고 하는데, 이렇게 추정된 사실을 잠정적 진실이라고 한다. 그 근거가 되는 규정은 본문 규정에 대한 단서 규정으로서의 성질을 가지므로 그 반대사실에 대한 증명책임을 상대방에게 전환하는 기능을 하고(추정된 사실의 부존재에 대한 증명책임을 상대방에게 부담시키는 취지를 간접적으로 표현), 상대방이 이를 깨뜨리기 전에는 일응 진실한 것으로 본다. 법조문의 표현상으로는 어떤 법률효과의 발생요건으로 되어 있지만, 실제로는 그 부존재가 법률효과의 장애요건에 해당하므로 상대방이 권리장애사실에 관한 주장·증명책임을 부담하게 된다.
28) 등기부 시효취득을 주장하는 당사자의 상대방은 점유자의 점유가 타주점유인 사실, 평온·공연한 점유가 아니라는 사실, 점유의 개시 시에 악의의 점유인 사실 등을 주장·증명하여 재항변할 수 있다.

취득할 수 있다(대법원 1988. 4. 12. 선고 87다카1810 판결).

나. 丙이 과실 없이 X 토지에 관한 점유를 개시한 사실의 인정 여부

丙이 등기부상 소유자로 등기되어 있던 乙로부터 X 토지를 매수하여 X 토지에 관한 점유를 개시한 사실에 관하여 甲이 다투지 않았으므로 이에 대한 자백간주가 성립한 것으로 볼 수 있다(법 제150조 제1항 본문). 만일 甲이 이에 대하여 다투는 때에는 丙은 자신이 과실 없이 점유를 개시한 사실을 증명하여야 할 것이다(대법원 1987. 8. 18. 선고 87다카191 판결).

다. 丙이 X 토지에 관하여 10년간 소유자로 등기되어 있으면서 점유를 계속한 사실의 인정 여부

丙이 주장하는 취득시효의 기산일(2013. 3. 11.)과 법원에 의해 인정된 기산일(2014. 3. 11.)이 서로 다르며, 甲은 기산일에 관한 丙의 주장을 다투지 않고 있는데, 이러한 상황에서 취득시효의 기산점이 주요사실이라고 하면 그에 관하여 자백간주가 성립하여 법원을 구속하게 될 것이다.

주요사실에 대하여는 변론주의가 적용되는 결과 당사자가 변론에서 주장하여야 하고(사실의 주장책임), 이에 관하여 당사자 간에 다툼이 없으면 법원은 그 다툼 없는 사실을 기초로 판단하여야 한다(자백의 구속력).

법률효과를 발생시키는 법규의 요건사실이 주요사실인 것으로 보는 견해에 따르면 취득시효의 기산점은 간접사실에 해당한다. 요건사실(법률요건에 해당하는 사항)과 주요사실(변론주의의 적용을 받는 사실로서 당사자가 주장하고 법원이 심리하여야 하는 중요한 사실)을 구별하는 견해에 따르면 취득시효의 기산점은 요건사실은 아니지만, 그것이 정해지면 계산상 바로 시효완성 여부가 정해지므로 주요사실에 해당한다. 판례는 부동산의 취득시효에서 점유의 시기(始期)는 취득시효의 요건사실인 점유기간을 추정하는 징표인 간접사실로서 법원은 당사자의 주장에 구애됨이 없이 소송자료에 의하여 인정되는 바에 따라 진정한 점유의 시기를 인정하여야 한다(대법원 1994. 11. 4. 선고 94다37868 판결)는 입장인데, 이에 따르면 취득시효의 기산점은 간접사실에 해당한다.29)

---

29) 이와는 달리 소멸시효의 기산점은 채무의 소멸이라는 법률효과의 발생요건에 해당하는 소멸

라. 사안의 경우

취득시효의 기산점을 간접사실로 보는 견해와 판례의 입장에 따르면 법원은 심리 결과 인정된 점유개시일인 2014. 3. 11.을 기산점으로 하여 10년의 경과 여부를 판단하여야 하고, 취득시효의 기산점을 주요사실로 보는 견해에 따르면 甲이 점유개시일에 관한 丙의 주장을 다투지 않았으므로 법원은 丙의 주장에 구속되어(법 제150조 제1항 본문) 2013. 3. 11.을 기산점으로 하여 10년의 경과 여부를 판단하여야 할 것이다.[30]

취득시효의 기산점을 간접사실로 보는 판례의 입장에 따르면 법원은 심리 결과 인정된 점유개시일인 2014. 3. 11.을 기산점으로 하여 10년의 경과 여부를 판단하여야 하는데, 변론종결 당시 10년이 경과하지 않았으므로 丙의 등기부 시효취득 항변을 배척하고 甲의 丙에 대한 청구를 인용하는 판결을 하여야 할 것이다.

V. 사례의 정리

甲의 乙과 丙에 대한 공동소송은 통상공동소송에 해당하여 공동소송인 독립의 원칙이 적용되므로 법원은 甲의 乙에 대한 청구와 甲의 丙에 대한 청구에 관하여 개별적으로 판단하여야 하는데, 甲의 乙에 대한 청구와 관련해서는 乙이 甲의 주장사실을 다투지 않았으므로 자백간주가 성립하여 법원은 甲의 乙에 대한 청구를 인용하는 판결을 하여야 할 것이고, 甲의 丙에 대한 청구와 관련해서는 丙이 등기부 시효취득의 항변을 하였는데, 丙이 10년간 소유자로 등기되어

시효기간 계산의 시발점으로서 소멸시효 항변의 법률요건을 구성하는 구체적인 사실에 해당하므로 변론주의가 적용되는 주요사실에 해당한다(대법원 1995. 8. 25. 선고 94다35886 판결)는 입장이다.

30) 판례의 입장에 따라 취득시효의 기산점을 간접사실로 볼 경우 변론종결 당시 10년의 등기부 취득시효기간이 경과하지 않았으므로 甲이 소유권에 기하여 X 토지에 관한 丙 명의의 소유권이 전등기의 말소등기청구의 소를 제기한 것이 X 토지에 관한 등기부취득시효의 중단사유에 해당하는지가 소송의 결과에 영향을 미치지 않기 때문에 甲이 등기부취득시효의 중단을 주장하더라도 법원은 그에 관하여 판단할 필요가 없다.

취득시효의 기산점을 주요사실로 볼 경우 甲이 소 제기에 의한 등기부취득시효의 중단을 명시적으로 주장하지 않고 있는데, 이와 관련해서는 소유권에 기한 X 토지에 관한 丙 명의의 소유권이전등기의 말소등기청구의 소 제기가 X 토지에 관한 등기부취득시효 중단사유인 재판상 청구에 해당하는지 여부, 시효중단의 주장책임의 정도 등이 문제될 수 있다.

있으면서 점유를 계속한 사실이 인정되지 않으므로 법원은 丙의 항변을 배척하고 甲의 丙에 대한 청구를 인용하는 판결을 하여야 할 것이다.

〈제 3 문〉

Ⅰ. 쟁점

甲이 乙과 丙을 상대로 제기한 전소에서 甲과 乙 간에는 청구의 인낙이 성립하고, 甲의 丙에 대한 청구에 관하여는 乙의 A에 대한 채무의 이행을 조건으로 丙 명의 소유권이전등기의 말소등기절차의 이행을 명한 판결이 확정된 것과 관련하여 (ⅰ) 전소에서 발생한 기판력이 丙이 丁을 상대로 제기한 X 토지에 관한 소유권확인소송에 미치는지가 문제되는데, 이와 관련해서는 전소에서 기판력이 발생한 범위와 丁이 변론종결 후의 승계인에 해당하는지와 전소에서 발생한 기판력이 후소에 작용하는 경우에 해당하는지를 검토하여야 하고, (ⅱ) 丙이 乙로부터 X 토지를 매수한 사실을 증명하기 위하여 판결서 사본을 증거로 제출한 것과 관련해서는 문서 사본의 제출에 의한 서증신청이 적법한지를 검토하여야 하며, 판결서를 서증으로 제출한 것과 관련하여 판결서의 법적 성질, 판결서의 형식적 증거력과 실질적 증거력을 검토하여야 한다.

Ⅱ. 甲과 乙, 丙 간의 전소에서 발생한 기판력이 丙과 丁 간의 소유권확인소송에 미치는지 여부

1. 乙의 청구의 인낙의 효력 및 甲과 丙 간의 소송의 소송물

가. 乙의 청구의 인낙의 효력

청구의 인낙을 변론조서 또는 변론준비기일조서에 적은 때에는 그 조서는 확정판결과 동일한 효력을 가지는데(법 제220조), 기판력이 발생하는 범위는 확정판결의 경우와 동일하다.

나. 甲과 丙 간의 소송의 소송물

채권자대위소송의 법적 성질과 관련하여 채권자대위소송을 법정소송담당으로 보는 견해에 따르면 乙의 丙에 대한 소유권이전등기의 말소등기청구권이 소송물을 구성할 것이고, 채권자가 자신의 고유한 실체법상 권리를 소송상 행사하는 것으로 보는 견해에 따르면 甲의 채권자대위권이 소송물을 구성할 것이다. 채권자대위소송을 법정소송담당으로 보는 판례의 입장에 따르면 乙의 丙에 대한 소유권이전등기의 말소등기청구권이 甲과 丙 간의 소송의 소송물을 이룬다 (대법원 1994. 6. 24. 선고 94다14339 판결).

2. 기판력의 발생 범위

가. 기판력의 객관적 범위

(1) 의의

확정판결은 주문에 포함된 것에 한하여 기판력을 가지고(법 제216조 제1항), 판결이유에서 판단된 사항은 원칙적으로 기판력을 가지지 못하지만, 상계항변에 관한 판단은 예외적으로 상계하자고 대항한 액수에 한하여 기판력을 가진다 (법 제216조 제2항).

(2) 乙의 청구의 인낙의 경우

乙의 청구의 인낙의 내용인 매매를 원인으로 한 소유권이전등기청구권의 존재에 관하여 기판력이 발생한다.

(3) 甲과 丙 간의 소송의 경우

乙의 丙에 대한 소유권이전등기의 말소등기청구권의 존재에 관하여 기판력이 발생한다.[31]

---

31) 甲과 丙 간에서 乙이 A에게 채무를 이행한 다음 丙 명의 소유권이전등기의 말소등기절차를 이행할 것을 명한 판결이 확정되었는데, 이러한 선이행판결의 경우에는 선이행채무가 주문에 기재되더라도 선이행채무의 존재 및 액수에 관하여 기판력이 발생하지 않는다. 다만 반대채무의 이행을 조건으로 한 판결(선이행 또는 동시이행판결)의 경우에는 판결확정 시가 아니라 그 후 민사집행법 제30조 제2항과 제32조에 의하여 집행문이 부여된 때에 의사진술 간주의 효력이 생긴다(같은 법 제263조 제2항). 일반 동시이행판결의 경우에는 반대채무의 이행이 집행문 부여의 요건이 아니라 강제집행 개시의 요건이 되는 데 반하여(민사집행법 제41조 제1항), 의사의 진술을 명하는 동시이행판결의 경우에는 반대채무의 이행이 민사집행법 제263

나. 기판력의 주관적 범위

(1) 기판력의 상대성 원칙과 기판력의 확장

처분권주의와 변론주의가 적용되는 민사소송에서는 당사자에게만 소송수행의 기회가 부여되기 때문에 이러한 기회를 부여받지 못한 제3자에게 소송의 결과를 강요할 수 없으므로 기판력은 당사자에게만 미치고 제3자에게는 미치지 않는 것이 원칙이다(기판력의 상대성 원칙).

다만 분쟁 해결의 실효성을 확보하기 위하여 당사자 외의 제3자에게 기판력이 확장되는 경우가 있는데, 이러한 기판력의 확장은 명문규정이 있는 경우에 한하여 인정된다. 변론종결 후의 승계인, 청구의 목적물 소지자(법 제218조 제1항), 제3자 소송담당의 경우 권리의무의 귀속 주체(법 제218조 제3항), 소송탈퇴자(법 제80조) 등이 기판력이 확장되는 제3자에 해당한다. 당사자가 소송물을 이루는 권리 또는 법률관계를 제3자에게 처분함으로써 기판력 있는 판결을 무력하게 하고 승소 당사자의 지위를 위태롭게 하는 것을 방지하기 위하여 기판력의 확장을 인정하고 있다.

(2) 丁이 변론종결 후의 승계인에 해당하는지 여부

(가) 변론종결 후의 승계인

기판력의 표준시인 사실심의 변론종결 후에 소송물을 이루는 권리 또는 법률관계에 관한 지위를 당사자로부터 승계한 자를 변론종결 후의 승계인이라고 하는데, 민사소송법은 변론종결 후의 승계인에게 당사자 간의 확정판결의 효력이 미치는 것으로 규정하고 있다(법 제218조 제1항). 변론종결 후의 승계인에게 기판력이 미치도록 한 이유는 패소 당사자가 소송물을 이루는 권리의무 또는 그로부터 파생된 권리의무를 사실심의 변론이 종결된 후에 제3자에게 이전함으로써 기판력에서 벗어나거나 승소 당사자가 그러한 권리의무를 사실심의 변론이 종결된 후에 제3자에게 이전함으로써 패소 당사자가 그에게 불리한 판단에 관한 기판력에서 벗어나게 되어 기판력 있는 판결을 무력화하는 것을 방지하기 위한 것이다. 다만 소송절차에 직접 참여하지 않은 변론종결 후의 승계인에게 무제한으로 기판력을 확장하는 것은 그러한 승계인의 절차적 기본권을 침해할

조 제2항에 의하여 집행문 부여의 요건으로 작용하게 된다.

염려가 있으므로 변론종결 후의 승계인에게 피승계인과 그 상대방 간의 확정판결의 기판력을 미치게 하는 것이 정당한 경우에 한하여 기판력이 확장되는 것으로 보아야 한다.

(나) 승계의 시기[32]

승계는 사실심의 변론이 종결된 후에 이루어져야 한다. 판결의 기초가 되는 소송자료를 사실심의 변론종결 시까지 제출할 수 있으므로 사실심의 변론종결 시를 기준으로 하여 기판력이 확장되는 변론종결 후의 승계인에 해당하는지가 정해진다.[33] 제1차 승계가 변론종결 전에 있었고 이에 따른 소송승계가 이루어지지 않은 상태에서 변론종결 후에 제2차 승계가 있었더라도 제2차 승계인은 변론종결 후의 승계인에 해당하지 않는다(대법원 1967. 2. 23.자 67마55 결정).

매매 등의 원인행위가 변론종결 전에 이루어졌더라도 이를 원인으로 한 소유권이전등기가 변론종결 후에 이루어진 때에는 물권변동의 시점을 기준으로 변론종결의 전후를 판단하여야 한다(대법원 2005. 11. 10. 선고 2005다34667·34674 판결).

(다) 승계의 발생원인 및 유형

승계사유는 원고와 피고 가운데 어느 쪽에 발생하여도 상관없고, 승계사유가 승소자와 패소자 가운데 어느 쪽에 발생하더라도 피승계인 명의의 판결의 기판력이 승계인에게 확장될 수 있다. 승계원인은 매매, 증여 등과 같은 임의처분뿐 아니라 경매, 전부명령 등과 같은 강제집행처분이나 법률규정에 의해서도 발생할 수 있다.

---

32) 지명채권의 양도가 이루어진 경우 판례는 채권양수인이 민사소송법 제218조 제1항에 따라 확정판결의 효력이 미치는 변론종결 후의 승계인에 해당하는지 여부를 채권양도의 합의가 이루어진 때가 아니라 대항요건이 갖추어진 때를 기준으로 판단한다(대법원 2020. 9. 3. 선고 2020다210747 판결).
확정판결의 변론종결 전에 소송의 목적물에 가등기를 마친 제3자가 변론이 종결된 후에 그 가등기에 기해 본등기를 마친 경우 판례는 확정판결의 대상이 된 소송상 청구와의 관계에서 제3자가 목적 부동산에 관한 소유권 기타 사실상 처분권을 취득한 때를 기준으로 승계시기를 판단한다(대법원 1992. 10. 27. 선고 92다10883 판결).
청구의 포기·인낙, 소송상 화해의 경우 판례는 청구의 포기 등이 성립하여 그 효력이 발생한 때를 기준으로 승계시기를 판단하고(대법원 1980. 5. 13. 선고 79다1702 판결), 화해권고결정의 경우에는 화해권고결정이 확정된 때를 기준으로 승계시기를 판단한다(대법원 2012. 5. 10. 선고 2010다2558 판결).
33) 상고심 계속 중에 승계가 이루어진 경우에도 변론종결 후의 승계에 해당한다.

승계는 적법한 권원에 기한 것이어야 하므로 부동산에 대하여 점유이전금지 가처분이 집행된 후에 제3자가 가처분채무자의 점유를 침탈하는 방법으로 가처분채무자를 통하지 않고 부동산에 대한 점유를 취득한 때에는 그러한 제3자는 채무자의 승계인에 해당하지 않는다(대법원 2015. 1. 29. 선고 2012다111630 판결).

사실심의 변론이 종결된 후에 당사자가 사망하는 등의 포괄승계사유가 발생한 경우 소송물을 이루는 권리의무가 상속의 대상이 되고 상속인이 상속을 포기[34]하지 않은 때에는 피상속인을 당사자로 한 확정판결의 기판력은 그 상속인에게 미치게 된다.[35] 그런데 사실심의 변론이 종결된 후에 특정승계사유가 발생한 때에는 그 승계대상과 관련하여 전소의 소송물을 이루는 권리의무 자체가 승계된 경우와 전소의 소송물을 이루는 권리의무에서 파생된 권리의무가 승계된 경우를 나누어 살펴볼 필요가 있다.

(라) 승계의 대상 및 변론종결 후의 승계인의 인정 범위

ⅰ. 전소의 소송물을 이루는 권리의무의 승계가 이루어진 경우

사실심의 변론이 종결된 후에 소송물을 이루는 권리의무 자체가 양도된 때에는 그 양수인은 변론종결 후의 승계인에 해당하고, 그에게 양도인과 상대방 간의 확정판결의 기판력이 확장된다.

ⅱ. 전소의 소송물을 이루는 권리의무에서 파생된 권리의무의 승계가 이루어진 경우

사실심의 변론이 종결된 후에 소송의 목적물이 양도됨으로써 전소의 소송물을 이루는 권리의무에서 파생된 권리의무의 승계가 이루어진 경우 그 승계인에게 피승계인과 상대방 간의 확정판결의 기판력이 확장되는지와 관련해서는 ① 실체법상 권리마다 소송물을 구성하는 구실체법설의 입장에서 실체법상 권리의 성질을 고려하여 전소의 소송물이 대세적 효력을 갖는 물권적 청구권일 때에는 승계인에게 기판력이 확장되지만, 전소의 소송물이 대인적 효력을 갖는 채권적

---

34) 피상속인의 배우자와 자녀 가운데 자녀가 모두 상속을 포기한 경우 상속인이 되는 자와 관련하여 종래에는 피상속인에게 손자녀 또는 직계존속이 있으면 배우자가 그 손자녀 또는 직계존속과 공동으로 상속인이 되는 것으로 보았으나(대법원 2015. 5. 14. 선고 2013다48852 판결), 전원합의체 결정을 통해 피상속인의 배우자와 자녀 가운데 자녀가 모두 상속을 포기한 경우 배우자가 단독상속인이 되는 것으로 입장을 변경하였다(대법원 2023. 3. 23.자 2020그42 전원합의체 결정).
35) 상속인이 한정승인을 한 경우에는 상속재산의 범위 내에서 책임을 지게 된다(민법 제1028조).

청구권일 때에는 승계인에게 기판력이 확장되지 않는 것으로 보는 견해, ② 소송물을 실체법상 권리와는 무관하게 구성하는 소송법설의 입장에서 실체법상 권리의 성질을 고려하지 않고 승계인에게 기판력이 일률적으로 확장되는 것으로 보는 견해, ③ 소송법설에 따르면서도 특정물인도소송에서 그 인도청구권이 채권에만 기초하는 경우(매매계약에 기해 목적물의 인도를 청구하는 경우)에는 승계인에게 기판력이 미치지 않지만, 인도청구권이 물권적 청구권과 경합될 수 있는 경우(소유자인 임대인이 임대차기간 만료를 원인으로 임대목적물의 반환을 청구하는 경우)에는 승계인에게 기판력이 미치는 것으로 보는 견해 등이 주장되고 있다.

판례는 전소의 사실심 변론이 종결된 후에 소송목적물이 양도된 때에는 전소의 소송물의 법적 성질을 고려하여 전소의 소송물이 채권적 청구권일 경우에는 그 승계인이 민사소송법 제218조 제1항의 변론종결 후의 승계인에 해당하지 않는 것으로 보고(대법원 1991. 1. 15. 선고 90다9964 판결; 대법원 2003. 5. 13. 선고 2002다64148 판결; 대법원 2012. 5. 10. 선고 2010다2558 판결; 대법원 2016. 6. 28. 선고 2014다31721 판결), 전소의 소송물이 물권적 청구권일 경우에는 그 승계인이 민사소송법 제218조 제1항의 변론종결 후의 승계인에 해당하는 것으로 본다(대법원 1991. 3. 27. 선고 91다650·667 판결; 대법원 1992. 10. 27. 선고 92다10883 판결; 대법원 1994. 12. 27. 선고 93다34183 판결; 대법원 2003. 3. 28. 선고 2000다24856 판결).[36]

(3) 사안의 경우

청구의 인낙의 당사자는 甲과 乙이므로 그 효력은 甲과 乙 사이에서만 발생하고, 청구의 인낙의 당사자가 아닌 丙과 丁에게는 청구의 인낙의 기판력이 확

---

36) 다만 소유권에 기한 건물인도소송의 사실심 변론종결 후에 패소 원고로부터 건물을 매수하고 소유권이전등기를 마친 자가 전소의 피고를 상대로 소유권에 기한 건물인도청구의 소를 제기한 사건에서 대법원은 건물소유권에 기한 물권적 청구권을 원인으로 한 건물인도소송의 소송물은 건물소유권이 아니라 물권적 청구권인 건물인도청구권이며, 그 소송에서 청구기각된 확정판결의 기판력은 건물인도청구권의 존부에만 미치고 소송물이 되지 않은 건물소유권의 존부에는 미치지 않으므로 건물인도소송의 사실심 변론종결 후에 패소자인 건물소유자로부터 건물을 매수하고 소유권이전등기를 마침으로써 그 소유권을 승계한 제3자의 건물소유권의 존부에 관하여는 위 확정판결의 기판력이 미치지 않으며, 이런 경우 제3자가 가지게 되는 물권적 청구권인 건물인도청구권은 적법하게 승계한 건물소유권의 일반적 효력으로서 발생한 것이지, 건물인도소송의 소송물인 패소자의 건물인도청구권을 승계함으로써 가지게 된 것이 아니므로 제3자는 확정판결의 변론종결 후의 승계인에 해당한다고 할 수 없다고 하였다(대법원 1999. 10. 22. 선고 98다6855 판결).

장될 여지가 없다.

甲과 丙 간의 전소 확정판결의 기판력은 甲과 丙 간에서 발생하고 후소의 당사자는 丙과 丁인데, 丙은 전소와 후소의 당사자이고 후소의 당사자 丁은 전소의 당사자는 아니지만, 전소의 소송물의 실체법적 성질을 고려하여 변론종결 후의 승계인에 해당하는지를 판단하는 판례의 입장에 따르면 甲과 丙 간의 소송의 소송물은 X 토지에 관한 소유권에 기한 소유권이전등기의 말소등기청구권이므로 그 소송의 사실심 변론이 종결된 후에 소송의 목적물인 X 토지를 매수하여 소유권이전등기를 마친 丁은 변론종결 후의 승계인에 해당하여 甲과 丙 간의 확정판결의 기판력이 丁에게 확장될 것이다.

다. 기판력의 시적 범위

(1) 의의

기판력은 사실심의 변론종결 시에 소송물을 이루는 권리 또는 법률관계의 존부에 관하여 발생하는데, 기판력을 통해 추구하고자 하는 법적 안정성을 확보하기 위하여 판결이 확정된 후에는 사실심의 변론종결 전에 존재하였던 공격방어방법을 제출할 수 없게 되는 실권효(차단효)가 작용한다.

(2) 乙의 청구의 인낙의 경우

乙이 甲의 청구를 인낙하는 취지가 변론조서에 기재된 때에 청구의 인낙이 성립하게 되고, 청구의 인낙이 성립하면 그 성립 시에 X 토지에 관한 매매를 원인으로 한 소유권이전등기청구권이 甲에게 존재한다는 것에 관하여 기판력이 발생한다.

(3) 甲과 丙 간의 소송의 경우

甲의 丙에 대한 청구에 관한 확정판결의 기판력은 전소의 사실심 변론종결 시에 X 토지에 관한 丙 명의 소유권이전등기의 말소등기청구권이 乙에게 존재한다는 것에 관하여 발생하고, 丙이 丁을 상대로 제기한 후소에서 전소의 사실심 변론종결 전에 존재하였던 공격방어방법을 제출하는 등의 정황이 없으며, 전소의 사실심 변론이 종결된 후에 새로운 사유가 발생한 정황도 없으므로 기판력의 시적 범위나 실권효는 별도로 문제되지 않을 것이다.

3. 甲과 乙, 丙 간에서 발생한 기판력이 丙과 丁 간의 소송에 작용하는지 여부

가. 기판력의 작용 국면

확정판결이 존재하고 당사자가 동일하거나 기판력이 확장되는 경우에 해당하며, 전소의 소송물과 후소의 소송물이 동일하거나 전소의 소송물이 후소의 소송물의 선결문제에 해당하거나 후소의 소송물이 후소의 소송물과 모순관계에 있는 경우 전소 확정판결의 기판력이 후소에 작용하게 된다.

나. 사안의 경우

(1) 乙의 청구의 인낙의 기판력이 丙과 丁 간의 소송에 작용하는지 여부

乙의 청구의 인낙의 기판력은 甲과 乙 간에서 매매를 원인으로 한 소유권이전등기청구권이 甲에게 있다는 것에 관하여 발생하는데, 丙과 丁 간의 소송의 소송물은 X 토지에 관한 丙의 소유권확인청구이므로 전소와 후소는 당사자와 소송물을 달리하기 때문에 乙의 청구의 인낙의 기판력은 丙과 丁 간의 소송에 작용하지 않을 것이다.

(2) 甲과 丙 간의 확정판결의 기판력이 丙과 丁 간의 소송에 작용하는지 여부

채권자대위소송에 관한 판례의 입장에 따르면 甲과 丙 간의 확정판결의 기판력은 乙에게 丙 명의 소유권이전등기의 말소등기청구권이 있다는 것에 관하여 발생하는데, 丙과 丁 간의 소송의 소송물은 X 토지에 관한 丙의 소유권이므로 丁이 甲의 변론종결 후의 승계인에 해당하더라도 전소와 후소는 소송물을 달리[37]할 뿐 아니라 전소의 소송물이 후소의 소송물의 선결문제에 해당하거나 후소의 소송물이 전소의 소송물과 모순관계에 있지도 않기 때문에 甲과 丙 간의 확정판결의 기판력은 丙과 丁 간의 소송에 작용하지 않을 것이다.

---

37) 확정판결의 기판력은 소송물로 주장된 법률관계의 존부에 관한 판단의 결론에 대해서만 발생하고 그 전제가 되는 법률관계의 존부에 대하여는 발생하지 않으므로 부동산에 관한 피고 명의의 소유권이전등기가 원인무효라는 이유로 원고가 피고를 상대로 그 등기의 말소를 구하는 소를 제기하여 청구기각의 판결을 선고받아 확정되었더라도 그 확정판결의 기판력은 소송물로 주장된 말소등기청구권의 존부에만 미치는 것이지 그 기본이 되는 소유권의 존부에는 미치지 않는 것으로 보아야 한다(대법원 2002. 9. 24. 선고 2002다11847 판결).

Ⅲ. 丙의 丁에 대한 청구에 관한 판단

1. 丙의 丁에 대한 청구의 권리발생사실

丁의 주장과는 달리 甲과 乙, 丙 간에서 발생한 기판력이 丙과 丁 간의 소송에 미치지 않으므로 법원은 丙에게 X 토지에 관한 소유권이 있는지에 관하여 심판하여야 한다.

가. 권리발생사실

토지에 관한 소유권 확인을 구하는 경우 원고가 토지에 관한 소유권의 취득원인으로서 매매계약을 주장하는 때에는 원고는 전주가 그 토지를 소유하였던 사실과 원고가 전주와 그 토지에 관한 매매계약을 체결하고 이에 관한 소유권이전등기를 마친 사실을 주장·증명하여야 한다.[38] 丙은 X 토지의 소유자인 乙로부터 X 토지를 매수하여 이에 관한 소유권이전등기를 마쳤다고 주장하였다.

나. 丙의 주장사실의 인정 여부

丁은 丙이 乙로부터 X 토지를 매수한 사실을 알지 못한다고 하며 다투고 있으므로 丙은 소유권의 취득원인으로서 X 토지의 소유자인 乙과 매매계약을 체결한 사실을 증명하여야 한다. 丙은 이를 증명하기 위하여 판결서 사본을 증거로 제출하였는데, 그 기재 내용이 丙이 증명하고자 하는 사실을 증명하기 위해서는 문서 사본을 서증으로 제출한 것이 적법하여야 하며, 판결서의 형식적 증거력과 실질적 증거력이 인정되어야 한다. 이와 관련해서는 丙의 서증신청의 적법 여부, 판결서의 법적 성질, 판결서의 형식적 증거력과 실질적 증거력을 검토하여야 한다.

---

[38] 점유로 인한 부동산소유권의 취득시효가 완성된 경우 시효취득자는 이를 원인으로 소유권이전등기를 하여야 소유권을 취득하는 것이므로 등기하지 않고 점유취득시효기간이 경과하였음을 이유로 소유권 확인을 구하는 것은 주장 자체로 이유 없게 된다(대법원 1991. 5. 28. 선고 91다5716 판결).

2. 丙의 서증신청(판결서 사본 제출)의 적법 여부

가. 서증신청의 방법

丙은 매매계약 체결사실을 증명하기 위하여 판결서 사본을 법원에 제출함으로써 서증을 신청하였다. 자신이 소지한 문서를 법원에 직접 제출함으로써 서증신청을 하는 때에는 문서의 원본, 정본 또는 인증 있는 등본을 제출하여야 한다(법 제355조 제1항).

나. 문서의 사본에 대한 증거조사

원본에 갈음하여 사본을 제출한 때에는 상대방이 원본의 존재와 진정성립을 다투지 않고 사본을 원본에 갈음하는 것에 대하여 이의를 제기하지 않으면 이의권의 포기·상실(법 제151조)에 의하여 민사소송법 제355조 제1항 위반의 흠이 치유되어 사본 제출에 의한 서증신청이 적법하게 될 수 있다. 이런 경우에는 원본이 제출된 경우와 동일한 효과가 생긴다.

원본의 존재나 진정성립 등에 관하여 다툼이 있는 때에는 증거에 의하여 사본과 동일한 원본의 존재와 원본의 진정성립이 인정되어야 사본에 의한 증거신청이 허용된다. 제출된 사본에 대하여 상대방이 진정성립을 다투는 경우 법원은 원본의 존재 및 성립의 진정에 관한 인부절차를 밟아야 한다(대법원 1996. 3. 8. 선고 95다48667 판결).

다. 사안의 경우

丙의 판결서 사본 제출에 대하여 丁이 원본의 존재와 진정성립을 다투거나 사본을 제출한 것에 대하여 이의를 제기한 사실이 인정되지 않으므로 丁은 이의권을 상실하게 되어 판결서 사본 제출에 의한 서증신청이 적법한 것으로 취급받을 것이다.

3. 판결서 사본의 증거능력

민사소송법상 문서의 증거능력에 제한이 없으므로 丙이 X 토지를 그 소유자

乙로부터 매수한 사실을 증명하기 위하여 제출한 판결서 사본에도 증거능력이 인정되는 것으로 볼 수 있다. 민사소송법 제355조 제1항에서 법원에 문서를 제출하는 때에 원본, 정본, 인증 있는 등본을 제출하도록 한 것이 사본의 증거능력을 부정한 취지는 아니라고 할 것이다.

4. 판결서의 형식적 증거력

가. 형식적 증거력의 의의 및 내용

일정한 사실을 증명하기 위하여 제출된 문서가 서증으로 채택되기 위해서는 그 문서가 작성명의인의 의사에 의하여 작성되어 진정하게 성립되었어야 한다. 문서가 진정하게 성립된 경우 형식적 증거력이 인정된다.

나. 진정성립의 인부

문서가 증거로 제출되면 법원은 형식적 증거력을 조사하기 위하여 상대방에게 그 문서의 진정성립을 인정하는지에 관하여 답변하게 하는데, 상대방의 답변을 '성립의 인부'라고 한다. 성립의 인부절차에서 상대방의 태도는 (i) 성립 인정, (ii) 침묵, (iii) 부인, (iv) 부지로 나타날 수 있다. 성립의 인부는 변론에서 말로 할 수 있는데, 변론준비절차에서도 할 수 있다(법 제274조 제2항, 제281조 제3항 본문, 제286조).

다. 판결서의 법적 성질

(1) 공문서

공무원이 그 직무권한 내의 사항에 관하여 직무상 작성한 문서를 공문서라고 하는데, 법관이 소송사건에서 재판결과를 기재한 판결서는 공문서에 해당한다.

(2) 처분문서

증명하고자 하는 법률행위가 그 문서 자체에 의해 이루어진 경우의 문서를 처분문서라고 하는데, 법관이 작성한 판결서는 일정한 내용의 판결이 있었다는 점에서 처분문서에 해당한다.

(3) 판결서가 보고문서로서의 성질을 가지는지 여부

판결서는 처분문서이기는 하지만 그것은 그 판결이 있었던 사실과 어떠한 내용의 판결이 있었던 사실을 증명하기 위한 처분문서라는 의미일 뿐이고, 판결서 중에서 한 사실판단을 그 사실을 증명하기 위하여 이용하는 것을 금지하는 것은 아니므로 판결서 중에서 한 사실판단을 그 사실을 증명하기 위하여 이용하는 때에는 판결서도 그 한도 내에서는 보고문서라고 할 수 있다(대법원 1980. 9. 9. 선고 79다1281 전원합의체 판결; 대법원 1992. 11. 10. 선고 92다22107 판결; 대법원 2010. 9. 30. 선고 2009다76195·76201 판결).

라. 공문서의 진정성립 추정

공문서의 경우에는 문서의 작성방식과 취지에 의하여 공무원이 직무상 작성한 것으로 인정되는 때에는 진정한 공문서로 추정되고, 공문서가 진정한지 의심스러운 때에는 법원은 직권으로 해당 공공기관에 조회할 수 있다(법 제356조 제1항·제2항). 외국의 공공기관이 작성한 문서에 대하여도 공문서의 진정의 추정에 관한 규정이 준용된다(법 제356조 제3항).

마. 사안의 경우

丁이 갑제1호증에 대한 인부절차에서 부지로 답변하여 그 진정성립을 다투었더라도 丙이 서증으로 제출한 판결서는 공무원인 법관이 재판사무와 관련하여 직무상 작성한 것이므로 그 진정성립이 추정되어 형식적 증거력이 인정될 것이다.

5. 판결서의 실질적 증거력

가. 실질적 증거력의 의의 및 내용

진정하게 성립된 문서가 요증사실을 증명하는 가치를 문서의 실질적 증거력이라고 한다. 문서의 실질적 증거력의 유무는 법관의 자유심증에 의하여 판단되므로 형식적 증거력과는 달리 실질적 증거력에 관하여는 자백에 관한 규정이 적용되지 않는다.

나. 공문서의 실질적 증거력

공문서의 경우 진정성립이 추정되면 진실에 반한다는 등의 특별한 사정이 없는 한 그 기재 내용의 증명력을 쉽게 배척할 수 없다(대법원 2010. 1. 28. 선고 2009다72698 판결). 진정성립이 추정되는 공문서는 진실에 반한다는 등의 특별한 사정이 없는 한 그 내용의 증명력을 쉽게 배척할 수 없으므로 공문서의 기재 중에 의문점이 있는 부분이 일부 있더라도 기재 내용과 배치되는 사실이나 문서가 작성된 근거와 경위에 비추어 기재가 비정상적으로 이루어졌거나 내용의 신빙성을 의심할 만한 특별한 사정을 증명할 만한 다른 증거자료가 없는 상황이라면 기재 내용대로 증명력을 가진다(대법원 2015. 7. 9. 선고 2013두3658·3665 판결).

가족관계등록부에 기재된 사항은 일응 진실에 부합하는 것으로 추정받으며(대법원 2002. 6. 14. 선고 2001므1537 판결), 토지대장, 임야대장 등에 소유자로 등재되어 있으면 토지소유자로 추정받는다{대법원 1976. 9. 28. 선고 76다1431 판결(토지대장의 경우); 대법원 2002. 2. 22. 선고 2001다78768 판결(임야대장의 경우)}. 확정된 관련 민·형사판결에서 확정된 사실은 특별한 사정이 없는 한 유력한 증거자료가 되므로 합리적인 이유 설시 없이 이를 배척할 수 없다(대법원 2000. 9. 8. 선고 99다58471 판결; 대법원 2012. 11. 29. 선고 2012다44471 판결).

다. 사안의 경우

판결이유 중에서 판단이 이루어진 사실을 증명하기 위하여 그 판결서를 서증으로 제출한 때에는 그 한도 내에서 판결서가 보고문서로서의 성질을 가지는 것으로 보는 판례의 입장에 따르면 법원은 乙과 A에 대한 형사사건 판결서의 판결이유에서 인정된 사실에 대하여 자유심증에 따라 실질적 증거력을 판단하면 된다. 다만 관련 형사판결에서 확정된 사실은 이를 배척할 특별한 사정이 없는 한 유력한 증거자료가 되는 것으로 보는 판례의 입장에 따르면 법원은 丙이 X 토지의 소유자인 乙로부터 X 토지를 매수한 사실을 인정할 수 있을 것이다.

Ⅳ. 사례의 정리

甲과 乙 간의 청구의 인낙의 기판력과 甲과 丙 간의 확정판결의 기판력이 丙이 丁을 상대로 제기한 X 토지에 관한 소유권확인소송에 미치지 않으므로 법원은 丙에게 X 토지에 관한 소유권이 있는지에 관하여 심판하여야 한다. 丙이 X 토지의 소유자인 乙로부터 X 토지를 매수한 사실을 증명하기 위하여 판결서 사본을 법원에 증거로 제출하였더라도 丁이 이에 대하여 이의권을 행사하지 않았으므로 민사소송법 제355조 제1항 위반의 흠이 치유되어 서증신청은 적법한 것으로 취급될 것이고, 丁이 갑제1호증의 진전성립 여부에 관하여 부지로 답변하였더라도 丙이 서증으로 제출한 판결서는 공문서로서 그 진정성립이 추정되어 형식적 증거력이 인정될 것이다. 판결서의 법적 성질과 관련 확정판결에서 인정된 사실의 증명력에 관한 판례의 입장에 따르면 판결서에서 丙이 X 토지의 소유자인 乙로부터 X 토지를 매수한 사실을 인정한 부분은 보고문서로서의 성질을 가지는 것으로 볼 수 있고, 관련 형사판결에서 확정된 사실은 특별한 사정이 없는 한 유력한 증거자료가 되므로 법원은 丙이 X 토지의 소유자인 乙로부터 X 토지를 매수한 사실을 인정하여 丙의 청구를 인용하는 판결을 하여야 할 것이다.

참고사례

〈사례 1〉

甲은 乙을 상대로 乙이 丙의 甲에 대한 1억 원의 차용금채무를 인수하였다고 주장하며 1억 원의 지급을 구하는 소를 제기하였다. 乙이 丙의 甲에 대한 채무를 인수한 사실을 다투자 甲은 이를 증명하기 위하여 증거로 녹취서(갑제1호증)를 제출하였는데, 甲은 丙의 동의를 받아 丙의 휴대전화에 위치추적 애플리케이션을 설치하여 乙과의 통화 내용을 녹음한 것을 녹취하여 제출하였으며, 그 녹취서에는 乙이 丙의 甲에 대한 채무를 인수한 사실은 인정하는 내용이 기재되어 있다. 갑제1호증에 대한 인부절차에서 乙은 부지로 답변하였고, 甲이 갑제1호증의 진정성립을 증명하지 아니하였지만, 법원의 심리 결과 변론 전체의 취지로 그 진정성립이 인정되는 것으로 밝혀진 경우 법원은 갑제1호증에 근거하여 乙의 채무인수사실을 인정할 수 있는가?

〈사례 2〉

甲은 그의 소유인 X 토지 위에 건설업자 乙의 비용과 노력으로 상가건물을 신축하기로 하고, 상가건물 완공 후에 甲이 선택하고 남은 점포를 乙이 처분하여 그 대금 중 일부를 공사비에 충당하고 그 나머지를 토지대금으로 지급하기로 하는 도급계약을 체결하였다. 乙은 상가건물을 완공한 후에 甲이 선택하고 남은 상가건물 가운데 Y 점포에 관하여 甲에 대한 토지대금채무를 담보하기 위하여 甲 명의로 소유권보존등기를 해 주었다. 丙은 乙로부터 Y 점포를 임차하여 인도받아 사용하고 있다.

1. 甲은 丙을 상대로 소유권에 기한 Y 점포의 인도를 구하는 소를 제기하여

제1차 변론기일에서 Y 점포는 甲 명의로 소유권보존등기가 되어 있으므로 甲의 소유인데 丙이 이를 점유하고 있다고 주장하였고, 丙은 甲이 Y 점포의 등기부상 소유명의자인 사실을 인정하였다. 그런데 甲과 乙 간의 도급계약의 내용이 위와 같은 사실을 알게 된 丙은 제2차 변론기일에서 甲이 Y 점포의 등기부상 소유명의자인 사실을 인정한 진술을 철회하고, Y 점포의 소유권은 이를 원시취득한 乙에게 있다고 주장하고자 한다. 이런 경우 丙은 제2차 변론기일에서 제1차 변론기일에서의 진술을 철회할 수 있는가?

2. 甲이 丙을 상대로 토지대금채권의 만족을 위한 담보권 실행을 이유로 Y 점포의 인도를 구하는 소를 제기한 경우 법원은 어떠한 판결을 하여야 하는가?

〈사례 3〉

甲은 乙을 상대로 공사대금의 지급을 구하는 소를 제기하였는데, 乙이 甲 주장의 공사도급계약의 체결사실을 다투자 甲은 공사도급계약 체결사실을 증명하기 위하여 공사도급계약서를 증거(갑제1호증)로 제출하였다.

1. 갑제1호증에는 도급인으로 乙과 丙의 이름이 기재되어 있고, 乙의 이름 옆에는 乙의 인장이, 丙의 이름 옆에는 丙의 인장이 각 날인되어 있는데, 갑제1호증에 대한 인부절차에서 丙은 갑제1호증을 작성한 사실이 없다고 주장하였다. 법원의 심리 결과 갑제1호증에 날인되어 있는 丙의 인영은 丙의 인장에 의한 것으로 밝혀진 경우 법원은 甲과 丙 간에 갑제1호증의 기재 내용과 같은 공사도급계약이 체결된 사실을 인정할 수 있는가?

2. 제1문과 관련하여 법원의 심리 결과 乙이 丙의 인장을 갑제1호증에 날인한 사실이 인정되는 경우 법원은 甲과 丙 간에 갑제1호증의 기재 내용과 같은 공사도급계약이 체결된 사실을 인정할 수 있는가?

〈사례 4〉

甲은 주류 판매점을 운영하는 乙로부터 乙의 丙에 대한 3억 원의 물품대금채권을 양수하였다고 주장하며 丙을 상대로 양수금청구의 소를 제기하였다. 甲이 乙과 丙 간의 매매계약 체결사실을 증명하기 위하여 제출한 매매계약서(갑제1호증)에는 乙은 丙에게 와인 3,000병을 인도하고 丙은 乙에게 그 대금으로 3억 원을 지급하기로 기재되어 있으며, 乙과 丙의 이름 옆에는 각각 인장이 날인되어 있다. 제1차 변론기일에서 丙이 갑제1호증의 진정성립에 대하여 부지라고 답변하자 법원은 그 인영 부분을 인정하는지 물었고, 丙은 매매계약서상의 인영이 자기의 도장에 의한 것이기는 하지만 자신은 날인한 사실이 없다고 진술하였다. 丙은 제2차 변론기일에서 매매계약서에 날인되어 있는 인영은 자신의 도장에 의한 것이 아닐 뿐 아니라 甲의 주장과는 달리 자신은 乙로부터 와인을 매수한 적이 없다고 다투는 경우 법원은 사건을 어떻게 처리하여야 하는가?

〈사례 5〉

甲은 乙에게 1억 원을 빌려주었다고 주장하며 2023. 9. 5. 乙을 상대로 1억 원에 대한 연 20%의 이자의 지급을 구하는 소를 제기하였다. 乙이 이자에 관하여 합의한 적이 없다고 다투자 甲은 차용증을 증거(갑제1호증)로 제출하였는데, 차용증에는 甲과 乙 간에 2022. 7. 10. 1억 원에 관한 금전소비대차계약이 체결된 사실과 그 말미의 괄호 안에 이율 연 20%가 기재되어 있고, 甲과 乙의 자필로 이름과 주소가 기재되어 있다. 乙은 甲으로부터 1억 원을 빌릴 당시 이율에 관하여 정하지 아니하였고, 甲의 요구에 따라 차용증을 작성해 주면서 이율에 관한 괄호 안을 공란으로 비워두었다고 주장하였다. 甲은 乙이 차용증을 작성해 줄 당시에는 이율에 관한 괄호 안이 공란이었지만, 2023. 2. 1. 乙과 협의하여 이율을 연 20%로 정하였다고 주장하였다. 이런 경우 법원은 갑제1호증에 근거하여 甲의 이자청구를 인용할 수 있는가?

─당사자의 소송행위에 의한 소송의 종료 사례─

〈제 1 문〉

〈사실관계〉

甲 주식회사(이하 '甲'이라 한다)의 대표이사 A는 乙을 상대로 물품대금 3억 원의 지급을 구하는 소를 제기하였는데, 변론기일에서 乙은 A의 대표권을 다투면서 주위적으로는 소의 각하를 구함과 아울러 예비적으로 변제를 이유로 청구의 기각을 구한다고 진술하였고, A는 소를 취하한다고 진술하였다. 그러자 乙은 소 취하에 동의하지 않는다고 진술하였다. 그 후 A는 "乙이 소 취하에 동의하지 않았을 뿐 아니라 乙의 기망에 의해 소를 취하하였으므로 소 취하의 효력이 없다."라는 취지가 기재되어 있는 甲 명의의 기일지정신청서를 법원에 제출하였다. 법원은 사건을 어떻게 처리하여야 하는가?

〈제 2 문〉

〈사실관계〉

甲은 乙을 상대로 X 토지에 관한 매매를 원인으로 한 소유권이전등기절차의 이행을 구하는 소(A 소)를 제기하였다. A 소송의 변론기일에서 乙은 착오를 이유로 甲과의 매매계약을 취소한다고 주장하였지만 제1심법원은 乙의 주장을 배척하고 매매계약의 효력을 인정하여 甲의 청구를 인용하는 판결을 선고하였고, 乙은 항소를 제기하였다. 항소심 계속 중에 甲은 X 토지가 토지거래허가구역 내의 토지임을 알게 되어 청구를 매매에 따른 토지거래허가신청절차의 이행을 구하는 것으로 교환적으로 변경하였다. 항소법원은 착오를 이유로 한 매매계약 취소에 관한 乙의 주장을 배척하고 甲의 청구를 인용하는 판결을 선고하였다. 甲은 이 판결에 기해 토지거래허가를 받은 다음 乙을 상대로 위 매매를 원인으로 한 소유권이전등기절차의 이행을 구하는 소(B 소)를 제기하였다. B 소송의

변론기일에서도 乙은 착오를 이유로 X 토지에 관한 甲과의 매매계약을 취소한
다고 주장하였는데, 법원은 증거조사 등을 통해 심리해 본 결과 乙의 주장이 사
실일 것이라는 심증을 얻게 되었다. B 소 법원은 사건을 어떻게 처리하여야 하
는가?

〈제 3 문〉

〈사실관계〉

甲은 乙이 자기에게 X 토지를 매도하고도 이에 관한 소유권이전등기를 해
주지 않기 위하여 丙과 X 토지에 관한 매매계약을 체결한 사실이 없음에도 매
매를 가장하여 丙 명의로 소유권이전등기를 해 주었다고 주장하며 乙을 대위하
여 丙을 상대로 丙 명의 소유권이전등기의 말소등기절차의 이행을 구하는 소(A
소)를 제기하여 변론이 진행 중이다. 乙은 丙을 상대로 X 토지에 관한 丙 명의
소유권이전등기의 말소등기절차의 이행을 구하는 소(B 소)를 제기하여 그 변론
기일에서 "X 토지에 관한 매매계약에 기하여 乙이 丙에게 소유권이전등기를 해
주었음에도 丙이 잔금지급기일이 지나도록 매매잔금을 지급하지 않았으므로 소
장부본의 송달로써 매매계약을 해제하였다. 따라서 丙 명의의 소유권이전등기
는 말소되어야 한다."라고 주장하였다.

1. 乙은 丙의 동의를 받아 B 소를 취하한 후에 丙을 상대로 매매잔금의 지급
을 구하는 소(C 소)를 제기하였는데, 丙은 C 소송의 변론기일에서 乙과 丙 간의
매매계약은 乙의 해제권 행사로 해제되었다고 주장하며 B 소의 소장부본을 증
거로 제출하였다. C 소 법원의 심리 결과 丙이 乙에게 매매잔금을 지급하지 아
니한 사실이 인정되는 경우 법원은 사건을 어떻게 처리하여야 하는가?

2. 乙과 丙 간의 C 소송의 변론기일에 甲이 출석하여 乙은 丙에게 1억 원을
지급하고, 丙은 丙 명의의 소유권이전등기의 말소등기절차에 협력하며, 甲은 丙
을 상대로 제기한 A 소를 취하함으로써 甲과 丙 간의 소송(A 소)과 乙과 丙 간
의 소송(C 소)을 모두 끝내기로 하였고, 법원사무관은 그러한 취지를 변론조서

에 기재하였다. 이에 따라 乙은 丙에게 1억 원을 지급하고 丙으로부터 丙 명의 소유권이전등기의 말소등기에 필요한 서류를 교부받았는데, 甲은 A 소를 취하하지 않고 있다. A 소 법원의 심리 결과 C 소송에서 위와 같은 내용의 소송상 화해가 성립한 사실이 인정되는 경우 법원은 사건을 어떻게 처리하여야 하는가?

〈제 4 문〉

〈사실관계〉

甲은 2022. 3. 1. 乙에게 자신의 소유인 X 토지를 5억 원에 매도하면서 계약 당일 계약금 5,000만 원을 지급받았고, 2022. 4. 1. 중도금 1억 5,000만 원을 지급받고 X 토지를 乙에게 인도하기로 하며, 2022. 5. 1. 소유권이전등기에 필요한 서류의 교부와 상환으로 잔금 3억 원을 지급받기로 합의하였다. 甲은 2022. 4. 1. 중도금 1억 5,000만 원을 지급받고 같은 날 乙에게 X 토지를 인도해 주었는데, 乙은 2022. 4. 15. 丙과 X 토지에 관한 임대차계약을 체결하고 같은 날 丙에게 X 토지를 인도해 주었다.

甲은 2022. 5. 1. 소유권이전등기에 필요한 서류를 준비하고 乙에게 잔금 3억 원의 지급을 요구하였는데, 乙은 3억 원을 지급하지 아니하였다. 甲은 乙의 채무불이행을 이유로 매매계약을 해제한다고 주장하며 乙을 상대로는 계약해제에 따른 원상회복으로 X 토지의 인도를 구하고, 丙을 상대로는 소유권에 기하여 X 토지의 인도를 구하는 소(A 소)를 제기하였다. 제1차 변론기일에서 甲과 乙, 丙 간에 "1. 丙은 甲에게 2022. 10. 1.까지 X 토지를 인도한다. 2. 甲은 乙에게 2022. 12. 31.까지 매매대금 2억 원을 반환한다. 3. 甲과 乙은 이 사건 매매계약과 관련된 나머지 청구를 모두 포기한다."라는 내용으로 합의가 이루어져 소송을 종료하기로 하는 진술을 하고 법원사무관이 그러한 취지를 변론조서에 기재하였다.

丙이 2022. 9. 1. 丁과 X 토지에 관한 전대차계약을 체결하고 같은 날 丁에게 X 토지를 인도해 줌으로써 위 합의에 따른 의무를 이행하지 아니하자 甲은 丙의 의무불이행을 이유로 위 합의를 모두 해제한다고 주장하며 丁을 상대로 소유권에 기하여 X 토지의 인도를 구하는 소(B 소)를 제기하였다. B 소 법원의 심리 결과 A 소송에서 위와 같은 내용의 소송상 화해가 성립한 사실이 인정되는 경우 법원은 사건을 어떻게 처리하여야 하는가?

─당사자의 소송행위에 의한 소송의 종료 사례 풀이─

〈제 1 문〉

I. 쟁점

甲의 대표이사 A가 甲을 대리하여 소를 취하할 수 있는지와 관련해서는 법인 대표자의 소송법상 지위를 검토하여야 하고, 甲의 소 취하에 乙의 동의가 필요한지 및 이에 따른 소 취하의 효력이 인정되는지와 관련해서는 피고가 주위적으로 소각하판결을 구하고, 예비적으로 청구기각판결을 구하는 진술을 한 것을 본안에 관하여 응소한 것으로 볼 수 있는지를 검토하여야 하며, 기일지정신청에 대한 법원의 처리와 관련해서는 소 취하의 과정에 사기, 강박 등의 하자가 있음을 이유로 소 취하의 효력을 다툴 수 있는지를 검토하여야 한다.

II. 법인 대표자의 소송법상 지위

법인과 그 대표자의 관계는 법정대리와 유사하므로 대표자는 법정대리인에 준하는 지위와 권한을 가진다. 법인 등의 대표자에게는 민사소송법의 법정대리와 법정대리인에 관한 규정이 준용된다(법 제64조).

甲의 대표이사 A는 甲의 대표자로서 자신의 의사에 따라 甲의 이름으로 소송행위를 하고 그 효과는 甲에게 귀속된다. 법인 대표자의 권한도 법정대리인의 경우와 같이 민사소송법 제51조에 의해 관련 실체법 규정에 따르는데, 상법상 주식회사 대표이사의 대표권에 관한 제한 규정은 없다. 따라서 A는 甲의 대표자로서 甲을 대리하여 소를 취하할 수 있다.

III. 甲의 소 취하에 대한 乙의 동의 필요 여부

1. 소 취하의 의의, 방식 및 효력

원고는 소를 제기한 후 판결이 확정될 때까지 소를 취하할 수 있다(법 제266

조 제1항).[1] 소의 취하는 원고가 자신이 제기한 소의 전부 또는 일부를 철회하는 법원에 대한 단독적 소송행위로서 이에 의하여 소송계속이 소급하여 소멸하고 소송이 종료하게 된다. 소의 취하는 소송행위이므로 소송능력을 가진 원고가 소를 취하하여야 한다. 종중이 원고일 경우에는 대표권을 가진 정당한 대표자가 소를 취하하여야 한다. 소 취하는 서면으로 하여야 하지만 변론이나 변론준비기일에서는 말로 할 수 있다(법 제266조 제3항).

피고가 본안에 관하여 준비서면을 제출하거나 변론준비기일에서 진술하거나 변론을 한 후에 소를 취하하는 때에는 피고의 동의를 받아야 한다(법 제266조 제2항).[2] 피고가 응소하여 본안판결을 받으려는 적극적인 태도를 보였다면 그 소송절차에서 청구기각판결을 받을 가능성이 생길 수 있으므로 이러한 피고의 이해관계를 보호하기 위하여 피고의 동의를 요구하는 것이다.[3] 피고가 원고의 소송상 청구가 이유 있는지에 관하여 응소한 때에는 피고의 동의가 있어야 소 취하의 효력이 인정된다. 소 취하에 대한 동의도 소송행위이므로 소송능력을 가진 피고가 동의하여야 하는데, 소 취하의 서면이 송달된 날부터 2주 이내에 피고가 이의를 제기하지 않으면 소 취하에 동의한 것으로 본다(법 제266조 제6항 전문).

원고가 요건을 구비하여 소를 취하하면 소송계속은 소급하여 소멸하게 된다(법 제267조 제1항).

---

1) 소송요건을 흠결하여 적법한 소가 아니더라도 소를 취하할 수 있다. 상소심에서도 소를 취하할 수 있지만 재소금지의 제재를 받게 된다(법 제267조 제2항). 상소심에서 피고의 동의를 받아 소 취하서를 제출하였는데 소의 취하인지 상소의 취하인지 분명하지 않은 때에는 법원은 석명권을 행사하여 이를 밝혀야 하고, 그렇게 하여도 소의 취하인지 상소의 취하인지 분명하지 아니한 때에는 소의 취하로 해석하여야 한다.

2) 소 취하에 피고의 동의가 필요한 경우 피고 동의의 법적 성질: 소 취하에 피고의 동의가 필요한 때에는 피고의 동의로 소 취하의 효력이 확정되며, 피고가 동의를 거부하면 소 취하의 효력이 인정되지 않는다. 소 취하의 동의도 소송행위이므로 소송능력을 가진 자가 법원에 대하여 하여야 하고, 조건을 붙일 수 없다. 고유필수적 공동소송의 경우 공동피고 전원의 동의가 필요하고, 독립당사자참가가 이루어진 후에 원고가 본소를 취하하는 때에는 피고뿐 아니라 참가인의 동의도 필요하다. 피고가 동의를 거부하면 소 취하가 실효되므로 그 후에 피고가 동의하더라도 동의의 대상이 존재하지 않기 때문에 소 취하의 효력이 생길 여지가 없다.

3) 재산분할심판사건에서 소의 취하에 상대방의 동의가 필요한지가 문제되는데, 판례는 가사소송법에 가사비송사건 심판신청의 취하에 상대방의 동의가 필요한지에 관한 규정이 없고, 비송사건절차법도 소 취하에 대한 동의에 관한 민사소송법 제266조 제2항을 준용하지 않으므로 상대방이 있는 마류 가사비송사건인 재산분할심판사건의 경우 심판신청 취하에 상대방의 동의가 필요하지 않은 것으로 본다(대법원 2023. 11. 2. 선고 2023므12218 판결).

2. 乙이 주위적으로 A의 대표권 흠결을 이유로 소각하판결을 구하고, 예비적으로 청구기각판결을 구하는 진술을 한 것을 본안에 관하여 응소한 것으로 볼 수 있는지 여부

피고가 주위적으로 소각하판결을, 예비적으로 청구기각판결을 구하는 경우 피고가 본안에 관하여 응소한 것으로 볼 수 있는지와 관련해서는 ① 예비적으로라도 본안에 대하여 다투고 있으면 피고의 동의가 필요한 것으로 보아야 한다는 견해, ② 이런 경우 본안에 관한 답변은 본안전항변이 배척될 것을 정지조건으로 하고 있어 본안에 관한 답변의 효력이 확정적으로 발생하지 않으므로 피고의 동의가 필요하지 않은 것으로 보아야 한다는 견해 등이 주장되고 있다.

판례는 피고가 본안전항변으로 소각하를 구하고, 본안에 관하여 청구기각을 구한 경우 본안에 관하여 청구기각을 구하는 것은 본안전항변이 이유 없을 때를 대비하여 예비적으로 구하는 것이므로 원고는 피고의 동의 없이 소를 취하할 수 있다(대법원 2010. 7. 22. 선고 2009므1861 · 1878 판결)는 입장이다.

3. 사안의 경우

피고가 본안전항변으로 소각하판결을 구하고, 본안에 관하여 청구기각판결을 구한 경우 원고가 피고의 동의 없이 소를 취하할 수 있는 것으로 보는 판례의 입장에 따르면 甲은 乙의 동의 없이 소를 취하할 수 있고, 甲의 대표이사 A가 한 소 취하의 효력이 인정될 것이다.

IV. 소 취하의 효력을 다투는 방법

1. 해당 소송절차에서의 기일지정신청[3]

소 취하의 존재 여부나 효력 유무에 관하여 당사자 간에 다툼이 있는 경우에

---

4) 기일지정은 소송지휘에 해당하므로 재판장은 직권으로 기일을 지정하는 것이 원칙이다. 다만 (ⅰ) 소송이 종료된 후에 그 종료의 효력을 다투면서 기일지정신청을 하는 경우(규칙 제67조, 제68조, 제128조), (ⅱ) 양쪽 당사자가 변론기일에 2회 불출석한 후에 소 또는 항소의 취하 간주를 저지하기 위하여 당사자가 2회 불출석한 변론기일부터 1월 이내에 기일지정신청을 하는 경우(법 제268조 제2항 · 제4항)와 같이 당사자에게 신청권이 인정되는 때도 있다.

는 해당 소송절차 내에서 이를 해결하여야 한다.[5] 소 취하의 부존재나 무효를 주장하는 당사자는 해당 수소법원에 기일지정신청을 할 수 있으므로(규칙 제67 조 제1항) 별소로써 소 취하의 무효확인을 구할 확인의 이익이 없다. 기일지정신청이 있으면 법원은 변론을 열어 신청사유를 심리하여야 하고, 심리 결과 신청이 이유 없는 것으로 인정되면 종국판결로 소송종료선언을 하여야 한다. 심리 결과 신청이 이유 있는 것으로 인정되면 소 취하 당시의 소송 정도에 따라 필요한 절차를 계속 진행하여야 하고, 중간판결이나 종국판결의 이유에서 이에 관하여 판단하면 된다. 소가 취하 간주(법 제268조)된 후에 그 효력을 다투면서 기일지정신청을 한 경우에도 동일하게 처리된다(규칙 제68조).[6]

2. 소 취하의 과정에 사기, 강박 등의 하자가 있음을 이유로 소 취하의 효력을 다툴 수 있는지 여부

실체법상 의사표시에 사기, 강박, 착오 등의 하자가 존재하는 때에는 그 의사표시의 취소 등을 주장할 수 있지만, 민사소송법에는 의사표시의 하자에 관한 규정이 없다. 따라서 소송행위인 소 취하의 과정에 사기, 강박, 착오 등의 하자가 존재하는 경우 소 취하의 무효 또는 취소를 주장할 수 있는지가 문제된다.

가. 소송행위의 무효 또는 취소를 주장할 수 없는 것으로 보는 견해

소송행위는 법원에 대하여 행해지는 것이 보통이고 연속하는 소송절차를 이루는 것이므로 소송절차의 안정과 소송행위의 명확성을 보장하기 위해서는 소송행위의 성립과정에 사기, 강박, 착오 등의 하자가 있더라도 이를 이유로 그러

---

5) 항소 취하의 경우에도 해당 소송절차에서 기일지정신청을 통해 항소 취하의 효력을 다툴 수 있다(규칙 제128조, 제67조).

6) 종국판결이 선고된 후 상소기록을 상급심으로 보내기 전에 소가 취하된 경우 (ⅰ) 상소의 이익이 있는 당사자가 모두 상소한 때(당사자의 일부는 상소하고 나머지 당사자의 상소권이 소멸한 경우도 포함)에는 상소법원이 소 취하의 효력을 다투는 신청의 당부를 심판하고(규칙 제67조 제4항 제1호), 그 밖의 경우에는 원심법원이 소 취하의 효력을 다투는 신청의 당부를 심판한다(규칙 제67조 제4항 제2호, 제5항). (ⅱ) 상소법원이 기일지정신청의 당부에 관하여 심판하는 때에는 신청이 이유 없으면 소송종료선언을 하여야 하고 신청이 이유 있으면 소 취하 당시의 소송 정도에 따라 필요한 절차를 진행하여야 하며, 원심법원이 심판하는 때에는 신청이 이유 없으면 소송종료선언을 하여야 하고 신청이 이유 있으면 소취하무효선언을 하여야 한다.

한 소송행위의 무효 또는 취소를 주장할 수 없다.

나. 의사표시의 하자에 관한 민법 규정을 유추적용하여야 한다는 견해

소의 취하, 청구의 포기·인낙, 소송상 화해 등 소송절차를 종료시키는 소송행위는 다른 소송행위와는 달리 소송절차의 안정을 해칠 염려가 없으므로 이러한 소송행위의 경우에는 그 성립 과정상의 하자를 고려하여야 하고, 재심사유에 관한 민사소송법 규정을 유추적용하여 문제를 해결하고자 하면 착오 등으로 소송행위를 한 경우에는 구제받을 수 없는 한계가 있으므로 당사자를 보호하기 위해서는 민법 규정을 유추적용하여야 한다.

다. 재심사유에 관한 민사소송법 규정을 유추적용하여야 한다는 견해

민사소송법이 청구의 포기·인낙, 화해와 관련하여 준재심의 소라는 구제방법을 인정하고 있으므로 그 밖의 소송행위와 관련하여 사기, 강박 등이 문제되는 때에는 민사소송법 제451조 제1항 제5호(형사상 처벌받을 다른 사람의 행위로 말미암은 경우)를 유추적용하여 해당 소송행위의 효력을 다투는 것이 법체계에 부합하는 것이다. 이 견해는 형사상 처벌받을 다른 사람의 행위에 대하여 유죄판결 또는 과태료부과처분이 확정될 것이 요구되는지와 관련하여 ㉮ 범죄행위로 말미암은 소송행위가 이루어진 사건에 대한 판결이 확정되더라도 재심의 소에 의해 취소될 수 있으므로 판결이 확정되기 전에 해당 소송절차 내에서 그 소송행위를 제거하도록 하는 것이 소송경제에 부합할 수 있다는 것을 이유로 유죄판결 등이 확정될 것을 요구하지 않는 견해, ㉯ 민사사건을 재판하는 법원은 다른 사람의 행위가 형사상 처벌받을 행위에 해당하는지를 판단할 수 없다는 것을 이유로 유죄판결 등이 확정될 것을 요구하는 견해 등으로 입장이 나뉘고 있다.

라. 판례의 입장

소를 취하하는 소송행위가 정당한 당사자에 의하여 이루어진 때에는 그 소취하가 타인의 기망에 의한 것이더라도 이를 취소할 수 없다(대법원 1979. 12. 11. 선고 76다1829 판결).

항소의 취하는 일단 제기한 항소를 철회하여 항소심의 소송계속을 소멸시키는 항소법원에 대한 항소인의 일방적 소송행위이고, 민사소송법상의 소송행위에는 특별한 규정 또는 특별한 사정이 없는 한 민법상 법률행위에 관한 규정을 적용할 수 없으므로 착오나 사기, 강박 등의 의사표시의 하자를 이유로 소송행위의 무효나 취소를 주장할 수 없다(대법원 1980. 8. 26. 선고 80다76 판결).

민법상 법률행위에 관한 규정은 특별한 사정이 없는 한 민사소송법상의 소송행위에는 적용되지 않으므로 소송행위에 조건을 붙일 수 없고, 상고를 취하하는 소송행위가 정당한 당사자에 의하여 이루어진 이상 기망을 이유로 상고의 취하를 취소할 수 없으며, 적법하게 제출된 상고 취하의 서면을 임의로 철회할 수도 없다(대법원 2007. 6. 15. 선고 2007다2848·2855 판결).

소의 취하가 형사상 처벌받을 다른 사람의 행위로 말미암아 이루어져 민사소송법 제451조 제1항 제5호의 재심사유에 해당할 만큼의 충분한 가벌성이 있는 경우 그에 부합하는 의사 없이 소의 취하가 외형적으로만 존재하는 때에는 소 취하의 무효 또는 취소를 주장할 수 있다(대법원 1985. 9. 24. 선고 82다카312·313·314 판결).

형사상 처벌받을 다른 사람의 행위로 말미암아 항소를 취하하여 원심판결이 확정된 것은 재심사유에 해당하고, 형사상 처벌받을 다른 사람의 행위에는 대리인의 범죄행위도 포함될 수 있는데, 이런 경우에는 대리인이 문제된 소송행위와 관련하여 유죄판결을 받은 것만으로는 충분하지 않고, 대리인의 범죄행위에 소송상대방 또는 그의 대리인이 통모·가담한 경우와 같이 대리인이 한 소송행위의 효과를 당사자 본인에게 귀속시키는 것이 절차적 정의에 반하여 도저히 수긍할 수 없을 정도로 대리권에 실질적인 흠이 존재하는 때에만 대리인의 범죄행위로 말미암은 항소 취하로 원심판결이 확정된 것이 재심사유가 될 수 있다(대법원 2012. 6. 14. 선고 2010다86112 판결).

3. 기일지정신청에 대한 법원의 조치

당사자가 소 취하의 존재 여부나 효력 유무를 다투면서 기일지정신청을 한 경우 법원은 소송의 종료 여부를 판단하여야 하므로 변론을 열어야 한다. 본안에 관한 변론을 하기 위한 기일은 아니므로 변론을 소송의 종료 여부로 제한하여 소 취하의 존재 여부나 효력 유무를 심리할 수 있다.

법원의 심리 결과 소의 취하가 유효하다고 인정되는 때에는 판결로서 "이 사건 소는 ××××. ××. ××. 소의 취하에 의하여 종료하였다."라고 선언하여야 한다. 소송종료선언은 소송종료효가 다투어지는 경우 계속 중인 소송이 유효하게 종료되었음을 확인하는 종국판결로서 소송판결에 해당한다.

법원의 심리 결과 소의 취하가 무효라고 인정되는 때에는 사건은 소송계속 중이므로 소 취하 당시의 소송 정도에 따라 필요한 절차를 계속 진행하여야 하고, 중간판결이나 종국판결의 이유에서 소 취하의 무효에 관하여 판단하면 된다.

4. 사안의 경우

소 취하에 부합하는 의사 없이 소의 취하가 외형적으로만 존재하는 경우 소 취하의 효력을 다툴 수 있는 것으로 보는 판례의 입장에 따르면 단순히 乙의 기망에 의해 소를 취하한 것은 요건을 갖추어 이루어진 소 취하의 효력에 영향을 미치지 않을 것이므로 이를 이유로 한 甲의 기일지정신청은 이유 없는 것으로 인정되어 법원은 소송종료선언을 하여야 할 것이다.

V. 사례의 정리

甲을 대리하여 소를 취하할 수 있는 A가 변론기일에서 소를 취하한다는 진술을 하자 乙이 소 취하에 동의하지 않는다는 진술을 한 상태에서 A가 소 취하의 효력을 다투면서 법원에 기일지정신청서를 제출하였으므로 법원은 변론을 열어 소 취하의 효력이 인정되는지를 심리하여야 한다. 甲은 乙이 소 취하에 동의하지 아니한 것과 乙의 기망에 의해 소를 취하한 것을 이유로 소 취하의 효력을 다투고 있는데, 피고가 본안전항변으로 소각하판결을 구하고, 본안에 관하여 청구기각판결을 구한 경우 원고는 피고의 동의 없이 소를 취하할 수 있는 것으로 보는 판례의 입장에 따르면 甲의 소 취하에 乙의 동의가 필요하지 않을 것이며, 소 취하에 부합하는 의사 없이 소의 취하가 외형적으로만 존재하는 경우 소 취하의 효력을 다툴 수 있는 것으로 보는 판례의 입장에 따르면 乙의 기망에 의해 소를 취하한 것은 소 취하의 효력에 영향을 미치지 아니하여 A가 甲을 대리해서 한 소 취하의 효력이 인정될 것이므로 이러한 소 취하의 효력을 다투는 甲의 기일지정신청은 이유 없는 것으로 인정되어 법원은 소송종료선언을 하여야 할 것이다.

〈제 2 문〉

I. 쟁점

甲은 乙을 상대로 X 토지에 관한 매매를 원인으로 한 소유권이전등기청구에 대한 심판을 구하였다가 항소심에서 청구를 교환적으로 변경하여 동일한 매매에 따른 토지거래허가신청절차의 이행청구에 대한 심판을 구하였는데, 청구의 교환적 변경이 이루어진 경우 구 청구에 관한 소가 취하된 것으로 보는 판례의 입장에 따르면 토지거래허가를 받은 甲이 乙을 상대로 다시 동일한 매매를 원인으로 한 소유권이전등기절차의 이행을 구하는 소를 제기한 것이 재소에 해당하는지가 문제되며, 이와 관련해서는 토지거래허가를 받기 전에 제기되었던 전소와 토지거래허가를 받은 후에 제기된 후소의 권리보호이익이 동일한지를 검토하여야 한다. 乙의 매매계약 취소 주장과 관련해서는 확정된 전소판결의 이유 중의 판단에 대하여 구속력이 인정되는지를 검토하여야 한다.

II. 甲의 乙에 대한 후소가 재소에 해당하는지 여부

1. 청구의 변경의 의의 및 유형

가. 의의 및 제도적 취지

원고는 청구의 기초가 바뀌지 않는 한도 내에서 사실심의 변론종결 시까지 청구를 변경할 수 있다(법 제262조 제1항). 청구의 변경은 원고가 소 제기 시에 특정하였던 심판의 대상을 소송계속 중에 변경하는 것으로서 소송경제와 분쟁의 일회적 해결을 도모하기 위하여 인정된 것이다.

나. 요건

청구의 변경이 허용되기 위해서는 (a) 청구병합의 일반요건을 구비하여야 하고, (b) 기존 소송이 사실심 계속 중 변론종결 전이어야 하며, (c) 청구의 변경을 통해 청구의 기초가 바뀌지 않아야 하고, (d) 청구의 변경으로 인해 소송절차를 현저히 지연시키지 않아야 한다. 판례는 동일한 생활사실 또는 경제적 이익에 관한 분쟁으로서 그 분쟁 해결방법에 차이가 있을 뿐일 경우에는 청구의 기초가 바뀌지 않은 것으로 본다(대법원 1998. 4. 24. 선고 97다44416 판결).

다. 유형

청구의 변경에는 원고가 소송계속 중에 (i) 구 청구에 대한 심판신청을 유지하면서 새로운 청구에 대한 심판을 추가로 신청하는 청구의 추가적 변경과 (ii) 구 청구에 갈음하여 새로운 청구에 대한 심판을 신청하는 청구의 교환적 변경이 있다.

2. 청구의 교환적 변경의 소송법적 구조

청구의 교환적 변경의 소송법적 구조와 관련해서는 ① 구 청구에 관한 소 취하와 신 청구에 관한 소 제기가 결합된 것으로 보는 견해, ② 청구를 교환적으로 변경하는 원고의 의사는 소송 중에 어느 한 부분을 종료시키려는 데에 있지 않고 다른 청구로써 소송을 계속 수행하려는 데에 있는 것으로 보아 구 청구에 관한 소 취하로서의 성질을 인정하지 않는 견해 등이 주장되고 있다.

판례는 피고의 항소로 인한 항소심에서 청구의 교환적 변경이 있으면 제1심 판결은 청구의 교환적 변경에 의한 소 취하로 실효되고, 새로운 청구만이 항소심의 심판대상이 되어 항소심이 사실상 제1심으로 재판하게 되므로 그 후에 피고가 항소를 취하하더라도 항소 취하는 그 대상이 없어 아무런 효력이 발생하지 않는다(대법원 1995. 1. 24. 선고 93다25875 판결)는 입장이다.

청구의 교환적 변경이 구 청구에 관한 소 취하로서의 성질을 가지는 것으로 보는 경우 피고가 본안에 관하여 응소한 때에는 소 취하에 피고의 동의를 받도록 한 민사소송법 제266조 제2항과의 관계에서 피고가 본안에 관하여 응소한 후 원고가 청구를 교환적으로 변경하고자 하는 경우에도 피고의 동의를 받아야 하는지가 문제된다. 이와 관련해서는 ① 피고의 절차권을 보장하여야 한다는 것을 이유로 청구를 교환적으로 변경하는 때에도 피고의 동의를 받아야 구 청구에 관한 소 취하의 효력이 생기며, 피고의 동의를 받지 못한 경우에는 청구의 추가적 변경이 있는 것으로 보아야 한다는 견해, ② 청구의 기초가 바뀌지 않은 이상 피고의 동의가 필요하지 않은 것으로 보아야 한다는 견해, ③ 청구의 교환적 변경으로 인해 구 청구에 관한 소가 취하되는 것은 아니며, 청구의 변경에 관하여 규정하고 있는 민사소송법 제262조에서 피고의 동의를 요구하지도 않으므로 청구의 교환적 변경에 피고의 동의가 필요하지 않은 것으로 보아야 한다는 견해 등이 주장되고 있다.

판례는 청구의 기초에 변경이 없으면 항소심에서도 피고의 동의 없이 청구를 교환적으로 변경할 수 있다(대법원 1970. 2. 24. 선고 69다2172 판결)는 입장이다.

3. 甲의 乙에 대한 후소가 재소에 해당하는지 여부

가. 재소금지의 의의 및 제도적 취지

본안에 대한 종국판결이 있은 뒤에 소를 취하한 사람은 같은 소를 제기하지 못한다(법 제267조 제2항). 재소금지의 제도적 취지와 관련해서는 ① 소 취하의 남용에 대한 제재로 보는 견해, ② 재소의 남용에 대한 제재로 보는 견해, ③ 소 취하의 남용 및 재소의 남용에 대한 제재로 보는 견해 등이 주장되고 있다.

나. 재소금지의 요건

본안에 대한 종국판결이 선고된 후에 소가 취하된 경우 재소로서 금지되는 것은 취하된 소와 동일한 소인데, 재소금지의 경우에는 그 반작용으로 소권을 제한하는 측면이 있으므로 당사자와 소송물뿐만 아니라 권리보호이익도 동일하여야 동일한 소로 취급된다.

(1) 당사자의 동일

본안에 대한 종국판결이 선고된 후에 소가 취하된 경우 다시 소를 제기할 수 없는 자는 전소의 당사자 중 원고만이고, 전소의 피고는 소를 제기할 수 있다.

전소 원고의 변론종결 후의 포괄승계인에게 재소금지 규정이 적용된다는 데에는 이론이 없지만, 특정승계인에게도 재소금지 규정이 적용되는지에 관하여는 ① 재소금지의 제재적 기능을 관철하기 위해서는 전소 원고의 승계인인 이상 특정승계인에게도 재소금지 규정이 적용되는 것으로 보아야 한다는 견해, ② 재소금지는 기판력처럼 법적 안정성을 보장하기 위한 것이 아니므로 전소의 취하사실을 알고 승계하였다는 등의 특별한 사정(재소금지의 제재를 받을 만한 행위를 한 경우 등)이 없는 한 특정승계인에게는 재소금지 규정이 적용되지 않는 것으로 보아야 한다는 견해 등이 주장되고 있다. 판례는 변론종결 후의 특정승계인도 재소금지 규정이 적용되는 '소를 취하한 사람'에 포함되는 것으로 본다(대법원 1981. 7. 14. 선고 81다64·65 판결; 대법원 1998. 3. 13. 선고 95다48599·48605 판결).

선정당사자가 본안에 대한 종국판결이 선고된 후에 소를 취하한 때에는 선정자도 재소금지 규정의 적용을 받는다. 전소 원고 측의 보조참가인은 당사자가 아니므로 본 소송에 관한 본안판결이 선고된 후에 원고가 소를 취하하더라도 그 보조참가인에게는 재소금지 규정이 적용되지 않는다(대법원 1984. 9. 25. 선고 80다1501 판결).

채권자대위소송에 관한 본안판결이 선고된 후에 채권자가 소를 취하한 경우 채무자가 다시 소를 제기할 수 있는지가 문제된다. 이와 관련해서는 ① 채권자대위소송을 법정소송담당으로 보는 입장에서 ㉮ 채권자대위소송이 제기된 사실을 채무자가 알았던 경우에는 채무자에게도 재소금지 규정이 적용되는 것으로 보아야 한다는 견해, ㉯ 재소금지와 기판력은 제도적 취지를 달리하는 것이므로 그 효력이 미치는 범위를 동일시하여야 하는 것은 아니라는 것을 이유로 재소금지 규정은 소를 취하한 자에게만 적용되는 것으로 보아야 한다는 견해, ② 채권자대위소송을 채권자가 자신의 고유한 실체법상 권리를 소송상 행사하는 것으로 보는 입장에서 채권자대위소송과 채무자가 제3채무자를 상대로 제기한 소는 동일한 소가 아니라고 하여 채무자에게 재소금지 규정이 적용되지 않는 것으로 보는 견해 등이 주장되고 있다.

판례는 채권자대위권에 기한 소가 제기된 사실을 피대위자가 알게 된 경우에는 그 대위소송에 관한 종국판결이 있은 후 소가 취하된 때에는 피대위자도 재소금지 규정의 적용을 받아 그 대위소송과 동일한 소를 제기하지 못한다(대법

원 1996. 9. 20. 선고 93다20177 · 20184 판결)는 입장이다.[7]

(2) 소송물의 동일

재소로서 금지되기 위해서는 전소와 후소의 소송물이 동일하여야 한다. 소송물의 동일성 여부는 소송물이론에 따라 달리 판단된다. 소송상 동일한 목적을 추구하면서 실체법상 권리를 달리 주장하는 경우 구실체법설에 따르면 실체법상 권리를 달리하여 동일한 소가 아니지만, 소송법설 중 일지설에 따르면 소송상 동일한 목적을 추구하므로 동일한 소로 취급된다.

전소의 소송물에 후소의 소송물이 포함되어 있는 경우에는 후소에 재소금지 규정이 적용된다. 전소의 소송물이 후소의 선결문제일 경우 동일한 소에 해당하는지에 관해서는 견해의 대립이 있다. 이와 관련해서는 ① 전소의 소송물이 후소의 선결문제일 경우 통상 전소의 불리한 판결을 회피하기 위하여 후소를 제기하게 되므로 후소를 각하시키기 위해서는 동일한 소로 보아야 한다는 견해, ② 소송물이 다르므로 동일한 소라고 할 수 없을 뿐 아니라 전소의 소송물을 선결문제로 하는 후소가 제기된 때에는 선결문제의 한도에서만 전소의 기판력 있는 판단에 구속될 뿐 후소의 제기 자체가 불허되는 것은 아니라는 점을 고려하면 전소의 소송물이 후소의 선결문제일 경우 재소 자체를 금지하는 것은 기판력이 작용하는 경우보다 가혹한 결과를 초래하게 되므로 동일한 소로 보아서는 안 된다는 견해 등이 주장되고 있다.

판례는 재소금지 규정은 임의의 소 취하로 인해 그때까지의 국가의 노력을 헛수고로 돌아가게 한 자에 대한 제재적 취지에서 그가 다시 동일한 분쟁을 문제삼아 소송제도를 농락하는 것과 같은 부당한 사태가 발생하는 것을 방지할 목적에서 나온 것이므로 재소 요건으로서의 동일한 소를 기판력의 범위나 중복된 소 제기금지의 경우와 같이 볼 것은 아니고, 당사자와 소송물이 동일하더라도 재소의 이익이 다른 경우에는 동일한 소라고 할 수 없는 반면에, 후소가 전소의 소송물을 선결적 법률관계나 전제로 하는 때에는 소송물은 다르나 본안에 대한 종국판결 후에 전소를 취하한 자는 전소의 목적이었던 권리 또는 법률관계의 존부에 관하여 다시 법원의 판단을 구할 수 없으므로 이러한 재소금지 제

---

7) 이러한 판례의 입장에 대하여는 기판력에 의한 후소 차단과 재소금지를 혼동하여 채무자의 지위를 지나치게 불리하게 한다는 견해가 주장되기도 한다.

도의 취지와 목적에 비추어 보면 후소도 동일한 소로서 판결을 구할 수 없다고 보아야 한다(대법원 1989. 10. 10. 선고 88다카18023 판결)는 입장이다.

(3) 권리보호이익의 동일

재소금지는 소를 취하한 후 정당한 사유 없이 다시 소를 제기하는 것을 방지하기 위한 것이므로 재소를 정당화하는 새로운 이익이나 필요성이 인정되는 때에는 재소를 허용하여야 한다. 따라서 전소와 후소의 권리보호이익이 동일한 경우에 한하여 재소금지 규정이 적용된다.

피고가 전소 취하의 전제조건인 약정사항을 이행하지 아니하여 그 약정이 해제 또는 실효되는 사정변경이 생긴 경우에는 전소의 원고는 다시 동일한 소를 제기할 수 있고(대법원 2000. 12. 22. 선고 2000다46399 판결), 토지거래허가를 받기 전에 소유권이전등기절차의 이행을 구하는 소를 제기하여 승소한 후 소를 취하하였는데 그 후 토지거래허가를 받은 다음 다시 소유권이전등기절차의 이행을 구하는 소를 제기하는 것은 취하된 소와 권리보호이익이 다르므로 재소에 해당하지 않는다(대법원 1997. 12. 23. 선고 97다45341 판결).[8]

(4) 본안에 대한 종국판결이 있은 뒤의 소 취하

원고가 본안에 대한 종국판결을 선고받은 후에 소를 취하한 경우 재소가 금지되므로 소송판결이 선고된 후에 소를 취하한 때에는 다시 소를 제기할 수 있다.

청구가 교환적으로 변경되면 구 청구에 관한 소가 취하된 것으로 보는 판례의 입장에 따르면 항소심에서 청구가 교환적으로 변경된 때에는 구 청구에 관한 소가 본안에 대한 제1심판결이 선고된 후에 취하된 경우에 해당하여 재소금

---

8) ➤ 소유권에 기한 토지인도소송에서 패소한 피고가 전 소유자의 소유를 인정하고 토지를 매수하겠다고 하여 전 소유자가 소를 취하하였는데, 그 후 피고가 토지를 매수하지 않고 전 소유자의 소유권을 다투는 상황에서 전 소유자로부터 토지를 매수하여 소유권이전등기를 마친 원고가 피고를 상대로 소유권에 기한 토지인도청구의 소를 제기한 경우, 전 소유자의 전소와 원고의 후소는 소송물인 법률관계가 동일하더라도 전소의 취하 후에 토지를 양수한 원고는 소유권을 침해하고 있는 피고에 대하여 그 배제를 구할 새로운 권리보호이익이 있다고 할 것이므로 전소와 후소는 동일한 소라고 할 수 없다(대법원 1981. 7. 14. 선고 81다64·65 판결).
➤ 부동산의 공유자들이 제기한 공유물인도소송에서 제1심판결이 선고된 후에 공유자 가운데 한 사람이 자신의 공유지분을 다른 공유자에게 양도하고 소를 취하한 때에는 그 공유지분의 양수인은 자신의 권리를 보호하기 위하여 양도받은 공유지분에 기하여 다시 소를 제기할 필요가 있으므로 양수인이 양도받은 공유지분에 기해 인도청구를 추가하는 것은 양도인이 취하한 전소와는 권리보호이익을 달리하여 재소금지 규정에 반하지 않는다(대법원 1998. 3. 13. 선고 95다48599·48605 판결).

지 규정의 적용을 받아 구 청구에 대하여 별소를 제기하거나 청구의 변경을 통해 다시 구 청구에 대한 심판을 구할 수 없다. 항소심에서 원고가 구 청구에 관한 소를 취하한다는 명시적인 의사표시 없이 새로운 청구로 변경하여 그 변경형태가 분명하지 아니한 경우 법원은 청구변경의 취지가 교환적인지 추가적인지에 대하여 석명하여야 한다(대법원 2003. 1. 10. 선고 2002다41435 판결).

4. 사안의 경우

甲은 乙을 상대로 X 토지에 관한 매매를 원인으로 한 소유권이전등기절차의 이행을 구하는 소를 제기하여 승소한 후 항소심에서 X 토지가 토지거래허가구역 내의 토지임을 알고 매매에 따른 토지거래허가신청절차의 이행을 구하는 것으로 청구를 교환적으로 변경하여 승소한 후 그 확정판결에 기하여 토지거래허가를 받은 다음 乙을 상대로 다시 동일한 매매를 원인으로 한 소유권이전등기절차의 이행을 구하는 소를 제기하였다. 甲의 항소심에서의 청구의 교환적 변경에 의해 매매를 원인으로 한 소유권이전등기청구에 관한 소가 취하된 것으로 보는 판례의 입장에 따르면 甲의 청구를 인용한 제1심판결이 선고된 후에 소를 취하하였던 甲이 동일한 청구인 매매를 원인으로 한 소유권이전등기청구에 대한 심판을 구하는 소를 제기하기는 하였지만, 전소와 후소는 토지거래허가를 받기 전과 받은 후라는 점에서 그 권리보호이익이 서로 다르므로 후소는 민사소송법 제267조 제2항에서 금지하는 재소에 해당하지 않을 것이다.

Ⅲ. 확정판결의 판결이유에서 판단된 사항에 대하여 구속력이 인정되는지 여부

1. 기판력이 발생하는 객관적 범위

확정판결은 주문에 포함된 것에 한하여 기판력을 가지고(법 제216조 제1항), 판결이유에서 판단된 사항은 원칙적으로 기판력을 가지지 못하지만,9) 상계항변

---

9) 판결이유 중의 판단에 기판력을 인정하지 않는 이유는 당사자의 주된 관심사는 주문에서 판단되는 소송상 청구의 당부이고, 판결이유에서 판단된 사항에까지 기판력을 인정한다면 당사자가 예측하지 못한 불이익을 입을 수 있으며, 소송의 전제문제인 이유에까지 기판력을 인정한다면 그만큼 오판을 시정할 기회가 줄어들게 될 것이므로 기판력이 발생하는 객관적 범위를 판결주문에서의 판단에 한정함으로써 당사자는 소송의 전제문제에 대하여는 소송상 청구

에 관한 판단은 예외적으로 상계하자고 대항한 액수에 한하여 기판력을 가진다 (법 제216조 제2항).

2. 판결이유 중의 판단에 대한 구속력 인정 여부

판결이유 중의 판단에 대하여 구속력이 인정되는지와 관련해서는 ① 판결이유 중의 판단에 기판력이나 쟁점효를 인정하여야 한다는 견해,[10] ② 후소에서 전소판결에서 인정된 사실과 모순되는 주장을 하는 것은 신의칙에 반하여 허용되지 않는다는 견해, ③ 확정된 관련 민·형사사건에서 인정된 사실은 후소에서 이를 채용할 수 없는 특별한 사정이 없는 한 유력한 증거자료가 되므로 합리적인 이유 설시 없이 이를 배척할 수 없다는 견해 등이 주장되고 있다.

전소 확정판결에서의 소송상 청구에 관한 판단이나 판결이유에서의 사실인정 또는 법률관계에 관한 판단은 후소법원의 판단에 사실상 영향을 미치게 되는데, 전소 확정판결의 판단이 후소법원의 판단에 대하여 가지는 사실상 증명적 효과를 증명효라고 한다. 민사재판에서 다른 민사사건 등의 판결에서 인정된 사실에 구속받지는 않더라도 이미 확정된 관련 민사사건에서 인정한 사실은 특별한 사정이 없는 한 유력한 증거가 되므로 합리적인 이유 설시 없이 배척할 수 없고, 전후 두 건의 민사소송의 당사자와 분쟁의 기초가 된 사실은 같은데 소송물이 달라 전소 확정판결의 기판력이 후소에 미치지 않는 때에는 전소에서 인정된 사실이 후소에서 유력한 증거자료로서 효력을 가진다(대법원 1995. 6. 29. 선고 94다47292 판결).[11]

민사재판에서 그와 관련된 다른 민·형사사건 등의 확정판결에서 인정된 사실은 특별한 사정이 없는 한 유력한 증거자료가 되지만, 당해 민사재판에서 제

의 당부 판단에 필요한 한도 내에서만 다투고, 법원도 여러 공격방어방법 중 소송상 청구의 당부 판단에 필요한 한도 내에서 공격방어방법을 선택하여 판단함으로써 신속하게 결론을 낼 수 있도록 하기 위한 것이다.

10) 이 견해에 따르면 판결이유 중의 판단이더라도 일정한 요건, 즉 (a) 전소와 후소의 청구에 관한 판단과정에서 주요 쟁점에 해당하고, (b) 당사자가 전소에서 그 쟁점에 관하여 주장·증명을 다 하였으며, (c) 전소법원이 그 쟁점에 관하여 실질적인 판단을 하였고, (d) 전소와 후소에서 다투어지는 이익이 거의 동등한 경우에는 확정된 전소판결의 이유에서의 판단에도 구속력을 인정하여야 한다.

11) 관련 사건의 확정판결이 외국의 민사판결인 경우에도 특별한 사정이 없는 한 유력한 증거자료가 될 수 있다(대법원 2007. 8. 23. 선고 2005다72386·72393 판결).

출된 다른 증거의 내용에 비추어 관련 민·형사사건의 확정판결에서의 사실판
단을 그대로 채용하기 어렵다고 인정되는 때에는 이를 배척할 수 있다(대법원
1993. 3. 12. 선고 92다51372 판결). 다만 새로운 증거가 아니거나 쟁점과 관계가
없어 종전 사건에서 확정된 사실을 번복할 정도라고 할 수 없는 증거만으로는
종전 사건에서 확정된 사실과 배치되는 사실을 인정할 수 없다(대법원 2009. 3.
26. 선고 2008다48964·48971 판결).

3. 사안의 경우

甲이 乙을 상대로 한 매매에 따른 토지거래허가신청절차의 이행청구에 관한
확정판결의 이유에서 乙의 착오를 이유로 한 매매계약의 취소 주장을 배척하는
판단을 하였더라도 상계항변의 경우를 제외하고는 판결이유 중의 판단에 기판
력을 인정하지 않는 민사소송법 제216조 제2항에 따르면 甲이 乙을 상대로 매
매를 원인으로 한 소유권이전등기절차의 이행을 구하는 소송에서 乙은 착오를
이유로 한 매매계약의 취소를 주장할 수 있다. 확정된 관련 민사사건에서 인정
된 사실은 특별한 사정이 없는 한 유력한 증거자료가 되며, 해당 민사재판에서
제출된 다른 증거의 내용에 비추어 관련 민사사건의 확정판결에서의 사실판단
을 그대로 채용하기 어렵다고 인정되는 때에는 이를 배척할 수 있는 것으로 보
는 판례의 입장에 따르면 B 소 법원은 새로운 증거에 대한 증거조사결과를 참
작하여 자유로운 심증으로 착오를 이유로 한 매매계약의 취소를 인정할 수 있
을 것이다.

Ⅳ. 사례의 정리

청구의 교환적 변경에 의해 구 청구에 관한 소가 취하된 것으로 보더라도 재
소의 요건으로서 권리보호이익의 동일을 요구하는 판례의 입장에 따르면 甲이
토지거래허가를 받기 전에 乙을 상대로 매매를 원인으로 한 소유권이전등기절
차의 이행을 구하는 소를 제기하여 승소한 후 항소심에서 청구를 교환적으로
변경하고 토지거래허가를 받은 다음 乙을 상대로 다시 제기한 동일한 매매를
원인으로 한 소유권이전등기절차의 이행을 구하는 소는 전소와는 별개의 권리
보호이익을 가지는 것으로서 재소에 해당하지 아니하여 적법하므로 B 소 법원

은 甲의 청구의 당부에 관하여 판단하여야 할 것이다. 그런데 A 소송의 확정판결에서 乙의 착오를 이유로 한 매매계약의 취소 주장이 배척되었더라도 B 소법원의 심리 결과 착오로 인한 매매계약의 취소가 인정되는 때에는 법원은 甲의 청구를 기각하는 판결을 하여야 할 것이다.

〈제 3 문 - 1〉

I. 쟁점

乙이 B 소를 통해 매매계약을 해제한다는 의사표시를 한 후에 B 소를 취하하고 丙을 상대로 매매계약에 따른 매매잔금의 지급을 구하는 C 소를 제기하자 丙이 乙과 丙 간의 매매계약이 해제되었다고 주장하는 경우 C 소 법원의 사건 처리와 관련해서는 乙이 B 소를 통해 매매계약에 대한 해제권을 행사한 후에 B 소를 취하한 경우 乙의 해제권 행사의 사법상 효력이 인정되는지를 검토하여야 한다.

II. 사법상 형성권의 소송상 행사의 소송법적 의미

1. 사법상 형성권의 행사방법

당사자가 소송 밖에서 사법상 형성권을 행사한 후 소송절차에서 사법상 형성권을 행사한 사실을 주장하는 경우 사법상 형성권의 행사 자체는 사법상 법률행위로서 이에 대하여는 실체법이 적용되고, 소송 밖에서 사법상 형성권을 행사한 사실을 소송절차에서 주장하는 것은 사실의 주장으로서 공격방어방법에 해당하므로 이에 대하여는 민사소송법이 적용된다. 당사자가 소송 밖에서 사법상 형성권을 행사한 후 그러한 사실을 소송절차에서 주장하는 때에는 양 행위가 서로 구별되므로 그 효력과 관련하여 특별히 문제될 것이 없다.

그러나 소송절차에서 사법상 형성권을 행사하는 경우, 즉 사법상 형성권의 행사와 함께 항변이 이루어진 때에는 (i) 그 소송법적 의미를 어떻게 파악할 것이며, (ii) 소가 취하 또는 각하되거나 형성권 행사에 관한 주장이 실기한 공

격방어방법으로서 각하되거나 소송계속 중에 소송상 화해나 민사조정이 성립되
는 등의 사유가 발생하여 형성권 행사의 항변이 소송행위로서의 의미를 상실하
게 되는 경우 형성권 행사의 사법상 효력이 인정될 것인지가 문제된다.

2. 사법상 형성권의 소송상 행사의 소송법적 의미

가. 사법행위와 소송행위가 병존하는 것으로 보는 견해

사법상 형성권을 소송상 행사하는 것은 외관상 하나의 행위인 것처럼 보이
지만, 법률적으로는 형성권의 행사라는 사법상 의사표시와 그러한 의사표시가
있었다는 법원에 대한 사실의 주장이 병존하는 것으로서 사법상 의사표시라는
측면에서는 실체법의 규율을 받고 법원에 대한 사실의 주장이라는 측면에서는
소송법의 규율을 받는다. 소송상 공격방어방법으로 사법상 형성권을 행사한 때
에는 해당 소가 취하 또는 각하되거나 형성권 행사에 관한 주장이 실기한 공격
방어방법으로서 각하되는 등의 소송법상 사유가 발생하더라도 그러한 소송법상
사유와는 상관없이 사법상 효과는 유효하게 존속한다.[12]

나. 사법행위와 소송행위로서의 성질을 모두 가지는 한 개의 행위로 보는 견해

소송절차 내에서 사법상 형성권을 행사한 때에는 사법행위와 소송행위로서
의 성질을 모두 가지는 한 개의 행위가 있는 것이므로 소송법상 사유로 소송행
위가 무(無)로 돌아가면 사법상 효과도 소멸한다.

다. 소송행위로 보는 견해

사법상 형성권을 소송상 공격방어방법으로 행사한 것이므로 순수한 소송행
위로 보아야 하고, 그 요건과 효과도 소송법의 규율을 받을 뿐 사법상으로는 아
무런 효과가 발생하지 않으므로 소송법상 사유가 발생하더라도 사법상으로 아
무런 영향을 미치지 않는다.[13]

---

12) 이 견해에 따르면 상계항변이 실기한 방어방법으로서 각하된 경우 상계의 의사표시에 따른
    사법상 효과가 발생하여 실체법상으로는 자동채권과 수동채권이 대등액에서 소멸하는 데 반
    하여, 소송법상으로는 상계항변이 각하되어 실체법상으로 소멸하여 없어진 원고의 소구채권
    에 대하여 소송법상으로는 소멸의 효과를 인정받을 수 없게 된다.
13) 이 견해에 대하여는 상계권이 민법에 의해 인정된 권리임에도 불구하고 그 요건과 효과가 소

라. 사법행위와 소송행위가 병존하는 것으로 보면서도 상계권이 소송상 행사된
때에는 상계항변이 소송상 공격방어방법으로서의 의미를 가지는 경우에 한
하여 사법상 효과가 발생하는 것으로 보는 견해

사법상 형성권의 개별적인 성질[14]을 고려하면 상계권을 소송상 행사한 경우
에는 그 행사가 공격방어방법으로서의 의미를 상실하면 사법상 효과를 남기지
않으려는 의사에 기한 것으로 볼 수 있지만, 취소권, 해제권 등을 소송상 행사
한 경우에는 그 행사가 공격방어방법으로서의 의미를 상실하더라도 사법상 효
과를 남기려는 의사에 기한 것으로 볼 수 있다. 따라서 상계권이 소송상 행사된
때에는 법원이 이에 대하여 실질적으로 판단한 경우에만 사법상 효력이 인정되
고, 다른 형성권이 소송상 행사된 때에는 법원이 이에 대하여 실질적으로 판단
하지 않았더라도 사법상 효력이 인정된다.

다만 소송행위로서의 상계항변에 대한 사유와 관련해서는 ㉮ 실기 각하의
경우와 다른 경우를 구별하여 실기 각하의 경우에만 사법상 효과가 발생하지
않는 것으로 보는 견해, ㉯ 개별적인 소송상의 사유를 고려하지 않고 상계항변
이 소송행위로서의 의미를 상실한 때에는 사법상 효과가 발생하지 않는 것으로
보는 견해 등으로 입장이 나뉜다.

마. 판례의 입장

원고가 소 제기를 통해 매매계약에 대한 해제의 의사표시를 명시적으로 하
지 않았더라도 원고가 피고를 상대로 매매계약의 존속과는 양립할 수 없는 위
약금의 지급을 구하는 소장이 피고에게 송달된 때에는 원고가 해제권을 행사한
것으로 볼 수 있으며, 해제권은 형성권이므로 원고가 그 후에 소를 취하하더라
도 해제권 행사의 효력에는 영향을 미치지 않는다(대법원 1982. 5. 11. 선고 80다
916 판결).[15]

송법에 의하여 정해진다고 하는 것은 문제가 있다는 지적이 있다.

14) 상계권은 소구채권과는 별개의 반대채권에 근거하여 양자를 대등액에서 소멸시키는 의사표시
를 하는 것이고, 상계권 외의 형성권은 소구채권 자체에 관한 사유를 들어 일정한 의사표시를
하는 것이라는 점에서 차이가 있다.

15) 소송상 방어방법으로 상계권이 행사된 후에 민사조정이 성립된 경우 상계항변의 사법상 효과
가 발생하는지가 문제되는데, 소송상 방어방법으로서의 상계항변은 수동채권의 존재가 확정

III. 해제권이 소송상 행사된 후에 그 소가 취하된 경우 해제권 행사의 사법상 효력 인정 여부

사법상 형성권이 소송상 행사된 경우 사법행위와 소송행위가 병존하는 것으로 보는 견해와 상계권이 소송상 행사된 경우와 다른 형성권이 소송상 행사된 경우를 구별하는 견해에 따르면 B 소가 취하되었더라도 乙이 B 소송에서 한 매매계약에 대한 해제권 행사의 사법상 효력이 인정될 것이지만, 사법행위와 소송행위로서의 성질을 모두 가지는 한 개의 행위로 보는 견해와 소송행위로 보는 견해에 따르면 B 소가 취하되었으므로 乙이 B 소송에서 한 매매계약에 대한 해제권 행사의 사법상 효력이 인정되지 않을 것이다.

소 제기를 통해 매매계약에 대한 해제의 의사표시를 한 후에 그 소가 취하되더라도 해제권 행사의 효력에 영향을 미치지 않는 것으로 보는 판례의 입장에 따르면 乙이 B 소를 통해 丙과의 X 토지에 관한 매매계약을 해제한다는 의사표시를 한 후에 B 소를 취하하였더라도 그 해제권 행사의 효력은 인정될 것이다.

IV. 사례의 정리

乙은 B 소송에서 丙이 X 토지에 관한 매매잔금채무의 이행을 지체하였음을 이유로 매매계약을 해제한다는 의사표시를 한 후 B 소를 취하하였는데, 해제권이 소송상 행사된 후 해당 소가 취하되더라도 해제권 행사의 사법상 효력을 인정하는 판례의 입장에 따르면 乙이 丙을 상대로 X 토지에 관한 매매계약에 기하여 매매잔금의 지급을 구하는 C 소송[16]에서 丙은 乙과 丙 간의 X 토지에 관

되는 것을 전제로 하여 행해지는 예비적 항변으로서 당사자가 소송상 상계항변으로 달성하려는 목적, 상호 양해에 의한 자주적 분쟁 해결수단인 조정의 성격 등에 비추어 보면 해당 소송절차의 진행 중에 당사자 사이에 조정이 성립됨으로써 수동채권의 존재에 관한 법원의 실질적인 판단이 이루어지지 아니한 때에는 그 소송절차에서 행해진 상계항변의 사법상 효과도 발생하지 않는 것으로 보아야 한다(대법원 2013. 3. 28. 선고 2011다3329 판결). 소송상 방어방법으로서의 상계항변은 수동채권의 존재가 확정되는 것을 전제로 하여 행해지는 예비적 항변으로서 소송절차에서의 상계의 의사표시에 의해 그 효과가 확정적으로 발생하는 것이 아니라 해당 소송에서 수동채권의 존재 등 상계에 관한 법원의 실질적 판단이 이루어진 때에 비로소 실체법상 상계의 효과가 발생한다(대법원 2014. 6. 12. 선고 2013다95964 판결).

16) 매매대금청구의 권리발생사실은 매매계약의 체결사실인데, 매매계약은 계약당사자, 계약체결일, 계약의 목적물, 매매대금에 의하여 특정된다. 원고가 매매잔금의 지급을 청구하는 때에는 매매대금의 일부 지급 후의 잔액인 취지를 명시하여야 한다.

한 매매계약이 해제되었음을 항변할 수 있을 것이며, 丙이 매매계약이 해제되었음을 주장·증명한 것으로 볼 수 있으므로 C 소 법원은 乙의 청구를 기각하는 판결을 하여야 할 것이다.

〈제 3 문 - 2〉

Ⅰ. 쟁점

乙과 丙 간의 C 소송에서의 소송상 화해를 통해 甲과 丙 간의 A 소송에 대한 소취하합의가 성립된 것으로 볼 수 있는데, 甲이 소취하합의를 이행하지 않는 경우 A 소 법원의 사건처리와 관련해서는 소취하합의의 법적 성질과 유효한 소취하합의가 존재함에도 원고가 소를 취하하지 않는 경우 처리방법을 검토하여야 한다.

Ⅱ. 소취하합의의 의의 및 법적 성질

1. 의의

소송 밖에서 원고가 피고와의 사이에서 소를 취하하기로 합의하는 것을 소취하합의 또는 소취하계약이라고 한다. 이러한 소취하합의는 소송상 합의[17]에 해당한다.[18]

---

17) 현재 계속 중이거나 장래 계속될 특정 소송에 대하여 직접적·간접적으로 일정한 영향을 미치는 소송법적 효과의 발생을 목적으로 하는 당사자 간의 합의를 소송상 합의라고 한다. 민사소송법상 명문으로 허용되고 있는 것으로는 관할합의(법 제29조), 담보제공방법에 관한 합의(법 제122조 단서), 담보물변경의 합의(법 제126조 단서), 기일변경의 합의(법 제165조 제2항), 불항소합의(법 제390조 제1항 단서) 등이 있다. 민사소송법상 명문규정이 있는 경우에는 소송계약으로서의 성질을 가지는 것으로 볼 수 있다.

18) 원고의 단독적 소송행위인 소의 취하는 민사소송법 제266조, 제267조에 규정되어 있지만, 소취하합의에 관하여는 민사소송법상 규정이 없어 그 법적 성질에 관한 논의가 있는데, 판례는 명문규정이 없는 소송상 합의를 사법상 계약으로 본다(대법원 1996. 7. 26. 선고 95다19072 판결).

2. 명문규정이 없는 경우 소송상 합의의 허용 여부

전속관할에 관한 합의(공익), 증거력계약(자유심증주의), 소송절차 변경의 합의(법원의 직권) 등과 같이 공익에 직결되는 사항을 제외하고는 당사자의 의사결정의 자유가 인정되는 범위 내에서는 민사소송법에 명문규정이 없는 경우에도 소송법상 효과의 발생을 목적으로 하는 당사자 간의 합의가 허용되는 것으로 볼 수 있다. 다만 당사자에게 의사결정의 자유가 보장되어야 하고, 합의 당시에 예상할 수 있는 사항을 합의의 내용으로 하여야 한다.

판례는 소극적 소송요건의 하나인 부제소합의는 합의 당사자가 처분할 권리 있는 범위 내의 것으로서 특정한 법률관계에 한정되는 때에 허용되며, 그 합의 시에 예상할 수 있는 상황에 관한 것이어야 유효하다(대법원 1999. 3. 26. 선고 98다63988 판결)는 입장이다.

3. 명문규정이 없는 경우 소송상 합의의 법적 성질

가. 사법계약으로 보는 견해

소송법에 의해 그 요건과 효과가 규율되는 것이 소송행위이므로 민사소송법에 명문규정이 없는 소송상 합의는 소송상 사항에 관하여 당사자 간에 약정한 대로 작위 또는 부작위의무를 발생하게 하는 사법상 계약으로 보아야 한다. 소송상 합의의 당사자 일방이 합의의 내용을 이행하지 않는 경우 상대방의 대응방법과 관련해서는 ㉮ 당사자 간의 합의 내용대로 의무를 이행할 것을 소구하여 이에 대한 승소판결에 기하여 강제집행을 할 수 있고, 강제집행이 불가능한 때에는 손해배상을 청구할 수 있다는 견해,[19] ㉯ 의무이행을 소구하거나 손해배상을 청구하는 것은 간접적·우회적인 구제방법이므로 당사자 일방이 의무를 이행하지 않는 때에는 상대방에게 항변권을 인정하여 상대방 당사자가 해당 소송절차 내에서 소송상 합의의 존재를 주장·증명하면 법원은 권리보호이익이 없음을 이유로 소를 각하하는 등 일정한 조치를 취하여야 한다는 견해 등이 주장되고 있다.

---

19) 이 견해에 대하여는 해당 소송절차 내에서 소송상 합의의 목적을 달성하기 어렵고 구제방법으로서 간접적·우회적이라는 지적이 있다.

나. 소송계약으로 보는 견해

민사소송법에 명문규정이 없더라도 그 주요한 효과가 소송법 영역에서 발생하면 소송행위로 볼 수 있으며, 소송상 합의는 소송상 사항에 관한 것으로서 소송법상 효과의 발생을 목적으로 하는 소송계약으로 보아야 한다. 소송상 합의가 소송절차 내에서 이루어진 때에는 당사자의 주장을 기다릴 것 없이 직접 소송법상 효과가 발생하지만, 소송상 합의가 소송 밖에서 이루어진 때에는 당사자의 주장·증명이 있어야 소송법상 효과가 발생한다는 점에서 차이가 있을 뿐이다.[20]

다. 소송계약으로 보면서도 의무부과적 효과를 인정하는 견해

소송상 합의는 소송계약에 해당하지만 소송상 합의에 의해 소송법상 처분적 효과뿐 아니라 소송법상 의무부과적 효과도 발생하는 것으로 보아야 한다. 당사자 간에 소취하합의가 있는 때에는 소송계약으로서의 성질에 근거하여 소송계속의 소멸이라는 효과가 발생함과 동시에 원고는 소 취하라는 소송행위를 할 소송법상 의무를 부담하게 된다. 원고가 소취하의무를 이행하지 않는 경우 피고가 소취하합의의 존재사실을 주장·증명하면 법원은 소송계속이 소멸한 것으로 보아 소송종료선언을 하면 되고, 당사자 일방이 소극적 처분효과를 가져오는 소송상 합의를 위반한 때에는 상대방 당사자는 손해배상을 청구할 수 있다.[21]

라. 사법계약과 소송계약으로서의 성질을 모두 가지는 것으로 보는 견해

소송상 합의는 사법계약으로서의 성질과 소송계약으로서의 성질을 모두 가지는 것으로서 당사자 간에 소취하합의가 있는 경우 사법상으로는 원고가 피고에 대하여 소 취하라는 소송행위를 할 의무를 부담하고, 소송법상으로는 소송계속의 소멸이라는 효과가 발생한다.[22]

---

20) 이 견해에 대하여는 당사자의 이익 보호라는 측면에서는 긍정적인 면이 없지 않지만, 방식에 있어서 제한이 없는 소송상 합의를 그 요건 및 효과가 민사소송법에 규정되어 있는 전형적인 소송행위와 동일시하는 것은 문제가 있다는 지적이 있다.

21) 이 견해에 대하여는 소송계약으로 보는 견해에 대한 지적이 그대로 문제될 수 있고, 소송상 합의에 기해 작위 또는 부작위의무를 부과하는 것은 소송상 합의를 소송계약으로 보는 것과 조화되기 어려운 측면이 있다는 지적이 있다.

22) 이 견해에 대하여는 소송계약으로 보는 견해에 대한 지적이 그대로 문제될 수 있고, 소송행위

마. 판례의 입장23)

당사자 간에 소취하합의가 이루어진 때에는 특별한 사정이 없는 한 소송을 계속 유지할 법률상 이익이 없어 법원은 그 소를 각하하여야 하지만(대법원 1982. 3. 9. 선고 81다1312 판결; 대법원 2005. 6. 10. 선고 2005다14861 판결), 조건부 소취하합의를 한 경우에는 조건의 성취사실이 인정되지 않는 한 그 소송을 계속 유지할 법률상 이익을 부정할 수 없다(대법원 2013. 7. 12. 선고 2013다19571 판결).

와 병존하는 순수한 의미의 사법계약을 소송상 합의의 한 내용으로 볼 필요가 없다는 지적이 있다.

23) ▶ 부집행합의는 실체법상 청구의 실현에 관한 사법상 채권계약으로 볼 수 있고, 이를 위반한 집행은 실체법상 부당한 집행으로서 청구이의사유가 된다(대법원 1996. 7. 26. 선고 95다19072 판결).

▶ 강제집행 당사자 사이에서 강제집행 신청을 취하하기로 한 약정이 사법상으로 유효하더라도 이를 위반하였다고 하여 직접 소로써 그 취하를 구하는 것은 공법상 권리의 처분을 구하는 것이어서 허용되지 않는다(대법원 1966. 5. 31. 선고 66다564 판결).

▶ 특정한 권리나 법률관계에 관하여 분쟁이 있어도 제소하지 않기로 합의한 경우 이를 위반하여 제기된 소는 권리보호의 이익이 없을 뿐 아니라 당사자와 소송관계인은 신의에 따라 성실하게 소송을 수행하여야 한다는 신의성실의 원칙(법 제1조 제2항)에도 어긋나는 것이므로 소가 부제소합의를 위반하여 제기된 때에는 법원은 직권으로 소의 적법 여부를 판단할 수 있다(대법원 2013. 11. 28. 선고 2011다80449 판결). 다만 부제소합의는 소송당사자에게 헌법상 보장된 재판청구권의 포기와 같은 중대한 소송법상 효과를 발생시키는 것으로서 그 합의 시에 예상할 수 있는 상황에 관한 것이어야 유효하고(대법원 1999. 3. 26. 선고 98다63988 판결), 그 효력의 유무나 범위를 둘러싸고 이견이 있을 수 있는 경우에는 당사자의 의사를 합리적으로 해석한 다음 부제소합의의 효력이나 범위를 판단하여야 한다. 따라서 당사자들이 부제소합의의 효력이나 범위를 쟁점으로 삼아 소의 적법 여부를 다투지 않는데도 법원이 직권으로 부제소합의를 위반하였다는 이유로 소가 부적법하다고 판단하기 위해서는 그러한 법률적 관점에 대하여 당사자에게 의견을 진술할 기회를 주어야 하고, 부제소합의를 하게 된 동기와 경위, 그 합의를 통해 달성하려는 목적, 당사자의 진정한 의사 등에 관하여도 충분히 심리할 필요가 있다. 그러므로 법원이 이러한 조치를 취하지 않고 직권으로 부제소합의를 인정하여 소를 각하하는 것은 예상외의 재판으로 당사자 일방에게 불의의 타격을 가하는 것으로서 석명의무를 위반하여 필요한 심리를 제대로 하지 아니한 경우에 해당한다(대법원 2013. 11. 28. 선고 2011다80449 판결).

Ⅲ. 원고가 소취하합의를 이행하지 않는 경우 법원의 처리

1. 소송상 합의를 사법계약으로 보면서 당사자 일방이 합의의 내용을 이행하지 않는 경우 상대방 당사자에게 항변권이 발생하는 것으로 보는 견해에 따를 경우

소송상 합의를 사법계약으로 보면서 당사자 일방이 합의의 내용을 이행하지 않는 경우 상대방 당사자에게 항변권을 인정하여 상대방이 소송상 합의의 존재 사실을 주장해야만 법원이 이를 판단할 수 있는 것으로 보는 견해에 따르면 丙이 소취하합의의 존재에 관하여 주장하지 않았으므로 법원은 이를 고려하지 않고 본안에 관하여 심리하면 될 것이다.

2. 판례의 입장에 따를 경우

가. 권리보호의 이익

원고의 소송상 청구는 권리보호의 자격24)뿐 아니라 법원의 심판을 구할 현실적인 필요성, 즉 권리보호의 이익 또는 필요가 인정되어야 법원의 심판을 받을 수 있다. 원고의 소송상 청구에 대하여 법원의 심판을 구할 현실적인 필요성이 인정되기 위해서는 원고의 청구에 관하여 법률상·계약상 제소금지사유가 존재하지 않아야 하고, 당해 사건을 통상의 소보다 간이·신속한 특별한 구제절차에 의하여 해결할 수 있어서는 안 되며, (판례의 입장에 따르면) 원고가 동일한 청구에 대하여 승소판결을 받아 그것이 확정된 경우이어서는 안 되고, 원고의 소 제기가 신의칙에 반하는 것이어서는 안 된다.

乙과 丙 간의 C 소송의 변론기일에 甲이 출석하여 A 소를 취하하기로 합의하였으므로 A 소에 대한 관계에서 소취하합의가 존재하는 것으로 볼 수 있다. A 소에 관하여 계약상 제소금지사유가 존재하는 것으로 볼 수 있으므로 A 소에 대하여 권리보호의 이익이 부정될 것이다.

---

24) 법원의 심판대상이 되기 위해서는 당사자 간의 분쟁이 법률상 쟁송이어야 하므로 원고의 청구는 법적 판단(법률적용)에 적합한 것이어야 하고, 단순한 사실의 존부에 관한 다툼은 원칙적으로 법원의 심판대상이 되지 못한다.

나. 소송요건의 직권조사

권리보호의 이익은 소송상 청구에 관한 소송요건에 해당하므로 법원은 이에 관하여 직권으로 조사할 수 있다. A 소 법원의 심리 결과 乙과 丙 간의 C 소송에서 A 소를 취하하기로 합의한 사실이 인정되었으므로 법원은 직권으로 소의 적법 여부를 판단할 수 있다.

다. 법원의 조치

법원에 계속 중인 다른 소를 취하하기로 하는 내용의 소송상 화해[25]가 성립된 때에는 당사자 사이에서는 법원에 계속 중인 다른 소를 취하하기로 하는 합의가 이루어진 것으로 볼 수 있으므로 다른 소송이 계속 중인 법원에 소 취하서가 제출되지 않은 이상 그 소송이 소 취하로 종료되지는 않지만, 소송상 화해가 준재심의 소에 의하여 취소 또는 변경되는 등의 특별한 사정이 없는 한 그 다른 소송의 원고에게는 권리보호의 이익이 없게 되어 다른 소송의 법원은 소를 각하하여야 한다(대법원 2005. 6. 10. 선고 2005다14861 판결).

A 소 법원의 심리 결과 甲이 乙과 丙 간의 C 소송에서 A 소를 취하하기로 합의한 사실이 인정되므로 甲의 丙에 대한 청구는 권리보호이익이 없게 되어 법원은 A 소를 각하하는 판결을 하여야 할 것이다.

Ⅳ. 사례의 정리

당사자 간에 소취하합의가 존재하는 경우 그 소송의 처리에 관한 판례의 입장에 따르면 A 소 법원의 심리 결과 甲이 乙과 丙 간의 C 소송에서 A 소를 취하하기로 합의한 사실이 인정되므로 甲의 丙에 대한 청구는 권리보호이익이 없게 되어 법원은 A 소를 각하하는 판결을 하여야 할 것이다.

---

25) 당사자 외의 제3자도 소송상 화해에 참여할 수 있지만 제3자와의 관계에서는 제소전화해가 성립할 뿐이고, 소송물 외의 법률관계도 소송상 화해의 대상이 될 수 있지만 소송물 외의 법률관계에 대하여는 제소전화해가 성립될 뿐이다. 소송상 청구 외의 법률관계에 대하여 화해의 효력이 미치기 위해서는 특별한 사정이 없는 한 그 법률관계가 화해조항에 특정되어 있거나 화해조서 중 청구의 표시 다음에 부가적으로 기재됨으로써 화해조서의 기재 내용에 의하여 화해의 대상이 된 것으로 볼 수 있어야 한다(대법원 2007. 4. 26. 선고 2006다78732 판결; 대법원 2008. 1. 10. 선고 2006다37304 판결).

〈제 4 문〉

I. 쟁점

甲이 丙의 화해조항에 따른 의무의 불이행을 이유로 甲과 乙, 丙 간의 합의를 해제한다고 주장하는 것과 관련해서는 소송상 화해의 법적 성질과 효력을 검토하여야 하고, 丁에 대한 甲의 X 토지인도청구에 관한 B 소 법원의 판단과 관련해서는 A 소송에서 성립된 소송상 화해의 기판력이 발생하는 범위와 그 소송상 화해의 기판력이 B 소송에 작용하는지 여부 및 B 소송에 작용하는 경우 기판력의 본질에 관한 논의에 따른 B 소 법원의 처리방법을 검토하여야 한다.

II. 소송상 화해의 법적 성질 및 효력

1. 소송상 화해의 법적 성질

소송계속 중에 당사자 쌍방이 소송물을 이루는 권리 또는 법률관계에 관한 주장을 서로 양보하여 소송을 종료시키기로 하는 진술을 소송상 화해라고 한다. 소송상 화해의 법적 성질은 민법상 화해계약과의 관계에서 논의되고 있다.

가. 사법행위로 보는 견해

소송상 화해는 민법상 화해계약과 동일한 것으로서 소송행위가 아닌 사법행위로 보아야 한다. 소송상 화해는 소송계속 중에 법관 앞에서 행해지고, 화해가 성립하면 법원사무관 등이 조서에 기재하여 이를 확인·공증한다는 점에서 민법상 화해계약과 차이가 있을 뿐이다.[26]

나. 소송행위로 보는 견해

소송상 화해는 민법상 화해계약과는 본질이 다른 순수한 소송행위이며, 민법상 화해계약은 소송상 화해의 진술 내용을 정하는 전제에 불과하고 소송상 화해를 구성하지 않는다. 소송상 화해에는 민법상 화해계약에 관한 규정은 적용되

---

26) 이 견해에 대하여는 사법행위인 소송상 화해의 성립에 법관이 관여하고, 사법행위인 소송상 화해에 의하여 소송이 종료되는 것을 설명하기 어렵다는 지적이 있다.

지 않고 소송법이 적용된다. 그 구체적인 성질과 관련해서는 ㉮ 서로 양보하여 소송을 종료시키기로 하는 당사자 간 합의로 보는 견해, ㉯ 당사자가 서로 양보하여 얻은 결과를 법원에 진술하는 합동행위로 보는 견해 등으로 입장이 나뉜다.

다. 사법행위와 소송행위가 경합하는 한 개의 행위로 보는 견해

소송상 화해는 민법상 화해계약과 소송종료를 목적으로 하는 소송상 합의로서의 성질을 모두 가지는 한 개의 경합된 행위로 보아야 한다. 법원에 대한 관계에서는 화해의 내용을 진술하고 이를 조서에 기재함으로써 소송이 종료하며 이와 관련해서는 소송법의 적용을 받고, 당사자 간에서는 화해의 내용에 관한 진술이 민법상 화해계약에 해당하므로 이와 관련해서는 민법의 적용을 받는다.

라. 사법행위와 소송행위가 병존하는 것으로 보는 견해

소송상 화해에는 민법상 화해계약과 소송종료를 목적으로 하는 소송상 합의라는 두 개의 행위가 병존하며, 각각 독자적으로 실체법과 소송법의 적용을 받는다.

마. 사법행위와 소송행위가 병존하는 것으로 보면서도 사법행위의 유효성을 조건으로 소송행위의 효력을 인정하는 견해

소송상 화해에는 민법상 화해계약과 소송종료를 목적으로 하는 소송상 합의가 독립적으로 병존하지만, 사법행위와 소송행위 간에 견련성이 존재하여 사법행위의 유효성이 소송행위의 조건이 되므로 사법행위로서의 화해계약이 유효한 경우에 소송상 화해의 효력이 인정된다.

바. 판례의 입장

소송상 화해를 조서에 기재한 때에는 그 조서는 확정판결과 동일한 효력이 있고 당사자 간에 기판력이 생기므로 준재심의 소에 의하여 취소 또는 변경이 없는 한 당사자는 화해의 취지에 반하는 주장을 할 수 없다(대법원 1962. 2. 15. 선고 4294민상914 전원합의체 판결). 소송상 화해는 소송행위이므로 사법상 화해

와는 달리 사기나 착오를 이유로 취소할 수 없으며(대법원 1979. 5. 15. 선고 78다
1094 판결), 확정판결의 당연무효사유와 같은 사유가 없는 한 그 내용이 강행법
규에 위반되더라도 준재심절차에 의하여 구제받는 것은 별론으로 하고 화해조
서를 무효라고 주장할 수 없다(대법원 2000. 3. 10. 선고 99다67703 판결; 대법원
2002. 12. 6. 선고 2002다44014 판결).

2. 소송상 화해의 효력

화해의 내용을 변론조서 또는 변론준비기일조서에 기재한 때에는 그 조서는
확정판결과 동일한 효력을 가진다(법 제220조).[27]

가. 소송종료효

화해의 내용이 조서에 기재되면 확정판결과 동일한 효력이 인정되므로 그
범위에서 소송이 종료하게 된다. 상급심에서 화해가 성립한 때에는 하급심의 미
확정판결은 실효된다. 소송상 화해가 성립한 때에는 당사자는 각자 자신이 지출
한 소송비용을 부담한다(법 제106조).

나. 기판력

민사소송법 제220조는 화해가 기재된 조서에 확정판결과 동일한 효력을 인
정하고 있는데, 소송상 화해의 법적 성질과 관련하여 기판력의 인정 여부 및 그
범위에 관하여 견해가 나뉘고 있다.

(1) 기판력을 부정하는 견해

화해가 기재된 조서에 확정판결과 동일한 효력을 인정하는 것은 소송종료효
와 집행력을 인정하는 것일 뿐이고 기판력까지 인정하는 것은 아니다.[28]

---

27) 당사자 쌍방이 화해의 진술을 한 경우 법원 또는 법관은 그 요건을 심사하여 요건을 구비한
것으로 인정되는 때에는 법원사무관 등에게 그 내용을 조서에 기재하도록 한다(법 제154조
제1호, 제283조 제2항). 화해가 이루어진 기일의 변론(준비기일)조서에는 화해가 있었다는 취
지만을 기재하고 화해조서를 별도로 작성한다(규칙 제31조). 화해가 있으면 그날부터 1주 안
에 그 조서의 정본을 당사자에게 송달하여야 한다(규칙 제56조). 당사자는 화해의 취지가 조
서에 기재되기 전에는 화해의 진술을 철회할 수 있는데, 철회의 진술은 당사자 쌍방이 하여야
한다.
28) 민사소송법 제220조의 규정, 화해에 대한 하자를 다투는 방법으로 준재심의 소를 규정하고
있는 민사소송법 제461조의 규정과의 관계에서 이 견해는 설득력이 약하다고 할 수 있다.

(2) 무제한으로 기판력을 긍정하는 견해

민사소송법 제220조, 제461조, 법적 안정성 등을 고려하면 화해가 변론조서 등에 기재되면 확정판결과 같이 제한 없이 기판력을 인정하여야 하고, 화해의 성립 과정에 하자가 있는 때에는 그러한 하자가 재심사유에 해당하는 경우에만 준재심의 소에 의해 구제받을 수 있는 것으로 보아야 한다.

(3) 제한적으로 기판력을 긍정하는 견해

소송상 화해의 성립 과정에 실체법상 하자가 없는 경우에 한하여 기판력이 생기며, 실체법상 하자가 있는 때에는 기판력이 생기지 않는 것으로 보아야 한다. 실체법상 하자가 있는 경우에는 소송상 화해가 무효임을 이유로 한 기일지정신청이나 화해무효확인의 소를 통해 구제받을 수 있고, 실체법상 하자가 없는 때에는 민사소송법 제461조의 준재심의 소에 의해 구제받을 수 있다.

(4) 판례의 입장

재판상 화해를 조서에 기재한 때에는 그 조서는 확정판결과 동일한 효력이 있고 당사자 간에 기판력이 생긴다(대법원 1962. 2. 15. 선고 4294민상914 전원합의체 판결; 대법원 1970. 7. 24. 선고 70다969 판결; 대법원 1990. 3. 17.자 90그3 결정; 대법원 1995. 5. 12. 선고 94다25216 판결).

다. 집행력, 형성력

화해조서의 기재가 구체적인 의무이행을 내용으로 하는 때에는 집행력을 가지며, 이러한 화해조서는 집행권원이 된다(민사집행법 제56조 제5호). 집행력이 미치는 인적 범위와 집행력의 배제방법은 집행력 있는 판결에 준한다. 화해조서가 일정한 법률관계의 변동을 내용으로 하는 때에는 형성력이 생긴다.

라. 화해조항에 따른 의무의 불이행을 이유로 소송상 화해의 효력을 다툴 수 있는지 여부[28)]

소송상 화해의 효력을 다투는 방법과 관련해서는 (i) 소송상 화해를 사법행

---

29) 소송상 화해의 효력을 다투는 방법: 소송상 화해를 사법행위로 보거나 사법행위와 소송행위가 경합된 것으로 보거나 사법행위가 유효할 것을 조건으로 소송행위의 효력을 인정하는 견해에 따르면 소송상 화해의 효력을 다투기 위하여 기일지정신청을 하거나 화해무효확인의 소를 제기하는 것이 허용될 것이지만, 소송상 화해를 소송행위로 보거나 소송행위와 사법행위가 병

위로 보거나 사법행위와 소송행위가 경합된 것으로 보거나 사법행위가 유효할 것을 조건으로 소송행위의 효력을 인정하는 견해에 따르면 화해조항에 따른 의무의 불이행을 이유로 화해계약을 해제함으로써 소송상 화해의 효력을 다툴 수 있을 것이지만, (ⅱ) 소송상 화해를 소송행위로 보거나 소송행위와 사법행위가 병존하는 것으로 보는 견해에 따르면 화해조항에 따른 의무의 불이행을 이유로 소송행위로서의 소송상 화해의 효력을 다툴 수 없을 것이다.

소송상 화해를 조서에 기재한 때에는 확정판결과 동일한 효력을 인정하는 판례의 입장에 따르면 화해조서의 내용대로 이행되지 아니함을 이유로 화해의 해제를 주장하는 것은 화해조서의 기판력에 반하게 된다(대법원 1962. 2. 15. 선고 4294민상914 전원합의체 판결).

3. 사안의 경우

A 소송에서 성립된 소송상 화해와 관련해서는 소송상 화해가 성립된 때를 기준으로 甲과 丙 간에는 화해조항 1에 관하여, 甲과 乙 간에는 화해조항 2에 관하여 기판력이 발생한다.

소송상 화해가 성립하면 확정판결과 동일한 기판력이 발생하고, 준재심의 소에 의해 취소 또는 변경되지 않는 한 소송상 화해의 당사자는 그 취지에 반하는 주장을 할 수 없는 것으로 보는 판례에 입장에 따르면 甲은 丙이 화해조항에 따른 의무를 이행하지 아니한 것을 이유로 소송상 화해의 효력을 다툴 수 없을 것이다.

Ⅲ. A 소송에서 성립된 소송상 화해의 기판력 발생 범위

1. 소송상 화해의 기판력이 발생하는 주관적 범위

가. 기판력의 상대성 원칙과 기판력의 확장

처분권주의와 변론주의가 적용되는 민사소송에서는 당사자에게만 소송수행

___

존하는 것으로 보는 견해에 따르면 소송행위로서의 소송상 화해의 효력을 다투기 위하여 기일지정신청을 하거나 화해무효확인의 소를 제기하는 것은 허용되지 않을 것이다. 소송상 화해를 소송행위로 보는 판례의 입장에 따르면 소송상 화해에 판결의 당연무효사유에 준하는 사유가 존재하는 경우를 제외하고는 준재심의 소에 의해 그 효력을 다투어야 한다.

의 기회가 부여되기 때문에 이러한 기회를 부여받지 못한 제3자에게 소송의 결
과를 강요할 수 없으므로 기판력은 당사자에게만 미치고 제3자에게는 미치지
않는 것이 원칙이다(기판력의 상대성 원칙).

다만 분쟁 해결의 실효성을 확보하기 위하여 당사자 외의 제3자에게 기판력
이 확장되는 경우가 있는데, 이러한 기판력의 확장은 명문규정이 있는 경우에
한하여 인정된다. 변론종결 후의 승계인, 청구의 목적물 소지자(법 제218조 제1
항), 제3자 소송담당의 경우 권리의무의 귀속 주체(법 제218조 제3항), 소송탈퇴
자(법 제80조) 등이 기판력이 확장되는 제3자에 해당한다. 당사자가 소송물을 이
루는 권리 또는 법률관계를 제3자에게 처분함으로써 기판력 있는 판결을 무력
하게 하고 승소 당사자의 지위를 위태롭게 하는 것을 방지하기 위하여 기판력
의 확장을 인정하고 있다.

나. 丁이 변론종결 후의 승계인에 해당하는지 여부

(1) 변론종결 후의 승계인

기판력의 표준시인 사실심의 변론종결 후에 소송물을 이루는 권리 또는 법
률관계에 관한 지위를 당사자로부터 승계한 자를 변론종결 후의 승계인이라고
하는데, 민사소송법은 변론종결 후의 승계인에게 당사자 간의 확정판결의 효력
이 미치는 것으로 규정하고 있다(법 제218조 제1항). 변론종결 후의 승계인에게
기판력이 미치도록 한 이유는 패소 당사자가 소송물을 이루는 권리의무 또는
그로부터 파생된 권리의무를 사실심의 변론이 종결된 후에 제3자에게 이전함으
로써 기판력에서 벗어나거나 승소 당사자가 그러한 권리의무를 사실심의 변론
이 종결된 후에 제3자에게 이전함으로써 패소 당사자가 그에게 불리한 판단에
관한 기판력에서 벗어나게 되어 기판력 있는 판결을 무력화하는 것을 방지하기
위한 것이다. 다만 소송절차에 직접 참여하지 않은 변론종결 후의 승계인에게
무제한으로 기판력을 확장하는 것은 그러한 승계인의 절차적 기본권을 침해할
염려가 있으므로 변론종결 후의 승계인에게 피승계인과 그 상대방 간의 확정판
결의 기판력을 미치게 하는 것이 정당한 경우에 한하여 기판력이 확장되는 것
으로 보아야 한다.

(2) 승계의 시기[30]

승계는 사실심의 변론이 종결된 후에 이루어져야 한다. 판결의 기초가 되는 소송자료를 사실심의 변론종결 시까지 제출할 수 있으므로 사실심의 변론종결 시를 기준으로 하여 기판력이 확장되는 변론종결 후의 승계인에 해당하는지가 정해진다.[31] 제1차 승계가 변론종결 전에 있었고 이에 따른 소송승계가 이루어지지 않은 상태에서 변론종결 후에 제2차 승계가 있었더라도 제2차 승계인은 변론종결 후의 승계인에 해당하지 않는다(대법원 1967. 2. 23.자 67마55 결정).

매매 등의 원인행위가 변론종결 전에 이루어졌더라도 이를 원인으로 한 소유권이전등기가 변론종결 후에 이루어진 때에는 물권변동의 시점을 기준으로 변론종결의 전후를 판단하여야 한다(대법원 2005. 11. 10. 선고 2005다34667 · 34674 판결).

(3) 승계의 발생원인 및 유형

승계사유는 원고와 피고 가운데 어느 쪽에 발생하여도 상관없고, 승계사유가 승소자와 패소자 가운데 어느 쪽에 발생하더라도 피승계인 명의의 판결의 기판력이 승계인에게 확장될 수 있다. 승계원인은 매매, 증여 등과 같은 임의처분뿐 아니라 경매, 전부명령 등과 같은 강제집행처분이나 법률규정에 의해서도 발생할 수 있다.

승계는 적법한 권원에 기한 것이어야 하므로 부동산에 대하여 점유이전금지가처분이 집행된 후에 제3자가 가처분채무자의 점유를 침탈하는 방법으로 가처분채무자를 통하지 않고 부동산에 대한 점유를 취득한 때에는 그러한 제3자는

---

30) ▶ 지명채권의 양도가 이루어진 경우 판례는 채권양수인이 민사소송법 제218조 제1항에 따라 확정판결의 효력이 미치는 변론종결 후의 승계인에 해당하는지를 채권양도의 합의가 이루어진 때가 아니라 대항요건이 갖추어진 때를 기준으로 판단한다(대법원 2020. 9. 3. 선고 2020다210747 판결).
　　▶ 확정판결의 변론종결 전에 소송의 목적물에 가등기를 마친 제3자가 변론이 종결된 후에 그 가등기에 기해 본등기를 마친 경우 판례는 확정판결의 대상이 된 소송상 청구와의 관계에서 제3자가 목적 부동산에 관한 소유권 기타 사실상 처분권을 취득한 때를 기준으로 승계시기를 판단한다(대법원 1992. 10. 27. 선고 92다10883 판결).
　　▶ 청구의 포기 · 인낙, 소송상 화해의 경우 판례는 청구의 포기 등이 성립하여 그 효력이 발생한 때를 기준으로 승계시기를 판단하고(대법원 1980. 5. 13. 선고 79다1702 판결), 화해권고결정의 경우 판례는 화해권고결정이 확정된 때를 기준으로 승계시기를 판단한다(대법원 2012. 5. 10. 선고 2010다2558 판결).
31) 상고심 계속 중에 승계가 이루어진 경우에도 변론종결 후의 승계에 해당한다.

채무자의 승계인에 해당하지 않는다(대법원 2015. 1. 29. 선고 2012다111630 판결).

사실심의 변론이 종결된 후에 당사자가 사망하는 등의 포괄승계사유가 발생한 경우 소송물을 이루는 권리의무가 상속의 대상이 되고 상속인이 상속을 포기[32]하지 않은 때에는 피상속인을 당사자로 한 확정판결의 기판력은 그 상속인에게 미치게 된다.[33] 그런데 사실심의 변론이 종결된 후에 특정승계사유가 발생한 때에는 그 승계대상과 관련하여 전소의 소송물을 이루는 권리의무 자체가 승계된 경우와 전소의 소송물을 이루는 권리의무에서 파생된 권리의무가 승계된 경우를 나누어 살펴볼 필요가 있다.

(4) 승계의 대상 및 변론종결 후의 승계인의 인정 범위

(가) 전소의 소송물을 이루는 권리의무의 승계가 이루어진 경우

사실심의 변론이 종결된 후에 소송물을 이루는 권리의무 자체가 양도된 때에는 그 양수인은 변론종결 후의 승계인에 해당하고, 그에게 양도인과 상대방 간의 확정판결의 기판력이 확장된다.

(나) 전소의 소송물을 이루는 권리의무에서 파생된 권리의무의 승계가 이루어진 경우

사실심의 변론이 종결된 후에 소송의 목적물이 양도됨으로써 전소의 소송물을 이루는 권리의무에서 파생된 권리의무의 승계가 이루어진 경우 그 승계인에게 피승계인과 상대방 간의 확정판결의 기판력이 확장되는지와 관련해서는 ① 실체법상 권리마다 소송물을 구성하는 구실체법설의 입장에서 실체법상 권리의 성질을 고려하여 전소의 소송물이 대세적 효력을 갖는 물권적 청구권일 때에는 승계인에게 기판력이 확장되지만, 전소의 소송물이 대인적 효력을 갖는 채권적 청구권일 때에는 승계인에게 기판력이 확장되지 않는 것으로 보는 견해, ② 소송물을 실체법상 권리와는 무관하게 구성하는 소송법설의 입장에서 실체법상

---

32) 피상속인의 배우자와 자녀 가운데 자녀가 모두 상속을 포기한 경우 상속인이 되는 자와 관련하여 종래에는 피상속인에게 손자녀 또는 직계존속이 있으면 배우자가 그 손자녀 또는 직계존속과 공동으로 상속인이 되는 것으로 보았으나(대법원 2015. 5. 14. 선고 2013다48852 판결), 전원합의체 결정을 통해 피상속인의 배우자와 자녀 가운데 자녀가 모두 상속을 포기한 경우 배우자가 단독상속인이 되는 것으로 입장을 변경하였다(대법원 2023. 3. 23.자 2020그42 전원합의체 결정).

33) 상속인이 한정승인을 한 경우에는 상속인은 상속재산의 범위 내에서 책임을 지게 된다(민법 제1028조).

권리의 성질을 고려하지 않고 승계인에게 기판력이 일률적으로 확장되는 것으로 보는 견해, ③ 소송법설에 따르면서도 특정물인도소송에서 그 인도청구권이 채권에만 기초하는 경우(매매계약에 기해 목적물의 인도를 청구하는 경우)에는 승계인에게 기판력이 미치지 않지만, 인도청구권이 물권적 청구권과 경합될 수 있는 경우(소유자인 임대인이 임대차기간 만료를 원인으로 임대목적물의 반환을 청구하는 경우)에는 승계인에게 기판력이 미치는 것으로 보는 견해 등이 주장되고 있다.

판례는 전소의 사실심 변론이 종결된 후에 소송목적물이 양도된 때에는 전소의 소송물의 법적 성질을 고려하여 전소의 소송물이 채권적 청구권일 경우에는 그 승계인이 민사소송법 제218조 제1항의 변론종결 후의 승계인에 해당하지 않는 것으로 보고(대법원 1991. 1. 15. 선고 90다9964 판결; 대법원 2003. 5. 13. 선고 2002다64148 판결; 대법원 2012. 5. 10. 선고 2010다2558 판결; 대법원 2016. 6. 28. 선고 2014다31721 판결), 전소의 소송물이 물권적 청구권일 경우에는 그 승계인이 민사소송법 제218조 제1항의 변론종결 후의 승계인에 해당하는 것으로 본다(대법원 1991. 3. 27. 선고 91다650·667 판결; 대법원 1992. 10. 27. 선고 92다10883 판결; 대법원 1994. 12. 27. 선고 93다34183 판결; 대법원 2003. 3. 28. 선고 2000다24856 판결).34)

다. 소송상 화해의 성립이 화해의 대상인 청구권의 법적 성질에 영향을 미치는 지 여부

소유권에 기한 물권적 방해배제청구로서 소유권이전등기의 말소등기절차의 이행을 구하거나 진정명의회복을 원인으로 한 소유권이전등기절차의 이행을 구

---

34) 다만 소유권에 기한 건물인도소송의 사실심 변론종결 후에 패소 원고로부터 건물을 매수하고 소유권이전등기를 마친 자가 전소의 피고를 상대로 소유권에 기한 건물인도청구의 소를 제기한 사건에서 대법원은 건물소유권에 기한 물권적 청구권을 원인으로 한 건물인도소송의 소송물은 건물소유권이 아니라 물권적 청구권인 건물인도청구권이며, 그 소송에서 청구기각된 확정판결의 기판력은 건물인도청구권의 존부에만 미치고 소송물이 되지 않은 건물소유권의 존부에는 미치지 않으므로 건물인도소송의 사실심 변론종결 후에 패소자인 건물소유자로부터 건물을 매수하고 소유권이전등기를 마침으로써 그 소유권을 승계한 제3자의 건물소유권의 존부에 관하여는 위 확정판결의 기판력이 미치지 않으며, 이런 경우 제3자가 가지게 되는 물권적 청구권인 건물인도청구권은 적법하게 승계한 건물소유권의 일반적 효력으로써 발생한 것이지, 건물인도소송의 소송물인 패소자의 건물인도청구권을 승계함으로써 가지게 된 것이 아니므로 제3자는 확정판결의 변론종결 후의 승계인에 해당한다고 할 수 없다고 하였다(대법원 1999. 10. 22. 선고 98다6855 판결).

하는 소송 중에 그 소송물을 이루는 권리의무에 관하여 화해권고결정이 확정된 때에도 상대방은 여전히 물권적 방해배제의무를 지는 것이며, 화해권고결정에 창설적 효력[35]이 있다고 하여 그 청구권의 법적 성질이 채권적 청구권으로 바뀌지 않는 것으로 보는 판례(대법원 2012. 5. 10. 선고 2010다2558 판결)의 입장에 따르면 甲이 丙을 상대로 소유권에 기하여 X 토지의 인도를 구하는 A 소를 제기하여 그 소송계속 중에 丙이 甲에게 X 토지를 인도하기로 하는 소송상 화해가 성립되더라도 甲의 丙에 대한 X 토지인도청구권은 물권적 청구권으로서의 성질을 유지하게 된다.

라. 사안의 경우

(1) 甲과 丙 간의 소송상 화해의 기판력

전소의 소송물의 법적 성질을 고려하여 변론종결 후의 승계인에 해당하는지를 판단하는 판례의 입장에 따르면 甲과 丙 간의 소송상 화해의 대상은 소유권에 기한 X 토지인도청구권으로서 물권적 청구권이므로 소송상 화해가 성립된 후에 소송의 목적물인 X 토지의 점유를 이전받은 丁은 변론종결 후의 승계인에 해당하여 甲과 丙 간의 소송상 화해의 기판력이 丁에게 확장될 것이다.

(2) 甲과 乙 간의 소송상 화해의 기판력

甲과 乙 간의 소송의 소송물은 매매계약 해제에 따른 원상회복청구권으로서 X 토지인도청구권이었지만, 소송상 화해의 효력으로 乙의 甲에 대한 2억 원의 매매대금반환청구권의 존재에 관하여 기판력이 발생한다. 그런데 소송상 화해의 당사자는 甲과 乙로서 丁은 소송상 화해의 당사자가 아닐 뿐 아니라 소송상 화해의 기판력이 丁에게 확장되는 경우에도 해당하지 않는다.

---

35) 소송상 화해의 성립으로 종전의 법률관계가 소멸하고 화해의 내용대로 새로운 법률관계가 형성되는 것으로 볼 수 있는지가 문제되는데, 판례는 재판상 화해 또는 제소전화해는 확정판결과 동일한 효력이 있으며, 당사자 간의 사법상 화해계약이 그 내용을 이루는 것이면 화해는 창설적 효력을 가지게 되어 화해가 성립하면 종전의 법률관계를 바탕으로 한 권리의무관계는 소멸하지만, 재판상 화해 등의 창설적 효력이 미치는 범위는 당사자가 서로 양보하여 확정하기로 합의한 사항에 한하며, 당사자가 다툰 사실이 없었던 사항은 물론 화해의 전제로서 서로 양해하고 있는 데 불과한 사항에 관하여는 창설적 효력이 생기지 않는다(대법원 2001. 4. 27. 선고 99다17319 판결)는 입장이다.

2. 소송상 화해의 기판력이 발생하는 객관적 범위

가. 의의

확정판결은 주문에 포함된 것에 한하여 기판력을 가진다(법 제216조 제1항). 판결이유에서 판단된 사항은 원칙적으로 기판력을 가지지 못하지만, 상계항변에 관한 판단은 예외적으로 상계하자고 대항한 액수에 한하여 기판력을 가진다(법 제216조 제2항). 판결주문에서 판단된 사항에 대해서만 기판력을 인정하는 것은 당사자로 하여금 소송의 최종목표를 명확히 하여 불의타를 입는 것을 방지하고 변론을 충실하게 하도록 하며, 소송의 전제문제에 관한 당사자의 소송활동과 법원의 심리활동에 탄력성을 부여하기 위한 것이다.

나. 사안의 경우

소송상 화해가 성립한 때에는 화해조항에 포함된 것에 한하여 기판력이 발생한다. 따라서 甲과 丙 간에는 X 토지인도청구권의 존재에 관하여, 乙과 甲 간에는 2억 원의 매매대금반환청구권의 존재에 관하여 기판력이 발생한다.36)

3. 소송상 화해의 기판력이 발생하는 시적 범위

가. 의의

기판력은 사실심의 변론종결 시에 소송물을 이루는 권리 또는 법률관계의 존부에 관하여 발생하는데, 기판력을 통해 추구하고자 하는 법적 안정성을 확보하기 위하여 판결이 확정된 후에는 사실심의 변론종결 전에 존재하였던 공격방어방법을 제출할 수 없게 되는 실권효(차단효)가 작용한다. 다만 사실심의 변론종결 후에 새로운 사유가 발생하여 사정변경이 생긴 때에는 실권효가 배제된다.

소송상 화해로 소송이 종료된 경우에는 소송상 화해가 성립된 때에 기판력이 발생하는 것으로 보아야 한다.

---

36) 甲과 乙 간의 매매계약이 해제의 요건을 구비하여 전소의 소장부본 송달에 의하여 해제되었다고 하더라도 그 해제 여부는 화해조항에 포함된 사항이 아니므로 이에 대하여는 기판력이 발생하지 않는다.

나. 사안의 경우

A 소송에서 丙이 甲에게 X 토지를 인도하고 甲이 乙에게 2억 원의 매매대금을 반환하기로 하는 합의가 이루어져 소송을 종료하기로 하고 법원사무관이 그러한 취지를 변론조서에 기재한 때에 소송상 화해가 성립된 것으로 볼 수 있으며, 소송상 화해가 성립하면 그 성립 시에 甲과 丙 간에는 X 토지인도청구권이 甲에게 존재하고 乙과 甲 간에는 2억 원의 매매대금반환청구권이 乙에게 존재한다는 것에 관하여 기판력이 발생한다.

甲이 丙과의 A 소송에서 소송상 화해가 성립하기 전에 존재하였던 공격방어방법을 丁을 상대로 제기한 B 소송에서 제출하는 등의 정황이 없으며, 소송상 화해가 성립한 후에 새로운 사유가 발생한 정황도 없으므로 기판력의 시적 범위나 실권효가 별도로 문제되지 않을 것이다.

Ⅳ. A 소송에서 성립된 소송상 화해의 기판력이 B 소송에 작용하는지 여부

1. 작용 여부

가. 기판력의 작용 국면

확정판결이 존재하고 당사자가 동일하거나 기판력이 확장되는 경우에 해당하며, 전소의 소송물과 후소의 소송물이 동일하거나 전소의 소송물이 후소의 소송물의 선결문제에 해당하거나 후소의 소송물이 전소의 소송물과 모순관계에 있는 경우 전소 확정판결의 기판력이 후소에 작용하게 된다.

나. 사안의 경우

A 소송에서 소송상 화해가 성립함으로써 甲과 丙 간에는 X 토지인도청구권의 존재에 관하여, 乙과 甲 간에는 2억 원의 매매대금반환청구권의 존재에 관하여 기판력이 발생한 후에 甲이 丙의 변론종결 후의 승계인에 해당하는 丁을 상대로 X 토지의 인도를 구하는 소를 제기하였으므로 甲과 丙 간의 소송상 화해의 기판력이 B 소송에 작용할 것이다.

甲과 乙 간의 소송상 화해와 관련해서는 A 소와 B 소의 당사자가 동일하거나 기판력이 확장되는 경우에 해당하지 않을 뿐 아니라 A 소와 B 소의 소송물이 동일하지도 A 소의 소송물이 B 소의 소송물의 선결문제에 해당하지도 B 소의 소송물이 A 소의 소송물과 모순관계에 있지도 않으므로 甲과 乙 간의 소송상 화해의 기판력이 B 소송에 작용하지 않을 것이다.

2. B 소 법원의 처리방법

전소 확정판결의 기판력이 후소에 작용하는 때에는 기판력의 본질에 관한 논의에 따른 후소법원의 처리방법을 검토하여야 한다.

가. 기판력의 본질

(1) 기판력을 재판의 통일을 도모하기 위하여 인정된 소송법상 효력으로 보는 견해(모순금지설, 소송법설)

확정판결이 존재하는 경우 재판의 통일을 도모하기 위하여 후소법원은 전소법원의 판단과 모순·저촉되는 판단을 할 수 없고, 이에 따라 당사자도 전소법원의 판단에 반하는 주장을 할 수 없는 구속을 받는다. 전소와 후소의 소송물이 동일한 경우 후소법원의 처리방법과 관련해서는 ㉮ 전소와 후소의 소송물이 동일한 경우 후소법원이 전소의 확정판결과 같은 내용의 판결을 할 수밖에 없음에도 후소를 제기하는 것은 소의 이익을 흠결하는 것으로 보는 견해, ㉯ 전소에서 승소한 당사자가 동일한 청구의 후소를 제기한 때에는 권리보호이익을 흠결하여 소를 각하하여야 하고, 전소에서 패소한 당사자가 동일한 청구의 후소를 제기한 때에는 전소의 확정판결과 모순되는 판결을 할 수 없는 구속을 받는 결과 후소의 청구를 기각하여야 한다는 견해 등이 주장되고 있다.

(2) 기판력을 분쟁의 일회적 해결을 도모하기 위하여 인정된 소송법상 효력으로 보는 견해(반복금지설, 신소송법설)

확정판결이 존재하는 경우 분쟁의 일회적 해결을 도모하기 위하여 후소법원은 전소법원이 판단한 사항에 대하여 다시 심판할 수 없고, 이에 따라 당사자도 전소법원이 판단한 사항에 대하여 다시 심판을 구할 수 없는 구속을 받는다. 전소와 후소의 소송물이 동일한 경우에는 후소의 제기 자체가 금지되므로 기판력 있는 판결의 부존재는 독자적인 소극적 소송요건에 해당한다. 전소와 소송물이

동일한 후소가 제기된 때에는 후소법원은 전소의 승패를 불문하고 후소를 각하
하여야 한다.

(3) 기판력에 실체법상 효력과 소송법상 효력을 인정하는 견해

기판력은 구체적인 법률효과를 구속력을 가지고 확정한다는 점에서는 실체
적 효력으로 볼 수 있는데 이러한 실체적 효력은 당사자 간에서 의미가 있으며,
당사자와 법원 간의 관계에서는 권리보호의 일회성이라는 의미의 절차적 효력
으로 볼 수도 있다. 실체적 효력은 선결관계에서 작용하고, 절차적 효력은 소송
물이 동일하거나 모순관계에 있는 경우에 작용한다.

(4) 판례의 입장

판례37)는 기판력을 확정된 전소판결의 내용과 모순되는 판단을 해서는 안
되는 구속력으로 보고 있으며, 전소의 소송물이 후소 청구의 선결문제에 해당하
는 때에는 전소 확정판결의 판단을 전제로 후소 청구의 당부에 관하여 판단한
다(대법원 1994. 12. 27. 선고 94다4684 판결; 대법원 1999. 12. 10. 선고 99다25785 판
결; 대법원 2000. 6. 9. 선고 98다18155 판결). 그런데 전소와 소송물이 동일한 후소
가 제기되어 전소 확정판결의 기판력이 후소에 작용하는 때에는 전소 확정판결
이 본안에 관한 승소판결인지 패소판결인지에 따라 달리 처리하여 전소에서 승
소한 당사자가 동일한 청구의 후소를 제기한 때에는 특별한 사정38)이 없는 한
권리보호의 이익이 없음을 이유로 후소를 각하하고(대법원 2017. 11. 14. 선고
2017다23066 판결), 전소에서 패소한 당사자가 동일한 청구의 후소를 제기한 때
에는 전소 확정판결의 기판력이 미침을 이유로 후소의 청구를 기각한다(대법원
1989. 6. 27. 선고 87다카2478 판결).39) 또한 전소의 소송물과 모순관계에 있는 청
구에 관한 후소가 제기되어 전소 확정판결의 기판력이 후소에 작용하는 경우

---

37) 판례는 의무이행을 명한 판결의 효력은 실체적 법률관계에 영향을 미치지 않는다는 것을 전
  제로 물건 점유자에게 그 인도를 명한 판결의 효력으로 판결 상대방에게 물건을 인도해야 할
  실체적 의무가 생긴다거나 정당한 점유권원이 소멸하여 그 물건에 대한 점유가 위법하게 되
  는 것은 아니라고 하여 실체법설을 배척한다(대법원 2019. 10. 17. 선고 2014다46778 판결).
38) 확정판결에 기한 채권의 소멸시효기간인 10년의 경과가 임박하였음이 분명한 때에는 그 시효
  중단을 위한 소를 제기할 소의 이익이 인정된다(대법원 2006. 4. 14. 선고 2005다74764 판결).
39) 일부 승소판결이 확정된 후에 원고가 승소한 부분에 대하여 제기한 후소는 권리보호의 이익
  이 없고, 원고가 패소한 부분에 대하여 제기한 후소에는 전소 확정판결의 기판력이 미치므로
  그 부분에 대한 원고의 청구는 받아들여지지 않는다(대법원 2009. 12. 24. 선고 2009다64215
  판결).

전소 확정판결이 본안에 관한 패소판결일 때에는 그 기판력이 미침을 이유로 후소의 청구를 기각한다(대법원 2002. 12. 6. 선고 2002다44014 판결).

나. 사안의 경우

甲과 丙 간의 소송상 화해의 기판력이 B 소송에 작용하는 경우 소송상 화해에 의해 甲의 X 토지인도청구권의 존재가 확정되어 甲이 A 소송에서 승소한 것으로 볼 수 있는데, 전소에서 승소한 당사자가 동일한 청구의 후소를 제기한 때에는 후소법원은 권리보호이익의 흠결을 이유로 후소를 각하하여야 하는 것으로 보는 판례의 입장에 따르면 B 소 법원은 A 소송에서 승소한 甲이 제기한 B 소를 각하하는 판결을 하여야 할 것이다.

V. 사례의 정리

소송상 화해가 성립하면 확정판결과 동일한 기판력이 발생하고, 준재심의 소에 의해 취소 또는 변경되지 않는 한 소송상 화해의 당사자는 화해의 취지에 반하는 주장을 할 수 없는 것으로 보는 판례에 입장에 따르면 甲은 丙이 화해조항에 따른 의무를 이행하지 아니한 것을 이유로 소송상 화해의 효력을 다툴 수 없을 것이다.

A 소송에서의 소송상 화해 가운데 甲과 乙 간의 화해조항의 기판력은 소송상 화해의 당사자도 변론종결 후의 승계인도 아닌 丁에게는 미치지 않지만, 甲과 丙 간의 화해조항의 기판력은 丙의 변론종결 후의 승계인에 해당하는 丁에게 확장되고, 甲과 丙 간의 소송상 화해의 대상과 B 소송의 소송물이 소유물반환청구권으로서의 X 토지인도청구권으로 동일한 경우에 해당하므로 甲과 丙 간의 소송상 화해의 기판력이 B 소송에 미칠 것이며, 전소에서 승소한 당사자가 전소와 동일한 청구의 소를 제기한 경우 후소는 권리보호이익을 흠결하는 것으로 보는 판례의 입장에 따르면 B 소 법원은 甲이 제기한 소를 각하하는 판결을 하여야 할 것이다.

참고사례

〈사례 1〉

甲은 乙에게 X 건물을 임대하였는데, 乙이 甲의 동의 없이 丙에게 X 건물의 전부를 전대(轉貸)하자 甲은 이를 이유로 임대차계약을 해지하고 임대차관계에 기하여 乙을 상대로 X 건물의 인도를 구하는 소(A 소)를 제기하여 승소하였다. 이에 대하여 乙이 항소하였는데, 항소심 계속 중에 乙은 甲에게 丙과의 전대차 관계를 종료하고 乙이 직접 X 건물을 사용하겠다고 하여 甲은 소를 취하하였다. 그런데 乙은 丙과의 전대차관계를 끝내지 않고 丙으로 하여금 X 건물을 계속 사용하게 하고 있다.

1. 甲은 乙의 기망에 의해 소를 취하하였음을 이유로 그 효력을 다투기 위하여 A 소 법원에 기일지정신청서를 제출하였다. A 소 법원은 사건을 어떻게 처리하여야 하는가?

2. 甲은 乙이 X 건물을 자신의 동의 없이 전대하였음을 이유로 乙을 상대로 X 건물의 인도를 구하는 소(B 소)를 제기하였다. B 소 법원의 심리 결과 乙이 甲의 동의 없이 丙에게 X 건물의 전부를 전대한 사실이 인정되는 경우 B 소 법원은 사건을 어떻게 처리하여야 하는가?

〈사례 2〉

X 토지의 등기명의인 A가 사망하였는데, A의 상속인으로는 甲이 있다. A의 상속인이 아닌 乙이 그의 명의로 상속등기를 마친 후 丙에게 소유권이전등기를 해 주었다. 이러한 사실을 알게 된 甲은 乙과 丙을 상대로 각 소유권이전등기의

말소등기절차의 이행을 구하는 소를 제기하였다. 乙은 변론기일에서 X 토지는 원래 자기의 부(父)인 B의 소유였는데 1995년경 A에게 명의신탁한 것이므로 A와 甲에 대한 관계에서는 X 토지가 乙의 소유이고 乙 명의의 소유권이전등기는 실체관계에 부합하는 유효한 등기라고 주장하며 이에 부합하는 내용이 기재되어 있는 사실확인서를 증거로 제출하였다. 甲은 이 사실확인서의 진위에 대한 감정을 신청하였는데, 그 사실확인서가 1990년대에 작성되었다는 내용의 감정결과가 나오자 패소할 것을 염려하여 乙, 丙과 소송상 화해를 하였다. 그 후 甲은 위 사실확인서가 乙과 C의 공모로 위조된 것이라는 사실을 알게 되어 乙과 C를 사문서위조 및 동행사죄로 고소하여 乙과 C에 대한 유죄판결이 확정되었다. 甲은 乙의 기망에 의해 소송상 화해를 하였음을 이유로 그 효력을 다투기 위하여 법원에 기일지정신청서를 제출하였다. 법원은 사건을 어떻게 처리하여야 하는가?

〈사례 3〉

甲 종중(이하 '甲'이라 한다)의 대표자 A는 변호사 X를 소송대리인으로 선임하여 乙을 상대로 乙 명의 소유권이전등기의 말소등기절차의 이행을 구하는 소를 제기하였다. 소송 진행 중에 A가 사임하고 B가 대표자로 선출되었고, B는 그러한 사실을 乙에게 통지하였다. B는 2023. 6. 15. 소 취하서를 법원에 제출하였고 그 부본이 2023. 6. 22. 乙에게 송달되었는데, 乙은 그로부터 2주가 지나도록 이의를 제기하지 아니하였다. 소 취하서가 제출되기 전날인 2023. 6. 14. 개최된 甲의 종중총회에서 B를 해임하고 C를 새로운 대표자로 선출하였는데, B와 C는 이러한 사실을 乙에게 통지하지 아니하였다. 甲은 2022. 10. 5. "(ⅰ) 소송계속 중에 甲의 대표자가 A에서 B로 변경되어 소송절차가 중단되었으므로 B가 소송을 수계하였어야 함에도 수계절차를 밟지 않고 소를 취하한 것은 소송절차 중단 중의 소송행위로서 무효이다. (ⅱ) 법원에 소 취하서를 제출할 당시 B는 이미 甲의 대표자 지위를 상실하였으므로 그러한 B에 의한 소 취하는 효력이 없다. (ⅲ) 법원에 소 취하서를 제출하면 乙이 甲을 상대로 제기한 다른 사건에 관한 소를 취하해 준다는 乙의 말에 속아 소 취하서를 제출하였으므로 이는 형사

상 처벌을 받을 다른 사람의 행위로 말미암은 것으로서 무효이다."라는 내용이 기재되어 있는 기일지정신청서를 법원에 제출하였다. 법원은 사건을 어떻게 처리하여야 하는가?

〈사례 4〉

甲은 乙로부터 X 토지를 매수하고 2억 원의 대금을 지급한 후 이에 관한 소유권이전등기를 하기 전에 X 토지를 丙에게 2억 5,000원에 매도하고 계약금 5,000만 원을 지급받았다. 그 후 甲과 丙은 "乙로부터 직접 丙 앞으로 제소전화해를 통해 소유권이전등기를 마침과 동시에 丙은 甲에게 매매잔금 2억 원을 지급한다."라고 약정하였다. 丙은 乙과의 제소전화해를 통해 X 토지에 관한 소유권이전등기를 넘겨받고도 甲에게 2억 원을 지급하지 아니하였다. 그러자 甲은 丙과의 매매계약을 해제하고 丙을 상대로 丙 명의 소유권이전등기의 말소등기절차의 이행을 구하는 소를 제기하였다. 법원은 사건을 어떻게 처리하여야 하는가?

참고자료

※ 소 취하 등 소송을 종료시키는 당사자의 소송행위의 효력을 다투는 방법

▪ 당사자의 소송행위에 의한 소송종료사유: 민사소송법이 규정하고 있는 원칙적인 소송종료사유는 종국판결이지만(법 제198조), 사법상 법률관계에 관한 분쟁을 대상으로 하는 민사소송절차는 소의 취하, 청구의 포기·인낙, 소송상 화해 등 당사자의 소송행위에 의해 종료되기도 한다.

▪ 소송을 종료시키는 당사자의 소송행위의 효력: 소송을 종료시키는 당사자의 소송행위 가운데 소 취하의 경우는 소송계속을 소급적으로 소멸시킬 뿐 소송상 청구 자체에 관하여는 아무런 소송법상 효력을 발생시키지 않는 데 반하여, 청구의 포기·인낙, 소송상 화해의 경우는 민사소송법 제220조에 따라 확정판결과 동일한 효력을 가지게 되고 판례는 확정판결과 동일한 기판력이 인정되는 것으로 본다(대법원 1991. 12. 13. 선고 91다8159 판결; 대법원 1990. 3. 17.자 90그3 결정).

▪ 소송을 종료시키는 당사자의 소송행위의 효력을 다투는 방법: 소송을 종료시키는 당사자의 소송행위의 효력이 다른 결과 소의 취하의 효력을 다투는 방법과 청구의 포기·인낙이나 소송상 화해의 효력을 다투는 방법이 다르게 된다.

소 취하의 경우는 소 취하가 부존재 또는 무효라고 주장하는 당사자는 민사소송규칙 제67조에 따라 기일지정신청을 하여 소 취하의 효력을 다툴 수 있다. 이와는 달리 청구의 포기·인낙, 소송상 화해의 경우에는 판례는 민사소송법 제461조에 따라 준재심의 소로 다툴 수 있는 것으로 본다(대법원 1962. 2. 15. 선고 4294민상914 전원합의체 판결; 대법원 1963. 4. 25. 선고 63다135 판결; 대법원 1990. 3. 17.자 90그3 결정; 대법원 2000. 3. 10. 선고 99다67703 판결).

▪ 소송행위 하자의 작용 모습: 소의 취하의 경우에는 소송행위의 하자를 주장할 수 있는지가 기일지정신청이 이유 있는지를 판단하는 요소가 되는 데 반하여(대법원 1979. 12. 11. 선고 76다1829 판결; 대법원 1985. 9. 24. 선고 82다카312·313·314 판결; 대법원 1997. 10. 24. 선고 95다11740 판결; 대법원 2009. 4. 23. 선고 2008

다95151 판결), 청구의 포기·인낙, 소송상 화해의 경우에는 소송행위의 하자를 주장할 수 있는지를 판례는 재심사유의 존재 여부를 판단하는 요소로 본다(대법원 1979. 5. 15. 선고 78다1094 판결).

- 소송을 종료시키는 당사자의 소송행위의 효력을 다투기 위한 기일지정신청의 허용 여부: 민사소송규칙 제67조에 따르면 당사자가 소 취하의 효력을 다투면서 기일지정신청을 하면 법원은 변론을 열어 소 취하의 효력이 인정되는지를 심리하여 소 취하의 효력이 인정되는 때에는 소송종료선언을 하여야 하고, 소 취하의 효력이 인정되지 않는 때에는 소 취하 당시의 소송 정도에 따라 소송절차를 속행하면 된다. 소 취하의 경우는 소 취하의 효력을 다투면서 기일지정신청을 하는 것이 민사소송규칙상 명문으로 인정되기 때문에 기일지정신청에 대한 각하는 문제되지 않고 기일지정신청이 이유 있는지가 문제되며, 기일지정신청이 이유 있는지를 판단하는 과정에서 소 취하 과정상의 하자를 어느 정도 주장할 수 있는지가 문제될 수 있다.

이와는 달리 청구의 포기·인낙이나 소송상 화해의 경우에는 청구의 포기·인낙이나 소송상 화해가 성립된 사실이 없다고 다투면서 기일지정신청을 하는 경우(대법원 2000. 3. 10. 선고 99다67703 판결)를 제외하고는 성립 과정상의 하자를 이유로 효력을 다투면서 기일지정신청을 하는 것은 허용되지 않으므로 그러한 기일지정신청은 각하될 것이다. 청구의 포기 등의 효력을 다투기 위해서는 판례의 입장에 따르면 준재심의 소를 제기하여야 하는데, 준재심의 원고가 주장하는 재심사유가 존재하는지를 판단하는 과정에서 청구의 포기 등의 성립 과정상 하자를 어느 정도 주장할 수 있는지가 문제될 수 있다.

― 판결의 효력 사례 ―

〈제 1 문〉

〈사실관계〉

甲은 乙로부터 乙 소유인 X 토지를 매수한 후 이에 관한 소유권이전등기를 하지 않고 있다.

1. 甲은 丙이 X 토지에 관한 등기서류를 위조하여 丙 명의로 소유권이전등기를 하였다고 주장하며 乙을 대위하여 丙을 상대로 丙 명의 소유권이전등기의 말소등기절차의 이행을 구하는 소(A 소)를 제기한 후 乙에게 소송고지를 하였고, 제1심법원은 甲의 청구를 기각하는 판결을 선고하였다. 甲은 항소를 제기하였다가 항소심 계속 중에 항소를 취하하였다. 乙이 丙을 상대로 丙 명의 소유권이전등기의 말소등기절차의 이행을 구하는 소(B 소)를 제기한 경우 B 소 법원은 사건을 어떻게 처리하여야 하는가?

2. 丙은 乙을 상대로 X 토지에 관하여 매매를 원인으로 한 소유권이전등기절차의 이행을 구하는 소(A 소)를 제기하여 그 확정판결에 기해 丙 명의로 소유권이전등기를 하였다. 그 후 甲은 乙을 대위하여 丙을 상대로 丙 명의 소유권이전등기의 말소등기절차의 이행을 구하는 소(B 소)를 제기하였다. 甲이 B 소송에서 乙과 丙 간의 매매계약에 해제사유가 있어 소장부본의 송달로써 乙을 대위하여 그 매매계약을 해제하였으므로 丙 명의의 소유권이전등기는 말소되어야 한다고 주장하는 경우 B 소 법원은 사건을 어떻게 처리하여야 하는가?

<제 2 문>

〈사실관계〉

甲 명의로 등기되어 있던 X 토지에 관하여 乙 명의로 소유권이전등기가 이루어졌다.

1. 乙은 丙에게, 丙은 丁에게 X 토지를 각 매도하여 이에 관한 소유권이전등기가 乙, 丙, 丁의 순서로 이루어졌다. 甲은 乙이 등기서류를 위조하여 乙 명의로 소유권이전등기를 하였으므로 乙, 丙, 丁 명의의 소유권이전등기가 원인무효의 등기라고 주장하며 乙, 丙, 丁을 상대로 소유권에 기하여 각 소유권이전등기의 말소등기절차의 이행을 구하는 소(A 소)를 제기하였다. 법원은 甲의 청구를 모두 기각하는 판결을 선고하였고 그 판결이 확정되었다. 그 후 甲이 丁을 상대로 진정명의회복을 원인으로 한 소유권이전등기절차의 이행을 구하는 소(B 소)를 제기한 경우 B 소 법원은 사건을 어떻게 처리하여야 하는가?

2. 甲이 乙을 상대로 乙 명의 소유권이전등기의 말소등기절차의 이행을 구하는 소(A 소)를 제기하자 乙은 소송 밖에서 甲의 주장을 인정하고 甲으로부터 X 토지를 매수하였다. 乙이 A 소송의 변론기일에 출석하지 아니하여 자백간주로 甲의 청구를 인용하는 판결이 선고되었고 그 판결이 확정되었다. 그 후 乙이 사망하였고 乙의 상속인 丙이 상속등기를 하였는데, 甲은 위 확정판결에 기하여 丙 명의의 소유권이전등기를 말소하였다. 丙이 甲을 상대로 피상속인 乙과 甲 간의 매매를 원인으로 한 소유권이전등기절차의 이행을 구하는 소(B 소)를 제기한 경우 B 소 법원은 사건을 어떻게 처리하여야 하는가?

<제 3 문>

〈사실관계〉

甲 수산업협동조합(이하 '甲'이라 한다)의 조합원 乙은 甲으로부터 X 어선을 임차하여 사용하고 있었는데, 어업 도중 엔진 고장이 발생하여 수리가 필요하게

되었다. C는 甲의 대표자로서 乙에 대하여 X 어선에 관한 임대차계약을 해지하고 X 어선의 반환을 요구한 다음 乙의 무모한 운전 조작으로 인해 엔진 고장이 발생하였다고 주장하며 수리대금 3,000만 원 상당의 손해금의 지급을 구하는 소(A 소)를 제기하였다. A 소송에서 乙은 주위적으로 C의 대표권을 다투면서 소 각하판결을 구하고, 예비적으로 X 어선의 엔진 고장에 대하여 乙에게는 아무런 책임이 없을 뿐 아니라 乙이 C가 조합비를 부정하게 사용한 것을 문제삼아 乙을 곤경에 빠뜨리기 위하여 소를 제기한 것이라고 주장하며 청구기각판결을 구한다는 취지의 진술을 하였다. 제1심법원은 C를 조합장으로 선출한 결의에 무효사유가 존재한다고 판단하여 대표권 흠결을 이유로 소를 각하하였는데, 甲과 乙은 항소기간이 지나도록 항소하지 아니하였다. 그 후 C가 甲을 대표하여 乙을 상대로 위 수리대금 3,000만 원 상당의 손해금의 지급을 구하는 소(B 소)를 제기한 경우 B 소 법원은 사건을 어떻게 처리하여야 하는가?

〈제 4 문〉

〈사실관계〉

A가 사망하자 A 명의의 X 토지를 甲(妻)과 乙(子, 30세)이 상속하여 그에 관한 상속등기를 한 후에 甲은 乙의 동의 없이 X 토지를 丙에게 매도하였다. 甲은 X 토지를 丙에게 매도할 당시 乙의 인감도장, 인감증명서, 위임장 등을 제시하지 않은 채 丙과 매매계약을 체결하였다. 丙은 甲과 乙을 상대로 매매를 원인으로 한 소유권이전등기절차의 이행을 구하는 소를 제기하면서 甲과 공모하여 甲의 주소를 甲과 다른 집에서 거주하고 있는 乙의 주소인 것처럼 소장에 기재하였고, 그 후 甲은 乙에 대한 소송서류를 직접 송달받고 그 사실을 乙에게 알려주지 아니하였다. 甲과 乙이 변론기일에 출석하지 않자 법원은 丙의 청구를 인용하는 판결을 선고하였고, 甲과 乙에 대한 판결정본이 2023. 7. 5. 甲에게 송달되었다. 甲은 2023. 7. 12. 교통사고로 사망하였으며, 2023. 7. 26. 甲의 유품을 정리하던 乙은 丙이 甲과 乙을 상대로 X 토지에 관한 소유권이전등기청구의 소를 제기하여 승소한 사실을 알게 되었다. 乙은 丙의 청구를 인용한 판결에 대하여 소송상 어떠한 조치를 취할 수 있는가?

─ 판결의 효력 사례 풀이 ─

〈제 1 문 - 1〉

I. 쟁점

甲이 乙을 대위하여 丙을 상대로 소유권에 기하여 X 토지에 관한 丙 명의 소유권이전등기의 말소등기절차의 이행을 구하는 소(A 소)를 제기하여 패소판결이 확정된 후에 乙이 丙을 상대로 丙 명의 소유권이전등기의 말소등기절차의 이행을 구하는 소(B 소)를 제기한 경우 甲과 丙 간의 확정판결의 기판력이 乙이 丙을 상대로 제기한 丙 명의 소유권이전등기의 말소등기소송에 미치는지가 문제된다. 이와 관련해서는 채권자대위소송의 법적 성질에 따라 기판력이 발생하는 객관적·주관적 범위를 검토하여야 하고, 전소 확정판결의 기판력이 후소에 작용하는 경우 기판력의 본질에 관한 논의에 따른 후소법원의 처리방법을 검토하여야 한다.

II. 채권자대위소송의 법적 성질 및 기판력의 의의

1. 채권자대위소송의 법적 성질

가. 법정소송담당으로 보는 견해

채권자대위소송은 권리의무의 귀속 주체인 채무자를 대위하여 제3자인 채권자가 채무자의 권리의무에 관하여 당사자적격을 가지고 채권자의 이름으로 소송을 수행하는 것이므로 제3자 소송담당에 해당하고, 민법 규정에 의해 채권자에게 소송수행권이 인정되므로 법정소송담당이다.

나. 채권자가 자신의 고유한 실체법상 권리를 소송상 행사하는 것으로 보는 견해

채권자대위소송은 민법이 채권자에게 인정한 대위권이라는 실체법상 권리를 소송상 행사하는 것이고, 채권자는 자기의 채권을 보전하기 위하여 대위권을 행사하는 것이므로 자신의 이익을 위하여 소송을 수행하는 것이다.

다. 판례의 입장

판례는 채권자대위소송에서 대위에 의하여 보전될 채권자의 채무자에 대한 권리가 인정되지 않으면 채권자가 스스로 원고가 되어 채무자의 제3채무자에 대한 권리를 행사할 당사자적격이 없다고 하여 소를 각하하는데(대법원 1994. 6. 24. 선고 94다14339 판결), 이러한 판례의 입장은 채권자대위소송이 제3자 소송담당이라는 시각에 입각한 것으로 볼 수 있다.

라. 검토

채권자가 채권자대위소송을 통해 궁극적으로 다투고자 하는 것은 채무자의 제3채무자에 대한 권리라는 점, 채권자대위권 행사의 효과는 채권자에게 귀속되지 않고 채무자에게 귀속되어 모든 채권자를 위한 공동담보가 된다는 점에서 법정소송담당으로서의 성질을 가지는 것으로 보는 견해가 지지를 받고 있다.

2. 기판력의 의의 및 인정 근거

종국판결이 확정되면 그 판결에서 이루어진 소송상 청구에 관한 판단은 그 후 당사자 간의 권리 또는 법률관계를 규율하는 기준이 되고, 동일한 사항이 다시 문제되면 당사자는 확정판결에서의 판단과 모순되는 주장을 할 수 없고 법원도 그 판단과 모순·저촉되는 판단을 할 수 없게 된다. 확정판결의 판단에 부여되는 당사자와 후소법원에 대한 구속력을 기판력이라고 한다. 기판력은 판결을 내용적으로 확정시킨다는 의미에서 실체적 확정력이라고도 한다. 종국판결의 기판력은 판결의 형식적 확정을 전제로 하여 발생한다.

확정판결에 기판력이라는 구속력이 인정되는 근거와 관련해서는 ① 기판력을 판결에 의해 확정된 법률관계의 법적 안정성을 보장함으로써 소송제도의 목적과 기능을 달성하기 위하여 인정된 제도적 효력으로 보는 견해, ② 전소에서 소송당사자로서 소송수행의 권능과 기회를 보장받은 때에는 그 결과에 대하여도 책임을 져야 한다는 자기책임에 근거하여 기판력이 인정되고, 전소에서 절차보장을 받은 당사자가 소송의 결과를 다시 다투는 것은 공평의 관념 또는 신의칙에 반하는 것으로 보는 견해, ③ 법적 안정성뿐 아니라 절차보장을 받은 당사자의 자기책임에서 기판력의 인정 근거를 찾는 견해 등이 주장되고 있다.[1]

III. 전소 확정판결의 기판력이 발생하는 범위

1. 기판력의 주관적 범위

가. 기판력의 상대성 원칙과 기판력의 확장

처분권주의와 변론주의가 적용되는 민사소송에서는 당사자에게만 소송수행의 기회가 부여되기 때문에 이러한 기회를 부여받지 못한 제3자에게 소송의 결과를 강요할 수 없으므로 기판력은 당사자에게만 미치고 제3자에게는 미치지 않는 것이 원칙이다(기판력의 상대성 원칙).

다만 분쟁 해결의 실효성을 확보하기 위하여 당사자 외의 제3자에게 기판력이 확장되는 경우가 있는데, 이러한 기판력의 확장은 명문규정이 있는 경우에 한하여 허용된다. 변론종결 후의 승계인, 청구의 목적물 소지자(법 제218조 제1항), 제3자 소송담당의 경우 권리의무의 귀속 주체(법 제218조 제3항), 소송탈퇴자(법 제80조) 등이 기판력이 확장되는 제3자에 해당한다. 당사자가 소송물을 이루는 권리 또는 법률관계를 제3자에게 처분함으로써 기판력 있는 판결을 무력하게 하고 승소 당사자의 지위를 위태롭게 하는 것을 방지하기 위하여 기판력의 확장을 인정하고 있다.

---

1) ①의 견해는 종래의 기판력 본질론의 전제가 된 것으로서 기판력을 소송제도의 불가결한 제도적 효력으로 본다. ②의 견해는 판결의 효력 유무가 소송절차의 경과에 따라 개별적·구체적으로 판단을 받아 정해지는 것으로 보고, 기판력에 대하여 제도적 효력으로서의 성질을 인정하지 않는다. 이 견해에 따르면 기판력은 법원의 판단효가 아닌 당사자의 제출책임효로 구성되고, 전소에서 당사자가 제출할 수 있었던 주장을 제출하지 않은 것에 근거하여 후소에서의 주장이 차단된다. ③의 견해는 기판력을 제도적 효력으로 보면서도 당사자는 절차보장을 받고 그 결과에 대한 자기책임을 부담한다는 것에 근거하여 전소의 소송물인 법률관계의 존부에 관한 판단이 당사자의 의사에 반하더라도 국가권력에 의하여 통용되는 것을 정당화한다고 한다. 이 견해에 따르면 판결효는 법적 안정의 요구(공적 이익으로서의 반복·모순의 금지와 평등한 지위에서 다투어 승소한 당사자의 지위 안정)와 절차보장의 요구에 의하여 정당화되고, 법적 안정의 요구와 절차보장의 요구의 긴장관계가 조화를 이루는 선에서 기판력이 발생하는 주체와 판단사항의 범위가 정해지므로 전소에서 절차보장이 이루어지지 않은 주체와 판단사항에 대하여는 기판력이 인정되지 않는다.

나. 채권자대위소송에 대한 판결의 효력이 채무자에게 미치는지 여부

채권자대위소송에 대한 판결의 효력이 채무자에게 미치는지와 관련해서는 ① 채권자대위소송을 법정소송담당으로 보면서 민사소송법 제218조 제3항을 근거로 채권자대위소송에 대한 판결의 효력이 채무자에게 미치는 것으로 보는 견해, ② 채권자대위소송을 법정소송담당으로 보면서 채무자가 채권자대위소송이 제기된 사실을 알았던 경우에만 채무자에게 채권자대위소송에 대한 판결의 효력이 미치는 것으로 보는 견해, ③ 채권자대위소송을 채권자가 자신의 고유한 실체법상 권리를 소송상 행사하는 것으로 보는 입장에서 판결의 효력은 당사자 외의 자에게는 미치지 않는다는 것을 이유로 채권자대위소송에 대한 판결의 효력이 채무자에게 미치지 않는 것으로 보는 견해 등이 주장되고 있다.

판례는 채권자가 채권자대위권을 행사하는 방법으로 제3채무자를 상대로 소를 제기하여 판결을 받은 때에는 어떠한 사유로 인하였든 채무자가 채권자대위권에 기한 소가 제기된 사실을 알았던 경우에는 그 판결의 효력이 채무자에게도 미친다(대법원 1975. 5. 13. 선고 74다1664 전원합의체 판결)는 입장이다. 다만 채무자가 어떠한 사유로 인하였든 채권자대위권에 기한 소가 제기된 사실을 알았던 때에는 채무자에게도 채권자대위소송에 대한 판결의 기판력이 미친다는 것은 채권자대위소송의 소송물인 피대위채권의 존부에 관하여 채권자대위소송의 당사자가 아닌 채무자에게도 기판력이 인정된다는 것을 의미하는 것이므로 채권자대위소송의 소송요건인 피보전채권의 존부에 관한 기판력은 채권자대위소송의 당사자가 아닌 채무자에게 인정되지 않는다(대법원 2014. 1. 23. 선고 2011다108095 판결).

다. 사안의 경우

(1) 채권자대위소송을 법정소송담당으로 보는 견해와 판례의 입장에 따를 경우

채권자대위소송을 법정소송담당으로 보는 견해와 판례의 입장에 따르면 甲이 乙에게 소송고지를 하여 乙이 채권자대위소송이 제기된 사실을 알았을 것이므로 甲과 丙 간의 확정판결의 기판력이 乙에게 미칠 것이다.

(2) 채권자대위소송을 채권자가 자신의 고유한 실체법상 권리를 소송상 행사하는 것으로 보는 견해에 따를 경우

채권자대위소송을 채권자가 자신의 고유한 실체법상 권리를 소송상 행사하는 것으로 보는 견해에 따르면 甲과 丙 간의 확정판결의 기판력이 乙에게 미치지 않을 것이다.

2. 기판력의 객관적 범위

가. 의의

확정판결은 주문에 포함된 것에 한하여 기판력을 가진다(법 제216조 제1항). 판결이유에서 판단된 사항은 원칙적으로 기판력을 가지지 못하지만, 상계항변에 관한 판단은 예외적으로 상계하자고 대항한 액수에 한하여 기판력을 가진다(법 제216조 제2항).[2] 판결주문에서 판단된 사항에 대해서만 기판력을 인정하는

---

2) 기판력의 발생요건: (a) 판결이유 중의 판단에 대하여 기판력이 발생하는 상계항변은 민법 제492조 이하에 규정된 단독행위로서의 상계를 대상으로 하여야 한다. 따라서 원고와 피고의 채권을 상계하여 정산하기로 하는 합의가 있었다는 취지의 항변에 관한 판단에는 기판력이 발생하지 않는다(대법원 2014. 4. 10. 선고 2013다54390 판결). (b) 상계 주장에 관한 판단에 기판력이 생기는 것은 수동채권이 소송상 청구로 심판받는 소구채권이거나 그와 실질적으로 동일한 것으로 볼 수 있는 경우(원고가 상계를 주장하면서 청구에 관한 이의의 소를 제기하는 경우 등)에 한하므로 수동채권이 동시이행항변으로 주장된 채권일 때에는 상계 주장에 관한 판단에 기판력이 발생하지 않는다(대법원 2005. 7. 22. 선고 2004다17207 판결). (c) 법원이 자동채권의 존부에 관하여 실질적으로 판단한 경우에 한하여 상계항변에 관한 판단에 기판력이 발생한다. 따라서 상계항변이 각하된 경우, 성질상 상계가 허용되지 않거나 상계적상에 있지 않음을 이유로 상계항변이 배척된 경우에는 기판력이 생기지 않는다.
기판력의 인정 범위: 자동채권의 부존재로 상계항변이 배척된 때에는 자동채권의 부존재에 대하여 기판력이 생긴다. 상계항변이 인정된 경우의 기판력 인정 범위에 관하여는 ① 상계항변이 인정된 경우에도 현재의 법률관계로서 자동채권이 존재하지 않는다는 점에 기판력이 생기는 것으로 보는 견해, ② 수동채권과 자동채권이 존재하였다가 상계에 의하여 소멸된 점에 기판력이 생기는 것으로 보는 견해 등이 주장된다. ②의 견해는 상계 전에 자동채권이 존재하였던 것을 확정한다는 점에서 상계에 의하여 소멸한 채권이 과거에 존재하였던 것을 확정하는 것으로 되어 기판력의 시적 범위와 관련하여 문제가 있지만, 민사소송법 제216조 제2항 문언에는 충실한 해석이라고 할 수 있다.
소구채권 자체를 부정하여 원고의 청구를 배척한 판결과 소구채권의 존재를 인정하고 상계항변을 받아들여 원고의 청구를 기각한 판결의 기판력의 인정 범위: 원고의 소구채권 자체가 인정되지 않는 때에는 피고의 상계항변의 당부를 따져볼 필요도 없이 원고의 청구가 배척되므로 원고의 소구채권 자체를 부정하여 원고의 청구를 기각한 판결과 소구채권의 존재를 인정하고 상계항변을 받아들여 원고의 청구를 기각한 판결은 민사소송법 제216조에 따라 기판력의 범위를 달리하는 것으로 보아야 한다(대법원 2018. 8. 30. 선고 2016다46338·46345 판결).

것은 당사자로 하여금 소송의 최종목표를 명확히 하여 불의타를 입는 것을 방지하고 변론을 충실하게 하도록 하며, 소송의 전제문제에 관한 당사자의 소송활동과 법원의 심리활동에 탄력성을 부여하기 위한 것이다.

나. 사안의 경우

(1) 채권자대위소송을 법정소송담당으로 보는 견해와 판례의 입장에 따를 경우

A 소송 확정판결의 기판력은 X 토지에 관한 丙 명의 소유권이전등기의 말소

법원이 수동채권의 전부 또는 일부의 존재를 인정하는 판단을 한 다음 상계항변에 관한 판단을 하여 반대채권의 존재를 인정하지 않고 상계항변을 배척하는 판단을 한 경우 반대채권이 부존재한다는 판결이유 중의 판단에 대하여 기판력이 발생하는 범위: 확정된 판결의 이유 부분의 논리 구조상 법원이 당해 소송의 소송물인 수동채권의 전부 또는 일부의 존재를 인정하는 판단을 한 다음 피고의 상계항변에 관한 판단으로 나아가 피고가 주장한 반대채권의 존재를 인정하지 않고 상계항변을 배척하는 판단을 한 경우, 반대채권이 부존재한다는 판결이유 중의 판단의 기판력은 특별한 사정이 없는 한 '법원이 반대채권의 존재를 인정하였더라면 상계에 관한 실질적 판단으로 나아가 수동채권의 상계적상일까지의 원리금과 대등액에서 소멸하는 것으로 판단할 수 있었던 반대채권의 원리금 액수'의 범위에서 발생한다고 보아야 한다(대법원 2018. 8. 30. 선고 2016다46338·46345 판결).
피고가 상계항변으로 두 개 이상의 반대채권을 주장하였는데 법원이 그중 어느 한 개의 반대채권의 존재를 인정하여 수동채권의 일부와 대등액에서 상계로 소멸하는 것으로 판단하고, 나머지 반대채권들은 모두 부존재한다고 판단하여 그 부분 상계항변을 배척한 경우 나머지 반대채권들이 부존재한다는 판단에 대하여 기판력이 발생하는 전체 범위가 '상계를 마친 후의 수동채권의 잔액'을 초과할 수 있는지 여부: 피고가 상계항변으로 두 개 이상의 반대채권을 주장하였는데 법원이 그중 어느 한 개의 반대채권의 존재를 인정하여 수동채권의 일부와 대등액에서 상계로 소멸하는 것으로 판단하고, 나머지 반대채권들은 모두 부존재한다고 판단하여 그 부분 상계항변을 배척한 때에는 수동채권 중 상계로 소멸하는 것으로 판단된 부분은 피고가 주장하는 반대채권들 중 그 존재가 인정되지 않은 채권들에 관한 분쟁이나 그에 관한 법원의 판단과는 관련이 없어 기판력의 관점에서 동일하게 취급할 수 없으므로 반대채권들이 부존재한다는 판단에 대하여 기판력이 발생하는 전체 범위는 상계를 마친 후의 수동채권의 잔액을 초과할 수 없다고 보아야 한다(대법원 2018. 8. 30. 선고 2016다46338·46345 판결).
'상계를 마친 후의 수동채권의 잔액'이 수동채권 원금의 잔액만을 의미하는지 여부: '부존재한다고 판단된 반대채권'에 관하여 법원이 그 존재를 인정하여 수동채권 중 일부와 상계하는 것으로 판단하였을 경우를 가정하더라도 그러한 상계에 의한 수동채권과 당해 반대채권의 차액 계산 또는 상계충당은 수동채권과 당해 반대채권의 상계적상의 시점을 기준으로 하였을 것이고, 그 이후에 발생하는 이자채권, 지연손해금채권은 어차피 그 상계의 대상이 되지 않았을 것이므로 위와 같은 가정적인 상계적상 시점이 '실제 법원이 상계항변을 받아들인 반대채권'에 관한 상계적상 시점보다 더 뒤라는 등의 특별한 사정이 없는 한 기판력이 발생하는 범위의 상한이 되는 '상계를 마친 후의 수동채권의 잔액'은 수동채권의 원금의 잔액만을 의미한다고 보아야 한다(대법원 2018. 8. 30. 선고 2016다46338·46345 판결).

등기청구권의 부존재에 관하여 발생할 것이다.

(2) 채권자대위소송을 채권자가 자신의 고유한 실체법상 권리를 소송상 행사하는 것으로 보는 견해에 따를 경우

A 소송 확정판결의 기판력은 甲의 채권자대위권의 부존재에 관하여 발생할 것이다.

3. 기판력의 시적 범위

가. 의의

기판력은 사실심의 변론종결 시(무변론판결의 경우는 판결선고 시)에 소송물을 이루는 권리 또는 법률관계의 존부에 관하여 발생하는데, 기판력을 통해 추구하고자 하는 법적 안정성을 확보하기 위하여 판결이 확정된 후에는 사실심의 변론종결 전에 존재하였던 공격방어방법을 제출할 수 없게 되는 실권효(차단효)가 작용한다. 다만 사실심의 변론종결 후에 새로운 사유가 발생하여 사정변경이 생긴 때에는 실권효가 배제된다.

나. 사안의 경우

乙과 丙 간의 B 소송에서 甲과 丙 간의 A 소송의 사실실 변론종결 전에 존재하였던 공격방어방법을 제출하는 등의 정황이 없고, A 소송의 사실심 변론이 종결된 후에 새로운 사유가 발생한 정황도 없으므로 기판력의 시적 범위나 실권효가 별도로 문제되지 않을 것이다.

Ⅳ. 채권자대위소송 확정판결의 기판력이 채무자의 제3채무자에 대한 소송에 작용하는지 여부

1. 작용 여부

가. 기판력의 작용 국면

확정판결이 존재하고 당사자가 동일하거나 기판력이 확장되는 경우에 해당하며, 전소의 소송물과 후소의 소송물이 동일하거나 전소의 소송물이 후소의 소송물의 선결문제에 해당하거나 후소의 소송물이 전소의 소송물과 모순관계에 있는 경우 전소 확정판결의 기판력이 후소에 작용하게 된다.

나. 사안의 경우

甲이 乙을 대위하여 丙 명의 소유권이전등기의 말소등기절차의 이행을 구한 A 소송에서 甲의 청구를 기각한 판결이 확정된 후에 乙이 丙을 상대로 丙 명의 소유권이전등기의 말소등기절차의 이행을 구하는 B 소를 제기하였는데, 채권자대위소송에 대한 판결의 효력이 채무자에게 미치는 것으로 보는 견해와 채무자가 채권자대위소송이 제기된 사실을 알았던 경우에 채권자대위소송에 대한 판결의 효력이 채무자에게 미치는 것으로 보는 견해 및 판례의 입장에 따르면 甲과 丙 간의 확정판결의 기판력이 乙에게 확장될 것이고, A 소송 확정판결의 기판력이 B 소송에 작용하는 객관적 범위(소송물의 동일)와 주관적 범위(기판력의 제3자에 대한 확장)에 해당하므로 A 소송 확정판결의 기판력이 B 소송에 미칠 것이며, 채권자대위소송을 채권자가 자신의 고유한 실체법상 권리를 소송상 행사하는 것으로 보는 견해에 따르면 기판력이 작용하는 국면에 해당하지 아니하여 A 소송 확정판결의 기판력이 B 소송에 미치지 않을 것이다.

2. 후소법원의 처리방법

전소 확정판결의 기판력이 후소에 작용하는 때에는 기판력의 본질에 관한 논의에 따른 후소법원의 처리방법을 검토하여야 한다.

가. 기판력의 본질

(1) 기판력을 재판의 통일을 도모하기 위하여 인정된 소송법상 효력으로 보는 견해(모순금지설, 소송법설)

기판력은 실체법상의 권리변동과는 관계가 없고 국가적 판단(국가법원 간의 판단)의 통일이라는 요구에 따른 소송법상 효력이며, 판결은 소송법 내에서 구속력을 가지면 충분하다. 전소법원의 판단이 확정되면 재판의 통일을 도모하기 위하여 후소법원은 전소법원의 판단과 모순·저촉되는 판단을 할 수 없고, 이에 따라 당사자도 전소법원의 판단에 반하는 주장을 할 수 없는 구속을 받는다.

　전소와 후소의 소송물이 동일한 경우 후소법원의 처리방법과 관련해서는 ㉮ 전소와 후소의 소송물이 동일한 경우 후소법원이 전소의 확정판결과 같은 내용의 판결을 할 수밖에 없음에도 후소를 제기하는 것은 소의 이익을 흠결하는 것으로 보는 견해, ㉯ 전소에서 승소한 당사자가 동일한 청구의 후소를 제기한 때에는 권리보호이익을 흠결하여 후소를 각하하여야 하고, 전소에서 패소한 당사자가 동일한 청구의 후소를 제기한 때에는 전소의 확정판결과 모순되는 판결을 할 수 없는 구속을 받는 결과 후소의 청구를 기각하여야 한다는 견해 등이 주장되고 있다.

(2) 기판력을 분쟁의 일회적 해결을 도모하기 위하여 인정된 소송법상 효력으로 보는 견해(반복금지설, 신소송법설)

　전소법원의 판단이 확정되면 분쟁의 일회적 해결을 도모하기 위하여 후소법원은 전소법원이 판단한 사항에 대하여 다시 심판할 수 없고, 이에 따라 당사자도 전소법원이 판단한 사항에 대하여 다시 심판을 구할 수 없는 구속을 받는다. 전소와 후소의 소송물이 동일한 경우에는 후소의 제기 자체가 금지되므로 기판력 있는 판결의 부존재는 독자적인 소극적 소송요건3)에 해당한다. 전소와 소송물이 동일한 후소가 제기된 때에는 후소법원은 전소의 승패를 불문하고 후소를 각하하여야 한다.

(3) 기판력에 실체법상 효력과 소송법상 효력을 인정하는 견해

　기판력은 구체적인 법률효과를 구속력을 가지고 확정한다는 점에서는 실체적 효력으로 볼 수 있는데 이러한 실체적 효력은 당사자 간에서 의미가 있으며, 당사자와 법원 간의 관계에서는 권리보호의 일회성이라는 의미의 절차적 효력

---

3) 기판력 있는 재판의 부존재가 독자적 소송요건에 해당하는지 여부: (ⅰ) 기판력의 본질을 분쟁의 일회적 해결을 도모하기 위하여 후소법원이 전소 확정판결에 대하여 다시 심판할 수 없는 것으로 보는 반복금지설에 따르면 동일한 소송물에 관하여 확정판결이 존재하지 않을 것이 독자적인 소송요건으로 작용하고 이는 직권조사사항에 해당한다. (ⅱ) 기판력의 본질을 재판의 통일을 도모하기 위하여 후소법원이 전소 확정판결과 모순·저촉되는 판단을 할 수 없는 것으로 보는 모순금지설에 따르면 동일한 소송물에 관한 확정판결의 존재는 소의 이익 또는 본안의 문제로 처리되므로 기판력 있는 재판의 부존재를 독자적인 소송요건으로 취급하지 않는다. (ⅲ) 판례의 입장에 따르면 확정된 전소판결에서 청구기각된 소송물에 대하여 후소가 제기된 때에는 청구기각의 본안판결을 하고, 청구인용된 소송물에 대하여 후소가 제기된 때에는 소의 이익을 부정하여 소각하판결을 하는데, 기판력 자체를 독자적인 소송요건으로는 취급하지 않는다.

으로 볼 수도 있다. 실체적 효력은 선결관계에서 작용하고, 절차적 효력은 소송물이 동일하거나 모순관계에 있는 경우에 작용한다.

(4) 판례의 입장

판례[4]는 기판력을 확정된 전소판결의 내용과 모순되는 판단을 해서는 안 되는 구속력으로 보고 있으며, 전소의 소송물이 후소 청구의 선결문제에 해당하는 때에는 전소 확정판결의 판단을 전제로 후소 청구의 당부에 관하여 판단한다.[5] 그런데 전소와 소송물이 동일한 후소가 제기되어 전소 확정판결의 기판력이 후소에 작용하는 때에는 전소 확정판결이 본안에 관한 승소판결인지 패소판결인지에 따라 달리 처리하여 전소에서 승소한 당사자가 동일한 청구의 후소를 제기한 때에는 특별한 사정[6]이 없는 한 권리보호의 이익이 없음을 이유로 후소를 각하하고,[7] 전소에서 패소한 당사자가 동일한 청구의 후소를 제기한 때에는 전소 확정판결의 기판력이 미침을 이유로 후소의 청구를 기각한다.[8][9] 또한 전소의 소송물과 모순관계에 있는 청구에 관한 후소가 제기되어 전소 확정판결의 기판력이 후소에 작용하는 경우 전소 확정판결이 본안에 관한 패소판결일 때에

---

4) 판례는 의무이행을 명한 판결의 효력은 실체적 법률관계에 영향을 미치지 않는다는 것을 전제로 물건 점유자에게 그 인도를 명한 판결의 효력으로 판결 상대방에게 물건을 인도해야 할 실체적 의무가 생긴다거나 정당한 점유권원이 소멸하여 그 물건에 대한 점유가 위법하게 되는 것은 아니라고 하여 실체법설을 배척한다(대법원 2019. 10. 17. 선고 2014다46778 판결).

5) 소유권확인청구에 대한 패소판결이 확정된 후 패소 당사자가 소유권에 기한 물권적 청구권을 청구원인으로 하여 소를 제기한 때에는 전소 확정판결에서의 소송물인 소유권의 존부는 후소의 선결문제가 되어 당사자는 이와 다른 주장을 할 수 없고 법원도 이와 다른 판단을 할 수 없다(대법원 1994. 12. 27. 선고 94다4684 판결; 대법원 1999. 12. 10. 선고 99다25785 판결; 대법원 2000. 6. 9. 선고 98다18155 판결).

6) 확정판결에 기한 채권의 소멸시효기간인 10년의 경과가 임박하였음이 분명한 때에는 그 시효중단을 위한 소를 제기할 소의 이익이 인정된다(대법원 2006. 4. 14. 선고 2005다74764 판결).

7) 확정된 승소판결에는 기판력이 있으므로 승소판결을 받은 당사자가 전소의 상대방을 상대로 다시 전소와 동일한 청구의 소를 제기한 때에는 특별한 사정이 없는 한 후소는 권리보호의 이익이 없어 부적법하다(대법원 2017. 11. 14. 선고 2017다23066 판결).

8) 손해배상청구를 기각한 판결이 확정된 후에 당사자와 소송물이 동일한 후소가 제기되어 후소법원이 전소판결의 기판력을 이유로 원고의 청구를 기각한 판결은 전 소송에서의 청구기각판결의 기판력에 의하여 그 내용과 모순되는 판단을 해서는 안 되는 구속력 때문에 전소판결의 판단을 채용하여 원고의 청구를 기각하는 판결을 한 것으로서 소송물의 존부에 관한 실체적 판단을 한 본안판결에 해당한다(대법원 1989. 6. 27. 선고 87다카2478 판결).

9) 일부 승소판결이 확정된 후 원고가 승소한 부분에 대하여 제기한 후소는 권리보호의 이익이 없고, 원고가 패소한 부분에 대하여 제기한 후소에는 전소 확정판결의 기판력이 미치므로 그 부분에 대한 원고의 청구는 받아들여지지 않는다(대법원 2009. 12. 24. 선고 2009다64215 판결).

는 그 기판력이 미침을 이유로 후소의 청구를 기각한다.[10)]

나. 사안의 경우

채권자대위소송을 법정소송담당으로 보는 견해와 판례의 입장에 따르면 甲과 丙 간의 A 소송 확정판결의 기판력이 乙과 丙 간의 B 소송에 작용하게 되는데, A 소송에서 X 토지에 관한 丙 명의 소유권이전등기의 말소등기청구권의 부존재가 확정된 후에 乙이 丙을 상대로 丙 명의 소유권이전등기의 말소등기절차의 이행을 구하는 B 소를 제기하였으므로 전소와 소송물이 동일한 후소가 제기되어 전소 확정판결의 기판력이 후소에 작용하는 경우 전소 확정판결이 본안에 관한 패소판결일 때에는 후소의 청구를 기각하는 판례의 입장에 따르면 B 소 법원은 A 소송의 청구기각판결과 모순되는 판단을 해서는 안 되는 구속을 받아 乙의 청구를 기각하는 판결을 하여야 할 것이다.

V. 사례의 정리

채권자가 채권자대위권을 행사하는 방법으로 제3채무자를 상대로 소를 제기하여 판결이 확정된 경우 어떠한 사유로든 채무자가 채권자대위권에 기한 소가 제기된 사실을 알았던 때에는 그 판결의 효력이 채무자에게도 미치는 것으로 보는 판례의 입장에 따르면 甲이 乙을 대위하여 丙 명의 소유권이전등기의 말소등기절차의 이행을 구하는 소를 제기한 후 乙에게 소송고지를 하였으므로 甲과 丙 간의 청구기각판결의 기판력이 乙에게 확장될 것이고, 채권자대위소송을 법정소송담당으로 보는 판례의 입장에 따르면 A 소송 확정판결의 기판력이 B 소송에 작용하는 객관적 범위와 주관적 범위에 해당하여 A 소송 청구기각판결의 기판력이 B 소송에 미칠 것이며, 전소와 소송물이 동일한 후소가 제기되어 전소 확정판결의 기판력이 후소에 작용하는 경우 전소 확정판결이 본안에 관한 패소판결일 때에는 후소의 청구를 기각하는 판례의 입장에 따르면 A 소송에서

---

10) 신탁해지를 원인으로 하여 소유권이전등기절차를 이행하기로 한 제소전화해가 성립한 후에 신청인이 피신청인을 상대로 제소전화해에 기하여 마쳐진 소유권이전등기가 원인무효라고 주장하며 그 말소등기절차의 이행을 구하는 것은 제소전화해에 의하여 확정된 소유권이전등기청구권을 부인하는 것이어서 제소전화해의 기판력에 저촉된다(대법원 2002. 12. 6. 선고 2002다44014 판결).

X 토지에 관한 丙 명의 소유권이전등기의 말소등기청구권의 부존재가 확정된 후에 乙이 丙을 상대로 丙 명의 소유권이전등기의 말소등기절차의 이행을 구하는 B 소를 제기하였으므로 B 소 법원은 A 소송의 청구기각판결과 모순되는 판단을 해서는 안 되는 구속을 받아 乙의 청구를 기각하는 판결을 하여야 할 것이다.

〈제 1 문 - 2〉

Ⅰ. 쟁점

丙이 乙을 상대로 매매를 원인으로 한 소유권이전등기절차의 이행을 구하는 소(A 소)를 제기하여 그 승소판결에 기해 丙 명의로 소유권이전등기를 마친 후에 甲이 乙을 대위하여 丙을 상대로 丙 명의 소유권이전등기의 말소등기절차의 이행을 구하는 소(B 소)를 제기한 경우 丙과 乙 간의 확정판결의 기판력이 甲이 乙을 대위하여 丙을 상대로 제기한 丙 명의 소유권이전등기의 말소등기소송에 미치는지가 문제된다. 이와 관련해서는 제3채무자(丙)가 채무자(乙)를 상대로 소를 제기하여 받은 판결의 기판력이 채권자대위소송의 채권자(甲)에게 미치는지와 사실심의 변론종결 전에 행사할 수 있었던 매매계약에 대한 해제권을 사실심의 변론이 종결된 후에도 행사할 수 있는지를 검토하여야 한다. 전소 확정판결의 기판력이 후소에 작용하는 경우 기판력의 본질에 관한 논의에 따른 후소 법원의 처리방법을 검토하여야 한다.

Ⅱ. 전소 확정판결의 기판력이 발생하는 범위

1. 기판력의 주관적 범위

가. 기판력의 상대성 원칙과 기판력의 확장

처분권주의와 변론주의가 적용되는 민사소송에서는 당사자에게만 소송수행의 기회가 부여되기 때문에 이러한 기회를 부여받지 못한 제3자에게 소송의 결과를 강요할 수 없으므로 기판력은 당사자에게만 미치고 제3자에게는 미치지 않는 것이 원칙이다(기판력의 상대성 원칙).

다만 분쟁 해결의 실효성을 확보하기 위하여 당사자 외의 제3자에게 기판력이 확장되는 경우가 있는데, 이러한 기판력의 확장은 명문규정이 있는 경우에 한하여 허용된다. 변론종결 후의 승계인, 청구의 목적물 소지자(법 제218조 제1항), 제3자 소송담당의 경우 권리의무의 귀속 주체(법 제218조 제3항), 소송탈퇴자(법 제80조) 등이 기판력이 확장되는 제3자에 해당한다. 당사자가 소송물을 이루는 권리 또는 법률관계를 제3자에게 처분함으로써 기판력 있는 판결을 무력하게 하고 승소 당사자의 지위를 위태롭게 하는 것을 방지하기 위하여 기판력의 확장을 인정하고 있다.

나. 제3채무자가 채무자를 상대로 소를 제기하여 받은 판결의 효력이 채권자대위소송의 채권자에게 미치는지 여부

채무자가 제3채무자를 상대로 소를 제기하여 받은 판결의 효력이 채권자대위소송의 채권자에게 미치는지와 관련해서는 ① 채권자대위소송이 법정소송담당이라는 것을 이유로 채권자에게 기판력이 확장되는 것으로 보는 견해,[11] ② 이미 판결을 받은 채무자와 실체법상 채권자대위권이라는 특수한 의존관계에 있는 채권자에게 판결의 효력이 일정한 영향, 즉 반사적 효력을 미치는 것으로 보는 견해,[12] ③ 채권자대위소송을 채권자가 자신의 고유한 실체법상 권리를 소송상 행사하는 것으로 보는 입장에서 채무자가 이미 자신의 권리를 행사하였으므로 채권자대위권의 법률요건을 흠결하게 되어 채권자대위소송의 청구를 기각하여야 한다는 견해 등이 주장되고 있다.

판례는 (i) 제3채무자가 채무자를 상대로 피대위채권과 모순되는 법률관계에 관한 소를 제기하여 판결이 확정된 때에는 그 확정판결의 효력이 채권자가 채무자를 대위하여 제3채무자를 상대로 제기한 채권자대위소송에 미친다고 하고(대법원 1981. 7. 7. 선고 80다2751 판결), (ii) 채무자가 제3채무자를 상대로 피

---

11) 이 견해에 대하여는 채권자대위소송이 후소인 경우까지 민사소송법 제218조 제3항이 적용되는 것은 아니므로 기판력이 확장되는 것으로 보아서는 안 된다는 지적이 있다.
12) 반사적 효력과 관련해서는 어떠한 경우 실체법상 의존관계가 있다고 할 수 있는지, 실체법상 의존관계에 기하여 판결의 효력이 미치는 근거가 무엇인지 등에 관한 검토가 선행되어야 한다. 이 견해에 대하여는 당사자는 기판력이라는 소송법상 효력만을 받는데, 당사자가 아닌 제3자가 반사효라는 실체법상 효력을 받는다는 것은 주객이 전도된 것이라는 지적이 있다.

대위채권에 관한 소를 제기하여 판결이 확정된 때에는 채무자가 자신의 권리를 재판상 행사하였기 때문에 채권자는 채무자를 대위하여 채무자의 권리를 행사할 당사자적격이 없다고 한다(대법원 1993. 3. 26. 선고 92다32876 판결).[13]

다. 사안의 경우

제3채무자가 채무자를 상대로 피대위채권과 모순되는 법률관계에 관한 소를 제기하여 판결이 확정된 때에는 그 확정판결의 효력이 채권자가 채무자를 대위하여 제3채무자를 상대로 제기한 채권자대위소송에 미치는 것으로 보는 판례의 입장에 따르면 丙과 乙 간의 A 소송 확정판결의 기판력이 甲에게 확장될 것이다.

2. 기판력의 객관적 범위

가. 의의

확정판결은 주문에 포함된 것에 한하여 기판력을 가진다(법 제216조 제1항). 판결이유에서 판단된 사항은 원칙적으로 기판력을 가지지 못하지만, 상계항변에 관한 판단은 예외적으로 상계하자고 대항한 액수에 한하여 기판력을 가진다(법 제216조 제2항).

나. 사안의 경우

丙과 乙 간의 A 소송 확정판결의 기판력은 X 토지에 관한 매매를 원인으로 한 소유권이전등기청구권의 존재에 관하여 발생할 것이다.

---

13) 종전의 판례는 이러한 경우에도 채권자가 채무자를 대위하여 제3채무자를 상대로 제기한 소송과 이미 판결이 확정된 채무자와 제3채무자 간의 기존 소송이 당사자만 다를 뿐 실질적으로 동일한 내용의 소송이라면 채무자와 제3채무자 간의 확정판결의 효력이 채권자대위권 행사에 의한 소송에 미친다고 하였지만(대법원 1979. 3. 13. 선고 76다688 판결), 1990년대에 들어서는 채무자가 그의 권리를 행사한 것으로 보아 채권자가 채무자를 대위하여 채무자의 권리를 소송상 행사할 당사자적격이 없는 것으로 판단하고 있다.

3. 기판력의 시적 범위

가. 의의

기판력은 사실심의 변론종결 시에 소송물을 이루는 권리 또는 법률관계의 존부에 관하여 발생하고, 판결이 확정되면 당사자는 사실심의 변론종결 전에 존재하였던 공격방어방법을 제출할 수 없게 되는데, 이러한 기판력의 작용을 실권효 또는 차단효라고 한다. 기판력의 실권효에 의해 차단되는 것은 공격방어방법의 제출이다.

나. 실권효의 인정 근거 및 인정 범위

실권효를 인정하는 것은 변론종결 전에 존재한 사유에 의해 판결결과가 달라질 수 있는 사실의 주장을 허용한다면 법적 안정성을 해칠 수 있으므로 법적 안정성을 보장하기 위하여 인정된 기판력이 그 기능을 제대로 발휘할 수 있도록 하기 위한 것이다.

확정판결에 이러한 의미의 실권효가 인정되는 근거와 관련해서는 ① 일정 시점에서 법원의 판단을 받은 이상 그 내용에 통용성을 인정할 수 있다는 것에서 찾는 견해(판결효설), ② 전소에서 소송자료를 제출할 기회를 보장받았음에도 이를 제출하지 않은 당사자의 자기책임에서 찾는 견해(제출책임효설) 등이 주장되고 있다.

실권효가 미치는 범위와 관련해서는 ① 표준시 전에 존재한 사실 전부에 대하여 실권효가 미치는 것으로 보는 견해, ② 전소에서 당사자가 과실 없이 주장하지 못한 때에는 기대가능성이 없어 차단되지 않는 것으로 보는 견해 등이 주장되고 있다.

판례는 기판력은 소송의 변론종결 전에 주장할 수 있었던 모든 공격방어방법에 미치는 것이며, 그 당시 당사자가 이를 알 수 있었다거나 알면서도 주장하지 않았던 사항에 한하여 미친다고 볼 수 없다(대법원 1980. 5. 13. 선고 80다473 판결; 대법원 2007. 7. 13. 선고 2006다81141 판결)는 입장이다. 동일한 소송물에 관한 후소에서 전소의 변론종결 전에 존재하던 공격방어방법을 주장하여 전소 확

정판결에서 판단된 법률관계의 존부와 모순되는 판단을 구하는 것은 전소 확정
판결의 기판력에 반하고, 전소에서 당사자가 그 공격방어방법을 알지 못하여 주
장하지 못하였는지 그와 같이 알지 못한 데 과실이 있는지를 묻지 않는다(대법
원 2014. 3. 27. 선고 2011다49981 판결).

다. 실권효 작용의 전제조건

확정된 전소판결의 실권효가 후소에 작용하기 위해서는 전소와 후소의 소송
물이 동일하거나 양 소의 소송물이 동일하지 않은 때에는 전소의 소송물이 후
소의 소송물의 선결문제에 해당하거나 후소의 소송물이 전소의 소송물과 모순관
계에 있어 전소 확정판결의 기판력이 후소에 작용하는 경우에 해당하여야 한다.

기판력의 실권효 또는 차단효는 후소가 전소와 같은 소송물을 심판대상으로
하는 경우뿐 아니라 전소의 소송물이 후소 청구의 선결사항이거나 후소 청구가
전소의 판결내용과 모순관계에 있는 경우에도 생기는데, 원고가 전 소송에서 일
부청구임을 명시하여 불법행위로 인한 손해의 일부만을 우선 청구한 때에는 그
판결에 대한 기판력은 유보의 의사를 밝힌 잔부청구에는 미치지 않으므로 잔부
청구에 대한 손익상계의 주장은 실권효에 걸리지 않는다(서울고등법원 1987. 6. 4.
선고 87나558 판결).

라. 형성원인이 표준시 전에 존재하였음에도 불구하고 표준시 후에 형성권을 행
사하는 것이 기판력에 의해 실권되는지 여부

형성원인이 표준시 전에 이미 존재하였음에도 형성권을 행사하지 않다가 표
준시 후에 형성권을 행사하는 것이 기판력에 의해 실권되는지가 문제된다.[14]
이와 관련해서는 전소에서 패소한 피고가 그러한 형성권을 행사함으로써 집행
채권을 소멸시킬 수 있는지와 확정판결에 기한 강제집행을 배제하기 위한 청구
에 관한 이의소송(민사집행법 제44조)에서 승소할 수 있는지가 문제된다.[15]

---

14) 이와는 달리 (ⅰ) 변론종결 후에 취소원인이나 해제원인 또는 상계적상사유가 발생하여 변론
    종결 후에 새로운 사유가 발생한 것으로 인정되거나 (ⅱ) 형성원인의 발생과 동시에 형성권
    이 행사되어 확정판결에 반영된 때에는 기판력에 의하여 실권될 여지가 없다.
15) 예를 들면 변론종결 당시 이미 상계적상에 있는 반대채권이 존재하였음에도 상계권을 행사하
    지 아니하여 패소한 피고가 그러한 반대채권을 기판력에 의하여 확정된 소구채권과 상계할

(1) 실권되지 않는 것으로 보는 견해

형성권을 실제로 행사한 시점을 기준으로 하여 기판력에 의한 실권 여부를 판단하여야 하므로 변론종결 전에 발생한 형성권을 변론종결 후에도 행사할 수 있는 것으로 보아야 한다. 실체법이 보장하고 있는 형성권의 행사기간을 소송법이 단축하는 것은 부당하며, 형성권은 이를 행사함으로써 법률효과가 발생하는 것이므로 그 행사를 새로운 사유로 볼 수 있다.[16]

(2) 실권되는 것으로 보는 견해

형성원인이 발생한 시점을 기준으로 하여 기판력에 의한 실권 여부를 판단하여야 하므로 변론종결 후에는 형성권을 행사할 수 없는 것으로 보아야 한다. 변론종결 후에 형성권을 행사하는 것을 허용한다면 채무자가 확정판결에 의한 강제집행을 부당하게 지연시키거나 방해할 수 있으므로 실권되는 것으로 보아야 한다.

(3) 상계권은 실권되지 않는 것으로 보는 견해

변론종결 후의 형성권 행사는 원칙적으로 기판력에 저촉되어 허용되지 않지만, 상계권의 경우에는 예외를 인정할 수 있다. 취소권, 해제권 등 상계권 외의 형성권은 변론종결 전에 그 사유가 존재하였던 때에는 변론종결 후의 행사가 저지되지만, 상계권의 경우에는 변론종결 전에 상계적상에 있었더라도 변론이 종결된 후에도 행사할 수 있다. 소구채권과는 별개의 반대채권에 기한 상계권을 표준시 전에 행사할 것을 강제하는 것은 독립된 별개의 권리를 주장하는 상계권의 성질에 부합하지 않으므로 상계권의 경우 예외를 인정할 수 있다.

(4) 상계권의 경우 상계권자가 상계적상에 있는 사실을 알고 있었던 때에는 실권되는 것으로 보는 견해

다른 형성권과는 달리 상계권의 경우에는 실권되지 않는 것으로 볼 수 있지만, 피고가 전소에서 상계적상에 있는 사실을 알고 있었던 때에는 변론이 종결된 후에는 상계권을 행사할 수 없는 것으로 보아야 한다.

수 있는지와 이에 따라 청구에 관한 이의소송에서 승소할 수 있는지가 문제된다.

16) 이러한 입장에 속하는 것으로서 원칙적으로는 실권되지 않지만, 형성권자가 변론종결 전에 형성권을 행사할 수 있음을 알 수 있었던 때에는 실권된다고 하여 형성권자의 주관적 요소를 고려하는 견해가 주장되기도 한다.

(5) 판례의 입장

판례는 소구채권 자체에 관한 사유를 형성원인으로 하는 형성권의 경우에는 사실심의 변론종결 전에 행사하지 않으면 실권되는 것으로 보는 데 반하여,[17] 상계권,[18] 건물매수청구권[19]의 경우에는 사실심의 변론종결 전에 행사하지 않더라도 실권되지 않는 것으로 본다.

제3채무자(후소의 피고)가 (후소 원고의) 채무자를 상대로 제기한 매매를 원인으로 한 소유권이전등기소송에서 매매계약의 유효를 이유로 제3채무자 승소판결이 확정된 때에는 그 후 채권자(후소의 원고)가 채무자를 대위하여 제3채무자를 상대로 제기한 제3채무자 명의 소유권이전등기의 말소등기소송에서 위 매매계약의 효력을 다투어 해제를 주장하는 것은 전소 확정판결의 기판력에 저촉되어 허용되지 않는다(대법원 1981. 7. 7. 선고 80다2751 판결).

마. 사안의 경우

제3채무자가 채무자를 상대로 피대위채권과 모순되는 법률관계에 관한 소를 제기하여 판결이 확정된 때에는 그 확정판결의 기판력이 채권자대위소송의 채권자에게 미치는 것으로 보고, 사실심의 변론종결 전에 행사할 수 있었던 매매계약에 대한 해제권을 사실심의 변론이 종결된 후에는 행사할 수 없는 것으로

---

17) 기판력은 후소와 동일한 내용의 전소 변론종결 전에 주장할 수 있었던 모든 공격방어방법에 미치므로 해제사유가 전소의 변론종결 전에 존재하였던 때에는 변론종결 후에 해제의 의사표시를 하여 해제의 효과를 주장하는 것은 전소 확정판결의 기판력에 저촉된다(대법원 1981. 7. 7. 선고 80다2751 판결).

18) 당사자 쌍방의 채무가 상계적상에 있더라도 그 자체만으로 상계로 인한 채무소멸의 효력이 생기는 것은 아니고, 상계의 의사표시를 기다려 비로소 상계로 인한 채무소멸의 효력이 생기는 것이므로 채무자가 채무명의(집행권원)인 확정판결의 변론종결 전에 상대방에 대하여 상계적상에 있는 채권을 가지고 있었더라도 집행권원인 확정판결의 변론종결 후에 이르러 비로소 상계의 의사표시를 한 경우에는 민사소송법 제505조(현행 민사집행법 제44조) 제2항이 규정하는 '이의원인이 변론종결 후에 생긴 때'에 해당하는 것으로 보아야 하며, 당사자가 집행권원인 확정판결의 변론종결 전에 자동채권의 존재를 알았는지 몰랐는지에 관계없이 적법한 청구이의사유가 된다(대법원 1998. 11. 24. 선고 98다25344 판결).

19) 건물의 소유를 목적으로 하는 토지임대차에서 임대차가 종료함에 따라 토지임차인이 임대인에 대하여 건물매수청구권을 행사할 수 있음에도 이를 행사하지 아니한 채 토지임대인이 임차인을 상대로 제기한 토지인도 및 건물철거소송에서 패소하여 그 판결이 확정되었더라도 그 확정판결에 의하여 건물철거가 집행되지 아니한 이상 토지임차인으로서는 건물매수청구권을 행사하여 별소로써 임대인에 대하여 건물매매대금의 지급을 구할 수 있다(대법원 1995. 12. 26. 선고 95다42195 판결).

보는 판례의 입장에 따르면 丙과 乙 간의 A 소송에서 乙이 매매계약에 대한 해제권을 행사하지 아니하여 그 확정판결의 기판력에 의해 실권되었으므로 甲과 丙 간의 B 소송에서 甲은 乙과 丙 간의 매매계약의 해제를 주장할 수 없을 것이다.

III. 丙과 乙 간의 A 소송 확정판결의 기판력이 甲이 乙을 대위하여 丙을 상대로 제기한 B 소송에 작용하는지 여부

1. 작용 여부

가. 기판력의 작용 국면

확정판결이 존재하고 당사자가 동일하거나 기판력이 확장되는 경우에 해당하며, 전소의 소송물과 후소의 소송물이 동일하거나 전소의 소송물이 후소의 소송물의 선결문제에 해당하거나 후소의 소송물이 전소의 소송물과 모순관계에 있는 경우 전소 확정판결의 기판력이 후소에 작용하게 된다.

나. 사안의 경우

(1) 기판력이 작용하는 객관적 범위에 해당하는지 여부

전소(A 소)는 매매를 원인으로 한 소유권이전등기소송이고, 후소(B 소)는 소유권에 기한 소유권이전등기의 말소등기소송인데, 전소와 후소의 소송물이 모순관계에 있는 것으로 볼 수 있으므로 기판력이 작용하는 객관적 범위에 해당할 것이다.

(2) 기판력이 작용하는 주관적 범위에 해당하는지 여부

전소의 당사자는 丙과 乙이고, 후소의 당사자는 甲과 丙으로서 전소와 후소의 당사자가 동일하지 않다. 丙과 乙 간의 확정판결의 기판력이 甲에게 확장되는 경우에 해당하는지를 검토할 필요가 있는데, 제3채무자가 채무자를 상대로 피대위채권과 모순되는 법률관계에 관한 소를 제기한 경우 제3채무자와 채무자 간의 확정판결의 기판력이 채권자대위소송에 미치는 것으로 보는 판례의 입장에 따르면 A 소송 확정판결의 기판력이 甲에게 확장될 것이므로 기판력이 작용하는 주관적 범위에 해당할 것이다.

2. 후소법원의 처리방법

전소 확정판결의 기판력이 후소에 작용하는 때에는 기판력의 본질에 관한 논의에 따른 후소법원의 처리방법을 검토하여야 한다.

가. 기판력의 본질

(1) 기판력을 재판의 통일을 도모하기 위하여 인정된 소송법상 효력으로 보는 견해(모순금지설, 소송법설)

확정판결이 존재하는 경우 재판의 통일을 도모하기 위하여 후소법원은 전소법원의 판단과 모순·저촉되는 판단을 할 수 없고, 이에 따라 당사자도 전소법원의 판단에 반하는 주장을 할 수 없는 구속을 받는다. 전소와 후소의 소송물이 동일한 경우 후소법원의 처리방법과 관련해서는 ㉮ 전소와 후소의 소송물이 동일한 경우 후소법원이 전소의 확정판결과 같은 내용의 판결을 할 수밖에 없음에도 후소를 제기하는 것은 소의 이익을 흠결하는 것으로 보는 견해, ㉯ 전소에서 승소한 당사자가 동일한 청구의 후소를 제기한 때에는 권리보호이익을 흠결하여 소를 각하하여야 하고, 전소에서 패소한 당사자가 동일한 청구의 후소를 제기한 때에는 전소의 확정판결과 모순되는 판결을 할 수 없는 구속을 받는 결과 후소의 청구를 기각하여야 한다는 견해 등이 주장되고 있다.

(2) 기판력을 분쟁의 일회적 해결을 도모하기 위하여 인정된 소송법상 효력으로 보는 견해(반복금지설, 신소송법설)

확정판결이 존재하는 경우 분쟁의 일회적 해결을 도모하기 위하여 후소법원은 전소법원이 판단한 사항에 대하여 다시 심판할 수 없고, 이에 따라 당사자도 전소법원이 판단한 사항에 대하여 다시 심판을 구할 수 없는 구속을 받는다. 전소와 후소의 소송물이 동일한 경우에는 후소의 제기 자체가 금지되므로 기판력 있는 판결의 부존재는 독자적인 소극적 소송요건에 해당한다. 전소와 소송물이 동일한 후소가 제기된 때에는 후소법원은 전소의 승패를 불문하고 후소를 각하하여야 한다.

(3) 기판력에 실체법상 효력과 소송법상 효력을 인정하는 견해

기판력은 구체적인 법률효과를 구속력을 가지고 확정한다는 점에서는 실체적 효력으로 볼 수 있는데 이러한 실체적 효력은 당사자 간에서 의미가 있으며, 당사자와 법원 간의 관계에서는 권리보호의 일회성이라는 의미의 절차적 효력으로 볼 수도 있다. 실체적 효력은 선결관계에서 작용하고, 절차적 효력은 소송물이 동일하거나 모순관계에 있는 경우에 작용한다.

(4) 판례의 입장

판례는 기판력을 확정된 전소판결의 내용과 모순되는 판단을 해서는 안 되는 구속력으로 보고 있으며, 전소의 소송물이 후소 청구의 선결문제에 해당하는 때에는 전소 확정판결의 판단을 전제로 후소 청구의 당부에 관하여 판단한다(대법원 1994. 12. 27. 선고 94다4684 판결; 대법원 1999. 12. 10. 선고 99다25785 판결; 대법원 2000. 6. 9. 선고 98다18155 판결). 그런데 전소와 소송물이 동일한 후소가 제기되어 전소 확정판결의 기판력이 후소에 작용하는 경우 전소 확정판결이 본안에 관한 승소판결인지 패소판결인지에 따라 달리 처리하여 전소에서 승소한 당사자가 동일한 청구의 후소를 제기한 때에는 특별한 사정(대법원 2006. 4. 11. 선고 2005다74764 판결)이 없는 한 권리보호의 이익이 없음을 이유로 후소를 각하하고(대법원 2017. 11. 14. 선고 2017다23066 판결; 대법원 2009. 12. 24. 선고 2009다64215 판결), 전소에서 패소한 당사자가 동일한 청구의 후소를 제기한 때에는 전소 확정판결의 기판력이 미침을 이유로 후소의 청구를 기각한다(대법원 1989. 6. 27. 선고 87다카2478 판결; 대법원 2009. 12. 24. 선고 2009다64215 판결). 또한 전소의 소송물과 모순관계에 있는 청구에 관한 후소가 제기되어 전소 확정판결의 기판력이 후소에 작용하는 경우 전소 확정판결이 본안에 관한 패소판결일 때에는 그 기판력이 미침을 이유로 후소의 청구를 기각한다(대법원 2002. 12. 6. 선고 2002다44014 판결).

나. 사안의 경우

채권자대위소송을 법정소송으로 보는 판례의 입장에 따르면 丙과 乙 간의 A 소송 확정판결의 기판력이 甲과 丙 간의 B 소송에 작용하게 되는데, A 소송에서 丙의 乙에 대한 매매를 원인으로 한 소유권이전등기청구권의 존재가 확정된 후에 甲이 丙을 상대로 丙 명의 소유권이전등기의 말소등기절차의 이행을 구하는 B 소를 제기하였으므로 전소의 소송물과 모순관계에 있는 청구에 관한 후소가 제기되어 전소 확정판결의 기판력이 후소에 작용하는 경우 전소 확정판결이 본안에 관한 패소판결일 때에는 후소의 청구를 기각하는 판례의 입장에 따르면 B 소 법원은 A 소송의 확정판결과 모순되는 판단을 해서는 안 되는 구속을 받아 甲의 청구를 기각하는 판결을 하여야 할 것이다.

Ⅳ. 사례의 정리

제3채무자가 채무자를 상대로 피대위채권과 모순되는 법률관계에 관한 소를 제기하여 판결이 확정된 때에는 그 확정판결의 기판력이 채권자대위소송의 채권자에게 미치는 것으로 보고, A 소송의 사실심 변론종결 전에 행사할 수 있었던 매매계약에 대한 해제권을 사실심의 변론이 종결된 후에는 행사할 수 없는 것으로 보는 판례의 입장에 따르면 丙과 乙 간의 A 소송 확정판결의 기판력이 甲에게 확장될 것이고, 丙과 乙 간의 A 소송에서 乙이 매매계약에 대한 해제권을 행사하지 아니하여 그 확정판결의 기판력에 의해 실권되었으므로 甲과 丙 간의 B 소송에서 甲은 乙과 丙 간의 매매계약의 해제를 주장할 수 없을 것이며, 전소의 소송물과 모순관계에 있는 청구에 관한 후소가 제기되어 전소 확정판결의 기판력이 후소에 작용하는 경우 전소 확정판결이 본안에 관한 패소판결일 때에는 후소의 청구를 기각하는 판례의 입장에 따르면 A 소송에서 丙의 乙에 대한 매매를 원인으로 한 소유권이전등기청구권의 존재가 확정된 후에 甲이 乙을 대위하여 丙을 상대로 A 소송에서 확정된 법률관계와 모순되는 丙 명의 소유권이전등기의 말소등기절차의 이행을 구하는 B 소를 제기하였으므로 B 소 법원은 A 소송의 확정판결과 모순되는 판단을 해서는 안 되는 구속을 받아 甲의 청구를 기각하는 판결을 하여야 할 것이다.

〈제 2 문 - 1〉

Ⅰ. 쟁점

전소인 소유권에 기한 소유권이전등기의 말소등기소송에서의 패소판결의 기판력이 후소인 진정명의회복을 원인으로 한 소유권이전등기소송에 미치는지가 문제되는데, 이와 관련해서는 진정명의회복을 원인으로 한 소유권이전등기청구를 할 수 있는지와 소유권에 기한 소유권이전등기의 말소등기소송과 진정명의회복을 원인으로 한 소유권이전등기소송의 소송물이 동일한 것인지를 검토하여야 한다. 전소 확정판결의 기판력이 후소에 작용하는 경우 기판력의 본질에 관한 논의에 따른 후소법원의 처리방법을 검토하여야 한다.

II. 진정명의회복을 원인으로 한 소유권이전등기청구를 할 수 있는지 여부

부동산의 소유자가 소유권에 기하여 등기명의를 회복하기 위하여 차례로 마쳐진 소유권이전등기의 말소등기절차의 이행을 소구하는 때에는 현재의 등기명의인뿐 아니라 전 등기명의인 전원을 상대로 소유권이전등기의 말소등기절차의 이행을 구하는 소를 제기하여 승소하여야만 각 등기명의인의 등기를 말소함으로써 소유자의 등기명의를 회복할 수 있다. 이러한 소송은 통상공동소송의 형태를 취하므로 소유자의 각 등기명의인에 대한 판결결과가 다르게 될 수도 있고, 등기명의인 전원을 상대로 하여야 한다는 점에서 소송수행이 번거로울 수도 있다. 이러한 문제점을 해소하는 방법으로 진정명의회복을 원인으로 한 소유권이전등기의 필요성이 대두되었다.

판례는 진정명의회복을 원인으로 한 소유권이전등기청구를 인정하지 않다가(대법원 1972. 12. 26. 선고 72다1846·1847 판결) 전원합의체 판결을 통해 이미 자기 앞으로 소유권을 표상하는 등기가 되어 있었거나 법률에 의하여 소유권을 취득한 자는 진정한 등기명의를 회복하는 방법으로 현재의 등기명의인을 상대로 그 등기의 말소를 구하는 외에 진정한 등기명의의 회복을 원인으로 한 소유권이전등기절차의 이행을 직접 구할 수도 있다고 하여 일정한 요건하에 진정명의회복을 원인으로 한 소유권이전등기청구를 인정하였다(대법원 1990. 11. 27. 선고 89다카12398 전원합의체 판결).

X 토지에 관하여 甲 명의로 소유권이전등기가 되어 있었던 적이 있으므로 甲은 자신의 등기명의를 회복하기 위하여 현재의 등기명의인 丁을 상대로 진정명의회복을 원인으로 한 소유권이전등기절차의 이행을 구하는 소를 제기할 수 있다.

Ⅲ. 전소 확정판결의 기판력이 발생하는 범위

1. 기판력의 주관적 범위

가. 의의

처분권주의와 변론주의가 적용되는 민사소송에서는 당사자에게만 소송수행의 기회가 부여되기 때문에 이러한 기회를 부여받지 못한 제3자에게 소송의 결과를 강요할 수 없으므로 기판력은 당사자에게만 미치고 제3자에게는 미치지 않는 것이 원칙이다(기판력의 상대성 원칙).

나. 사안의 경우

甲이 乙, 丙, 丁을 공동피고로 하여 제기한 A 소송 확정판결의 기판력은 A 소송의 당사자인 甲과 乙, 甲과 丙, 甲과 丁 간에서 각각 발생할 것이다.

2. 기판력의 객관적 범위

가. 의의

확정판결의 기판력은 주문에 포함된 것에 한하여 발생하고(법 제216조 제1항), 판결이유에서 판단된 사항에 대하여는 원칙적으로 기판력이 발생하지 않는다. 판결주문에서 판단된 사항에 대해서만 기판력을 인정하는 것은 당사자로 하여금 소송의 최종목표를 명확히 하여 불의타를 입는 것을 방지하고 변론을 충실하게 하도록 하며, 소송의 전제문제에 관한 당사자의 소송활동과 법원의 심리활동에 탄력성을 부여하기 위한 것이다.

나. 사안의 경우

甲이 乙, 丙, 丁을 공동피고로 하여 제기한 A 소송 확정판결의 기판력은 甲과 乙 간에서는 X 토지에 관한 乙 명의 소유권이전등기의 말소등기청구권의 부존재에 관하여, 甲과 丙 간에서는 X 토지에 관한 丙 명의 소유권이전등기의 말소등기청구권의 부존재에 관하여, 甲과 丁 간에서는 X 토지에 관한 丁 명의 소유권이전등기의 말소등기청구권의 부존재에 관하여 각각 발생할 것이다.

3. 기판력의 시적 범위

가. 의의

기판력은 사실심의 변론종결 시에 소송물을 이루는 권리 또는 법률관계의 존부에 관하여 발생하는데, 기판력을 통해 추구하고자 하는 법적 안정성을 확보하기 위하여 판결이 확정된 후에는 사실심의 변론종결 전에 존재하였던 공격방어방법을 제출할 수 없게 되는 실권효(차단효)가 작용한다.

나. 사안의 경우

甲이 乙, 丙, 丁을 공동피고로 하여 제기한 A 소송 확정판결의 기판력은 甲과 乙 간에서는 A 소송의 사실심 변론종결 시에 X 토지에 관한 乙 명의 소유권이전등기의 말소등기청구권이 甲에게 존재하지 않는다는 것에 관하여, 甲과 丙 간에서는 A 소송의 사실심 변론종결 시에 X 토지에 관한 丙 명의 소유권이전등기의 말소등기청구권이 甲에게 존재하지 않는다는 것에 관하여, 甲과 丁 간에서는 A 소송의 사실심 변론종결 시에 X 토지에 관한 丁 명의 소유권이전등기의 말소등기청구권이 甲에게 존재하지 않는다는 것에 관하여 각각 발생할 것이다.

甲이 丁을 상대로 제기한 B 소송에서 A 소송의 사실심 변론종결 전에 존재하였던 공격방어방법을 제출하는 등의 정황이 없고, A 소송의 사실심 변론이 종결된 후에 새로운 사유가 발생한 정황도 없으므로 기판력의 시적 범위나 실권효는 별도로 문제되지 않을 것이다.

Ⅳ. 전소 확정판결의 기판력이 후소에 작용하는지 여부

1. 작용 여부

가. 기판력의 작용 국면

확정판결이 존재하고 당사자가 동일하거나 기판력이 확장되는 경우에 해당하며, 전소의 소송물과 후소의 소송물이 동일하거나 전소의 소송물이 후소의 소송물의 선결문제에 해당하거나 후소의 소송물이 전소의 소송물과 모순관계에 있는 경우 전소 확정판결의 기판력이 후소에 작용하게 된다.

나. 기판력이 작용하는 주관적 범위

甲은 A 소송에서 乙, 丙, 丁을 공동피고로 하여 X 토지의 소유권에 기하여 乙, 丙, 丁 명의의 각 소유권이전등기의 말소등기절차의 이행을 구하였다가 패소한 후에 현재의 등기명의인 丁을 상대로 진정명의회복을 원인으로 한 소유권이전등기절차의 이행을 구하는 B 소를 제기하였으므로 乙과 丙은 B 소송의 당사자가 아니다. 따라서 乙과 丙은 A 소송 확정판결의 기판력이 B 소송에서 작용할 수 있는 주관적 범위에 해당하지 않고, 甲과 丁만이 A 소송 확정판결의 기판력이 B 소송에서 작용할 수 있는 주관적 범위에 해당한다.

다. 소유권에 기한 소유권이전등기의 말소등기소송과 진정명의회복을 원인으로 한 소유권이전등기소송의 소송물이 동일한지 여부

소유권이전등기의 말소등기청구와 소유권이전등기청구의 청구취지[20]가 다른 것과 관련하여 소유권에 기한 소유권이전등기의 말소등기소송과 진정명의회복을 원인으로 한 소유권이전등기소송의 소송물이 동일한 것으로 볼 수 있는지가 문제된다.

(1) 동일성을 부정하는 견해

소유권에 기한 말소등기청구는 그 전 등기의 회복을 목적으로 하는 소극적인 것인 데 반하여, 진정명의회복을 원인으로 한 소유권이전등기청구는 새로운 등기의 생성을 목적으로 하는 적극적인 것이고, 진정명의회복을 원인으로 한 소유권이전등기청구권은 말소등기청구권과는 별개의 절차법적인 이전등기청구권이므로 양자는 실질적으로나 형식적으로 별개의 청구권이고 별개의 소송물을 구성한다.

---

20) 소유권에 기한 소유권이전등기 말소등기청구의 청구취지: 피고는 원고에게 별지 목록 기재 부동산에 관하여 △△지방법원 ▽▽등기소 ××××. ××. ××. 접수 제◇◇호로 마친 소유권이전등기의 말소등기절차를 이행하라.
진정명의회복을 원인으로 한 소유권이전등기청구의 청구취지: 피고는 원고에게 별지 목록 기재 부동산에 관하여 진정명의회복을 원인으로 한 소유권이전등기절차를 이행하라.

(2) 동일성을 긍정하는 견해

진정명의회복을 원인으로 한 소유권이전등기청구권도 계약에 기한 것이 아니라 소유권의 효력에 기한 물권적 청구권이므로 그 명칭과는 관계없이 말소등기청구권과 동일한 소송물을 구성한다.

(3) 판례의 입장

종전의 판례는 소유권이전등기의 말소등기소송과 진정명의회복을 원인으로 한 소유권이전등기소송은 청구취지를 달리하여 소송물이 다르므로 전소 확정판결의 기판력이 후소에 미치지 않는다고 하였다(대법원 1990. 11. 27. 선고 89다카12398 전원합의체 판결). 그러나 전원합의체 판결을 통해 입장을 변경하여 말소등기청구와 진정명의회복을 원인으로 한 소유권이전등기청구는 어느 것이나 진정한 소유자의 등기명의를 회복하기 위한 것으로서 실질적으로 그 목적이 동일하고, 두 청구권 모두 소유권에 기한 방해배제청구권으로서 그 법적 근거와 성질이 동일하므로 소송물이 실질상 동일한 것으로 보아야 한다고 하여 소유권이전등기의 말소등기소송에서 패소판결이 확정된 경우 그 기판력이 진정명의회복을 원인으로 한 소유권이전등기소송에 미친다고 하였다(대법원 2001. 9. 20. 선고 99다37894 전원합의체 판결).[21)]

라. 사안의 경우

A 소송 확정판결의 기판력이 B 소송에 작용하는 주관적 범위와 관련해서는 A 소송의 확정판결 중 甲의 丁에 대한 청구에 관한 확정판결 부분만이 B 소송에 작용할 것이며, 소유권에 기한 소유권이전등기의 말소등기청구와 진정명의회복을 원인으로 한 소유권이전등기청구가 실질적으로 동일한 것으로 보는 판

---

21) [별개의견] 전소인 소유권이전등기의 말소등기소송과 후소인 진정명의회복을 원인으로 한 소유권이전등기소송이 소송목적이나 법적 근거와 성질이 같아서 실질적으로 동일하다고 하더라도 청구취지와 청구원인이 서로 다른 이상 양 소송의 소송물은 다른 것이므로 전소 확정판결의 기판력은 후소에 미치지 않지만, 후소는 신의칙에 반하여 허용되지 않는다고 보아야 한다.
[반대의견] 소송물은 청구취지와 청구원인에 의하여 특정되는데, 청구취지가 다르면 소송물이 같다고 할 수 없으며, 말소등기청구권과 이전등기청구권이 실질적으로 동일한 목적을 위한 것이더라도 다른 법률효과를 인정하여 별개의 소송물로 취급하는 것도 가능하고, 등기절차법에 의하더라도 청구권의 법적 근거가 동일하다고만 볼 수 없으며, 실제적인 측면에서도 말소등기청구와 함께 이전등기청구를 중첩적으로 허용하는 것이 타당하다.

례의 입장에 따르면 甲과 丁 간의 A 소송 확정판결의 기판력이 甲과 丁 간의 B 소송에 작용하는 객관적 범위에 해당하므로 甲과 丁 간의 A 소송 확정판결의 기판력이 B 소송에 미칠 것이다.

2. 후소법원의 처리방법

전소 확정판결의 기판력이 후소에 작용하는 때에는 기판력의 본질에 관한 논의에 따른 후소법원의 처리방법을 검토하여야 한다.

가. 기판력의 본질

(1) 기판력을 재판의 통일을 도모하기 위하여 인정된 소송법상 효력으로 보는 견해(모순금지설, 소송법설)

확정판결이 존재하는 경우 재판의 통일을 도모하기 위하여 후소법원은 전소법원의 판단과 모순·저촉되는 판단을 할 수 없고, 이에 따라 당사자도 전소법원의 판단에 반하는 주장을 할 수 없는 구속을 받는다. 전소와 후소의 소송물이 동일한 경우 후소법원의 처리방법과 관련해서는 ㉮ 전소와 후소의 소송물이 동일한 경우 후소법원이 전소의 확정판결과 같은 내용의 판결을 할 수밖에 없음에도 후소를 제기하는 것은 소의 이익을 흠결하는 것으로 보는 견해, ㉯ 전소에서 승소한 당사자가 동일한 청구의 후소를 제기한 때에는 권리보호이익을 흠결하여 소를 각하하여야 하고, 전소에서 패소한 당사자가 동일한 청구의 후소를 제기한 때에는 전소의 확정판결과 모순되는 판결을 할 수 없는 구속을 받는 결과 후소의 청구를 기각하여야 한다는 견해 등이 주장되고 있다.

(2) 기판력을 분쟁의 일회적 해결을 도모하기 위하여 인정된 소송법상 효력으로 보는 견해(반복금지설, 신소송법설)

확정판결이 존재하는 경우 분쟁의 일회적 해결을 도모하기 위하여 후소법원은 전소법원이 판단한 사항에 대하여 다시 심판할 수 없고, 이에 따라 당사자도 전소법원이 판단한 사항에 대하여 다시 심판을 구할 수 없는 구속을 받는다. 전소와 후소의 소송물이 동일한 경우에는 후소의 제기 자체가 금지되므로 기판력 있는 판결의 부존재는 독자적인 소극적 소송요건에 해당한다. 전소와 소송물이 동일한 후소가 제기된 때에는 후소법원은 전소의 승패를 불문하고 후소를 각하하여야 한다.

(3) 기판력에 실체법상 효력과 소송법상 효력을 인정하는 견해

기판력은 구체적인 법률효과를 구속력을 가지고 확정한다는 점에서는 실체적 효력으로 볼 수 있는데 이러한 실체적 효력은 당사자 간에서 의미가 있으며, 당사자와 법원 간의 관계에서는 권리보호의 일회성이라는 의미의 절차적 효력으로 볼 수도 있다. 실체적 효력은 선결관계에서 작용하고, 절차적 효력은 소송물이 동일하거나 모순관계에 있는 경우에 작용한다.

(4) 판례의 입장

판례는 기판력을 확정된 전소판결의 내용과 모순되는 판단을 해서는 안 되는 구속력으로 보고 있으며, 전소의 소송물이 후소 청구의 선결문제에 해당하는 때에는 전소 확정판결의 판단을 전제로 후소 청구의 당부에 관하여 판단한다(대법원 1994. 12. 27. 선고 94다4684 판결; 대법원 1999. 12. 10. 선고 99다25785 판결; 대법원 2000. 6. 9. 선고 98다18155 판결). 그런데 전소와 소송물이 동일한 후소가 제기되어 전소 확정판결의 기판력이 후소에 작용하는 경우 전소 확정판결이 본안에 관한 승소판결인지 패소판결인지에 따라 달리 처리하여 전소에서 승소한 당사자가 동일한 청구의 후소를 제기한 때에는 특별한 사정(대법원 2006. 4. 11. 선고 2005다74764 판결)이 없는 한 권리보호의 이익이 없음을 이유로 후소를 각하하고(대법원 2017. 11. 14. 선고 2017다23066 판결; 대법원 2009. 12. 24. 선고 2009다64215 판결), 전소에서 패소한 당사자가 동일한 청구의 후소를 제기한 때에는 전소 확정판결의 기판력이 미침을 이유로 후소의 청구를 기각한다(대법원 1989. 6. 27. 선고 87다카2478 판결; 대법원 2009. 12. 24. 선고 2009다64215 판결). 또한 전소의 소송물과 모순관계에 있는 청구에 관한 후소가 제기되어 전소 확정판결의 기판력이 후소에 작용하는 경우 전소 확정판결이 본안에 관한 패소판결일 때에는 그 기판력이 미침을 이유로 후소의 청구를 기각한다(대법원 2002. 12. 6. 선고 2002다44014 판결).

나. 사안의 경우

소유권에 기한 소유권이전등기의 말소등기청구와 진정명의회복을 원인으로 한 소유권이전등기청구가 실질적으로 동일한 것으로 보는 판례의 입장에 따르면 甲과 丁 간의 A 소송 확정판결의 기판력이 甲과 丁 간의 B 소송에 작용하게 되는데, 甲과 丁 간의 A 소송에서 丁 명의 소유권이전등기의 말소등기청구권의 부존재가 확정된 후에 甲이 丁을 상대로 진정명의회복을 원인으로 한 소유권이 전등기절차의 이행을 구하는 B 소를 제기하였으므로 전소와 소송물이 동일한 후소가 제기되어 전소 확정판결의 기판력이 후소에 작용하는 경우 전소 확정판 결이 본안에 관한 패소판결일 때에는 후소의 청구를 기각하는 판례의 입장에 따르면 B 소 법원은 甲과 丁 간의 A 소송의 청구기각판결과 모순되는 판단을 해서는 안 되는 구속을 받아 甲의 청구를 기각하는 판결을 하여야 할 것이다.

V. 사례의 정리

소유권에 기한 소유권이전등기의 말소등기청구와 진정명의회복을 원인으로 한 소유권이전등기청구가 실질적으로 동일한 것으로 보는 판례의 입장에 따르 면 甲과 丁 간의 A 소송 확정판결의 기판력이 B 소송에 작용하는 객관적 범위 에 해당하여 甲과 丁 간의 A 소송 청구기각판결의 기판력이 B 소송에 미칠 것 이며, 전소와 소송물이 동일한 후소가 제기되어 전소 확정판결의 기판력이 후소 에 작용하는 경우 전소 확정판결이 본안에 관한 패소판결일 때에는 후소의 청 구를 기각하는 판례의 입장에 따르면 甲과 丁 간의 A 소송에서 丁 명의 소유권 이전등기의 말소등기청구권의 부존재가 확정된 후에 甲이 丁을 상대로 진정명 의회복을 원인으로 한 소유권이전등기절차의 이행을 구하는 B 소를 제기하였으 므로 B 소 법원은 甲과 丁 간의 A 소송의 청구기각판결과 모순되는 판단을 해 서는 안 되는 구속을 받아 甲의 청구를 기각하는 판결을 하여야 할 것이다.

> 〈제 2 문 - 2〉

Ⅰ. 쟁점

甲이 乙을 상대로 제기한 소유권이전등기의 말소등기소송(A 소)에서 甲이 승 소하고 그 판결이 확정된 후에 乙의 상속인 丙이 상속등기를 하였고, 그 후 甲 이 위 확정판결에 기하여 丙 명의의 소유권이전등기를 말소하자 丙이 甲을 상대로 乙과 甲 간의 매매를 원인으로 한 소유권이전등기절차의 이행을 구하는 소(B 소)를 제기한 것과 관련하여 甲과 乙 간의 확정판결의 기판력이 乙의 상속인 丙이 甲을 상대로 제기한 매매를 원인으로 한 소유권이전등기소송에 미치는지를 검토하여야 한다. 전소의 소송계속 중에 乙이 甲으로부터 X 토지를 매수하고도 그러한 사실을 전소의 사실심 변론종결 시까지 주장하지 않은 것과 관련하여 후소에서 丙이 乙과 甲 간의 매매계약 체결사실을 주장하는 것이 전소의 확정판결에 의해 차단되는지를 검토하여야 한다.

II. 기판력이 발생하는 객관적 범위

1. 의의

확정판결의 기판력은 주문에 포함된 것에 한하여 발생하고(법 제216조 제1항), 판결이유에서 판단된 사항에 대하여는 원칙적으로 기판력이 발생하지 않는다. 판결주문에서 판단된 사항에 대해서만 기판력을 인정하는 것은 당사자로 하여금 소송의 최종목표를 명확히 하여 불의타를 입는 것을 방지하고 변론을 충실하게 하도록 하며, 소송의 전제문제에 관한 당사자의 소송활동과 법원의 심리활동에 탄력성을 부여하기 위한 것이다.

2. 사안의 경우

A 소송 확정판결의 기판력은 X 토지에 관한 丙 명의 소유권이전등기의 말소등기청구권의 존재에 관하여 발생한다.

III. 기판력이 발생하는 주관적 범위

1. 기판력의 상대성 원칙과 기판력의 확장

처분권주의와 변론주의가 적용되는 민사소송에서는 당사자에게만 소송수행의 기회가 부여되기 때문에 이러한 기회를 부여받지 못한 제3자에게 소송의 결과를 강요할 수 없으므로 기판력은 당사자에게만 미치고 제3자에게는 미치지 않는 것이 원칙이다(기판력의 상대성 원칙).

다만 분쟁 해결의 실효성을 확보하기 위하여 당사자 외의 제3자에게 기판력이 확장되는 경우가 있는데, 이러한 기판력의 확장은 명문규정이 있는 경우에 한하여 허용된다. 변론종결 후의 승계인, 청구의 목적물 소지자(법 제218조 제1항), 제3자 소송담당의 경우 권리의무의 귀속 주체(법 제218조 제3항), 소송탈퇴자(법 제80조) 등이 기판력이 확장되는 제3자에 해당한다. 당사자가 소송물을 이루는 권리 또는 법률관계를 제3자에게 처분함으로써 기판력 있는 판결을 무력하게 하고 승소 당사자의 지위를 위태롭게 하는 것을 방지하기 위하여 기판력의 확장을 인정하고 있다.

2. 변론종결 후의 승계인

가. 의의

기판력의 표준시인 사실심의 변론종결 후에 소송물을 이루는 권리 또는 법률관계에 관한 지위를 당사자로부터 승계한 자를 변론종결 후의 승계인이라고 하는데, 민사소송법은 변론종결 후의 승계인에게 당사자 간의 확정판결의 효력이 미치는 것으로 규정하고 있다(법 제218조 제1항).

나. 승계의 시기

승계는 사실심의 변론이 종결된 후에 이루어져야 한다. 판결의 기초가 되는 소송자료를 사실심의 변론종결 시까지 제출할 수 있으므로 사실심의 변론종결 시를 기준으로 하여 기판력이 확장되는 변론종결 후의 승계인에 해당하는지가 정해진다.[22]

다. 승계의 발생원인 및 유형

승계사유는 원고와 피고 가운데 어느 쪽에 발생하여도 상관없고, 승계사유가 승소자와 패소자 가운데 어느 쪽에 발생하더라도 피승계인 명의의 판결의 기판력이 승계인에게 확장될 수 있다. 승계원인은 매매, 증여 등과 같은 임의처분뿐 아니라 경매, 전부명령 등과 같은 강제집행처분이나 법률규정에 의해서도 발생

---

[22] 상고심 계속 중에 승계가 이루어진 경우에도 변론종결 후의 승계에 해당한다.

할 수 있다.

사실심의 변론이 종결된 후에 당사자가 사망하는 등의 포괄승계사유가 발생한 경우 소송물을 이루는 권리의무가 상속의 대상이 되고 상속인이 상속을 포기[23]하지 않은 때에는 피상속인을 당사자로 한 확정판결의 기판력은 그 상속인에게 미치게 된다.[24]

라. 변론종결 후의 승계인에 대한 기판력의 작용

(1) 변론종결 후의 승계인에 대한 기판력의 작용 국면

변론종결 후의 승계인에게 피승계인과 그 상대방 간의 확정판결의 기판력이 작용하기 위해서는 소송상 청구와 관련하여 전소 확정판결의 기판력이 후소에 작용하는 경우에 해당하여야 한다. 따라서 확정된 전소판결의 소송물과 후소의 소송물이 동일하거나 양 소의 소송물이 동일하지 않은 때에는 전소의 소송물이 후소의 소송물의 선결문제에 해당하거나 후소의 소송물이 전소의 소송물과 모순관계에 있어 전소 확정판결의 기판력이 후소에 작용할 수 있어야 한다.

전소법원이 피승계인과 그 상대방 간의 청구에 관하여 재판을 누락한 때에는 기판력 자체가 발생하지 않으므로 전 소송의 변론종결 후에 피승계인으로부터 소송물을 이루는 권리의무를 승계한 자에게는 전소 확정판결의 기판력이 작용할 수 없다(대법원 1977. 1. 11. 선고 76다2612 판결).

피승계인과 그 상대방 간의 전소의 소송물이 변론종결 후의 승계인과 피승계인의 상대방 간의 후소의 소송물과 동일하거나 전소의 소송물이 후소의 소송물의 선결문제에 해당하거나 후소의 소송물이 전소의 소송물과 모순관계에 있는 경우 피승계인과 그 상대방 간의 전소 확정판결의 기판력이 변론종결 후의 승계인과 피승계인의 상대방 간의 후소에 작용하게 된다(대법원 2014. 10. 30. 선고 2013다53939 판결).

---

23) 피상속인의 배우자와 자녀 가운데 자녀가 모두 상속을 포기한 경우 상속인이 되는 자와 관련하여 종래에는 피상속인에게 손자녀 또는 직계존속이 있으면 배우자가 그 손자녀 또는 직계존속과 공동으로 상속인이 되는 것으로 보았으나(대법원 2015. 5. 14. 선고 2013다48852 판결), 전원합의체 결정을 통해 피상속인의 배우자와 자녀 가운데 자녀가 모두 상속을 포기한 경우 배우자가 단독상속인이 되는 것으로 입장을 변경하였다(대법원 2023. 3. 23.자 2020그42 전원합의체 결정).

24) 상속인이 한정승인을 한 경우에는 상속재산의 범위 내에서 책임을 지게 된다(민법 제1028조).

(2) 변론종결 후의 승계인에 대한 기판력의 작용 모습

전소와 후소의 당사자가 동일한 경우 후소법원은 전소의 소송물의 범위에서 전소법원의 판단에 구속받는 것이 원칙이다. 민사소송법 제218조 제1항에 근거하여 기판력이 변론종결 후의 승계인에게 확장되는 때에는 전소 확정판결의 기판력은 전소와 동일한 당사자 간의 후소뿐 아니라 전소의 당사자 일방과 그 상대방의 승계인 간의 후소에서도 전소의 소송물의 범위에서 작용하게 된다. 따라서 피승계인과 그 상대방 간의 전소가 승계인과 피승계인의 상대방 간의 후소와 소송물이 동일하거나 선결관계 또는 모순관계에 있는 때에는 전소 확정판결의 기판력은 후소에서 전소의 소송물의 범위에서 작용하고, 후소법원은 전소의 소송물의 범위에서 전소법원의 판단에 구속받게 된다.

실권효는 전소의 소송물을 이루는 권리 또는 법률관계의 범위에서만 발생하는데, 변론종결 후의 승계인에게 확장된 기판력이 작용하는 것은 승계가 없었더라면 전소의 당사자 간에 제기되었을 후소에 전소 확정판결의 기판력이 작용할 수 있는 경우에 한정된다. 따라서 전소 확정판결의 기판력은 변론종결 후의 승계인과 피승계인의 상대방 간의 후소에서도 승계가 없었더라면 전소의 당사자 간에 제기되었을 후소에 작용할 수 있었던 것과 동일하게 작용하게 된다.

실권효는 전소 확정판결의 기판력이 작용하는 후소에서 전소의 소송물을 이루는 권리 또는 법률관계의 범위에서 전소의 사실심 변론종결 시까지 생긴 사실에 관한 공격방어방법의 제출을 차단한다. 다만 전소의 사실심 변론이 종결된 후에 생긴 사실에 관한 공격방어방법을 제출하는 것은 기판력에 의해 차단되지 않는다.

3. 사안의 경우

丙은 乙의 상속인으로서 乙의 권리의무가 丙에게 포괄적으로 승계되었으므로 丙은 변론종결 후의 승계인에 해당하여 甲과 乙 간의 A 소송 확정판결의 기판력이 丙에게 확장될 것이다.

Ⅳ. 기판력이 발생하는 시적 범위

1. 의의

기판력은 사실심의 변론종결 시에 소송물을 이루는 권리 또는 법률관계의 존부에 관하여 발생하며, 판결이 확정되면 당사자는 사실심의 변론종결 전에 존재하였던 공격방어방법을 제출할 수 없게 되는데, 이러한 기판력의 작용을 실권효 또는 차단효라고 한다. 기판력의 실권효에 의해 차단되는 것은 공격방어방법의 제출이다.

2. 실권효의 인정 근거 및 인정 범위

실권효를 인정하는 것은 변론종결 전에 존재한 사유에 의해 판결결과가 달라질 수 있는 사실의 주장을 허용한다면 법적 안정성을 해칠 수 있으므로 법적 안정성을 보장하기 위하여 인정된 기판력이 그 기능을 제대로 발휘할 수 있도록 하기 위한 것이다.

확정판결에 이러한 의미의 실권효가 인정되는 근거와 관련해서는 ① 일정 시점에서 법원의 판단을 받은 이상 그 내용에 통용성을 인정할 수 있다는 것에서 찾는 견해(판결효설), ② 전소에서 소송자료를 제출할 기회를 보장받았음에도 이를 제출하지 않은 당사자의 자기책임에서 찾는 견해(제출책임효설) 등이 주장되고 있다.

실권효가 미치는 범위와 관련해서는 ① 표준시 전에 존재한 사실 전부에 대하여 실권효가 미치는 것으로 보는 견해, ② 전소에서 당사자가 과실 없이 주장하지 못한 때에는 기대가능성이 없어 차단되지 않는 것으로 보는 견해 등이 주장되고 있다.

판례는 기판력은 소송의 변론종결 전에 주장할 수 있었던 모든 공격방어방법에 미치는 것이며, 그 당시 당사자가 이를 알 수 있었다거나 알면서도 주장하지 않았던 사항에 한하여 미친다고 볼 수는 없다(대법원 1980. 5. 13. 선고 80다473 판결; 대법원 2007. 7. 13. 선고 2006다81141 판결)는 입장이다. 동일한 소송물에 관한 후소에서 전소의 변론종결 전에 존재하던 공격방어방법을 주장하여 전소 확정판결에서 판단된 법률관계의 존부와 모순되는 판단을 구하는 것은 전소 확정판결의 기판력에 반하고, 전소에서 당사자가 그 공격방어방법을 알지 못하여 주장하지 못하였는지 그와 같이 알지 못한 데 과실이 있는지를 묻지 않는다 (대법원 2014. 3. 27. 선고 2011다49981 판결).

3. 실권효 작용의 전제조건

확정된 전소판결의 실권효가 후소에 작용하기 위해서는 전소와 후소의 소송물이 동일하거나 양 소의 소송물이 동일하지 않은 때에는 전소의 소송물이 후소의 소송물의 선결문제에 해당하거나 후소의 소송물이 전소의 소송물과 모순관계에 있어 전소 확정판결의 기판력이 후소에 작용하는 경우에 해당하여야 한다.

기판력의 실권효 또는 차단효는 후소가 전소와 같은 소송물을 심판대상으로 하는 경우뿐 아니라 전소의 소송물이 후소 청구의 선결사항이거나 후소 청구가 전소의 판결내용과 모순관계에 있는 경우에도 생기는데, 원고가 전 소송에서 일부청구임을 명시하여 불법행위로 인한 손해의 일부만을 우선 청구한 때에는 그 판결에 대한 기판력은 유보의 의사를 밝힌 잔부청구에는 미치지 않으므로 잔부청구에 대한 손익상계의 주장은 실권효에 걸리지 않는다(서울고등법원 1987. 6. 4. 선고 87나558 판결).

4. 사안의 경우

甲과 乙 간의 A 소송의 사실심 변론종결 전에 乙이 주장할 수 있었던 매매계약 체결사실을 乙이 주장하지 아니하여 乙의 패소판결이 확정된 후에 乙의 상속인 丙이 甲을 상대로 乙과 甲 간의 매매계약 체결사실을 주장하는 것이 차단되는 것은 甲과 乙 간의 A 소송 확정판결의 기판력이 丙과 甲 간의 B 소송에 작용하는 경우를 전제로 하므로 甲과 乙 간의 A 소송 확정판결의 기판력이 丙과 甲 간의 B 소송에 작용하는지를 검토하여야 한다.

V. 甲과 乙 간의 A 소송 확정판결의 기판력이 丙과 甲 간의 B 소송에 작용하는지 여부

1. 기판력의 작용 국면

확정판결이 존재하고 당사자가 동일하거나 기판력이 확장되는 경우에 해당하며, 전소의 소송물이 후소의 소송물과 동일하거나 전소의 소송물이 후소의 소송물의 선결문제에 해당하거나 후소의 소송물이 전소의 소송물과 모순관계에 있는 경우 전소 확정판결의 기판력이 후소에 작용하게 된다.

2. 기판력이 작용하는 주관적 범위

丙은 乙의 상속인으로서 변론종결 후의 승계인에 해당하므로 甲과 乙 간의 A 소송 확정판결의 기판력이 丙과 甲 간의 B 소송에 작용하는 주관적 범위에 해당할 것이다.

3. 기판력이 작용하는 객관적 범위에 해당하는지 여부

가. 전소와 후소의 소송물이 동일한지 여부

전소는 소유권에 기한 소유권이전등기의 말소등기소송이고, 후소는 매매를 원인으로 한 소유권이전등기소송이므로 전소와 후소는 소송물을 달리한다.

나. 전소에서 확정된 법률관계가 후소의 소송물의 선결문제에 해당하는지 여부

전소에서 확정된 법률관계는 소유권이전등기의 말소등기청구권의 존재인데, 이는 후소의 소송물인 매매를 원인으로 한 소유권이전등기청구권의 선결문제에 해당하지 않는다.

다. 후소의 소송물을 이루는 법률관계가 전소에서 확정된 법률관계와 모순관계에 있는지 여부

후소의 소송물을 이루는 매매를 원인으로 한 소유권이전등기청구권은 전소에서 확정된 소유권이전등기의 말소등기청구권의 존재와 모순관계에 있지 않다.

라. 판례의 입장

부동산에 관한 소유권이전등기가 원인무효라는 이유로 그 말소등기절차의 이행을 명한 판결이 확정된 때에는 그 확정판결의 기판력은 소송물이었던 말소등기청구권의 존부에만 미치므로 그 소송에서 패소한 당사자도 전소에서 문제된 것과는 전혀 다른 청구원인에 기해 상대방에 대하여 소유권이전등기청구를 할 수 있다(대법원 1995. 6. 13. 선고 93다43491 판결).

4. 사안의 경우

丙은 乙의 상속인으로서 변론종결 후의 승계인에 해당하여 甲과 乙 간의 A 소송 확정판결의 기판력이 丙에게 확장되므로 A 소송 확정판결의 기판력이 B 소송에 작용하는 주관적 범위에는 해당하지만, A 소송 확정판결의 기판력이 B 소송에 작용하는 객관적 범위에 해당하지 아니하여 A 소송 확정판결의 기판력이 B 소송에 미치지 않을 것이다.

VI. 사례의 정리

전소 확정판결의 기판력이 후소에 작용하는 객관적 범위에 해당하지 아니하여 甲과 乙 간의 A 소송 확정판결의 기판력이 丙과 甲 간의 B 소송에 미치지 않으므로 乙이 A 소송에서 매매계약 체결사실을 주장하지 않았더라도 丙이 B 소송에서 乙과 甲 간의 매매계약 체결사실을 주장하는 것이 차단되지 않을 것이다. B 소 법원은 A 소 법원의 판단에 구속받지 않고 丙의 청구가 이유 있는지를 판단하여야 할 것이다.

〈제 3 문〉

I. 쟁점

C의 대표권 흠결을 이유로 한 소각하판결이 확정된 후에 C가 다시 동일한

소를 제기한 것과 관련하여 이러한 소송판결의 기판력의 내용과 후소법원의 처리방법을 검토하여야 한다.

II. 소송요건

원고가 제기한 소가 적법한 취급을 받기 위하여 갖추어야 할 요건을 소송요건이라고 한다. 소송요건에 흠이 있고 당사자가 이를 보정하지 않으면 법원은 본안판결을 할 수 없다. 소송요건은 소 전체가 적법한 취급을 받기 위하여 갖추어야 할 요건이므로 소송을 이루는 개개의 소송행위가 유효하기 위하여 갖추어야 할 소송행위의 유효요건과 구별된다. 소송요건을 구비하지 못한 것으로 인정되는 경우 당사자가 이를 보정하지 않으면 법원은 소각하판결을 하여야 한다.[25]

소송요건은 소송제도를 이용할 만한 자격을 의미하는데, 법원, 당사자, 소송상 청구에 관하여 각각 요구되고 있다. 소송요건의 존부에 관한 판단의 기준시는 원칙적으로 변론종결 시이므로 제소 당시에는 소송요건이 존재하지 않았더라도 변론종결 시까지 이를 구비하면 된다. 소송은 본안판결을 목적으로 진행되는데, 본안판결의 기초가 되는 사실에 관한 확정이 변론종결 시를 기준으로 하여 이루어지므로 소송요건도 변론종결 시를 기준으로 판단하는 것이 합리적이라고 할 수 있다.[26] 제소 당시에는 소송요건을 구비하였더라도 그 후 소송요건

---

25) 다만 관할위반의 경우에는 관할권을 가지는 법원으로 이송하여야 한다(법 제34조 제1항).
26) 소송요건의 존부 판단의 기준시가 사실심의 변론종결 시인지 상고심의 심리종결 시인지가 문제된다. (ⅰ) 사실심의 변론종결 당시에는 소송요건을 갖추지 못하였으나 그 후 상고심의 심리종결 전에 해당 소송요건을 구비한 경우(원심이 바르게 판단하여 소각하판결을 한 경우와 원심이 소송요건의 흠결을 간과하여 본안판결을 한 경우) 본안판결을 할 것인지, (ⅱ) 사실심의 변론종결 당시에는 소송요건을 갖추었으나 그 후 상고심의 심리종결 전에 해당 소송요건을 흠결하게 된 경우(원심이 바르게 판단하여 본안판결을 한 경우와 원심이 소송요건을 갖추지 아니한 것으로 잘못 판단하여 소각하판결을 한 경우) 소각하판결을 할 것인지가 문제된다. 판례는 종중이 비법인사단으로서 당사자능력이 있는지를 소송요건에 관한 문제로 보아 사실심의 변론종결 시를 기준으로 판단한다(대법원 1994. 9. 30. 선고 93다27703 판결). 판례 중에는 사실심의 변론종결 후에 발생한 사유를 참작하지 않은 사례{전소 계속 중에 후소가 제기되고 같은 원심 재판부가 두 사건을 병행 진행하여 같은 날 변론을 종결하고 같은 날 전소에 대하여는 피보전채권이 부존재한다는 이유로 후소에 대하여는 중복된 소 제기에 해당한다는 이유로 제1심판결을 모두 취소하고 각 소각하판결을 선고하였고, 두 사건이 모두 상고되어 상고심의 계속 중에 전소가 먼저 상고기각된 경우 상고심에 이르러 후소의 중복된 소 제기 문제가 해소된 것으로 볼 수도 있는 사안에서 원심판결 당시까지 채권자대위소송이 계속

을 흠결하게 되면 본안판결을 할 수 없다. 예외적으로 관할권의 존부는 제소 당시를 기준으로 정하고(법 제33조), 소송계속 중에 당사자능력, 소송능력, 법정대리권이 소멸한 때에는 소송절차가 중단될 뿐이다(법 제233조, 제235조).

소송요건은 민사소송 제도의 이용가능성을 의미하므로 공익적 요청에 따라 인정되는 것이 대부분이고, 법원은 이러한 소송요건의 존부에 관하여 직권으로 조사할 수 있다. 그러나 당사자의 이익을 보호하기 위하여 소송요건으로 정해진 것은 상대방 당사자의 신청이 없는 한 그 존부에 관하여 조사할 필요가 없다.[27]

소송요건은 대부분 소송제도의 유지라는 공익적 성질을 가지므로 직권조사사항에 해당하고, 이런 경우 피고가 소송요건의 흠결을 주장하는 것을 본안전항변이라고 하는데, 이러한 피고의 주장은 법원의 직권조사를 촉구하는 의미를 가질 뿐이다. 직권조사사항은 공익과 관련이 있으므로 소송절차에 관한 이의권의 포기·상실(법 제151조)의 대상이 되지 않는다.

Ⅲ. 소송판결의 기판력

C의 대표권 흠결을 이유로 소가 부적법하다고 하여 각하한 판결은 소송판결[28]에 해당한다. 이러한 소송판결이 확정된 경우 어떠한 효력이 인정되는지가

중이었음이 기록상 분명한 이상 원심이 후소를 부적법하다 하여 각하한 것은 정당하다고 하였다(대법원 1995. 4. 14. 선고 94다29256 판결)}가 있는가 하면, 사실심의 변론종결 전에 발생한 사유가 상고심에 제출되어 참작된 사례{원고가 소 제기 전에 사망한 자임이 상고심에 이르러 밝혀진 경우 원심판결을 파기함과 아울러 제1심판결을 취소하고 소 각하(대법원 1990. 10. 26. 선고 90다카21695 판결)}, 사실심의 변론종결 후에 발생한 사유를 참작한 사례{상고심에서의 대리권 또는 대표권의 보정 및 추인 인정(대법원 1969. 6. 24. 선고 69다511 판결), 소의 이익이 사실심의 변론종결 후에 소멸한 경우 이를 참작하여 원심의 청구기각판결을 파기하고 소 각하(대법원 1999. 2. 23. 선고 98두14471 판결)} 등이 있다.

27) 소송요건 중 항변사항에 속하는 것으로는 임의관할 위반, 중재합의의 존재, 소송비용의 담보제공 위반에 관한 주장 등이 있다. 직권조사사항과는 달리 소송절차에 관한 이의권의 포기·상실의 대상이 된다. 임의관할 위반, 소송비용의 담보제공 위반, 중재합의가 존재한다는 항변은 본안에 관한 변론 전까지 하여야 하므로(법 제30조, 제118조; 중재법 제9조 제2항), 이에 대한 항변 없이 본안심리에 들어간 때에는 이를 주장할 수 없게 된다.

28) (ⅰ) 소송판결의 경우에는 필수적 변론이 적용되지 않을 수 있다. 부적법한 소 또는 부적법한 항소로서 그 흠을 보정할 수 없는 때에는 변론 없이 소 또는 항소를 각하하는 판결을 할 수 있다(법 제219조, 제413조). (ⅱ) 소송판결을 할 사안이 아닌데도 이를 잘못 판단한 때에는 항소심에서 필수적 환송사유가 된다(법 제418조 본문). 소각하판결이 확정되어 기판력이 발생한 후에도 그 흠을 보정하면 다시 소를 제기할 수 있고, 소각하판결이 선고된 후에 소를 취하하더라도 재소금지에 관한 규정(법 제267조 제2항)이 적용되지 않는다. (ⅲ) 필수적 공동

문제된다.

1. 소송판결에 대한 기판력 인정 근거

소각하판결에 대하여 기판력이 인정되지 않는다고 하면 동일한 소송요건을 흠결한 동일한 소송이 반복될 염려가 있으므로 이를 방지하기 위하여 소각하판결에 대하여도 기판력을 인정하고 있다.

2. 소송판결의 기판력의 내용[29]

소각하판결의 경우에는 당해 소송에서 문제된 소송요건의 흠결[30]로 소가 부적법하다는 판단에 기판력이 발생하고(대법원 1997. 12. 9. 선고 97다25521 판결), 소송물을 이루는 법률관계의 존부에 대해서는 기판력이 발생하지 않는다. 소송판결이 확정되면 해당 소송요건의 흠결에 관하여 기판력이 발생하고, 동일한 당사자 간에 동일한 청구에 관한 후소가 제기된 때에는 전소에서 확정된 소송요건의 흠결에 관하여 기판력이 작용하는 것으로 해석된다. 소송판결이 확정된 후에 당사자가 소송요건의 흠을 보정하여 다시 소를 제기한 때에는 전소의 기판력이 후소에 미치지 않는다. 전소에서 당사자능력의 흠결을 이유로 소각하판결을 받은 단체가 그 후 법인 아닌 사단으로서의 당사자능력을 가지게 된 때에는 전소 소송판결의 기판력이 후소에 미치지 않는다(대법원 2003. 4. 8. 선고 2002다70181 판결).

소송요건의 흠결을 이유로 한 소각하판결이 확정된 후에 그 흠을 보정하지 아니한 채 다시 동일한 소를 제기하면 후소는 기판력에 의해 각하된다. 기판력이 인정되더라도 그것은 해당 소송의 표준시에서의 소송요건의 흠결을 확정하

소송(법 제67조), 예비적·선택적 공동소송(법 제70조), 독립당사자참가소송(법 제79조), 공동소송참가소송(법 제83조) 등과 같이 합일확정이 요구되는 소송의 경우 상소 제기에 의한 확정 차단과 이심의 효력은 본안판결에 한하여 미치고 소송판결에는 미치지 않는다.

29) 확정된 종국판결에 기판력이 인정되는데, 종국판결의 종류에 따라 그 내용이 달라진다. 이행의 소에서는 원고 승소의 경우에는 피고의 이행의무의 존재에 관하여, 원고 패소의 경우에는 그 부존재에 관하여 기판력이 발생하고, 확인의 소의 경우에는 소송물을 이루는 권리 또는 법률관계의 존부에 관하여 기판력이 발생하며, 형성의 소에서는 원고 승소의 경우에는 형성되는 법률관계의 존재에 관하여, 원고 패소의 경우에는 그 부존재에 관하여 기판력이 발생한다.

30) 소송판결의 경우에는 주문에서 소송요건의 존부가 판단되지 않으므로 이유의 기재에 의하여 어떠한 소송요건의 흠결이 판단되었는지를 파악하여야 한다.

는 것에 불과하므로 동일한 소가 제기되면 후소법원은 후소의 사실심 변론종결 시를 기준으로 다시 소송요건의 존부를 판단할 필요가 있다. 전소에서 흠결된 소송요건을 후소에서 구비한 때에는 확정된 소각하판결의 기판력이 후소에 미치지 않고, 전소에서 흠결된 소송요건을 후소에서도 구비하지 못한 경우 확정된 소각하판결의 기판력이 후소에 미치게 된다.

Ⅳ. 사례의 정리

C가 甲의 대표자로서 동일한 내용의 B 소를 제기하였으므로 B 소 법원은 C 가 A 소송의 사실심 변론종결 후에 대표권을 취득하였는지를 조사하여야 하고, C가 대표권을 취득한 사실이 인정되면 A 소송 소각하판결의 기판력이 B 소송 에 미치지 않을 것이므로 B 소 법원은 甲의 청구가 이유 있는지를 판단하여야 할 것이며, C가 대표권을 취득한 사실이 인정되지 않으면 A 소송 소각하판결의 기판력이 B 소송에 미칠 것이므로 B 소 법원은 소를 각하하는 판결을 하여야 할 것이다.

〈제 4 문〉

Ⅰ. 쟁점

丙이 甲과 공모하여 甲의 주소를 乙의 주소인 것처럼 소장에 기재하여 乙로 하여금 소장부본 기타 소송서류를 송달받지 못하게 하고, 乙이 변론기일통지서 를 송달받고도 변론기일에 출석하지 않은 것처럼 법원을 기망하여 자백간주에 의해 丙이 승소하였는데, 이와 관련해서는 판결의 효력이 인정될 것인지와 판결 의 효력이 인정된다고 하면 소송절차에 관여하지 않은 乙에게 판결의 효력이 미치는 것을 어떻게 배제할 것인지를 검토하여야 한다.

제1심 판결정본이 송달된 후에 甲이 사망하였으므로 丙의 甲에 대한 청구의 목적인 X 토지의 5분의 3 지분에 관한 소유권이전등기의무를 乙이 상속하게 되 는데, 이와 관련해서는 소송계속 중의 실체법상 포괄승계사유의 발생이 소송상 어떠한 영향을 미치는지와 이런 경우 乙은 甲의 상속인으로서 제1심법원과 항소법원 중 어느 법원에 소송절차의 수계신청을 하여야 하는지를 검토하여야 한다.

II. 丙의 乙에 대한 청구에 관한 소송상 조치

1. 판결의 편취의 의의 및 유형

당사자가 상대방이나 법원을 기망하여 부당한 내용의 판결을 받는 것을 판결의 편취라고 하고, 이렇게 취득한 판결을 편취판결(騙取判決) 또는 사위판결(詐僞判決)이라고 한다. 편취판결의 효력을 인정할 것인지는 확정판결의 기판력에 의한 법적 안정성을 중시할 것인지 편취판결의 피해자를 구제하여 구체적 타당성을 도모할 것인지와 관련이 있다.

판결 편취의 유형으로는 (ⅰ) 타인의 성명을 모용하여 판결을 받은 경우, (ⅱ) 소를 취하하기로 합의하여 피고가 이를 믿고 변론기일에 출석하지 않은 것을 이용하여 소를 취하하지 않고 자백간주로 승소판결을 받은 경우, (ⅲ) 피고의 주소를 알면서도 모른다고 법원을 기망하여 공시송달의 방법으로 소송이 진행되게 하여 피고 모르게 승소판결을 받은 경우, (ⅳ) 피고의 주소를 허위로 기재하여 피고가 소송서류를 송달받고도 변론기일에 출석하지 않은 것처럼 법원을 기망하여 자백간주로 승소판결을 받은 경우 등이 있다.

2. 상대방의 소송 관여를 배제한 상태에서 자백간주에 의해 받은 판결의 효력

가. 무효인 것으로 보는 견해

편취판결의 상대방이 절차보장을 받지 못하였으므로 편취된 판결을 무효인 판결로 보아야 한다. 편취판결을 무효로 보면 재심의 소에 의해 편취판결을 취소하지 않고도 편취판결에 기해 강제집행된 것에 대하여는 부당이득반환 또는 손해배상을 청구할 수 있고, 편취판결에 기한 강제집행에 대하여는 집행문부여에 대한 이의신청(민사집행법 제34조), 청구에 관한 이의의 소(같은 법 제44조) 등으로 다툴 수 있다.

나. 유효한 것으로 보는 견해

외관상 판결로서의 요건을 갖춘 이상, 즉 법원에 의해 내부적으로 성립되어 외부적으로 선고된 이상 유효한 판결로 보아야 한다. 민사소송법은 판결 편취의 대표적인 사유에 해당하는 공시송달에 의한 판결 편취와 자백간주에 의한 판결 편취의 경우를 재심사유로 규정하고 있는데(법 제451조 제1항 제11호), 이러한 입법은 그러한 판결이 무효인 판결이 아님을 전제로 한 것이며, 편취판결을 무효라고 하면 기판력 제도를 동요시켜 법적 안정성을 해칠 염려가 있으므로 편취판결을 유효한 판결로 취급하여야 한다.

다. 검토

편취판결의 효력은 판결로서의 외관 구비, 기판력 제도를 통해 추구하고자 하는 법적 안정성, 판결 편취에 해당하는 사유가 재심사유로 규정되어 입법 현실 등을 고려하여 판단하면 된다. 따라서 피고의 주소를 허위로 기재하여 피고가 소송서류를 송달받고도 변론기일에 출석하지 않은 것처럼 법원을 기망하여 자백간주에 의해 받은 판결도 유효하다고 할 것이다.

3. 丙의 乙에 대한 청구를 인용한 제1심판결에 대하여 乙이 취할 수 있는 소송상 조치

허위주소 송달로 인한 자백간주에 의해 받은 판결이 무효라고 한다면 그 판결의 효력이 乙에게 미치지 않을 것이므로 乙은 별도로 소송상 조치를 취할 필요가 없지만, 이러한 판결이 유효하다고 하면 소송절차에 관여하지 않은 乙이 판결의 효력을 받는 것은 부당하므로 乙에게 판결의 효력을 배제시킬 수 있는 방법이 인정되어야 한다.

가. 추완항소 또는 재심의 소를 제기할 수 있다는 견해

허위주소 송달로 인한 자백간주에 의해 편취된 판결도 형식적으로 확정된 판결이므로 그 상대방은 추완항소(법 제173조) 또는 재심의 소(법 제451조 제1항 제11호)로 판결의 효력을 다투어야 한다.

나. 항소할 수 있다는 견해

허위주소로 판결정본이 송달된 때에는 그 송달이 부적법·무효이어서 항소기간이 진행되지 아니하여 판결이 확정되지 않으므로 그 상대방은 항소로 다툴 수 있을 뿐 재심의 소로는 다툴 수 없다.

다. 항소와 재심의 소가 모두 가능하다는 견해

상대방에게 판결정본이 송달되지 아니하여 판결이 확정되지 않으므로 상대방은 항소를 제기할 수도 있고, 판결이 확정된 것과 같은 외관을 가지고 있으므로 재심의 소를 제기할 수도 있다.

라. 판례의 입장

원고가 피고의 주소를 허위로 기재하여 판결정본이 상대방의 허위주소로 송달되고 상대방 아닌 다른 사람이 판결정본을 수령하였으면 상대방에 대한 판결정본의 송달은 부적법하여 무효이고, 상대방은 아직 판결정본을 송달받지 않은 상태에 있으므로 그 판결에 대한 항소기간은 진행하지 않으며, 그러한 판결은 확정판결이 아니어서 기판력이 생기지 않는다(대법원 1978. 5. 9. 선고 75다634 전원합의체 판결).

제1심 판결정본이 적법하게 송달되지 않았으면 그 판결에 대한 항소기간은 진행하지 않으므로 그 판결은 형식적으로도 확정되었다고 볼 수 없고, 소송행위 추완의 문제는 생기지 않으며 그 판결에 대한 항소는 제1심 판결정본이 송달되기 전에 제기된 것으로서 적법하다(대법원 1997. 5. 30. 선고 97다10345 판결).

4. 사안의 경우

丙이 甲과 공모하여 甲의 주소를 乙의 주소인 것처럼 소장에 기재하여 乙로 하여금 소장부본 기타 소송서류를 송달받지 못하게 하고, 乙이 변론기일통지서를 송달받고도 변론기일에 출석하지 않은 것처럼 법원을 기망하여 자백간주에 의해 승소판결을 받았더라도 그 판결의 효력은 인정될 것이다.

허위주소 송달로 인한 자백간주에 의해 판결이 편취된 경우 추완항소 또는 재심의 소를 통해 판결의 효력을 다투어야 하는 것으로 보는 견해에 따르면 乙은 이러한 사유를 안 날(2023. 7. 26.)부터 2주(법 제173조 제1항) 또는 30일(법 제456조 제1항) 이내에 丙의 乙에 대한 청구에 관한 제1심판결에 대하여 항소를 추완하거나 재심의 소를 제기하여야 할 것이다.

허위주소 송달로 인한 자백간주에 의해 판결이 편취된 경우 항소로 다투어야 하는 것으로 보는 견해와 판례의 입장에 따르면 乙은 丙의 乙에 대한 청구에 관한 제1심판결에 대하여 항소를 제기할 수 있을 것이다.

III. 丙의 甲에 대한 청구에 관한 소송상 조치

1. 소송절차 중단의 효과

소송계속 중에 당사자가 사망하면 소송절차가 중단되지만(법 제233조 제1항), 중단사유가 발생한 당사자에게 소송대리인이 있는 때에는 소송절차가 중단되지 않고 속행된다(법 제238조). 소송절차의 중단 중에는 변론이 종결된 경우의 판결선고를 제외하고는 소송절차상의 소송행위를 할 수 없다(법 제247조 제1항).

2. 소송절차 중단에 관한 규정의 법적 성질

소송절차의 중단을 인정하는 것은 소송수행에 관한 당사자의 이익을 보호하기 위한 것이므로 이에 관한 규정은 임의규정으로서의 성질을 가진다. 소송절차 중단 중의 소송행위도 소송절차에 관한 이의권의 포기·상실이나 추인에 의해 그 하자가 치유될 수 있다.

3. 소송절차 중단의 해소

소송절차의 중단은 당사자 측의 수계신청이나 법원의 속행명령에 의하여 해소되며, 이에 따라 소송절차의 진행이 재개된다. 중단사유가 있는 당사자 측의 새로운 소송수행자뿐만 아니라 상대방 당사자의 신청에 의해서도 소송수계가 이루어질 수 있다(법 제241조).

丙의 甲에 대한 청구 부분은 甲의 사망으로 인해 소송절차가 중단되었고, 이에 관한 소송절차의 중단을 해소하기 위해서는 乙 또는 丙의 수계신청이 필요하다.

4. 재판이 송달된 후에 소송절차가 중단된 경우 수계신청을 할 법원

가. 소송수계신청

당사자 측에서 중단된 소송절차의 속행을 구하는 것을 소송수계신청이라고 한다. 수계신청인과의 관계에서는 수계신청과 동시에 소송절차의 중단이 해소된다. 수계신청만으로 중단이 해소되므로 수계신청 후에는 수계신청에 대한 재판이 있기 전이라도 상소를 제기할 수 있고, 수계신청과 동시에 상소를 제기할 수도 있다.

나. 수계신청을 할 법원

통상의 경우에는 소송절차의 중단사유가 발생할 당시에 소송이 계속되어 있던 법원에 소송절차의 수계신청을 하여야 한다. 종국판결의 송달과 동시에 또는 그 후에 소송절차가 중단된 때에는 원칙적으로 그 재판을 한 법원에 수계신청을 하여야 한다. 이런 경우 그 재판을 한 원심법원이 수계신청에 대하여 결정하여야 하고(법 제243조 제2항), 원심법원이 수계를 허가하는 결정을 한 경우에는 이를 당사자에게 송달하여야 하며, 그 결정이 당사자에게 송달된 때부터 상소기간이 진행하게 된다.

종국판결이 송달된 후에 소송절차 중단사유가 발생한 경우 반드시 원심법원에 수계신청을 하여야 하는지가 문제되는데, 이와 관련해서는 ① 재판이 송달된 후에 중단된 소송절차의 수계에 대하여는 그 재판을 한 법원이 결정하여야 하는 것으로 규정하고 있는 것(법 제243조 제2항)과 상소장을 원심법원에 제출하도록 규정하고 있는 것(법 제397조 제1항, 제425조)을 이유로 원심법원에 수계신청을 하여야 하는 것으로 보는 견해, ② 민사소송법이 상소장을 원심법원에 제출하도록 한 이상 재판이 송달된 후에 소송절차가 중단된 때에는 원심법원에 수계신청을 하여야 하지만, 소송절차 중단사유의 발생 또는 중단의 효과를 간과하고 상소한 때에는 이의권의 포기·상실에 의해 그 하자가 치유되어 상소가 적법하게 될 수 있으므로 상소심에서도 소송수계를 할 수 있는 것으로 보는 견해 등이 주장되고 있다.

　판례는 소송절차가 중단된 상태에서 제기된 상소는 부적법하지만 상소심법원에 수계신청을 하여 그 하자를 치유할 수 있다(대법원 1996. 2. 9. 선고 94다 61649 판결)는 입장이다.

5. 제1심판결이 송달된 후에 소송절차가 중단된 경우 항소기간의 기산점

　제1심판결이 송달된 후 항소기간이 경과하기 전에 소송절차가 중단된 경우에는 소송수계 허가결정이 송달된 때부터 항소기간이 진행하는 것으로 보아야 한다(법 제247조 제2항).

6. 사안의 경우

　乙은 피상속인 甲에 대한 丙의 청구에 관한 제1심판결에 대하여는 제1심법원에 소송절차의 수계신청을 한 후 항소를 제기하거나 수계신청을 함과 동시에 항소를 제기하여야 할 것이다. 乙이 丙의 甲에 대한 청구에 관한 제1심판결에 대하여 소송수계절차를 밟지 않고 항소를 제기한 경우에도 상소법원에서의 수계신청에 의해 소송절차가 중단된 상태에서 제기된 상소의 하자가 치유되는 것으로 보는 판례의 입장에 따르면 항소법원에 수계신청을 함으로써 그 하자를 치유할 수 있을 것이다.

Ⅳ. 사례의 정리

　허위주소 송달로 인한 자백간주에 의해 판결이 편취된 경우 항소로 다투어야 하는 것으로 보는 판례의 입장에 따르면 乙은 丙의 乙에 대한 청구에 관한 제1심판결에 대하여 항소를 제기할 수 있을 것이고, 丙의 甲에 대한 청구에 관한 제1심판결에 대하여는 제1심법원에 소송절차의 수계신청을 한 후 또는 수계신청을 함과 동시에 항소를 제기하여야 할 것이다. 다만 乙이 丙의 甲에 대한 청구에 관한 제1심판결에 대하여 소송수계절차를 밟지 않고 항소를 제기하였더라도 상소법원에서의 수계신청에 의해 소송절차가 중단된 상태에서 제기된 상소의 하자가 치유되는 것으로 보는 판례의 입장에 따르면 항소법원에 수계신청을 할 수 있을 것이다.

참고사례

〈사례 1〉

甲은 乙에게 甲 명의 X 토지를 매도하고 이에 관한 소유권이전등기를 해 준 후에 그 매매계약이 무효라고 주장하며 乙을 상대로 乙 명의 소유권이전등기의 말소등기절차의 이행을 구하는 소를 제기하였다.

1. 乙은 변론기일에서 이 소송이 계속된 후에 X 토지를 A에게 매도하고 이에 관한 소유권이전등기를 해 주었다고 주장하였는데, 甲의 청구를 인용하는 판결이 선고되어 확정되었다. 이런 경우 甲은 乙에 대한 판결에 기하여 A 명의의 소유권이전등기를 말소할 수 있는가?

2. 甲의 청구를 인용한 판결이 확정되자 甲은 그 판결에 기해 乙 명의의 소유권이전등기를 말소하였고, 그 후 甲으로부터 丙으로의 소유권이전등기와 丙을 근저당권설정자로 하는 丁 명의의 근저당권설정등기가 이루어졌다. 乙이 甲과의 X 토지에 관한 매매계약의 유효를 주장하며 丙을 상대로는 진정명의회복을 원인으로 한 소유권이전등기절차의 이행을 구하고, 丁을 상대로는 근저당권설정등기의 말소등기절차의 이행을 구하는 소를 제기하였다. 법원은 사건을 어떻게 처리하여야 하는가?

〈사례 2〉

甲은 2021. 9. 10. 乙로부터 X 토지를 3억 원에 매수하는 계약을 체결하였는데, 매매계약 체결 당시 X 토지는 토지거래허가구역 내에 있었고 2022. 9. 15. 토지거래허가구역에서 해제되었다. 甲은 2022. 11. 10. 乙을 상대로 2021. 9.

10.자 매매를 원인으로 하여 소유권이전등기절차의 이행과 토지거래허가신청절차의 이행을 구하는 소를 제기하였다. 甲은 X 토지가 토지거래허가구역에서 해제된 사실을 알지 못하였으며, 제1심법원은 2023. 4. 20. X 토지가 토지거래허가구역 내에 있음을 전제로 소유권이전등기절차의 이행청구를 기각하고 토지거래허가신청절차의 이행청구를 인용하는 판결을 선고하였는데, 甲과 乙은 항소하지 아니하였다. 甲은 2023. 6. 30. X 토지에 관한 토지거래허가를 받은 다음 2023. 7. 20. 乙을 상대로 2021. 9. 10.자 매매를 원인으로 한 소유권이전등기절차의 이행을 구하는 소를 제기하였다. 법원의 심리 결과 甲과 乙 간에 甲의 주장과 같은 매매계약이 체결된 사실이 인정되는 경우 법원은 사건을 어떻게 처리하여야 하는가?

〈사례 3〉

甲이 乙을 상대로 X 토지에 관한 소유권에 기하여 乙 명의 소유권이전등기의 말소등기절차의 이행을 구하는 소(A 소)를 제기하였는데, 제1심법원은 甲의 청구를 인용하는 판결을 선고하였다. 乙은 제1심판결 정본을 송달받고 2주가 지나도록 항소하지 않고 있다가 丙에게 X 토지를 매도하고 이에 관한 소유권이전등기를 해 주었다. 丙은 甲이 X 토지를 점유·사용하고 있는 사실을 알고는 甲을 상대로 X 토지의 인도와 차임 상당 부당이득의 반환을 구하는 소(B 소)를 제기하였다. B 소송에서 甲이 乙과의 A 소송에서 자신이 승소하였기 때문에 丙의 청구에 응할 수 없다고 다투는 경우 법원은 사건을 어떻게 처리하여야 하는가?

〈사례 4〉

甲은 乙을 상대로 X 토지에 관한 매매계약이 무효라고 주장하며 乙에게 지급하였던 계약금 2억 원의 반환을 구하는 소(A 소)를 제기하였다. 丙은 자기가 乙로부터 X 토지를 매수하였다고 주장하며 A 소송이 계속되어 있는 법원에 계약금 2억 원의 반환을 구하는 신청서를 제출하였다. 제1심법원은 甲과 丙이 공동으로 X 토지를 매수한 사실을 인정하고, 甲, 丙과 乙 간의 매매계약이 무효가 아님을 이유로 甲과 丙의 청구를 모두 기각하는 판결을 선고하였다. 甲만이 항소하였는데, 항소심에서 甲은 甲과 丙이 공동매수인이라는 제1심판결의 판단을 반영하여 청구취지를 1억 원으로 감축하였다. 항소법원은 丙의 乙에 대한 청구는 항소심의 심판대상이 아니라는 이유로 아무런 판단을 하지 않았고, 甲의 청구에 대하여는 매매계약이 무효임을 인정하여 제1심판결 중 甲의 패소 부분을 취소하고 감축된 甲의 청구를 전부 인용하는 판결을 선고하였다. 乙이 상고하였는데, 상고법원은 상고를 기각하는 판결을 하였다. 그 후 丙은 乙을 상대로 X 토지에 관한 매매계약이 무효임을 이유로 계약금의 2분의 1에 해당하는 1억 원의 반환을 구하는 소(B 소)를 제기하여 자신이 A 소송에서는 단독매수인임을 전제로 2억 원의 부당이득의 반환을 구하였지만, B 소송에서는 공동매수인임을 전제로 1억 원의 부당이득의 반환을 구하는 것이라고 주장하였다. B 소 법원은 사건을 어떻게 처리하여야 하는가?

〈사례 5〉

甲은 乙로부터 X 토지를 매수한 사실이 없음에도 乙을 상대로 X 토지에 관한 매매를 원인으로 한 소유권이전등기절차의 이행을 구하는 소를 제기하면서 소장에 乙의 주소를 자기의 친구인 丙의 주소로 기재하여 그곳으로 소장부본 기타 소송서류가 송달되게 하여 丙으로 하여금 이를 수령하게 하였고, 丙은 乙인 것처럼 변론기일에 출석하여 甲의 주장을 다투지 아니하여 법원은 甲의 청구를 인용하는 판결을 선고하였다. 그 판결정본은 2023. 6. 5. 丙의 주소로 송달되었고, 甲은 2023. 7. 10. 위 판결에 기해 甲 명의로 소유권이전등기를 하였는데, 乙은 2023. 8. 20. 위와 같은 사실을 알게 되었다. 乙은 소송상 어떠한 조치를 취할 수 있는가?

참고자료

※ 민사소송에서 전소와의 관계에서 후소가 문제되는 경우

　민사소송에서 전소와의 관계에서 후소가 문제되는 경우로는 (ⅰ) 전소의 소
송계속 중에 전소와 동일한 후소가 제기된 경우, (ⅱ) 본안에 관한 전소판결이
선고된 후에 소 취하가 있는 다음 전소와 동일한 후소가 제기된 경우, (ⅲ) 전소
에 대한 판결이 확정된 후에 전소와 동일한 후소가 제기된 경우 등이 있다. 전
소의 소송계속 중에 전소와 동일한 후소가 제기된 때에는 후소가 민사소송법
제259조에서 규정하고 있는 중복된 소 제기에 해당하는지가 문제되고, 본안에
관한 전소판결이 선고된 후에 소 취하가 있는 다음 전소와 동일한 후소가 제기
된 때에는 후소가 민사소송법 제267조 제2항에서 규정하고 있는 재소에 해당하
는지가 문제되며, 전소에 대한 판결이 확정된 후에 전소와 동일한 후소가 제기
된 때에는 전소 확정판결의 기판력이 후소에 미치는지가 문제된다. 중복된 소
제기에 해당하는지와 재소에 해당하는지 및 전소 확정판결의 기판력이 후소에
미치는지에 관한 문제는 서로 작용 국면을 달리하는 것으로서 동시에 문제될
수 없다. 따라서 구체적인 사례를 풀이함에 있어서는 (서로 입장을 달리하는 견해
를 취하여 각 견해에 따른 풀이를 하는 경우가 아닌 한) 후소가 중복된 소 제기에 해
당하는지와 재소에 해당하는지 또는 전소 확정판결의 기판력이 후소에 미치는
지를 함께 검토해서는 안 된다.
　중복된 소 제기 요건으로서의 전소와 후소의 동일성은 당사자와 소송물의
동일성을 의미하는데, 당사자의 동일성은 당사자로서의 동일성을 의미하므로
전소와 후소에서 당사자 지위가 바뀌더라도 상관이 없다.
　재소 요건으로서의 전소와 후소의 동일성은 당사자와 소송물의 동일성뿐 아
니라 권리보호이익의 동일성을 요구하고, 당사자의 동일성은 원고의 동일성을
의미하므로 재소금지 규정의 적용을 받는 것은 전소의 원고에 한한다. 전소 원
고의 변론종결 후의 포괄승계인에 대하여는 당사자의 동일성을 인정하는 데 이

견이 없지만, 전소 원고의 변론종결 후의 특정승계인에 대하여도 당사자의 동일성이 인정되는지에 관해서는 견해가 대립하는데, 판례는 변론종결 후의 특정승계인에 대하여도 당사자의 동일성을 인정하기는 하나 새로운 권리보호이익이 인정되는 때에는 사건의 동일성을 부정하여 재소금지 규정을 적용하지 않는다(대법원 1981. 7. 14. 선고 81다64·65 판결; 대법원 1998. 3. 13. 선고 95다48599·48605 판결). 전소의 소송물이 후소의 선결문제일 경우 동일한 소에 해당하는지에 관해서는 견해가 대립하는데, 판례는 후소가 전소의 소송물을 선결적 법률관계나 전제로 하는 때에는 소송물은 다르지만 본안에 대한 종국판결 후에 전소를 취하한 자는 전소의 목적이었던 권리 또는 법률관계의 존부에 관하여 다시 법원의 판단을 구할 수 없도록 한 재소금지 제도의 취지와 목적을 고려하여 후소도 동일한 소로서 판결을 구할 수 없는 것으로 본다(대법원 1989. 10. 10. 선고 88다카18023 판결).

기판력 작용요건으로서의 당사자와 소송물의 동일성과 관련해서는 전소와 후소의 당사자가 동일한 경우뿐 아니라 기판력이 제3자에게 확장되는 경우도 포함되고, 전소와 후소의 소송물이 동일한 경우뿐 아니라 전소에서 확정된 법률관계가 후소의 소송물의 선결문제에 해당하거나 전소에서 확정된 법률관계와 모순되는 법률관계가 후소의 소송물을 이루는 경우에도 전소 확정판결의 기판력이 후소에 작용하게 된다.

― 소의 객관적 병합 사례 ―

〈제 1 문〉

〈사실관계〉

甲은 乙로부터 X 토지를 매수하였는데, 甲 명의로 소유권이전등기가 이루어지기 전에 丙 명의로 소유권이전등기가 이루어졌다.

1. 甲은 乙을 상대로 매매를 원인으로 한 소유권이전등기절차의 이행을 구하는 소를 제기하였는데, 제1심법원이 甲의 청구를 인용하는 판결을 선고하자 乙은 항소를 제기하였다. 甲은 항소심에서 시효취득을 원인으로 한 소유권이전등기청구에 대한 심판을 선택적으로 구하는 서면을 제출하였다. 항소법원의 심리 결과 시효취득을 원인으로 한 소유권이전등기청구가 이유 있는 것으로 인정되는 경우 법원은 사건을 어떻게 처리하여야 하는가?

2. 乙이 丙을 상대로 X 토지의 소유권에 기하여 丙 명의 소유권이전등기의 말소등기절차의 이행을 구하는 소(A 소)를 제기하였는데, 丙은 A 소송에서 X 토지가 乙 명의로 등기되어 있기는 하였지만 乙이 아니라 A가 X 토지의 소유자이며, 乙이 A에 대하여 가지고 있는 대여금채권을 담보하기 위하여 乙 명의로 소유권이전등기를 해 놓은 것에 불과하므로 乙은 丁으로부터 X 토지를 매수하여 소유권이전등기를 마친 丙을 상대로 X 토지의 소유권에 기하여 丙 명의 소유권이전등기의 말소등기절차의 이행을 청구할 권리가 없다고 주장하였다. 제1심법원은 乙의 청구를 기각하는 판결을 선고하였고, 乙은 항소를 제기하여 항소심에서 소유권에 기한 소유권이전등기의 말소등기청구에 갈음하여 담보물권에 기한 소유권이전등기의 말소등기청구에 대한 심판을 구하였으며, 현재 항소심 계속 중이다. 甲은 乙로부터 이러한 상황을 전해 듣고 乙을 대위하여 丙을 상대로 X 토지의 소유권에 기한 丙 명의 소유권이전등기의 말소등기절차의 이행을 구하

는 소(B 소)를 제기하였다. B 소송에서 丙은 A 소송의 진행 상황을 진술하였고, B 소 법원의 심리 결과 乙과 丁 간에 양도담보계약이 체결된 사실과 丙이 丁으로부터 X 토지를 매수한 사실이 인정되는 경우 법원은 사건을 어떻게 처리하여야 하는가?

〈제 2 문〉

〈사실관계〉

甲은 乙 소유의 X 토지를 3억 원에 매수하여 매매대금 3억 원을 乙에게 모두 지급하였는데, 乙이 이에 관한 소유권이전등기를 해 주지 않는다고 주장하며 乙을 상대로 매매계약의 해제를 원인으로 매매대금 3억 원의 반환을 구하는 소를 제기하였다.

1. 제1심법원이 甲의 청구를 기각하는 판결을 선고하자 甲은 항소하여 항소심 제1차 변론기일에서 매매대금반환청구에 갈음하여 매매를 원인으로 한 소유권이전등기청구에 대한 심판을 구하는 서면을 제출하였다. 甲은 항소심 계속 중에 주위적으로는 매매대금반환청구에 대한 심판을 구하고 이것이 받아들여지지 않을 경우를 대비하여 매매를 원인으로 한 소유권이전등기청구에 대한 심판을 구하는 서면을 제출하였다. 항소법원의 심리 결과 매매계약이 해제된 것으로 밝혀진 경우 법원은 사건을 어떻게 처리하여야 하는가?

2. 甲은 제1심에서 청구가 배척될 경우를 대비하여 매매를 원인으로 한 소유권이전등기청구에 대한 심판도 함께 구하는 청구변경신청서를 제출하였다. 제1심법원은 매매계약이 해제된 사실을 인정하여 乙에게 3억 원의 지급을 명하는 판결을 선고하였고, 乙이 항소하였다. 항소법원의 심리 결과 甲과 乙 간의 매매계약이 유효하게 존속하는 것으로 밝혀진 경우 법원은 사건을 어떻게 처리하여야 하는가?

〈제 3 문〉

〈사실관계〉

甲은 乙로부터 X 토지의 매수를 위임받았다고 하는 丙과 甲 소유의 X 토지를 3억 원에 매도하는 계약을 체결하고, 계약금 및 중도금 2억 원을 지급받은 상태에서 乙 명의로 소유권이전등기를 해 주었다. 甲이 乙에게 매매잔금 1억 원의 지급을 요구하자 乙은 자신이 丙에게 X 토지의 매수를 위임한 적이 없으므로 甲에게 1억 원을 지급할 의무가 없다고 다투었다. 그러자 甲은 乙과 丙을 상대로 택일적으로 매매잔금 1억 원의 지급을 구하는 소를 제기하였다. 甲은 변론기일에서 乙로부터 X 토지 매수에 관한 대리권을 수여받은 丙과 X 토지에 관한 매매계약을 체결하면서 계약금 3,000만 원은 계약 당일에, 중도금 1억 7,000만 원은 그로부터 한 달 후에 각 지급받기로 하고, 잔금 1억 원은 甲이 乙에게 X 토지에 관한 소유권이전등기를 해 주는 즉시 지급받기로 하였는데, 乙은 X 토지에 관한 소유권이전등기를 받고도 잔금을 지급하지 않고 있다고 주장하였다. 乙은 변론기일에서 자신은 丙에게 X 토지 매수에 관한 대리권을 수여한 적이 없지만, 만에 하나 자신이 丙의 행위에 대하여 책임을 지게 되더라도 乙이 甲에 대하여 가지고 있는 5,000만 원의 대여금채권과 상계한다는 진술을 함과 아울러 甲을 상대로 乙의 甲에 대한 매매대금채무는 5,000만 원을 초과해서는 존재하지 아니한다는 확인을 구하는 반소를 제기하였다. 丙은 변론기일에서 甲의 주장이 사실이라고 진술하였다. 법원의 심리 결과 乙이 丙에게 X 토지 매수에 관한 대리권을 수여한 사실과 甲과 丙 간에 甲의 주장과 같은 내용의 매매계약이 체결된 사실 및 乙이 주장하는 대여금채권이 甲이 소를 제기하기 전에 변제기가 도래한 사실이 인정되었다. 법원은 사건을 어떻게 처리하여야 하는가?

― 소의 객관적 병합 사례 풀이 ―

〈제 1 문 - 1〉

I. 쟁점

甲이 항소심에서 시효취득을 원인으로 한 소유권이전등기청구를 추가하였는데, 이것이 청구의 변경에 해당하는지를 소송물이론과 관련하여 검토하여야 한다. 甲이 항소심에서 시효취득을 원인으로 한 소유권이전등기청구를 추가한 경우 항소법원의 사건처리와 관련해서는 (i) 매매를 원인으로 한 소유권이전등기청구와 시효취득을 원인으로 한 소유권이전등기청구의 소송물이 동일한지 여부, (ii) 항소심에서 청구가 선택적으로 병합된 경우 제1심에서 심판하지 않은 청구를 항소법원이 임의로 먼저 선택하여 심판할 수 있는지 여부, (iii) 항소법원의 심리 결과 항소심에서 선택적으로 추가된 청구가 이유 있는 것으로 인정되는 경우 항소법원의 판단(판결주문의 기재방법)을 검토하여야 한다.

II. 甲이 항소심에서 시효취득을 원인으로 한 소유권이전등기청구를 추가하는 것이 청구의 변경에 해당하는지 여부

1. 청구의 변경

가. 의의

원고는 청구의 기초가 바뀌지 않는 한도 내에서 사실심의 변론종결 시(변론 없이 하는 판결의 경우는 판결선고 시)까지 청구를 변경할 수 있다(법 제262조 제1항). 청구의 변경은 원고가 소 제기 시에 특정하였던 심판의 대상을 소송계속 중에 변경하는 것으로서 소송경제와 분쟁의 일회적 해결을 도모하기 위하여 인정된 것이다.

나. 요건

청구의 변경이 허용되기 위해서는 (a) 청구병합의 일반요건을 구비하여야 하고, (b) 기존 소송이 사실심 계속 중 변론종결 전이어야 하며, (c) 청구의 변경을 통해 청구의 기초가 바뀌지 않아야 하고, (d) 청구의 변경으로 인해 소송절차를 현저히 지연시키지 않아야 한다.

구 청구와 신 청구 사이에 어느 정도의 관련성이 있어야 청구의 기초가 바뀌지 않은 것으로 볼 수 있는지와 관련해서는 ① 청구를 특정한 권리로 구성하기 전의 사실적 분쟁이익이 공통되어야 하는 것으로 보는 견해, ② 청구의 발생원인으로서의 기본적 사실이 공통되어야 하는 것으로 보는 견해, ③ 구 청구와 신 청구의 사실자료 사이에 심리의 계속 진행을 정당화할 정도의 공통성이 인정되어야 하는 것으로 보는 견해, ④ 구 청구와 신 청구의 재판자료와 구 청구와 신 청구의 이익관계가 공통되어야 하는 것으로 보는 견해 등이 주장되고 있다.

판례는 동일한 생활사실 또는 경제적 이익에 관한 분쟁으로서 그 분쟁 해결 방법에 차이가 있을 뿐일 경우에는 청구의 기초가 바뀌지 않은 것으로 본다(대법원 1998. 4. 24. 선고 97다44416 판결).

다. 유형

(1) 청구의 교환적 변경

원고가 소송계속 중에 구 청구에 갈음하여 새로운 청구에 대한 심판을 신청하는 것을 청구의 교환적 변경이라고 한다.

(2) 청구의 추가적 변경

원고가 소송계속 중에 구 청구에 대한 심판신청을 유지하면서 새로운 청구에 대한 심판을 추가로 신청하는 것을 청구의 추가적 변경이라고 한다. 청구의 추가적 변경은 청구의 단순병합·선택적 병합·예비적 병합의 형태로 이루어질 수 있다. 청구의 추가적 변경에 의해 후발적으로 병합된 청구 간의 관계에 따라 법원의 심판방법이 정해진다.

2. 매매를 원인으로 한 소유권이전등기청구와 시효취득을 원인으로 한 소유권이 전등기청구의 소송물이 동일한지 여부

가. 소송물의 의의

원고가 소로써 법원에 대하여 당부 판단을 구하는 원고의 피고에 대한 권리 또는 법적 지위의 주장을 소송물이라고 하는데, 이는 법원의 심판대상(소송의 객체)이 된다.

나. 소송물의 내용

(1) 구실체법설

실체법상 권리의무의 주장이 소송물의 내용을 이룬다.

(2) 소송법설

이행의 소와 형성의 소의 경우에는 일정한 급부의 실현이나 특정한 법률관계의 변동을 구할 수 있는 법적 지위의 주장이 소송물의 내용을 이루고, 확인의 소의 경우에는 특정한 권리 또는 법률관계의 주장이 소송물의 내용을 이룬다.

다. 소송물의 특정

(1) 구실체법설

이행의 소와 형성의 소의 경우에는 실체법상 이행청구권과 형성청구권이 기재되는 청구원인에 의해 소송물이 특정되고, 확인의 소의 경우에는 실체법상 권리의무가 청구취지에 기재되므로 청구취지에 의해 소송물이 특정된다.

(2) 소송법설 중 일지설

원고의 신청을 기준으로 소송물이 정해지고 원고의 신청을 이유 있게 하기 위해 주장되는 사실관계는 신청을 해석하는 수단에 불과하다. 이행의 소와 형성의 소의 경우에는 급부와 형성의 대상과 내용이 기재되는 청구취지에 의해 소송물이 특정되지만, 청구의 내용이 금전 기타 대체물의 일정한 수량의 지급을 구하는 것일 때에는 청구취지에 금원의 성질이 기재되지 않으므로 이행청구의 내용을 특정하기 위해서는 청구원인에 나타난 사실관계를 고려하여야 하고, 확인의 소의 경우에는 확인을 구하는 권리 또는 법률관계가 기재되는 청구취지에 의해 소송물이 특정된다.

(3) 소송법설 중 이지설

원고의 신청과 그 신청을 이유 있게 하기 위해 주장되는 사실관계가 소송물의 대등한 구성요소를 이룬다. 이행의 소와 형성의 소의 경우에는 급부와 형성의 대상과 내용이 기재되는 청구취지뿐 아니라 이행청구와 형성청구의 근거가 되는 사실관계가 기재되는 청구원인에 의해 소송물이 특정되고, 확인의 소의 경우에는 확인을 구하는 권리 또는 법률관계가 기재되는 청구취지만으로 소송물이 특정되는지, 청구취지와 아울러 확인청구의 근거가 되는 사실관계가 기재되는 청구원인에 의해 소송물이 특정되는지에 관하여 견해의 대립이 있다.[1]

라. 소유권이전등기소송의 소송물

(1) 구실체법설에 따를 경우

등기청구권별로 소송물을 구성하므로 등기원인이 달라지면 등기청구권의 내용이 달라져 소송물이 다르게 된다.

(2) 소송법설 중 일지설에 따를 경우

등기원인이 다르더라도 소유권이전등기절차의 이행을 청구하여 자기 앞으로의 소유권 공시를 목적으로 한다는 점에서는 동일하므로 소유권이전등기절차의 이행을 구할 수 있는 법적 지위, 즉 소송물은 한 개이고 공격방어방법을 달리하는 것에 불과하다.

(3) 소송법설 중 이지설에 따를 경우

소유권이전등기절차의 이행을 구할 수 있는 법적 지위의 근거가 되는 사실관계를 고려하여 소송물을 구성하므로 별개의 사실관계가 등기원인을 이루면 소송물이 다르게 된다.

---

1) 이와 관련해서는 ㉮ 확인의 소의 경우에도 청구취지와 청구원인에 의하여 소송물이 특정된다는 견해, ㉯ 절대권 확인의 경우에는 청구취지만으로 소송물이 특정되지만, 청구권 확인의 경우에는 청구취지와 청구원인에 의하여 소송물이 특정된다는 견해 등이 주장되고 있다. ㉮의 견해에 따르면 소유권의 취득원인은 소송물의 구성요소가 되며, ㉯의 견해에 따르면 소유권의 취득원인은 공격방어방법에 해당한다.

(4) 판례의 입장

소유권이전등기소송에서 등기원인을 달리하면 등기청구권의 발생원인을 달리하므로 매매를 원인으로 한 소유권이전등기청구와 시효취득을 원인으로 한 소유권이전등기청구는 별개의 소송물을 구성한다(대법원 1981. 1. 13. 선고 80다204 · 205 판결).

3. 사안의 경우

가. 구실체법설, 이지설, 판례의 입장에 따를 경우

매매를 원인으로 한 소유권이전등기청구와 시효취득을 원인으로 한 소유권이전등기청구는 별개의 소송물을 구성하므로 시효취득을 원인으로 한 소유권이전등기청구를 추가하는 것은 청구의 변경에 해당한다.

동일한 X 토지에 관한 매매를 원인으로 한 소유권이전등기청구와 시효취득을 원인으로 한 소유권이전등기청구는 같은 생활사실 또는 경제적 이익에 관한 것으로서 분쟁 해결방법만을 달리하는 것으로 볼 수 있으므로 청구의 기초가 바뀌지 않은 것으로 볼 수 있다.

제1심에서는 매매를 원인으로 한 소유권이전등기청구에 대한 심판만을 신청하였다가 항소심에서 시효취득을 원인으로 한 소유권이전등기청구에 대한 심판신청을 선택적으로 추가하였으므로 청구의 선택적 · 추가적 변경에 해당한다.

나. 일지설에 따를 경우

매매를 원인으로 한 소유권이전등기청구와 시효취득을 원인으로 한 소유권이전등기청구의 소송물이 동일하므로 시효취득을 원인으로 한 소유권이전등기청구를 추가하는 것은 공격방어방법을 추가한 것으로서 청구의 변경에 해당하지 않는다.

III. 항소법원의 심판대상 및 방법

1. 제1심에서 전부 승소한 원고가 항소심에서 청구의 변경을 할 수 있는지 여부

제1심에서 전부 승소한 원고가 청구를 변경하기 위하여 항소하는 것은 항소의 이익을 흠결하여 허용되지 않지만, 피고의 항소로 개시된 항소심절차에서 청구를 변경하는 것은 부대항소로서 허용된다(대법원 1992. 12. 8. 선고 91다43015 판결).

2. 항소법원의 심판대상

가. 청구의 추가적 변경으로 보는 경우

甲이 乙을 상대로 매매를 원인으로 한 소유권이전등기절차의 이행을 구하는 소를 제기하여 승소하고, 乙의 항소에 의한 항소심 계속 중에 시효취득을 원인으로 한 소유권이전등기청구를 선택적으로 추가하였으므로 양 청구는 항소법원의 심판대상이 된다.

나. 공격방어방법이 추가된 것으로 보는 경우

항소심에서 추가된 공격방어방법은 실기한 공격방어방법에 해당하지 않는 한 항소법원의 판단대상이 될 수 있다.

3. 항소법원의 심판방법

가. 청구의 추가적 변경으로 보는 경우

(1) 청구의 추가적 변경에 의해 선택적 병합의 형태를 취하게 된 경우 법원의 심판방법

청구의 선택적 병합이 후발적으로 이루어진 경우에도 청구의 선택적 병합의 경우와 마찬가지로 법원은 병합된 여러 개의 청구 중 이유 있는 청구를 선택하여 인용하면 되고, 원고의 청구가 모두 이유 없는 때에는 병합된 청구 전부에 대하여 배척하는 판단을 하여야 한다. 제1심에서 청구의 추가적 변경이 이루어진 경우뿐 아니라 항소심에서 청구의 추가적 변경이 이루어져 선택적 병합의 형태를 취하게 된 경우에도 이러한 심판방법이 적용된다.

여러 개의 청구가 제1심에서 처음부터 선택적으로 병합되고 그중 어느 한 개의 청구에 관한 인용판결이 선고되어 피고가 항소를 제기한 경우는 물론 원고의 청구를 인용한 제1심판결에 대하여 피고가 항소를 제기하여 항소심으로 이심된 후에 청구가 선택적으로 병합된 경우에도 항소법원은 제1심에서 인용된 청구를 먼저 심리·판단할 필요는 없고, 선택적으로 병합된 여러 개의 청구 중 제1심에서 심판되지 않은 청구를 임의로 선택하여 심판할 수 있다(대법원 1992. 9. 14. 선고 92다7023 판결; 대법원 2006. 4. 27. 선고 2006다7587·7594 판결).

(2) 항소심에서 청구가 선택적으로 추가되어 항소법원이 제1심에서 심판되지 않은 청구를 임의로 선택하여 심리한 결과 그 청구가 이유 있다고 인정되는 경우 항소법원의 판단

항소법원이 제1심에서 심판되지 않은 청구를 임의로 선택하여 심리한 결과 그 청구가 이유 있다고 인정되는 경우 항소법원의 판결주문 기재방법과 관련해서는 ① 제1심에서 심판되지 않은 다른 청구에 기하여 제1심과 마찬가지로 청구인용을 하더라도 다른 청구를 인용하는 것이므로 판결주문에서 항소기각을 해서는 안 된다는 견해, ② 청구의 선택적 병합으로 달성하고자 한 소송의 목적이 달성된 점에서는 항소법원의 판단이 제1심판결과 다를 바가 없으므로 항소를 기각할 수 있다는 견해 등이 주장되고 있다.

판례는 항소법원의 심리 결과 제1심에서 심판되지 않은 청구가 이유 있는 것으로 인정되고 결론이 제1심판결과 동일한 경우 피고의 항소를 기각해서는 안 되고, 제1심판결을 취소한 다음 새로이 청구를 인용하는 판결을 하여야 한다(대법원 1992. 9. 14. 선고 92다7023 판결; 대법원 2006. 4. 27. 선고 2006다7587·7594 판결)는 입장이다.

(3) 사안의 경우

제1심에서 승소한 원고가 항소심에서 청구를 선택적으로 추가한 경우 법원의 심판방법에 관한 판례의 입장에 따르면 항소법원은 甲이 항소심에서 선택적으로 추가한 시효취득을 원인으로 한 소유권이전등기청구가 이유 있는 것으로 인정되는 경우 청구의 선택적 병합의 심판방법에 따라 제1심판결의 대상이 되었던 매매를 원인으로 한 소유권이전등기청구에 관하여 먼저 심판할 필요 없이 시효취득을 원인으로 한 소유권이전등기청구에 관하여 심판할 수 있다. 따라서 제1심에서 매매를 원인으로 한 소유권이전등기청구가 인용되었더라도 항소법원의 심리 결과 항소심에서 선택적으로 추가된 시효취득을 원인으로 한 소유권이전등기청구가 이유 있는 것으로 인정되었으므로 법원은 제1심판결을 취소한 다음 새로운 청구인 시효취득을 원인으로 한 소유권이전등기청구를 인용하는 판결을 하여야 할 것이다.

나. 공격방어방법이 추가된 것으로 보는 경우

(1) 법원의 판단방법

당사자가 주장하는 공격방어방법에 관하여 법원은 판단순서 등의 제한을 받지 않고 판단할 수 있다.

(2) 사안의 경우

甲이 항소심에서 시효취득이라는 공격방어방법을 추가하는 것은 실기한 공격방어방법에 해당하지 않는 한 허용되지만, 제1심과 항소심의 심판대상은 동일한 청구이고, 항소법원의 판단이 제1심법원의 결론과 같으므로 항소를 기각하여야 할 것이다.

Ⅳ. 사례의 정리

매매를 원인으로 한 소유권이전등기청구와 시효취득을 원인으로 한 소유권이전등기청구의 소송물이 다른 것으로 보는 판례의 입장에 따르면 甲은 항소심에서 청구를 선택적·추가적으로 변경한 것으로 볼 수 있으며, 항소심에서 청구의 선택적·추가적 변경이 이루어진 경우 항소법원의 심판대상 및 방법에 관한 판례의 입장에 따르면 항소법원은 甲이 항소심에서 선택적으로 추가한 시효취득을 원인으로 한 소유권이전등기청구에 관하여 먼저 심판할 수 있고, 그 청구가 이유 있는 것으로 인정되었으므로 제1심판결을 취소하고 시효취득을 원인으로 한 소유권이전등기절차의 이행을 명하는 판결을 하여야 할 것이다.

〈제 1 문 - 2〉

I. 쟁점

乙이 丙을 상대로 X 토지의 소유권에 기하여 丙 명의 소유권이전등기의 말소등기절차의 이행을 구하는 소를 제기하였다가 패소하자 항소를 제기하여 항소심에서 소유권에 기한 소유권이전등기의 말소등기청구에 갈음하여 담보물권에 기한 소유권이전등기의 말소등기청구에 대한 심판을 구하는 것이 청구의 교환적 변경에 해당하는지를 검토하여야 한다.

이러한 항소심 계속 중에 乙의 채권자 甲이 乙을 대위하여 丙을 상대로 X 토지의 소유권에 기한 丙 명의 소유권이전등기의 말소등기절차의 이행을 구하는 소를 제기하는 것이 허용되는지와 관련해서는 청구의 교환적 변경의 소송법적 구조와 甲이 乙을 대위하여 丙을 상대로 X 토지의 소유권에 기한 丙 명의 소유권이전등기의 말소등기절차의 이행을 구하는 것이 민사소송법 제267조 제2항에서 금지하고 있는 재소에 해당하는지를 검토하여야 한다.

II. 乙이 항소심에서 소유권에 기한 소유권이전등기의 말소등기청구에 갈음하여 담보물권에 기한 소유권이전등기의 말소등기청구에 대한 심판을 구하는 것이 청구의 교환적 변경에 해당하는지 여부

1. 소유권에 기한 소유권이전등기의 말소등기청구와 담보물권에 기한 소유권이전등기의 말소등기청구의 소송물이 동일한지 여부

가. 소송물의 의의

원고가 소로써 법원에 대하여 당부 판단을 구하는 원고의 피고에 대한 권리 또는 법적 지위의 주장을 소송물이라고 하는데, 이는 법원의 심판대상(소송의 객체)이 된다.

나. 소송물의 내용

(1) 구실체법설

실체법상 권리의무의 주장이 소송물의 내용을 이룬다.

(2) 소송법설

이행의 소와 형성의 소의 경우에는 일정한 급부의 실현이나 특정한 법률관계의 변동을 구할 수 있는 법적 지위의 주장이 소송물의 내용을 이루고, 확인의 소의 경우에는 특정한 권리 또는 법률관계의 주장이 소송물의 내용을 이룬다.

다. 소송물의 특정

(1) 구실체법설

이행의 소와 형성의 소의 경우에는 실체법상 이행청구권과 형성청구권이 기재되는 청구원인에 의해 소송물이 특정되고, 확인의 소의 경우에는 실체법상 권리의무가 청구취지에 기재되므로 청구취지에 의해 소송물이 특정된다.

(2) 소송법설 중 일지설

원고의 신청을 기준으로 소송물이 정해지고 원고의 신청을 이유 있게 하기 위해 주장되는 사실관계는 신청을 해석하는 수단에 불과하다. 이행의 소와 형성의 소의 경우에는 급부와 형성의 대상과 내용이 기재되는 청구취지에 의해 소송물이 특정되지만, 청구의 내용이 금전 기타 대체물의 일정한 수량의 지급을 구하는 것일 때에는 청구취지에 금원의 성질이 기재되지 않으므로 이행청구의 내용을 특정하기 위해서는 청구원인에 나타난 사실관계를 고려하여야 하고, 확인의 소의 경우에는 확인을 구하는 권리 또는 법률관계가 기재되는 청구취지에 의해 소송물이 특정된다.

(3) 소송법설 중 이지설

원고의 신청과 그 신청을 이유 있게 하기 위해 주장되는 사실관계가 소송물의 대등한 구성요소를 이룬다. 이행의 소와 형성의 소의 경우에는 급부와 형성의 대상과 내용이 기재되는 청구취지뿐 아니라 이행청구와 형성청구의 근거가 되는 사실관계가 기재되는 청구원인에 의해 소송물이 특정되고, 확인의 소의 경우에는 확인을 구하는 권리 또는 법률관계가 기재되는 청구취지만으로 소송물이 특정되는지, 청구취지와 아울러 확인청구의 근거가 되는 사실관계가 기재되는 청구원인에 의해 소송물이 특정되는지에 관하여 견해의 대립이 있다.

라. 사안의 경우

(1) 구실체법설에 따를 경우

실체법상 권리주장이 소송물의 내용을 이루므로 실체법적 근거를 달리하는 소유권에 기한 소유권이전등기의 말소등기청구와 담보물권에 기한 소유권이전등기의 말소등기청구는 별개의 소송물을 구성한다.

(2) 소송법설 중 일지설에 따를 경우

소유권에 기한 소유권이전등기의 말소등기청구와 담보물권에 기한 소유권이전등기의 말소등기청구는 모두 등기명의의 회복을 목적으로 하는 것으로서 말소등기를 구할 수 있는 법적 지위가 하나이므로 동일한 소송물을 구성한다.

(3) 소송법설 중 이지설에 따를 경우

소유권에 기한 소유권이전등기의 말소등기청구와 담보물권에 기한 소유권이전등기의 말소등기청구의 사실관계가 다르면 별개의 소송물을 구성한다.

2. 청구의 교환적 변경에 해당하는지 여부

가. 청구의 변경

(1) 의의

원고는 청구의 기초가 바뀌지 않는 한도 내에서 사실심의 변론종결 시(변론 없이 하는 판결의 경우는 판결선고 시)까지 청구를 변경할 수 있다(법 제262조 제1항). 청구의 변경은 원고가 소 제기 시에 특정하였던 심판의 대상을 소송계속 중에 변경하는 것으로서 소송경제와 분쟁의 일회적 해결을 도모하기 위하여 인정된 것이다.

(2) 요건

청구의 변경이 허용되기 위해서는 (a) 청구병합의 일반요건을 구비하여야 하고, (b) 기존 소송이 사실심 계속 중 변론종결 전이어야 하며, (c) 청구의 변경을 통해 청구의 기초가 바뀌지 않아야 하고, (d) 청구의 변경으로 인해 소송절차를 현저히 지연시키지 않아야 한다.

구 청구와 신 청구 사이에 어느 정도의 관련성이 있어야 청구의 기초가 바뀌지 않은 것으로 볼 수 있는지와 관련해서는 ① 청구를 특정한 권리로 구성하기 전의 사실적 분쟁이익이 공통되어야 하는 것으로 보는 견해, ② 청구의 발생원인으로서의 기본적 사실이 공통되어야 하는 것으로 보는 견해, ③ 구 청구와 신 청구의 사실자료 사이에 심리의 계속 진행을 정당화할 정도의 공통성이 인정되어야 하는 것으로 보는 견해, ④ 구 청구와 신 청구의 재판자료와 구 청구와 신 청구의 이익관계가 공통되어야 하는 것으로 보는 견해 등이 주장되고 있다.

판례는 동일한 생활사실 또는 경제적 이익에 관한 분쟁으로서 그 분쟁 해결방법에 차이가 있을 뿐일 경우에는 청구의 기초가 바뀌지 않은 것으로 본다(대법원 1998. 4. 24. 선고 97다44416 판결).

(3) 유형

청구의 변경에는 원고가 소송계속 중에 (i) 구 청구에 대한 심판신청을 유지하면서 새로운 청구에 대한 심판을 추가로 신청하는 청구의 추가적 변경과 (ii) 구 청구에 갈음하여 새로운 청구에 대한 심판을 신청하는 청구의 교환적 변경이 있다.

(4) 사안의 경우

乙이 항소심에서 소유권에 기한 소유권이전등기의 말소등기청구에 갈음하여 담보물권에 기한 소유권이전등기의 말소등기청구에 대한 심판을 구하는 것은 구실체법설, 이지설, 판례의 입장에 따르면 청구의 교환적 변경에 해당하지만, 일지설에 따르면 주장, 즉 공격방어방법의 변경에 해당할 뿐 청구의 교환적 변경에 해당하지 않는다.

나. 청구의 교환적 변경의 소송법적 구조

청구의 교환적 변경의 소송법적 구조와 관련해서는 ① 구 청구에 관한 소 취하와 신 청구에 관한 소 제기가 결합된 것으로 보는 견해, ② 청구를 교환적으로 변경하는 원고의 의사는 소송 중 어느 한 부분을 종료시키려는 데에 있지 않고 다른 청구로써 소송을 계속 수행하려는 데에 있는 것으로 보아 구 청구에 관한 소 취하로서의 성질을 인정하지 않는 견해 등이 주장되고 있다.

판례는 피고의 항소로 인한 항소심에서 청구의 교환적 변경이 있으면 제1심 판결은 청구의 교환적 변경에 의한 소 취하로 실효되고, 새로운 청구만이 항소심의 심판대상이 되어 항소심이 사실상 제1심으로 재판하게 되므로 그 후에 피고가 항소를 취하하더라도 항소 취하는 그 대상이 없어 아무런 효력이 발생하지 않는다(대법원 1995. 1. 24. 선고 93다25875 판결)는 입장이다.

청구의 교환적 변경에 의해 구 청구에 관한 소가 취하되는 것으로 보는 경우 피고가 본안에 관하여 응소한 후 원고가 청구를 교환적으로 변경하고자 하는 때에도 피고의 동의를 받아야 하는지가 문제되는데, 판례는 청구의 기초에 변경이 없으면 항소심에서도 피고의 동의를 받지 않고 청구를 교환적으로 변경할 수 있는 것으로 본다(대법원 1970. 2. 24. 선고 69다2172 판결).

3. 乙의 소유권에 기한 소유권이전등기의 말소등기청구의 소송상 취급

구실체법설, 이지설에 따라 청구의 교환적 변경이 이루어진 것으로 보는 경우 그 소송법적 구조와 관련하여 구 청구에 관한 소가 취하된 것으로 보는 견해와 판례의 입장에 따르면 제1심에서 청구를 기각당한 乙이 항소심에서 소유권에 기한 소유권이전등기의 말소등기청구에 갈음하여 담보물권에 기한 소유권이전등기의 말소등기청구에 대한 심판을 구함으로써 소유권에 기한 소유권이전등기의 말소등기청구에 관한 소는 본안에 대한 종국판결이 선고된 후에 취하된 것으로 취급될 것이다.

일지설, 청구의 교환적 변경에 대하여 구 청구에 관한 소 취하로서의 성질을 인정하지 않는 견해에 따르면 乙이 항소심에서 소유권에 기한 소유권이전등기의 말소등기청구에 갈음하여 담보물권에 기한 소유권이전등기의 말소등기청구에 대한 심판을 구하더라도 소유권에 기한 소유권이전등기의 말소등기청구가 법원의 심판대상에서 배제될 뿐 본안에 대한 종국판결이 선고된 후에 소가 취하된 것으로 취급되지 않을 것이다.

Ⅲ. 甲이 乙을 대위하여 丙을 상대로 X 토지의 소유권에 기한 丙 명의 소유권이전등기의 말소등기절차의 이행을 구하는 소를 제기하는 것이 허용되는지 여부

1. 재소(법 제267조 제2항)에 해당하는지가 문제되는 경우

소유권에 기한 소유권이전등기의 말소등기청구와 담보물권에 기한 소유권이전등기의 말소등기청구의 소송물이 다른 것으로 보고, 乙의 청구의 교환적 변경에 의해 소유권에 기한 丙 명의 소유권이전등기의 말소등기절차의 이행을 구하는 소가 취하된 것으로 보는 견해에 따르며, 채권자대위소송을 법정소송담당으로 보는 경우에는 甲이 乙을 대위하여 丙을 상대로 X 토지의 소유권에 기한 丙 명의 소유권이전등기의 말소등기절차의 이행을 구하는 소는 재소에 해당할 것이다.

2. 중복된 소 제기(법 제259조)에 해당하는지가 문제되는 경우

소유권에 기한 소유권이전등기의 말소등기청구와 담보물권에 기한 소유권이전등기의 말소등기청구의 소송물이 동일한 것으로 보고, 채권자대위소송을 법정소송담당으로 보는 경우에는 甲이 乙을 대위하여 丙을 상대로 X 토지의 소유권에 기한 丙 명의 소유권이전등기의 말소등기절차의 이행을 구하는 소는 중복된 소에 해당할 것이다.

3. 채권자대위소송의 당사자적격 흠결이 문제되는 경우

소유권에 기한 소유권이전등기의 말소등기청구와 담보물권에 기한 소유권이전등기의 말소등기청구의 소송물이 동일한 것으로 보고, 채권자대위소송을 법정소송담당으로 보는 경우에는 甲이 乙을 대위하여 丙을 상대로 X 토지의 소유권에 기한 丙 명의 소유권이전등기의 말소등기절차의 이행을 구하는 소는 채권자대위소송의 당사자적격을 흠결하여 부적법한 것으로 취급될 것이다.

Ⅳ. 사례의 정리

乙이 丙을 상대로 X 토지의 소유권에 기하여 丙 명의 소유권이전등기의 말소등기절차의 이행을 구하는 A 소를 제기하였다가 청구를 기각당한 후 항소심에서 담보물권에 기하여 丙 명의 소유권이전등기의 말소등기절차의 이행을 구하는 것으로 청구를 교환적으로 변경하였으므로 소유권에 기한 소유권이전등기의 말소등기청구와 담보물권에 기한 소유권이전등기의 말소등기청구의 소송물이 다른 것으로 보고, 청구의 교환적 변경에 의해 구 청구에 관한 소가 취하되는 것으로 보며, 채권자대위소송을 법정소송담당으로 보는 판례의 입장에 따르

면 甲이 乙을 대위하여 丙을 상대로 X 토지의 소유권에 기한 丙 명의 소유권이
전등기의 말소등기절차의 이행을 구하는 B 소를 제기한 것은 재소에 해당할 것
이므로 B 소 법원은 소를 각하하는 판결을 하여야 할 것이다.

〈제 2 문 - 1〉

I. 쟁점

甲이 乙을 상대로 매매계약의 해제를 원인으로 매매대금의 반환을 구하는
소를 제기하였다가 항소심에서 매매를 원인으로 한 소유권이전등기청구로 청구
를 교환적으로 변경한 후에 다시 추가적으로 매매계약 해제를 원인으로 한 매
매대금반환청구에 대한 심판을 구하는 것이 허용되는지와 관련하여 청구의 교
환적 변경의 소송법적 구조와 항소심에서 청구를 교환적으로 변경한 후에 다시
구 청구인 매매대금반환청구에 대한 심판을 구하는 것이 재소에 해당하는지를
검토하여야 하고, 항소법원의 사건처리와 관련해서는 청구의 예비적·추가적 변
경에 대한 항소법원의 심판방법을 검토하여야 한다.

II. 청구의 교환적 변경의 소송법적 구조

1. 청구의 변경

가. 의의

원고는 청구의 기초가 바뀌지 않는 한도 내에서 사실심의 변론종결 시(변론
없이 하는 판결의 경우는 판결선고 시)까지 청구를 변경할 수 있다(법 제262조 제1
항). 청구의 변경은 원고가 소 제기 시에 특정하였던 심판의 대상을 소송계속
중에 변경하는 것으로서 소송경제와 분쟁의 일회적 해결을 도모하기 위하여 인
정된 것이다.

나. 요건 및 방식

청구의 변경이 허용되기 위해서는 (a) 청구병합의 일반요건을 구비하여야 하

고, (b) 기존 소송이 사실심 계속 중 변론종결 전이어야 하며, (c) 청구의 변경을 통해 청구의 기초가 바뀌지 않아야 하고, (d) 청구의 변경으로 인해 소송절차를 현저히 지연시키지 않아야 한다.

구 청구와 신 청구 사이에 어느 정도의 관련성이 있어야 청구의 기초가 바뀌지 않은 것으로 볼 수 있는지와 관련해서는 ① 청구를 특정한 권리로 구성하기 전의 사실적 분쟁이익이 공통되어야 하는 것으로 보는 견해, ② 청구의 발생원인으로서의 기본적 사실이 공통되어야 하는 것으로 보는 견해, ③ 구 청구와 신 청구의 사실자료 사이에 심리의 계속 진행을 정당화할 정도의 공통성이 인정되어야 하는 것으로 보는 견해, ④ 구 청구와 신 청구의 재판자료와 구 청구와 신 청구의 이익관계가 공통되어야 하는 것으로 보는 견해 등이 주장되고 있다.

판례는 동일한 생활사실 또는 경제적 이익에 관한 분쟁으로서 그 분쟁 해결방법에 차이가 있을 뿐일 경우에는 청구의 기초가 바뀌지 않은 것으로 본다(대법원 1998. 4. 24. 선고 97다44416 판결).

청구취지의 변경은 서면으로 하여야 하는데, 반드시 '청구취지 변경신청서'라는 서면을 제출하여야 하는 것은 아니고, 준비서면의 형식을 취한 서면이라도 그 서면을 제출할 때까지 이루어진 소송의 경과 등에 비추어 그 내용이 청구취지를 변경하는 취지를 포함하고 있는 경우에는 서면에 의하여 청구취지의 변경이 있는 것으로 볼 수 있다(대법원 2009. 5. 28. 선고 2008다86232 판결). 청구취지의 변경은 서면으로 하여야 하지만, 말로 하였더라도 피고가 이에 관하여 이의를 제기하지 않으면 이의권의 상실로 그 하자가 치유될 수 있다(법 제151조).

다. 유형

(1) 청구의 추가적 변경

원고가 소송계속 중에 구 청구에 대한 심판신청을 유지하면서 새로운 청구에 대한 심판을 추가로 신청하는 것을 청구의 추가적 변경이라고 한다. 청구의 추가적 변경은 청구의 단순병합·선택적 병합·예비적 병합의 형태로 이루어질 수 있다. 청구의 추가적 변경에 의해 후발적으로 병합된 청구 간의 관계에 따라 법원의 심판방법이 정해진다.

(2) 청구의 교환적 변경

원고가 소송계속 중에 구 청구에 갈음하여 새로운 청구에 대한 심판을 신청하는 것을 청구의 교환적 변경이라고 한다.

2. 청구의 교환적 변경의 소송법적 구조

청구의 교환적 변경의 소송법적 구조와 관련해서는 ① 구 청구에 관한 소 취하와 신 청구에 관한 소 제기가 결합된 것으로 보는 견해, ② 청구를 교환적으로 변경하는 원고의 의사는 소송 중 어느 한 부분을 종료시키려는 데에 있지 않고 다른 청구로써 소송을 계속 수행하려는 데에 있는 것으로 보아 구 청구에 관한 소 취하로서의 성질을 인정하지 않는 견해 등이 주장되고 있다.

판례는 피고의 항소로 인한 항소심에서 청구의 교환적 변경이 있으면 제1심 판결은 청구의 교환적 변경에 의한 소 취하로 실효되고, 새로운 청구만이 항소심의 심판대상이 되어 항소심이 사실상 제1심으로 재판하게 되므로 그 후에 피고가 항소를 취하하더라도 항소 취하는 그 대상이 없어 아무런 효력이 발생하지 않는다(대법원 1995. 1. 24. 선고 93다25875 판결)는 입장이다.

청구의 교환적 변경에 의해 구 청구에 관한 소가 취하되는 것으로 보는 경우 피고가 본안에 관하여 응소한 후 원고가 청구를 교환적으로 변경하고자 하는 때에도 피고의 동의를 받아야 하는지가 문제되는데, 판례는 청구의 기초에 변경이 없으면 항소심에서도 피고의 동의를 받지 않고 청구를 교환적으로 변경할수 있다(대법원 1970. 2. 24. 선고 69다2172 판결)는 입장이다.

3. 사안의 경우

청구의 교환적 변경이 이루어진 경우 구 청구에 관한 소가 취하된 것으로 보는 견해와 판례의 입장에 따르면 제1심에서 청구를 기각당한 甲이 항소심에서 매매계약의 해제를 원인으로 한 매매대금반환청구에 갈음하여 매매를 원인으로 한 소유권이전등기청구에 대한 심판을 구함으로써 매매대금반환청구에 관한 소는 본안에 대한 종국판결이 선고된 후에 취하된 것으로 취급될 것이다.

Ⅲ. 항소심에서 청구의 교환적 변경이 이루어진 후에 다시 구 청구인 매매대금 반환청구에 대한 심판을 구하는 것이 재소에 해당하는지 여부

1. 재소금지의 의의 및 제도적 취지

본안에 대한 종국판결이 있은 뒤에 소를 취하한 사람은 같은 소를 제기하지 못한다(법 제267조 제2항). 재소금지의 제도적 취지와 관련해서는 ① 소 취하의 남용에 대한 제재로 보는 견해, ② 재소의 남용에 대한 제재로 보는 견해, ③ 소 취하의 남용 및 재소의 남용에 대한 제재로 보는 견해 등이 주장되고 있다.

2. 재소금지의 요건

본안에 대한 종국판결이 선고된 후에 소가 취하된 경우 재소로서 금지되는 것은 취하된 소와 동일한 소인데, 재소금지의 경우에는 그 반작용으로 소권을 제한하는 측면이 있으므로 당사자와 소송물뿐만 아니라 권리보호이익도 동일하여야 동일한 소로 취급된다.

가. 당사자의 동일

본안에 대한 종국판결이 선고된 후에 소가 취하된 경우 다시 소를 제기할 수 없는 자는 전소의 당사자 중 원고만이고, 전소의 피고는 소를 제기할 수 있다.

나. 소송물의 동일

재소로서 금지되기 위해서는 전소와 후소의 소송물이 동일하여야 한다. 소송물의 동일성 여부는 소송물이론에 따라 달리 판단된다. 소송상 동일한 목적을 추구하면서 실체법상 권리를 달리 주장하는 경우 구실체법설에 따르면 실체법상 권리를 달리하여 동일한 소가 아니지만, 소송법설 중 일지설에 따르면 소송상 동일한 목적을 추구하므로 동일한 소로 취급된다.

다. 권리보호이익의 동일

재소금지는 소를 취하한 후에 정당한 사유 없이 다시 소를 제기하는 것을 방지하기 위한 것이므로 재소를 정당화하는 새로운 이익이나 필요성이 인정되는 경우에는 재소를 허용하여야 한다. 따라서 전소와 후소의 권리보호이익이 동일한 경우에 한하여 재소금지 규정이 적용된다.

라. 본안에 대한 종국판결이 있은 뒤의 소 취하

원고가 본안에 대한 종국판결을 선고받은 후에 소를 취하한 경우 재소가 금지되므로 소송판결이 선고된 후에 소를 취하한 때에는 다시 소를 제기할 수 있다.

3. 항소심에서 청구의 교환적 변경이 이루어진 경우 법원의 심판대상 및 방법

항소심에서 청구가 교환적으로 변경된 경우 구 청구에 관한 소는 취하된 것으로 보게 되고 신 청구만이 심판대상이 되므로 항소법원은 이미 취하된 구 청구에 관하여 판단해서는 안 된다(대법원 1980. 11. 11. 선고 80다1182 판결). 항소심에서 청구가 교환적으로 변경되어 구 청구에 관한 소 취하의 효력이 발생한 때에는 구 청구에 대한 소송계속이 소멸하여 제1심판결이 실효되므로 제1심판결을 취소하거나 항소를 기각할 여지가 없게 된다. 항소심에서 교환적으로 변경된 신 청구만이 항소심의 심판대상이 되며(대법원 1989. 3. 28. 선고 87다카2372 판결; 대법원 2013. 2. 28. 선고 2011다31706 판결), 신 청구가 이유 없는 것으로 인정되는 경우 항소법원은 원고의 청구를 기각하는 판결을 하여야 한다(대법원 1997. 6. 10. 선고 96다25449·25456 판결[2]).

환송 전의 항소심에서 청구의 교환적 변경이 적법하게 이루어진 경우에는 신 청구만이 환송 전후 항소심의 심판대상이 되고, 환송 후의 항소심에서 원고가 항소를 취하하더라도 항소 취하는 그 대상이 없어 아무런 효력이 발생하지 않는데, 원고가 환송 후의 항소심에서 항소 취하서를 제출하더라도 그 항소 취하는 효력이 발생하지 않으므로 환송 후의 항소심은 항소 취하서 제출과 상관없이 기일을 지정하여 소송을 진행하거나 원고 측에 대한 석명 등을 통해 그 항소 취하가 교환적으로 변경된 신 청구에 대한 소를 취하하는 의미인 것으로 확

---

2) 항소심에 이르러 청구가 추가적으로 변경되거나 교환적으로 변경된 때에는 항소심은 신 청구에 대하여 재판하여야 하며, 제1심이 원고의 청구를 기각하였고, 항소심이 추가된 신 청구 또는 교환적으로 변경된 신 청구를 기각하는 때에는 "원고의 청구를 기각한다."라는 주문표시를 하여야 하고, "항소를 기각한다."라는 주문표시를 해서는 안 된다.

인된 때에는 그 항소 취하서를 피고 측에 송달하여 소 취하에 대한 동의 여부를 확인하여야 한다(대법원 2008. 5. 29. 선고 2008두2606 판결).

항소심에서 청구가 교환적으로 변경된 경우 청구의 교환적 변경에 대하여 구 청구에 관한 소 취하로서의 성질을 인정하는 견해와 판례의 입장에 따르면 구 청구는 본안에 대한 종국판결이 선고된 후에 취하된 것으로 보게 되는 결과 재소금지 규정(법 제267조 제2항)이 적용되어 청구의 변경을 통해 구 청구를 부활시킬 수 없다. 제1심에서 패소한 후 항소심 계속 중에 구 청구를 신 청구로 교환적으로 변경한 다음 다시 본래의 구 청구로 교환적으로 변경하는 것은 본안에 대한 종국판결이 선고된 후에 소를 취하하였다가 동일한 소를 다시 제기하는 경우에 해당하여 부적법하다(대법원 1987. 11. 10. 선고 87다카1405 판결).

4. 사안의 경우

甲은 항소심에서 청구를 교환적으로 변경하였다가 다시 추가적 변경을 통해 구 청구에 대한 심판을 구하고 있는데, 청구의 교환적 변경에 의해 구 청구에 관한 소가 취하된 것으로 보는 견해와 판례의 입장에 따르면 본안에 대한 종국판결이 선고된 후에 구 청구에 관한 소가 취하된 것으로 취급되므로 청구의 추가적 변경을 통해 다시 구 청구에 대한 심판을 구하는 것은 재소에 해당할 것이다.

청구의 교환적 변경에 대하여 구 청구에 관한 소 취하로서의 성질을 인정하지 않는 견해에 따르면 항소심에서 청구를 교환적으로 변경하였다가 다시 추가적 변경을 통해 구 청구에 대한 심판을 구하더라도 재소에 해당하지 않을 것이다.

IV. 청구의 예비적·추가적 변경의 경우 법원의 심판방법

1. 청구의 예비적·추가적 변경

원고가 소송계속 중에 구 청구에 대한 심판신청을 유지하면서 새로운 청구에 대한 심판을 추가로 신청하는 청구의 추가적 변경은 청구의 단순병합·선택적 병합·예비적 병합의 형태로 이루어질 수 있다. 청구의 추가적 변경에 의해 후발적으로 병합된 청구 간의 관계에 따라 법원의 심판방법이 정해진다.

甲이 항소심에서 청구를 예비적으로 추가하였으므로 후발적으로 이루어진 청구의 병합 형태가 청구의 예비적 병합에 해당하는지를 검토하여야 한다.

2. 청구의 예비적 병합

가. 의의

양립할 수 없는 여러 개의 청구에 대한 심판을 구하면서 주위적 청구에 관한 소가 각하되거나 주위적 청구가 기각될 것에 대비하여 예비적 청구에 대하여 심판을 구하는 형태의 병합을 청구의 예비적 병합이라고 한다. 청구의 예비적 병합은 주위적 청구가 인용될 것을 해제조건으로 하여 예비적 청구에 대하여 심판을 구하는 것이다.

나. 요건

청구의 예비적 병합이 허용되기 위해서는 주위적 청구와 예비적 청구가 같은 소송절차에서 심판받을 수 있어야 하고(소송절차의 공통), 각 청구에 대하여 법원에 관할권이 인정되어야 하며(관할의 공통), 양 청구가 서로 양립할 수 없는 관계에 있어야 하고, 양 청구 간에 심판의 순위가 정해져 있어야 하며, 양 청구의 기초되는 사실관계가 서로 관련성이 있어야 한다.

다. 법원의 심판방법

청구의 예비적·추가적 변경이 이루어진 때에는 법원은 청구의 예비적 병합에 대한 심판방법과 동일하게 심판한다.

(1) 변론의 분리와 일부판결의 불가

청구의 예비적 병합의 경우에는 여러 개의 청구가 하나의 소송절차에 불가분적으로 결합되어 있으므로 변론의 분리와 일부판결을 할 수 없는 것으로 해석된다. 법원은 한 개의 전부판결을 하여야 한다.

(2) 법원의 판단

주위적 청구가 인용되는 때에는 예비적 청구는 법원의 심판대상이 되지 않으므로 주위적 청구를 인용한 판결은 전부판결에 해당하지만, 주위적 청구가 기각되는 때에는 예비적 청구에 대하여 심판하여야 한다. 주위적 청구를 기각하고 예비적 청구를 인용하는 때에는 판결주문에서 먼저 주위적 청구를 기각하는 표시를 한 후에 예비적 청구를 인용하는 표시를 한다.3)

주위적 청구의 일부만이 기각되는 경우 예비적 청구에 관하여 판단하여야 하는지가 문제되는데, 주위적 청구의 일부라도 인용되는 때에는 통상은 주위적 청구와 양립 불가능한 관계에 있는 예비적 청구에 관하여 판단할 필요가 없지만, 원고가 주위적 청구의 일부를 특정하여 그 부분이 인용될 것을 해제조건으로 하여 그 부분에 대해서만 예비적 청구를 병합한 것으로 볼 수 있는 때에는 법원은 주위적 청구 가운데 그 특정 부분이 기각되는 경우 그 부분에 대한 예비적 청구에 관하여 판단하여야 한다(대법원 2000. 4. 7. 선고 99다53742 판결).

주위적 청구원인과 예비적 청구원인이 양립 가능한 경우4)에도 당사자가 심

---

3) 1. 원고의 주위적 청구를 기각한다. 또는 이 사건 소 중 주위적 청구 부분을 각하한다.
   2. 피고는 원고에게 ……하라.
4) 단순병합관계에 있는 청구에 대하여 선택적 또는 예비적 병합의 형태로 법원의 심판을 구하는 경우 법원의 처리방법: 논리적으로 아무런 관련이 없어 단순병합의 형태를 취하여야 하는 여러 개의 청구에 대하여 선택적 또는 예비적으로 병합하여 법원의 심판을 구하는 것은 부적법하여 허용되지 않으므로 원고가 이러한 소를 제기한 때에는 법원은 소송지휘권을 적절히 행사하여 이를 단순병합의 형태로 보정하도록 하는 조치를 취하여야 한다.
   법원이 이러한 조치를 취하지 않고 본안판결을 하면서 그중 어느 하나의 청구에 대해서만 심판하여 인용하고 나머지 청구에 대한 심판을 생략하는 판결을 하였더라도 그로 인해 청구의 병합 형태가 선택적 또는 예비적 병합의 관계로 바뀌는 것은 아니다. 이러한 판결에 대하여 피고만이 항소한 경우 제1심법원이 심판하여 인용한 청구만이 항소심으로 이심되고, 심판하지 않은 나머지 청구는 재판이 누락된 채로 제1심에 남아 있게 된다(대법원 2008. 12. 11. 선고 2006다5550 판결; 대법원 2009. 12. 24. 선고 2009다10898 판결).
   법원이 병합된 청구 전부에 대하여 본안심리를 한 다음 그 가운데 한 개의 청구만을 인용하고 나머지 청구를 기각한 때에는 법원이 청구병합의 형태를 본래의 성질에 맞는 단순병합으로 판단한 것으로 볼 수 있다. 이런 경우 피고만이 그 인용된 청구에 대하여 항소를 제기한 때에는 단순병합의 관계에 있는 청구 전부에 대한 판결이 전체적으로 항소심으로 이심되기는 하지만, 항소심의 심판범위는 이심된 청구 중 피고가 불복한 청구로 한정된다(대법원 2008. 12. 11. 선고 2005다51495 판결).
   판례 중에는 논리적으로 양립할 수 있는 여러 개의 청구이더라도 주위적으로 재산상 손해배상을 청구하면서 그 손해가 인정되지 않을 경우 예비적으로 같은 액수의 정신적 손해배상을 청구하는 때에는 여러 개의 청구 사이에 논리적 관계가 밀접하고, 심판의 순위를 붙여 청구할 합리적 필요성이 인정되는 것으로 보아 당사자가 붙인 순위에 따라서 당사자가 먼저 구하는 청구를 심리하여 이유가 없으면 다음 청구를 심리하여야 한다고 한 것이 있다(대법원 2021. 5. 7. 선고 2020다292411 판결).
   또한 제1심판결이 선고되기 전의 명예훼손행위를 청구원인으로 손해배상청구를 하였다가 피고가 그 내용이 진실이라고 믿을만한 상당한 이유가 있다는 이유로 청구를 기각당한 원고가

판의 순위를 붙여 청구할 합리적 필요성이 있는 때에는 심판의 순위를 붙여 청구할 수 있고, 이런 경우 주위적 청구가 전부 인용되지 않는 때에는 주위적 청구에서 인용되지 않은 수액의 범위 내에서 예비적 청구에 관해서도 판단하여 주기를 바라는 취지로 불가분적으로 결합하여 제소할 수도 있어서 주위적 청구가 일부만 인용되는 경우 예비적 청구를 심리할 것인지는 소송에서의 당사자의 의사해석에 달린 문제로 볼 수 있으므로 원고가 양립 가능한 청구원인에 기하여 크기가 다른 청구에 대하여 순위를 붙여 심판을 구한 경우 법원이 주위적 청구원인에 기한 청구의 일부를 기각하고 예비적 청구취지보다 적은 금액만을 인용하는 때에는 원고에게 주위적 청구가 전부 인용되지 않으면 주위적 청구에서 인용되지 않은 수액의 범위 내에서 예비적 청구에 관해서도 판단하여 주기를 바라는 취지인지를 석명하여 그 결과에 따라 예비적 청구에 관한 판단 여부를 정하여야 한다(대법원 2002. 10. 25. 선고 2002다23598 판결).

원고가 양립 가능한 청구원인에 기하여 크기가 다른 청구에 대하여 순위를 붙여 심판을 구한 경우 주위적 청구가 전부 인용되지 않으면 주위적 청구에서 인용되지 않은 수액의 범위 내에서 예비적 청구에 관하여도 판단해 주기를 바라는 것으로 볼 수 있는 때에는 법원은 기각된 주위적 청구와 양립 가능한 관계에 있는 예비적 청구 부분에 관해서도 판단하여야 한다.[5]

3. 사안의 경우

甲은 乙을 상대로 매매계약의 해제를 원인으로 매매대금의 반환을 구하는 소를 제기하였다가 항소심에서 매매를 원인으로 한 소유권이전등기청구로 청구를 교환적으로 변경한 후에 다시 매매대금반환청구를 주위적 청구로, 소유권이

항소심에서 청구취지를 변경하지 아니한 채 제1심판결이 선고된 후에 피고가 한 새로운 명예훼손행위를 청구원인으로 추가한 때에는 다른 특별한 사정이 없는 한 피고의 새로운 명예훼손행위를 원인으로 하는 손해배상청구를 선택적으로 병합한 것으로 본 것이 있다(대법원 2010. 5. 13. 선고 2010다8365 판결).

5) 주위적 청구와 예비적 청구가 분할 가능한 경우 원고의 의사를 고려하여 원고가 분할 가능한 주위적 청구의 일부를 특정하여 그 부분이 인용될 것을 해제조건으로 하여 그 부분에 대해서만 예비적 청구를 한 것으로 볼 수 있는 때에는 법원은 석명권을 행사하여 예비적 청구에 관한 원고의 주장 내용을 명확히 밝혀보아야 하고, 원고의 주장취지가 위와 같은 것으로 인정되면 예비적 청구의 당부에 관하여 판단하여야 한다(대법원 1996. 2. 9. 선고 94다50274 판결; 대법원 2002. 9. 4. 선고 98다17145 판결).

전등기청구를 예비적 청구로 하는 청구의 추가적 변경을 하였다.

甲의 매매대금반환청구와 소유권이전등기청구는 논리상 양립할 수 없는 청구에 해당하고, 甲이 심판의 순위를 붙여 법원의 판단을 구하고 있으며, 양 청구는 동일한 매매계약에 기한 것으로서 그 기초되는 사실관계가 서로 관련되어 있다고 할 수 있다. 따라서 항소법원은 甲이 붙인 심판의 순위에 따라 주위적 청구에 관하여 먼저 판단하여야 하고, 주위적 청구에 관한 소가 부적법하거나 주위적 청구가 이유 없는 경우 예비적 청구에 관하여 판단하여야 할 것이다.

V. 사례의 정리

청구의 교환적 변경에 의해 구 청구에 관한 소가 취하된 것으로 보는 견해와 판례의 입장에 따르면 매매대금반환청구의 소가 본안에 대한 종국판결이 선고된 후에 취하된 것으로 취급되어 재소금지 규정(법 제276조 제2항)의 적용을 받아 甲은 다시 매매대금반환청구에 대한 심판을 구할 수 없으므로 항소법원은 주위적 청구인 매매대금반환청구에 관한 소를 각하하여야 하고, 예비적 청구인 매매를 원인으로 한 소유권이전등기청구에 관하여 판단하여야 하는데, 심리 결과 매매계약의 해제사실이 인정되므로 항소법원은 매매를 원인으로 한 소유권이전등기청구를 기각하는 판결을 하여야 할 것이다.

청구의 교환적 변경에 대하여 구 청구에 관한 소 취하로서의 성질을 인정하지 않는 견해에 따르면 항소법원은 주위적 청구인 매매대금반환청구에 관하여 먼저 심리하여야 하는데, 심리 결과 매매계약의 해제사실이 인정되므로 매매대금반환청구를 기각한 제1심판결을 취소하고 이를 인용하는 판결을 하여야 할 것이다. 주위적 청구가 이유 있는 것으로 인정되면 청구의 예비적 병합의 해제조건이 성취되어 예비적 청구는 항소법원의 심판대상이 되지 않을 것이므로 항소법원은 예비적 청구인 매매를 원인으로 한 소유권이전등기청구에 관하여 판단하지 않게 될 것이다.

〈제 2 문 - 2〉

I. 쟁점

甲이 乙을 상대로 매매계약의 해제를 원인으로 매매대금의 반환을 구하는 소를 제기하였다가 제1심에서 매매대금반환청구가 배척될 경우를 대비하여 매매를 원인으로 한 소유권이전등기청구를 추가한 것과 관련하여 청구의 예비적·추가적 변경에 대한 법원의 심판방법을 검토하여야 하고, 항소법원의 사건처리와 관련해서는 주위적 청구를 인용한 제1심판결에 대하여 피고가 항소한 경우 항소의 효력이 미치는 범위와 제1심법원이 심판하지 않은 예비적 청구가 항소법원의 심판대상이 되는지를 검토하여야 한다.

II. 청구의 예비적·추가적 변경의 경우 법원의 심판방법

1. 청구의 변경

가. 의의

원고는 청구의 기초가 바뀌지 않는 한도 내에서 사실심의 변론종결 시(변론 없이 하는 판결의 경우는 판결선고 시)까지 청구를 변경할 수 있다(법 제262조 제1항). 청구의 변경은 원고가 소 제기 시에 특정하였던 심판의 대상을 소송계속 중에 변경하는 것으로서 소송경제와 분쟁의 일회적 해결을 도모하기 위하여 인정된 것이다.

나. 요건

청구의 변경이 허용되기 위해서는 (a) 청구병합의 일반요건을 구비하여야 하고, (b) 기존 소송이 사실심 계속 중 변론종결 전이어야 하며, (c) 청구의 변경을 통해 청구의 기초가 바뀌지 않아야 하고, (d) 청구의 변경으로 인해 소송절차를 현저히 지연시키지 않아야 한다.

구 청구와 신 청구 사이에 어느 정도의 관련성이 있어야 청구의 기초가 바뀌지 않은 것으로 볼 수 있는지와 관련해서는 ① 청구를 특정한 권리로 구성하기 전의 사실적 분쟁이익이 공통되어야 하는 것으로 보는 견해, ② 청구의 발생원인으로서의 기본적 사실이 공통되어야 하는 것으로 보는 견해, ③ 구 청구와 신 청구의 사실자료 사이에 심리의 계속 진행을 정당화할 정도의 공통성이 인정되어야 하는 것으로 보는 견해, ④ 구 청구와 신 청구의 재판자료와 구 청구와 신 청구의 이익관계가 공통되어야 하는 것으로 보는 견해 등이 주장되고 있다.

판례는 동일한 생활사실 또는 경제적 이익에 관한 분쟁으로서 그 분쟁 해결 방법에 차이가 있을 뿐일 경우에는 청구의 기초가 바뀌지 않은 것으로 본다(대법원 1998. 4. 24. 선고 97다44416 판결).

다. 유형

(1) 청구의 교환적 변경

원고가 소송계속 중에 구 청구에 갈음하여 새로운 청구에 대한 심판을 신청하는 것을 청구의 교환적 변경이라고 한다.

(2) 청구의 추가적 변경

원고가 소송계속 중에 구 청구에 대한 심판신청을 유지하면서 새로운 청구에 대한 심판을 추가로 신청하는 것을 청구의 추가적 변경이라고 한다. 청구의 추가적 변경은 청구의 단순병합·선택적 병합·예비적 병합의 형태로 이루어질 수 있다. 청구의 추가적 변경에 의해 후발적으로 병합된 청구 간의 관계에 따라 법원의 심판방법이 정해진다.

라. 사안의 경우

甲이 제1심에서 청구를 예비적으로 추가하였으므로 후발적으로 이루어진 청구의 병합 형태가 청구의 예비적 병합에 해당하는지를 검토하여야 한다.

2. 청구의 예비적 병합

가. 의의

양립할 수 없는 여러 개의 청구에 대한 심판을 구하면서 주위적 청구에 관한 소가 각하되거나 주위적 청구가 기각될 것에 대비하여 예비적 청구에 대하여 심판을 구하는 형태의 병합을 청구의 예비적 병합이라고 한다. 청구의 예비적 병합은 주위적 청구가 인용될 것을 해제조건으로 하여 예비적 청구에 대하여 심판을 구하는 것이다.

나. 요건

청구의 예비적 병합이 허용되기 위해서는 주위적 청구와 예비적 청구가 같은 소송절차에서 심판받을 수 있어야 하고(소송절차의 공통), 각 청구에 대하여 법원에 관할권이 인정되어야 하며(관할의 공통), 양 청구가 서로 양립할 수 없는 관계에 있어야 하고, 양 청구 간에 심판의 순위가 정해져 있어야 하며, 양 청구의 기초되는 사실관계가 서로 관련성이 있어야 한다.

다. 법원의 심판방법

청구의 예비적·추가적 변경이 이루어진 때에는 법원은 청구의 예비적 병합의 심판방법과 동일하게 심판한다.

(1) 변론의 분리와 일부판결의 불가

청구의 예비적 병합의 경우에는 여러 개의 청구가 하나의 소송절차에 불가분적으로 결합되어 있으므로 변론의 분리와 일부판결을 할 수 없는 것으로 해석된다. 법원은 한 개의 전부판결을 하여야 한다.

(2) 법원의 판단

주위적 청구가 인용되는 때에는 예비적 청구는 법원의 심판대상이 되지 않으므로 주위적 청구를 인용한 판결은 전부판결에 해당하지만, 주위적 청구가 기각되는 때에는 법원은 예비적 청구에 대하여 심판하여야 한다.[6] 주위적 청구를

---

6) 〖 예비적으로 병합된 청구 중 일부를 판단하지 않은 판결의 처리방법 〗
　　재판의 누락으로 보는 견해: 병합된 청구 중 일부에 대하여 재판하지 않은 것이므로 재판의 누락에 해당하고, 원심법원에 소송이 계속되어 있으므로 원심법원이 추가판결을 하여야 하며 상소의 대상이 되지 않는다.
　　판단의 누락으로 보는 견해: 주위적 청구와 예비적 청구는 불가분적으로 결합되어 있으므로 예비적 병합의 성질상 변론의 분리와 일부판결이 허용되지 않음에도 일부판결이 행해진 때에는 판단의 누락에 준하는 하자가 있는 전부판결로 취급하여 상소의 대상이 되는 것으로 보아야 한다.
　　재판의 누락으로 보면서도 상소의 대상이 되는 것으로 보는 견해: 청구에 대한 재판을 누락한 것이지만 예비적 병합의 특성인 심리의 불가분성을 위반한 위법이 있으므로 상소의 대상이 되는 것으로 볼 수 있다.
　　판례의 입장: 예비적 병합의 경우 여러 개의 청구가 하나의 소송절차에 불가분적으로 결합되

기각하고 예비적 청구를 인용하는 때에는 법원은 판결주문에서 먼저 주위적 청구를 기각하는 표시를 한 후에 예비적 청구를 인용하는 표시를 한다.

주위적 청구의 일부라도 인용되는 때에는 통상은 주위적 청구와 양립 불가능한 관계에 있는 예비적 청구에 관하여 판단할 필요가 없지만, 원고가 주위적 청구의 일부를 특정하여 그 부분이 인용될 것을 해제조건으로 하여 그 부분에 대해서만 예비적 청구를 병합한 것으로 볼 수 있는 때에는 법원은 주위적 청구 가운데 그 특정 부분이 기각되는 경우 예비적 청구에 관하여 판단하여야 한다(대법원 2000. 4. 7. 선고 99다53742 판결).

주위적 청구원인과 예비적 청구원인이 양립 가능한 경우에도 당사자가 심판의 순위를 붙여 청구할 합리적 필요성이 있는 때에는 심판의 순위를 붙여 청구할 수 있고, 이런 경우 주위적 청구가 전부 인용되지 않는 때에는 주위적 청구에서 인용되지 않은 수액의 범위 내에서 예비적 청구에 관해서도 판단하여 주기를 바라는 취지로 불가분적으로 결합하여 제소할 수도 있어서 주위적 청구가 일부만 인용되는 경우 예비적 청구를 심리할 것인지는 소송에서의 당사자의 의사해석에 달린 문제로 볼 수 있으므로 원고가 양립 가능한 청구원인에 기하여 크기가 다른 청구에 대하여 순위를 붙여 심판을 구한 경우 법원이 주위적 청구원인에 기한 청구의 일부를 기각하고 예비적 청구취지보다 적은 금액만을 인용하는 때에는 원고에게 주위적 청구가 전부 인용되지 않으면 주위적 청구에서 인용되지 않은 수액의 범위 내에서 예비적 청구에 관해서도 판단하여 주기를 바라는 취지인지를 석명하여 그 결과에 따라 예비적 청구에 관한 판단 여부를 정하여야 한다(대법원 2002. 10. 25. 선고 2002다23598 판결).

원고가 양립 가능한 청구원인에 기하여 크기가 다른 청구에 대하여 순위를

어 있어 주위적 청구를 먼저 판단하지 않고 예비적 청구만을 인용하거나 주위적 청구를 배척하고 예비적 청구에 관하여 판단하지 않는 등의 일부판결은 예비적 병합의 성질에 반하여 법률상 허용되지 않으므로 이러한 판결에 대하여 상소가 제기되면 누락된 청구 부분도 상소심으로 이심된다(대법원 2000. 11. 16. 선고 98다22253 전원합의체 판결).

항소심판결이 누락한 예비적 청구 부분을 상고로 다툴 수 없는 특별한 사정이 없었음에도 상고로 다투지 아니하여 항소심판결이 확정되도록 한 후에 별소로 이를 다투는 것은 권리보호의 적법요건을 갖추지 못하여 부적법하고, 상소를 통해 이러한 오류의 시정을 주장하였음에도 그 오류가 시정되지 않은 때에는 재심의 소에 의해 구제받을 수 있다(대법원 2002. 9. 4. 선고 98다17145 판결).

붙여 심판을 구한 경우 주위적 청구가 전부 인용되지 않으면 주위적 청구에서 인용되지 않은 수액의 범위 내에서 예비적 청구에 관하여도 판단해 주기를 바라는 것으로 볼 수 있는 때에는 법원은 기각된 주위적 청구와 양립 가능한 관계에 있는 예비적 청구 부분에 관해서도 판단하여야 한다.

3. 사안의 경우

甲이 乙을 상대로 매매계약의 해제를 원인으로 매매대금의 반환을 구하는 소를 제기하였다가 제1심 소송계속 중에 매매대금반환청구를 주위적 청구로, 매매를 원인으로 한 소유권이전등기청구를 예비적 청구로 하는 청구의 추가적 변경을 하였는데, 甲의 매매대금반환청구와 소유권이전등기청구는 논리상 양립할 수 없는 청구에 해당하고, 甲이 심판의 순위를 붙여 법원의 심판을 구하고 있으며, 양 청구는 동일한 매매계약에 기한 것으로서 그 기초되는 사실관계가 서로 관련되어 있다고 할 수 있다.

제1심법원은 매매계약의 해제사실을 인정하여 주위적 청구를 인용하는 판결을 선고하였는데, 법원이 주위적 청구를 인용하는 때에는 예비적 청구는 법원의 심판대상이 되지 않으며, 주위적 청구를 인용한 판결은 전부판결에 해당한다.

III. 주위적 청구를 인용한 제1심판결에 대하여 피고가 항소한 경우 제1심법원이 심판하지 않은 예비적 청구가 항소법원의 심판대상이 되는지 여부

1. 항소 제기의 효력이 미치는 범위

가. 항소 제기의 효력

항소가 제기되면 제1심판결의 확정을 차단하는 확정 차단의 효력과 사건을 제1심에서 항소심으로 심급을 이전시키는 이심의 효력이 발생한다.

나. 상소불가분의 원칙

상소 제기에 따른 확정 차단과 이심의 효력은 원칙적으로 상소인이 불복을 신청한 범위에 상관없이 원심판결 전부에 대하여 불가분적으로 발생하므로 원심판결 일부에 대하여 상소가 제기된 때에도 원심판결 전부에 대하여 확정 차단과 이심의 효력이 발생한다. 상소불가분의 원칙에 의하여 상소인이 불복하지 않은 부분도 확정이 차단되고 상소심으로 이심되므로 상소심의 변론이 종결될 때까지 상소인은 불복신청의 범위를 확장할 수 있고, 피상소인도 부대상소를 할 수 있다(법 제403조).

(1) 원심법원이 한 개의 청구에 관하여 일부 인용판결을 한 경우

패소한 당사자가 패소한 부분에 대해서만 불복하더라도 승소한 부분에 대하여도 상소의 효력이 미친다.

(2) 원심법원이 여러 개의 청구에 관하여 한 개의 전부판결을 한 경우

여러 개의 청구 중 한 개의 청구에 대하여 불복하더라도 불복하지 않은 다른 청구에 대하여도 상소의 효력이 미친다.

(3) 통상공동소송의 경우

통상공동소송인 간에는 공동소송인 독립의 원칙이 적용되므로 상소불가분의 원칙이 적용되지 않는다.

다. 사안의 경우

제1심법원이 주위적 청구인 매매대금반환청구를 인용한 판결에 대하여 乙이 항소를 제기하였으므로 상소불가분의 원칙에 따라 주위적 청구 부분과 예비적 청구 부분이 모두 확정이 차단되고 항소심으로 이심된다.

2. 항소법원의 심판대상

가. 불복신청의 범위

(1) 의의

항소심은 항소인이 제1심판결의 변경을 구하는 한도, 즉 불복을 신청한 한도 내에서 변론을 진행하여 심리하여야 하고(법 제407조 제1항), 그 한도 내에서 판결하여야 한다(법 제415조).[7]

---

7) 원고의 청구를 일부 인용한 제1심판결에 대하여 원고는 항소하였으나 피고들이 항소나 부대항소를 하지 아니한 경우 제1심판결의 원고 승소 부분은 원고의 항소로 인하여 항소심에 이심은 되지만 항소심의 심판범위에서 제외되므로 항소심이 원고의 항소를 일부 인용하여 제1심판결의 원고 패소 부분 중 일부를 취소하고 그 부분에 대한 원고의 청구를 인용하였다면 이는 제1심에서의 원고 패소 부분에 한정된 것이며, 제1심판결 중 원고 승소 부분에 대하여

(2) 심판범위의 확장 또는 축소

항소인은 항소의 이익이 있는 한 항소심의 변론이 종결될 때까지 항소취지를 확장하는 등 불복의 범위를 변경할 수 있고, 피항소인은 항소심의 변론이 종결될 때까지 부대항소에 의하여 항소심의 심판범위를 확장할 수 있다.

나. 불이익 변경의 금지

(1) 의의

항소인이 항소를 제기하면 사건은 전부 확정이 차단되고 항소심으로 이심되지만, 항소법원이 당연히 그 전부에 대하여 심판할 수 있는 것은 아니고 당사자가 항소나 부대항소로 불복을 신청한 범위 내에서만 제1심판결의 당부에 관하여 심판할 수 있다. 따라서 항소법원은 당사자가 불복을 신청한 범위를 넘어 제1심판결을 불이익 또는 이익으로 변경할 수 없게 된다. 이러한 내용의 불이익 변경의 금지는 처분권주의가 상소심에서 발현된 것으로 볼 수 있다.

(2) 불이익 변경의 금지가 적용되지 않는 경우

처분권주의가 적용되지 않는 경우, 직권조사사항 등의 경우, 소송목적의 합일확정이 요구되는 경우, 항소심에서 주장된 피고의 상계항변을 인정하는 경우(법 제415조 단서) 등에는 불이익 변경의 금지가 적용되지 않을 수 있다.

다. 주위적 청구를 인용한 제1심판결에 대하여 피고가 항소한 경우 제1심법원이 심판하지 않은 예비적 청구가 항소심의 심판대상이 되는지 여부

주위적 청구를 인용한 제1심판결에 대하여 피고가 항소한 경우 제1심법원이 심판하지 않은 예비적 청구가 항소심의 심판대상이 되는지와 관련해서는 ① 예비적 병합의 경우 병합된 청구는 서로 관련된 청구이고 사실관계에 관한 자료도 서로 공통되므로 제1심법원이 심판하지 않은 청구 부분도 항소심의 심판대상이 되는 것으로 보아야 한다는 견해, ② 제1심법원이 심판하지 않은 청구 부분을 항소심의 심판대상으로 한다면 당사자의 심급의 이익을 박탈하게 될 염려

는 항소심이 판결한 바가 없어 이 부분은 피고들의 상고 대상이 될 수 없으므로 원고 일부 승소의 제1심판결에 대하여 아무런 불복을 하지 않은 피고들은 제1심판결에서 원고가 승소한 부분에 대하여 상고할 수 없다(대법원 2009. 10. 29. 선고 2007다22514·22521 판결).

가 있으므로 항소심의 심판대상이 되지 않는 것으로 보아야 한다는 견해 등이 주장되고 있다.

판례는 청구의 예비적 병합의 경우에는 원고가 붙인 순위에 따라 심판하여야 하고, 주위적 청구를 배척하는 때에는 예비적 청구에 관하여 심판하여야 하지만 주위적 청구를 인용하는 때에는 다음 순위인 예비적 청구에 관하여 심판할 필요가 없으므로 주위적 청구를 인용한 판결은 전부판결로서 이러한 판결에 대하여 피고가 항소한 때에는 제1심에서 심판받지 않은 다음 순위의 예비적 청구도 모두 이심되고 항소심이 제1심에서 인용된 주위적 청구를 배척하는 때에는 다음 순위인 예비적 청구에 관하여 심판하여야 한다(대법원 2000. 11. 16. 선고 98다22253 전원합의체 판결)는 입장이다.

라. 사안의 경우

주위적 청구를 인용한 제1심판결에 대하여 피고가 항소한 경우 항소법원이 주위적 청구를 배척하는 때에는 제1심법원이 심판하지 않은 예비적 청구 부분도 법원의 심판대상이 되는 것으로 보는 판례의 입장에 따르면 주위적 청구인 매매대금반환청구를 인용한 제1심판결에 대하여 항소가 제기되었고 항소법원의 심리 결과 제1심판결과는 달리 매매계약이 유효하게 존속하는 것으로 밝혀져 주위적 청구인 매매대금반환청구가 이유 없는 것으로 인정되었으므로 항소법원은 제1심판결을 취소하고, 주위적 청구인 매매대금반환청구를 기각하고 예비적 청구인 매매를 원인으로 한 소유권이전등기청구의 당부에 관하여 판단하여야 할 것이다.

Ⅳ. 사례의 정리

甲의 청구의 예비적·추가적 변경에 대하여 제1심법원은 주위적 청구인 매매대금반환청구를 인용하는 판결을 선고하였고, 乙이 항소하였으므로 상소불가분의 원칙에 의해 예비적 청구인 매매를 원인으로 한 소유권이전등기청구 부분도 확정이 차단되고 항소심으로 이심된다. 주위적 청구를 인용한 제1심판결에 대하여 항소가 제기된 경우 항소법원이 주위적 청구를 배척하는 때에는 제1심법원이 심판하지 않은 예비적 청구 부분도 법원의 심판대상이 되는 것으로 보는 판례의 입장에 따르면 항소법원의 심리 결과 매매계약이 유효하게 존속하는 것으로 밝혀져 주위적 청구가 이유 없는 것으로 인정되었으므로 법원은 주위적 청구를 인용한 제1심판결을 취소하고, 甲의 주위적 청구를 기각하고 예비적 청구의 당부에 관하여 판단하여야 할 것이다.

〈제 3 문〉

I. 쟁점

법원의 사건처리와 관련해서는 甲이 乙과 丙을 상대로 제기한 공동소송의 형태를 검토하여야 하고, 乙이 제기한 반소가 적법한지와 선택적 공동소송에 대한 법원의 심판방법을 검토하여야 한다.

II. 甲이 乙과 丙을 상대로 제기한 공동소송의 형태

1. 선택적 공동소송의 의의 및 요건

가. 의의

공동소송인에 관한 각 청구가 법률상 양립할 수 없는 관계에 있고, 공동소송인 가운데 어느 공동소송인에 관한 청구가 인용될 것인지 확실하지 아니한 경우 공동소송인에 관한 각 청구에 심판의 순위를 붙이지 않고 택일적으로 심판을 구하는 형태의 공동소송을 선택적 공동소송이라고 한다. 공동소송인에 관한 각 청구의 소송물이 동일하여야 하는 것은 아니고 소송물이 서로 다르더라도 양립할 수 없는 관계에 있으면 된다.

나. 요건

(1) 공동소송인에 관한 청구가 법률상 양립할 수 없을 것

공동소송인 가운데 일부에 관한 청구가 다른 공동소송인에 관한 청구와 법률상 양립할 수 없는 경우에 선택적 공동소송의 형태를 취할 수 있다. 어떠한 경우 공동소송인에 관한 청구가 법률상 양립할 수 없다고 할 수 있는지가 문제되는데, 공동소송인에 관한 청구 중 어느 하나의 청구가 인용되면 법률상 다른 공동소송인에 관한 청구는 인용될 수 없는 관계에 있는 경우에 법률상 양립할 수 없다고 할 수 있다.8)

　공동소송인에 관한 청구가 소송법상 양립할 수 없는 때에도 청구가 법률상 양립할 수 없는 경우에 해당하는지가 문제되는데, 판례는 공동소송인에 관한 청구가 실체법상 양립할 수 없는 경우뿐 아니라 소송법상 양립할 수 없는 경우도 법률상 양립할 수 없는 경우에 포함되는 것으로 본다(대법원 2007. 6. 26.자 2007마515 결정).

　동일한 사실관계에 대한 법률적 평가를 달리하여 두 청구 중 어느 한쪽에 대한 법률효과가 인정되면 다른 쪽에 대한 법률효과가 부정됨으로써 두 청구가 모두 인정될 수 없는 관계에 있는 때에는 두 청구는 법률상 양립할 수 없는 경우에 해당한다. 그러나 사실상 원인에 의하여 양립할 수 없는 때에도 청구가 법률상 양립할 수 없는 경우에 해당하는지에 관해서는 견해가 대립하는데,9) 판례는 민사소송법 제70조 제1항에 규정된 법률상 양립할 수 없다는 것은 (ⅰ) 동일한 사실관계에 대한 법률적 평가를 달리하여 두 청구 중 어느 한쪽에 대한 법률효과가 인정되면 다른 쪽에 대한 법률효과가 부정됨으로써 두 청구가 모두 인용될 수는 없는 관계에 있는 경우나 (ⅱ) 당사자들 사이의 사실관계 여하에 의하여 또는 청구원인을 구성하는 택일적 사실인정에 의하여 어느 일방의 법률효과를 긍정하거나 부정하고 이로써 다른 일방의 법률효과를 부정하거나 긍정하는 반대의 결과가 되는 경우로서 두 청구 사이에서 한쪽 청구에 대한 판단이유가 다른 쪽 청구에 대한 판단이유에 영향을 주어 각 청구에 대한 판단과정이 필

---

8) 공동소송인에 관한 청구가 모두 인용될 수 있는 때에는 법률상 양립할 수 없는 경우에 해당하지 않는다. 따라서 부진정연대채무의 관계에 있는 채무자들을 공동피고로 하여 이행의 소가 제기된 때에는 공동피고에 대한 각 청구는 법률상 양립할 수 없는 경우에 해당하지 않으므로 이러한 소송은 민사소송법 제70조 제1항의 예비적·선택적 공동소송이라고 할 수 없다(대법원 2009. 3. 26. 선고 2006다47677 판결; 대법원 2012. 9. 27. 선고 2011다76747 판결; 대법원 2019. 10. 18. 선고 2019다14943 판결).
9) 이와 관련해서는 ① 법률상 양립할 수 없는 경우이어야 하므로 사실상 양립할 수 없는 경우, 예를 들면 계약체결의 당사자가 A와 B 중 한 사람이라는 사실을 주장하며 A를 주위적 피고로, B를 예비적 피고로 하는 것은 허용되지 않는다는 견해, ② 택일적인 사실인정이 문제되는 때라도 그로 인해 공동소송인의 한쪽에 대한 법률효과를 긍정하고 다른 쪽에 대한 법률효과를 부정하게 되면 법률상 양립할 수 없는 경우에 해당하는 것으로 볼 수 있다는 견해 등이 주장되고 있다.

연적으로 상호 결합되어 있는 관계에 있는 경우를 의미하는 것으로 본다(대법원 2007. 6. 26.자 2007마515 결정).

(2) 소의 주관적·객관적 병합요건을 구비할 것

선택적 공동소송도 공동소송의 일종이므로 소의 주관적·객관적 병합요건을 구비하여야 한다.

여러 사람이 공동소송인으로서 당사자가 되기 위해서는 소송목적이 되는 권리나 의무가 여러 사람에게 공통되거나 사실상 또는 법률상 같은 원인으로 말미암아 생긴 경우에 해당하거나(법 제65조 전문) 소송목적이 되는 권리나 의무가 같은 종류의 것이고 사실상 또는 법률상 같은 종류의 원인으로 말미암은 것인 경우에 해당하여야 한다(법 제65조 후문).

고유필수적 공동소송을 제외한 공동소송의 경우에는 청구의 병합이 수반되므로 청구의 병합요건을 구비하여야 한다. 공동소송인의 청구 또는 공동소송인에 대한 청구는 모두 같은 종류의 소송절차에서 심판받을 수 있어야 하고, 수소법원은 공동소송인에 관한 각 청구에 대하여 관할권을 가지고 있어야 한다.

2. 사안의 경우

X 토지의 매수에 관한 丙의 대리권의 존부가 다투어지고 있는 상황에서 甲은 대리권의 존재가 인정될 경우를 대비하여 乙을 상대로 매매잔금의 지급을 구하고, 대리권의 존재가 인정되지 않을 경우를 대비하여 丙을 상대로 매매잔금의 지급을 구하고 있는데, 甲의 乙에 대한 청구와 甲의 丙에 대한 청구는 법률상 양립할 수 없는 관계에 있는 것으로 볼 수 있으므로 甲이 乙과 丙을 공동피고로 하여 제기한 소송은 선택적 공동소송에 해당한다.

甲의 乙에 대한 매매잔금청구와 甲의 丙에 대한 매매잔금청구는 발생원인이 공통되는 것으로 볼 수 있고, 甲의 乙과 丙에 대한 각 매매잔금청구는 모두 민사소송사항에 해당하며, 甲이 乙과 丙을 공동피고로 하여 매매잔금의 지급을 구하는 것은 민사소송법 제65조 전문에 해당하므로 수소법원이 乙과 丙 중 한 사람에 대하여 관할권을 가지면 재판할 수 있다.

III. 乙이 제기한 반소의 적법 여부

1. 반소의 의의 및 요건

가. 의의

반소는 본소의 소송계속 중에 피고가 본소절차를 이용하여 원고에 대하여 제기하는 소로서 소송 중의 소에 해당한다(법 제269조 제1항). 원고에게 청구의 변경을 인정한 것에 대응하여 피고에게도 본소절차를 이용하여 원고를 상대로 한 청구에 대한 심판을 받을 수 있도록 하는 것이 당사자 간에 공평하며, 서로 관련된 분쟁을 하나의 소송절차에서 심판받게 하는 것이 별소를 통해 심판받게 하는 것보다 소송경제에 부합하고 판결의 모순·저촉을 방지할 수 있으므로 반소를 인정한 것이다.

(1) 반소의 당사자

본소의 피고가 본소의 원고를 상대로 반소를 제기하여야 한다.[10] 본소의 피고가 아닌 자가 반소를 제기하거나 본소의 원고가 아닌 자에 대하여 반소를 제기하는 것은 허용되지 않는다.

피고가 원고를 상대로 반소를 제기하여야 하는 것으로 규정하고 있는 민사소송법하에서는 공동소송인 간에는 반소가 허용되지 않으며, 피고가 원고 외의 제3자를 반소피고로 추가하거나 피고가 제3자와 함께 반소원고가 되어 원고를

---

[10] 독립당사자참가(법 제79조)나 참가승계(법 제81조)의 경우 참가인과의 관계에서 피고의 지위에 있는 종전의 당사자도 참가인을 상대로 반소를 제기할 수 있다. 반소라는 명칭을 사용하지 않더라도 피고가 원고를 상대로 새로운 청구에 대한 심판을 구하면 반소로 취급하여야 한다. 피고의 반소에 대한 원고의 재반소가 허용되는지가 문제되는데, 소송절차를 복잡하게 할 염려가 있다는 단점은 있지만, 이를 금지하는 명문규정이 없고 상호관련성 있는 청구를 동일한 소송절차에서 함께 심판할 필요가 있으므로 반소로서의 요건을 갖추고 있으면 재반소도 허용되는 것으로 보아야 한다. 원고는 취하하였던 본소를 재소(법 제267조 제2항)에 해당하지 않으면 재반소의 방식으로 부활시킬 수 있다. 원고가 본소로 이혼과 재산분할을 청구한 후에 피고가 반소로 이혼청구를 한 경우 원고가 반대의 의사를 표시하였다는 등의 특별한 사정이 없는 한 원고의 재산분할청구 중에는 본소의 이혼청구가 받아들여지지 않고 피고의 반소청구가 받아들여져 이혼이 선언되는 때에도 재산을 분할해 달라는 취지의 청구가 포함되어 있는 것으로 볼 수 있으므로(원고의 재산분할청구는 피고의 반소청구에 대한 재반소로서의 실질을 가지게 된다) 본소의 이혼청구를 기각하고 반소의 이혼청구를 인용하는 경우 법원은 본소의 이혼청구에 병합된 재산분할청구에 대하여 심리·판단하여야 한다(대법원 2001. 6. 15. 선고 2001므626·633 판결).

상대로 반소를 제기하는 제3자 반소도 허용되지 않는 것으로 해석된다. 다만 피고가 제기하려는 반소가 필수적 공동소송의 형태를 취하게 되는 때에는 민사소송법 제68조의 필수적 공동소송인 추가의 요건을 갖추면 제3자 반소가 허용될 수 있다(대법원 2015. 5. 29. 선고 2014다235042 · 235059 · 235066 판결).

(2) 반소의 이익

반소는 본소와는 독립한 소로서 본소의 방어방법 이상의 적극적인 내용을 포함하여야 반소의 이익이 인정된다. 특정한 채무의 이행을 구하는 본소에 대하여 그 채무부존재 확인을 구하는 반소를 제기하는 것은 반소청구의 내용이 실질적으로 본소청구의 기각을 구하는 데에 그치는 것이므로 반소의 이익을 흠결하여 부적법하다(대법원 2007. 4. 13. 선고 2005다40709 · 40716 판결).11)

나. 요건

반소가 적법하기 위해서는 (a) 청구병합의 일반요건을 구비하여야 하고, (b)

---

11) 그러나 동일한 권리관계에 관한 적극적 확인의 본소에 대하여 적극적 확인의 반소를 제기하는 것은 본소청구의 기각을 구하는 의미를 넘어 그 권리가 피고에게 있다고 적극적으로 주장하는 것이므로 반소의 이익이 인정된다. 또한 채무부존재 확인의 본소에 대하여 그 채무의 이행을 구하는 반소도 반소의 이익이 인정된다.
원고가 피고를 상대로 손해배상채무가 없다고 주장하며 손해배상채무부존재 확인의 본소를 제기한 후에 피고가 원고를 상대로 손해배상채무의 이행을 구하는 반소를 제기한 경우에는 채무부존재 확인의 본소에 대한 처리방법이 문제된다. 이와 관련해서는 ① 본소가 판결하기에 적당한 단계에서 피고가 반소를 제기한 때에는 본소의 확인의 이익을 부정하는 것은 소송경제상 부당하므로 본소를 적법한 것으로 보아야 하지만, 그러한 단계에 이르지 않은 상황에서 반소가 제기된 때에는 본소를 확인의 이익이 없는 것으로 보아야 한다는 견해, ② 본소의 소의 이익의 존부는 사실심의 변론종결 시를 기준으로 판단하여야 하고, 반소로써 손해배상채무의 이행을 구하고 있는 때에는 본소의 목적은 반소청구에 대한 기각을 구하는 것으로서 반소에 대한 방어로 그 목적을 달성할 수 있으므로 본소는 소의 이익이 없어 부적법한 것으로 보아야 한다는 견해 등이 주장되고 있다. 판례는 소송요건을 구비하여 적법하게 제기된 본소가 그 후에 상대방이 제기한 반소로 인하여 소송요건에 흠결이 생겨 부적법하게 되는 것은 아니므로 원고가 피고에 대하여 손해배상채무의 부존재 확인을 구할 이익이 있어 본소로 그 확인을 구하였다면 피고가 그 손해배상채무의 이행을 구하는 반소를 제기하더라도 그러한 사정만으로 본소청구에 관한 확인의 이익이 소멸하여 본소가 부적법하게 된다고 볼 수 없다(대법원 1999. 6. 8. 선고 99다17401 · 17418 판결)는 입장이다. 원고가 반소가 제기되었다는 이유로 본소를 취하한 때에는 피고가 일방적으로 반소를 취하함으로써 원고가 당초 추구한 기판력을 취득할 수 없는 사태가 발생할 수 있으므로 반소가 제기되었다는 사정만으로 본소청구에 관한 확인의 이익이 소멸한다고는 볼 수 없다(대법원 2010. 7. 15. 선고 2010다2428 · 2435 판결).

본소가 사실심 계속 중 변론종결 전에 반소가 제기되어야 하며,[12] (c) 반소청구가 본소의 청구나 본소의 방어방법과 서로 관련이 있어야 하고,[13] (d) 반소 제기

---

[12] 반소제기 요건으로서의 본소의 소송계속: 반소는 본소의 소송계속 중에 제기하는 것이므로 본소의 사실심 변론종결 전에 제기하여야 한다. 본소의 소송계속은 반소제기의 요건일 뿐 반소의 존속요건은 아니므로 반소가 제기된 후에 본소가 취하 또는 각하되거나 청구의 포기·인낙, 화해 등의 사유로 본소의 소송계속이 소멸하더라도 예비적 반소가 아닌 한 반소의 소송계속에 영향을 미치지 않는다. 피고가 본소에 대한 추완항소를 하면서 항소심에서 비로소 반소를 제기한 경우 추완항소가 부적법하여 각하된 때에는 반소도 소멸하여 반소에 대한 소송이 종료하게 된다(대법원 2003. 6. 13. 선고 2003다16962·16979 판결).

본소가 취하 또는 각하된 경우 반소취하 시에 원고의 동의가 필요한지 여부: 피고가 반소를 취하하는 경우 원고가 본안에 관하여 준비서면을 제출하거나 변론준비기일에서 진술하거나 변론을 한 후에는 반소취하에 대한 원고의 동의가 있어야 그 효력이 인정되지만(법 제266조 제2항), 본소가 취하된 때에는 피고는 원고의 동의 없이 반소를 취하할 수 있다(법 제271조). 원고가 본소를 취하한 때에는 피고가 원고의 동의 없이 반소를 취하할 수 있도록 한 것은 원고가 자신의 본소를 취하해 놓고 피고의 반소취하에 동의하지 않는 것은 공평하지 않고, 이런 경우에는 원고가 더 이상 그 소송절차에서 심판받기를 원하지 않는 것으로 볼 수 있기 때문이다. 민사소송법 제271조와 관련하여 본소가 각하된 경우에도 반소의 취하에 원고의 동의가 필요하지 않은지가 문제되는데, 이와 관련해서는 ① 반소는 본소에 의해 유발된 것이기 때문에 본소가 취하된 경우뿐 아니라 본소가 각하되거나 본소청구를 포기한 경우에도 피고는 원고의 동의 없이 반소를 취하할 수 있다는 견해, ② 본소가 각하된 경우는 본소가 원고의 의사로 소멸한 것이 아니므로 원고의 동의를 받아야 반소취하의 효력이 인정된다는 견해 등이 주장되고 있다. 판례는 본소가 취하된 때에는 피고가 원고의 동의 없이 반소를 취하할 수 있다는 규정은 원고가 반소의 제기를 유발한 본소를 스스로 취하해 놓고 이로 인해 유발된 반소만의 유지를 상대방에게 강요하는 것은 공평하지 않다는 이유에서 원고가 본소를 취하한 때에는 피고도 원고의 동의 없이 반소를 취하할 수 있도록 한 것이므로 본소가 원고의 의사와는 관계없이 부적법을 이유로 각하됨으로써 종료된 경우에까지 이 규정을 유추적용할 수 없고, 이러한 때에는 원고의 동의가 있어야만 반소취하의 효력이 인정된다(대법원 1984. 7. 10. 선고 84다카298 판결)는 입장이다.

항소심에서의 반소의 제기: 항소심에서 반소를 제기하기 위해서는 상대방의 심급의 이익을 해할 우려가 없거나 상대방의 동의를 받아야 한다(법 제412조 제1항). 상대방이 이의 없이 반소의 본안에 관하여 변론한 때에는 반소제기에 동의한 것으로 본다(법 제412조 제2항). 항소심에서 피고가 반소장을 진술한 데 대하여 원고가 '반소청구기각의 답변'을 한 것만으로는 '이의 없이 반소의 본안에 관하여 변론한 때'에 해당하지 않는다(대법원 1991. 3. 27. 선고 91다1783·1790 판결).

상고심에서 반소가 허용되는 경우: 반소는 사실심인 항소심의 변론종결 전까지 제기할 수 있는 것이 원칙인데, 가집행선고의 실효에 따른 가지급물반환신청은 신청이유로 주장된 사실관계에 관하여 당사자 간에 다툼이 없어 사실심리가 필요하지 않은 때에는 상고심에서도 할 수 있다(대법원 1980. 11. 11. 선고 80다2055 판결).

[13] 본소의 청구와의 상호관련성: 반소청구가 본소청구와 서로 관련이 있으면 반소를 제기할 수 있는데, 본소청구와 반소청구가 소송물의 내용이나 그 대상 또는 발생원인에 있어서 법률상 또는 사실상 공통성을 가지고 있으면 상호관련성이 인정된다.

본소의 방어방법과의 상호관련성: 반소청구가 본소의 방어방법과 서로 관련이 있는 경우 반소를 제기할 수 있는데, 본소청구를 이유 없게 하는 사실이 반소청구를 이유 있게 하는 사실의 전

로 인해 본소절차를 현저히 지연시키지 않아야 한다.

2. 반소의 유형

가. 단순반소

(1) 의의 및 내용

원고의 본소청구가 인용되든 기각되든 상관없이 피고가 반소청구에 대하여 심판을 구하는 것을 단순반소라고 한다. 원고가 소유권에 기하여 건물의 인도를 구하는 본소에 대하여 피고가 원고에게 그 건물에 관한 소유권이 없음을 이유로 그 건물에 관한 원고 명의 소유권이전등기의 말소등기절차의 이행을 구하는 반소를 제기하는 경우가 단순반소에 해당한다.

(2) 법원의 심판방법

본소와 반소에 대하여 한 개의 전부판결을 하는 경우에도 본소청구와 반소청구에 대하여 판결주문을 따로 기재하지만, 소송비용의 부담은 본소와 반소를 합하여 재판한다. 피고가 제1심에서 반소를 제기한 경우 피고의 반소청구가 이유 없는 것으로 인정되는 때에는 제1심법원은 판결주문에서 반소청구를 기각하는 판결을 하여야 한다. 제1심법원이 판결주문에서 반소청구에 관하여 판단하지 않으면 재판의 누락에 해당한다. 이런 경우 피고가 본소청구와 반소청구에 대하여 항소를 제기하더라도 반소청구에 관한 부분은 여전히 제1심에 계속되어 있으므로 항소법원은 반소청구에 관한 부분에 대한 항소를 각하하여야 한다(대

부 또는 일부를 이루는 관계에 있으면 상호관련성이 인정된다. 이런 경우에는 반소청구가 본소청구에 대한 항변사유와 그 대상이나 발생원인에 있어서 법률상 또는 사실상 공통성을 가진다. (ⅰ) 원고가 본소로써 대여금의 지급을 구하는 데 대하여 피고가 상계항변을 하고 상계 초과 채권액의 지급을 구하는 반소를 제기하는 경우, (ⅱ) 원고가 본소로써 건물의 인도를 구하는 데 대하여 피고가 항변으로 유치권을 주장하고 그 건물에 관하여 생긴 채권의 이행을 구하는 반소를 제기하는 경우에는 본소의 방어방법과 반소청구 간에 관련성이 인정된다.
본소의 방어방법의 정도: 반소제기 당시에 본소의 방어방법이 현실적으로 제출되어 있어야 하고, 그 자체가 법률상으로 허용되는 경우에 한하여 본소의 방어방법과 관련 있는 반소를 제기할 수 있다. 점유침탈을 이유로 한 점유물반환청구권을 피보전권리로 하여 점유이전금지가처분결정을 받은 채권자가 채무자를 상대로 본소로 소구한 점유회수청구와 채무자가 본소청구가 인용될 것에 대비하여 반소로 소구한 소유권에 기한 인도청구가 모두 인용되어 확정된 때에는 점유이전금지가처분결정을 더 이상 유지할 필요가 없는 사정변경이 생긴 것으로 인정되어 채무자의 가처분 취소신청이 인용될 수 있다(대법원 2013. 5. 31.자 2013마198 결정).

법원 2013. 6. 14. 선고 2013다8830·8847 판결).

원고의 본소청구에 대하여 피고가 본소청구를 다투면서 사해행위의 취소 및 원상회복을 구하는 반소를 적법하게 제기한 경우 법원이 반소청구가 이유 있다고 판단하여 사해행위의 취소 및 원상회복을 명하는 판결을 선고하는 때에는 반소청구에 대한 판결이 확정되지 않았더라도 사해행위인 법률행위가 취소되었음을 전제로 원고의 본소청구를 심리·판단할 수 있고, 이런 경우에는 반소의 사해행위취소판결의 확정을 기다리지 않고 사해행위취소판결을 이유로 원고의 본소청구를 기각할 수 있다(대법원 2019. 3. 14. 선고 2018다277785·277792 판결).

나. 예비적 반소

(1) 의의 및 내용

본소청구가 인용되거나 인용되지 않을 경우를 대비하여 조건부로 반소청구에 대하여 심판을 구하는 것을 예비적 반소라고 한다. 소에는 조건을 붙일 수 없는 것이 원칙이지만, 조건부 반소의 경우는 소송의 심리과정에서 조건의 성취 여부가 분명해져 소송절차의 안정을 해칠 염려가 없는 것으로 보아 이를 인정하고 있다.

(ⅰ) 원고의 건물인도청구에 대하여 피고가 청구기각을 구하다가 본소청구가 인용될 것에 대비하여 건물에 투입한 유익비의 상환을 구하는 반소를 제기하거나 (ⅱ) 원고의 매매를 원인으로 한 소유권이전등기청구에 대하여 피고가 청구기각을 구하다가 본소청구가 인용될 것에 대비하여 매매잔금의 지급을 구하는 반소를 제기하는 경우가 본소청구가 인용될 것을 조건으로 한 반소에 해당한다.

원고의 매매를 원인으로 한 소유권이전등기청구에 대하여 피고가 청구기각을 구하다가 매매계약이 무효임을 이유로 본소청구가 기각될 것에 대비하여 이미 인도한 매매목적물의 반환을 구하는 반소를 제기하는 경우가 본소청구가 인용되지 않을 것을 조건으로 한 반소에 해당한다.

(2) 본소청구가 인용될 것에 대비하여 반소에 대하여 심판을 구하는 경우 법원의 심판방법

피고가 본소청구가 인용될 것에 대비하여 반소에 대하여 심판을 구하는 경우 본소가 취하된 때에는 반소는 본소와 운명을 같이 하여 반소에 대한 소송계속도 소멸하고, 본소가 각하되거나 본소청구가 기각된 때에는 반소청구에 관하여 판단할 필요가 없게 된다. 법원이 본소청구를 인용하는 때에는 반소청구에 대한 심리의 정지조건이 성취되어 법원은 반소에 대하여 심판하여야 한다.

본소청구를 기각한 제1심판결에 대하여 항소가 제기되어 항소법원이 본소청구를 인용하는 때에는 반소청구에 관하여 심판하여야 한다. 본소청구를 인용하고 예비적 반소청구에 관하여 판단한 제1심판결에 대하여 항소가 제기되어 항소법원이 본소청구를 기각하는 때에는 반소청구에 대한 제1심판결을 취소하는 판결을 하여야 한다.

(가) 본소청구를 기각하고 반소청구에 관하여 판단하지 않은 원심판결에 대하여 피고가 상소를 제기한 경우 상소심법원의 처리방법

피고가 원고의 본소청구가 인용될 것에 대비하여 조건부로 반소를 제기한 경우 법원이 본소청구를 기각하는 때에는 반소청구에 관하여 판단하지 않은 것은 정당하고, 이러한 원심법원의 판단에 대한 피고의 상소는 상소의 대상이 없어 부적법하므로 상소심법원은 피고의 상소를 각하하여야 한다(대법원 1991. 6. 25. 선고 91다1615·1622 판결).

(나) 본소와 반소를 모두 각하한 제1심판결에 대하여 원고만이 항소한 경우 항소법원의 심판대상

본소청구가 인용될 것을 조건으로 심판을 구한 예비적 반소의 경우 제1심법원이 본소청구를 배척하는 때에는 반소청구는 제1심법원의 심판대상이 될 수 없고, 제1심법원이 심판대상이 될 수 없는 반소에 관하여 판단하였더라도 그 효력이 없으며, 피고가 제1심에서 각하된 반소에 대하여 항소하지 않았다고 하여 예비적 반소가 항소심의 심판대상이 될 수 없는 것은 아니므로 항소법원이 원고의 항소를 받아들여 본소청구를 인용하는 때에는 예비적 반소청구를 심판대상으로 삼아 판단하여야 한다(대법원 2006. 6. 29. 선고 2006다19061·19078 판결).[14]

---

14) 이러한 판례의 입장에 대하여는 ① 피고가 재판결과에 승복하여 항소도 부대항소도 하지 않은 사항에 대하여 항소법원이 심판하는 것은 예비적 반소가 본소와 합일적으로 확정되어야 할 관계에 있지 않은 한 처분권주의에 반한다는 견해, ② 본소청구가 인용될 것을 조건으로 한 예비적 반소에서 본소가 각하되거나 본소청구가 기각되는 경우 예비적 반소는 법원의 심판대상이 될 수 없고, 심판대상이 아닌 반소청구에 대하여 판결하더라도 그 판결은 무효로서

(3) 본소가 각하되거나 본소청구가 기각될 것에 대비하여 반소에 대하여 심판을 구하는 경우 법원의 심판방법

피고가 본소가 각하되거나 본소청구가 기각될 것에 대비하여 반소에 대하여 심판을 구하는 경우 법원이 본소청구를 인용하는 때에는 반소청구에 대하여 심판할 수 없고, 본소를 각하하거나 본소청구를 기각하는 때에는 반소청구에 대한 심리의 정지조건이 성취되어 반소에 대하여 심판하여야 한다. 가지급물반환신청은 소송 중의 소로서 예비적 반소로서의 성질을 가지므로 상고심에서 본안에 관한 원심판결을 파기하는 때에는 원심의 가지급물반환명령 부분도 그 당부에 관하여 판단할 필요 없이 파기하여야 한다(대법원 1996. 5. 10. 선고 96다5001 판결).

다. 乙의 반소의 형태

乙이 제기한 반소는 甲의 乙에 대한 본소청구가 인용될 것에 대비한 예비적 반소로서 甲의 乙에 대한 청구가 이유 있는 것으로 판단되었으므로 반소는 법원의 심판대상이 된다.

3. 본소청구의 기각을 구하는 것에 불과한 반소의 적법 여부

반소는 본소의 피고가 본소의 원고를 상대로 자신의 청구에 대한 심판을 구하는 본소와는 독립된 별개의 소이므로 본소청구를 기각시키기 위하여 제출하는 방어방법과는 다르다. 반소에는 본소의 방어방법 이상의 적극적인 내용이 포함되어 있어야 하므로 피고가 제기한 반소의 내용이 실질적으로 본소에 대한 청구기각을 구하는 것에 불과한 경우에는 반소의 이익이 부정된다. 따라서 채무이행의 본소청구에 대하여 채무부존재 확인을 구하는 반소는 허용되지 않는다.

4. 사안의 경우

乙의 甲에 대한 매매잔금채무의 일부 부존재 확인을 구하는 반소는 법원의 심판대상이 되기는 하지만, 이러한 반소청구는 甲의 乙에 대한 매매잔금청구의

피고의 항소나 부대항소의 대상이 될 수 없으므로 처분권주의의 문제는 생기지 않으며, 예비적 반소의 성질상 항소법원은 반소청구에 대하여 심판할 수 있다는 견해 등이 주장되고 있다.

기각을 구하는 것에 불과하므로 반소의 이익을 흠결하여 부적법하다고 할 것이다.

IV. 선택적 공동소송에 대한 법원의 심판방법

1. 선택적 공동소송의 요건 심사

선택적 공동소송의 형태로 소가 제기되면 법원은 그 요건이 구비되었는지를 직권으로 판단하여야 한다. 원고가 선택적 공동소송의 형태로 소를 제기하였는데 그 요건을 갖추지 못한 경우 통상공동소송의 요건을 갖춘 것으로 인정되면 법원은 통상공동소송으로 취급하면 된다.

2. 본안심판

가. 필수적 공동소송에 관한 규정 준용

관련 분쟁을 일회적으로 해결함으로써 소송경제를 도모하고 판결의 모순·저촉을 방지하기 위하여 선택적 공동소송의 형태를 인정한 취지를 살리기 위하여 선택적 공동소송에 대하여 필수적 공동소송에 관한 민사소송법 제67조부터 제69조까지의 규정이 준용된다(법 제70조 제1항 본문). 민사소송법 제67조 제1항을 준용하는 경우 각 공동소송인은 소의 취하, 청구의 포기·인낙, 소송상 화해를 개별적으로 할 수 없지만, 공동소송이 강제되지 않는 자들에게 소송에 관한 처분권을 제한하는 것은 가혹하다는 점을 고려하여 청구의 포기·인낙, 화해, 소의 취하의 경우에는 필수적 공동소송에 관한 규정이 준용되지 않는 것으로 하고 있다(법 제70조 제1항 단서).

나. 모든 공동소송인에 관한 청구에 대하여 판결

선택적 공동소송의 경우 선택적 당사자의 소송상 지위가 불안정하게 되는 것을 방지하기 위하여 모든 공동소송인에 관한 청구에 대하여 판결하도록 하고 있다(법 제70조 제2항). 선택적 공동소송은 동일한 법률관계에 관하여 모든 공동소송인이 서로 간의 다툼을 하나의 소송절차에서 한꺼번에 모순 없이 해결하는 소송형태로서 모든 공동소송인에 관한 청구에 대하여 판결하여야 하고(법 제70조 제2항), 일부 공동소송인에 관해서만 판결하거나 남겨진 자를 위하여 추가판결을 하는 것은 허용되지 않는다(대법원 2018. 2. 13. 선고 2015다242429 판결; 대법원 2018. 12. 27. 선고 2016다202763 판결). 법원이 일부 공동소송인에 관한 청구에 대해서만 판결을 한 경우 이러한 판결은 일부판결이 아니라 흠이 있는 전부판결에 해당하여 상소로써 이를 다투어야 하고, 그 판결에서 누락된 공동소송인은 이러한 판단누락을 시정하기 위하여 상소를 제기할 수 있다(대법원 2008. 3. 27. 선고 2005다49430 판결).

3. 사안의 경우

X 토지의 매수에 관한 丙의 대리권의 존부가 다투어지고 있는 상황에서 甲이 乙 또는 丙을 상대로 택일적으로 매매잔금의 지급을 구하는 소를 제기한 것은 선택적 공동소송에 해당하는데, 선택적 공동소송의 경우 법원은 모든 공동소송인에 관한 청구에 대하여 판결하여야 하므로(법 제70조 제2항) 甲의 乙에 대한 청구와 甲의 丙에 대한 청구에 대하여 모두 심판하여야 한다.

V. 사례의 정리

법원은 甲의 乙에 대한 본소청구를 5,000만 원 한도에서 인용하고 甲의 乙에 대한 나머지 본소청구를 기각하여야 하며, 乙의 甲에 대한 반소를 반소 이익의 흠결을 이유로 각하하여야 하고, 甲의 丙에 대한 청구를 기각하는 판결을 하여야 할 것이다.

참고사례

〈사례 1〉

甲은 乙을 상대로 대여금 1억 원의 반환을 구하는 소를 제기하였다가 제2차 변론기일에서 주위적으로 1억 원의 대여금반환청구에 관한 심판을 구하고, 예비적으로 사기를 원인으로 한 1억 원의 손해배상청구에 관한 심판을 구하는 진술을 하였다. 이에 대하여 乙은 별다른 이의 없이 변론하였고, 제1심법원은 甲의 대여금반환청구를 기각하고, 손해배상청구를 인용하는 판결을 선고하였다. 乙만이 항소하였는데, 항소법원의 심리 결과 대여금반환청구는 이유 있고, 손해배상청구는 이유 없는 것으로 인정되는 경우 법원은 사건을 어떻게 처리하여야 하는가?

〈사례 2〉

甲은 乙을 상대로 저작재산권의 침해를 원인으로 한 1억 원 상당의 손해배상금의 지급을 구하는 소를 제기하였는데, 제1심법원은 그중 1,000만 원만을 인용하는 판결을 선고하였고, 甲과 乙이 항소하였다. 항소심 제1차 변론기일에서 甲은 이미 주장된 저작재산권의 침해를 주위적 청구원인으로 하고 주위적 손해배상청구에서 인용되지 아니한 수액의 범위 내에서 예비적으로 성명표시권 등 저작인격권의 침해를 원인으로 하는 손해배상청구를 추가한다는 진술을 하였으며, 乙은 별다른 이의 없이 변론하였다. 항소법원은 판결이유에서 저작재산권 침해로 인한 손해배상청구에 관하여 제1심이 인용한 금액보다 2,000만 원을 더 인용하는 한편 항소심에서 추가된 저작인격권 침해로 인한 손해배상청구는 이유 없다고 판단하고, 주문에서 제1심판결 중 항소심이 추가로 인용하는 부분에 해당하는 甲의 패소 부분을 취소하고 甲의 나머지 항소와 乙의 항소를 각 기각하는 판결을 선고하였다. 甲은 상고하여 상고이유서를 통해 저작재산권 침해와 저작인격권 침해로 인한 손해배상청구에 대한 항소심판결에는 저작권침해로 인한 손해배상의 법리를 오해하여 판결에 영향을 미친 위법이 있다고 주장하였다. 상고법원의 서면심리 결과 항소심판결에는 甲이 주장하는 바와 같은 위법사유가 존재하지 않는 것으로 판단되는 경우 법원은 사건을 어떻게 처리하여야 하는가?

<사례 3>

甲은 경매절차를 통해 상가건물의 1층 부분의 소유권을 취득하였는데, 그 상가건물을 관리하기 위하여 「집합건물의 소유 및 관리에 관한 법률」에 따라 설립된 관리단 乙이 공용부분 하자보수공사 분담금 등을 납부하지 않았다는 이유로 1층에 있는 5개 점포의 임대를 방해하는 등 그 사용을 방해하였다고 주장하며 乙을 상대로 주위적으로 5개 점포의 사용을 방해한 불법행위로 인한 재산상 손해로 차임 상당 6,000만 원의 지급을 구하고, 예비적으로 乙의 점포 사용방해로 인해 입은 정신적 손해 2,000만 원의 지급을 구하는 소를 제기하였다. 제1심 법원은 재산상 손해배상청구를 기각하는 판결을 선고하였고, 甲은 항소를 제기하여 자신의 청구 전부에 대한 인용을 구하였다. 항소법원의 심리 결과 甲에게 2,000만 원 상당의 재산상 손해가 발생한 것으로 인정되는 경우 법원은 사건을 어떻게 처리하여야 하는가?

<사례 4>

甲 주식회사(이하 '甲'이라 한다)는 행정관청으로부터 X 토지에 관한 토석채취 허가를 내용으로 하는 개발행위허가를 받아 토석채취업을 하고 있다. 甲의 실질적 운영자인 乙은 2022. 1. 1. 丙에게 X 토지(이에 관한 인·허가권 포함)를 10억 원에 매도하였는데, 그 매매계약서의 매도인란 아래에는 甲의 대표이사 A가 연대보증인으로 기재되어 있고, 그 옆에는 甲의 법인인감이 날인되어 있다. 丙은 계약금 1억 원을 계약 당일 乙에게 지급하고, 잔금은 丙이 X 토지에서 채취한

토석을 乙이 운영하는 공장에 납품하고 그 대금으로 대체하기로 하였다. 丙은 2022. 1.부터 X 토지에서 甲 명의로 토석을 채취하여 이를 乙이 운영하는 공장에 납품하다가 2022. 6. 말경 토석채취를 중단하고 乙의 기망을 이유로 매매계약을 취소한다는 내용의 통지서를 甲과 乙에게 발송하였다. 甲은 丙을 상대로 X 토지에 관한 매매계약이 해제되었음을 주장하며 丙이 2022. 1.부터 2022. 6.까지 乙에게 납품한 대금 5억 원 상당을 법률상 원인 없이 수익하였음을 이유로 부당이득의 반환을 구하는 소를 제기하였다. 제1심 계속 중에 丙은 甲과 乙을 상대로 乙에 대하여는 매매계약 해제에 따른 원상회복으로 계약금 1억 원의 반환을 구하고, 甲에 대하여는 乙의 연대보증인으로서 1억 원의 반환을 구하는 반소장을 제출하였다. 법원의 심리 결과 乙과 丙 간의 X 토지에 관한 매매계약이 해제되었으며, 丙이 2022. 1.부터 2022. 6.까지 X 토지에서 채취한 토석을 처분한 대가가 甲에게 귀속된 것으로 인정되는 경우 법원은 사건을 어떻게 처리하여야 하는가?

〈사례 5〉

乙은 甲으로부터 X 토지를 임차하고 그 위에 Y 건물을 건축하여 음식점을 운영하고 있는데, 甲은 乙을 상대로 甲과 乙 간의 임대차계약이 종료되었음을 이유로 Y 건물의 철거와 X 토지의 인도를 구하는 소를 제기하였다. 乙은 황무지나 다름없던 X 토지를 임차하여 그 일대를 식당 부지로 조성하기 위하여 자신의 비용으로 X 토지 위에 잔디밭을 조성하고 전기시설, 주차장 시설 등을 하는 데 2,000만 원을, 강변에 접해 있는 X 토지가 강물에 유실되는 것을 방지하기 위하여 둑을 쌓는 공사를 하는 데 1,000만 원을 지출하였고, X 토지 위에 그 가액의 증가가 현존하고 있다고 주장하며 甲을 상대로 Y 건물철거 및 X 토지인도와 상환으로 3,000만 원의 지급을 구하는 반소를 제기하였다. 제1심법원은 甲과 乙 간의 임대차계약이 종료되었음을 인정하여 甲의 청구를 인용하고, 乙의 공사로 인한 이익이 현존하지 않음을 이유로 乙의 청구를 기각하는 판결을 선고하였다. 乙은 본소청구와 반소청구에 대하여 항소를 제기하였다. (i) 항소심 계속 중에 甲이 소 취하서를 법원에 제출하였는데, 乙은 이에 대하여 이의를 제기하지 아니하였다. 항소법원은 사건을 어떻게 처리하여야 하는가? (ⅱ) 항소심 계속 중에 乙이 스스로 Y 건물을 철거하고 甲에게 X 토지를 인도하였다. 항소법원은 사건을 어떻게 처리하여야 하는가?

─ 소의 주관적 병합 사례 ─

〈제 1 문〉

甲 명의로 소유권이전등기가 되어 있는 X 토지에 관하여 증여를 원인으로 한 乙 명의의 소유권이전등기가 이루어졌다가 다시 매매를 원인으로 하여 丙 명의로 소유권이전등기가 이루어졌다. 그런데 甲은 乙과의 증여계약이 무효라고 주장하며 乙과 丙을 공동피고로 하여 각 소유권이전등기의 말소등기절차의 이행을 구하는 소를 제기하였다.

1. 이 소송에서 乙과 丙은 甲의 청구에 대하여 개별적으로 인낙할 수 있는가?

2. 丙은 자신이 패소할 경우를 대비하여 乙을 상대로 매매대금의 반환을 구하는 소를 이 소송절차에 병합하여 제기할 수 있는가?

〈제 2 문〉

甲은 乙에게 2억 원을 빌려주었고, 丙이 乙의 甲에 대한 차용금채무를 연대보증하였다고 주장하며 乙과 丙을 공동피고로 하여 2억 원의 지급을 구하는 소를 제기하였다. 변론기일에서 乙은 2억 원의 차용금 중 1억 원을 甲에게 갚았다고 주장하였고, 丙은 乙의 甲에 대한 차용금채무를 연대보증한 사실이 없다고 주장하였을 뿐 다른 주장을 하지 아니하였다. 甲은 乙의 대여사실과 丙의 연대보증사실을 증명하기 위하여 차용증을 증거(갑제1호증)로 제출하였고, 乙은 변제사실을 증명하기 위하여 영수증을 증거(을제1호증)로 제출하였다. 법원의 심리 결과 丙이 乙의 甲에 대한 2억 원의 차용금채무를 연대보증한 사실과 乙이 甲에게 1억 원을 갚은 사실이 인정되는 경우 법원은 사건을 어떻게 처리하여야 하는가?

〈제 3 문〉

　　甲은 2023. 1. 20. 乙로부터 X 토지의 매도를 위임받았다고 하는 丙과 乙 소유의 X 토지를 10억 원에 매수하는 계약을 체결하면서 이에 관한 소유권이전등기는 甲이 요구하는 때에 하기로 하였다. 甲은 2023. 5. 10. 丙을 통해 매매대금을 모두 지급하고 X 토지를 인도받았다. 그 후 甲이 乙에게 위 매매를 원인으로 하여 X 토지에 관한 소유권이전등기절차를 이행할 것을 요구하였는데, 乙이 이에 응하지 아니하자 甲은 2024. 1. 25. 乙을 상대로 위 매매를 원인으로 한 소유권이전등기절차의 이행을 구하는 소를 제기하였다. 변론기일에서 乙은 자신은 丙에게 X 토지의 매도를 위임한 적이 없으며, 평소 X 토지를 관리하던 丙이 아무런 권한 없이 乙의 대리인을 자처하여 甲에게 X 토지를 매도한 것이라고 주장하였다. (i) 乙의 주장이 받아들여질 경우를 대비하여 甲이 취할 수 있는 소송상 조치로는 어떠한 것이 있는가? (ii) 甲의 조치가 이루어진 후 법원의 심리 결과 乙의 주장이 사실로 인정되는 경우 법원은 사건을 어떻게 처리하여야 하는가?

〈제 4 문〉

　　과수원을 경영하는 A, B, C, D, E는 과수원 인근에 있는 화학물질 제조회사 乙에서 배출되는 유해물질로 인해 과수들이 말라 죽었다고 주장하며 乙을 상대로 손해배상금의 지급을 구하는 소를 제기하였다. A 등은 자신들이 모두 소송 절차에 참여하면 번거로울 것이라는 판단하에 A와 B를 선정당사자로 선정하고 법원에 선정서를 제출하였다. 법원에 제출된 선정서에는 "A와 B를 선정당사자로 선정하여 제1심 소송절차를 수행하게 한다."라는 내용이 기재되어 있다.

　　1. A 등은 선정당사자 제도를 이용할 수 있는가?

　　2. 乙은 답변서상으로는 자신의 손해배상책임을 전부 부인하였다가 변론기일에 출석하여 D와 E에게 손해배상금을 지급하고 합의하였다고 주장하였다. 그러

자 A는 乙의 주장사실을 인정하였고, B는 乙의 주장사실을 다투었다. 이런 경우 법원은 乙의 변론기일에서의 주장사실을 어떻게 처리하여야 하는가?

3. 법원의 심리 결과 A가 경영하는 과수원의 과수는 乙이 배출한 유해물질 때문이 아니라 A가 농약을 잘못 사용하여 말라죽은 것으로 인정되었다. 이런 경우 법원은 사건을 어떻게 처리하여야 하는가?

4. A와 B는 선정당사자로서 소송을 수행하였고, 제1심법원이 A와 B의 청구를 일부 인용하는 판결을 선고하자 A와 B가 항소를 제기하였는데, 항소심 계속 중에 A는 사임하고 B만이 변론기일에 출석하여 乙과 소송상 화해를 하였다. 이런 경우 소송상 화해의 효력은 인정될 것인가?

─ 소의 주관적 병합 사례 풀이 ─

〈제 1 문 - 1〉

I. 쟁점

甲의 乙과 丙에 대한 공동소송의 형태에 따라 공동피고 乙과 丙이 개별적으로 청구를 인낙할 수 있는지가 결정되는데, 통상공동소송에 해당하는 경우에는 소송자료의 통일이 요구되지 아니하여 개별적 인낙이 허용되지만, 필수적 공동소송에 해당하는 경우에는 소송자료의 통일이 요구되어 개별적 인낙이 허용되지 않을 것이다. 甲은 乙과 丙에 대하여 모두 승소하지 않으면 X 토지에 관한 소유자 명의를 회복하기 어려운 경우에 해당하는데, 이러한 때에도 소송목적의 합일확정이 요구되는지를 검토하여 공동소송의 형태를 파악하여야 한다.

II. 甲의 乙과 丙에 대한 공동소송의 형태

1. 공동소송의 요건

甲이 乙과 丙을 공동피고로 하여 소를 제기하였으므로 공동소송의 요건(법 제65조, 제253조)을 구비하였는지를 검토하여야 한다.[1]

가. 공동소송의 주관적 요건

(1) **주관적 요건**

여러 사람이 공동소송인으로서 당사자가 되기 위해서는 소송목적이 되는 권

---

1) 공동소송은 다수당사자 간의 관련 분쟁을 동일한 소송절차에서 일회적으로 해결함으로써 당사자와 법원의 부담을 덜어주어 소송경제를 도모하고 판결의 모순 · 저촉을 방지하기 위하여 인정된 것이다. 다만 공동소송을 무제한 허용한다면 소송절차를 복잡하게 하고, 소송절차의 지연을 초래하여 공동소송을 인정한 취지에 반할 염려가 있으므로 공동소송의 형태로 심리하는 것을 정당화할 수 있을 정도로 각 공동소송인의 청구 또는 각 공동소송인에 대한 청구 사이에 관련성이 있는 경우에만 공동소송을 허용하고 있다.

리나 의무가 여러 사람에게 공통되거나 사실상 또는 법률상 같은 원인으로 말미암아 생긴 경우에 해당하거나(법 제65조 전문) 소송목적이 되는 권리나 의무가 같은 종류의 것이고 사실상 또는 법률상 같은 종류의 원인으로 말미암은 것인 경우에 해당하여야 한다(법 제65조 후문).

주관적 요건은 소송의 목적이 된 청구와 아무런 관련이 없는 청구까지 공동소송의 형태로 심판받는 것을 방지하기 위하여 요구하는 것이므로 원고가 이 요건을 흠결하여 공동소송으로 소를 제기하더라도 피고가 이에 대하여 이의를 제기하지 않으면 공동소송으로 병합하여 심리할 수 있다.

(2) 사안의 경우

甲의 乙과 丙에 대한 각 소유권이전등기의 말소등기청구는 동일한 법률상 원인으로 말미암아 생긴 것이므로 민사소송법 제65조 전문의 요건을 구비한 것으로 볼 수 있다.

나. 공동소송의 객관적 요건

(1) 객관적 요건

고유필수적 공동소송을 제외한 공동소송의 경우에는 청구의 병합이 수반되므로 청구의 병합요건을 구비하여야 한다. 공동소송인의 청구 또는 공동소송인에 대한 청구는 모두 같은 종류의 소송절차에서 심판받을 수 있어야 하고, 법원은 공동소송인에 관한 각 청구에 대하여 관할권을 가지고 있어야 한다.

소송목적이 되는 권리나 의무가 여러 사람에게 공통되거나 사실상 또는 법률상 같은 원인으로 말미암아 생긴 경우(법 제65조 전문)에는 민사소송법 제25조 제2항(관련재판적)에 의하여 수소법원은 공동소송인 가운데 한 사람에 관한 청구에 대하여 관할권을 가지면 다른 공동소송인에 관한 청구에 대하여도 관할권을 가질 수 있지만, 소송목적이 되는 권리나 의무가 같은 종류의 것이고 사실상 또는 법률상 같은 종류의 원인으로 말미암은 것인 경우(법 제65조 후문)에는 관련재판적이 인정되지 않기 때문에 수소법원은 공동소송인에 관한 각 청구에 대하여 개별적으로 관할권을 가지고 있어야 한다. 공동소송의 객관적 요건은 법원의 직권조사사항에 해당한다.

(2) 사안의 경우

甲의 乙과 丙에 대한 각 청구는 모두 민사소송사항에 해당하고(같은 종류의 소송절차), 甲이 乙과 丙을 공동피고로 하여 각 소유권이전등기의 말소등기절차의 이행을 구하는 것은 민사소송법 제65조 전문에 해당하므로 수소법원이 乙과 丙 중 한 사람에 대한 청구에 관하여 관할권을 가지면 재판할 수 있을 것이다 (공통의 관할권, 관련재판적).

2. 공동소송의 유형

가. 통상공동소송과 필수적 공동소송의 구별

소송목적의 합일확정이 요구되는 경우는 필수적 공동소송에 해당하고, 그렇지 아니한 경우는 통상공동소송에 해당한다. 소송목적의 합일확정이 요구되는 경우란 실체법상 관리처분권이 여러 사람에게 공동으로 귀속되거나 소송법상 판결의 효력이 확장되는 등 법률상 합일확정이 요구되는 경우를 의미한다.

나. 필수적 공동소송으로 볼 수 있는지가 문제되는 경우

공동소송인 사이에 권리의무가 공통되거나(실체법상 관리처분권이 여러 사람에게 공동으로 귀속되는 경우는 제외) 공동소송인의 권리의무의 발생원인이 사실상 또는 법률상 공통되는 경우, 공동피고 전원에 대하여 승소하지 않으면 소송의 목적을 달성할 수 없는 경우 등에는 공동소송인 간에 소송목적이 합일적으로 확정될 현실적인 필요성은 인정되지만, 실체법상 이유든지 소송법상 이유든지 법률상으로 소송목적의 합일확정이 요구되지는 않는다.[2]

당사자가 자주적으로 분쟁을 해결할 수 있기 마련인 변론주의가 적용되는 민사소송에서 우연히 여러 개의 청구가 공동으로 제소되거나 병합·심리되었다

---

2) 공동소송인에 관한 각 청구가 별개의 것으로서 소송목적의 합일확정이 법률상 요구되지는 않지만, (동일한 부동산에 관하여 여러 사람에 대하여 소유권 확인을 구하는 경우, 동일한 어음에 관한 여러 명의 배서인에 대하여 상환을 청구하는 경우 등과 같이) 공동소송인의 각 청구 또는 공동소송인에 대한 각 청구가 중요한 쟁점을 공통으로 하고 있거나 (원인무효를 이유로 여러 사람 명의로 차례로 마쳐진 소유권이전등기의 각 말소등기절차의 이행을 청구하는 경우 등과 같이) 공동피고에 대한 청구가 목적과 수단의 관계에 있는 때에는 공동소송인이 서로 다른 내용의 판결을 받으면 소송의 목적을 달성하기 어렵게 될 수 있다.

고 하여 당사자가 본래부터 가지고 있던 자주적 해결권이 다른 공동소송인에 의해 제한이나 간섭을 받는 것은 아니므로 이러한 유형의 공동소송은 통상공동 소송에 해당한다(대법원 1991. 4. 12. 선고 90다9872 판결).

이러한 유형의 소송이 통상공동소송에 해당한다고 하면 소송목적의 합일확 정의 현실적인 필요성을 어떻게 충족시킬 것인지가 문제되는데, 이러한 유형의 공동소송에 공동소송인 독립의 원칙이 적용되기는 하지만 통상공동소송에서도 변론, 증거조사 등을 같은 기일에 함께 진행하고, 사실확정을 위한 증거자료를 공통으로 이용함으로써 판결의 모순·저촉을 어느 정도 방지할 수 있다.

3. 사안의 경우

甲이 乙과 丙에 대하여 모두 승소하지 않으면 소송의 목적을 달성하기 어려 운 측면이 있더라도 이러한 유형의 공동소송을 통상공동소송으로 보는 판례의 입장에 따르면 甲의 乙과 丙에 대한 각 소유권이전등기의 말소등기청구는 실체 법상으로든 소송법상으로든 소송목적의 합일확정이 요구되는 경우에 해당하지 않으므로 甲이 乙과 丙을 공동피고로 하여 제기한 소송은 통상공동소송에 해당 할 것이다.

III. 통상공동소송에 대한 법원의 심판방법

1. 병합요건 및 소송요건의 조사

공동소송이 제기되면 법원은 먼저 병합요건의 구비 여부를 조사하게 되는데, 소의 객관적 병합요건에 관하여는 직권으로 조사하여야 하고, 소의 주관적 병합 요건에 관하여는 상대방의 이의가 있는 경우에 조사하면 된다. 병합요건을 갖추 지 못한 경우에는 법원은 별소가 제기된 것으로 처리하면 된다.

병합요건을 갖춘 것으로 인정되면 법원은 병합된 각 청구에 대하여 소송요 건의 구비 여부를 조사하여야 하는데, 소송요건에 흠이 있는 것으로 인정되고 그 흠이 보정되지 않으면 법원은 해당 청구에 관한 소를 각하하여야 한다.

2. 공동소송인 독립의 원칙

가. 의의

통상공동소송에서 각 공동소송인의 소송관계는 다른 공동소송인과의 사이에서 서로 독립된 것이므로 각 공동소송인은 독자적으로 소송을 수행할 뿐이고 소송을 수행함에 있어 다른 공동소송인과 연합관계에 있지 않다. 공동소송인 가운데 한 사람의 소송행위 또는 공동소송인 가운데 한 사람에 대한 상대방의 소송행위와 공동소송인 가운데 한 사람에 관한 사항은 다른 공동소송인에게 영향을 미치지 않는다(법 제66조).

나. 내용

(1) 소송요건의 개별적 심사

통상공동소송의 경우 소송요건의 존부는 공동소송인마다 개별적으로 심사하여 처리한다. 일부 공동소송인이 소송요건을 갖추지 못한 경우에는 그 공동소송인에 관한 청구에 대해서만 소를 각하하면 된다.

(2) 소송자료의 불통일

통상공동소송의 경우 공동소송인 가운데 한 사람의 소송행위는 유불리를 불문하고 원칙적으로 다른 공동소송인에게 영향을 미치지 않는다. 각 공동소송인은 각자 소 또는 상소의 취하, 청구의 포기·인낙, 소송상 화해, 상소의 제기, 재판상 자백 등을 할 수 있고, 그 효력은 그러한 소송행위를 한 공동소송인에게만 미치고 다른 공동소송인에게는 미치지 않는다.

(3) 소송진행의 불통일

통상공동소송의 경우 공동소송인 가운데 한 사람의 소송진행 상황은 다른 공동소송인에게 영향을 미치지 않는다. 일부 공동소송인에 대하여 소송절차의 중단·중지사유가 발생한 때에는 그 사유가 발생한 공동소송인에 관한 소송절차만이 정지되고, 기일 또는 기간의 해태에 따른 효과도 기일 등을 해태한 공동소송인에게만 생기고 다른 공동소송인에게는 생기지 않는다. 판결에 대한 상소기간도 공동소송인별로 개별적으로 진행한다.

(4) 당사자 지위의 독립

통상공동소송의 경우 각 공동소송인은 자신의 소송관계에서만 당사자이므로 다른 공동소송인의 대리인, 보조참가인이 될 수 있고 다른 공동소송인에게 소송고지를 할 수 있다(법 제84조). 자기의 주장사실과는 관계가 없고 다른 공동소송인의 이해에만 관계가 있는 사항에 대하여는 증인이 될 수 있다.

(5) 재판의 불통일

통상공동소송의 경우 공동소송인 가운데 한 사람에 대하여 판결할 수 있을 정도로 심리가 이루어진 때에는 변론을 분리하여 일부판결을 할 수 있고, 재판결과가 공동소송인마다 다르게 나오더라도 상관이 없다(대법원 1992. 12. 11. 선고 92다18627 판결). 공동소송인 측이 패소한 때에는 공동소송인별로 소송비용을 산정하는 것이 원칙이지만, 각 공동소송인 간의 소송비용 부담에 관하여는 특칙이 있다(법 제102조).

3. 사안의 경우

甲이 乙과 丙에 대하여 모두 승소하지 않으면 소송의 목적을 달성하기 어려운 측면이 있더라도 이러한 유형의 공동소송을 통상공동소송으로 보는 판례의 입장에 따르면 乙과 丙은 통상공동소송인에 해당하므로 甲과 乙의 소송관계와 甲과 丙의 소송관계는 서로 독립된 것이며, 乙과 丙은 독자적으로 소송을 수행하고, 乙(丙)의 소송행위 또는 乙(丙)에 대한 甲의 소송행위는 丙(乙)에게 영향을 미치지 않으므로 乙과 丙은 서로 독립된 지위에서 甲의 청구를 개별적으로 인낙할 수 있을 것이다.

IV. 사례의 정리

실체법상으로든 소송법상으로든 법률적으로 소송목적의 합일확정이 요구되는 것이 아니라 현실적인 이유에서 소송목적의 합일확정이 요구되는 것만으로는 변론주의가 적용되는 민사소송에서 당사자의 자주적인 분쟁 해결권이 제한받아서는 안 된다는 것을 이유로 현실적인 이유로 소송목적의 합일확정이 요구되는 유형의 공동소송을 통상공동소송으로 보는 판례의 입장에 따르면 乙과 丙은 통상공동소송인에 해당하여 서로 독립된 지위에서 甲의 청구를 개별적으로 인낙할 수 있을 것이다.

<제1문-2>

I. 쟁점

공동피고 중 한 사람인 丙이 다른 공동피고 乙을 상대로 매매대금의 반환을 구하는 소를 기존의 소송절차에 병합할 수 있는지와 관련해서는 공동피고 간에 반소가 허용되는지를 검토하여야 한다.

II. 공동피고 간에 반소가 허용되는지 여부

1. 소의 후발적·객관적 병합

사실심 계속 중에 동일한 당사자 간에 기존 소송의 청구와 일정한 관련이 있는 새로운 청구에 대한 심판을 신청하는 것을 소의 후발적·객관적 병합이라고 한다. 청구의 변경(법 제262조), 중간확인의 소(법 제264조), 반소(법 제269조) 등이 이에 해당한다.

가. 청구의 추가적 변경

청구의 추가적 변경은 원고가 사실심 계속 중에 구 청구에 대한 심판신청을 유지하면서 구 청구와 청구의 기초가 바뀌지 않은 새로운 청구에 대한 심판을 추가로 신청하는 것인데(법 제262조), 원고만이 청구의 추가적 변경을 할 수 있다.

나. 중간확인의 소

중간확인의 소는 사실심 계속 중에 본소청구에 대한 심판의 전제가 되는 선결적 법률관계의 존부에 관하여 당사자 간에 다툼이 있는 경우 이에 관한 확인을 구하는 소를 추가로 제기하는 것인데(법 제264조), 당사자이면 원고와 피고를 불문하고 중간확인의 소를 제기할 수 있다.

다. 반소

반소는 피고가 본소의 사실심 계속 중에 본소의 청구 또는 본소의 방어방법과 서로 관련 있는 청구에 대한 심판을 신청하는 것인데(법 제269조), 본소의 피고가 본소의 원고를 상대로 반소를 제기하여야 한다.

2. 반소의 당사자

본소의 피고가 본소의 원고를 상대로 반소를 제기하여야 하므로 본소의 피고가 아닌 자가 반소를 제기하거나 본소의 원고가 아닌 자에 대하여 반소를 제기하는 것은 허용되지 않는다. 피고가 원고를 상대로 반소를 제기하여야 하는 것으로 규정하고 있는 민사소송법하에서는 공동소송인 간에는 반소가 허용되지 않으며, 피고가 원고 외의 제3자를 반소피고로 추가하거나 피고가 제3자와 함께 반소원고가 되어 원고를 상대로 반소를 제기하는 제3자 반소도 허용되지 않는 것으로 해석된다. 다만 피고가 제기하려는 반소가 필수적 공동소송의 형태를 취하게 되는 때에는 민사소송법 제68조의 필수적 공동소송인 추가의 요건을 갖추면 제3자 반소가 허용될 수 있다(대법원 2015. 5. 29. 선고 2014다235042 · 235059 · 235066 판결).

3. 사안의 경우

丙은 甲이 제기한 소유권이전등기의 말소등기소송에서 피고의 지위에 있으므로 청구의 추가적 변경을 할 수 없고, 丙의 乙에 대한 매매대금반환청구권이 甲의 丙에 대한 소유권이전등기의 말소등기청구에 대한 심판의 전제가 되는 선결적 법률관계에 해당하지 않으므로 丙은 중간확인의 소를 제기할 수 없으며, 乙은 甲이 제기한 소유권이전등기의 말소등기소송에서 丙과 같이 피고의 지위에 있으므로 甲이 乙과 丙을 공동피고로 하여 제기한 소송절차에서 丙은 자신과 공동피고의 지위에 있는 乙을 상대로 반소를 제기할 수 없을 것이다.

III. 사례의 정리

甲이 乙과 丙을 공동피고로 하여 각 소유권이전등기의 말소등기절차의 이행을 구하고 있는 소송절차에서 공동피고 중 한 사람인 丙이 다른 공동피고 乙을 상대로 매매대금의 반환을 구하는 소를 제기할 수 있는 민사소송법상의 제도는 없을 것이다. 丙이 乙을 상대로 한 매매대금반환청구에 대하여 법원의 심판을 받기 위해서는 별소를 제기하여야 할 것이다.

〈제 2 문〉

I. 쟁점

甲이 乙과 丙을 공동피고로 하여 乙에 대하여는 대여금의 반환을 구하고, 丙에 대하여는 연대보증채무의 이행을 구하는 소를 제기하였는데, 乙만이 차용금 중 일부를 갚은 사실을 주장하고 丙은 乙의 일부 변제사실을 주장하지 않은 상황에서 법원의 심리 결과 乙이 차용금 중 일부를 갚은 사실이 인정되는 경우 이에 관하여 주장하지 않은 丙에 대한 관계에서도 乙의 일부 변제사실을 인정할수 있는지가 문제된다. 이와 관련해서는 甲의 乙과 丙에 대한 공동소송의 형태와 이에 따른 법원의 심판방법 및 통상공동소송인 간에 주장공통의 원칙이 적용되는지를 검토하여야 한다.

II. 甲의 乙과 丙에 대한 공동소송의 형태 및 심판방법

1. 공동소송의 요건

甲이 乙과 丙을 공동피고로 하여 소를 제기하였으므로 공동소송의 요건(법 제65조, 제253조)을 구비하였는지를 검토하여야 한다.

가. 공동소송의 주관적 요건

(1) 주관적 요건

여러 사람이 공동소송인으로서 당사자가 되기 위해서는 소송목적이 되는 권리나 의무가 여러 사람에게 공통되거나 사실상 또는 법률상 같은 원인으로 말미암아 생긴 경우에 해당하거나(법 제65조 전문) 소송목적이 되는 권리나 의무가 같은 종류의 것이고 사실상 또는 법률상 같은 종류의 원인으로 말미암은 것인 경우에 해당하여야 한다(법 제65조 후문).

주관적 요건은 소송의 목적이 된 청구와 아무런 관련이 없는 청구까지 공동소송의 형태로 심판받는 것을 방지하기 위하여 요구하는 것이므로 원고가 이 요건을 흠결하여 공동소송으로 소를 제기하더라도 피고가 이에 대하여 이의를 제기하지 않으면 공동소송으로 병합하여 심리할 수 있다.

(2) 사안의 경우

주채무와 연대보증채무의 관계와 관련해서는 ① 의무가 공통되는 것으로 보는 견해, ② 발생원인이 공통되는 것으로 보는 견해가 주장되고 있는데, 어느 견해에 따르든 민사소송법 제65조 전문에 해당하는 것으로 볼 수 있다.

나. 공동소송의 객관적 요건

(1) 객관적 요건

고유필수적 공동소송을 제외한 공동소송의 경우에는 청구의 병합이 수반되므로 청구의 병합요건을 구비하여야 한다. 공동소송인의 청구 또는 공동소송인에 대한 청구는 모두 같은 종류의 소송절차에서 심판받을 수 있어야 하고, 법원은 공동소송인에 관한 각 청구에 대하여 관할권을 가지고 있어야 한다.

소송목적이 되는 권리나 의무가 여러 사람에게 공통되거나 사실상 또는 법률상 같은 원인으로 말미암아 생긴 경우(법 제65조 전문)에는 민사소송법 제25조 제2항(관련재판적)에 의하여 수소법원은 공동소송인 가운데 한 사람에 관한 청구에 대하여 관할권을 가지면 다른 공동소송인에 관한 청구에 대하여도 관할권을 가질 수 있지만, 소송목적이 되는 권리나 의무가 같은 종류의 것이고 사실상 또는 법률상 같은 종류의 원인으로 말미암은 것인 경우(법 제65조 후문)에는 관련재판적이 인정되지 않기 때문에 수소법원은 공동소송인에 관한 각 청구에 대하여 개별적으로 관할권을 가지고 있어야 한다. 공동소송의 객관적 요건은 법원의 직권조사사항에 해당한다.

(2) 사안의 경우

甲의 乙과 丙에 대한 각 청구는 모두 민사소송사항에 해당하고(같은 종류의 소송절차), 甲이 乙과 丙을 공동피고로 하여 주채무와 연대보증채무의 이행을 구하는 것은 민사소송법 제65조 전문에 해당하므로 수소법원이 乙과 丙 중 한 사람에 대한 청구에 관하여 관할권을 가지면 재판할 수 있을 것이다(공통의 관할권, 관련재판적).

2. 공동소송의 유형

가. 통상공동소송과 필수적 공동소송의 구별

소송목적의 합일확정이 요구되는 경우는 필수적 공동소송에 해당하고, 그렇지 아니한 경우는 통상공동소송에 해당한다. 소송목적의 합일확정이 요구되는 경우는 실체법상 관리처분권이 여러 사람에게 공동으로 귀속되거나 소송법상 판결의 효력이 확장되는 등 법률상 합일확정이 요구되는 경우를 의미한다.

나. 사안의 경우

甲의 乙과 丙에 대한 각 청구는 실체법상으로든 소송법상으로든 소송목적의 합일확정이 요구되는 경우에 해당하지 않으므로 甲이 乙과 丙을 공동피고로 하여 제기한 소송은 통상공동소송에 해당한다.

3. 통상공동소송에 대한 법원의 심판방법

가. 공동소송인 독립의 원칙

통상공동소송에서 각 공동소송인의 소송관계는 다른 공동소송인과의 사이에서 서로 독립된 것이므로 각 공동소송인은 독자적으로 소송을 수행할 뿐이고 소송을 수행함에 있어 다른 공동소송인과 연합관계에 있지 않다. 공동소송인 가운데 한 사람의 소송행위 또는 공동소송인 가운데 한 사람에 대한 상대방의 소송행위와 공동소송인 가운데 한 사람에 관한 사항은 다른 공동소송인에게 영향을 미치지 않는다(법 제66조).

(1) 소송요건의 개별적 심사

통상공동소송의 경우 소송요건의 존부는 공동소송인마다 개별적으로 심사하여 처리한다. 일부 공동소송인이 소송요건을 갖추지 못한 경우에는 그 공동소송인에 관한 청구에 대해서만 소를 각하하면 된다.

(2) 소송자료의 불통일

통상공동소송의 경우 공동소송인 가운데 한 사람의 소송행위는 유불리를 불문하고 원칙적으로 다른 공동소송인에게 영향을 미치지 않는다. 각 공동소송인은 각자 소 또는 상소의 취하, 청구의 포기·인낙, 소송상 화해, 상소의 제기, 재판상 자백 등을 할 수 있고, 그 효력은 그러한 소송행위를 한 공동소송인에게만 미치고 다른 공동소송인에게는 미치지 않는다.

(3) 소송진행의 불통일

통상공동소송의 경우 공동소송인 가운데 한 사람의 소송진행 상황은 다른 공동소송인에게 영향을 미치지 않는다. 일부 공동소송인에 대하여 소송절차의 중단·중지사유가 발생한 때에는 그 사유가 발생한 공동소송인에 관한 소송절차만이 정지되고, 기일 또는 기간의 해태에 따른 효과도 기일 등을 해태한 공동소송인에게만 생기고 다른 공동소송인에게는 생기지 않는다. 판결에 대한 상소기간도 공동소송인별로 개별적으로 진행한다.

(4) 당사자 지위의 독립

통상공동소송의 경우 각 공동소송인은 자신의 소송관계에서만 당사자이므로 다른 공동소송인의 대리인, 보조참가인이 될 수 있고 다른 공동소송인에게 소송고지를 할 수 있다(법 제84조). 자기의 주장사실과는 관계가 없고 다른 공동소송인의 이해에만 관계가 있는 사항에 대하여는 증인이 될 수 있다.

(5) 재판의 불통일

통상공동소송의 경우 공동소송인 가운데 한 사람에 대하여 판결할 수 있을 정도로 심리가 이루어진 때에는 변론을 분리하여 일부판결을 할 수 있고, 재판 결과가 공동소송인마다 다르게 나오더라도 상관이 없다(대법원 1992. 12. 11. 선고 92다18627 판결). 공동소송인 측이 패소한 때에는 공동소송인별로 소송비용을 산정하는 것이 원칙이지만, 각 공동소송인 간의 소송비용 부담에 관하여는 특칙이 있다(법 제102조).

나. 공동소송인 독립의 원칙에 대한 수정 논의

통상공동소송의 경우에는 소송목적의 합일확정이 법률상 요구되지 않고, 각 공동소송인은 다른 공동소송인과의 관계에서 독립된 지위를 가지며, 공동소송인 가운데 한 사람의 소송행위는 다른 공동소송인에게 영향을 미치지 않지만, 동일한 소송절차에서 공동소송으로 병합·심리되는 때에는 공동소송인 간에 소송의 진행을 같이하고, 재판의 통일도 어느 정도 도모할 수 있다는 것과 관련하여 민사소송법 제65조 전문에 해당하는 통상공동소송의 경우에는 공동소송인 독립의 원칙을 수정할 필요가 있는지가 문제된다. 이와 관련해서는 대립당사자 간에 적용되는 주장공통의 원칙이나 증거공통의 원칙이 공동소송인 간에 적용될 수 있는지가 주로 논의되고 있다.

Ⅲ. 공동소송인 간에 주장공통의 원칙이 적용되는지 여부

1. 공동소송인 간에 주장공통의 원칙3) 적용 여부가 문제되는 국면

필수적 공동소송의 경우에는 공동소송인 가운데 한 사람이 한 유리한 소송행위의 효력이 다른 공동소송인에게도 미치므로 주장공통 원칙의 적용 여부가 별도로 문제되지 않는다. 그러나 통상공동소송인 간에는 공동소송인 독립의 원칙이 적용되는 결과 공동소송인 가운데 한 사람의 소송행위의 효력은 다른 공동소송인에게 미치지 않으므로 통상공동소송인 간에 실질적인 견련관계가 있는 경우 주장공통의 원칙을 적용하여 공동소송인 간에 재판의 통일을 도모할 필요가 있는지가 문제된다. 다만 공동소송인 간에 주장공통 원칙의 적용 여부가 문제되는 것은 공동소송인 간에 공통되는 사실에 대하여 공동소송인 가운데 일부는 주장하고, 다른 일부는 주장하지 않는 경우이다. 따라서 각 공동소송인에게 개별적으로 요구되는 사실과 관련해서는 주장공통 원칙의 적용 여부 자체가 문제되지 않는다(대법원 1994. 5. 10. 선고 93다47196 판결). 또한 공동소송인이 공통되는 사실에 대하여 적극적으로 서로 다른 주장을 한 경우에는 재판결과가 다르게 되는 것이 부득이한 일이고, 법원이 이에 관하여 석명하지 않더라도 위법하지 않으며, 이러한 때에는 주장공통의 원칙 적용 여부가 문제되지 않는다.

---

3) 민사소송의 변론에서는 대립하는 당사자 간에 주장공통의 원칙이 적용되는 결과 주장책임을 부담하는 당사자가 주요사실을 주장하여야만 하는 것은 아니고 어느 당사자든지 주장하면 된다.

2. 공동소송인 가운데 한 사람의 소송행위의 효력이 이를 원용하지 않은 다른 공동소송인에게 미치는지 여부

공동소송인 가운데 한 사람이 상대방의 주장사실을 다투는 등 다른 공동소송인에게 유리한 소송행위를 한 경우 다른 공동소송인의 원용 없이도 다른 공동소송인에게 그 효력이 미치는지가 문제된다. 이와 관련해서는 ① 통상공동소송의 경우에도 변론과 증거조사가 공통으로 이루어져 재판의 통일을 도모할 수 있다는 것을 이유로 공동소송인 가운데 한 사람의 주장이 다른 공동소송인의 이익에 반하지 않고, 다른 공동소송인이 적극적으로 이와 저촉되는 주장을 하지 않은 때에는 다른 공동소송인에게도 유리한 효과가 미치는 것으로 보는 견해, ② 공동소송인 간에는 주장공통의 원칙을 적용할 것이 아니라 법원이 석명권을 적극적으로 행사하여 공동소송인 간에 재판결과가 달라지는 것을 방지하면 된다는 견해, ③ 공동소송인 간에 재판결과가 달라지는 것을 방지하기 위해서는 공동소송인 간에 보조참가이익이 인정되면 당사자의 신청이 없더라도 보조참가관계를 인정하여 공동소송인 가운데 한 사람의 소송행위는 다른 공동소송인을 위하여 한 것으로 취급하여야 한다는 견해 등이 주장되고 있다.

판례는 통상공동소송인의 지위에 관한 민사소송법 규정(법 제66조)과 민사소송법이 취하고 있는 변론주의 소송구조 등을 고려하면 통상공동소송인 간에는 주장공통의 원칙이 적용되지 않는다(대법원 1994. 5. 10. 선고 93다47196 판결; 대법원 2009. 4. 23. 선고 2009다1313 판결)는 입장이다. 또한 공시송달의 방법이 아닌 적법한 기일통지를 받고도 답변서 기타 준비서면 등을 제출하지 아니한 채 변론기일에 출석하지 아니하여 원고의 주장사실을 자백한 것으로 간주된 피고와 원고의 주장을 다툰 피고 사이에 동일한 실체관계에 대하여 서로 배치되는 내용의 판단이 내려지더라도 이를 위법하다고 할 수 없다(대법원 1997. 2. 28. 선고 96다53789 판결).

Ⅳ. 사례의 정리

통상공동소송인 간에 주장공통의 원칙이 적용되지 않는 것으로 보는 판례의 입장에 따르면 乙이 1억 원을 갚은 사실이 乙과 丙에게 공통되는 사실이더라도

乙만이 변제사실을 주장한 상황에서는 법원의 심리 결과 그 변제사실이 인정되더라도 乙의 변제사실은 甲과 乙 간의 소송관계에만 영향을 미치고, 甲과 丙 간의 소송관계에는 영향을 미치지 않을 것이다. 따라서 법원은 甲의 乙에 대한 청구에 대하여는 1억 원만을 인용하고 나머지 청구를 기각하는 판결을 하여야 하고, 甲의 丙에 대한 청구에 대하여는 丙의 연대보증사실이 인정되므로 甲의 청구를 전부 인용하는 판결을 하여야 할 것이다.

〈제 3 문〉

Ⅰ. 쟁점

甲이 乙을 상대로 매매를 원인으로 한 소유권이전등기절차의 이행을 구하는 소를 제기하였고, 乙이 X 토지의 매도에 관한 대리권이 없는 丙이 X 토지를 매도하였다고 다투고 있으므로 甲은 丙에게 대리권이 없다는 乙의 주장이 받아들여질 경우를 대비하여 丙에게 무권대리인의 책임을 묻기 위하여 丙을 소송에 끌어들일 필요가 있는데, 이와 관련해서는 丙을 예비적 피고로 추가할 수 있는지와 丙을 예비적 피고로 추가하는 경우 이에 대한 법원의 심판방법을 검토하여야 한다.

Ⅱ. 예비적 공동소송인의 추가가 허용되는지 여부

1. 예비적 공동소송의 의의

공동소송인에 관한 각 청구가 법률상 양립할 수 없는 관계[4]에 있고, 공동소

---

4) (ⅰ) 공작물의 설치·보존의 하자로 인하여 손해를 입은 자가 그 공작물의 점유자와 소유자 (점유자가 손해의 방지에 필요한 주의를 해태하지 아니한 경우)에 대하여 손해배상금의 지급을 구하는 경우, (ⅱ) 대리권 수여 여부가 불분명한 상태에서 상대방이 본인에 대하여는 계약의 이행을 구하고 대리인에 대하여는 무권대리인의 책임을 묻는 경우, (ⅲ) 채권양수인이 채무자에 대하여 양수금의 지급을 구하고자 하는데 채무자가 채권양도의 효력을 다투는 상황에서 채권양수인은 채무자에 대하여 양수금의 지급을 구하고 채권양도인은 채무자에 대하여 채무의 이행을 구하는 경우 등이 공동소송인에 관한 청구가 법률상 양립할 수 없는 경우에 해당한다.

송인 가운데 어느 공동소송인에 관한 청구가 인용될 것인지 확실하지 아니한 경우 공동소송인에 관한 각 청구에 심판의 순위를 붙여 선순위 원고의 청구 또는 선순위 피고에 대한 청구에 관하여 먼저 심판을 구하고, 그것이 인용되지 않을 경우를 대비하여 후순위 원고의 청구 또는 후순위 피고에 대한 청구에 관하여 심판을 구하는 형태의 공동소송을 예비적 공동소송이라고 한다.[5]

2. 예비적 공동소송의 요건

가. 공동소송인에 관한 청구가 법률상 양립할 수 없을 것

(1) 법률상 양립할 수 없을 것의 의미

공동소송인 가운데 일부에 관한 청구가 다른 공동소송인에 관한 청구와 법률상 양립할 수 없는 경우에 예비적 공동소송의 형태를 취할 수 있다. 어떠한 경우 공동소송인에 관한 청구가 법률상 양립할 수 없다고 할 수 있는지가 문제되는데, 공동소송인에 관한 청구 중 어느 하나의 청구가 인용되면 법률상 다른 공동소송인에 관한 청구는 인용될 수 없는 관계에 있는 경우에 법률상 양립할 수 없다고 할 수 있다. 공동소송인에 관한 청구가 모두 인용될 수 있는 때에는 법률상 양립할 수 없는 경우에 해당하지 않는다. 따라서 부진정연대채무의 관계에 있는 채무자들을 공동피고로 하여 이행의 소가 제기된 때에는 공동피고에 대한 각 청구는 서로 법률상 양립할 수 없는 경우에 해당하지 않으므로 이러한 소송은 민사소송법 제70조 제1항의 예비적 공동소송이라고 할 수 없다(대법원 2009. 3. 26. 선고 2006다47677 판결).

---

5) 예비적 공동소송의 법적 성질: 예비적 공동소송의 법적 성질과 관련해서는 ① 예비적 공동소송에서 관련 당사자에 대한 분쟁을 통일적으로 해결하여야 할 필요성은 통상공동소송보다 강하지만 소 제기 당사자와 예비적 관계에 있는 당사자 간에 판결의 효력이 일률적으로 미치지 아니하여 필수적 공동소송과는 다르다는 점에서 예비적 공동소송을 통상공동소송과 필수적 공동소송의 중간에 위치하는 것으로 보는 견해, ② 예비적 공동소송에서 주위적 피고와 예비적 피고는 형식상 공동피고로 되어 있지만 실질적으로는 원고와 공동피고 간에 삼면적인 이해대립이 있다는 점에서 그 소송관계를 독립당사자참가와 유사한 것으로 보는 견해, ③ 예비적 공동소송의 본질을 통상공동소송에 불과한 것으로 보는 견해, ④ 예비적 공동소송은 공동소송인 간의 소송의 승패가 똑같이 결정되어야 하는 필수적 공동소송과 구별되고, 공통의 이해관계를 가진 쟁점에 관하여는 서로 협력관계에 있을 수 있다는 점에서 독립당사자참가와도 구별되므로 예비적 공동소송을 독자적인 별개의 공동소송의 형태로 파악하여 문제된 쟁점에 따라 개별적으로 판단하여야 한다는 견해 등이 주장되고 있다.

공동소송인에 관한 청구가 소송법상 양립할 수 없는 때에도 청구가 법률상 양립할 수 없는 경우에 해당하는지가 문제되는데, 판례는 공동소송인에 관한 청구가 실체법상 양립할 수 없는 경우뿐 아니라 소송법상 양립할 수 없는 경우도 법률상 양립할 수 없는 경우에 포함되는 것으로 본다(대법원 2007. 6. 26.자 2007마515 결정6)).

동일한 사실관계에 대한 법률적 평가를 달리하여 두 청구 중 어느 한쪽에 대한 법률효과가 인정되면 다른 쪽에 대한 법률효과가 부정됨으로써 두 청구가 모두 인정될 수 없는 관계에 있는 때에는 두 청구는 법률상 양립할 수 없는 경우에 해당한다. 그러나 사실상 원인에 의하여 양립할 수 없는 때에도 청구가 법률상 양립할 수 없는 경우에 해당하는지가 문제되는데, 이와 관련해서는 ① 법률상 양립할 수 없는 경우이어야 하므로 사실상 양립할 수 없는 경우, 예를 들면 계약체결의 당사자가 A와 B 중 한 사람이라는 사실을 주장하며 A를 주위적 피고로, B를 예비적 피고로 하는 것은 허용되지 않는다는 견해,7) ② 택일적인 사실인정이 문제되는 때라도 그로 인해 공동소송인의 한쪽에 대한 법률효과를 긍정하고 다른 쪽에 대한 법률효과를 부정하게 되면 법률상 양립할 수 없는 경우에 해당하는 것으로 볼 수 있다는 견해8) 등이 주장되고 있다. 판례는 민사소송법 제70조 제1항에 규정된 법률상 양립할 수 없다는 것은 (ⅰ) 동일한 사실관계에 대한 법률적 평가를 달리하여 두 청구 중 어느 한쪽에 대한 법률효과가 인정되면 다른 쪽에 대한 법률효과가 부정됨으로써 두 청구가 모두 인용될 수는

---

6) 법인 또는 법인 아닌 사단 등 당사자능력이 있는 단체의 대표자 또는 구성원의 지위에 관한 확인소송에서 그 대표자 또는 구성원 개인뿐 아니라 그가 소속된 단체를 공동피고로 하여 소가 제기된 때에는 누가 피고적격을 가지는지에 관한 법률적 평가에 따라 어느 한쪽에 대한 청구는 부적법하고 다른 쪽에 대한 청구만이 적법하게 될 수 있으므로 이는 민사소송법 제70조 제1항의 예비적·선택적 공동소송의 요건인 각 청구가 서로 법률상 양립할 수 없는 관계에 해당하고, 아파트 입주자대표회의 구성원 개인을 피고로 삼아 제기한 동대표 지위 부존재 확인의 소송 계속 중에 아파트 입주자대표회의를 피고로 추가하는 주관적·예비적 추가가 허용된다.
7) 이 견해는 사실상 양립할 수 없는 경우도 법률상 양립할 수 없는 것으로 본다면 투망식 소송이 허용되는 폐단이 생길 수 있으므로 이를 방지하기 위해서는 사실상 양립할 수 없는 경우에는 예비적 공동소송이 허용되지 않는 것으로 보아야 한다고 한다.
8) 이 견해는 입법과정에서 거래의 상대방이 회사인지 개인인지 불분명한 경우와 같이 사실상 원인에 의한 양립불가능성이 포함되는 것을 전제로 하였다는 것을 근거로 드는데, 누구와 계약을 체결하였는지 불분명한 상태에서 가능성 있는 여러 사람을 피고로 하는 경우와 같은 단순한 사실인정의 문제는 포함되지 않는다고 한다.

없는 관계에 있는 경우나 (ⅱ) 당사자들 사이의 사실관계 여하에 의하여 또는 청구원인을 구성하는 택일적 사실인정에 의하여 어느 일방의 법률효과를 긍정하거나 부정하고 이로써 다른 일방의 법률효과를 부정하거나 긍정하는 반대의 결과가 되는 경우로서 두 청구 사이에서 한쪽 청구에 대한 판단이유가 다른 쪽 청구에 대한 판단이유에 영향을 주어 각 청구에 대한 판단과정이 필연적으로 상호 결합되어 있는 관계에 있는 경우를 의미하는 것으로 본다(대법원 2007. 6. 26. 자 2007마515 결정).

(2) 공동소송인 가운데 일부의 청구의 의미

민사소송법 제70조 제1항 본문의 '공동소송인 가운데 일부의 청구'가 공동소송인 가운데 일부의 모든 청구를 의미하는 것은 아니므로 주위적 피고에 대한 주위적·예비적 청구 중 주위적 청구 부분이 인용되지 않을 경우 그와 법률상 양립할 수 없는 관계에 있는 예비적 피고에 대한 청구를 인용하여 달라는 취지로 결합하여 소를 제기할 수도 있다(대법원 2009. 3. 26. 선고 2006다47677 판결; 대법원 2014. 3. 27. 선고 2009다104960·104977 판결[9]). 또한 처음에는 주위적 피고에 대하여 주위적·예비적 청구만을 하였다가 그 주위적 청구가 받아들여지지 않을 경우 그와 법률상 양립할 수 없는 관계에 있는 예비적 피고에 대한 청구를 받아들여 달라는 취지로 예비적 피고에 대한 청구를 결합하기 위하여 예비적 피고를 추가할 수도 있다(법 제70조 제1항 본문, 제68조 제1항; 대법원 2015. 6. 11. 선고 2014다232913 판결).

---

9) 주위적 피고에 대한 주위적·예비적 청구 중 주위적 청구 부분이 인용되지 않을 경우 그와 법률상 양립할 수 없는 관계에 있는 예비적 피고에 대한 청구를 인용하여 달라는 취지로 결합하여 소를 제기할 수 있는지 여부: 민사소송법 제70조 제1항 본문이 규정하는 '공동소송인 가운데 일부에 대한 청구'를 반드시 '공동소송인 가운데 일부에 대한 모든 청구'라고 해석할 근거는 없으므로 주위적 피고에 대한 주위적·예비적 청구 중 주위적 청구 부분이 인용되지 않을 경우 그와 법률상 양립할 수 없는 관계에 있는 예비적 피고에 대한 청구를 인용하여 달라는 취지로 결합하여 소를 제기할 수도 있다.
예비적 공동소송에서 일부 공동소송인에 대해서만 판결하거나 남겨진 자를 위하여 추가판결을 하는 것이 허용되는지 여부 및 주위적 공동소송인과 예비적 공동소송인 중 어느 한 사람이 상소를 제기한 경우 상소심의 심판대상: 예비적 공동소송은 동일한 법률관계에 관하여 모든 공동소송인이 서로 간의 다툼을 하나의 소송절차로 한꺼번에 모순 없이 해결하는 소송형태로서 모든 공동소송인에 관한 청구에 대하여 판결하여야 하고(법 제70조 제2항), 그중 일부 공동소송인에 대해서만 판결하거나 남겨진 자를 위하여 추가판결을 하는 것은 허용되지 않는다. 그리고 예비적 공동소송에서 주위적 공동소송인과 예비적 공동소송인 중 어느 한 사람이 상소를 제기하면 다른 공동소송인에 관한 청구 부분도 확정이 차단되고 상소심에 이심되어 그 심판대상이 된다.

공동소송인 가운데 일부의 청구가 실체법상 유효한 청구이어야 하는지가 문제되는데, 여기에서의 청구는 주장 자체를 의미하는 것일 뿐 반드시 실체법상 유효한 청구일 것을 요구하는 것은 아니다.

공동소송인에 관한 각 청구의 소송물이 동일하여야 하는 것은 아니고, 소송물이 서로 다르더라도 양립할 수 없는 관계에 있으면 된다. 대리인과 법률행위를 한 상대방은 주위적으로 본인에게 계약의 이행을 구하고 예비적으로 무권대리인에게 손해배상금의 지급을 구할 수 있다.

나. 소의 주관적·객관적 병합요건을 구비할 것

예비적 공동소송도 공동소송의 일종이므로 소의 주관적·객관적 병합요건을 구비하여야 한다.

여러 사람이 공동소송인으로서 당사자가 되기 위해서는 소송목적이 되는 권리나 의무가 여러 사람에게 공통되거나 사실상 또는 법률상 같은 원인으로 말미암아 생긴 경우에 해당하거나(법 제65조 전문) 소송목적이 되는 권리나 의무가 같은 종류의 것이고 사실상 또는 법률상 같은 종류의 원인으로 말미암은 것인 경우에 해당하여야 한다(법 제65조 후문).[10]

고유필수적 공동소송을 제외한 공동소송의 경우에는 청구의 병합이 수반되므로 청구의 병합요건을 구비하여야 한다. 공동소송인의 청구 또는 공동소송인에 대한 청구는 모두 같은 종류의 소송절차에서 심판받을 수 있어야 하고, 수소법원은 공동소송인에 관한 각 청구에 대하여 관할권을 가지고 있어야 한다.[11]

---

10) 주관적 요건은 소송의 목적이 된 청구와 아무런 관련이 없는 청구까지 공동소송의 형태로 심판받는 것을 방지하기 위하여 요구하는 것이므로 원고가 이 요건을 흠결하여 공동소송으로 소를 제기하더라도 피고가 이에 대하여 이의를 제기하지 않으면 법원은 공동소송으로 병합하여 심리할 수 있다.

11) 소송목적이 되는 권리나 의무가 여러 사람에게 공통되거나 사실상 또는 법률상 같은 원인으로 말미암아 생긴 경우(법 제65조 전문)에는 민사소송법 제25조 제2항(관련재판적)에 의하여 수소법원은 공동소송인 가운데 한 사람에 관한 청구에 대하여 관할권을 가지면 다른 공동소송인에 관한 청구에 대하여도 관할권을 가질 수 있지만, 소송목적이 되는 권리나 의무가 같은 종류의 것이고 사실상 또는 법률상 같은 종류의 원인으로 말미암은 것인 경우(법 제65조 후문)에는 관련재판적이 인정되지 않기 때문에 수소법원은 공동소송인에 관한 각 청구에 대하여 개별적으로 관할권을 가지고 있어야 한다. 공동소송의 객관적 요건은 법원의 직권조사사항에 해당한다.

3. 예비적 공동소송인의 추가

예비적 공동소송에는 민사소송법 제68조가 준용되므로 소 제기 당시에는 단일소송이었더라도 법원이 제1심의 변론을 종결할 때까지 원고의 신청에 따라 결정으로 예비적 공동소송인을 추가하도록 허가하면 후발적으로 예비적 공동소송의 형태를 취하게 된다(법 제70조 제1항 본문, 제68조).[12] 처음에는 주위적 피고에 대한 주위적·예비적 청구만을 하였다가 주위적 청구 부분이 받아들여지지 않을 경우 그와 양립할 수 없는 관계에 있는 예비적 피고에 대한 청구를 받아들여 달라는 취지로 예비적 피고에 대한 청구를 결합하기 위하여 예비적 피고를 추가할 수 있다(대법원 2015. 6. 11. 선고 2014다232913 판결).

4. 사안의 경우

甲이 乙을 상대로 제기한 매매를 원인으로 한 X 토지에 관한 소유권이전등기소송에서 X 토지의 매도에 관한 丙의 대리권의 존부가 다투어지는 경우 丙의 대리권이 존재하는 것으로 인정되면 甲의 乙에 대한 청구가 인용될 수 있지만, 丙의 대리권이 존재하지 않는 것으로 인정되면 甲의 乙에 대한 청구는 기각될 것이다. 丙의 대리권이 존재하지 않으면 甲은 민법 제135조 제1항에 따라 丙에게 매매계약의 이행을 청구하거나 손해배상을 청구할 수 있는데, 이런 경우 甲의 乙에 대한 청구와 甲의 丙에 대한 청구는 법률상 양립할 수 없는 관계에 있으므로 甲은 丙의 대리권의 부존재로 인해 乙에 대한 청구가 인용되지 않을 것에 대비하여 丙을 예비적 피고로 하여 매매를 원인으로 한 소유권이전등기절차의 이행을 청구하거나 매매대금 상당의 손해배상을 청구할 필요가 있다.

---

12) 주위적·예비적 공동소송인 가운데 일부가 누락된 경우 법원은 제1심의 변론을 종결할 때까지 원고의 신청에 따라 누락된 당사자를 추가하도록 허가할 수 있는데(법 제68조 제1항 본문), 그 허가결정을 한 때에는 허가결정의 정본을 당사자 모두에게 송달하여야 하고, 추가될 당사자에게는 소장부본도 송달하여야 하며(법 제68조 제2항), 추가된 당사자에 대한 관계에서는 처음의 소가 제기된 때에 소가 제기된 것으로 본다(법 제68조 제3항). 따라서 원고가 어느 한 사람을 피고로 하여 소를 제기하였다가 다른 사람이 주위적 또는 예비적 피고의 지위에 있다고 주장하며 그에 관한 청구에 대한 심판을 구하는 경우 법원은 그것이 주위적 또는 예비적 피고를 추가하는 취지인지를 밝혀서 그러한 취지로 인정되면 위와 같은 조치를 취하여야 한다(대법원 2008. 4. 10. 선고 2007다86860 판결).

원고는 처음부터 예비적 공동소송의 형태로 소를 제기할 수 있지만, 소 제기 후에도 제1심의 변론이 종결될 때까지는 법원에 예비적 공동소송인의 추가를 신청할 수 있으므로 甲은 제1심의 변론이 종결되기 전에 丙을 예비적 피고로 추가하는 신청을 할 수 있을 것이다.

Ⅲ. 예비적 공동소송에 대한 법원의 심판방법

1. 예비적 공동소송의 요건 심사

예비적 공동소송의 형태로 소가 제기되면 법원은 그 요건이 구비되었는지를 직권으로 판단하여야 한다. 원고가 예비적 공동소송의 형태로 소를 제기하였는데 그 요건을 갖추지 못한 경우 통상공동소송의 요건을 갖춘 것으로 인정되면 법원은 통상공동소송으로 취급하면 된다.

2. 본안심판

가. 필수적 공동소송에 관한 규정의 준용

관련 분쟁을 일회적으로 해결함으로써 소송경제를 도모하고 판결의 모순·저촉을 방지하기 위하여 예비적 공동소송의 형태를 인정한 취지를 살리기 위하여 예비적 공동소송에 대하여 필수적 공동소송에 관한 민사소송법 제67조부터 제69조[13]까지의 규정이 준용된다(법 제70조 제1항 본문). 민사소송법 제67조 제1항을 준용하는 경우 각 공동소송인은 소의 취하, 청구의 포기·인낙, 소송상 화해를 개별적으로 할 수 없지만, 공동소송이 강제되지 않는 자들에게 소송에 관한 처분권을 제한하는 것은 가혹하다는 점을 고려하여 청구의 포기·인낙, 화해, 소의 취하의 경우에는 필수적 공동소송에 관한 규정이 준용되지 않는 것으로 하고 있다(법 제70조 제1항 단서).[14]

---

13) 민사소송법 제69조의 준용: 예비적 공동소송에서 주위적 원고와 예비적 원고가 모두 패소하고 주위적 원고만이 상소한 때에도 예비적 원고에 대한 청구 부분도 확정이 차단되고 상소심으로 이심된다. 예비적 공동소송의 경우에는 민사소송법 제69조가 준용되므로 예비적 원고가 소송무능력자이어서 미성년후견인 등이 상소심에서 소송행위를 하는 경우 후견감독인으로부터 그에 관한 권한을 받을 필요가 없다.
14) 민사소송법 제70조 제1항 단서와 관련해서는 소 취하의 경우에는 소송계속을 소급적으로 소

(1) 소송자료의 통일

공동소송인 가운데 한 사람의 소송행위는 공동소송인 모두의 이익을 위해서
만 효력이 발생한다(법 제67조 제1항 준용).[15] 공동소송인 가운데 한 사람이 상대

멸시킬 뿐 본안에 관하여 직접적으로 영향을 미치지 않으므로 각 공동소송인에게 처분의 자
유를 인정하더라도 별문제가 없지만, 청구의 인낙, 소송상 화해에 대하여도 처분의 자유를 인
정하는 것은 입법목적에 부합하지 않는다는 지적이 있다.

채무자가 택일적 관계에 있는 경우 예비적 피고가 자기에 대한 청구를 인낙할 수 있는지가
문제된다. 예비적 피고만이 원고의 청구를 인낙하고 주위적 피고에 대하여는 심리를 속행하
여 주위적 피고에 대한 청구가 인용된 때에는 택일적 관계에 있는 자들 가운데 한 사람을 채
무자로 확정하기 위하여 예비적 공동소송을 인정한 제도적 취지에 반하는 결과를 초래하게
된다. 이런 결과를 방지하기 위하여 예비적 피고의 청구의 인낙이 있으면 주위적 피고에 대한
청구를 기각하여야 한다고 한다면 주위적 피고에 대한 청구에 관하여 먼저 심판받고자 한 원
고의 의사를 무시하는 결과를 초래하게 된다. 이와 관련해서는 ① 이러한 모순을 피하기 위
해서는 예비적 피고의 청구의 인낙(또는 예비적 원고에 대한 청구의 인낙)이 허용되지 않는
것으로 보아야 한다는 견해, ② 예비적 피고가 청구를 인낙한 경우에는 주위적 피고에 대한
청구를 기각할 수밖에 없다는 견해, ③ 민사소송법 제70조 제1항 단서의 규정상 제한적인 해
석을 할 수는 없고 이러한 결과는 당사자에게 처분의 자유를 인정한 이상 불가피한 것이라는
견해, ④ 주위적 피고에 대한 심리를 속행한 결과 주위적 피고에 대한 청구가 이유 없는 경우
에만 예비적 피고의 청구의 인낙의 효력을 인정하고, 주위적 피고에 대한 청구가 이유 있으면
예비적 피고의 청구의 인낙에도 불구하고 주위적 피고에 대한 청구를 인용하고 예비적 피고
에 대한 청구를 기각하여야 한다는 견해 등이 주장되고 있다.

예비적 피고와는 달리 주위적 피고가 청구를 인낙할 수 있다는 데에는 이견이 없지만, 주위적
피고가 청구를 인낙한 후의 소송관계와 관련해서는 ① 주위적 피고의 청구의 인낙으로 인해
원고는 청구에 관하여 원하는 결과를 얻었으므로 청구를 인낙하지 않은 예비적 피고에 대한
청구를 받아들일 수 없어 예비적 피고에 대한 청구를 기각하여야 한다는 견해, ② 민사소송
법 제70조 제1항 단서에서 청구의 인낙의 경우 제67조의 준용을 배제한다고 규정한 취지는
청구의 인낙 후의 소송이 단일소송으로 환원되어 통상공동소송과 같이 절차를 진행하여야 한
다는 것을 의미하므로 예비적 피고와의 소송을 계속 진행하여야 한다는 견해 등이 주장되고
있다.

원고가 주위적 피고와 화해한 경우의 소송관계와 관련해서는 ① 예비적 피고에 대한 심리를
계속할 필요 없이 예비적 피고에 대한 청구를 기각하여야 한다는 견해, ② 원고와 주위적 피
고 간에 소송상 화해가 성립한 때에는 소송상 화해의 소송종료효로 인해 주위적 피고에 대한
청구는 소송계속이 소멸하고 원고와 예비적 피고 간의 단일소송으로 환원되어 법원은 예비적
피고에 대한 청구에 관한 심리를 속행하여 그 결과에 따라 청구를 인용하거나 기각하는 판결
을 하여야 한다는 견해 등이 주장되고 있다.

15) 민사소송법 제67조 제1항의 준용 범위: 예비적 공동소송의 경우 공동소송인 가운데 한 사람의
소송행위는 공동소송인 모두의 이익을 위해서만 효력을 가진다는 민사소송법 제67조 제1항
이 준용되는 범위와 관련하여 ① 전면적인 준용을 인정하는 견해, ② 제한적인 준용으로 충
분하다는 견해가 주장되고 있다. ①의 견해는 소송자료의 경우 민사소송법 제70조 제1항 단
서의 예외를 제외하고는 제67조가 준용되어 공동소송인 가운데 한 사람의 소송행위는 모두의
이익을 위해서만 효력이 인정되고, 공동소송인 가운데 한 사람에 대한 상대방의 행위는 유불
리를 불문하고 공동소송인 모두에게 효력이 있다고 한다. ②의 견해는 예비적 공동소송의 도

방의 주장사실을 다투면 다른 공동소송인도 다툰 것으로 된다. 공동소송인에게 불리한 소송행위는 공동소송인이 함께하여야 한다. 또한 공동소송인의 상대방의 소송행위는 유불리를 불문하고 공동소송인 모두에게 효력이 미친다(법 제67조 제2항 준용).

(2) 소송진행의 통일

1) 변론 및 증거조사

예비적 공동소송의 경우 민사소송법 제67조 제3항이 준용되는 결과 법원은 변론, 증거조사, 판결을 같은 기일에 함께하여야 하고, 변론의 분리와 일부판결을 할 수 없다. 주위적 피고와 예비적 피고 가운데 한 사람이 소장부본을 송달받고 답변서를 제출하지 않더라도 그러한 피고에 대한 변론을 분리하여 그에 대한 원고 승소의 판결을 할 수 없다. 예비적 공동소송에서 일부 공동소송인에 대해서만 판결하거나 남겨진 자를 위하여 추가판결을 할 수 없다(대법원 2008. 4. 10. 선고 2007다36308 판결; 대법원 2011. 2. 24. 선고 2009다43355 판결; 대법원 2018. 2. 13. 선고 2015다242429 판결).

2) 소송절차의 중단 · 중지

공동소송인 가운데 한 사람에 관하여 소송절차의 중단 · 중지사유가 발생하면 모든 공동소송인에 대하여 중단 · 중지의 효과가 발생하여 소송절차의 진행이 정지된다.

3) 상소의 효력 등

공동소송인 가운데 한 사람이 상소를 제기하면 공동소송인 모두에 대하여 판결의 확정이 차단되고 상소심으로 이심되는 효과가 발생한다. 상소심의 심판대상은 공동소송인과 그 상대방 당사자 간의 결론의 합일확정의 필요성을 고려하여 심판의 범위가 정해진다(대법원 2011. 2. 24. 선고 2009다43355 판결; 대법원 2015. 3. 20. 선고 2014다75202 판결).[16)]

상소는 자기에게 불이익한 재판에 대하여 유리하게 취소 또는 변경을 구하

입 목적은 분쟁의 모순 없는 일회적 해결과 이를 위한 분리 확정의 방지에 있는데, 이러한 목적은 소송진행의 통일로 충분히 달성할 수 있고, 소송자료의 통일은 제한된 범위에서만 허용하면 된다고 한다.

16) 공동소송인 가운데 어느 한 사람의 상고가 이유 있어 원심판결을 파기하는 때에는 합일확정의 필요에 의하여 상고 이유 없는 다른 한 사람의 청구 부분도 함께 파기하여야 한다(대법원 2009. 4. 9. 선고 2008다88207 판결).

는 것이므로 주위적 피고에 해당하는 당사자는 자신에 대한 주위적 청구에 관하여 제1심에서 전부 승소한 경우 그 판결이유에 불만이 있더라도 항소의 이익이 없고, 예비적 피고에 대한 청구에 대하여는 당사자가 아니므로 제1심법원이 예비적 피고에 대한 청구를 전부 인용한 경우 이에 대하여 항소를 제기할 수 없다(대법원 2011. 2. 24. 선고 2009다43355 판결).

조정을 갈음하는 결정에 대하여 일부 공동소송인이 이의를 신청하지 않은 때에는 원칙적으로 그러한 공동소송인에 대한 관계에서만 조정을 갈음하는 결정이 확정될 수 있지만, 조정을 갈음하는 결정에서 분리 확정을 금지하고 있거나 그 결정에서 정한 사항이 공동소송인들에게 공통되는 법률관계의 형성을 전제로 이해관계를 조절하고 있는 경우 등과 같이 결정사항의 취지에 비추어 볼 때 분리 확정을 허용하면 형평에 반하고 이해관계가 상반되는 공동소송인들 간의 소송진행의 통일을 목적으로 하는 민사소송법 제70조 제1항 본문의 입법취지에 반하는 결과를 초래하게 되는 때에는 분리 확정이 허용되지 않는다(대법원 2008. 7. 10. 선고 2006다57872 판결). 예비적 공동소송에서 화해권고결정에 대하여 일부 공동소송인이 이의를 신청하지 않은 때에도 조정을 갈음하는 결정의 경우와 동일하게 처리된다(대법원 2015. 3. 20. 선고 2014다75202 판결).

(3) 본안판결의 통일

공동소송인에 관한 각 청구는 법률상 양립할 수 없는 관계에 있으므로 공동소송인에 관한 청구가 모두 인용될 수는 없다. 공동소송인 가운데 한 사람에 관한 청구가 인용되는 경우 다른 공동소송인에 관한 청구는 인용되어서는 안 된다.

예비적 공동소송에서 주위적 원고의 청구 또는 주위적 피고에 대한 청구가 이유 있고 예비적 원고의 청구 또는 예비적 피고에 대한 청구가 이유 없으면 주위적 원고의 청구 또는 주위적 피고에 대한 청구에 대하여 인용판결을 하여야 하고, 예비적 원고의 청구 또는 예비적 피고에 대한 청구에 대하여 기각판결을 하여야 한다. 예비적 공동소송에서 주위적 청구를 인용하는 때에는 이와 주관적·예비적 병합의 관계에 있는 예비적 청구를 기각하여야 한다(대법원 2008. 4. 10. 선고 2007다36308 판결).

공동소송인에 관한 청구가 모두 기각될 수도 있다. 공동소송인 가운데 한 사람에 관한 청구가 이유 없다고 하여 다른 공동소송인에 관한 청구가 반드시 인용되는 것은 아니다. 다른 공동소송인이 상대방이 다투는 자신의 주장사실에 관한 증거를 제출하지 못하면 증명책임분배의 원칙에 따라 그 다른 공동소송인에 관한 청구가 기각될 수 있다.

예비적 공동소송에서는 본안판결의 통일을 도모하기 위하여 불이익 변경의 금지가 적용되지 않는 것으로 해석된다. 예비적 공동소송에서 공동소송인 중 한 사람이 상소를 제기하면 다른 공동소송인에 관한 청구 부분도 확정이 차단되고 상소심으로 이심되어 상소심의 심판대상이 되고, 이런 경우 상소심은 모든 공동소송인과 그 상대방 당사자 간의 결론의 합일확정의 필요성을 고려하여 심판의 범위가 정해진다(대법원 2011. 2. 24. 선고 2009다43355 판결; 대법원 2018. 12. 27. 선고 2016다202763 판결). 원고가 주위적 피고에 대하여 패소하고 예비적 피고에 대하여 승소한 경우 예비적 피고만이 상소한 때에는 주위적 피고에 대한 관계에서 패소한 원고에게도 상소의 효력이 미치고, 원고의 주위적 피고에 대한 청구 부분도 상소심의 심판대상이 되며, 상소심의 심리 결과 원고의 주위적 피고에 대한 청구를 인용하는 판결로 바뀔 수도 있다.[17]

나. 모든 공동소송인에 관한 청구에 대하여 판결

예비적 공동소송의 경우 예비적 당사자의 소송상 지위가 불안정하게 되는 것을 방지하기 위하여 모든 공동소송인에 관한 청구에 대하여 판결하도록 하고 있다(법 제70조 제2항). 모든 공동소송인에 관한 청구에 대하여 판결하여야 하므로 예비적 공동소송에서 주위적 원고의 청구 또는 주위적 피고에 대한 청구가 인용되더라도 예비적 원고의 청구 또는 예비적 피고에 대한 청구에 관하여도 심판하여야 한다.[18] 예비적 공동소송의 경우 원고는 주위적 원고의 청구 또는 주위적 피고에 대한 청구가 인용되어야 전부 승소한 것으로 된다. 소송비용 중 원고 측이 승소한 피고에 대한 부분은 패소한 피고가 부담하고, 원고 측이 패소

---

[17] 이와는 달리 청구의 예비적 병합의 경우 주위적 청구를 기각하고 예비적 청구를 인용한 제1심판결에 대하여 피고만이 항소한 때에는 예비적 청구에 관한 부분만이 항소심의 심판대상이 된다(대법원 1995. 2. 10. 선고 94다31624 판결).

[18] 주위적 청구가 인용될 것을 해제조건으로 하여 예비적 청구에 대하여 심판을 구하는 청구의 예비적 병합의 경우와는 차이가 있다. 예비적 공동소송을 청구의 예비적 병합의 경우와 달리 취급하는 것은 소송에 당사자로 관여하였다가 아무런 판단을 받지 못하여 그러한 당사자가 후에 동일한 내용의 소를 제기당하는 것을 방지하기 위한 것이다.

한 피고에 대한 부분은 원고가 부담한다.

예비적 공동소송에서 법원이 일부 공동소송인에 관한 청구에 대해서만 판결을 한 경우 이러한 판결은 일부판결이 아니라 흠이 있는 전부판결에 해당하여 상소로써 이를 다투어야 하고, 그 판결에서 누락된 공동소송인은 이러한 판단누락을 시정하기 위하여 상소를 제기할 수 있다(대법원 2008. 3. 27. 선고 2005다49430 판결).

3. 사안의 경우

甲이 乙을 상대로 제기한 매매를 원인으로 한 X 토지에 관한 소유권이전등기소송에서 X 토지의 매도에 관한 丙의 대리권의 존부가 다투어지는 경우 甲이 제1심의 변론이 종결되기 전에 丙을 예비적 피고로 추가하는 신청을 하여 丙이 예비적 피고로 추가된 때에는 후발적으로 예비적 공동소송의 형태를 취하게 될 것이다. 이런 경우 법원은 민사소송법 제70조 제2항에 따라 甲의 乙에 대한 청구와 甲의 丙에 대한 청구에 대하여 모두 판결하여야 한다.

IV. 사례의 정리

丙의 대리권의 존부가 다투어지는 상황에서 甲의 乙에 대한 청구와 甲의 丙에 대한 청구는 법률상 양립할 수 없는 경우에 해당하므로 甲은 제1심의 변론이 종결될 때까지 丙을 예비적 피고로 추가하는 신청을 할 수 있을 것이다(법 제70조 제1항 본문, 제68조).

甲의 신청으로 丙이 예비적 피고로 추가된 때에는 법원은 주위적 피고 乙과 예비적 피고 丙에 대한 청구에 관하여 모두 판결하여야 하는데(법 제70조 제2항), 법원의 심리 결과 丙에게 대리권이 없는 것으로 인정되었으므로 법원은 甲의 乙에 대한 청구를 기각하고, 甲의 丙에 대한 청구를 인용하는 판결을 하여야 할 것이다.

〈제 4 문 - 1〉

Ⅰ. 쟁점

A 등이 선정당사자 제도를 이용할 수 있는지와 관련해서는 A 등에게 선정당사자를 선정할 수 있는 요건인 공동의 이해관계가 인정되는지를 검토하여야 한다.

Ⅱ. 선정당사자의 의의 및 요건

1. 의의

공동의 이해관계를 가진 여러 사람이 공동소송인이 되어 소송을 하여야 하는 경우 그 가운데서 모두를 위하여 소송을 수행할 당사자로 선정된 자를 선정당사자라고 하고, 선정당사자를 선정한 공동의 이해관계를 가지는 자를 선정자라고 한다(법 제53조 제1항).

선정당사자가 선정된 때에는 소장의 당사자표시에는 선정당사자만을 당사자로 기재하고 별지로 선정자 명단을 첨부하는데, 선정자 명단에 선정당사자도 기재한다.[19] 청구취지에는 선정당사자와 선정자가 수령하거나 부담하여야 하는 급부를 개별적으로 표시하여야 하고, 청구취지와 청구원인에 선정당사자는 '원고(선정당사자) 또는 피고(선정당사자)'라고 표시하고, 선정자들은 '선정자 ○○○'라고 표시한다.

---

19) 선정당사자를 선정자로 표기하는 것이 위법한지 여부: 민사소송법 제53조에서 "① 공동의 이해관계를 가진 여러 사람이 제52조의 규정에 해당되지 아니하는 경우에는 이들은 그 가운데에서 모두를 위하여 당사자가 될 한 사람 또는 여러 사람을 선정하거나 이를 바꿀 수 있다. ② 소송이 법원에 계속된 뒤 제1항의 규정에 따라 당사자를 바꾼 때에는 그 전의 당사자는 당연히 소송에서 탈퇴한 것으로 본다."라고 규정하고 있는데, 선정당사자 자신도 공동의 이해관계를 가진 사람으로서 선정행위를 하였다면 선정행위를 하였다는 의미에서 선정자로 표기하는 것이 허용되지 않는다고 할 수 없으므로 선정당사자를 선정자로 표기하는 것이 위법하다고 볼 수 없다(대법원 2011. 9. 8. 선고 2011다17090 판결).

2. 선정당사자 선정행위의 소송법상 의미

가. 임의적 소송담당

선정자는 자신의 권리 또는 법률관계에 관한 소송수행권을 선정당사자에게 수여하는 것이므로 선정자와 선정당사자의 관계는 대리관계가 아니라 임의적 소송담당에 해당한다.

나. 선정행위의 법적 성질

선정당사자를 선정하는 행위의 법적 성질과 관련해서는 ① 선정당사자를 선정하는 것을 선정자가 자신의 권리 또는 법률관계에 관한 소송수행권을 선정당사자에게 수여하는 단독적 소송행위로 보는 견해, ② 선정당사자도 선정절차에 참여한다는 것을 이유로 선정자와 선정당사자의 합동행위로 보는 견해 등이 주장되고 있다. 선정행위를 선정자의 단독적 소송행위로 보면 선정당사자의 선정에 선정당사자의 승낙이 필요하지 않다.

다. 선정의 시기

선정의 시기는 소송계속의 전후를 불문한다. 소송계속 후에 선정당사자를 선정하면 선정자는 당연히 기존 소송에서 탈퇴하게 되고(법 제53조 제2항), 선정당사자가 그 지위를 수계하게 된다.

라. 선정의 방식

선정당사자의 선정은 각 선정자가 개별적으로 하여야 하고 다수결로 해서는 안 된다. 선정당사자의 자격은 대리인의 경우와 같이 서면으로 증명하여야 하므로 선정당사자를 선정한 때에는 선정서를 작성하여 법원에 제출하여야 하고, 법원은 제출받은 선정서를 소송기록에 첨부하여야 한다.

3. 요건

선정당사자를 선정하기 위해서는 공동소송을 할 여러 사람이 있어야 하고,

그러한 여러 사람이 공동의 이해관계를 가지고 있어야 하며, 그러한 공동의 이해관계를 가진 여러 사람 가운데서 선정당사자를 선정하여야 한다.

선정당사자를 선정하기 위해서는 공동소송을 할 여러 사람이 존재하여야 한다. 두 사람 이상이면 선정당사자를 선정할 수 있다. 원고 측이 여러 사람이든 피고 측이 여러 사람이든 양쪽이 여러 사람이든 상관없다.

여러 사람이 법인 아닌 사단을 구성하고 그 사단의 대표자가 있는 때에는 선정당사자를 선정할 수 없다. 여러 사람이 사단을 구성하는 때에는 그 구성원에게 공통되는 이익은 그 사단의 이익이라고 할 수 있고 대표자가 있는 때에는 민사소송법 제52조에 의해 사단 자체가 당사자능력을 가지게 되어 이런 경우에는 굳이 선정당사자를 선정할 필요가 없으므로 민사소송법 제53조는 대표자가 있는 법인 아닌 사단을 그 적용대상에서 배제하고 있다.

여러 사람이 민법상 조합을 구성하는 경우와 같이 단체 자체에 당사자능력이 인정되지 않는 때에는 선정당사자를 선정할 수 있고 그 필요성도 인정된다.

Ⅲ. 공동의 이해관계의 의미 및 판단방법

1. 공동의 이해관계의 의미

공동소송이 허용되는 모든 경우에 선정당사자를 선정하도록 하면 소송경제에 반할 염려가 있고 소송신탁 금지의 원칙이나 변호사 대리의 원칙에 반할 염려가 있으므로 공동소송을 할 여러 사람이 공동의 이해관계를 가지고 있는 경우에 한하여 선정당사자를 선정할 수 있는 것으로 제한을 가하고 있다(법 제53조 제1항).

공동의 이해관계란 여러 사람에 관한 청구의 당부가 동일한 사실상 또는 법률상 원인에 기인하고, 그러한 것이 여러 사람 사이에서 공통의 쟁점이 되어 사회통념상 여러 사람이 단체를 이루어 상대방과 대립하고, 그들 간에 어느 정도의 일체감을 생기게 할 정도로 여러 사람을 긴밀하게 결합시킬 만한 법률상 이익을 의미한다. 판례는 여러 사람이 공동소송인이 될 관계에 있고 주요한 공격방어방법을 공통으로 하고 있으면 공동의 이해관계를 인정한다(대법원 2007. 7. 12. 선고 2005다10470 판결; 대법원 2014. 10. 15. 선고 2013다25781 판결).

2. 공동의 이해관계의 판단방법

소송의 목적인 권리의무가 공통되거나 권리의무의 발생원인이 공통되는 때에는 공동의 이해관계를 인정하는 데 문제가 없다. 그러나 소송의 목적인 권리의무가 같은 종류의 것이고 그 발생원인이 같은 종류일 경우(원고가 여러 사람에 대하여 각 대여금반환청구를 하는 경우, 각 어음금청구를 하는 경우, 각 물품대금청구를 하는 경우 등)에는 원칙적으로 공격방어방법을 공통으로 할 것을 기대하기 어려울 것이다. 다만 판례는 여러 명의 임차인이 L이 임대차계약상의 임대인이라고 주장하며 각자의 보증금의 전부 또는 일부의 반환을 청구하는 때에는 그 사건의 쟁점은 L이 임대차계약상 임대인으로서 계약당사자인지에 있으므로 여러 명의 임차인 간에 주요한 공격방어방법을 공통으로 하는 경우에 해당하는 것으로 보아 공동의 이해관계를 인정한다(대법원 1999. 8. 24. 선고 99다15474 판결).

공유자, 연대채무자, 동일한 교통사고로 인한 다수의 피해자 등의 경우에는 선정당사자를 선정할 수 있는 공동의 이해관계가 인정된다.

IV. 사례의 정리

A, B, C, D, E는 乙의 유해물질 배출로 인해 과수가 말라죽은 손해를 입었다고 주장하며 乙을 상대로 손해배상금의 지급을 구하는 소를 제기하였는데, A 등의 乙에 대한 청구는 사실상 같은 원인으로 말미암아 생긴 권리에 관한 것으로서 이들 간에는 공동의 이해관계가 인정되는 것으로 볼 수 있다. 따라서 이들 중에서 A와 B를 선정당사자로 선정할 수 있을 것이다.

〈제 4 문 - 2〉

I. 쟁점

乙의 주장사실에 대한 법원의 처리와 관련해서는 선정당사자의 지위와 동일한 선정자단에서 선정당사자로 선정된 A와 B의 소송형태 및 이에 따른 법원의 심판방법을 검토하여야 한다.

II. 선정당사자 간의 소송형태

1. 선정당사자의 지위

선정당사자는 선정자의 소송상 대리인이 아니라 당사자 본인이며, 선정당사자 자신과 선정자의 권리 또는 법률관계에 관한 소송에서 선정당사자가 당사자 적격을 가진다. 선정당사자가 소송을 수행함에 있어서는 소송대리인에 관한 민사소송법 제90조 제2항과 같은 제한을 받지 않는다. 따라서 선정당사자는 반소의 제기, 소의 취하, 소송상 화해, 청구의 포기·인낙, 독립당사자참가소송에서 종전 당사자의 탈퇴, 상소의 제기[20] 또는 취하, 대리인의 선임을 위하여 선정자로부터 별도의 권한을 받을 필요가 없다.

선정당사자는 선정자들로부터 소송수행을 위한 포괄적인 수권을 받은 것이므로 일체의 소송행위는 물론 소송수행에 필요한 사법상 행위도 할 수 있고 개개의 소송행위를 함에 있어서 선정자의 개별적인 동의가 필요하지 않다(대법원 2003. 5. 30. 선고 2001다10748 판결).[21]

2. 선정당사자가 여러 명일 경우 선정당사자 간의 소송형태

가. 동일한 선정자단에서 여러 명의 선정당사자를 선정한 경우의 소송형태

동일한 선정자단에서 여러 명의 선정당사자를 선정한 때에는 그 선정당사자들은 소송수행권을 준합유하는 관계에 있으므로 그들 간의 소송관계는 고유필수적 공동소송에 해당한다.

---

20) 공동의 이해관계를 가진 여러 사람이 당사자를 선정한 경우 상소 제기도 선정된 당사자가 할 수 있는지 여부: 공동의 이해관계를 가진 여러 사람이 당사자를 선정한 때에는 선정된 당사자는 특별한 약정이 없는 한 해당 소송의 종결에 이르기까지 모두를 위하여 소송을 수행할 수 있으므로 상소 제기도 선정된 당사자가 할 수 있다(대법원 2003. 11. 14. 선고 2003다34038 판결; 대법원 2009. 1. 30. 선고 2008두20901 판결; 대법원 2015. 10. 15. 선고 2015다31513 판결).
21) 선정당사자가 선정자로부터 별도의 수권 없이 변호사 보수에 관한 약정을 하면서 향후 변호사 보수와 관련하여 다투지 않기로 부제소합의를 하거나 약정된 보수액이 과도함을 이유로 선정자들이 제기한 별도의 소송에서 소취하합의를 한 때에는 선정당사자는 선정자에 대하여 그 부제소합의 또는 소취하합의의 효력을 주장할 수 없다(대법원 2010. 5. 13. 선고 2009다105246 판결).

나. 각기 다른 별개의 선정자단에서 각기 다른 선정당사자를 선정하였거나 선정
  당사자와 선정당사자를 선정하지 않은 당사자가 병존하는 경우의 소송형태

  (i) 각기 다른 별개의 선정자단에서 각기 다른 선정당사자를 선정하였거나
(ii) 공동의 이해관계를 가지는 여러 사람 가운데 선정당사자를 선정하지 않은
당사자와 선정당사자가 병존하는 때에는 여러 명의 선정당사자 또는 기존의 당
사자와 선정당사자 간의 소송관계는 원래의 소송이 필수적 공동소송이 아닌 한
통상공동소송에 해당한다.

3. 사안의 경우

  A, B, C, D, E가 자신들을 위하여 A와 B를 선정당사자로 선정하였으므로 A
와 B는 소송수행권을 준합유하는 것으로 볼 수 있고, A와 B가 乙을 상대로 수
행하는 소송은 고유필수적 공동소송에 해당할 것이다. 따라서 A와 B는 본안판
결의 합일확정을 위하여 필요한 범위 내에서 연합관계를 형성하므로 이에 대한
심판과정에서는 소송자료의 통일, 소송진행의 통일, 본안판결의 통일이 요구될
것이다.

III. 동일한 선정자단에서 여러 명의 선정당사자가 선정된 경우 법원의 심판방법

1. 연합관계

  필수적 공동소송의 경우에는 소송목적의 합일확정이 요구되어 소송의 승패
가 일률적으로 처리되어야 하고, 판결결과가 공동소송인별로 달라지는 것이 허
용되지 않으므로 본안판결의 합일확정이 요구되는 범위 내에서는 공동소송인
간에 연합관계가 형성된다. 따라서 필수적 공동소송의 본안심리와 관련해서는
소송자료의 통일, 소송진행의 통일, 본안판결의 통일 등이 요구된다.[22]

---

22) 필수적 공동소송의 경우에도 본안판결의 통일을 위한 범위 내에서만 공동소송인 간에 연합관
   계가 요구되는 것이므로 공동소송인이 언제나 소송행위를 공동으로 하여야 하는 것은 아니
   다. 각 공동소송인은 개별적으로 소송행위를 할 수 있고 소송대리인을 선임할 수도 있다. 동
   일한 소송절차 내의 공동소송이 일부 공동소송인 간에는 필수적 공동소송이고, 다른 공동소
   송인 간에는 통상공동소송일 수도 있는데, 이런 경우에는 공동소송인 가운데 필수적 공동소

가. 소송자료의 통일

필수적 공동소송의 경우 공동소송인 가운데 한 사람의 소송행위는 공동소송인 모두의 이익을 위해서만 효력이 있고(법 제67조 제1항), 공동소송인 가운데 한 사람에 대한 상대방의 소송행위는 공동소송인 모두에 대하여 효력이 미친다(법 제67조 제2항).

공동소송인에게 유리한 소송행위는 공동소송인이 각자 할 수 있고, 공동소송인에게 불리한 소송행위는 공동소송인이 함께하여야 한다. 재판상 자백, 청구의 포기·인낙, 소송상 화해 등은 공동소송인에게 불리한 소송행위이므로 공동소송인이 함께하여야 한다. 소의 취하와 관련해서는 고유필수적 공동소송의 경우에는 공동원고 가운데 한 사람의 소 취하가 허용되지 않지만, 유사필수적 공동소송의 경우에는 공동원고 가운데 한 사람의 소 취하가 허용되는 것으로 해석된다.

나. 소송진행의 통일

필수적 공동소송의 경우 변론의 분리와 일부판결을 할 수 없고, 공동소송인 가운데 한 사람에게 소송절차의 중단·중지사유가 발생하면 공동소송인 모두에 대하여 소송절차가 정지된다. 공동소송인 가운데 한 사람이 기일에 출석하여 변론하였거나 기간을 준수한 때에는 다른 공동소송인이 기일을 해태하였거나 기간을 준수하지 않았더라도 기일해태와 기간 부준수의 효과가 생기지 않는다.

상소기간은 각 공동소송인에게 판결정본이 송달된 때를 기준으로 하여 개별적으로 진행되지만, 공동소송인 모두에 대하여 상소기간이 경과하기 전에는 판결이 확정되지 않는다. 공동소송인 가운데 한 사람이 상소를 제기하면 공동소송인 모두에 대하여 판결의 확정이 차단되고 소송 전체가 상급심으로 이심된다.[23]

송 관계에 있는 당사자 간에서만 필수적 공동소송에 관한 규정(법 제67조)이 적용된다.

23) 패소한 공동소송인 가운데 한 사람만이 상소를 제기한 경우 패소하고 상소하지 않은 다른 공동소송인의 지위가 문제되는데, 이와 관련해서는 ① 상소인으로 보는 견해, ② 실제 상소한 자에게 소송수행권을 묵시적으로 수여한 선정자로 보고 실제 상소한 자를 선정당사자로 보는 견해, ③ 단순한 상소심 당사자로 보는 견해 등이 주장되고 있다. 패소하고 상소하지 않은 공동소송인은 소송목적의 합일확정의 요청 때문에 소송관계가 상소심으로 이심되는 특수한 지위에 있는 것으로 볼 수 있다. 판례는 필수적 공동소송에서 상고하지 않은 피고를 단순히 '피

다. 본안판결의 통일

필수적 공동소송의 경우 본안판결의 통일이 요구되므로 본안에 관한 판결결과가 공동소송인별로 달라져서는 안 된다. 종국판결은 공동소송인 모두에 대하여 한 개의 전부판결을 하여야 하고, 일부 공동소송인에 대하여 본안에 관한 일부판결을 할 수 없다(대법원 2010. 4. 29. 선고 2008다50691 판결).[24]

2. 사안의 경우

A와 B는 고유필수적 공동소송인으로서 소송을 수행하므로 유리한 소송행위는 각자 할 수 있지만, 불리한 소송행위는 A와 B가 함께하여야 그 효력이 인정된다. D와 E에게 손해배상금을 지급하였다는 乙의 주장에 대하여 A는 이를 인정하였고 B는 이를 다투었는데, 乙의 주장사실은 A와 B에게 불리한 사실이므로 A와 B가 모두 이를 인정하지 않은 이상 이에 관한 재판상 자백이 성립하지 않는 것으로 보아야 한다. B가 乙의 주장사실을 다툰 것은 A와 B에게 유리한 소송행위이므로 법원은 A와 B가 乙의 주장사실을 다툰 것으로 처리하여야 할 것이다.

Ⅳ. 사례의 정리

법원은 동일한 선정자단에서 선정되어 소송수행권을 준합유하는 A와 B의 진

고'라고만 표시하고 상고비용을 상고한 피고에게만 부담시킨다(대법원 1995. 1. 12. 선고 94다33002 판결; 대법원 2010. 4. 29. 선고 2008다50691 판결).

24) 법원이 공동소송인 가운데 일부에 대한 판결을 누락한 때에는 추가판결을 할 수 없고(대법원 2010. 4. 29. 선고 2008다50691 판결; 대법원 2011. 6. 24. 선고 2011다1323 판결), 이런 경우 공동소송인 측이 승소한 때에도 누락된 공동소송인은 이를 다투기 위하여 상소할 수 있다. 다만 유사필수적 공동소송의 경우에는 공동소송인 가운데 일부가 누락되더라도 승소판결의 기판력이 누락된 자에게도 미치므로 이를 다툴 상소의 이익이 인정되지 않는다.
패소하고 상소하지 않은 공동소송인에 관한 청구에 대하여도 불이익 변경의 금지가 적용되는지가 문제되는데, 고유필수적 공동소송에서는 공동소송인 가운데 일부가 제기한 상소 또는 공동소송인 가운데 일부에 대한 상대방의 상소는 다른 공동소송인에게도 효력이 미치므로 공동소송인 전원에 대한 관계에서 판결의 확정이 차단되고 그 소송은 전체로서 상소심으로 이심되며, 상소심판결의 효력은 상소하지 않은 공동소송인에게 미치므로 상소심법원은 공동소송인 전원에 대하여 심리·판단하여야 한다(대법원 2003. 12. 12. 선고 2003다44615·44622 판결; 대법원 2010. 4. 29. 선고 2008다50691 판결; 대법원 2011. 6. 24. 선고 2011다1323 판결; 대법원 2011. 2. 10. 선고 2010다82639 판결).

술 중 유리한 소송행위에 해당하는 B의 진술의 효력을 인정하여 A와 B가 乙의 주장사실을 다툰 것으로 처리하여야 할 것이다.

〈제 4 문 - 3〉

I. 쟁점

A가 농약을 잘못 사용하여 A가 운영하는 과수원의 과수가 말라죽은 경우에는 A에게 공동의 이해관계가 인정되지 않고 A는 선정당사자의 자격을 흠결하게 되는데, 법원의 심리 결과 A에게 공동의 이해관계가 인정되지 않는 것으로 밝혀진 경우 법원의 사건처리와 관련해서는 동일한 선정자단에서 선정된 여러 명의 선정당사자 가운데 일부가 선정당사자의 자격을 흠결한 것으로 밝혀진 경우의 소송관계와 선정당사자의 자격 흠결에 대한 처리방법을 검토하여야 한다.

II. 선정당사자의 자격 흠결의 경우 처리방법

1. 선정당사자의 자격

소송상 청구에 관하여 공동의 이해관계를 가지는 사람으로서 그러한 공동의 이해관계를 가지는 여러 사람에 의하여 법정의 방식을 갖추어 선정당사자로 선정된 사람에게 선정당사자의 자격이 인정된다.

2. 선정당사자의 자격 흠결

공동의 이해관계를 가지지 않는 자가 선정당사자로 선정된 때에는 선정당사자의 자격을 흠결하게 된다. 선정자의 권리 또는 법률관계에 관한 소송관계에서는 선정당사자의 자격 유무가 당사자적격의 문제로서 소송요건에 해당하므로 법원은 선정당사자의 자격 유무에 관하여 직권으로 조사하여야 한다. 선정당사자의 자격이 없거나 자격증명이 없는 자가 소송행위를 한 경우에도 선정자가 그 소송행위를 추인하거나 그 자격을 증명하면 해당 소송행위는 유효하게 될 수 있다(법 제61조, 제60조). 그러나 보정이나 추인 등 사후절차가 이루어지지 않은 때에는 선정자의 권리 또는 법률관계에 관한 청구 부분은 판결로써 소를 각하하여야 한다.

선정당사자의 자격 흠결을 간과하고 본안판결을 한 경우에는 당사자적격의 흠결을 간과한 경우와 같이 상소를 통해 그 판결을 취소할 수 있지만, 이러한 판결이 확정된 후에는 다툴 수 없게 된다. 판례는 공동의 이해관계를 가지지 않는 선정당사자가 청구를 인낙하였더라도 선정자가 스스로 선정행위를 한 이상 민사소송법 제451조 제1항 제3호의 재심사유에 해당하지 않는 것으로 본다(대법원 2007. 7. 12. 선고 2005다10470 판결[25])).

3. 동일한 선정자단에서 선정된 여러 명의 선정당사자 가운데 일부가 선정당사자의 자격을 흠결한 것으로 밝혀진 경우의 소송관계

동일한 선정자단에서 선정된 여러 명의 선정당사자 가운데 일부가 공동의 이해관계를 가지지 못하여 선정당사자로서의 자격을 흠결한 것으로 밝혀진 때에는 동일한 선정자단에서 선정된 선정당사자의 일부가 소송계속 중에 그 자격을 상실하면 다른 선정당사자가 모두를 위하여 소송행위를 하는 것으로 규정하고 있는 민사소송법 제54조를 유추하여 다른 선정당사자가 선정당사자의 자격을 흠결한 당사자를 제외한 모두를 위하여 소송을 수행하는 것으로 볼 수 있다. 이런 경우 선정당사자의 자격을 흠결한 당사자와 다른 선정당사자의 소송관계는 통상공동소송의 형태를 취하게 된다.

III. 사례의 정리

A, B, C. D, E 가운데서 선정당사자로 선정된 A와 B 중 A가 乙에 대한 손해

---

25) 여러 사람이 공동소송인이 될 관계에 있기는 하지만 주요한 공격방어방법을 공통으로 하는 경우가 아니어서 공동의 이해관계를 가지지 못하는 자가 선정당사자로 선정되었음에도 법원이 그러한 선정당사자의 자격 흠결을 간과하여 그를 당사자로 한 판결이 확정된 때에는 선정자가 스스로 공동소송인 중 한 사람인 선정당사자에게 소송수행권을 수여하는 선정행위를 하였다면 그러한 선정자는 실질적인 소송행위를 할 기회나 적법하게 소송에 관여할 기회를 박탈당한 것이 아니므로 선정당사자와의 사이에 공동의 이해관계가 없었더라도 그러한 사정은 민사소송법 제451조 제1항 제3호의 재심사유에 해당하지 않는 것으로 보아야 하고, 이러한 법리는 선정당사자에 대한 판결이 확정된 경우뿐 아니라 선정당사자가 청구를 인낙한 경우에도 동일하게 적용된다.

배상청구에 관하여 공동의 이해관계를 가지지 못하여 선정당사자로서의 자격을 흠결한 것으로 밝혀진 때에는 법원은 A와 관련해서는 A 자신의 손해배상청구 부분에 대하여는 청구를 기각하고, 선정당사자 지위에서 한 청구 부분에 대하여는 소를 각하하여야 할 것이다.

동일한 선정자단에서 선정당사자로 선정된 A와 B 중 A가 선정당사자의 자격을 흠결한 경우 B는 A를 제외한 모두를 위하여 소송을 수행하는 것으로 볼 수 있으므로 법원은 B 자신의 손해배상청구 부분과 B가 선정당사자로서 청구한 C, D, E의 각 손해배상청구 부분에 대하여 청구가 이유 있는지를 심리·판단하여야 할 것이다.

〈제 4 문 - 4〉

I. 쟁점

동일한 선정자단에서 선정된 A와 B 중 A가 사임하여 선정당사자 자격을 상실하고 B만이 선정당사자로 남아 있는 상태에서 B가 乙과 한 소송상 화해의 효력이 인정될 것인지와 관련해서는 (i) 심급을 한정하여 선정당사자를 선정하는 것이 가능한지와 '제1심 소송절차를 수행하게 한다'라는 선정서의 기재 내용이 심급을 한정한 것으로 볼 수 있는지, (ii) 동일한 선정자단에서 선정된 여러 명의 선정당사자 가운데 일부가 소송계속 중에 선정당사자 자격을 상실한 경우 소송수행의 방법, (iii) 선정당사자의 소송상 지위 및 권한을 검토하여야 한다.

II. 심급을 한정하여 선정당사자를 선정하는 것이 가능한지 여부

1. 조건을 붙여 선정당사자를 선정하는 것이 허용되는지 여부

선정당사자를 선정하는 행위는 소송행위이므로 선정자는 소송능력을 가지고 있어야 하고, 선정에는 조건을 붙일 수 없다. 선정당사자는 선정자의 소송상 대리인이 아니라 당사자 본인이므로 소송대리인에 관한 민사소송법 제90조 제2항과 같은 제한을 받지 않고 소송수행에 관한 일체의 소송행위를 할 수 있으며,

선정자와 선정당사자가 선정당사자의 권한 행사를 제한하는 합의를 하였더라도 법원이나 상대방에게 이를 주장할 수 없다.

2. 심급을 한정하여 선정당사자를 선정하는 것이 가능한지 여부

가. 심급을 한정하여 선정당사자를 선정할 수 있는 것으로 보는 견해

선정자는 언제든지 선정을 취소 또는 변경할 수 있으며, 선정당사자를 선정하는 것은 선정자가 자신의 권리 또는 법률관계에 관한 소송수행권을 선정당사자에게 수여하는 것으로서 소송대리권을 수여하는 경우와 유사한데, 심급대리를 원칙으로 하는 소송대리의 경우와 달리 취급할 이유가 없으므로 심급을 한정하여 선정당사자를 선정할 수 있는 것으로 보아야 한다.

나. 선정의 효력이 소송이 종료될 때까지 계속되는 것으로 보는 견해

당사자로서의 소송수행권을 수여하면서 심급을 한정하는 것은 부당하고, 다수당사자 관련 소송을 단순화하여 소송절차를 효율적으로 진행하기 위하여 선정당사자 제도를 인정한 것이라는 점을 고려하면 선정당사자로 하여금 소송이 종료될 때까지 소송을 수행하도록 하는 것이 선정당사자 제도를 인정한 제도적 취지에 부합하므로 심급을 한정하여 선정당사자를 선정하였더라도 상소심에서 새로운 선정서를 제출하거나 선정자 전원이 소송행위를 하는 등의 특별한 사정이 없는 한 그 선정의 효력은 소송이 종료될 때까지 계속되는 것으로 보아야 한다.

다. 판례의 입장

공동의 이해관계가 있는 여러 사람이 당사자를 선정한 때에는 선정당사자는 해당 소송이 종료될 때까지 총원을 위하여 소송을 수행할 수 있고 상소와 같은 것도 선정당사자가 제기하여야 하지만, 선정당사자의 선정은 총원의 합의로써 장래를 향하여 취소 또는 변경할 수 있는 만큼 처음부터 어느 심급을 한정하여 선정당사자의 자격을 보유하게 할 목적으로 선정하는 것도 허용될 것이나, 선정당사자의 선정행위 시에 심급의 제한에 관한 약정 등이 없는 한 선정의 효력은 소송이 종료될 때까지 계속된다고 보아야 한다(대법원 2003. 11. 14. 선고 2003다

34038 판결).

3. 선정서에 '제1심 소송절차를 수행하게 한다'라고 기재한 것이 심급을 한정한 것으로 볼 수 있는지 여부

선정당사자 제도는 다수당사자소송에서 소송절차를 간소화·단순화하여 소송의 효율적인 진행을 도모하는 것을 목적으로 하고, 선정당사자가 당사자로서 소송이 종료될 때까지 소송을 수행하는 것이 그 본래의 취지임에 비추어 보면 제1심에서 제출된 선정서에 사건명의 기재 다음에 '제1심 소송절차에 관하여' 또는 '제1심 소송절차를 수행하게 한다'라는 문언이 기재되어 있는 경우에는 특단의 사정이 없는 한 그러한 기재는 사건명 등과 함께 선정당사자를 선정한 사건을 특정하기 위한 것으로 보아야 하고, 그 선정의 효력은 제1심 소송에 한정되는 것이 아니라 소송이 종료될 때까지 계속되는 것으로 해석하여야 한다(대법원 1995. 10. 5.자 94마2452 결정).

4. 사안의 경우

선정서에 '제1심 소송절차를 수행하게 한다'라는 문언이 기재되어 있는 것만으로는 심급을 한정하여 선정당사자를 선정한 것으로 취급하지 않는 판례의 입장에 따르면 A 등이 A와 B를 선정당사자로 선정할 당시 제1심에 한하여 소송수행권을 수여한 것으로 볼 수 없으며, A와 B의 선정당사자로서의 소송수행권은 일단 소송이 종료될 때까지 계속되는 것으로 볼 수 있다. 따라서 A와 B가 제기한 항소는 적법하다고 할 것이다.

III. 동일한 선정자단에서 선정된 여러 명의 선정당사자 가운데 일부가 소송계속 중에 선정당사자 자격을 상실한 경우 소송수행의 방법

1. 선정당사자의 자격

소송상 청구에 관하여 공동의 이해관계를 가지는 사람으로서 그러한 공동의 이해관계를 가지는 여러 사람에 의하여 법정의 방식을 갖추어 선정당사자로 선정된 사람에게 선정당사자의 자격이 인정된다.

2. 선정당사자가 소송계속 중에 선정당사자 자격을 상실한 경우의 소송관계

선정당사자로 선정된 자가 선정 당시에는 공동의 이해관계를 가지고 있어 선정당사자로서 자격을 갖추었더라도 소송계속 중에 공동의 이해관계가 소멸[26] 한 때에는 선정당사자의 자격을 상실하게 된다.

선정당사자는 선정당사자의 사망, 선정의 취소 등에 의하여 그 자격을 상실 하게 되는데, 선정자는 선정을 자유로이 취소할 수 있다. 선정당사자의 변동은 소송상 대리권 소멸의 경우와 같이 상대방에게 통지하여야 그 효력이 발생하고 (법 제63조 제2항·제1항), 통지자는 통지 후에 그 취지를 법원에 신고하여야 한 다(규칙 제13조 제2항). 여러 명의 선정당사자 가운데 일부가 사망하거나 그 자격 을 상실한 때에는 다른 선정당사자가 소송행위를 할 수 있지만(법 제54조), 선정 당사자가 모두 사망하거나 그 자격을 상실한 때에는 선정자 모두 또는 새로운 선정당사자가 소송을 수계할 때까지 소송절차가 중단된다(법 제237조 제2항). 선 정당사자가 모두 사망하거나 자격을 상실한 경우에도 소송대리인이 있는 때에 는 소송절차가 중단되지 않는다(법 제238조).

선정자의 사망이나 공동의 이해관계의 소멸 등은 선정당사자의 자격에 영향 을 미치지 않는다.

3. 동일한 선정자단에서 선정된 여러 명의 선정당사자 가운데 일부가 소송계속 중에 선정당사자 자격을 상실한 경우 소송수행의 방법

동일한 선정자단에서 선정된 여러 명의 선정당사자 가운데 일부가 그 자격 을 상실하더라도 다른 선정당사자가 있으면 소송절차는 중단되지 않고, 그 다른 선정당사자가 모두를 위하여 소송행위를 한다(법 제54조).

4. 사안의 경우

선정당사자 A가 항소심에서 사임함으로써 선정당사자의 자격을 상실하더라

---

[26] 선정당사자는 공동의 이해관계를 가진 여러 사람 중에서 선정되어야 하므로 선정당사자 본인 에 대한 소가 취하되거나 판결이 확정되는 등으로 공동의 이해관계가 소멸한 때에는 선정당 사자는 선정당사자의 자격을 당연히 상실하게 된다(대법원 2006. 9. 28. 선고 2006다28775 판결; 대법원 2014. 10. 15. 선고 2013다25781 판결).

도 동일한 선정자단에서 선정된 다른 선정당사자 B가 있으므로 소송절차는 중단되지 않고, B가 단독 선정당사자로서 A 등을 위하여 소송을 수행하게 된다.

IV. 선정당사자의 소송상 지위 및 권한

1. 선정당사자의 지위

선정자는 자신의 권리 또는 법률관계에 관한 소송수행권을 선정당사자에게 수여하는 것이므로 선정자와 선정당사자의 관계는 대리관계가 아니라 임의적 소송담당에 해당한다. 선정당사자는 선정자의 소송상 대리인이 아니라 당사자 본인이며, 선정당사자 자신과 선정자의 권리 또는 법률관계에 관한 소송에서 선정당사자가 당사자적격을 가진다.

선정당사자가 선정된 때에는 소장의 당사자표시에는 선정당사자만을 당사자로 기재하고 별지로 선정자 명단을 첨부하는데, 선정자 명단에 선정당사자도 기재한다.

2. 선정당사자의 권한

선정당사자는 선정당사자 자신과 선정자의 권리 또는 법률관계에 관하여 당사자로서 소송을 수행하는 것이므로 선정당사자가 소송을 수행함에 있어서는 소송대리인에 관한 민사소송법 제90조 제2항과 같은 제한을 받지 않는다. 따라서 선정당사자는 반소의 제기, 소의 취하, 소송상 화해, 청구의 포기·인낙, 독립당사자참가소송에서 종전 당사자의 탈퇴, 상소의 제기 또는 취하, 대리인의 선임을 위하여 선정자로부터 별도의 권한을 받을 필요가 없다.

선정당사자는 선정자들로부터 소송수행을 위한 포괄적인 수권을 받은 것이므로 일체의 소송행위는 물론 소송수행에 필요한 사법상 행위도 할 수 있고 개개의 소송행위를 함에 있어서 선정자의 개별적인 동의가 필요하지 않다(대법원 2003. 5. 30. 선고 2001다10748 판결).27)

---

27) 선정당사자가 선정자로부터 별도의 수권 없이 변호사 보수에 관한 약정을 하면서 향후 변호사 보수와 관련하여 다투지 않기로 부제소합의를 하거나 약정된 보수액이 과도함을 이유로 선정자들이 제기한 별도의 소송에서 소취하합의를 한 때에는 선정당사자는 선정자에 대하여 그 부제소합의 또는 소취하합의의 효력을 주장할 수 없다(대법원 2010. 5. 13. 선고 2009다

3. 사안의 경우

A 등의 선정당사자로서 소송을 수행하는 B는 당사자로서 할 수 있는 일체의 소송행위를 할 수 있으므로 항소심에서 乙과 소송상 화해를 할 수 있다.

V. 사례의 정리

제1심에서 제출된 선정서에 단순히 '제1심 소송절차를 수행하게 한다'라고 기재되어 있는 경우 선정당사자 선정의 효력이 소송이 종료될 때까지 계속되는 것으로 보는 판례의 입장에 따르면 A와 B의 선정당사자로서의 소송수행권은 일단 소송이 종료될 때까지 계속되는 것으로 볼 수 있다.

다만 A는 항소심에서 사임함으로써 선정당사자의 자격을 상실하게 되는데, 이러한 경우에도 동일한 선정자단에서 선정된 다른 선정당사자 B가 있으므로 B가 선정당사자로서 소송을 수행하게 된다. 선정당사자로서 소송을 수행하는 B는 당사자로서 할 수 있는 일체의 소송행위를 할 수 있으므로 소송상 화해를 할 수 있고, 따라서 B가 항소심에서 한 소송상 화해의 효력은 인정될 것이다.

105246 판결).

참고사례

〈사례 1〉

甲과 乙은 자금을 출자하여 음식점을 열었고, 음식점 운영에서 생긴 이익을 丙 은행(이하 '丙'이라 한다)에 甲과 乙의 공동명의로 예금하였다. 甲과 乙은 丙을 상대로 예금반환청구의 소를 제기하였다. (i) 법원은 甲과 乙의 청구에 대하여 어떻게 심판하여야 하는가? (ⅱ) 甲은 독자적으로 재판상 자백, 청구의 포기, 소 취하를 할 수 있는가?

〈사례 2〉

A 주식회사(이하 'A'라고 한다)에 대하여 3억 원의 대여금채권을 가지고 있다고 주장하는 甲과 A에 대하여 2억 원의 구상금채권을 가지고 있다고 주장하는 乙은 공동원고가 되어 A를 대위하여 A가 5억 원의 물품대금채권을 가지고 있는 丙을 상대로 위 5억 원 중 3억 원을 甲에게, 2억 원을 乙에게 각 지급할 것을 구하는 소를 제기하였다. 甲과 乙은 A에게 소송고지를 하였고, 제1심법원은 甲과 乙의 청구를 모두 인용하는 판결을 선고하였다. 丙은 甲의 청구에 관한 제1심판결에 대하여 항소를 제기하였는데, 항소법원의 심리 결과 甲은 A에게 빌려준 3억 원을 변제기가 지나도록 돌려받지 못하였고, A는 丙에 대하여 5억 원의 물품대금채권을 가지고 있으며, 乙은 A에 대하여 구상금채권을 가지고 있지 않은 것으로 인정되는 경우 법원은 사건을 어떻게 처리하여야 하는가?

〈사례 3〉

甲은 乙에게 3억 원을 빌려주었고, 丁이 丙을 대리하여 乙의 甲에 대한 차용금채무를 연대보증하였다고 주장하며 주위적으로는 乙과 丙을 상대로 3억 원의 지급을 구하고, 丁이 무권대리인이라는 이유로 丙에 대한 청구가 기각될 경우를 대비하여 예비적으로 乙과 丁을 상대로 3억 원의 지급을 구하는 소를 제기하였다. 제1심법원은 甲의 乙과 丁에 대한 청구를 인용하면서 丙에 대한 청구를 기각하는 판결을 선고하였고, 丁만이 항소하였다. 항소법원은 甲의 丙에 대한 청구 부분은 제1심판결이 확정되었고, 甲의 丁에 대한 청구 부분만이 항소심의 심판대상이 되는 것으로 보아 丁의 항소를 기각하면서 甲의 丙에 대한 청구 부분에 대하여는 아무런 판단을 하지 아니하였다. (ⅰ) 甲이 주위적으로 乙과 丙을 상대로 3억 원의 지급을 구하고, 예비적으로 乙과 丁을 상대로 3억 원의 지급을 구하는 소는 적법한가? (ⅱ) 丁만이 항소하였음을 이유로 甲의 丙에 대한 청구 부분에 관하여 판단하지 않은 항소심판결은 정당한가?

〈사례 4〉

甲은 2023. 1. 5. 횡단보도를 건너던 중 D가 운행하는 화물자동차{이에 대하여는 D와 乙 보험회사(이하 '乙'이라 한다) 간에 자동차종합보험계약이 체결되어 있다}에 치여 상해를 입어 A 병원(법인, 이하 'A'라고 한다)으로 실려 갔는데, A는 甲을 치료할 수 없다는 판단하에 A보다 규모가 큰 B 병원(법인, 이하 'B'라고 한다)으로 이송하는 조치를 하였고, A와 특수구급차 임대차계약을 체결한 C 구급센터(법인, 이하 'C'라고 한다)의 직원이 일반구급차로 甲을 이송하였는데, 甲은 B에 도착할 당시 혼수상태에 있었으며 도착 후 10시간 정도 지나 사망하였다. 甲의 단독상속인 丙은 A를 상대로 A가 이 사건 구급차의 운용자라고 주장하며 「응급의료에 관한 법률」(이하 '응급의료법'이라 한다) 제48조(구급차 등의 운용자는 구급차 등이 출동할 때에는 보건복지부령으로 정하는 바에 따라 응급구조사를 탑승시켜야 한다. 다만, 의사나 간호사가 탑승한 경우는 제외한다) 위반의 불법행위를 원인으로 손해배상청구를 하였다가 준비서면을 통해 A가 이 사건 구급차의 운용자가 아니라도 A의 의료진에게 응급구조사의 탑승 여부 등을 확인하지 아니한 채 구급차로 甲을 이송시킨 잘못이 있다고 주장하며 예비적으로 응급의료법 제11조 제2항 (의료기관의 장은 제1항에 따라 응급환자를 이송할 때에는 응급환자의 안전한 이송에 필요한 의료기구와 인력을 제공하여야 하며, 응급환자를 이송받는 의료기관에 진료에 필요한 의무기록을 제공하여야 한다) 위반의 불법행위를 원인으로 한 손해배상청구를 추가하였고, 그 후 甲은 A가 이 사건 구급차의 운용자가 아니라면 C가 운용자에 해당한다고 주장하며 A에 대한 주위적 청구가 받아들여지지 않을 경우 C에 대한 응급의료법 제48조 위반의 불법행위를 원인으로 한 손해배상청구를 받아들여 달라는 취지의 신청서를 법원에 제출하였다. 법원의 심리 결과 C가 이 사건 구급차의 운용자이며, 甲을 A에서 B로 이송하는 구급차에는 응급구조사 등이 탑승하지 않았고 甲에게 심폐소생술과 자동제세동기를 이용한 응급처치 등이 이루어지지 않은 사실이 인정되었다. 법원은 사건을 어떻게 처리하여야 하는가?

〈사례 5〉

甲은 주위적으로 乙을 상대로 X 토지에 관한 명의신탁약정이 유효함을 전제로 명의신탁의 해지를 원인으로 한 소유권이전등기절차의 이행을 구하고, 예비적으로 명의신탁약정이 무효일 경우를 대비하여 丙을 대위하여 乙을 상대로 乙 명의 소유권이전등기의 말소등기절차의 이행을 구함과 아울러 丙을 상대로 X 토지에 관한 매매를 원인으로 한 소유권이전등기절차의 이행을 구하는 소를 제기하였다. 제1심법원은 甲의 乙에 대한 소유권이전등기청구를 인용하고, 乙 명의 소유권이전등기의 말소등기청구와 丙에 대한 소유권이전등기청구를 기각하는 판결을 선고하였다. 乙만이 그의 패소 부분에 대하여 항소하였는데, 항소법원의 심리 결과 甲과 乙 간의 명의신탁약정은 「부동산 실권리자명의 등기에 관한 법률」에 위반되어 무효이고, 丙으로부터 乙로의 소유권이전등기는 제소전화해에 의해 이루어진 것으로 인정되는 경우 법원은 사건을 어떻게 처리하여야 하는가?

─ 소송참가 등 사례 ─

〈제1문〉

〈사실관계〉

　甲은 2022. 1. 5. 乙에게 甲 소유의 X 토지를 5억 원에 매도하고 그 무렵 乙로부터 계약금 5,000만 원과 중도금 2억 5,000만 원을 지급받았다. 乙은 2022. 10. 5. 丙에게 X 토지를 6억 원에 매도하고 그 무렵 계약금과 중도금 합계 4억 원을 지급받았다. 乙은 丙으로부터 잔금 지급과 상환으로 소유권이전등기를 해 달라는 요청을 받고 丙이 잔금 2억 원을 甲의 계좌로 송금하면 소유권이전등기를 해 주겠다고 하였으며, 이에 따라 丙이 2022. 12. 15. 甲의 계좌로 2억 원을 송금한 계좌이체 확인증을 乙에게 가져오자 乙은 X 토지에 관하여 甲으로부터 丙으로의 소유권이전등기를 해 주었다. 丙은 2023. 1. 1. 丁에게 X 토지를 차임 300만 원, 차임 지급시기 매월 1일, 임대기간 5년으로 정하여 임대하였고, 丁은 같은 날 X 토지를 인도받아 주차장 영업을 하고 있다. 이러한 사실을 알게 된 甲은 2023. 3. 10. 丙을 상대로 X 토지에 관한 丙 명의의 소유권이전등기의 말소등기절차의 이행을, 丁을 상대로 X 토지의 인도를 구함과 아울러 丙과 丁을 상대로 공동하여 2023. 1. 1.부터 X 토지의 인도 시까지 월 300만 원의 비율로 계산한 부당이득금의 지급을 구하는 소(A 소)를 제기하여 그 무렵 소장부본이 丙과 丁에게 각 송달되었다. 제1심 소송계속 중에 乙은 丙의 승소를 돕기 위하여 보조참가를 하였다. A 소송의 변론기일에서 甲은 丙 명의의 소유권이전등기는 乙이 등기서류를 위조하여 마친 것으로서 원인무효인 등기이고, 乙이 잔금 지급기일이 지나도록 잔금을 지급하지 아니하여 乙에게 잔금의 지급을 요구하였는데 乙이 이에 응하지 아니하여 乙과의 매매계약을 해제하였다고 주장하였다. 乙은 변론기일에 출석하여 등기서류의 위조사실과 매매계약의 해제사실을 적극적으로 다투었는데, 제1심법원은 甲의 주장사실을 인정하여 甲의 丙과 丁에 대한 청구를 모두 인용하는 판결을 선고하였다.

1. 제1심판결에 대하여 乙만이 항소하였는데, 항소법원의 심리 결과 항소가 이유 있는 것으로 인정되고 甲의 丙과 丁에 대한 청구가 이유 없는 것으로 인정되는 경우 법원은 사건을 어떻게 처리하여야 하는가?

〈추가된 사실관계 1〉

제1심판결에 대하여 항소가 제기되지 아니하였고 A 소송의 결과에 따라 丙 명의의 소유권이전등기가 말소된 후에 乙은 甲을 상대로 X 토지에 관한 乙과 甲 간의 2022. 1. 5.자 매매를 원인으로 한 소유권이전등기절차의 이행을 구하는 소(B 소)를 제기하였다. B 소송의 변론기일에서 乙은 甲과 위와 같은 내용의 매매계약을 체결한 사실을 주장하였고, 甲은 자신이 丙과 丁을 상대로 제기하였던 A 소송에서 乙과의 매매계약이 해제된 사실이 확정되었으므로 A 소송의 보조참가인이었던 乙은 매매계약의 해제사실을 다툴 수 없을 뿐 아니라 乙은 매매잔금을 지급하지 않았다고 주장하였다.

2. B 소 법원의 심리 결과 乙과 甲 간의 매매계약이 해제된 사실과 乙이 잔금을 지급한 사실이 모두 인정되지 않는 것으로 밝혀진 경우 법원은 사건을 어떻게 처리하여야 하는가?

〈추가된 사실관계 2〉

제1심판결에 대하여 乙이 항소하였는데 丙은 乙이 제기한 항소를 취하하였고, A 소송의 결과에 따라 丙 명의의 소유권이전등기가 말소된 후에 丙은 乙을 상대로 X 토지에 관한 2022. 10. 5.자 매매계약의 해제를 이유로 6억 원의 반환을 구하는 소(C 소)를 제기하였다. C 소송의 변론기일에서 丙은 乙과 2022. 10. 5. X 토지에 관한 매매계약을 체결한 사실, 乙에게 매매대금을 지급한 사실, 甲과 丙 간의 A 소송에서 乙이 등기서류를 위조한 사실이 인정되었음을 이유로 丙이 乙에게 2022. 10. 5.자 매매계약을 해제한다는 의사표시를 한 사실을 주장하였고, 乙은 자신이 등기서류를 위조하지 않았으므로 丙이 주장하는 매매계약 해제의 효과가 인정될 수 없을 뿐 아니라 A 소송에서 丙이 항소를 취하하지 않았더라면 자신이 등기서류를 위조하였다는 甲의 주장을 다투어 甲의 丙에 대한 청구를 기각시킬 수 있었다고 주장하였다.

3. C 소 법원의 심리 결과 乙이 등기서류를 위조한 사실이 인정되지 않는 것으로 밝혀진 경우 법원은 사건을 어떻게 처리하여야 하는가?

〈제 2 문〉

〈사실관계〉

甲은 乙을 상대로 X 토지의 소유권에 기하여 X 토지 위에 건축되어 있는 Y 건물의 철거와 X 토지의 인도를 구하는 소(A 소)를 서울서부지방법원에 제기하였다. 그러자 丙은 A 소송에 참가하며 甲을 상대로 X 토지에 관한 소유권 확인을 구하는 신청을 하였다. 丙은 A 소송에 참가하기 전에 甲을 상대로 서울중앙지방법원에 X 토지의 소유권에 기한 甲 명의 소유권이전등기의 말소등기청구의 소(B 소)를 제기하여 A 소송에 참가할 당시 B 소송이 계속 중이었다.

1. 丙의 A 소송에 대한 참가는 적법한가?

2. A 소송에서 법원은 甲의 청구를 인용하고 丙의 청구를 기각하는 판결을 선고하였고, 乙만이 항소하였다. 항소법원의 심리 결과 X 토지가 丙의 소유로 밝혀진 경우 법원은 사건을 어떻게 처리하여야 하는가?

〈추가된 사실관계〉

乙은 Y 건물을 점유하고 있는 丁을 상대로 소유권에 기하여 Y 건물의 인도를 구하는 소를 제기하였다. 乙과 丁 간의 소송이 계속된 사실을 알게 된 戊는 Y 건물의 2층을 자신이 증축하였다고 주장하며 그 부분에 관하여 乙을 상대로는 소유권 확인을 구하고, 丁을 상대로는 소유권에 기한 인도를 구하는 참가신청서를 법원에 제출하였다.

3. 법원의 심리 결과 Y 건물의 2층 부분은 戊에 의해 증축되었는데 그 부분

이 나머지 부분과 분리해서는 독립물로서의 효용을 가지지 못하는 것으로 인정되는 경우 법원은 戊에 관한 소송관계를 어떻게 처리하여야 하는가?

4. 乙, 丁, 戊가 출석한 변론기일에서 戊가 丁에 대한 청구에 관한 심판신청을 철회한다고 진술하자 丁은 이에 동의한 후 乙의 청구를 인낙하였고, 戊는 丁이 乙의 청구를 인낙한 것에 대하여 이의를 제기하였다. 법원은 사건을 어떻게 처리하여야 하는가?

〈제 3 문〉

〈사실관계〉

甲은 乙이 대여금 1억 원을 그 변제기가 지나도록 갚지 아니하자 乙을 상대로 1억 원의 반환을 구하는 소를 제기하였다. 甲과 乙 간의 대여금반환소송의 계속 중에 甲은 乙에 대한 대여금채권을 丙에게 양도한 다음 그 사실을 乙에게 통지하였다. 丙이 甲과 乙 간의 소송에 승계인으로서 참가하자 甲은 丙의 승계사실을 인정하고 소송탈퇴를 신청하였는데, 乙은 甲의 소송탈퇴를 승낙하지 아니하였다. 제1심법원은 甲의 丙에 대한 채권양도사실을 인정하여 乙로 하여금 丙에게 1억 원을 지급할 것을 명하는 판결을 선고하였다. 乙이 항소하였는데, 항소법원의 심리 결과 대여금채권의 양도사실이 인정되는 경우 법원은 사건을 어떻게 처리하여야 하는가?

〈제 4 문〉

〈사실관계〉

甲은 乙을 상대로 X 토지의 소유권에 기하여 X 토지 위에 있는 Y 건물의 철거와 X 토지의 인도를 구하는 소를 제기하였다.

1. 甲은 乙이 Y 건물을 건축하여 점유하고 있는 줄 알고 乙을 상대로 Y 건물의 철거와 X 토지의 인도를 구하는 소를 제기하였는데, 甲이 소를 제기하기 전

에 이미 丙이 乙로부터 Y 건물을 매수하여 소유권이전등기를 마치고 이를 점유하고 있었다. 이런 경우 甲은 이 소송절차에서 피고를 丙으로 바꿀 수 있는가?

2. 소 제기 당시에는 乙이 Y 건물을 소유하고 있었는데, 소송계속 중에 乙은 丁에게 Y 건물을 매도하고 이에 관한 소유권등기와 점유를 이전해 주었다. 이런 경우 甲은 소송상 어떠한 조치를 취할 수 있는가?

─ 소송참가 등 사례 풀이 ─

〈제 1 문 - 1〉

Ⅰ. 쟁점

항소법원의 사건처리와 관련해서는 제1심에서 패소한 丙이 항소를 제기하지 아니한 상태에서 보조참가인 乙이 항소를 제기할 수 있는지와 그 항소 제기의 효력이 미치는 범위를 검토하여야 한다.

Ⅱ. 乙의 항소 제기 효력의 인정 여부

1. 보조참가의 의의 및 요건

가. 의의

타인 간의 소송결과에 이해관계 있는 제3자가 한쪽 당사자를 돕기 위하여 계속 중인 소송에 참가하는 것을 보조참가라고 한다(법 제71조). 보조참가를 하는 제3자를 보조참가인 또는 종된 당사자라고 하고, 보조받는 당사자를 피참가인 또는 주된 당사자라고 한다.

나. 요건

보조참가가 허용되기 위해서는 (a) 타인 간의 소송이 계속 중이고, (b) 보조참가를 하는 제3자가 그 타인 간의 소송결과에 법률상 이해관계를 가지고 있어야 하며(보조참가의 이익),[1] (c) 제3자의 참가로 인해 소송절차를 현저히 지연시키지 않아야 하고, (d) 제3자의 참가신청이 소송행위의 유효요건을 갖추어야 한다. 보조참가인은 스스로 소송행위를 하고 참가적 효력을 받는 자이므로 당사자능력

---

[1] 아무런 제한 없이 제3자가 타인 간의 소송에 참가하는 것을 허용한다면 보조참가 제도를 소송대리의 목적으로 이용하거나 소송절차를 복잡하게 만들 염려가 있으므로 타인 간의 소송결과에 이해관계를 가지는 제3자만이 보조참가를 할 수 있도록 하고 있다.

과 소송능력을 가지고 있어야 한다.

다. 보조참가의 이익

(1) 의의

제3자가 타인 간의 소송결과에 이해관계를 가진다고 하기 위해서는 타인 간의 소송결과가 제3자의 권리의무 또는 법적 지위에 영향을 미치는 경우에 해당하여야 한다. 어떠한 경우 타인 간의 소송결과가 제3자의 권리의무 또는 법적 지위에 영향을 미치는 것으로 볼 수 있는지가 문제되는데, 피참가인이 승소하면 참가인의 법적 지위가 유리하게 되고 피참가인이 패소하면 참가인의 법적 지위가 불리하게 되는 관계에 있으면 타인 간의 소송결과가 참가인의 법적 지위에 영향을 미치는 것으로 볼 수 있다. 참가인의 법적 지위가 타인 간의 본 소송의 승패에 논리적으로 의존관계에 있는 경우 보조참가의 이익이 인정된다.

(2) 소송결과에 대한 이해관계

(가) 제3자의 법적 지위가 본 소송의 판결주문에서 판단되는 법률관계의 존부에 의하여 직접 영향을 받는 경우

참가인의 법적 지위가 본 소송의 판결주문에서 판단되는 법률관계의 존부에 의하여 직접 영향을 받는 관계에 있는 때에는 참가인의 법적 지위가 본 소송의 승패에 논리적으로 의존관계에 있다고 할 수 있다. 피참가인이 패소하면 그로부터 구상 또는 손해배상청구를 당하거나 자신의 권리를 침해당할 염려가 있는 제3자는 소송결과에 대하여 이해관계를 가진다고 할 수 있다.

(나) 제3자가 본 소송의 판결이유에서 판단되는 중요한 쟁점사항의 영향을 받는 경우

제3자가 판결주문이 아니라 판결이유에서 판단되는 중요한 쟁점사항의 영향을 받는 경우에도 소송결과에 대하여 이해관계를 가지는 것으로 볼 수 있는지가 문제되는데, 이와 관련해서는 ① 판결이유 중에서 판단되는 사항의 영향을 받는 것만으로는 참가인의 법적 지위가 본 소송의 승패에 논리적으로 의존관계에 있다고 할 수 없다는 견해, ② 판결주문뿐 아니라 판결이유에서의 판단도 소송결과에 해당하는 것으로 보아 참가인의 법적 지위가 본 소송의 중요 쟁점사항과 논리적 의존관계에 있으면 참가의 이익을 인정하여야 한다는 견해 등이

주장되고 있다.

(다) 검토

제3자가 판결주문에서 판단되는 사항의 직접적인 영향을 받는 경우에만 소송결과에 이해관계를 가지는 것으로 보는 견해에 따르면 동일한 교통사고의 공동피해자와 같이 동일한 사실상 원인으로 말미암아 당사자의 한쪽과 같은 법률상 지위에 있는 사람은 공동소송인이 될 수는 있지만, 다른 피해자와 가해자 간의 소송결과에 이해관계를 가지지는 못한다. 동일한 교통사고의 공동피해자 A와 B 중 A만이 가해자를 상대로 손해배상청구의 소를 제기한 경우 다른 피해자 B에게는 보조참가의 이익이 인정되지 않는다.

참가인의 법적 지위가 본 소송의 중요 쟁점사항과 논리적 의존관계에 있으면 참가의 이익을 인정하여야 하는 것으로 보는 견해에 따르면 한쪽 당사자가 패소하면 그와 같은 지위에 있는 결과 본 소송에서의 중요 쟁점에 관한 판결이유 중의 판단이 참작되어 자신의 소송에서 불리한 판단을 받게 될 개연성 있는 제3자는 보조참가의 이익을 가지게 된다.

(3) 법률상 이해관계

보조참가는 보조참가인이 피참가인을 보조하여 피참가인을 승소시킴으로써 자신의 이익을 지키기 위하여 이용하는 것이므로 참가의 이익 판단기준으로서의 이해관계는 법률상 이해관계를 의미하는 것으로 해석된다. 법률상 이해관계를 가지고 있을 것이 요구되므로 감정상 이유나 사실상·경제상 이해관계만으로는 참가의 이익이 인정되지 않는다(대법원 2023. 8. 31. 선고 2018다289825 판결). 제3자가 본 소송의 판결의 효력을 직접 받는 관계에 있거나[2] 제3자에게 본 소송의 판결의 효력이 직접 미치지는 않더라도 적어도 본 소송의 판결을 전제로 하여 보조참가를 하려는 자의 법률상 지위가 결정되는 관계에 있으면 법률상 이해관계가 인정된다(대법원 2007. 4. 26. 선고 2005다19156 판결; 대법원 2014. 5. 29.자 2014마4009 결정; 대법원 2017. 6. 22. 선고 2014다225809 전원합의체 판결).

---

2) 이런 경우에는 제3자는 공동소송적 보조참가(법 제78조)를 할 수도 있다. 원고가 참가인의 파산관재인을 피고로 하여 제기한 소송에 대한 재판의 효력이 참가인에게 미치므로 참가인은 피고(파산관재인)를 위하여 통상의 보조참가는 물론 공동소송적 보조참가를 할 수도 있다(대법원 2012. 11. 29. 선고 2011다109876 판결).

타인 간의 소송결과가 제3자의 법적 지위에 영향을 미치는 경우 법률상 이해관계가 인정된다. (ⅰ) 참가인의 권리의무의 존부가 본소의 목적인 권리 또는 법률관계의 존부에 달려 있거나 (ⅱ) 본소의 목적인 권리 또는 법률관계에 관한 판단이 참가인의 법적 지위를 판단하는 데 전제가 되는 때에는 본 소송의 결과가 제3자의 법적 지위에 영향을 미치는 것으로 볼 수 있다. 참가인의 권리의무의 존부가 본소의 목적인 권리 또는 법률관계의 존부에 달려 있는 경우로는 연대채무자 가운데 한 사람과 채권자 간의 소송에 다른 연대채무자가 참가하는 경우, 보증인과 채권자 간의 소송에 주채무자가 참가하는 경우 등이 있다. 본소의 목적인 권리 또는 법률관계에 관한 판단이 참가인의 법적 지위를 판단하는 데 전제가 되는 경우로는 임차인과 임대인 간의 임대차 관련 소송에 전차인이 참가하는 경우, 주채무자와 채권자 간의 소송에 보증인이 참가하는 경우 등이 있다.

판례는 손해배상책임을 지는 공동불법행위자는 피해자가 다른 공동불법행위자를 상대로 제기한 소송결과에 법률상 이해관계를 가지는 것으로 본다(대법원 1999. 7. 9. 선고 99다12796 판결3)). 가압류권자인 원고가 제기한 구상금소송의 결과에 따라 가압류권자인 원고와 채무자 겸 매각 부동산의 소유자인 피고가 부동산 임의경매절차에서 배당받을 실제 배당금액이 달라지고, 그에 따라 피고가 배당받을 잉여금에 대하여 압류 및 추심명령을 받은 자가 추심할 수 있는 금액도 달라지는 때에는 그러한 자는 구상금소송의 판결결과를 전제로 하여 법률상 지위가 결정되는 관계에 있으므로 소송결과에 법률상 이해관계를 가진다(대법원 2014. 5. 29.자 2014마4009 결정).

---

3) 이 사건에서 대법원은 불법행위로 인한 손해배상책임을 지는 자는 피해자가 다른 공동불법행위자들을 상대로 제기한 손해배상소송의 결과에 법률상 이해관계를 가지는 것으로 볼 수 있으므로 그 소송에 원고를 위하여 보조참가를 할 수 있고, 피해자인 원고가 패소판결에 대하여 상소하지 않더라도 원고의 상소기간 내이면 보조참가와 동시에 상소를 제기할 수 있다고 하였다. 이와 관련해서는 ① 이 사건의 경우 참가인의 법률상 지위가 본 소송의 판결주문에서 판단되는 권리관계의 존부에 의하여 직접 영향을 받는 관계에 있는 것으로 보는 견해, ② 대법원이 보조참가의 이익을 확대하여 인정한 것으로 보는 견해, ③ 이 사건의 경우는 참가인의 법적 지위가 피참가인에 대한 관계에서가 아니라 그 상대방에 대한 관계에서 문제된다는 점에서 보조참가의 본래 목적에 부합하지 않는 것으로 보는 견해, ④ 이 사건의 경우는 판결이유 중의 판단이 참가인의 지위에 사실상 영향을 미치는 데 불과하므로 타인 간의 소송에 개입하는 것을 인정하기보다는 스스로 당사자가 되어 공격방어를 전개하도록 하는 것이 바람직하다는 견해 등이 주장되고 있다.

　　법률상 이해관계는 재산법상의 것에 한정되지 않고 신분법상이나 공법상의 것도 포함된다. 행정처분의 무효확인 또는 취소소송과 관련하여 그 행정처분에 의하여 권리를 취득한 자는 피고인 행정청이 패소하면 권리를 잃게 되는 때에는 피고 측에 보조참가를 할 이익을 가지는 것으로 볼 수 있다.[4]

(4) 보조참가의 이익 유무에 관한 조사

　　보조참가를 신청하는 자는 참가인으로서 할 수 있는 소송행위를 동시에 할 수 있고(법 제72조 제3항), 당사자가 참가에 대하여 이의를 신청한 때에는 참가인은 참가의 이유를 소명하여야 하며, 이런 경우 법원은 참가를 허가할 것인지 아닌지를 결정하여야 한다(법 제73조 제1항). 그러나 당사자가 보조참가에 대하여 이의를 신청하지 않고 변론하거나 변론준비기일에서 진술한 때에는 당사자는 이의를 신청할 권리를 잃는다(법 제74조).

　　다만 당사자의 이의신청이 없는 경우에도 법원은 직권으로 참가인에게 참가의 이유를 소명하도록 명할 수 있고, 참가의 이유가 있다고 인정되지 않는 때에는 참가를 허가하지 않는 결정을 하여야 한다(법 제73조 제2항).

2. 보조참가인이 할 수 있는 소송행위

　　보조참가인은 피참가인의 승소를 돕기 위하여 소송에 참가하는 자이므로 피참가인의 승소를 위하여 필요한 소송행위를 보조참가인의 이름으로 할 수 있다(법 제76조 제1항 본문). 보조참가인이 피참가인을 위하여 한 소송행위는 피참가인이 한 것과 동일한 취급을 받는다.

　　참가인은 피참가인의 승소 보조자에 불과하므로 참가 당시 소송의 진행 정도에 따라 피참가인도 할 수 없는 소송행위(법 제76조 제1항 단서), 피참가인의 행위에 어긋나는 소송행위(법 제76조 제2항), 피참가인에게 불이익한 소송행위, 청구를 변경하거나 확장하는 소송행위 등을 할 수 없다.

---

4) 행정소송법 제16조 제1항에 따르면 법원은 소송의 결과에 따라 권리 또는 이익의 침해를 받을 제3자가 있는 경우에는 당사자나 제3자의 신청 또는 직권에 의한 결정으로 그러한 제3자를 소송에 참가시킬 수 있다.

3. 사안의 경우

丙이 패소하면 丙은 乙에게 손해배상 또는 부당이득반환을 청구할 것이므로 乙은 甲과 丙 간의 소송결과에 법률상 이해관계를 가지는 것으로 볼 수 있고, 따라서 乙은 甲과 丙 간의 소송에 보조참가를 할 수 있다. 보조참가인 乙은 피참가인을 위하여 항소할 수 있으므로 乙의 항소 제기로 甲의 丙에 대한 소송관계는 확정이 차단되고 항소심으로 이심될 것이다.

III. 乙의 항소 제기의 효력이 미치는 범위

1. 항소 제기의 효력

항소가 제기되면 제1심판결의 확정을 차단하는 확정 차단의 효력과 사건을 제1심에서 항소심으로 이전시키는 이심의 효력이 발생한다.

2. 상소불가분의 원칙

상소 제기에 따른 확정 차단과 이심의 효력은 원칙적으로 상소인이 불복을 신청한 범위에 상관없이 원심판결 전부에 대하여 불가분적으로 발생하므로 원심판결 일부에 대하여 상소가 제기된 때에도 원심판결 전부에 대하여 확정 차단과 이심의 효력이 발생한다. 상소불가분의 원칙에 의하여 상소인이 불복하지 않은 부분도 확정이 차단되고 상소심으로 이심되므로 상소심의 변론이 종결될 때까지 상소인은 불복신청의 범위를 확장할 수 있고, 피상소인도 부대상소를 할 수 있다(법 제403조).

3. 공동소송인 가운데 한 사람의 상소 제기의 효력이 다른 공동소송인에게 미치는지 여부

통상공동소송의 경우에는 공동소송인 독립의 원칙이 적용되는 결과 공동소송인 가운데 한 사람의 상소 또는 공동소송인 가운데 한 사람에 대한 상소는 다른 공동소송인에 관한 청구에 영향을 미치지 않으므로 상소를 제기한 당사자에 관한 판결 부분만이 확정이 차단되고 상소심으로 이심되며, 상소하지 않은 다른 공동소송인에 관한 판결 부분은 분리되어 확정된다.

소송목적의 합일확정이 요구되는 필수적 공동소송의 경우에는 패소한 공동소송인 가운데 일부만이 상소하더라도 패소하고 상소하지 않은 다른 공동소송인에 대하여도 상소의 효력이 미치므로 모든 공동소송인에 대한 관계에서 원심판결의 확정이 차단되고 상소심으로 이심된다. 필수적 공동소송에 관한 민사소송법 제67조가 준용되는 예비적·선택적 공동소송의 경우에도 패소한 공동소송인 가운데 일부만이 상소하더라도 패소하고 상소하지 않은 다른 공동소송인에 대하여도 상소의 효력이 미친다.

4. 사안의 경우

甲의 丙과 丁에 대한 청구는 실체법상으로든 소송법상으로든 소송목적의 합일확정이 요구되는 경우에 해당하지 않으며, 甲의 丙에 대한 청구와 甲의 丁에 대한 청구가 법률상 양립할 수 없는 경우에도 해당하지 않으므로 甲과 丙, 丁 간의 소송관계에는 공동소송인 독립의 원칙이 적용된다. 따라서 甲의 丙에 대한 청구에 관한 판결에 대한 항소 제기의 효력은 甲의 丁에 대한 청구에 관한 판결 부분에는 미치지 않으므로 乙의 항소 제기에 의해 甲의 丙에 대한 청구 부분만이 확정이 차단되고 항소심으로 이심되며, 甲의 丁에 대한 청구 부분은 항소기간 내에 항소가 제기되지 않았으므로 분리되어 확정될 것이다.

Ⅳ. 사례의 정리

甲이 丙을 상대로 X 토지에 관한 丙 명의 소유권이전등기의 말소등기절차의 이행을 구하는 소송에서 丙이 패소할 경우 丙은 자기에게 X 토지를 매도한 乙을 상대로 손해배상 또는 부당이득반환을 청구할 것이므로 乙은 甲과 丙 간의 소송에 보조참가를 할 이익을 가지며, 그러한 乙은 보조참가인으로서 제1심에서 패소한 丙을 위하여 항소를 제기할 수 있다.

甲이 丙과 丁을 공동피고로 하여 제기한 소송은 통상공동소송에 해당하므로 乙의 항소 제기에 의해 甲의 丙에 대한 청구 부분만이 확정이 차단되고 항소심으로 이심되어 乙이 불복을 신청한 범위 내에서 항소심의 심판을 받게 된다. 甲의 丁에 대한 청구 부분은 항소기간의 경과로 분리되어 확정되었으므로 항소심의 심판대상이 되지 않는다. 항소법원의 심리 결과 甲의 丙에 대한 청구가 이유 없는 것으로 인정되었으므로 법원은 甲의 丙에 대한 청구를 인용한 제1심판결 부분만을 취소하고 甲의 丙에 대한 청구를 기각하는 판결을 하여야 할 것이다.

〈제 1 문 – 2〉

I. 쟁점

피참가인의 상대방 당사자 甲과 피참가인 丙 간의 A 소송에서 丙이 패소한 후에 보조참가인 乙이 甲을 상대로 제기한 B 소송에 甲과 丙 간의 A 소송에 대한 재판의 효력이 미치는지가 문제되는데, 이와 관련해서는 민사소송법 제77조에 따라 보조참가인 乙에게 미치는 甲과 丙 간의 A 소송에 대한 재판의 효력이 무엇을 의미하는지와 그 재판의 효력이 인정되는 범위, 특히 주관적 범위를 검토하여야 한다.

II. 보조참가인에 대한 재판의 효력

1. 재판의 효력의 의미

소송계속 중에 보조참가가 이루어지더라도 판결의 효력인 기판력이나 집행력은 당사자에게만 미치고(법 제218조 제1항), 보조참가인에게는 미치지 않는다. 그런데 민사소송법 제77조는 재판은 참가인에게 그 효력이 미친다고 규정하고 있어 제77조의 재판의 효력이 무엇을 의미하는지가 문제된다.

가. 참가적 효력으로 보는 견해

민사소송법 제77조의 재판의 효력은 기판력과는 다른 특수한 효력인 참가적 효력으로서 피참가인이 패소한 후에 참가인을 상대로 소를 제기한 경우 참가인이 피참가인에 대한 관계에서 본 소송의 판결내용이 부당하다고 주장할 수 없는 구속력을 의미한다.

나. 기판력이 확장되는 것으로 보는 견해

재판의 효력은 기판력을 의미한다.[5]

다. 참가인과 피참가인 간에는 참가적 효력이 미치고, 참가인과 피참가인의 상대방 간에는 참가인이 피참가인의 상대방과 다툰 한도에서 기판력 또는 쟁점효가 미치는 것으로 보는 견해

참가인과 피참가인 사이에는 참가적 효력이 미치고, 참가인과 피참가인의 상대방 사이에는 판결기초의 공동 형성이라는 측면에서 참가인이 피참가인의 상대방과 다툰 쟁점의 한도에서 기판력 또는 쟁점효가 미친다.[6]

라. 판례의 입장

보조참가인이 피참가인을 보조하여 피참가인과 공동으로 소송을 수행하였으나 피참가인이 그 소송에서 패소한 때에는 형평의 원칙상 보조참가인이 피참가인에게 패소판결이 부당하다고 주장할 수 없도록 구속력을 미치게 하는 참가적 효력이 인정된다(대법원 2015. 5. 28. 선고 2012다78184 판결).

마. 검토

참가인과 피참가인이 협력하여 공동으로 소송을 수행한 결과 패소한 때에는 형평과 금반언의 원칙상 그에 대한 책임을 공평하게 분담하여야 하므로 피참가인의 패소판결이 확정된 후에는 참가인은 피참가인에 대한 관계에서 그 판결의 내용이 부당하다고 주장할 수 없는 구속력이 미치는 것으로 볼 수 있다.

---

5) 이 견해에 대하여는 민사집행법 제25조 제1항 단서에서 참가인에게 집행력을 인정하지 않고 있는 점, 민사소송법 제77조가 참가인에 대하여 재판의 효력이 배제되는 경우를 참가인과 피참가인 사이에 발생한 사유에 한정하고 있는 점 등에 비추어 볼 때 재판의 효력을 기판력으로 보기는 어렵고, 소송고지만으로 제3자에게 기판력을 미치게 하는 것은 부당하다는 지적이 있다.

6) 이 견해에 대하여는 보조참가인의 지위가 공동소송적 보조참가인의 지위에 가까워지고, 독립당사자참가의 경우와 비교하여 판결의 효력에서 차이가 없게 되며, 소송고지가 이루어진 경우 소송고지만으로 이러한 효력을 미치게 하는 것은 부당하고, 기판력이 미치는 주관적 범위에 관한 민사소송법 제218조에도 반할 염려가 있다는 지적이 있다.

2. 재판의 효력의 내용

피참가인이 본 소송에서 패소한 후에 피참가인과 참가인 사이에 소가 제기된 경우 참가인은 피참가인에 대한 관계에서 본 소송의 판결내용이 부당하다고 다툴 수 없다.

Ⅲ. 참가적 효력의 인정 범위

1. 효력의 발생시기 및 배제사유

가. 효력의 발생시기

참가적 효력은 피참가인과 그 상대방 당사자 간의 소송에서 피참가인 패소의 본안판결(소송판결은 제외)이 확정된 때에 발생한다.

나. 효력의 배제사유

참가적 효력은 참가인이 피참가인과 협력하여 소송을 수행한 데 대하여 책임을 분담시키기 위하여 인정된 것이므로 피참가인의 패소에 대하여 피참가인의 단독책임으로 돌릴 만한 사정이 있는 때에는 참가적 효력이 미치지 않는다. 다만 참가적 효력이 배제되기 위해서는 참가인은 배제사유가 없었더라면 본 소송의 판결결과가 피참가인의 승소로 달라질 수 있었다는 것을 주장하여야 하고, 상대방 당사자가 이를 다투는 때에는 증명하여야 한다.

피참가인의 패소를 그의 단독책임으로 돌릴 수 있는 사정이 인정되는 경우로서 민사소송법 제77조에 규정되어 있는 사유로는 (i) 참가할 당시 소송의 진행 정도에 따라 참가인이 필요한 소송행위를 유효하게 할 수 없었을 경우(제1호 전단), (ii) 참가인의 소송행위가 피참가인의 소송행위에 어긋나서 그 효력을 가지지 아니한 경우(제1호 후단), (iii) 피참가인이 참가인의 소송행위를 방해한 경우(제2호), (iv) 참가인이 할 수 없는 소송행위를 피참가인이 고의나 과실로 하지 아니한 경우(제3호)가 있다.

2. 주관적 인정 범위

공동의 소송수행에 대한 책임분담의 관점에서 인정되는 참가적 효력은 참가인과 피참가인 사이에서만 인정되고, 참가인과 피참가인의 상대방 사이에는 인정되지 않는 것으로 보아야 한다(대법원 2007. 11. 29. 선고 2005다23759 판결). 피참가인 측이 패소한 후에 피참가인과 참가인 사이에 소가 제기된 경우 참가인은 피참가인에 대한 관계에서 본 소송의 판결내용이 부당하다고 다툴 수 없다.

보조참가인이 피참가인을 보조하여 공동으로 소송을 수행한 결과 피참가인이 소송에서 패소한 때에는 형평의 원칙상 보조참가인이 피참가인에게 그 패소판결이 부당하다고 주장할 수 없도록 하는 참가적 효력이 있을 뿐이므로 피참가인과 그 상대방 당사자 간의 판결의 기판력이 참가인과 피참가인의 상대방 사이에까지 미치는 것은 아니다(대법원 1988. 12. 13. 선고 86다카2289 판결).

3. 객관적 인정 범위

참가요건으로서 참가의 이익은 판결주문에서 판단되는 사항에 의하여 직접 영향을 받는 관계에 있는 경우에 인정되지만, 참가적 효력은 판결이유 중 패소이유가 된 사실상 및 법률상 판단과 관련해서도 인정된다. 피참가인이 패소한 후에 참가인을 상대로 소를 제기하면 법원은 전 소송에서 판결의 기초가 된 사실인정이나 법률판단에 구속받게 되고, 참가인도 전소법원의 사실인정이나 법률판단이 부당하다고 다툴 수 없게 된다. 판결주문에서 판단된 것에 한하여 효력이 생기는 기판력과는 달리 패소이유가 된 판결이유 중의 판단에 대하여도 참가적 효력을 인정하는 이유는 참가적 효력이 미치는 범위를 이렇게 넓히지 않으면 참가인에게 재판의 효력이 미치게 하는 실익을 거둘 수 없기 때문이다.[7]

---

7) 甲, 乙이 각자 운전하던 자동차의 충돌로 인하여 발생한 사고의 피해자가 甲만을 상대로 손해배상금의 지급을 구하는 소를 제기한 사건의 쟁점은 사고원인이 甲과 乙 중 누구의 과실에 의한 것인지에 관한 것이라고 할 수 있다. 피해자와 甲 간의 소송에 乙이 피해자를 위하여 참가하였는데 그 사고가 甲의 과실에 의한 것이라고 볼 수 없다는 이유로 피참가인이 패소한 후에 피해자가 참가인을 상대로 다시 손해배상금의 지급을 구하는 소를 제기한 때에는 참가적 효력에 의하여 참가인이 구속받는 객관적 범위가 전 소송의 판결주문에서의 판단에 국한되고 판결이유 중의 판단에까지 확대되지 않는다고 한다면 참가인은 전 소송의 판결이유와 다르게 甲의 과실에 의하여 사고가 발생하였다고 주장할 수 있으므로 참가인에게 재판의 효

보조참가인이 피참가인을 보조하여 공동으로 소송을 수행한 결과 피참가인이 소송에서 패소한 경우 인정되는 전소 확정판결의 참가적 효력은 전소 확정판결의 결론의 기초가 된 사실상 및 법률상 판단으로서 보조참가인이 피참가인과 공동이익으로 주장하거나 다툴 수 있었던 사항에 한하여 인정된다는 법리에 비추어 보면 전소가 확정판결이 아닌 화해권고결정에 의하여 종료된 때에는 확정판결에서와 같은 법원의 사실상 및 법률상 판단이 이루어졌다고 할 수 없으므로 참가적 효력이 인정되지 않는다(대법원 2015. 5. 28. 선고 2012다78184 판결).[8]

전소 확정판결의 참가적 효력은 전소 확정판결의 결론의 기초가 된 사실상 및 법률상 판단으로서 보조참가인이 피참가인과 공동이익으로 주장하거나 다툴 수 있었던 사항에 한하여 인정되는 것이므로 전소 확정판결에 필수적인 요소가 아니어서 결론에 영향을 미칠 수 없는 부가적 또는 보충적 판단이나 방론 등에는 참가적 효력이 인정되지 않는다(대법원 1997. 9. 5. 선고 95다42133 판결).

전소 확정판결의 참가적 효력은 전소 확정판결의 결론의 기초가 된 사실상 및 법률상 판단으로서 보조참가인이 피참가인과 공동이익으로 주장하거나 다툴 수 있었던 사항에 한하여 인정되는 것이므로 전소에서 보조참가인과 피참가인이 공동이익으로 주장할 수 있었던 사항이 아니라 서로 다투었어야만 할 사항에 대하여는 참가적 효력이 인정되지 않는다(대법원 2007. 12. 27. 선고 2006다60229 판결).

Ⅳ. 사례의 정리

참가적 효력은 보조참가인과 피참가인 간에서만 인정되는 것으로 보는 판례의 입장에 따르면 甲과 丙 간의 A 소송에 대한 재판의 참가적 효력은 乙과 甲 간의 B 소송에는 미치지 않을 것이다. 따라서 B 소송에서 법원과 당사자는 A 소송의 판결에서 판단된 사항에 구속받지 않으므로 乙은 甲과 乙 간의 매매계약의 해제사실을 다툴 수 있을 것이다.

력이 미치게 하는 것을 무의미하게 만들 염려가 있다.

8) 전소가 확정판결이 아닌 조정을 갈음하는 결정으로 종료된 경우에도 확정판결에서와 같은 법원의 사실상 및 법률상 판단이 이루어졌다고 할 수 없으므로 참가적 효력이 인정되지 않는다(대법원 2019. 6. 13. 선고 2016다221085 판결).

B 소 법원의 심리 결과 甲과 乙 간에 체결된 매매계약이 해제된 사실이 인정되지 않고, 甲이 동시이행항변으로 주장하고 있는 잔금채권이 존재하는 것으로 인정되었으므로 법원은 甲으로 하여금 乙로부터 2억 원을 지급받음과 동시에 X 토지에 관하여 2022. 1. 5. 매매를 원인으로 한 소유권이전등기절차를 이행할 것을 명하는 판결을 하여야 할 것이다.

〈제1문-3〉

Ⅰ. 쟁점

피참가인의 상대방 당사자 甲과 피참가인 丙 간의 A 소송에 대한 재판의 효력이 丙과 보조참가인 乙 간의 C 소송에 미치는지가 문제되는데, 이와 관련해서는 민사소송법 제77조에 따라 보조참가인 乙에게 미치는 甲과 丙 간의 A 소송에 대한 재판의 효력이 무엇을 의미하는지와 甲과 丙 간의 A 소송에 대한 재판의 효력이 乙에게 미치지 않게 되는 배제사유를 검토하여야 한다.

Ⅱ. 보조참가인에 대한 재판의 효력

1. 재판의 효력의 의미

소송계속 중에 보조참가가 이루어지더라도 판결의 효력인 기판력이나 집행력은 당사자에게만 미치고(법 제218조 제1항), 보조참가인에게는 미치지 않는다. 그런데 민사소송법 제77조는 재판은 참가인에게 그 효력이 미친다고 규정하고 있어 제77조의 재판의 효력이 무엇을 의미하는지가 문제된다.

가. 참가적 효력으로 보는 견해

민사소송법 제77조의 재판의 효력은 기판력과는 다른 특수한 효력인 참가적 효력으로서 피참가인이 패소한 후에 참가인을 상대로 소를 제기한 경우 참가인이 피참가인에 대한 관계에서 본 소송의 판결내용이 부당하다고 주장할 수 없는 구속력을 의미한다.

나. 기판력이 확장되는 것으로 보는 견해

재판의 효력은 기판력을 의미한다.

다. 참가인과 피참가인 간에는 참가적 효력이 미치고, 참가인과 피참가인의 상대방 간에는 참가인이 피참가인의 상대방과 다툰 한도에서 기판력 또는 쟁점효가 미치는 것으로 보는 견해

참가인과 피참가인 사이에는 참가적 효력이 미치고, 참가인과 피참가인의 상대방 사이에는 판결기초의 공동 형성이라는 측면에서 참가인이 피참가인의 상대방과 다툰 쟁점의 한도에서 기판력 또는 쟁점효가 미친다.

라. 판례의 입장

보조참가인이 피참가인을 보조하여 피참가인과 공동으로 소송을 수행하였으나 피참가인이 그 소송에서 패소한 때에는 형평의 원칙상 보조참가인이 피참가인에게 패소판결이 부당하다고 주장할 수 없도록 구속력을 미치게 하는 참가적 효력이 인정된다(대법원 2015. 5. 28. 선고 2012다78184 판결).

마. 검토

참가인과 피참가인이 협력하여 공동으로 소송을 수행한 결과 패소한 때에는 형평과 금반언의 원칙상 그에 대한 책임을 공평하게 분담하여야 하므로 피참가인의 패소판결이 확정된 후에는 참가인은 피참가인에 대한 관계에서 그 판결의 내용이 부당하다고 주장할 수 없는 구속력이 미치는 것으로 볼 수 있다.

2. 재판의 효력의 내용

피참가인이 본 소송에서 패소한 후에 피참가인과 참가인 사이에 소가 제기된 경우 참가인은 피참가인에 대한 관계에서 본 소송의 판결내용이 부당하다고 다툴 수 없다.

3. 효력의 발생시기

참가적 효력은 피참가인과 그 상대방 당사자 간의 소송에서 피참가인 패소의 본안판결(소송판결은 제외)이 확정된 때에 발생한다.

4. 효력의 인정 범위

가. 주관적 범위

공동의 소송수행에 대한 책임분담의 관점에서 인정되는 참가적 효력은 참가인과 피참가인 사이에서만 인정되고, 참가인과 피참가인의 상대방 사이에는 인정되지 않는 것으로 보아야 한다(대법원 2007. 11. 29. 선고 2005다23759 판결).

나. 객관적 범위

참가적 효력은 피참가인과 그 상대방 당사자 간의 확정판결의 결론의 기초가 된 사실상 및 법률상 판단으로서 참가인이 피참가인과 공동이익으로 주장하거나 다툴 수 있었던 사항에 한하여 인정된다.[9] 피참가인이 본 소송에서 패소한 후에 참가인을 상대로 소를 제기하면 법원은 전 소송에서 판결의 기초가 된 사실인정이나 법률판단에 구속받게 되고, 참가인도 전소법원의 사실인정이나 법률판단이 부당하다고 다툴 수 없게 된다.

---

9) ▶ 전소가 확정판결이 아닌 화해권고결정에 의하여 종료된 때에는 확정판결에서와 같은 법원의 사실상 및 법률상 판단이 이루어졌다고 할 수 없으므로 참가적 효력이 인정되지 않는다(대법원 2015. 5. 28. 선고 2012다78184 판결). 전소가 확정판결이 아닌 조정을 갈음하는 결정으로 종료된 경우에도 확정판결에서와 같은 법원의 사실상 및 법률상 판단이 이루어졌다고 할 수 없으므로 참가적 효력이 인정되지 않는다(대법원 2019. 6. 13. 선고 2016다221085 판결).
▶ 전소 확정판결에 필수적인 요소가 아니어서 결론에 영향을 미칠 수 없는 부가적 또는 보충적 판단이나 방론 등에는 참가적 효력이 인정되지 않는다(대법원 1997. 9. 5. 선고 95다42133 판결).
▶ 전소에서 참가인과 피참가인이 공동이익으로 주장할 수 있었던 사항이 아니라 서로 다투었어야만 할 사항에 대하여는 참가적 효력이 인정되지 않는다(대법원 2007. 12. 27. 선고 2006다60229 판결).

Ⅲ. 참가적 효력의 배제사유

1. 의의

참가적 효력은 참가인이 피참가인과 협력하여 소송을 수행한 데 대하여 책임을 분담시키기 위하여 인정된 것이므로 피참가인의 패소에 대하여 피참가인의 단독책임으로 돌릴 만한 사정이 있는 때에는 참가적 효력이 미치지 않는다. 다만 참가적 효력이 배제되기 위해서는 참가인은 배제사유가 없었더라면 전소의 판결결과가 피참가인의 승소로 달라질 수 있었다는 것을 주장하여야 하고, 상대방 당사자가 이를 다투는 때에는 증명하여야 한다. 민사소송법 제77조는 피참가인의 패소를 그의 단독책임으로 돌릴 수 있는 사정이 인정되는 경우를 규정하고 있다.

2. 배제사유

가. 참가할 당시 소송의 진행 정도에 따라 참가인이 필요한 소송행위를 유효하게 할 수 없었을 경우(법 제77조 제1호 전단)

상고심에서 참가하여 소송자료를 제출할 수 없었던 경우 등이 이에 해당한다.

나. 참가인의 소송행위가 피참가인의 소송행위에 어긋나서 그 효력을 가지지 아니한 경우(법 제77조 제1호 후단)

참가인은 상대방의 주장사실을 다투었는데도 피참가인이 상대방의 주장사실에 대하여 자백하거나 상대방의 청구를 인낙한 경우 등이 이에 해당한다.

다. 피참가인이 참가인의 소송행위를 방해한 경우(법 제77조 제2호)

참가인이 제기한 상소를 피참가인이 취하한 경우 등이 이에 해당한다.

라. 참가인이 할 수 없는 소송행위를 피참가인이 고의나 과실로 하지 아니한 경우(법 제77조 제3호)

참가인은 알지 못하고 피참가인만이 알고 있는 사실이나 증거의 제출을 피참가인이 게을리하였거나 피참가인이 사법상 권리를 행사하지 아니한 경우 등이 이에 해당한다.

IV. 사례의 정리

참가적 효력은 보조참가인과 피참가인 간에서만 인정되는 것으로 보는 판례의 입장에 따르면 보조참가인 乙과 피참가인 丙 간의 C 소송은 甲과 丙 간의 A 소송에 대한 재판의 참가적 효력이 미칠 수 있는 주관적 범위에 해당할 것이다.

그러나 피참가인 丙이 보조참가인 乙이 제기한 항소를 취하함으로써 丙 패소의 제1심판결을 확정시킨 때에는 丙이 항소를 취하하지 않고 乙이 소송을 계속 수행하였더라면 丙이 승소할 수 있었다는 것을 乙이 주장하여 그러한 사정이 인정되면 민사소송법 제77조 제2호에 의해 甲과 丙 간의 A 소송에 대한 재판의 효력이 乙에게 미치지 않게 될 것이다. 乙이 이러한 사유를 주장하였고 법원의 심리 결과 乙이 등기서류를 위조한 사실이 인정되지 않는 것으로 밝혀졌으므로 C 소송에서 법원과 당사자는 A 소송의 판결에서 판단된 사항에 구속받지 않을 것이다. 따라서 丙이 2022. 10. 5.자 매매계약에 관한 다른 해제사유를 주장·증명하지 못하는 한 C 소 법원은 丙의 청구를 기각하는 판결을 하여야 할 것이다.

〈제 2 문 - 1〉

I. 쟁점

丙이 甲과 乙 간의 Y 건물철거 및 X 토지인도소송(A 소)이 계속되어 있는 법원에 甲을 상대로 X 토지에 관한 소유권 확인을 구하는 참가신청을 한 것과 관련하여 丙의 참가가 독립당사자참가로서의 요건을 구비하였는지를 검토하여야 하는데, 丙이 甲과 乙 간의 A 소송에 참가하기 전에 甲을 상대로 X 토지의 소유권에 기한 甲 명의 소유권이전등기의 말소등기청구의 소(B 소)를 제기하여 그 소송계속 중이었던 것과 관련해서는 신소 제기로서 성질을 가지는 丙의 참가가 중복된 소 제기에 해당하는지와 丙의 X 토지에 관한 소유권확인청구가 확인의 이익이 인정되는지를 검토하여야 한다.

II. 독립당사자참가의 요건 구비 여부

1. 독립당사자참가의 의의 및 유형

타인 간의 소송계속 중에 제3자가 원고와 피고의 양쪽 또는 한쪽을 상대방으로 하여 원고와 피고 간의 청구와 관련된 자기의 청구에 대하여 심판을 구하기 위하여 그 타인 간의 소송에 참가하는 것을 독립당사자참가라고 한다(법 제79조 제1항). 소송목적의 전부 또는 일부가 자기의 권리임을 주장하는 권리주장참가와 소송결과에 따라 자기의 권리가 침해된다고 주장하는 사해방지참가[10]가 이에 해당한다.[11]

[10) 사해방지참가의 경우에는 참가인의 청구가 원고의 본소청구와 양립 가능한지가 문제되지 않으며(대법원 2001. 9. 28. 선고 99다35331 · 35348 판결), 권리주장참가를 하였다가 각하된 후에도 사해방지참가를 할 수 있다(대법원 1992. 5. 26. 선고 91다4669 · 4676 판결).
소송결과에 따라 권리가 침해된다고 주장하는 경우의 의미와 관련해서는 ① 사해방지참가를 허용하는 것은 사법상의 사해행위취소, 통정허위표시의 무효 주장과 같은 효과를 소송절차에서도 인정함으로써 사해판결을 사전에 방지하기 위한 것이라는 점을 이유로 그 요건을 엄격히 해석하여 본 소송의 판결의 효력이 제3자에게 불리하게 미치는 경우를 의미하는 것으로 보는 견해(판결효설), ② 본 소송의 본안판결에 의하여 참가인의 권리 또는 법적 지위가 불리하게 되는 경우를 의미하는 것으로 보는 견해(이해관계설), ③ 본 소송의 당사자들이 그 소송을 통해 참가인을 해할 의사를 가지고 있다고 객관적으로 인정되는 경우를 의미하는 것으로 보는 견해(사해의사설) 등이 주장되고 있다. 판례는 원고와 피고가 해당 소송을 통해 제3자를 해할 의사를 가지고 있는 것으로 객관적으로 인정되고, 그 소송의 결과 제3자의 권리 또는 법률상 지위가 침해될 염려가 있다고 인정되는 때에는 제3자인 참가인의 청구와 원고의 청구가 논리상 서로 양립할 수 있는 관계에 있더라도 독립당사자참가를 할 수 있다(대법원 1996. 3. 8. 선고 95다22795 · 22801 판결)는 입장이다.
원고의 피고에 대한 청구의 원인행위가 사해행위라는 이유로 원고에 대하여 사해행위의 취소를 구하면서 독립당사자참가를 신청하는 경우 독립당사자참가인의 청구가 그대로 받아들여지더라도 사해행위취소의 상대적 효력으로 인해 원고와 피고 간의 법률관계에는 아무런 영향을 미치지 아니하여 사해방지참가의 목적을 달성할 수 없으므로 이러한 참가신청은 부적법하다(대법원 1990. 4. 27. 선고 88다카25274 · 25281 판결; 대법원 1990. 7. 13. 선고 89다카20719 · 20726 판결). 그러나 자기의 권리 또는 법률상 지위가 타인들 간의 사해적 법률행위를 청구원인으로 한 사해소송의 결과로 침해받을 염려가 있는 경우 그 타인들을 상대로 사해소송의 청구원인이 된 법률행위가 무효라는 확인을 소구하는 것은 사해판결이 선고 · 확정되어 집행됨으로써 자기의 권리 또는 법률상 지위가 침해되는 것을 방지하기 위한 유효적절한 수단이 될 수 있으므로 확인의 이익이 있어 적법하다(대법원 1995. 8. 25. 선고 94다20426 · 20433 판결).
11) 참가인이 권리주장참가인지 사해방지참가인지를 분명히 밝히고 있지 아니한 경우 법원은 석

丙은 X 토지가 자기의 소유라고 주장하며 A 소송에 참가하고 있어 권리주장 참가에 해당하므로 권리주장참가의 참가취지와 참가이유를 구비하였는지를 검토하여야 한다.

2. 권리주장참가의 요건

권리주장참가가 적법하기 위해서는 (a) 타인 간의 소송이 계속 중이어야 하고, (b) 참가취지로서 참가인이 당사자의 양쪽 또는 한쪽을 상대방으로 하여 자신의 청구에 대한 심판을 구하여야 하며, (c) 참가이유로서 본소청구와 양립할 수 없는 참가인의 청구에 대한 심판을 구하여야 하고, (d) 청구의 병합요건을 구비하여야 하며,[12] (e) 일반 소송요건을 구비하여야 한다. 제3자가 여러 개의 청구를 병합하여 권리주장참가를 신청하는 때에는 각 청구별로 참가요건을 갖추어야 한다(대법원 2022. 10. 14. 선고 2022다241608·241615 판결).

3. 참가취지의 인정 여부

가. 의의

소송목적의 전부나 일부가 자기의 권리라고 주장하는 제3자는 당사자의 양쪽 또는 한쪽을 상대방으로 하여 당사자로서 소송에 참가할 수 있다(법 제79조 제1항 전단). 참가인은 참가신청 시에 자신이 상대방으로 하고자 하는 당사자와 그에 대한 청구를 특정하여야 한다. 원고와 피고를 모두 상대방으로 하는 경우를 쌍면참가라고 하고, 원고와 피고 중 한쪽만을 상대방으로 하는 경우를 편면참가라고 한다.

나. 사안의 경우

甲과 乙 간의 A 소송이 계속되어 있는 법원에 丙이 甲을 상대방으로 하여 X

명권을 행사하여 이를 분명히 한 후에 그 참가의 적법 여부를 심리하여야 하고, 이를 밝혀보지도 아니한 채 참가인이 사해방지참가를 하는 것으로 보이지 않는다고 판단한 때에는 석명권의 불행사로 인한 심리미진의 위법이 있다(대법원 1994. 11. 25. 선고 94다12517·12524 판결).

12) 독립당사자참가소송은 참가인의 원고와 피고에 대한 청구가 원고의 피고에 대한 본소청구에 병합·심리되는 것이므로 참가하기 위해서는 참가인의 청구가 본소청구와 같은 종류의 절차에서 심리·판단될 수 있어야 한다(대법원 1995. 6. 30. 선고 94다14391·14407 판결).

토지에 관한 소유권 확인을 구하는 신청을 하는 것은 편면참가에 해당한다.

4. 참가이유의 인정 여부

가. 참가이유로서의 양립 불가능성의 의미[14]

권리주장참가는 제3자가 소송목적의 전부 또는 일부가 자기의 권리라고 주장하며 타인 간의 소송에 참가하는 것인데, 소송목적이 자기의 권리라고 주장한다는 것은 소송목적인 권리가 자기에게 귀속한다고 주장하거나 소송목적인 권리의무에 관한 당사자적격이 자기에게 있다고 주장하는 것을 의미한다. 참가인이 주장하는 권리 또는 법률관계가 원고의 본소청구 전부 또는 일부와 양립하지 않거나 그에 우선하는 것이어야 한다. 원고가 자기의 소유라고 주장하는 목적물에 관하여 참가인이 원고가 아니라 자신의 소유라고 주장하는 경우 등이 이에 해당한다.

---

13) ▶ 부동산의 이중매매와 관련하여 제2매수인의 소유권이전등기소송의 계속 중에 제1매수인이 자신이 먼저 매수하였으므로 자기에게 소유권이전등기청구권이 있다고 주장하며 독립당사자참가를 신청하는 경우에는 참가인의 청구와 원고의 본소청구가 양립 가능하다는 등의 이유로 참가가 허용되지 않지만, 참가인이 주장하는 권리가 소유권이전등기청구권과 같은 채권적 권리라도 그 권리관계의 주체가 원고가 아니라 참가인이라고 주장하는 때에는 참가가 허용된다(대법원 1988. 3. 8. 선고 86다148·149·150, 86다카762·763·764 판결).

▶ 토지에 관한 소유권 확인을 구하는 원고의 본소청구에 대하여 참가인이 피고에 대하여는 토지에 관한 피고 명의 소유권보존등기의 말소등기절차의 이행 및 그 토지가 참가인의 소유라는 확인을 구하고, 원고에 대하여는 참가인의 소유라는 확인을 구하는 때에는 참가인은 피고에 대하여 일정한 청구를 하고 있음은 물론이고 원고에 대하여도 일정한 청구를 하고 있으며, 원고의 청구와 참가인의 청구는 서로 양립할 수 없는 관계에 있으므로 권리주장참가로서 적법하다(대법원 1998. 7. 10. 선고 98다5708·5715 판결).

▶ 원고가 소외 A 회사의 피고에 대한 중도금반환채권을 전부받은 자로서 그 전부금청구의 소를 제기한 데 대하여 참가인이 소외 B 회사가 중도금반환채권자이고 자신은 그 양수인이라고 주장하며 원고에 대하여는 참가인의 권리 확인을 구하고, 피고에 대하여는 그 양수금의 지급을 구하는 때에는 원고의 피고에 대한 전부금채권과 참가인의 피고에 대한 양수금채권은 어느 한쪽의 채권이 인정되면 다른 한쪽의 채권은 인정될 수 없어 각 청구가 서로 양립할 수 없는 관계에 있으므로 한 개의 판결로써 모순 없이 일거에 해결하여야 하는 경우에 해당하며, 참가인은 원고에 의하여 자기의 권리 또는 법률상 지위를 부인당하고 있는 자로서 그 불안을 제거하기 위하여 피고에 대한 중도금반환채권이 참가인에게 있다는 확인을 구하는 소를 제기하는 것이 유효적절한 수단이라고 할 수 있으므로 참가인이 피고에 대하여 그 채권 금액의 지급을 구함과 아울러 원고에 대하여 그 채권 존재 확인을 구하는 것은 확인의 이익이 있는 적법한 청구라고 할 수 있어 권리주장참가로서 적법하다(대법원 1991. 12. 24. 선고 91다21145·21152 판결).

나. 참가인이 주장하는 권리가 원고의 본소청구 전부에 대하여 양립할 수 없는 관계에 있어야 하는지 여부

민사소송법 제79조 제1항 전단에 따르면 제3자는 소송목적의 전부 또는 일부가 자기의 권리라고 주장하며 타인 간의 소송에 참가할 수 있으므로 참가인이 주장하는 권리는 원고의 본소청구 전부와 양립하지 않는 관계에 있어야 하는 것은 아니고, 원고의 본소청구 일부와 양립할 수 없는 관계에 있으면 권리주장참가의 이유가 인정된다. 독립당사자참가 중 권리주장참가는 소송목적의 전부나 일부가 자기의 권리임을 주장하면 되므로 참가하려는 소송에 여러 개의 청구가 병합되어 있는 경우에는 그중 어느 하나의 청구라도 독립당사자참가인의 주장과 양립하지 않는 관계에 있으면 본소청구에 대한 참가가 허용된다(대법원 2007. 6. 15. 선고 2006다80322·80339 판결[14])).

다. 양립 불가능성의 판단방법

권리주장참가가 적법하기 위해서는 본소청구와 참가인의 청구가 실체법상 양립할 수 없는 관계에 있어야 하는지가 문제되는데, 민사소송법 제79조 제1항 전단에 따르면 참가인이 소송목적의 전부나 일부가 자기의 권리라고 주장하며 참가할 수 있으므로 참가인의 주장 자체에 비추어 양립하지 않는 관계가 인정되면 참가가 허용되는 것으로 볼 수 있다. 참가인의 주장 자체에 의하여 양립하지 않는 것으로 인정되면 본안심리 결과 본소청구와 참가인의 청구가 양립하는 것으로 인정되더라도 참가 자체는 적법한 것으로 취급된다(대법원 1992. 12. 8. 선고 92다26772·26789 판결).

라. 사안의 경우

참가인의 주장 자체에 비추어 참가인의 청구가 원고의 본소청구 전부 또는 일부와 양립하지 않는 관계에 있으면 권리주장참가가 적법한 것으로 보는 판례

---

14) 대법원은 원고의 주위적·예비적 동산인도청구 중 주위적 청구만이 소유권에 기한 독립당사자참가인의 주장과 양립하지 않는 관계에 있는데, 본안심리 결과 주위적 청구를 기각하게 된 이상 참가가 부적법하게 되었다는 이유로 이를 각하한 항소심의 판단에는 권리주장참가의 요건에 대한 법리를 오해하여 판결결과에 영향을 미친 위법이 있다고 하였다.

의 입장에 따르면 丙의 X 토지에 관한 소유권확인청구는 丙의 주장 자체에 비추어 X 토지의 소유권에 기한 甲의 乙에 대한 Y 건물철거 및 X 토지인도청구와 양립할 수 없는 관계에 있으므로 丙의 권리주장참가는 참가이유가 인정될 것이다.

Ⅲ. 참가신청의 중복된 소 제기 해당 여부

독립당사자참가는 신소 제기로서 성질을 가지므로 참가가 적법하기 위해서는 일반 소송요건을 구비하여야 하는데, 丙이 甲과 乙 간의 A 소송에 참가할 당시 甲을 상대로 제기한 X 토지의 소유권에 기한 甲 명의 소유권이전등기의 말소등기소송(B 소)이 계속 중이었으므로 丙이 甲을 상대로 X 토지에 관한 소유권확인을 구하는 참가신청을 하는 것이 중복된 소 제기에 해당하는지를 검토하여야 한다.

1. 중복된 소 제기금지의 의의 및 제도적 취지

당사자는 법원에 계속되어 있는 사건과 동일한 사건에 대하여 다시 소를 제기하지 못한다(법 제259조). 소송경제와 판결의 모순·저촉을 방지하기 위하여 중복된 소 제기를 금지하고 있다.

2. 요건

전소의 소송계속 중에 제기된 후소가 중복된 소에 해당하기 위해서는 후소가 전소와 동일한 사건이어야 하는데, 당사자와 소송상 청구가 동일하여야 동일한 사건으로 취급된다. 사안의 경우에는 소송상 청구의 동일성 여부가 문제된다.

3. 소송상 청구의 동일성 여부

전소(B 소)의 소송상 청구는 소유권이전등기의 말소등기청구이고, 후소(A 소송에의 참가)의 소송상 청구는 소유권확인청구이므로 전소와 후소의 소송물이 다르다.

소송계속의 효과와 기판력이 소송상 청구에 대해서만 발생하는 것으로 보는 견해에 따르면 전소와 후소의 소송물이 다르면 후소는 중복된 소에 해당하지 않는다. 다만 전소와 후소의 사실관계 또는 소송자료(소송상 청구의 당부 판단의 기초가 되는 사실 또는 증거방법)가 공통되어 청구의 기초에 동일성이 있다고 인정되거나 두 사건의 쟁점이 공통되는 때에도 동일한 사건으로 취급하여야 한다는 견해에 따르면 중복된 소에 해당할 수 있다.

4. 사안의 경우

X 토지의 소유권에 기한 甲 명의 소유권이전등기의 말소등기청구와 X 토지에 관한 소유권확인청구의 소송물이 다른 것으로 보는 견해와 판례의 입장에 따르면 丙이 甲과 乙 간의 A 소송이 계속되어 있는 법원에 X 토지에 관한 소유권 확인을 구하는 참가신청을 하기 전에 甲을 상대로 X 토지의 소유권에 기한 甲 명의 소유권이전등기의 말소등기청구의 B 소를 제기하여 그 소송계속 중이었더라도 丙의 참가신청은 중복된 소 제기에 해당하지 않을 것이다.

Ⅳ. 소유권확인청구의 확인의 이익 인정 여부

丙이 甲을 상대로 X 토지의 소유권에 기한 甲 명의 소유권이전등기의 말소등기청구의 B 소를 제기하여 그 소송계속 중인 상태에서 A 소송에서 甲을 상대로 X 토지에 관한 소유권 확인을 구하는 참가신청을 하는 것이 확인의 소의 확인의 이익이 인정되는지를 검토하여야 한다.

1. 확인의 이익의 의미

원고가 현재의 권리 또는 법률관계에 관한 확인을 구하는 경우 당사자 간의 구체적인 사정에 비추어 확인을 구하는 자의 권리 또는 법적 지위에 불안이나 위험이 현존하고, 확인판결을 받는 것이 그러한 법적 불안이나 위험을 제거하는 데 유효적절한 수단이어야 확인의 이익이 인정된다. 확인판결을 받는 것이 원고의 권리 또는 법적 지위에 관한 불안을 제거하는 데 유효적절한 수단이어야 확인의 이익이 인정되므로 확인판결을 받는 것보다 더 근본적인 분쟁 해결방법이 있는 때에는 확인의 이익이 부정된다.

2. 확인의 소의 보충성의 의미

확인판결에는 권리 또는 법률관계의 존부에 관한 기판력이 인정될 뿐이어서 분쟁을 근본적으로 해결하는 데 미흡하고 소송경제 측면에서도 바람직하지 않을 수 있으므로 확인의 소는 이행의 소나 형성의 소를 제기할 수 없는 경우에 보충적으로 허용된다. 특정한 권리 또는 법률관계에 관하여 이행의 소를 제기할 수 있음에도 확인의 소를 제기하는 것은 유효적절한 분쟁 해결방법이 되지 못하므로 원칙적으로 허용되지 않는다.

원고가 주장하는 채권의 액수가 확정되어 있고 그 이행기가 도래한 때에는 피고를 상대로 그 채권의 존재 확인을 구하는 것은 확인의 이익이 부정된다.15) 다만 원고가 채권의 이행을 구하는 소를 제기할 수 있는 경우에도 피고가 그 채권 발생의 기본이 되는 법률관계를 다투고 있어 그에 관한 확인판결을 받는 것이 법적 불안을 제거하는 데 유효적절한 수단이 될 수 있는 때에는 확인의 이익이 인정될 수 있다(대법원 1982. 10. 26. 선고 81다108 판결16)).

3. 선결적 법률관계에 관한 확인의 이익 인정 여부

소유권에 기한 소유권이전등기의 말소등기청구의 소를 제기할 수 있는 경우 소송물을 이루는 소유권이전등기의 말소등기청구권 자체에 관한 확인을 구하는 것이 아니라 그 선결적 법률관계에 해당하는 소유권의 확인을 구하는 것은 확인의 소의 보충성이 작용하는 경우에 해당하지 않는 것으로 볼 수 있다.

소유권을 원인으로 하는 이행의 소가 계속 중인 경우에도 소유권의 유무 자체에 관하여 당사자 간에 분쟁이 있어 즉시 확정의 이익이 있는 때에는 그 소유

---

15) 권리의 침해를 이유로 손해배상청구를 할 수 있음에도 그 침해된 권리의 존재 확인을 구하는 것은 분쟁의 종국적인 해결방법이 아니어서 확인의 이익이 없다(대법원 1995. 12. 22. 선고 95다5622 판결). 또한 미등기건물의 매수인이 그 건물에 대한 사용·수익·처분권의 확인을 구하는 것은 현행법상 허용되지 않는 권리의 확인을 구하는 것으로서 원고의 권리 또는 법률상 지위에 현존하는 불안이나 위험을 제거하는 데 유효적절한 수단이 될 수 없어 확인의 이익이 없다(대법원 2008. 7. 10. 선고 2005다41153 판결).

16) 매매계약 해제의 효과로서 이미 이행한 것의 반환을 구하는 이행의 소를 제기할 수 있을지라도 그 기본이 되는 매매계약의 존부에 관하여 다툼이 있어 즉시 확정의 이익이 있는 때에는 계약이 해제되었음의 확인을 구할 수도 있으므로 매매계약이 해제됨으로써 현재의 법률관계가 존재하지 않는다는 취지의 확인의 소는 확인의 이익이 있다.

권 확인의 소를 제기할 수 있다(대법원 1966. 2. 15. 선고 65다2371 판결).

4. 사안의 경우

丙이 甲을 상대로 X 토지의 소유권에 기한 甲 명의 소유권이전등기의 말소등기절차의 이행을 구하는 B 소를 제기하여 그 소송이 계속 중이더라도 丙과 甲 간에 X 토지의 소유권 존부에 관한 다툼이 있으므로 丙이 A 소송에서 甲을 상대로 X 토지에 관한 소유권 확인을 구하는 참가신청을 하는 것은 확인의 이익이 인정될 것이다.

V. 사례의 정리

甲이 乙을 상대로 X 토지의 소유권에 기한 Y 건물철거 및 X 토지인도를 구하는 A 소송의 제1심에서 丙이 甲을 상대로 X 토지에 관한 소유권 확인을 구하는 참가를 신청하는 것은 편면참가로서 권리주장참가의 이유가 인정되며, 甲의 乙에 대한 청구와 丙의 甲에 대한 청구는 모두 민사소송사항으로서 청구의 병합요건을 갖춘 것으로 볼 수 있고, 丙이 A 소송에 참가할 당시 X 토지의 소유권에 기한 甲 명의 소유권이전등기의 말소등기절차의 이행을 구하는 B 소송이 계속 중이었더라도 丙의 참가신청은 B 소송과 소송물이 달라 중복된 소 제기에 해당하지 않으며, X 토지의 소유권에 기한 甲 명의 소유권이전등기의 말소등기절차의 이행을 구하는 B 소송이 계속 중이더라도 B 소송의 선결적 법률관계에 해당하는 X 토지의 소유권 존부에 관하여 丙과 甲 간에 다툼이 있으므로 丙이 A 소송에서 甲을 상대로 X 토지에 관한 소유권 확인을 구하는 참가신청을 하는 것은 확인의 이익이 인정되어 A 소송에서의 丙의 甲에 대한 청구와 관련하여 소송요건의 흠결이 문제되지 않을 것이므로 丙의 참가신청은 권리주장참가의 요건을 구비하여 적법하다고 할 것이다.

〈제 2 문 - 2〉

I. 쟁점

甲이 乙을 상대로 X 토지의 소유권에 기한 Y 건물철거 및 X 토지인도를 구하는 A 소송에 丙이 참가하여 甲을 상대로 X 토지에 관한 소유권 확인을 구하였는데, 제1심법원은 甲의 청구를 인용하고 丙의 청구를 기각하는 판결을 선고하였고 乙만이 항소하였다. 항소법원의 심리 결과 X 토지가 丙의 소유로 밝혀진 경우 법원의 사건처리와 관련해서는 독립당사자참가소송에서 패소 당사자 중 한 사람만이 항소한 경우 패소하고 항소하지 않은 당사자의 소송관계와 이런 경우 항소법원의 심판대상과 범위를 검토하여야 한다.

II. 乙의 항소 제기의 효력이 미치는 범위

1. 항소 제기의 효력

항소가 제기되면 제1심판결의 확정을 차단하는 확정 차단의 효력과 사건을 제1심에서 항소심으로 이전시키는 이심의 효력이 발생한다.

2. 상소불가분의 원칙

상소 제기에 따른 확정 차단과 이심의 효력은 원칙적으로 상소인이 불복을 신청한 범위에 상관없이 원심판결 전부에 대하여 불가분적으로 발생하므로 원심판결 일부에 대하여 상소가 제기된 때에도 원심판결 전부에 대하여 확정 차단과 이심의 효력이 발생한다. 상소불가분의 원칙에 의하여 상소인이 불복하지 않은 부분도 확정이 차단되고 상소심으로 이심되므로 상소심의 변론이 종결될 때까지 상소인은 불복신청의 범위를 확장할 수 있고, 피상소인도 부대상소를 할 수 있다(법 제403조).

3. 독립당사자참가소송에서 패소하고 상소하지 않은 당사자의 소송관계

원고, 피고, 참가인 가운데 두 사람이 패소하였는데 패소한 당사자 중 한 사람만이 승소 당사자를 상대로 상소를 제기한 경우 그 상소 제기의 효력이 패소한 다른 당사자에게도 미치는지가 문제된다. 피고와 참가인이 패소하였는데 피고만이 원고를 상대로 상소를 제기한 경우 상소를 제기하지 않은 참가인의 판결 부분도 확정이 차단되고 상소심으로 이심되는지[17] 분리 확정되는지[18]에 관해서는 견해의 대립이 있다.

판례는 민사소송법 제79조 제1항에 따라 원고, 피고, 독립당사자참가인 간의 소송에 대하여 본안판결을 하는 때에는 세 당사자를 판결의 명의인으로 하는 하나의 종국판결만을 하여야 하고 세 당사자의 일부에 대해서만 판결하는 것은 허용되지 않으며, 제79조 제2항에 의하여 제67조가 준용되는 결과 독립당사자참가소송에서 원고 승소의 판결이 선고되자 참가인만이 상소한 때에도 판결 전체의 확정이 차단되고 사건 전부에 대하여 이심의 효력이 생긴다(대법원 2007. 12. 14. 선고 2007다37776·37783 판결)는 입장이다.[19]

4. 독립당사자참가소송에서 패소하고 상소하지 않은 당사자의 상소심에서의 지위

패소하고 상소하지 않은 당사자의 패소 부분도 본안의 합일확정을 위해 상소심으로 이심된다고 할 경우 그러한 자의 상소심에서의 지위가 문제되는데,[20]

17) 상소심으로 이심되는 것으로 보는 견해: 독립당사자참가 제도는 원고, 피고, 참가인 간에 본안을 합일적으로 확정하기 위하여 인정된 것인데, 세 당사자 가운데 일부에 관한 소송관계가 먼저 확정된다면 그 부분과 뒤에 상소심에서 확정될 부분 사이에 판결이 통일된다는 보장이 없으므로 일부의 소송관계만을 가분적으로 확정시켜서는 안 되고 사건 전부가 상소심으로 이심되는 것으로 보아야 한다.

18) 분리 확정되는 것으로 보는 견해: 처분권주의, 변론주의가 적용되는 한 참가인의 의사에 반하여 참가인에 대한 판결 부분까지 확정을 차단하여 상소심으로 이심시킬 필요가 없으며, 패소한 참가인이 상소하지 않은 때에는 다른 패소자가 상소하더라도 참가인의 패소 부분은 분리되어 확정되고 상소심으로 이심되지 않는다.

19) 제1심에서 원고와 참가인 패소, 피고 승소의 본안판결이 선고된 데 대하여 원고만이 항소한 때에는 원고와 참가인, 피고 간의 세 개의 청구는 항소심의 심판대상이 되고, 항소법원은 참가인의 원고와 피고에 대한 청구에 대하여도 같은 판결로 판단하여야 함에도 참가인의 청구에 관하여 판단하지 않은 항소심판결의 하자는 소송요건에 준하여 직권으로 조사할 사항에 해당한다(대법원 1991. 3. 22. 선고 90다19329·19336 판결).

20) 상소인으로 보는 견해: 독립당사자참가의 경우에는 한 사람이 승소자가 되면 다른 두 사람은 패소자가 될 수밖에 없으므로 패소자들은 필수적 공동소송인과 유사한 지위에 있는 것으로 볼 수 있고, 패소자 중 한 사람의 상소는 다른 패소자에게도 유리한 소송행위에 해당하므로 상소하지 않은 다른 패소자도 상소인이 되는 것으로 보아야 한다(이 견해에 대하여는 패소한 당사자 간에는 연합관계가 아닌 대립견제관계가 형성되는 것이고, 상소를 제기하지 않은 자를 상소인으로 간주한다는 지적이 있다).
피상소인으로 보는 견해: 독립당사자참가의 경우에는 세 당사자 간에 대립견제관계가 형성되므

판례는 독립당사자참가 신청이 있으면 반드시 청구 전부에 대하여 한 개의 판결로써 동시에 재판하여야 하고, 일부판결이나 추가판결을 할 수 없으며, 독립당사자참가인의 청구와 원고의 청구가 모두 기각되고 원고만이 항소한 때에는 제1심판결 전체의 확정이 차단되고 사건 전부에 대하여 이심의 효력이 생기므로 독립당사자참가인도 항소심의 당사자가 되는 것으로 본다(대법원 1981. 12. 8. 선고 80다577 판결).[21]

5. 사안의 경우

독립당사자참가소송에서 패소한 당사자 중 한 사람만이 상소한 때에도 판결 전체의 확정이 차단되고 사건 전부가 상소심으로 이심되는 것으로 보는 판례의 입장에 따르면 A 소송에서 甲의 청구를 인용하고 丙의 청구를 기각한 제1심판결에 대하여 乙만이 항소하였더라도 丙의 甲에 대한 청구 부분도 확정이 차단되고 항소심으로 이심되는 것으로 보아야 할 것이다.

로 패소자 중 한 사람만이 한 상소를 다른 패소자에게 유리한 소송행위로 볼 것이 아니라 공동소송인 가운데 한 사람에 대하여 한 상대방의 소송행위로 취급하여 피상소인이 되는 것으로 보아야 한다(이 견해에 대하여는 상소를 제기한 패소자는 상소를 제기하지 않은 패소자에 대해서는 패소한 것이 아니므로 상소의 이익 없이도 상소를 허용하는 결과를 초래하게 되고, 상소를 제기당하지 않은 자를 피상소인으로 간주한다는 지적이 있다).

상대적으로 이중 지위를 인정하는 견해: 패소하고 상소하지 않은 사람은 승소자에 대해서는 상소인이 되고, 상소를 제기한 패소자에 대해서는 피상소인이 되는 특수한 지위에 있다(이 견해에 대하여는 상소인인 동시에 피상소인이라는 것은 지나치게 기교적이고, 상소인으로 보는 견해와 피상소인으로 보는 견해에 대한 지적이 모두 문제될 수 있다).

상소인도 피상소인도 아닌 단순한 상소심 당사자로 보는 견해: 독립당사자참가에 대한 판결은 원고, 피고, 참가인 사이에 통일적으로 이루어져야 하는데, 이러한 합일확정의 요청 때문에 상소를 제기하지 않은 패소자도 불가피하게 상소심에 관여하여야 하는 상소심 당사자로서 지위를 가지게 된다. 이 견해에 따르면 패소하고 상소하지 않은 사람은 단순한 상소심 당사자로서 상소 유지의 주도권을 잃는 대신에 상소인 또는 피상소인으로서 의무를 부담하지 않는다.

21) 실무상으로 상소하지 않은 독립당사자참가인은 상소 취하권을 가지지 못하며, 상소장에 인지를 붙이지 않고, 상소비용을 부담하지 않으며, 상소심의 심판범위도 실제로 상소를 제기한 당사자가 불복한 범위에 국한되고, 상소심 판결서에도 독립당사자참가인으로만 표시된다. 다만 패소하고 상소하지 않은 자가 상소인도 피상소인도 아닌 상소심 당사자라고 하더라도 그에게도 기일의 통지, 소송서류의 송달 등 상소심에서의 변론의 기회를 보장하여야 한다.

III. 항소법원의 심판대상 및 범위

1. 불복신청의 범위

가. 의의

항소심은 항소인이 제1심판결의 변경을 구하는 한도, 즉 불복을 신청한 한도 내에서 변론을 진행하여 심리하여야 하고(법 제407조 제1항), 그 한도 내에서 판결하여야 한다(법 제415조 본문).

나. 심판범위의 확장 또는 축소

항소인은 항소의 이익이 있는 한 항소심의 변론이 종결될 때까지 항소취지를 확장하는 등 불복의 범위를 변경할 수 있고, 피항소인은 항소심의 변론이 종결될 때까지 부대항소에 의하여 항소심의 심판범위를 확장할 수 있다.

2. 불이익 변경의 금지

가. 의의

항소인이 항소를 제기하면 사건은 전부 확정이 차단되고 항소심으로 이심되지만, 항소법원이 당연히 그 전부에 대하여 심판할 수 있는 것은 아니고 당사자가 항소나 부대항소로 불복을 신청한 범위 내에서만 제1심판결의 당부에 관하여 심판할 수 있다. 따라서 항소법원은 당사자가 불복을 신청한 범위를 넘어 제1심판결을 불이익 또는 이익으로 변경할 수 없게 된다. 이러한 내용의 불이익 변경의 금지는 처분권주의가 상소심에서 발현된 것으로 볼 수 있다.

나. 불이익 변경의 금지가 적용되지 않는 경우

처분권주의가 적용되지 않는 경우, 직권조사사항 등의 경우, 소송목적의 합일확정이 요구되는 경우, 항소심에서 주장된 피고의 상계항변을 인정하는 경우(법 제415조 단서) 등에는 불이익 변경의 금지가 적용되지 않을 수 있다.

3. 독립당사자참가소송에서 패소한 당사자 중 한 사람만이 상소한 경우 상소심 의 심판범위

독립당사자참가소송에서 패소하고도 항소 또는 부대항소를 하지 않은 당사자의 판결 부분에 대하여 원고, 피고, 참가인 간의 분쟁의 합일확정을 위하여 불이익 변경 금지의 적용을 제한할 수 있는지가 문제된다. 이와 관련해서는 ① 패소자 중 한 사람만의 상소로 인해 세 당사자 간의 소송이 전부 상소심으로 이심되어 다른 패소자와 상대방 간의 판결 부분도 상소심의 심판대상이 될 수 있으므로 패소하고 상소하지 않은 당사자의 판결 부분은 원고, 피고, 참가인 간의 합일확정이 요청되는 범위 내에서는 이익으로 변경될 수 있다는 견해, ② 상소심의 대원칙인 불이익 변경 금지의 적용을 희생하면서까지 분쟁의 합일확정이라는 독립당사자참가소송의 목적을 관철할 필요가 없다는 것을 이유로 상소심에서 원심판결을 취소하고 상소하지 않은 자의 이익으로 변경하는 것은 상소인에게 불이익한 결과를 가져오는 것이므로 불이익 변경의 금지에 반하여 허용되지 않는다는 견해 등이 주장되고 있다.

판례는 독립당사자참가가 적법하다고 인정되어 원고, 피고, 참가인 간의 소송에 대하여 본안판결을 하는 때에는 세 당사자를 판결의 명의인으로 하는 하나의 종국판결을 선고함으로써 세 당사자 사이에서 합일확정적인 결론을 내려야 하고, 이러한 본안판결에 대하여 패소한 당사자 중 한 사람만이 항소한 때에는 제1심판결 전체의 확정이 차단되고 사건 전부에 대하여 이심의 효력이 생기며, 이런 경우 항소심의 심판대상은 실제 항소를 제기한 자의 항소취지에 나타난 불복범위에 한정되지만, 세 당사자 간의 결론의 합일확정의 필요성을 고려하여 그 심판의 범위를 정하여야 하고(대법원 2014. 11. 13. 선고 2009다71312 · 71329 · 71336 · 71343 판결), 이러한 심리 · 판단을 거쳐 항소심에서 결론을 내리는 때에는 세 당사자 간의 결론의 합일확정을 위하여 필요한 경우 그 한도 내에서 항소 또는 부대항소를 하지 않은 당사자에게 결과적으로 제1심판결보다 유리한 내용으로 판결이 변경되는 것도 배제할 수 없다(대법원 2007. 10. 26. 선고 2006다86573 · 86580 판결; 대법원 2022. 7. 28. 선고 2020다231928 판결)는 입장이다. 다만 독립당사자참가소송에서 원고의 승소판결에 대하여 참가인만이 상소하더라도 상소심에서 원고의 피고에 대한 청구인용 부분을 원고에게 불리하게 변경할 수 있는 것은 참가인의 참가신청이 적법하고 나아가 합일확정의 요청상 필요한 경우에 한한다(대법원 2007. 12. 14. 선고 2007다37776·37783 판결).

4. 사안의 경우

참가인의 참가신청이 적법한 경우 원고, 피고, 참가인 간의 결론의 합일확정을 위하여 필요한 때에는 상소법원이 그 한도 내에서 상소 또는 부대상소를 하지 않은 당사자에게 원심판결보다 유리한 내용으로 판결을 변경할 수 있는 것으로 보는 판례의 입장에 따르면 丙의 권리주장참가가 적법하고 甲, 乙, 丙 간에 본안의 합일확정이 요구되므로 제1심에서 패소하고 항소하지 않은 丙의 甲에 대한 청구에 관한 판결 부분도 항소심의 심판대상이 될 것이다.

Ⅳ. 사례의 정리

독립당사자참가소송에서 패소한 당사자 중 한 사람만이 상소한 때에도 판결 전체의 확정이 차단되고 사건 전부가 상소심으로 이심되며, 참가인의 참가가 적법하고 원고, 피고, 참가인 간에 본안의 합일확정이 요구되는 때에는 패소하고 상소하지 않은 당사자와 그 상대방 당사자 간의 판결 부분도 상소심의 심판대상이 되는 것으로 보는 판례의 입장에 따르면 乙의 항소 제기에 의해 丙의 甲에 대한 청구에 관한 판결 부분도 확정이 차단되고 항소심으로 이심되며, 丙의 권리주장참가가 적법하고 甲, 乙, 丙 간에 본안의 합일확정이 요구되므로 제1심에서 패소한 乙과 丙 중 乙만이 항소하고 丙은 항소하지 않았더라도 항소하지 않은 丙의 甲에 대한 청구에 관한 판결 부분도 항소심의 심판대상이 될 것이다. 항소법원의 심리 결과 X 토지가 丙의 소유로 밝혀졌으므로 법원은 甲의 乙에 대한 청구를 인용하고 丙의 甲에 대한 청구를 기각한 제1심판결을 취소하고, 甲의 乙에 대한 청구를 기각하고 丙의 甲에 대한 청구를 인용하는 판결을 하여야 할 것이다.

〈제 2 문 - 3〉

I. 쟁점

乙이 丁을 상대로 소유권에 기한 Y 건물의 인도를 구하는 소송에 戊가 참가하여 Y 건물의 2층을 자신이 증축하였다고 주장하며 乙을 상대로는 Y 건물의 2층 부분에 관한 소유권 확인을 구하고, 丁을 상대로는 Y 건물의 2층 부분의 인도를 구하는 신청을 하였는데, 법원의 심리 결과 戊가 Y 건물의 2층을 증축하기는 하였지만 2층 부분이 기존 건물 부분에 부합되어 2층 부분에 관한 소유권이 乙에게 귀속하는 것으로 인정되는 경우 법원의 사건처리와 관련해서는 권리주장참가의 이유로서 원고의 본소청구와 참가인의 청구가 실체법상 양립할 수 없을 것이 요구되는지를 검토하여야 한다.

II. 독립당사자참가의 요건 구비 여부

1. 독립당사자참가의 의의 및 유형

타인 간의 소송계속 중에 제3자가 원고와 피고의 양쪽 또는 한쪽을 상대방으로 하여 원고와 피고 간의 청구와 관련된 자기의 청구에 대하여 심판을 구하기 위하여 그 타인 간의 소송에 참가하는 것을 독립당사자참가라고 한다(법 제79조 제1항). 소송목적의 전부 또는 일부가 자기의 권리임을 주장하는 권리주장참가와 소송결과에 따라 자기의 권리가 침해된다고 주장하는 사해방지참가가 이에 해당한다.

戊는 Y 건물의 2층 부분이 자기의 소유라고 주장하며 乙과 丁 간의 소송에 참가하고 있어 권리주장참가에 해당하므로 권리주장참가의 참가취지와 참가이유를 구비하였는지를 검토하여야 한다.

2. 권리주장참가의 요건

권리주장참가가 적법하기 위해서는 (a) 타인 간의 소송이 계속 중이어야 하고, (b) 참가취지로서 참가인이 당사자의 양쪽 또는 한쪽을 상대방으로 하여 자신의 청구에 대한 심판을 구하여야 하며, (c) 참가이유로서 본소청구와 양립할 수 없는 참가인의 청구에 대한 심판을 구하여야 하고, ⒟ 청구의 병합요건을 구비하여야 하며, ⒠ 일반 소송요건을 구비하여야 한다. 제3자가 여러 개의 청구를 병합하여 권리주장참가를 신청하는 때에는 각 청구별로 참가요건을 갖추어야 한다(대법원 2022. 10. 14. 선고 2022다241608·241615 판결).

3. 참가취지의 인정 여부

가. 의의

소송목적의 전부나 일부가 자기의 권리라고 주장하는 제3자는 당사자의 양쪽 또는 한쪽을 상대방으로 하여 당사자로서 소송에 참가할 수 있다(법 제79조 제1항 전단). 참가인은 참가신청 시에 자신이 상대방으로 하고자 하는 당사자와 그에 대한 청구를 특정하여야 한다. 원고와 피고를 모두 상대방으로 하는 경우를 쌍면참가라고 하고, 원고와 피고 중 한쪽만을 상대방으로 하는 경우를 편면참가라고 한다.

나. 사안의 경우

乙과 丁 간의 Y 건물인도소송이 계속되어 있는 법원에 戊가 乙을 상대로 Y 건물의 2층 부분에 관한 소유권 확인을 구하고, 丁을 상대로는 Y 건물의 2층 부분의 인도를 구하는 신청을 하는 것은 쌍면참가에 해당한다.

4. 참가이유의 인정 여부

가. 참가이유로서의 양립 불가능성의 의미

권리주장참가는 제3자가 소송목적의 전부 또는 일부가 자기의 권리라고 주장하며 타인 간의 소송에 참가하는 것인데, 소송목적이 자기의 권리라고 주장한다는 것은 소송목적인 권리가 자기에게 귀속한다고 주장하거나 소송목적인 권리의무에 관한 당사자적격이 자기에게 있다고 주장하는 것을 의미한다. 참가인이 주장하는 권리 또는 법률관계는 원고의 본소청구 전부 또는 일부와 양립하지 않거나 그에 우선하는 것이어야 한다. 원고가 자기의 소유라고 주장하는 목적물에 관하여 참가인이 원고가 아니라 자신의 소유라고 주장하는 경우 등이 이에 해당한다.

나. 참가인이 주장하는 권리가 원고의 본소청구 전부에 대하여 양립할 수 없는 관계에 있어야 하는지 여부

민사소송법 제79조 제1항 전단에 따르면 제3자는 소송목적의 전부 또는 일부가 자기의 권리라고 주장하며 타인 간의 소송에 참가할 수 있으므로 참가인이 주장하는 권리는 원고의 본소청구 전부와 양립하지 않는 관계에 있어야 하는 것은 아니고, 원고의 본소청구 일부와 양립할 수 없는 관계에 있으면 권리주장참가의 이유가 인정된다. 독립당사자참가 중 권리주장참가는 소송목적의 전부나 일부가 자기의 권리임을 주장하면 되므로 참가하려는 소송에 여러 개의 청구가 병합되어 있는 경우에는 그중 어느 하나의 청구라도 독립당사자참가인의 주장과 양립하지 않는 관계에 있으면 본소청구에 대한 참가가 허용된다(대법원 2007. 6. 15. 선고 2006다80322·80339 판결).

다. 양립 불가능성의 판단방법

권리주장참가가 적법하기 위해서는 본소청구와 참가인의 청구가 실체법상 양립할 수 없는 관계에 있어야 하는지가 문제되는데, 민사소송법 제79조 제1항 전단에 따르면 참가인이 소송목적의 전부나 일부가 자기의 권리라고 주장하며 참가할 수 있으므로 참가인의 주장 자체에 비추어 양립하지 않는 관계가 인정되면 참가가 허용되는 것으로 볼 수 있다. 참가인의 주장 자체에 의하여 양립하지 않는 것으로 인정되면 본안심리 결과 본소청구와 참가인의 청구가 양립하는 것으로 인정되더라도 참가 자체는 적법한 것으로 취급된다(대법원 1992. 12. 8. 선고 92다26772·26789 판결[22])).

---

22) 원고가 건물의 증축 부분의 소유권에 터 잡아 그 인도를 구하고 있는 소송에 참가인이 증축 부분이 자기의 소유임을 이유로 독립당사자참가를 신청하는 경우 참가인의 주장 자체에 의해서는 원고가 주장하는 권리와 참가인이 주장하는 권리가 양립할 수 없는 관계에 있는 것으로 볼 수 있으므로 본안에 들어가 심리한 결과 증축 부분이 기존 건물에 부합되어 원고의 소유로 되었고 참가인의 소유가 아닌 것으로 판단되더라도 이는 참가인의 청구를 이유 없게 하는 사유일 뿐 참가신청을 부적법하게 하는 것은 아니므로 참가신청을 각하해서는 안 된다.

라. 사안의 경우

참가인의 주장 자체에 비추어 참가인의 청구가 원고의 본소청구 전부 또는 일부와 양립하지 않는 관계에 있으면 권리주장참가가 적법한 것으로 보는 판례의 입장에 따르면 戊의 Y 건물의 2층 부분에 관한 소유권확인청구와 그 소유권에 기한 인도청구는 戊의 주장 자체에 비추어 Y 건물의 소유권에 기한 乙의 丁에 대한 Y 건물인도청구의 일부와 양립할 수 없는 관계에 있으므로 戊의 권리주장참가는 참가이유가 인정될 것이다.

Ⅲ. 사례의 정리

乙이 丁을 상대로 소유권에 기한 Y 건물의 인도를 구하는 소송에 戊가 Y 건물의 2층 부분에 관한 소유권이 자기에게 있다고 주장하며 乙을 상대로는 2층 부분에 관한 소유권 확인을 구하고, 丁을 상대로는 2층 부분의 인도를 구하는 참가를 신청하는 것은 쌍면참가에 해당하며, 참가인의 주장 자체를 기준으로 참가인의 청구가 원고의 본소청구 일부와라도 양립하지 않는 관계에 있으면 참가이유를 인정하는 판례의 입장에 따르면 Y 건물의 2층 부분에 관한 소유권 확인과 그 인도를 구하는 戊의 청구는 그의 주장 자체에 비추어 乙의 소유권에 기한 Y 건물인도청구의 일부와 양립할 수 없는 관계에 있으므로 戊의 참가신청은 참가이유가 인정되어 적법하다고 할 것이다. 다만 법원의 심리 결과 Y 건물의 2층 부분이 나머지 부분과 분리해서는 독립물로서의 효용을 가지지 못하여 기존의 Y 건물에 부합하는 것으로 인정되었으므로 2층 부분에 관한 소유권이 乙에게 귀속하는 것으로 보아야 하고, 따라서 법원은 戊의 乙과 丁에 대한 청구를 모두 기각하는 판결을 하여야 할 것이다.

⟨제 2 문 - 4⟩

Ⅰ. 쟁점

법원의 사건처리와 관련하여 丁의 乙에 대한 청구의 인낙의 효력과 戊의 丁

에 대한 심판신청 철회의 효력이 인정되는지가 문제되는데, 이와 관련해서는 독립당사자참가소송에 대한 법원의 심판방법과 독립당사자참가인이 참가신청을 취하하는 것이 허용되는지를 검토하여야 한다.

II. 丁의 乙에 대한 청구의 인낙의 효력 인정 여부

1. 독립당사자참가소송의 본안심판[23]

독립당사자참가는 원고, 피고, 참가인 간의 동일한 법률관계에 관한 분쟁을 일거에 모순 없이 해결하기 위한 소송형태이므로 본안심리와 본안판결이 통일적으로 이루어질 필요가 있는데, 민사소송법 제79조 제2항은 제67조를 준용함으로써 소송자료와 소송진행의 통일을 도모하고 있다. 다만 참가인이 본소의 당사자와 대립견제관계에 있다는 점에서 공동소송인 간에 연합관계를 이루는 필수적 공동소송의 경우와는 차이가 있고, 원고, 피고, 참가인 간에 공동소송이 강제되는 것도 아니므로 유사필수적 공동소송의 경우에 준하여 심판이 이루어진다.

2. 소송자료의 통일

원고, 피고, 참가인 가운데 한 사람의 유리한 소송행위는 다른 사람에 대하

---

23) 참가요건의 조사: 참가신청이 있으면 법원은 참가요건의 구비 여부를 직권으로 조사하여야 한다. 참가요건을 갖추지 못한 때에는 참가신청이 부적법하게 된다. 참가요건을 갖추지 못하여 부적법한 참가신청의 처리와 관련해서는 ① 참가요건을 갖추지 못한 경우 독립의 소로서의 요건을 갖춘 때에는 참가신청을 각하할 것이 아니라 본소에 병합시켜 통상공동소송의 형태로 심리하여야 하고, 병합·심리가 허용되지 않으면 별개의 독립된 소로 분리·심판하여야 한다는 견해, ② 참가요건을 갖추지 못한 때에는 참가신청이 부적법하게 되므로 법원은 참가신청을 각하하는 판결을 하여야 한다는 견해 등이 주장되고 있다. 판례는 독립당사자참가의 요건을 갖추지 못한 때에는 참가신청을 부적법한 것으로 취급하여 각하한다(대구고등법원 1992. 10. 1. 선고 91나453, 92나2654 판결).
소송요건의 조사: 참가신청이 참가요건을 갖춘 것으로 인정되는 경우 참가신청은 소송 중의 소 제기에 해당하므로 법원은 소송요건을 구비하였는지를 직권으로 조사하여야 한다. 소송요건에 흠이 있는 경우 이에 대한 보정이 이루어지지 않으면 참가신청이 부적법하므로 법원은 참가신청을 각하하는 판결을 하여야 한다. 참가인이 원고의 청구와 양립할 수 없는 권리 또는 법률관계를 주장하더라도 참가인이 원고를 상대로 그 법률관계의 존재 확인을 구하는 것이 아니라 원고의 피고에 대한 법률관계의 부존재 확인을 구하는 것은 확인의 이익이 없어 부적법하다.

여도 효력을 가지지만,[24) 두 당사자 사이의 소송행위는 나머지 한 사람에게 불이익이 되는 한 두 당사자 사이에서도 효력이 생기지 않는다(법 제79조 제2항, 제67조 제1항). 원고와 피고 간의 소송관계에서 청구의 포기·인낙, 소송상 화해를 할 수 없으므로[25) 피고가 원고의 청구를 인낙하더라도 그 효력이 인정되지 않는다. 또한 두 사람 사이에서 상대방의 주장사실을 인정하더라도 나머지 한 사람이 다투는 한 자백으로서 효력이 인정되지 않는다.

3. 사안의 경우

독립당사자참가소송의 본안심판과 관련해서는 민사소송법 제67조 제1항이 준용되는데(법 제79조 제2항), 丁의 乙에 대한 청구의 인낙은 戊에게 불이익한 소송행위에 해당하므로 乙과 丁 사이에서도 그 효력이 인정되지 않을 것이다.

Ⅲ. 戊의 丁에 대한 참가신청 취하의 효력 인정 여부

1. 참가신청 취하의 허용 여부

독립당사자참가의 신청은 새로운 소 제기에 해당하는 것으로 볼 수 있는데, 소 취하의 경우에 준하여 참가인이 참가신청을 취하할 수 있는지가 문제된다. 공동소송이 강제되지 않는 유사필수적 공동소송인의 경우에는 개별적인 소 취하가 허용되는 것으로 해석되는 것과 같은 맥락에서 본안에 직접적으로 영향을 미치지 않는 참가신청의 취하는 허용되는 것으로 해석된다.[26) 다만 원고와 피

---

24) 참가인이 주장하는 주요사실에 대하여 원고만이 다투고 피고는 다투지 않은 경우에도 피고가 다툰 것으로 처리된다.
25) 민사소송법 제79조에 의한 소송은 동일한 법률관계에 관한 원고, 피고, 참가인 간의 다툼을 하나의 소송절차로 한꺼번에 모순 없이 해결하려는 소송형태로서 두 당사자 사이의 소송행위는 나머지 한 사람에게 불이익이 되는 한 두 당사자 간에도 효력이 발생하지 않으므로 원고와 피고 사이에서만 소송상 화해를 하는 것은 세 당사자 간의 합일확정의 목적에 반하여 허용되지 않고, 독립당사자참가인이 화해권고결정에 대하여 이의를 신청하면 그 이의신청의 효력은 원고와 피고 사이에도 미친다(대법원 2005. 5. 26. 선고 2004다25901·25918 판결).
26) 본소의 취하 또는 각하 후의 소송형태: 본안에 직접적으로 영향을 미치지 않는 본소의 취하는 참가인의 참가가 이루어진 후에도 할 수 있다. 피고가 본안에 관하여 응소한 때에는 본소 취하에 피고의 동의를 받아야 하고(법 제266조 제2항), 참가인도 참가를 통해 본소 유지에 관한 이익을 가지게 된 것으로 볼 수 있으므로 참가인이 참가한 후에 원고가 본소를 취하하기 위해서는 참가인의 동의를 받아야 한다(법 제79조 제2항, 제67조 제1항). 본소가 소송요건을 흠

고가 본안에 관하여 응소한 때에는 원고와 피고의 동의를 받아야 한다(법 제266조 제2항 유추적용). 참가인이 참가신청을 취하한 때에는 본소만이 남게 된다. 참가인이 쌍면참가를 하였다가 원고와 피고 중 한쪽에 대해서만 참가신청을 취하하면 편면참가로 된다.

2. 사안의 경우

참가인 戊가 丁에 대한 Y 건물 2층 부분의 인도청구에 관한 심판신청을 철회하고 丁이 이에 동의하였으므로 丁을 상대로 한 참가신청은 취하된 것으로 볼 수 있다. 이로써 쌍면참가의 형태를 취하였던 戊의 참가는 편면참가의 형태가 될 것이다.

Ⅳ. 사례의 정리

丁의 乙에 대한 청구의 인낙은 戊에게 불이익한 소송행위에 해당하므로 그 효력이 인정되지 않을 것이고, 戊의 丁에 대한 참가신청의 취하는 乙, 丁, 戊 간의 소송목적의 합일확정에 직접적인 영향을 미치지 않으므로 그 상대방 丁의 동의를 받은 이상 효력이 인정될 것이다. 따라서 법원은 乙의 丁에 대한 Y 건물 인도청구와 戊의 乙에 대한 Y 건물의 2층 부분에 관한 소유권확인청구의 당부

결한 때에는 법원은 본소를 각하하여야 한다. 본소가 취하 또는 각하되는 경우 참가인의 소송관계가 소멸하는지가 문제된다.

▶ 쌍면참가의 경우: 쌍면참가의 소송에서 피고와 참가인의 동의를 받아 본소가 취하되거나 본소가 부적법하여 각하되는 경우 참가인의 소송관계가 소멸하는지와 관련해서는 ① 본소가 취하 또는 각하되더라도 참가신청이 독립의 소로서의 요건을 갖추고 있는 때에는 본소의 계속을 조건으로 한 참가신청이라는 특별한 사정이 없는 한 참가인이 원고와 피고를 상대로 한 통상공동소송의 형태로 존속한다는 견해(공동소송잔존설), ② 본소가 취하 또는 각하되면 합일확정이라는 참가의 목적을 상실하게 되므로 삼면소송관계가 종료되어 본 소송의 계속을 전제로 한 참가인의 본소 당사자에 대한 청구에 관한 소송관계도 소멸한다는 견해(전소송종료설) 등이 주장되고 있다. 판례는 독립당사자참가소송에서 본소가 적법하게 취하되면 삼면소송관계는 소멸하고, 그 후부터는 참가인의 원고와 피고에 대한 청구가 일반공동소송으로 남게 되므로 참가인의 원고와 피고에 대한 소가 독립의 소로서의 소송요건을 갖춘 이상 그 소송계속은 적법하며, 종래의 삼면소송 당시에 필요하였던 당사자참가 요건의 구비 여부는 가려볼 필요가 없다(대법원 1991. 1. 25. 선고 90다4723 판결; 대법원 2007. 2. 8. 선고 2006다62188 판결)는 입장이다.

▶ 편면참가의 경우: 편면참가의 소송에서 본소의 소송계속이 소멸하면 참가인과 원고 또는 피고 사이의 단일소송으로 된다.

에 관하여 판단하면 될 것이다.

<제 3 문>

I. 쟁점

丙이 甲과 乙 간의 소송에 甲의 乙에 대한 대여금채권의 승계인으로서 참가한 후에 피승계인 甲이 소송에서 탈퇴하고자 하였지만, 상대방 乙이 甲의 소송탈퇴를 승낙하지 아니하여 甲이 소송에 남게 된 경우 법원의 사건처리와 관련해서는 甲, 乙, 丙 간의 소송관계를 검토하여야 하고, 제1심법원이 피승계인의 상대방(乙)에 대한 승계인(丙)의 청구에 관해서만 판결한 것에 대하여 항소가 제기된 경우 항소법원의 판단과 관련해서는 甲, 乙, 丙 간의 소송형태에 따른 법원의 심판방법을 검토하여야 한다.

II. 피승계인의 상대방이 피승계인의 소송탈퇴를 승낙하지 않은 경우의 소송관계

1. 참가승계의 의의

소송이 법원에 계속되어 있는 동안에 제3자가 소송목적인 권리 또는 의무의 전부나 일부를 승계하였다고 주장하며 독립당사자참가의 규정(법 제79조)에 따라 피승계인과 그 상대방 당사자 간의 소송에 참가하여 당사자가 되는 것을 참가승계라고 한다(법 제81조). 소송목적인 권리가 승계된 경우 참가승계를 할 실익이 크지만, 의무가 승계된 경우에도 의무자 측에 승소가능성이 있으면 승계인이 참가하고자 할 것이므로 권리승계인뿐 아니라 의무승계인도 참가를 통해 소송을 승계할 수 있다.

독립당사자참가의 경우에는 참가인이 본 소송의 당사자에 대하여 독자적인 지위에서 소송을 수행하지만, 참가승계의 경우에는 승계인이 종전 당사자인 피승계인으로부터 소송목적인 권리의무를 승계하여 소송에 참가하고, 피승계인은 그 소송에서 탈퇴함으로써 참가승계 시까지 형성된 피승계인의 소송상 지위를 참가인이 이어받게 된다.

참가승계를 신청한 자가 소송목적인 권리 또는 의무의 승계인에 해당하는지는 본소의 청구와 승계인의 주장 자체에 의하여 판단하면 되고, 본안에 관한 심리 결과 승계가 인정되지 않는 때에는 법원은 승계인의 청구를 기각하는 판결을 하면 된다.

2. 참가승계가 이루어진 경우의 소송구조

참가승계가 이루어진 경우 (ⅰ) 승계인과 피승계인 간에 승계사실 자체에 대하여 다툼이 없어[27] 피승계인이 소송탈퇴를 하거나 소를 취하한 때에는 승계인과 피승계인의 상대방 간의 소송관계만이 존재하게 되고,[28] (ⅱ) 승계인과 피승계인 간에 승계사실 자체에 대하여 다툼이 있는[29] 등의 사유로 피승계인이 소송에 남아 있는 때에는 승계인, 피승계인, 피승계인의 상대방 사이에 소송관계가 성립하게 된다. 참가승계가 이루어진 경우 피승계인과 그 상대방 당사자 간의 소 제기 시에 소급하여 시효중단, 법률상 기간준수의 효력이 생긴다(법 제81조).

가. 피승계인의 소송탈퇴가 이루어진 경우의 소송관계

참가승계가 이루어지면 피승계인은 상대방의 승낙을 받아 소송에서 탈퇴할 수 있지만, 피승계인이 소송에서 탈퇴하더라도 승계인과 피승계인의 상대방 간의 판결의 효력은 탈퇴한 피승계인에게도 미친다(법 제82조 제3항, 제80조). 피승계인이 소송에서 탈퇴한 때에는 피승계인과 그 상대방 간의 소송은 종료하고(대법원 2011. 4. 28. 선고 2010다103048 판결), 승계인의 청구 또는 승계인에 대한 청

---

27) 피승계인이 승계사실을 다투지 않는 때에는 피승계인과 승계인 간에 이해가 대립하지 않으므로 독립당사자참가의 경우와 같은 대립견제관계가 형성되지 않는다. 승계인은 피승계인에게 아무런 청구를 하지 않아도 되며, 피승계인의 소송대리인이 승계인의 소송행위를 대리하여도 쌍방대리가 문제되지 않는다.
28) 승계인과 피승계인 간에 승계사실에 관하여 다툼이 없으면 소송에 참가한 승계인은 피승계인의 소송상 지위를 이어받게 되며 피승계인이 그때까지 수행한 소송의 결과에 구속받는다.
29) 소송목적인 권리 또는 의무의 승계 자체에 관하여 피승계인과 승계인 간에 다툼이 있는 때에는 승계인은 피승계인에 대하여도 일정한 청구를 하게 되고, 이런 경우에는 피승계인, 승계인, 피승계인의 상대방 간에 대립견제관계가 형성될 수도 있다. 승계인이 피승계인에 대하여 별개의 청구를 하는 때에는 독립당사자참가의 경우와 같이 인지를 붙여야 한다(「민사소송 등 인지법」 제6조 제2항).

구만이 법원의 심판대상이 된다. 항소심에서 참가승계가 이루어지고 피승계인이 소송에서 탈퇴한 때에는 항소법원은 제1심판결을 변경하여 참가인의 청구에 관하여 판단하여야 한다.[30]

나. 피승계인이 소송에 남아 있는 경우의 소송관계

(i) 피승계인이 소송탈퇴에 대하여 상대방 당사자의 승낙을 받지 못하였거나 (ii) 승계인과 피승계인 간에 승계사실 자체에 대하여 다툼이 있거나 (iii) 소송목적인 권리 또는 의무의 일부가 승계된 때에는 피승계인은 소송탈퇴를 할 수 없다. 소송승계가 이루어진 후에 피승계인이 소송에 남아 있는 경우 피승계인, 피승계인의 상대방, 승계인 간의 소송관계를 어떻게 파악할 것인지가 문제된다. 이와 관련해서는 ① 승계인과 피승계인 간에 승계사실에 관하여 다툼이 있는 경우와 다툼이 없는 경우를 구별하여 승계사실에 관하여 다툼이 있는 경우에는 피승계인이 권리자인지 승계인이 권리자인지가 다투어지고 있는 때에는 독립당사자참가소송의 형태를 취하게 되므로 민사소송법 제79조를 유추적용하고, 피승계인이 의무자인지 승계인이 의무자인지가 다투어지고 있는 때에는 예비적 공동소송 관계가 성립하므로 민사소송법 제70조를 유추적용하여 재판의 통일을 도모하여야 하며, 승계사실에 관하여 다툼이 없는 경우에는 피승계인과 승계인이 통상공동소송의 관계에 있는 것으로 보는 견해, ② 권리자 측의 다툼인지 의무자 측의 다툼인지를 불문하고 승계사실에 관한 다툼이 있는 때에는 승계인, 피승계인, 피승계인의 상대방 사이에 삼면적인 소송관계가 성립하므로 민사소송법 제79조를 적용하여야 한다는 견해, ③ 승계사실에 관한 다툼이 있는지를 불문하고 참가승계의 경우에는 독립당사자참가소송의 형태를 취하고, 인수승계의 경우에는 추가적으로 병합된 공동소송의 형태를 취하는 것으로 보는 견해 등이 주장되고 있다.

---

30) 그럼에도 항소법원이 단순히 피고의 항소를 기각함으로써 원고의 청구를 전부 인용한 제1심 판결을 그대로 유지한 판결에는 참가승계 및 소송탈퇴에 관한 법리를 오해하여 판결에 영향을 미친 위법이 있으며, 이러한 위법 여부는 법원이 직권으로 판단한다(대법원 2004. 1. 27. 선고 2000다63639 판결).

다. 피승계인의 상대방 당사자가 피승계인의 소송탈퇴를 승낙하지 아니한 경우
  승계인과 피승계인의 소송관계에 관한 판례의 입장

승계참가에 관한 민사소송법 제81조의 규정과 2002년 민사소송법 개정에 따
른 다른 다수당사자소송 제도(편면적 독립당사자참가의 허용, 예비적·선택적 공동소
송의 허용)와의 정합성, 승계참가인과 피참가인인 원고의 중첩된 청구를 모순 없
이 합일적으로 확정할 필요성 등을 종합적으로 고려하면 소송이 법원에 계속되
어 있는 동안 제3자가 소송목적인 권리의 전부나 일부를 승계하였다고 주장하
며 민사소송법 제81조에 따라 소송에 참가한 경우 원고가 승계참가인의 승계
여부를 다투지 않으면서도 소송탈퇴, 소 취하 등을 하지 않거나 이에 대하여 피
고가 동의하지 아니하여 원고가 소송에 남아 있는 때에는 승계로 인해 중첩된
원고와 승계참가인의 청구 사이에 필수적 공동소송에 관한 민사소송법 제67조
가 적용된다(대법원 2019. 10. 23. 선고 2012다46170 전원합의체 판결[31]).

III. 항소법원의 심판방법

소송목적인 권리 또는 의무의 승계인이 참가승계를 한 후 피승계인이 상대
방 당사자의 승낙을 받지 못하여 소송에서 탈퇴하지 못한 경우 승계인과 피승
계인 간의 소송관계를 어떻게 파악하는지에 따라 항소법원의 심판방법이 달라
지므로 이에 따른 항소법원의 판단을 검토하여야 한다.

1. 통상공동소송으로 보는 경우

승계인과 피승계인 간에 승계사실에 관하여 다툼이 없는 경우에는 승계인과
피승계인이 통상공동소송의 관계에 있는 것으로 보는 견해에 따르면 甲의 乙에
대한 청구는 제1심법원에 계속되어 있을 것이고, 丙의 乙에 대한 청구만이 항소

---

31) 2002년 민사소송법 개정 후에 피참가인인 원고가 승계참가인의 승계 여부에 대하여 다투지
  않고 그 소송절차에서 탈퇴하지도 않은 채 남아 있는 경우 원고의 청구와 승계참가인의 청구
  가 통상공동소송 관계에 있다는 취지로 판단한 대법원 2004. 7. 9. 선고 2002다16729 판결,
  대법원 2009. 12. 24. 선고 2009다65850 판결, 대법원 2014. 10. 30. 선고 2011다113455·
  113462 판결을 비롯하여 그와 같은 취지의 판결들은 이 전원합의체 판결의 견해에 배치되는
  범위 내에서 변경되었다.

심으로 이심되어 항소법원의 심판대상이 될 것이다. 항소법원의 심리 결과 대여금채권의 양도사실이 인정되어 丙의 乙에 대한 청구를 인용한 제1심판결이 정당하다고 할 것이므로 법원은 乙의 항소를 기각하는 판결을 하여야 할 것이다.

2. 독립당사자참가소송으로 보는 경우

소송목적인 권리 또는 의무의 승계사실에 관하여 다툼이 있는지를 불문하고 참가승계의 경우에는 독립당사자참가소송의 형태를 취하는 것으로 보는 견해에 따르면 甲, 乙, 丙의 소송관계에는 필수적 공동소송에 관한 민사소송법 제67조가 준용될 것이므로 乙의 항소 제기에 의해 丙의 乙에 대한 청구뿐 아니라 甲의 乙에 대한 청구도 항소심으로 이심되어 항소법원의 심판대상이 될 것이다.

독립당사자참가소송의 경우 원고, 피고, 참가인 간에 본안판결을 하면서 세 당사자 중 일부의 청구에 관하여 판단하지 아니한 하자를 소송요건에 준하여 법원의 직권조사사항으로 보는 판례(대법원 1991. 3. 22. 선고 90다19329·19336 판결; 대법원 2007. 12. 14. 선고 2007다37776·37783 판결)의 입장에 따르면 항소법원은 제1심판결을 취소하고, 甲의 乙에 대한 청구를 기각하고 丙의 乙에 대한 청구를 인용하는 판결을 하여야 할 것이다.

3. 판례의 입장에 따를 경우

피승계인이 소송탈퇴에 대하여 상대방 당사자의 승낙을 받지 못하여 소송에서 탈퇴하지 못한 경우 승계로 인해 중첩된 승계인의 청구와 피승계인의 청구 사이에는 필수적 공동소송에 관한 민사소송법 제67조가 적용되는 것으로 보는 판례의 입장에 따르면 乙의 항소 제기에 의해 丙의 乙에 대한 청구뿐 아니라 甲의 乙에 대한 청구도 항소심으로 이심되어 항소법원의 심판대상이 될 것이다.

참가승계가 이루어진 후에 피승계인이 상대방의 승낙을 받지 못하여 소송에서 탈퇴하지 못한 경우 참가승계인의 청구에 관해서만 판단한 하자를 직권으로 판단하는 판례(대법원 2004. 7. 9. 선고 2002다16729 판결)의 입장에 따르면 제1심판결에는 참가승계, 소송탈퇴, 필수적 공동소송에 관한 법령을 위반한 위법이 있으므로 항소법원은 제1심판결을 취소하고, 甲의 乙에 대한 청구를 기각하고 丙의 乙에 대한 청구를 인용하는 판결을 하여야 할 것이다.

Ⅳ. 사례의 정리

피승계인의 상대방(乙)이 피승계인(甲)의 소송탈퇴를 승낙하지 아니하여 피승계인이 소송에서 탈퇴하지 못하고 남아 있는 경우 승계로 인해 중첩된 원고의 청구와 참가승계인의 청구 간에 필수적 공동소송에 관한 민사소송법 제67조가 적용되는 것으로 보고, 참가승계가 이루어진 후 피승계인이 상대방의 승낙을 받지 못하여 소송에서 탈퇴하지 못한 경우 참가승계인의 청구에 관해서만 판단한 하자를 직권으로 판단하는 판례의 입장에 따르면 항소법원은 제1심판결을 취소하고, 甲의 乙에 대한 청구를 기각하고 丙의 乙에 대한 청구를 인용하는 판결을 하여야 할 것이다.

〈제 4 문 – 1〉

Ⅰ. 쟁점

소 제기 당시 丙이 乙로부터 Y 건물을 매수하여 소유권이전등기를 마치고 Y 건물을 점유하고 있었음에도 甲은 乙이 Y 건물을 건축하여 점유하고 있는 줄 알고 乙을 피고로 하여 Y 건물의 철거와 X 토지의 인도를 구하는 소를 제기한 것과 관련하여 甲이 피고를 乙에서 丙으로 바꿀 수 있는지가 문제된다. 민사소송법 제260조 제1항에 따르면 원고가 피고를 잘못 지정한 것이 분명한 경우 피고를 경정할 수 있는데, 이와 관련해서는 甲이 Y 건물을 건축한 乙이 丙에게 Y 건물을 매도하고 이에 관한 소유권등기와 점유를 이전해 준 사실을 모르고 乙을 피고로 하여 소를 제기한 것이 피고를 잘못 지정한 것이 분명한 경우에 해당하는지를 검토하여야 한다. 민사소송법 제260조에 따른 피고의 경정이 허용되지 않는다고 할 경우 소송계속 중에 피고를 변경할 수 있는지와 관련하여 민사소송법상 명문규정이 없는 경우에도 임의적 당사자 변경이 허용되는지를 검토하여야 한다.

II. 甲이 피고를 丙으로 경정할 수 있는지 여부

1. 피고의 경정의 의의 및 법적 성질

원고가 피고를 잘못 지정한 것이 분명한 경우 제1심법원이 변론을 종결할 때까지 원고의 신청에 따른 결정으로 피고를 새로운 제3자로 바꾸는 것을 피고의 경정이라고 한다(법 제260조 제1항). 피고의 경정은 소송계속 중에 당사자의 의사에 의해 종전의 피고에 갈음하여 제3자를 피고로 소송에 가입시키는 임의적 당사자 변경에 해당한다.

피고의 교체 전후를 통하여 소송물이 동일하여야 하고, 종전의 피고가 본안에 관하여 준비서면을 제출하거나 변론준비기일에서 진술하거나 변론을 한 후에는 종전 피고의 동의를 받아야 한다(법 제260조 제1항 단서).

2. 피고의 경정의 요건

가. 원고가 피고를 잘못 지정한 것이 분명한 경우

원고가 피고적격자를 혼동하여 피고적격이 없는 자를 피고를 잘못 지정하여 소를 제기한 경우, 예를 들면 회사를 피고로 하여야 함에도 대표이사 개인을 피고로 한 경우 등이 피고를 잘못 지정한 것이 분명한 경우에 해당한다.

(1) 피고를 잘못 지정한 것이 분명한 경우의 의미

판례는 청구취지나 청구원인의 기재 내용 자체로 보아 원고가 법률적 평가를 그르치는 등의 이유로 피고의 지정이 잘못된 것이 명백하거나 법인격의 유무에 관하여 착오를 일으킨 것이 명백한 때에는 피고를 잘못 지정한 것이 분명한 경우에 해당하지만, 피고로 되어야 할 자가 누구인지가 증거조사를 거쳐 사실을 인정하고 그 인정사실에 터 잡아 법률판단을 해야 정해지는 때에는 이에 해당하지 않는 것으로 본다(대법원 1997. 10. 17.자 97마1632 결정[32]).

---

[32] 원고가 공사도급계약상 수급인이 그 계약 명의인인 피고인 것으로 알고 피고를 상대로 소를 제기한 후 심리 도중 피고의 답변과 증거에 따라 이를 번복하여 변론에서 피고의 보조참가인이 수급인이라고 주장하며 피고의 경정을 신청한 사건에서 대법원은 계약 명의인이 아닌 실제의 수급인이 누구인지는 증거조사를 거쳐 사실을 인정하고 그 인정사실에 근거하여 법률판단을 하여야 정해지는 사항이므로 피고를 잘못 지정한 것이 분명한 경우에 해당하는 것으로

이러한 판례의 입장에 대하여는 ① 피고경정 제도의 취지를 살리고 탄력성 있는 소송수행을 위해서는 뒤에 증거조사 결과 밝혀진 사실관계에 비추어 피고의 지정이 잘못된 것으로 인정되는 때에도 피고의 경정을 허용하여야 한다는 견해, ② 원고가 피고를 잘못 지정한 것이 증거조사를 거친 사실인정을 통해 비로소 밝혀질 수 있는 때에는 피고를 잘못 지정한 것이 분명한 경우에 해당하지 않는다는 견해 등이 주장되고 있다.

(2) 피고를 잘못 지정한 것인지에 관한 법원의 석명

원고가 피고를 잘못 지정한 경우 법원은 당연히 석명권을 행사하여 원고로 하여금 피고를 경정하게 하여 소송을 진행하여야 한다(대법원 2016. 10. 13. 선고 2016다221658 판결). 법원이 이러한 조치를 취하지 아니한 채 피고의 지정이 잘못되었음을 이유로 소를 각하하는 것은 석명의무를 위반하여 위법하다(대법원 2004. 7. 8. 선고 2002두7852 판결).[33]

나. 피고의 교체 전후 소송물의 동일

당사자의 변경을 허용할 경우 소송상 청구의 내용이 달라지는 때에는 기존 소송절차를 이용한 당사자의 변경을 허용해서는 안 되고, 이러한 경우에도 당사자의 변경을 허용한다면 원고의 투망식 소송을 유발할 염려가 있으므로 피고의 교체 전후 소송물이 동일한 경우에 한하여 피고를 경정할 수 있다.

다. 종전의 피고가 본안에 관하여 준비서면을 제출하였거나 변론준비기일에서 진술하였거나 변론을 한 경우 종전 피고의 동의

원고만이 피고경정을 신청할 수 있는 상황에서 종전의 피고가 본안에 관하여 준비서면을 제출하거나 변론준비기일에서 진술하거나 변론을 한 경우에는 탈퇴하는 종전의 피고는 본안판결을 구할 이익을 가지므로 그러한 종전 피고의

볼 수 없다고 하였다.

33) 재판장이 원고에게 피고적격에 대하여 구체적으로 석명을 하였고, 그 사항만으로 두 차례나 변론기일을 속행하여 석명에 응할 기회를 충분히 제공하였음에도 원고가 최종적으로 피고를 경정하지 아니한 채 피고적격이 없는 종전 당사자를 그대로 피고로 한다고 명시적으로 답변한 경우에는 그 소는 피고적격이 없는 자를 상대로 한 부적법한 소이므로 각하하여야 한다(대법원 2009. 7. 9. 선고 2007두16608 판결).

동의를 받아야 한다(법 제260조 제1항 단서). 다만 피고가 경정신청서를 송달받은 날부터 2주 이내에 이의를 제기하지 않으면 동의한 것으로 본다(법 제260조 제4항).

라. 원고의 경정이 허용되는지 여부

원고가 잘못 지정된 경우에도 이를 바로잡을 수 있는지가 문제되는데, 이와 관련해서는 ① 원고가 잘못 지정된 경우 당사자의 변경을 허용하지 않는다면 원고가 제기한 소는 각하되고 원고적격을 가지는 자가 다시 소를 제기하여야 하므로 민사소송법 제68조 제1항 단서를 유추적용하거나 민사소송법 제260조를 확대해석하여 원고를 경정할 수 있는 것으로 보아야 한다는 견해,[34] ② 민사소송법상 일정한 요건하에 피고의 경정이 허용되고 있을 뿐이므로 필수적 공동소송인의 추가에 관한 규정을 유추하면서까지 원고의 경정을 허용하는 것은 해석론의 범주를 벗어난 것이라는 견해 등이 주장되고 있다. 판례는 원고가 잘못 지정된 경우 당사자의 변경을 허용하지 않는다(대법원 1994. 5. 24. 선고 92다50232 판결).

마. 항소심에서 피고의 경정이 허용되는지 여부

피고의 경정은 제1심 변론종결 시까지 할 수 있다(법 제260조 제1항 본문).[35] 항소심에서 피고를 경정할 수 있는지와 관련해서는 ① 종전의 피고와 새로운 피고의 동의를 받으면 항소심에서도 피고를 바꿀 수 있다는 견해, ② 명문의 규정에 반하여 허용되지 않는다는 견해 등이 주장되고 있다.

3. 사안의 경우

청구취지나 청구원인의 기재 내용 자체로 보아 원고가 법률적 평가를 그르

---

34) 그 구체적인 요건과 관련해서는 ① 처분권주의와의 관계에서 새로이 원고가 되는 자의 동의를 받을 것을 요구하는 견해, ② 재판청구권을 박탈하지 않기 위해서는 탈퇴하는 원고와 새로 들어오는 원고의 동의를 모두 받아야 하고, 피고가 본안에 관하여 응소한 때에는 피고의 동의를 받아야 한다는 견해 등이 주장되고 있다.
35) 가사소송의 경우에는 사실심의 변론종결 시까지 피고를 경정할 수 있다(가사소송법 제15조 제1항).

치는 등의 이유로 피고의 지정이 잘못된 것이 명백하거나 법인격의 유무에 관하여 착오를 일으킨 것이 명백한 경우에 한하여 피고를 잘못 지정한 것이 분명한 것으로 보는 판례의 입장에 따르면 甲이 소를 제기할 당시 乙이 丙에게 Y건물을 매도하고 이에 관한 소유권등기와 점유를 이전한 사실을 모르고 乙이 Y건물을 건축하여 점유하고 있는 줄 알고 乙을 상대로 Y 건물의 철거와 X 토지의 인도를 구하는 소를 제기한 사유는 甲이 피고를 잘못 지정한 것이 분명한 경우에 해당하지 않으므로 甲은 민사소송법 제260조에 따라 피고를 丙으로 경정할 수 없을 것이다.

III. 명문규정이 없는 경우 임의적 당사자 변경이 허용되는지 여부

1. 임의적 당사자 변경의 의의

소송계속 중에 당사자의 의사에 의하여 종전의 원고나 피고에 갈음하여 제3자를 가입시키거나(당사자의 교체) 종전의 원고나 피고에 추가하여 제3자를 가입시키는 것(당사자의 추가)을 임의적 당사자 변경이라고 한다. 원고가 피고적격자를 혼동하여 피고를 잘못 지정한 때에는 당사자의 교체를 이용하고, 고유필수적 공동소송에서 공동소송인이 될 자를 일부 누락한 때에는 당사자의 추가를 이용할 수 있다.

당사자의 법률 지식의 부족, 사실관계의 불분명 또는 오인 등으로 인하여 당사자가 잘못 지정된 때에는 이를 바로잡을 기회를 주고, 필수적 공동소송에서 일부 당사자가 누락된 때에는 누락된 당사자를 추가시켜 소송을 수행하게 함으로써 소송경제를 도모하기 위하여 임의적 당사자 변경을 인정한 것이다.

임의적 당사자 변경은 종전 당사자의 소송상 지위의 승계가 없다는 점에서 소송계속 중에 종전 당사자의 소송상 지위가 포괄적으로 승계되거나 특정적으로 승계된 경우 승계인이 당사자로서 소송에 관여하게 되는 소송승계와 구별된다. 임의적 당사자 변경은 당사자의 동일성이 인정되지 않는다는 점에서 당사자의 동일성이 유지되는 당사자표시정정과 구별된다.

2. 명문규정이 있는 경우

민사소송법은 당사자 교체의 형태로서 피고의 경정(법 제260조, 제261조)을 인정하고, 당사자 추가의 형태로서 필수적 공동소송인의 추가(법 제68조), 예비적·선택적 공동소송인의 추가(법 제70조 제1항 본문, 제68조)를 인정하고 있다. 당사자 교체의 형태이든 추가의 형태이든 민사소송법은 원고에게만 신청권을 인정하고, 새로 가입하는 당사자의 절차권(심급의 이익)을 보장하기 위하여 원칙적으로 제1심의 변론종결 시까지만 당사자의 교체 또는 추가를 허용하고 있다.

3. 명문규정이 없는 경우 임의적 당사자 변경의 허용 여부

명문규정이 없는 경우에도 임의적 당사자 변경이 허용되는지가 문제되는데, 이와 관련해서는 ① 당사자의 소송상 지위의 승계가 없는 당사자의 변경을 임의적 당사자 변경으로 파악하여 이러한 임의적 당사자 변경을 허용하지 않으면 당사자적격을 혼동하여 소를 잘못 제기한 경우 종전의 소를 취하하고 다시 소를 제기하여야 하며, 공동소송인이 될 사람 가운데 일부를 누락한 경우 별소를 제기하여 변론을 병합할 수밖에 없는데, 이렇게 처리하면 소송관계인과 법원에 부담을 주게 되어 소송경제적 측면에서 바람직하지 않을 뿐 아니라 임의적 당사자 변경을 허용하면 소송의 진행 중에 밝혀진 상황에 따라 탄력적으로 소송을 수행할 수 있게 된다는 것을 이유로 명문규정이 없는 경우에도 임의적 당사자 변경을 허용하여야 한다는 견해, ② 법률상 명문규정이 없는 경우에도 임의적 당사자 변경을 자유로이 허용한다면 소송절차의 진행에 혼란을 초래하고, 상대방 당사자의 방어권 행사에도 지장을 줄 수 있으므로 명문규정이 없는 때에는 임의적 당사자 변경이 허용되지 않는 것으로 보아야 한다는 견해 등이 주장되고 있다.

판례는 법률에 명문규정이 있는 경우를 제외하고는 임의적 당사자 변경을 허용하지 않는다. 다만 사망한 사실을 모르고 사망자를 피고로 하여 제소한 경우 피고를 상속인으로 바꾸거나(대법원 2006. 7. 4.자 2005마425 결정; 대법원 1983. 12. 27. 선고 82다146 판결; 대법원 1994. 12. 2. 선고 93누12206 판결) 학교와 같이 당사자능력이 없는 것을 당사자로 표시하였다가 당사자능력을 가지는 자로 바꾸는 것(대법원 1978. 8. 22. 선고 78다1205 판결)은 당사자표시정정의 형태로 허용하고 있다.

4. 사안의 경우

법률에 명문규정이 없는 경우 임의적 당사자 변경을 허용하지 않는 판례의 입장에 따르면 甲은 乙을 상대로 X 토지의 소유권에 기하여 Y 건물의 철거와 X 토지의 인도를 구하는 소송절차에서 피고를 丙으로 바꿀 수 없을 것이다.

Ⅳ. 사례의 정리

청구취지나 청구원인의 기재 내용 자체로 보아 원고가 법률적 평가를 그르치는 등의 이유로 피고의 지정이 잘못된 것이 명백하거나 법인격의 유무에 관하여 착오를 일으킨 것이 명백한 경우에 한하여 피고를 잘못 지정한 것이 분명한 것으로 보는 판례의 입장에 따르면 甲은 민사소송법 제260조에 의하여 피고를 丙으로 경정할 수 없을 것이고, 명문규정이 없는 경우 임의적 당사자 변경을 허용하지 않는 판례의 입장에 따르면 甲은 乙과의 소송절차에서 피고를 丙으로 바꿀 수 없을 것이다.

〈제 4 문 - 2〉

Ⅰ. 쟁점

甲이 乙을 상대로 X 토지의 소유권에 기하여 Y 건물의 철거와 X 토지의 인도를 구하는 소송의 계속 중에 乙이 丁에게 Y 건물을 매도하고 이에 관한 소유권등기와 점유를 이전해 준 경우 甲이 취할 수 있는 소송상 조치와 관련해서는 甲이 丁에게 소송을 인수시킬 수 있는지가 문제되는데, 甲과 乙 간의 소송계속 중에 소송의 목적물인 Y 건물의 소유권과 X 토지의 점유를 취득한 丁이 소송목적인 권리 또는 의무를 승계한 자에 해당하는지를 검토하여야 한다.

II. 인수승계의 허용 여부

1. 인수승계의 의의

소송이 법원에 계속되어 있는 동안에 제3자가 소송목적인 권리 또는 의무의 전부나 일부를 승계한 때에는 법원은 당사자의 신청에 따라 그 제3자로 하여금 소송을 인수하게 할 수 있다(법 제82조 제1항). 소송계속 중에 소송목적인 권리 또는 의무의 전부나 일부의 승계가 있는 경우 당사자의 신청에 따라 그 승계인인 제3자를 당사자로 소송에 끌어들이는 것을 인수승계라고 한다. 소송목적인 의무가 승계된 경우 인수승계를 이용할 실익이 있지만, 권리승계인도 승소가능성이 없으면 참가하지 않으려고 할 것이므로 권리승계의 경우에도 승계인에게 소송을 인수시킬 수 있다.

참가승계와 인수승계는 모두 소송계속 중에 소송목적인 권리 또는 의무의 승계가 이루어진 경우 승계인이나 당사자에게 기존의 소송상태를 이용할 기회를 부여하기 위하여 인정된 제도이다. 참가승계는 승계인이 스스로 기존 소송에 가입하는 형태인 데 대하여, 인수승계는 기존 소송의 당사자가 승계인을 소송에 끌어들이는 형태이므로 참가승계와 인수승계는 승계인이 기존 소송에 능동적으로 참가하는 것인지 수동적으로 인수당하는 것인지에 차이가 있다.

2. 인수승계의 요건

가. 타인 간의 소송이 사실심 계속 중일 것

소송인수의 신청은 타인 간의 소송의 사실심 변론이 종결되기 전에 하여야 하고 법률심인 상고심에서는 할 수 없다. 사실심의 변론이 종결된 후에 권리의무의 승계가 이루어진 때에는 그 승계인은 민사소송법 제218조 제1항에 의하여 판결의 효력을 받게 되므로 승계인을 기존 소송에 끌어들일 필요가 없다. 채권자가 소송의 목적물에 관하여 처분금지가처분결정이나 점유이전금지가처분결정을 받은 때에는 채무자가 이를 위반하여 소송의 목적물을 처분하여도 그 승계인에게 대항할 수 있으므로 소송을 인수시킬 필요가 없다.

나. 소송목적인 권리 또는 의무의 전부나 일부의 승계

제3자가 권리 또는 의무의 전부를 승계한 경우뿐 아니라 권리 또는 의무의 일부를 승계한 경우에도 그 승계인에게 소송을 인수시킬 수 있다.

(1) 피승계인은 소송목적인 권리 또는 의무의 귀속 주체로서 지위를 상실하고 승계인이 이를 취득한 경우

소송목적인 권리 또는 법률관계 자체가 양도된 때에는 양수인은 양도인의 소송상 당사자 지위를 승계할 수 있다. 피고의 채무를 제3자가 면책적으로 인수한 경우와 같이 소송목적인 의무 자체가 양도된 때에는 그러한 제3자에게 소송을 인수(교환적 인수)시킬 수 있다.

(2) 소송목적인 권리 또는 법률관계에서 새로운 권리 또는 법률관계가 파생된 경우 추가적 인수가 허용되는지 여부

소송목적인 채무 자체를 승계한 것이 아니라 소송목적인 채무를 전제로 제3자가 새로운 채무를 부담하게 된 경우에도 그러한 제3자에게 소송을 인수(추가적 인수)시킬 수 있는지가 문제된다.[36] 이와 관련해서는 ① 소송인수를 허용하지 아니하여 별소를 제기하게 하는 것보다는 소송인수를 허용하는 것이 소송경제와 관련 분쟁의 일회적 해결에 도움이 된다는 것을 이유로 추가적 인수를 허용하여야 한다는 견해, ② 소송인수 제도의 취지는 소송계속 중에 소송목적인 채무를 승계한 자에 대하여 그 채무 자체의 이행을 담보하려는 데에 그치므로 채무 자체가 아니라 이를 기초로 하여 파생된 채무를 부담하게 된 자에게는 소송을 인수시킬 수 없다는 견해, ③ 중첩적 채무인수의 경우에도 소송목적인 채무 자체를 인수한 것이면 승계인에게 소송을 인수시킬 수 있다는 견해 등이 주장되고 있다.

판례는 건물철거소송의 계속 중에 피고가 제3자에게 그 건물에 관한 소유권

---

36) (i) 제3자가 피고의 채무를 병존적으로 인수한 경우 그 제3자를 상대로 채무의 이행을 청구하기 위하여 소송인수를 신청할 수 있는지, (ii) 토지소유자가 자신의 토지 위에 무단으로 건물을 건축한 피고를 상대로 제기한 건물철거 및 토지인도소송의 계속 중에 피고가 그 건물을 제3자에게 임대한 경우 임차인인 제3자를 상대로 퇴거청구를 하기 위하여 소송인수를 신청할 수 있는지, (iii) 소유권이전등기 말소등기소송의 계속 중에 피고가 제3자에게 소유권이전등기를 해 준 경우 그 제3자를 상대로 소유권이전등기의 말소등기청구를 하기 위하여 소송인수를 신청할 수 있는지, (iv) 소유권이전등기 말소등기소송의 계속 중에 피고가 소송 목적물인 부동산에 대하여 저당권을 설정한 경우 그 저당권자를 상대로 저당권설정등기의 말소등기청구를 하기 위하여 소송인수를 신청할 수 있는지 등이 문제된다.

이전등기를 해 준 때에는 그 제3자가 소송목적인 채무를 승계한 것으로 볼 수 없으므로 제3자에 대하여 소유권이전등기의 말소등기청구를 하기 위한 소송인수를 신청할 수 없고(대법원 1971. 7. 6.자 71다726 결정), 소유권이전등기소송의 계속 중에 제3자 앞으로 소유권이전등기가 마쳐진 때에는 그 제3자에 대하여 소유권이전등기의 말소등기청구를 하기 위한 소송인수를 신청할 수 없다(대법원 1983. 3. 22.자 80마283 결정[37])는 입장이다.

3. 인수승계의 절차

가. 소송인수신청

인수승계가 이루어지기 위해서는 기존 소송의 당사자가 소송인수를 신청하여야 하는데, 신청은 서면 또는 말로 할 수 있다(법 제161조 제1항). 인수승계에 관한 민사소송법 제82조 제1항에서는 당사자가 소송인수를 신청할 수 있다고만 규정하고 있어 당사자가 피승계인의 상대방만을 의미하는 것인지 피승계인도 포함되는 것인지 다투어진다. 이와 관련해서는 ① 소송목적에 대한 피승계인의 법률상 지위가 승계인에게 이전되었으면 피승계인은 이전된 부분에 대한 채무를 면하게 될 것이므로 그에게 별도로 승계인에 대한 소송인수를 신청하게 할 필요가 없다는 것을 이유로 피승계인의 상대방만이 승계인에 대하여 소송인수를 신청할 수 있는 것으로 보는 견해, ② 피승계인도 자신의 소송상 지위를 승계인에게 인수시켜 채무를 면하고자 할 수 있다는 것을 이유로 승계인에 대하여 소송인수를 신청할 수 있는 것으로 보는 견해 등이 주장되고 있다. 승계인의 소송인수에 관한 민사소송법 제82조 제1항에서 당사자라고만 규정하고 있으며, 소송목적인 권리 또는 의무의 전부뿐 아니라 일부의 승계가 이루어질 수 있으므로 피승계인도 승계인에 대하여 소송인수를 신청할 수 있는 것으로 보아야 할 것이다.

소송인수를 신청하는 때에는 인수인에 대하여 청구하는 내용을 밝혀야 한다.

---

37) 채권적 청구권에 기한 소유권이전등기소송의 계속 중에 그 소송목적이 된 부동산에 대한 소유권이전등기의무 자체를 승계함이 없이 단순히 같은 부동산에 대한 소유권이전등기(또는 근저당권설정등기)가 제3자 앞으로 마쳐졌더라도 이는 민사소송법 제75조(현행 민사소송법 제82조) 제1항의 '그 소송목적이 된 채무를 승계한 때'에 해당한다고 할 수 없으므로 그러한 제3자에 대하여 말소등기청구를 하기 위한 소송의 인수는 허용되지 않는다.

다만 교환적 인수의 경우에는 승계인에 대하여 청구하는 바가 피승계인에 대한 청구와 동일하므로 청구취지의 내용을 구체적으로 기재할 필요가 없지만,38) 추가적 인수를 허용하여야 한다는 견해에 따르면 추가적 인수의 경우 인수인에 대한 청구취지와 청구원인을 새로이 추가하여야 한다.

나. 소송인수신청에 대한 재판

소송인수신청이 있으면 법원은 신청인과 제3자를 심문하여 결정으로 그 허가 여부를 재판하여야 한다(법 제82조 제2항). 당사자와 제3자가 주장하는 사실관계 자체에 비추어 승계적격의 흠결이 명백한 경우가 아닌 한 소송인수를 허가하는 재판을 하여야 한다. 법원은 본안에 관한 심리 결과 승계사실이 인정되지 않으면 청구를 기각하는 판결을 하여야 한다(대법원 2005. 10. 27. 선고 2003다66691 판결).

소송인수결정은 승계인의 적격을 인정하여 당사자로 취급한다는 취지의 중간적 재판에 해당하므로 이에 대하여는 독립하여 항고할 수 없고, 승계인은 패소의 종국판결에 대하여 상소를 제기하여 상소심에서 소송인수결정의 당부를 다툴 수 있을 뿐이다(대법원 1990. 9. 26.자 90그30 결정). 신청인은 소송인수신청을 각하한 결정에 대하여 항고를 할 수 있다(법 제439조).

III. 사례의 정리

甲이 乙을 상대로 X 토지의 소유권에 기하여 Y 건물의 철거와 X 토지의 인도를 구하는 소송의 계속 중에 丁이 乙로부터 Y 건물에 관한 소유권등기와 점유를 이전받음으로써 Y 건물의 소유권과 X 토지의 점유를 취득하였으므로 乙은 甲과 乙 간의 소송목적인 Y 건물철거의무와 X 토지인도의무의 귀속 주체로서 지위를 상실하고 丁이 이를 취득한 것으로 볼 수 있고, 소송인수를 신청할 수 있는 당사자와 관련하여 甲은 피승계인의 상대방에 해당하여 어느 견해에 따르든 소송인수를 신청할 수 있으므로 甲은 丁에 대하여 소송인수를 신청하여 丁을 당사자로 소송에 끌어들일 수 있을 것이다.

---

38) 피고 측에 인수승계의 사유가 발생한 때에는 "피신청인(승계인)은 피고(피승계인)를 위하여 이 사건 소송을 인수한다."라고 기재하면 된다.

참고사례

〈사례 1〉

甲은 2023. 1. 5. 乙과 甲 소유의 X 토지에 관하여 매매대금을 3억 원으로 하는 매매계약을 체결하면서 乙의 매매대금채무를 丙이 연대보증한다는 내용이 기재되어 있는 매매계약서를 작성하고 甲, 乙, 丙이 매매계약서에 서명날인을 하였다. 甲이 매매계약에 따라 乙에게 X 토지에 관한 소유권이전등기를 해 주었음에도 乙이 매매대금을 지급하지 아니하자 甲은 丙을 상대로 매매대금에 대한 연대보증채무의 이행으로서 3억 원의 지급을 구하는 소(A 소)를 제기하면서 매매계약서를 증거로 제출하였다.

1. 乙이 A 소송에 참가하여 자신의 甲에 대한 매매대금채무가 존재하지 않음을 주장·증명하고자 하는 경우 乙은 A 소송에 어떠한 방식으로 참가할 수 있는가?

2. 乙이 A 소송에 적법하게 참가하여 甲과 乙 간의 매매계약이 가장매매라고 주장하였는데, 법원은 甲의 청구를 인용하는 판결을 선고하였고, 그 판결이 확정된 후 丙은 甲에게 3억 원을 지급한 다음 乙을 상대로 구상금의 지급을 구하는 소(B 소)를 제기하였다. 乙은 B 소송에서 甲과 乙 간의 매매계약이 가장매매이므로 구상금을 지급할 수 없다고 주장하였다. B 소 법원의 심리 결과 甲과 乙 간의 매매계약이 가장매매인 것으로 밝혀진 경우 법원은 사건을 어떻게 처리하여야 하는가?

3. 乙이 A 소송에 적법하게 참가하여 甲과 乙 간의 매매계약이 가장매매라고 주장하였는데, 법원은 甲의 청구를 인용하는 판결을 선고하였고, 그 판결이 확

정된 후에도 丙이 甲에게 3억 원을 지급하지 아니하자 甲은 乙을 상대로 매매 대금의 지급을 구하는 소(C 소)를 제기하였다. C 소송에서 乙은 甲과 乙 간의 매매계약이 가장매매라고 주장하고 이를 증명하기 위하여 확인서를 증거로 제출하였으며, 甲은 A 소송에 대한 판결이 확정된 사실과 乙이 A 소송에 적법하게 참가한 사실을 주장·증명하였다. C 소 법원의 심리 결과 甲과 乙 간의 매매계약이 가장매매인 것으로 밝혀진 경우 법원은 사건을 어떻게 처리하여야 하는가?

〈사례 2〉

甲은 乙을 상대로 X 토지에 관한 매매를 원인으로 한 소유권이전등기절차의 이행을 구하는 소를 제기하였는데, 제1심 계속 중에 丙이 甲에 대하여는 X 토지에 관한 乙에 대한 소유권이전등기청구권이 丙에게 있다는 확인을 구하고, 乙에 대하여는 X 토지에 관한 매매를 원인으로 한 소유권이전등기절차의 이행을 구하는 참가신청서를 제출하였다.

1. 丙은 乙과 X 토지에 관한 매매계약을 체결한 사람은 甲이 아니라 丙이라고 주장하며 참가를 신청하였는데, 제1심법원은 乙로 하여금 甲과 丙에게 X 토지의 2분의 1 지분에 관하여 매매를 원인으로 한 소유권이전등기절차를 각 이행하고, X 토지의 2분의 1 지분에 관하여 乙에 대한 소유권이전등기청구권이 丙에게 있음을 확인한다는 내용으로 화해권고결정을 하였다. 화해권고결정 정본은 2024. 1. 3. 甲, 乙, 丙에게 각 송달되었고, 丙은 2024. 1. 10. 이의를 신청하였지만, 甲과 乙은 2024. 1. 31.이 지나도록 이의를 신청하지 아니하였다. 甲, 乙, 丙 간의 소송관계는 어떻게 될 것인가?

2. 丙은 乙이 丙에게 X 토지를 매도한 후 다시 甲에게 매도하였다고 주장하며 참가를 신청하였는데, 乙은 제1심에서 甲에게 X 토지를 매도하지 않았다고 주장하였으나 법원은 乙이 甲에게 X 토지를 매도한 사실을 인정하여 甲의 乙에 대한 청구를 인용하고 丙의 소송참가 신청을 각하하는 판결을 선고하였다. 丙만

이 항소하였는데, 항소법원의 심리 결과 乙이 甲에게 X 토지를 매도한 사실이 인정되지 않는 것으로 밝혀진 경우 법원은 사건을 어떻게 처리하여야 하는가?

〈사례 3〉

甲, 乙, 丙은 X 토지를 공동으로 매수하여 甲 명의로 2분의 1 지분, 乙과 丙 명의로 각 4분의 1 지분에 관한 소유권이전등기를 마쳤다. 그 후 甲은 乙, 丙과의 공유관계를 해소하기를 원하여 분할에 관한 협의를 하였으나 합의가 이루어지지 아니하자 乙과 丙을 상대로 "X 토지를 경매에 부쳐 그 대금을 지분비율에 따라 분할한다."라는 취지의 공유물분할청구의 소를 제기하였다. 제1심 계속 중에 丙은 자신의 공유지분을 丁에게 매도하고 丁 명의로 지분에 관한 소유권이전등기를 해 주었다. 丁이 甲, 乙, 丙 간의 소송에 당사자로서 관여하는 방법으로는 어떠한 것이 있는가?

〈사례 4〉

甲은 乙을 대위하여 丙을 상대로 대여금반환청구의 소를 제기하였다가 소송 계속 중에 사망하였다. 그러자 甲의 상속인 가운데 한 사람인 A가 소송을 수계한 후 乙에게 소송고지를 하고 소송을 수행하고 있다.

1. 甲의 다른 상속인 B는 이 소송에 참가할 수 있는가?

2. 乙이 이 소송에 참가하고자 하는 경우 어떠한 방식을 취할 수 있는가?

〈사례 5〉

甲은 A에게 3억 원을 빌려주었는데 변제기가 지나도록 A가 3억 원을 갚지 아니하자 A를 대위하여 A의 乙에 대한 5억 원의 매매대금채권 중 3억 원의 지급을 구하는 소를 제기하고 A에게 소송고지를 하였다. A에 대하여 2억 원의 구상금채권을 가지고 있는 丙은 甲과 乙 간의 소송이 계속되어 있는 법원에 A를 대위하여 A의 乙에 대한 위 매매대금채권 중 2억 원의 지급을 구하는 참가신청서를 제출하였다. 丙의 참가는 적법한가?

〈사례 6〉

甲은 2020. 1. 5. 횡단보도를 건너던 중 D가 운행하는 화물자동차{이에 대하여는 D와 乙 보험회사(이하 '乙'이라 한다) 간에 자동차종합보험계약이 체결되어 있다}에 치여 경추부와 요추부에 상해를 입어 정형외과 의원에 입원하여 치료받고 2020. 3. 6. 乙로부터 치료비에 대한 손해배상금 명목으로 1,000만 원을 지급받은 후 이 사고로 인한 일체의 권리를 포기하고 민·형사상의 소송이나 이의를 제기하지 않기로 합의하였다. 甲은 2020. 3. 15. 자신의 자동차를 운전하다가 차선을 바꾸던 X가 운전하는 자동차와의 접촉사고가 발생하였다. 甲은 사고로 인한 통증이 계속되자 2020. 5. 10. 대학병원에서 경추전방유합술을 받고 입원하였다가 2020. 6. 13. 퇴원하였다. 甲은 2020. 10. 10. 경부동통과 경부운동제한 등의 후유장애를 주장하며 X가 그의 자동차에 대하여 자동차종합보험계약을 체결한 Y 보험회사(이하 'Y'라고 한다)를 상대로 후유장애로 인해 일실이익 등의 손해가 발생하였다고 주장하며 3,000만 원의 지급을 구하는 소(A 소)를 제기하였다. 제1심법원은 甲에 대한 신체감정을 실시한 결과 甲의 후유장애가 2020. 3. 15. 사고로 인한 것으로 볼 수 없다는 이유로 甲의 청구를 기각하는 판결을 선고하였다. 甲은 항소를 제기하여 항소심 계속 중인 2023. 5. 3. "자신의 후유장애가 2020. 3. 15. 사고로 인한 것이 아니라면 2020. 1. 5. 사고로 인한 것일 텐데, 2020. 3. 6. 乙과 합의할 당시 후유장애가 남을 것이라는 점을 전혀 예상하지 못하였으므로 자신이 A 소송에서 패소할 경우 乙과의 합의를 취소하고 乙에게 손해배상을 청구하고자 소송고지를 한다."라는 취지의 서면을 A 소 법원에 제출하였고, 그 서면은 2023. 8. 10. 乙에게 송달되었다. 항소법원은 2023. 11. 10. 甲의 항소를 기각하였고, 상고가 제기되지 아니하였다. 甲은 2023. 10. 5. 乙을 상대로 후유장애로 인한 3,000만 원의 일실이익 손해에 대한 배상을 구하는 소(B 소)를 제기하였다. B 소송의 변론에서 乙은 甲이 乙로부터 1,000만 원을 지급받고 2020. 1. 5. 사고에 관하여 소를 제기하지 않기로 합의하였을 뿐 아니라 그 사고로 인한 손해배상채권은 시효로 소멸하였다고 주장하였고, 甲은 乙에 대한 소송고지에 의해 소멸시효가 중단되었다고 주장하였다. B 소 법원의 심리 결과 甲이 주장하는 후유장애와 2020. 1. 5. 사고 간에 인과관계가 있는 것으로 인정되는 경우 법원은 사건을 어떻게 처리하여야 하는가?

참고자료

✛ 소송참가인의 소송상 지위

▪ 통상의 보조참가인의 소송상 지위

1. 보조참가인의 종속적 지위

통상의 보조참가인은 피참가인의 승소를 돕기 위하여 참가하는 자이므로 피참가인과의 관계에서 지위가 종속적이다. 참가인의 사망 등의 사유가 발생하여도 본 소송절차는 중단되지 않고, 참가인의 승계인이 수계하는 절차만이 남게 된다. 소송계속 중에 보조참가인이 사망하고 그에 관한 수계절차도 이루어지지 아니한 경우 보조참가인을 판결서에 기재하여야 하는지가 문제되는데, 재심의 소송계속 중에 보조참가인이 사망하고 승계인에 의한 수계절차가 이루어지지 않은 때에는 보조참가인을 판결서의 당사자표시에 보조참가인으로 기재하지 않더라도 위법하지 않다(대법원 1995. 8. 25. 선고 94다27373 판결).

보조참가인은 피참가인의 상소기간 내에만 상소할 수 있다. 보조참가인은 참가할 당시 소송의 진행 정도에 따라 피참가인이 할 수 없는 소송행위를 할 수 없으므로 보조참가인이 항소심의 판결정본을 송달받은 날부터 2주 이내에 상고장을 제출하였더라도 피참가인에 대한 관계에서 이미 상고기간이 경과한 때에는 보조참가인의 상고도 상고기간이 경과한 후에 제기된 것으로서 부적법하다(대법원 2007. 9. 6. 선고 2007다41966 판결).

2. 보조참가인의 독립된 지위

보조참가인은 자신의 이익을 지키기 위하여 소송에 관여하는 자이므로 자신의 이익을 지키기 위한 범위 내에서는 독자성을 가지고, 그러한 범위 내에서는 당사자에 준하는 절차관여권을 보장받는다. 따라서 보조참가인에게도 기일을 통지하여야 하고 소송서류를 송달하여야 한다.

보조참가인이 기일에 출석한 때에는 피참가인이 불출석하더라도 피참가인을 위하여 기일에 출석한 것으로 된다. 법원이 보조참가인의 소송상 주장에 관하여 판단하지 않으면 판단누락이 된다.

▪ 공동소송적 보조참가인의 소송상 지위

1. 통상의 보조참가인보다 강화된 지위

공동소송적 보조참가인은 본 소송의 판결의 효력을 받는다는 점에서 통상의 보조참가인과 다르고 필수적 공동소송인에 유사하지만, 당사자적격이 없어 공동소송인이 되지 못하고 보조참가인의 지위를 가지게 된다. 본 소송의 판결의 효력을 받는 공동소송적 보조참가인과 피참가인에 대하여는 필수적 공동소송인의 경우처럼 민사소송법 제67조와 제69조가 준용된다(법 제78조).

참가인은 자기에게 유리한 소송행위는 피참가인의 행위와 상관없이 할 수 있으므로(법 제67조 제1항 준용) 참가인이 상소를 제기한 때에는 피참가인이 그의 상소권을 포기하거나 상소를 취하하더라도 참가인이 제기한 상소의 효력이 유지된다. 참가인의 상소기간은 피참가인과 상관없이 참가인에게 판결정본이 송달된 날부터 독자적으로 진행된다. 피참가인의 상소기간이 경과하였더라도 참가인의 상소기간이 경과하지 아니한 때에는 참가인은 상소를 제기할 수 있다. 판결이 확정되기 위해서는 피참가인과 참가인의 상소기간이 모두 경과하여야 한다. 참가인이 그의 상소기간 내에 상소를 제기한 때에는 피참가인에 대한 관계에서도 상소의 효력이 미치므로(법 제67조 제1항 준용) 판결의 확정이 차단되고 상소심으로의 이심의 효력이 생긴다. 참가인과 피참가인이 불복하는 부분을 달리하여 모두 상소한 경우 피참가인은 참가인만이 불복한 부분에 대하여 상소하지 않은 피참가인의 지위에 있게 되고, 참가인은 피참가인만이 불복한 부분에 대하여 상소하지 않은 참가인의 지위에 있게 된다(대법원 2020. 10. 15. 선고 2019두40611 판결).

피참가인의 소송행위 가운데 참가인에게 불이익이 되는 것은 효력이 인정되지 않으므로(대법원 2015. 10. 29. 선고 2014다13044 판결; 대법원 2017. 10. 12. 선고

2015두36836 판결) 공동소송적 보조참가의 경우 참가인은 피참가인의 행위에 어긋나는 소송행위를 할 수 있다(민사소송법 제67조 제1항의 준용에 의하여 제76조 제2항의 적용이 배제된다). 피참가인은 참가인에게 불리한 소송행위를 단독으로 할 수 없으므로 자백, 청구의 포기·인낙, 조정 등을 단독으로 할 수 없다. 피참가인이 단독으로 소를 취하할 수 있는지가 문제되는데, 판례는 공동소송적 보조참가를 유사필수적 공동소송에 준하는 것으로 보아 피참가인이 공동소송적 보조참가인의 동의 없이 한 소 취하의 효력을 인정한다(대법원 2013. 3. 28. 선고 2011두13729 판결). 그러나 재심의 소를 취하하는 것은 통상의 소를 취하하는 경우와는 달리 확정된 종국판결에 대한 불복의 기회를 상실시켜 더 이상 확정판결의 효력을 배제할 수 없게 하는 행위로서 재판의 효력과 직접 관련 있는 소송행위이므로 확정판결의 효력이 미치는 공동소송적 보조참가인에 대하여 불리한 행위에 해당하여 재심소송에 공동소송적 보조참가인이 참가한 후에는 피참가인이 재심의 소를 취하하더라도 공동소송적 보조참가인의 동의가 없는 한 그 효력이 인정되지 않는다(대법원 2015. 10. 29. 선고 2014다13044 판결). 또한 참가인이 상소한 때에는 피참가인은 참가인이 제기한 상소를 취하할 수 없다(대법원 2017. 10. 12. 선고 2015두36836 판결).

참가인에게 소송절차의 중단·중지사유가 발생하여 참가인의 이익을 해할 염려가 있으면 소송절차는 정지된다(법 제67조 제3항 준용).

2. 통상의 보조참가인과 같은 지위

공동소송적 보조참가인은 당사자가 아니므로 민사소송법 제67조와 제69조가 준용되는 것을 제외하고는 통상의 보조참가인과 같은 지위를 가진다. 공동소송적 보조참가인도 당사자가 아니라 보조참가인이므로 통상의 보조참가인과 마찬가지로 민사소송법 제76조 제1항 단서가 적용되어 참가할 당시 소송의 진행 정도에 따라 피참가인이 할 수 없는 소송행위를 할 수 없다(대법원 2015. 10. 29. 선고 2014다13044 판결; 대법원 2018. 11. 29. 선고 2018므14210 판결). 판결서에는 공동소송적 보조참가인이라고 표시하고, 공동소송적 보조참가인은 청구의 변경, 청구의 포기·인낙, 소의 취하 등 소송에 관한 처분행위를 할 수 없다.

3. 공동소송적 보조참가의 효력

가. 피참가인의 상대방과의 관계

본 소송의 승패에 상관없이 피참가인의 상대방과의 관계에서 공동소송적 보조참가인에게 기판력이 발생한다. 공동소송적 보조참가인은 피참가인의 상대방을 상대로 동일한 소를 제기할 수 없고, 피참가인의 상대방도 공동소송적 보조참가인을 상대로 동일한 소를 제기할 수 없다.

나. 피참가인과의 관계

(1) 참가적 효력의 인정

공동소송적 보조참가인도 보조참가인이므로 피참가인과의 관계에서는 참가적 효력이 인정된다. 따라서 본 소송에서 피참가인이 패소한 때에는 공동소송적 보조참가인은 피참가인과의 소송에서 본 소송의 판결이 부당하다고 주장하지 못한다.

(2) 참가적 효력 배제의 제한

통상의 보조참가의 경우에는 참가인이 소송수행에서 제약을 받으므로 피참가인의 패소에 대하여 참가인에게 책임을 분담시킬 수 없는 경우, 즉 패소에 대하여 피참가인의 단독책임으로 돌릴 수 있는 사정이 있는 경우에는 보조참가인에 대하여 참가적 효력이 배제된다. 특히 참가인의 소송행위가 피참가인의 소송행위에 어긋나서 효력을 가지지 아니하였거나(법 제77조 제1호 후단, 제76조 제2항) 피참가인이 참가인의 소송행위를 방해한 때(법 제77조 제2호)에는 이러한 사유가 없었더라면 재판결과가 달라질 수 있었다는 것을 주장·증명하여 참가적 효력을 배제시킬 수 있다. 그러나 공동소송적 보조참가의 경우에는 참가인이 피참가인의 소송행위에 어긋나는 소송행위를 할 수 있고(법 제67조 제1항의 준용에 의해 법 제76조 제2항 적용의 배제), 민사소송법 제67조 제1항이 준용되는 결과 참가인의 소송행위를 방해하는 피참가인의 소송행위는 그 효력이 인정되지 않으므로 이러한 사유로 참가적 효력을 배제시키기는 어려울 것이다.

- ▪ **공동소송참가인의 소송상 지위**

　타인 간의 소송의 판결의 효력을 받는 제3자가 원고 또는 피고의 공동소송인으로서 소송에 참가하는 것을 공동소송참가라고 한다(법 제83조). 공동소송적 보조참가는 제3자가 본 소송의 판결의 효력을 받기는 하지만 당사자적격을 가지지 못하여 본 소송에 보조참가인으로서 참가하는 것인 데 대하여, 공동소송참가는 제3자가 본 소송에 관하여 당사자적격을 가지고 공동소송인(당사자)으로서 참가하는 것이다(공동소송적 보조참가와의 구별). 독립당사자참가의 경우에는 참가인이 본 소송의 당사자와 대립견제관계에 있는 데 대하여, 공동소송참가의 경우에는 참가인이 본 소송의 당사자 일방과 연합관계를 이루어 공동소송인 관계가 형성된다(독립당사자참가와의 구별).

　공동소송참가가 적법한 경우 공동소송참가인과 피참가인의 소송관계는 필수적 공동소송으로 취급되어 민사소송법 제67조가 적용된다. 공동소송참가인과 피참가인 간에 연합관계가 형성되므로 소송자료의 통일, 소송진행의 통일, 본안판결의 통일이 요구된다.

　채권자대위소송의 계속 중에 다른 채권자가 동일한 채무자의 권리를 피대위채권으로 하여 채권자대위권을 행사하여 참가하고자 하는 경우 양 청구의 소송물이 동일한 때에는 공동소송참가를 할 수 있다(대법원 2015. 7. 23. 선고 2013다 30301·30325 판결).

〈제 1 문〉

〈사실관계〉

甲이 乙을 상대로 2억 원의 대여금반환을 구하는 소를 제기하자 乙은 변론기일에서 자신은 甲에게 2억 원을 모두 갚았으며, 만에 하나 그렇지 않다면 자신이 甲에 대하여 가지고 있는 2억 원의 매매대금채권으로 상계한다고 진술하였다. 제1심법원은 乙의 상계 주장을 받아들여 甲의 청구를 기각하는 판결을 선고하였다.

1. 제1심판결에 대하여 乙만이 항소하였는데, 항소법원의 심리 결과 乙의 매매대금채권이 존재하지 않는 것으로 인정되는 경우 법원은 사건을 어떻게 처리하여야 하는가?

2. 제1심판결에 대하여 甲만이 항소하였는데, 항소법원의 심리 결과 甲의 대여금채권이 존재하지 않는 것으로 인정되는 경우 법원은 사건을 어떻게 처리하여야 하는가?

〈제 2 문〉

〈사실관계〉

甲은 乙을 상대로 乙이 점유하고 있는 X 토지가 甲의 소유라고 주장하며 X 토지의 인도를 구하는 소를 제기하였는데, 제1심법원이 甲의 청구를 기각하는 판결을 선고하자 甲은 항소를 제기하였다. 甲은 항소심에서 乙이 X 토지를 무단으로 점유하고 있음을 이유로 차임 상당의 손해배상청구에 대한 판결도 구하였다. 항소법원은 판결이유에서 甲의 X 토지인도청구와 손해배상청구가 이유 없다고 판단하여 甲의 항소를 기각하는 판결을 선고하였다. 그러자 甲은 상고를 제기하여 상고이유서를 통해 X 토지인도청구와 손해배상청구에 대한 항소심판결에는 채증법칙을 위반하여 판결결과에 영향을 미친 위법이 있다고 주장하였다. 상고법원의 서면심리 결과 항소심판결에는 甲이 주장하는 바와 같은 위법사유가 존재하지 않는 것으로 인정되는 경우 법원은 사건을 어떻게 처리하여야 하는가?

〈제 3 문〉

〈사실관계〉

甲은 X 토지에 관한 乙 명의의 소유권이전등기가 원인무효임을 이유로 乙 명의 소유권이전등기의 말소등기절차의 이행을 구하는 소를 제기하였는데, 제1심법원은 甲의 청구를 기각하는 판결을 선고하였다. 甲은 항소를 제기한 후 항소심에서 주위적으로 X 토지에 관한 乙 명의 소유권이전등기의 말소등기절차의 이행을 구하고, 예비적으로 X 토지에 관한 시효취득을 원인으로 한 소유권이전등기절차의 이행을 구하는 서면을 제출하였다. 항소법원의 심리 결과 甲의 말소등기청구는 이유 없고, 소유권이전등기청구가 이유 있는 것으로 인정되는 경우 법원은 사건을 어떻게 처리하여야 하는가?

〈제 4 문〉

〈사실관계〉

甲은 乙을 상대로 X 토지에 관하여 매매를 원인으로 한 소유권이전등기절차의 이행을 구하는 소를 제기하였는데, 제1심법원은 1억 원의 매매잔금의 지급과 동시이행을 명하는 판결을 선고하였다. 乙은 항소기간 내에 항소를 제기하였는데, 甲은 항소기간이 경과한 후에 항소장을 제출하여 소유권이전등기절차의 단순이행을 명하는 판결을 해 줄 것을 신청하였다. 항소법원은 제1심판결을 7,000만 원의 매매잔금의 지급과 동시이행을 명하는 내용으로 변경하는 판결을 선고하였다. 甲만이 상고하였는데, 상고법원은 甲의 상고를 받아들여 항소심판결을 파기·환송하였다. 환송 후의 항소심에서 乙은 항소 취하서를 제출하였다. 이에 대하여 甲은 乙의 항소 취하를 인정하면 乙의 선택에 따라 甲만이 상고하였던 환송 전의 항소심판결보다 乙에게 유리한 제1심판결을 확정시킬 수 있으므로 乙의 항소 취하에 동의할 수 없다고 다투고 있다. 환송 후의 항소법원은 사건을 어떻게 처리하여야 하는가?

〈제 5 문〉

〈사실관계〉

　A 건설회사(이하 'A'라고 한다)는 乙 주식회사(이하 '乙'이라 한다)와 공사도급계약을 체결하였는데, 이러한 사정을 잘 알고 있는 甲 건설회사(이하 '甲'이라 한다)의 대표이사 B는 甲이 A로부터 乙에 대한 10억 원의 공사대금채권을 양수한 사실이 없음에도 양수하였다고 주장하며 乙을 상대로 양수금청구의 소를 제기하였다. B는 소장에 그의 아들 C를 乙의 대표이사로 기재하고 C를 송달받을 자로 지정하여 C로 하여금 乙에 대한 소송서류를 송달받게 하였다. 제1심법원은 2023. 12. 15. 자백간주에 의하여 甲의 청구를 인용하는 판결을 선고하였고, 乙에 대한 판결정본이 2023. 12. 26. C에게 송달되었다. 乙은 2024. 1. 15. 되어서야 판결정본을 비롯한 소송서류가 C에게 송달된 사실을 알게 되었다. 이러한 상황에서 乙이 취할 수 있는 소송상 조치로는 어떠한 것이 있는가?

— 상소심 / 재심 사례 풀이 —

〈제1문-1〉

Ⅰ. 쟁점

항소법원의 사건처리와 관련해서는 제1심에서 전부 승소한 乙에게 항소의 이익이 인정되는지와 항소심의 심판대상 및 범위를 검토하여야 하고, 乙만이 항소한 것과 관련하여 불이익 변경의 금지가 적용되는지와 乙에게 불이익한 것으로 되지 않기 위한 항소법원의 판단을 검토하여야 한다.

Ⅱ. 乙의 항소의 이익 인정 여부

1. 상소의 이익

원심재판에 대하여 불복할 만한 정당한 이익 또는 필요성을 상소의 이익이라고 한다.

2. 상소의 이익에 관한 판단기준

가. 견해의 대립

① 원심에서의 당사자의 신청과 그 신청에 대한 판결결과를 형식적으로 비교하여 판결결과가 당사자의 신청보다 양적으로나 질적으로 불리한 경우 상소의 이익을 인정하는 견해, ② 당사자가 상급심에서 원심재판보다 실체법상 유리한 판단을 받을 가능성이 있는 경우 상소의 이익을 인정하는 견해, ③ 원고에 대한 관계에서는 원고의 신청과 그 신청에 대한 판결결과를 형식적으로 비교하여 상소의 이익을 판단하고, 피고에 대한 관계에서는 상급심에서 원심재판보다 실체법상 유리한 판단을 받을 가능성을 기준으로 상소의 이익을 판단하는 견해 등이 주장되고 있다.

나. 판례의 입장

(1) 원칙

상소인은 자기에게 불이익한 재판에 대해서만 상소를 제기할 수 있고, 재판이 상소인에게 불이익한 것인지는 재판의 주문을 기준으로 판단하여야 하므로 원심에서 전부 승소한 때에는 그 판결이유에 불만이 있더라도 상소의 이익이 인정되지 않는다(대법원 1994. 11. 22. 선고 94다16458 판결; 대법원 2005. 10. 13. 선고 2004다13755 판결; 대법원 2014. 4. 10. 선고 2013다54390 판결 등). 항소가 이유 있는지를 판단받기 위해서는 항소의 이익을 가지는 자가 항소를 제기하여야 하는데, 항소의 이익 유무는 당사자의 신청과 판결주문을 형식적으로 비교하여 판단하여야 한다(대법원 1999. 12. 21. 선고 98다29797 판결).[1]

(2) 예외

제1심에서 전부 승소한 당사자는 원칙적으로 항소의 이익을 가지지 못하지만, 판결이유 중의 판단에 기판력이 인정되거나 기판력 때문에 별소로 주장할 수 없는 경우에는 예외적으로 판결이유 중의 판단을 다투기 위한 항소가 허용된다. (ⅰ) 상계항변이 인정되어 원고의 청구가 기각된 경우 피고가 소구채권의 부존재 또는 소구채권의 다른 소멸사실을 주장하기 위하여 항소하는 때에는 항소의 이익이 인정된다(대법원 2002. 9. 6. 선고 2002다34666 판결).[2] (ⅱ) 일부청구임을 명시하지 않은 경우와 같이 기판력에 의해 별소로 주장할 수 없게 되는 때에는 제1심에서 전부 승소한 원고가 나머지 부분에 대하여 청구를 확장하기 위하여 항소하는 경우 항소의 이익이 인정된다(대법원 1997. 10. 24. 선고 96다12276 판결).

---

1) 제1심판결에 대하여 불복하지 않은 당사자는 그에 대한 항소심판결이 제1심판결보다 불리한 경우에만 상고할 수 있다.
2) 판결이유에 포함된 것이라도 상계항변으로 주장된 자동채권에 관하여는 상계로써 대항한 액수에 한하여 기판력이 발생하는데(법 제216조 제2항), 여기에서의 상계는 민법 제492조 이하에 규정된 단독행위로서의 상계를 의미하므로 피고가 상계항변을 한 것이 아니라 피고와 소외인이 원고의 피고에 대한 임대수익금채권과 피고의 ○○농산에 대한 농산물대금채권을 상계하여 정산하기로 하는 내용의 합의를 하였다는 취지의 항변을 한 경우에는 피고가 원고의 피고에 대한 임대수익금채권에 대한 원심법원의 판단을 다투는 것은 판결의 결과에 영향이 없는 이유에 포함된 사항을 다투는 것에 불과하여 상고의 이익이 없다(대법원 2014. 4. 10. 선고 2013다54390 판결).

3. 사안의 경우

상계항변과 같이 판결이유 중의 판단에 기판력이 인정되는 때에는 예외적으로 판결이유 중의 판단을 다투기 위한 항소를 허용하는 판례의 입장에 따르면 乙은 제1심에서 예비적 상계항변이 인정되어 승소하였으므로 변제항변을 배척한 제1심판결을 다투기 위하여 항소할 이익이 인정될 것이다.

III. 항소심의 심판대상 및 범위

1. 불복신청의 범위

항소심은 항소인이 제1심판결의 변경을 구하는 한도, 즉 불복을 신청한 한도 내에서 변론을 진행하여 심리하여야 하고(법 제407조 제1항), 그 한도 내에서 판결하여야 한다(법 제415조 본문).

2. 심판범위의 확장 또는 축소

항소인은 항소의 이익이 있는 한 항소심의 변론이 종결될 때까지 항소취지를 확장하는 등 불복의 범위를 변경할 수 있고, 피항소인은 항소심의 변론이 종결될 때까지 부대항소에 의하여 항소심의 심판범위를 확장할 수 있다.

3. 사안의 경우

甲이 항소도 부대항소도 하지 않았으므로 乙이 불복한 사항만이 항소심의 심판대상이 된다.

IV. 항소법원의 심판방법

1. 불이익 변경의 금지

가. 의의

항소인이 항소를 제기하면 사건은 전부 확정이 차단되고 항소심으로 이심되지만, 항소법원이 당연히 그 전부에 대하여 심판할 수 있는 것은 아니고 당사자가 항소나 부대항소로 불복을 신청한 범위 내에서만 제1심판결의 당부에 관하여 심판할 수 있다. 따라서 항소법원은 당사자가 불복을 신청한 범위를 넘어 제1심판결을 불이익 또는 이익으로 변경할 수 없게 된다. 이러한 내용의 불이익 변경의 금지는 처분권주의가 상소심에서 발현된 것으로 볼 수 있다.

나. 불이익 변경의 금지가 적용되지 않는 경우

처분권주의가 적용되지 않는 경우,[3] 직권조사사항 등의 경우,[4] 소송목적의 합일확정이 요구되는 경우, 항소심에서 주장된 피고의 상계항변을 인정하는 경우(법 제415조 단서) 등에는 불이익 변경의 금지가 적용되지 않을 수 있다.

2. 불이익 변경 금지의 내용

항소인만이 항소한 경우 항소인이 불복하지 않은 부분을 항소인에게 유리하게 변경할 수 없고, 항소인이 불복한 부분을 항소인에게 불리하게 변경할 수 없다.

가. 이익 변경의 금지

항소인이 불복을 신청하지 않은 사항에 대하여 제1심판결보다 유리한 판결을 할 수 없다. 패소판결 중 일부에 대해서만 불복하여 항소한 때에는 불복하지 않은 나머지 부분이 부당하다고 판단되더라도 항소인에게 유리하게 변경할 수 없다.[5]

---

3) 불이익 변경의 금지는 처분권주의에 근거를 두고 있으므로 당사자가 임의로 처분할 수 없는 법률관계를 대상으로 하여 처분권주의가 적용되지 않는 절차에서는 불이익 변경의 금지가 적용되지 않는다. 형식적 형성의 소(경계확정의 소, 공유물분할청구의 소 등)가 비송사건에 해당하는 것으로 보는 견해에 따르는 경우 이에 대하여는 불이익 변경 금지가 적용되지 않는다. 형식적 형성의 소의 경우에는 어떠한 내용의 법률관계를 형성할 것인지는 법관의 재량에 맡겨져 있어 법관은 당사자가 주장하는 내용에 구속받지 않고 스스로 판단한 바에 따라 재판하여야 하므로 처분권주의가 적용되지 않는다. 경계확정과 관련하여 항소법원은 제1심법원이 정한 경계선이 정당하지 않다고 판단한 때에는 정당하다고 인정하는 대로 경계선을 다시 정할 수 있다(서울고등법원 1991. 6. 21. 선고 90나56146·56150·56160 판결).
4) 직권조사사항인 소송요건의 흠결, 판결절차의 위법 등에 관한 판단에 대하여는 불이익 변경의 금지가 적용되지 않고, 이러한 사항에 관하여 일부 패소한 당사자가 항소하더라도 그 전부를 취소하고 소를 각하하거나 이송 등의 조치를 취하여야 한다. 법원이 직권으로 하는 소송비용의 재판과 가집행선고에 대하여도 불이익 변경의 금지가 적용되지 않는다.
5) 여러 개의 청구를 모두 기각한 제1심판결에 대하여 원고가 그 가운데 일부의 청구에 대해서만 항소를 제기한 때에는 항소하지 않은 나머지 부분도 항소에 의해 확정이 차단되고 항소심

나. 불이익 변경의 금지

상대방이 항소를 제기하거나 부대항소를 하지 않은 때에는 제1심판결을 항소인에게 불리하게 변경할 수 없으므로 최악의 경우 항소기각에 그치게 된다.

3. 불이익 변경 여부에 관한 판단기준

가. 원칙

원심의 판결주문과 상급심의 판결주문을 형식적으로 비교하여 불이익 변경 여부를 판단하여야 한다. 따라서 항소법원이 제1심판결의 이유를 항소인에게 불리하게 변경하더라도 원칙적으로 불이익 변경 금지의 위반 여부는 문제되지 않는다.

나. 예외

판결이유 중의 판단이라도 그 판단에 대하여 기판력이 인정되는 등의 경우에는 예외적으로 판결이유 중의 판단도 고려하여 불이익하게 변경된 것인지를 판단한다.

다. 판례의 입장

피고의 상계항변을 인정하여 원고의 청구를 기각한 제1심판결에 대하여 피고만이 항소한 경우 항소법원이 제1심법원이 자동채권으로 인정하였던 부분을 인정하지 않고 이에 관한 피고의 상계항변을 배척하는 것은 항소인인 피고에게 불이익하게 제1심판결을 변경하는 경우에 해당한다(대법원 1995. 9. 29. 선고 94다18911 판결).[6]

으로 이심은 되지만, 원고가 항소심의 변론이 종결될 때까지 항소취지를 확장하지 않는 한 나머지 부분에 대하여는 원고가 불복한 바가 없어 항소심의 심판대상이 되지 않으므로 항소법원은 원고의 여러 개의 청구 중 항소하지 않은 부분을 인용할 수 없다(대법원 1994. 12. 23. 선고 94다44644 판결).

6) 제1심법원의 동시이행판결에 대하여 원고만이 항소한 경우 항소법원이 동시이행관계에 있는 반대급부의 내용을 원고에게 불리하게 변경하면 불이익 변경의 금지에 반하게 된다(대법원 2005. 8. 19. 선고 2004다8197·8203 판결). 또한 일방 당사자의 금전채권에 기한 동시이행의 주장을 받아들인 판결의 경우 반대 당사자는 그 금전채권에 관한 이행을 제공하지 않고는 자

4. 피고의 상계항변을 인정하여 원고의 청구를 기각한 제1심판결에 대하여 피고만이 항소하였는데, 항소법원의 심리 결과 피고의 반대채권이 존재하지 않는 것으로 인정되는 경우 항소법원의 판단

    가. 피고의 반대채권의 부존재를 이유로 항소를 기각할 수 있는지 여부

    피고의 반대채권의 부존재를 이유로 항소를 기각하는 것은 항소를 제기한 피고에게 불이익한 변경에 해당하여 허용되지 않는다.

    나. 제1심판결을 취소하고 상계항변을 배척할 수 있는지 여부

    제1심판결을 취소하고 상계항변을 배척하는 것은 항소를 제기한 피고에게 불이익한 변경에 해당하여 허용되지 않는다.

    다. 판례의 입장

    피고의 상계항변을 인정하여 원고의 청구를 기각한 제1심판결에 대하여 피고만이 항소하고 원고는 항소도 부대항소도 하지 아니한 경우 항소법원이 피고의 상계항변을 판단하면서 제1심과는 달리 제1심법원이 자동채권으로 인정하였던 부분을 인정하지 않고 그 자동채권에 기한 피고의 상계항변을 배척하는 것은 항소인인 피고에게 불이익하게 제1심판결을 변경하는 경우에 해당하므로 항소법원의 심리 결과 피고가 주장하는 반대채권이 존재하지 않는 것으로 인정되더라도 피고의 상계항변을 배척하고 피고의 항소를 기각할 수 없다(대법원 1995. 9. 29. 선고 94다18911 판결).

5. 사안의 경우

    원심판결의 이유에서 상계항변에 관하여 판단한 때에는 판결이유 중의 판단도 고려하여 불이익 변경 여부를 판단하는 판례의 입장에 따르면 乙의 상계항

신의 채권을 집행할 수 없으므로 동시이행의 주장을 한 당사자만이 항소하였음에도 항소법원이 제1판결에서 인정된 금전채권에 기한 동시이행의 주장을 공제 또는 상계의 주장으로 바꾸어 인정하면서 그 금전채권의 내용을 항소인에게 불리하게 변경하는 것은 특별한 사정이 없는 한 불이익 변경의 금지에 반한다(대법원 2022. 8. 25. 선고 2022다211928 판결).

변을 인정하여 甲의 청구를 기각한 제1심판결에 대하여 乙만이 항소하였으므로 불이익 변경의 금지가 적용되는 결과 항소법원은 제1심판결을 유지하고 乙의 항소를 기각하는 판결을 하여야 할 것이다.

V. 사례의 정리

판결이유 중의 판단에 기판력이 인정되는 때에는 예외적으로 그러한 판결이유 중의 판단을 다투기 위한 항소를 허용하는 판례의 입장에 따르면 예비적 상계항변이 받아들여져 제1심에서 승소한 乙은 항소의 이익을 가지며, 원심판결의 이유에서 상계항변에 관하여 판단한 때에는 그러한 판결이유 중의 판단도 고려하여 불이익 변경 여부를 판단하는 판례의 입장에 따르면 乙의 상계항변을 인정하여 甲의 청구를 기각한 제1심판결에 대하여 乙만이 항소한 경우 항소법원의 심리 결과 반대채권인 乙의 매매대금채권이 존재하지 않는 것으로 인정되더라도 법원은 불이익 변경의 금지가 적용됨을 이유로 제1심판결을 유지하고 乙의 항소를 기각하는 판결을 하여야 할 것이다.

〈제 1 문 - 2〉

I. 쟁점

甲의 청구가 기각되었으므로 甲에게는 항소의 이익이 인정되는데, 항소법원의 사건처리와 관련하여 항소심의 심판대상 및 범위를 검토하여야 하고, 甲만이 항소한 것과 관련하여 불이익 변경의 금지가 적용되는지와 甲에게 불이익한 것으로 되지 않기 위한 항소법원의 판단을 검토하여야 한다.

II. 항소심의 심판대상 및 범위

1. 불복신청의 범위

항소심은 항소인이 제1심판결의 변경을 구하는 한도, 즉 불복을 신청한 한도 내에서 변론을 진행하여 심리하여야 하고(법 제407조 제1항), 그 한도 내에서 판결하여야 한다(법 제415조 본문).

2. 심판범위의 확장 또는 축소

항소인은 항소의 이익이 있는 한 항소심의 변론이 종결될 때까지 항소취지를 확장하는 등 불복의 범위를 변경할 수 있고, 피항소인은 항소심의 변론이 종결될 때까지 부대항소에 의하여 항소심의 심판범위를 확장할 수 있다.

3. 사안의 경우

乙이 항소도 부대항소도 하지 않았으므로 甲이 불복한 사항만이 항소심의 심판대상이 된다.

Ⅲ. 항소법원의 심판방법

1. 불이익 변경의 금지

가. 의의

항소인이 항소를 제기하면 사건은 전부 확정이 차단되고 항소심으로 이심되지만, 항소법원이 당연히 그 전부에 대하여 심판할 수 있는 것은 아니고 당사자가 항소나 부대항소로 불복을 신청한 범위 내에서만 제1심판결의 당부에 관하여 심판할 수 있다. 따라서 항소법원은 당사자가 불복을 신청한 범위를 넘어 제1심판결을 불이익 또는 이익으로 변경할 수 없게 된다. 이러한 내용의 불이익 변경의 금지는 처분권주의가 상소심에서 발현된 것으로 볼 수 있다.

나. 불이익 변경의 금지가 적용되지 않는 경우

처분권주의가 적용되지 않는 경우, 직권조사사항 등의 경우, 소송목적의 합일확정이 요구되는 경우, 항소심에서 주장된 피고의 상계항변을 인정하는 경우(법 제415조 단서) 등에는 불이익 변경의 금지가 적용되지 않을 수 있다.

2. 불이익 변경 금지의 내용

항소인만이 항소한 경우 항소인이 불복하지 않은 부분을 항소인에게 유리하게 변경할 수 없고, 항소인이 불복한 부분을 항소인에게 불리하게 변경할 수 없다.

가. 이익 변경의 금지

항소인이 불복을 신청하지 않은 사항에 대하여 제1심판결보다 유리한 판결을 할 수 없다. 패소판결 중 일부에 대해서만 불복하여 항소한 때에는 불복하지 않은 나머지 부분이 부당하다고 판단되더라도 항소인에게 유리하게 변경할 수 없다.

나. 불이익 변경의 금지

상대방이 항소를 제기하거나 부대항소를 하지 않은 때에는 제1심판결을 항소인에게 불리하게 변경할 수 없으므로 최악의 경우 항소기각에 그치게 된다.

3. 불이익 변경 여부에 관한 판단기준

가. 원칙

원심의 판결주문과 상급심의 판결주문을 형식적으로 비교하여 불이익 변경 여부를 판단하여야 한다. 따라서 항소법원이 제1심판결의 이유를 항소인에게 불리하게 변경하더라도 원칙적으로 불이익 변경 금지의 위반 여부는 문제되지 않는다.

나. 예외

판결이유 중의 판단이라도 그 판단에 대하여 기판력이 인정되는 등의 경우에는 예외적으로 판결이유 중의 판단도 고려하여 불이익하게 변경된 것인지를 판단한다.

다. 판례의 입장

제1심에서 피고의 상계항변이 인정되어 원고의 청구가 기각된 후에 원고만이 항소한 경우 항소법원의 심리 결과 원고가 주장하는 소구채권이 존재하지 않는 것으로 인정되는 때에는 이유에서의 판단도 고려하여야 하므로 소구채권의 부존재를 이유로 항소를 기각하는 것은 항소한 원고에게 불이익하여 허용되지 않으며, 제1심판결을 취소하고 원고의 청구를 기각하는 판결을 하는 것도 원고에게 불이익하여 허용되지 않는다(대법원 2010. 12. 23. 선고 2010다67258 판결).

4. 피고의 상계항변을 인정하여 원고의 청구를 기각한 제1심판결에 대하여 원고만이 항소하였는데, 항소법원의 심리 결과 원고의 소구채권이 존재하지 않는 것으로 인정되는 경우 항소법원의 판단

가. 원고의 소구채권의 부존재를 이유로 항소를 기각할 수 있는지 여부

원고의 소구채권의 부존재를 이유로 항소를 기각하는 것은 항소를 제기한 원고에게 불이익한 변경에 해당하여 허용되지 않는다.

나. 제1심판결을 취소하고 원고의 청구를 기각할 수 있는지 여부

제1심판결을 취소하고 원고의 청구를 기각하는 것은 항소를 제기한 원고에게 불이익한 변경에 해당하여 허용되지 않는다.

다. 판례의 입장

제1심에서 피고의 상계항변이 인정되어 원고의 청구가 기각된 후에 원고만이 항소하였는데, 항소법원의 심리 결과 원고가 주장하는 소구채권이 존재하지 않는 것으로 인정되는 경우 판결이유에서의 판단도 고려하여야 하므로 소구채권의 부존재를 이유로 항소를 기각하는 것은 항소한 원고에게 불이익하여 허용되지 않는다. 이런 경우에는 제1심판결을 취소하고 원고의 청구를 기각하는 판결을 하는 것도 원고에게 불이익하여 허용되지 않으며, 제1심판결과 같은 이유를 설시하고 항소를 기각하여야 한다(대법원 2010. 12. 23. 선고 2010다67258 판결).

5. 사안의 경우

원심판결의 이유에서 상계항변에 관하여 판단한 때에는 판결이유 중의 판단

도 고려하여 불이익 변경 여부를 판단하는 판례의 입장에 따르면 乙의 상계항
변을 인정하여 甲의 청구를 기각한 제1심판결에 대하여 甲만이 항소하였으므로
불이익 변경의 금지가 적용되는 결과 항소법원은 제1심판결을 유지하고 甲의
항소를 기각하는 판결을 하여야 할 것이다.

Ⅳ. 사례의 정리

제1심에서 청구를 기각당한 甲은 항소의 이익을 가지고, 원심판결의 이유에
서 상계항변에 관하여 판단한 때에는 그러한 판결이유 중의 판단도 고려하여
불이익 변경 여부를 판단하는 판례의 입장에 따르면 乙의 상계항변을 인정하여
甲의 청구를 기각한 제1심판결에 대하여 甲만이 항소한 경우 항소법원의 심리
결과 소구채권인 甲의 대여금반환채권이 존재하지 않는 것으로 인정되더라도
법원은 불이익 변경의 금지가 적용됨을 이유로 제1심판결을 유지하고 甲의 항
소를 기각하는 판결을 하여야 할 것이다.

<제 2 문>

Ⅰ. 쟁점

甲이 乙을 상대로 소유권에 기하여 X 토지의 인도를 구하는 소를 제기하여
제1심에서 패소한 후 항소심에서 乙이 X 토지를 무단으로 점유하고 있음을 이
유로 차임 상당의 손해배상청구에 대한 심판을 구하는 것이 청구의 추가적 변
경의 요건을 구비하였는지를 검토하여야 하고, 항소법원의 심리 결과 X 토지인
도청구와 항소심에서 새로이 추가된 손해배상청구가 모두 이유 없는 것으로 인
정되는 경우 항소법원의 판단을 검토하여야 하며, 상고법원의 사건처리와 관련
해서는 항소법원이 항소심에서 추가된 손해배상청구에 관하여 심판하지 않은
것이 재판의 누락에 해당하는지와 항소심에서 재판이 누락된 청구에 대한 상고
가 적법한지를 검토하여야 한다.

II. 청구의 추가적 변경의 요건 구비 여부

1. 청구의 변경의 의의

원고는 청구의 기초가 바뀌지 않는 한도 내에서 사실심의 변론종결 시(변론 없이 하는 판결의 경우는 판결선고 시)까지 청구를 변경할 수 있다(법 제262조 제1 항). 청구의 변경은 원고가 소 제기 시에 특정하였던 심판의 대상을 소송계속 중에 변경하는 것으로서 소송경제와 분쟁의 일회적 해결을 도모하기 위하여 인정된 것이다.

2. 청구의 변경의 요건

청구의 변경이 허용되기 위해서는 (a) 청구병합의 일반요건을 구비하여야 하고, (b) 기존 소송이 사실심 계속 중 변론종결 전이어야 하며, (c) 청구의 변경을 통해 청구의 기초가 바뀌지 않아야 하고, (d) 청구의 변경으로 인해 소송절차를 현저히 지연시키지 않아야 한다.

구 청구와 신 청구 사이에 어느 정도의 관련성이 있어야 청구의 기초가 바뀌지 않은 것으로 볼 수 있는지와 관련해서는 ① 청구를 특정한 권리로 구성하기 전의 사실적 분쟁이익이 공통되어야 하는 것으로 보는 견해, ② 청구의 발생원인으로서의 기본적 사실이 공통되어야 하는 것으로 보는 견해, ③ 구 청구와 신 청구의 사실자료 사이에 심리의 계속 진행을 정당화할 수 있을 정도의 공통성이 인정되어야 하는 것으로 보는 견해, ④ 구 청구와 신 청구의 재판자료와 구 청구와 신 청구의 이익관계가 공통되어야 하는 것으로 보는 견해 등이 주장되고 있다.

판례는 동일한 생활사실 또는 경제적 이익에 관한 분쟁으로서 그 분쟁 해결 방법에 차이가 있을 뿐일 경우에는 청구의 기초가 바뀌지 않은 것으로 본다(대법원 1998. 4. 24. 선고 97다44416 판결).

3. 청구의 변경의 유형

가. 청구의 교환적 변경

원고가 소송계속 중에 구 청구에 갈음하여 새로운 청구에 대한 심판을 신청하는 것을 청구의 교환적 변경이라고 한다.

나. 청구의 추가적 변경

원고가 소송계속 중에 구 청구에 대한 심판신청을 유지하면서 새로운 청구에 대한 심판을 추가로 신청하는 것을 청구의 추가적 변경이라고 한다. 청구의 추가적 변경은 청구의 단순병합·선택적 병합·예비적 병합의 형태로 이루어질 수 있다. 청구의 추가적 변경에 의해 후발적으로 병합된 청구 간의 관계에 따라 법원의 심판방법이 정해진다.

4. 사안의 경우

甲의 乙을 상대로 한 소유권에 기한 X 토지인도청구와 차임 상당의 손해배상청구는 별개의 소송물을 구성하므로 청구의 추가적 변경에 해당한다. 소유권에 기한 X 토지인도청구와 X 토지에 대한 무단 점유를 이유로 한 차임 상당의 손해배상청구는 같은 생활사실 또는 경제적 이익에 관한 것으로서 분쟁 해결방법만을 달리하는 것으로 볼 수 있으므로 청구의 기초가 바뀌지 않은 것으로 볼 수 있고, 청구의 기초가 바뀌지 않는 때에는 항소심에서도 청구를 추가할 수 있다.

Ⅲ. 항소심에서 청구의 추가적 변경이 이루어진 경우 항소법원의 심판대상 및 방법

1. 항소심에서 청구의 추가적 변경이 이루어진 경우 항소법원의 심판대상

항소심에서 청구의 추가적 변경이 이루어진 때에는 구 청구와 항소심에서 추가된 신 청구가 항소법원의 심판대상이 된다. 항소법원은 청구의 추가적 변경에 의해 후발적으로 병합된 청구 간의 관계에 따라 판단하여야 한다.

2. 항소심에서 청구의 추가적 변경이 이루어진 경우 항소법원의 심판방법

가. 제1심에서 전부 승소한 원고가 항소심에서 청구취지를 확장한 경우

원고가 제1심에서 전부 승소하였더라도 피고가 항소를 제기한 때에는 원고는 항소심에서 청구취지를 확장할 수 있는데, 이런 경우 원고는 그 확장 부분만큼 부대항소를 한 것으로 볼 수 있으므로 항소법원이 제1심법원의 인용금액을 초과하여 원고의 청구를 인용하더라도 불이익 변경의 금지에 반하지 않는다(대법원 1992. 12. 8. 선고 91다43015 판결).

나. 항소심에서 청구의 단순한 추가적 변경이 이루어진 경우

원고가 제1심에서 패소하여 항소하고 항소심에서 새로운 청구를 단순히 추가한 경우 구 청구와 항소심에서 추가된 신 청구가 모두 이유 없는 것으로 인정되는 때에는 항소법원은 구 청구에 대하여는 항소를 기각하는 판결을 하여야 하고, 항소심에서 추가된 신 청구에 대하여는 원고의 청구를 기각하는 판결을 하여야 한다(대법원 2004. 8. 30. 선고 2004다24083 판결).

제1심법원이 구 청구를 일부 인용한 데 대하여 원고와 피고가 모두 항소하고 항소심에서 원고가 구 청구와 논리적 관련성이 없는 청구를 단순히 추가한 경우 항소법원이 구 청구에 대하여는 제1심판결에서 인용된 부분을 넘어 추가로 일부를 더 인용하고, 항소심에서 추가된 청구를 배척하는 때에는 단순히 제1심판결 가운데 항소심이 추가로 인용하는 부분에 해당하는 원고의 패소 부분을 취소하고 원고의 나머지 항소와 피고의 항소를 각 기각한다는 주문표시만을 해서는 안 되고, 이와 함께 항소심에서 추가된 청구에 대하여 "원고의 청구를 기각한다."라는 주문표시를 하여야 한다(대법원 2009. 5. 28. 선고 2007다354 판결[7]).

---

7) 논리적으로 전혀 관계가 없어 순수하게 단순병합으로 청구하여야 하는 여러 개의 청구를 선택적 또는 예비적으로 병합하여 청구하는 것은 부적법하여 허용되지 않고, 따라서 원고가 항소심에서 기존의 청구와 논리적으로 관련성이 없는 청구를 선택적 또는 예비적으로 병합하여 추가하는 내용의 청구원인 변경신청을 한 경우 원심법원이 소송지휘권을 적절히 행사하여 이를 단순병합 청구로 보정하게 하는 등의 조치를 취하지 않고 이와 같은 청구원인 변경신청을 받아들였더라도 그로 인하여 청구의 병합 형태가 적법한 선택적 또는 예비적 병합관계로 바뀔 수 없다.

다. 항소심에서 청구의 선택적·추가적 변경이 이루어진 경우

원고가 제1심에서 전부 승소하고 항소심에서 새로운 청구를 선택적으로 추가한 경우 신 청구가 이유 있는 것으로 인정되는 때에는 항소법원은 결론이 제1심과 동일하더라도 항소기각판결을 해서는 안 되고, 제1심판결을 취소하고 신 청구를 인용하는 판결을 하여야 한다(대법원 2006. 4. 27. 선고 2006다7587·7594 판결).

라. 항소심에서 청구의 예비적·추가적 변경이 이루어진 경우

원고가 제1심에서 패소하여 항소하고 항소심에서 새로운 청구를 예비적으로 추가한 경우 청구기각의 제1심판결이 정당하고 추가된 예비적 청구가 이유 있는 것으로 인정되는 때에는 항소법원은 제1심판결에 대하여는 항소를 기각하는 판결을 하여야 하고, 추가된 신 청구에 대하여는 원고의 청구를 인용하는 판결을 하여야 한다.

3. 사안의 경우

甲은 乙을 상대로 소유권에 기하여 X 토지의 인도를 구하는 소를 제기하였다가 항소심에서 차임 상당의 손해배상청구를 추가하였으므로 양 청구는 모두 항소법원의 심판대상이 된다. 항소법원은 甲의 X 토지인도청구와 항소심에서 추가된 손해배상청구가 모두 이유 없다고 판단하였으므로 X 토지인도청구에 대한 항소를 기각하고, 손해배상청구를 기각하는 판결을 선고하였어야 할 것이다.

IV. 항소법원이 항소심에서 추가된 손해배상청구에 대하여 심판하지 않은 것이 재판의 누락에 해당하는지 여부

1. 재판의 누락의 의의

법원이 소송상 청구의 전부에 대하여 재판할 의사를 가지고 있었으나 본의 아니게 소송상 청구의 일부에 대한 재판을 빠뜨린 경우를 재판의 누락이라고 한다.[8] 재판의 누락이 있는 경우 그 누락된 부분에 대하여 하는 종국판결을 추

---

8) (ⅰ) 재판의 누락은 법원이 그러한 사실을 모르고 한 경우이므로 소송상 청구의 일부에 대하

가판결이라고 한다(법 제212조 제1항).

2. 재판의 누락에 해당하는지에 관한 판단기준

판결서에는 법원의 판단을 분명하게 하기 위하여 결론을 주문에 기재하도록 하고 있으므로 재판의 누락이 있는지는 우선 주문의 기재에 의하여 판단하여야 한다. 판결주문에 기재되어 있는지를 기준으로 하여 판결주문에 기재되어 있지 않으면 판결이유 속에서 판단하고 있더라도 재판의 누락에 해당하고(대법원 2007. 11. 16. 선고 2005두15700 판결), 판결주문에 기재되어 있으면 판결이유 속에서 판단하지 않았더라도 재판의 누락에 해당하지 않는다(대법원 2002. 5. 14. 선고 2001다73572 판결). 다만 청구기각판결의 경우에는 판결주문에 청구 전부에 관한 판단이 기재되어 있는지를 청구취지와 판결이유의 기재를 참작하여 판단하여야 한다(대법원 2003. 5. 30. 선고 2003다13604 판결).

일부판결이 허용되지 않는 경우 소송상 청구에 관한 판단을 누락한 때에는 추가판결로 시정할 수 없고, 상소 또는 재심의 소(제451조 제1항 제9호)로 다투어야 한다(대법원 1998. 7. 24. 선고 96다99 판결; 대법원 2000. 11. 16. 선고 98다22253 전원합의체 판결).

3. 재판의 누락의 소송상 취급

재판의 누락이 있는 부분은 그 사유가 발생한 법원에 계속되어 있으므로(법 제212조 제1항) 원심법원은 직권으로 또는 당사자의 신청에 따라 추가판결로 처리할 수 있다. 재판이 누락된 청구 부분은 상소의 대상이 될 수 없으므로 당사자가 상소를 제기하여 시정을 구할 수 없다(대법원 2007. 11. 16. 선고 2005두15700 판결). 추가판결은 전 판결과는 별개의 판결로서 상소기간도 별개로 진행된다.

종국판결에서 본래 하여야 했던 소송비용의 재판을 누락한 경우에는 청구 일부에 대한 재판을 누락한 경우에 준하여 직권으로 또는 당사자의 신청에 따

여 의도적으로 재판하지 않은 일부판결의 경우와는 다르다(일부판결과의 구별). (ⅱ) 재판의 누락은 종국판결의 주문에서 판단하여야 하는 소송상 청구의 일부에 대한 재판을 빠뜨린 경우이므로 판결의 이유에서 판단하여야 하는 공격방어방법에 관한 판단을 빠뜨린 판단의 누락(법 제451조 제1항 제9호)과는 다르다(판단의 누락과의 구별).

른 결정으로 소송비용에 관한 재판을 하여야 한다(법 제212조 제2항). 다만 종국
판결에 대하여 적법한 항소가 있는 때에는 추가로 이루어진 소송비용의 재판은
효력을 잃고, 항소심에서 소송의 총비용에 대하여 재판을 하여야 한다(법 제212
조 제3항).

　재판상 이혼의 경우 당사자의 청구가 없더라도 법원이 직권으로 미성년자인
자녀에 대한 친권자와 양육자를 정하여야 하고, 법원이 이혼판결을 선고하면서
미성년자인 자녀에 대한 친권자와 양육자를 정하지 않은 때에는 재판을 누락한
것으로 된다(대법원 2015. 6. 23. 선고 2013므2397 판결).

4. 사안의 경우

　항소법원은 X 토지인도청구에 대한 항소를 기각하고 손해배상청구를 기각하
는 판결을 하였어야 함에도 항소를 기각하는 판결만을 하였으므로 손해배상청
구 부분에 대한 재판을 누락한 것으로 된다. 따라서 손해배상청구 부분은 항소
심에 계속되어 있고, 항소법원이 이에 대하여 추가판결을 하여야 할 것이다.

V. 상고법원의 심판

1. 상고심절차

　상고심절차는 상고의 제기에 의하여 개시된다. 상고심절차에는 그 성질에 어
긋나지 않는 범위 안에서 항소심의 소송절차에 관한 규정이 준용되고(법 제425
조; 규칙 제135조), 제1심의 소송절차에 관한 규정도 준용된다(법 제408조; 규칙 제
128조). 상고심절차는 ① 상고인의 상고장 제출,9) ② 재판장 등의 상고장 심
사,10) ③ 법원사무관 등의 소송기록 송부11)와 접수통지, ④ 상고인의 상고이유

---

9) 상고는 상고기간 내에 상고장을 원심법원에 제출함으로써 하여야 한다(법 제425조, 제396조,
　제397조). 상고기간의 준수 여부는 원심법원이 상고장을 접수한 때를 기준으로 판단한다. 상
　고장의 기재는 항소장의 기재에 준하는데, 상고장에 붙여야 할 인지는 소장에 붙일 인지액의
　2배에 해당한다(「민사소송 등 인지법」 제3조 후단).
10) 상고장이 제출되면 원심재판장 등은 상고장을 심사하여야 하는데(법 제425조, 제399조), 상고
　장에 필수적 기재사항(법 제425조, 제397조 제2항)이 기재되어 있는지와 「민사소송 등 인지
　법」에서 정한 인지액이 납부되어 있는지를 심사하여 그 흠이 인정되면 상당한 기간을 정하여
　상고인에게 보정을 명하여야 한다(법 제425조, 제399조 제1항 본문). 원심재판장은 법원사무

서 제출,12) ⑤ 상고법원의 상고요건과 심리속행사유13)의 심사, ⑥ 상고이유의

관 등으로 하여금 위 보정명령을 하게 할 수 있다(법 제425조, 제399조 제1항 후문). 상고인
이 상고장보정명령에 따르지 않은 때에는 원심재판장은 명령으로 상고장을 각하하여야 한다
(법 제425조, 제399조 제1항·제2항). 상고가 상고기간을 경과하여 제기된 때에는 원심재판장
은 명령으로 상고장을 각하하여야 한다(법 제425조, 제399조 제2항). 원심재판장의 상고장각
하명령에 대하여는 즉시항고를 할 수 있다(법 제425조, 제399조 제3항). 원심재판장 등이 상
고장의 형식적 불비를 간과한 경우에는 상고심재판장이 상고장각하명령을 하여야 한다(법 제
425조, 제402조 제1항·제2항).

11) 소송기록이 상고심으로 송부되고 상고심재판장 등이 상고장 심사를 마친 후에는 상고장부본
을 피상고인에게 송달하여야 한다(법 제425조, 제401조).

12) 상고이유서 제출기간 경과 시의 사건처리: 상고인이 상고장에 상고이유를 기재하지 않은 때에는
상고기록의 접수통지를 받은 날부터 20일 이내에 상고법원에 상고이유서를 제출하여야 한다
(법 제427조). 상고이유서를 제출하도록 한 것은 법률심인 상고심에서는 서면심리가 가능하
므로 서면심리에 의하여 사건을 신속하고 경제적으로 처리하기 위한 것이다. 상고인이 제출
기간 내에 상고이유서를 제출하지 않은 때에는 상고법원은 변론 없이 상고를 기각하여야 한
다(법 제429조). 상고인이 상고이유서를 제출하였더라도 상고이유서에 기재되어 있는 상고이
유가 심리속행사유에 해당하지 않는 때에는 상고법원은 더 나아가 심리하지 않고 상고를 기
각하여야 한다(「상고심절차에 관한 특례법」 제4조 제1항). 이런 경우에는 판결을 선고하지
않고 송달로 고지하게 된다(「상고심절차에 관한 특례법」 제5조, 제6조).
당사자가 책임질 수 없는 사유로 말미암아 상고이유서 제출기간을 경과하여 상고기각판결이
확정된 때에는 재심의 소에 의해 구제받을 수 있다. 우편집배원이 착오로 수령권한 없는 사람
에게 소송기록 접수통지서를 배달하여 원고가 이를 송부받지 못한 때에는 원고는 적법하게
소송에 관여할 기회를 부여받지 못하였으므로 민사소송법 제451조 제1항 제3호의 대리권의
흠에 관한 규정을 유추하여 재심의 소를 제기할 수 있다(대법원 1997. 8. 29. 선고 95재누91
판결).
상고이유서 기재와 상고심의 판단대상: 상고법원의 판단대상이 되는 상고이유는 상고이유서 제
출기간 내에 제출된 상고이유에 한하며(법 제430조 제1항, 제431조), 상고이유서 제출기간이
경과한 후에 제출된 것은 이미 제출한 상고이유서를 보충하는 것을 제외하고는 원칙적으로
상고법원의 판단대상이 되지 않는다. 예외적으로 상고이유서 제출기간이 경과한 후에 새로이
발생한 상고이유, 직권으로 조사하여야 하는 사유(법 제429조 단서)는 상고이유서 제출기간
이 경과한 후에도 제출할 수 있다. 상고장에 상고이유의 기재가 없고 상고이유서 제출기간이
경과한 후에 비로소 상고이유서가 제출된 때에는 상고이유 중 직권조사사항에 관한 부분을
제외한 나머지 상고이유는 적법한 상고이유가 되지 못한다(대법원 1998. 6. 26. 선고 97다
42823 판결).
상고인이 상고이유서에 상고이유를 기재하는 때에는 원심판결의 어느 점이 어떻게 법령을 위
반하였는지를 알 수 있도록 구체적이고 명시적인 위반사유, 법령의 조항 또는 내용, 절차위반
의 사실을 표시하여야 하고, 절대적 상고이유의 경우에는 해당 조항과 이에 해당하는 사실을
표시하여야 하며, 판례위반을 주장하는 경우에는 해당 판례를 구체적으로 명시하여야 한다
(규칙 제129조부터 제131조). 상고이유서에 원심판결의 법령위반에 관한 구체적인 이유를 기
재하지 않고 원심에서의 준비서면 기타 서면의 기재 내용을 단순히 원용할 수는 없다(대법원
2001. 3. 23. 선고 2000다29356·29363 판결). 상고이유서에 구체적이고 명시적인 이유의 기
재가 없는 때에는 상고이유서를 제출하지 않은 것(상고이유서의 부제출)으로 취급된다(대법
원 1999. 4. 23. 선고 98다41377 판결).
상고이유서의 송달과 답변서의 제출: 상고법원은 상고이유서의 제출을 받은 때에는 지체 없이

심리 순으로 진행된다.

2. 상고의 적법 여부 심사

상고법원은 상고의 적법요건을 갖추었는지를 직권으로 조사하여야 한다. 조사 결과 상고요건이 흠결된 것으로 인정되는 때에는 상고법원은 상고를 각하하는 판결을 하여야 한다. 상고의 당사자가 될 수 없는 자가 상고를 제기한 경우, 상고의 대상이 될 수 없는 것에 대하여 상고를 제기한 경우, 상고의 이익 없이 상고를 제기한 경우, 불상고합의가 있은 후에 상고를 제기한 경우, 상고권의 포기가 있은 후에 상고를 제기한 경우 등에는 상고가 적법요건을 흠결하여 부적법하게 된다.

상고는 항소심의 종국판결을 대상으로 하여야 하는데, 고등법원이 한 판결과 지방법원 합의부가 제2심으로 한 판결이 상고의 대상이 된다(법 제422조 제1항). 항소심에서 재판이 누락된 경우 그 부분에 관한 소송은 항소심에 계속 중이어서 적법한 상고의 대상이 될 수 없으므로 그 부분에 대한 상고는 부적법하다(대법원 2004. 8. 30. 선고 2004다24083 판결).

피상고인에게 그 부본이나 등본을 송달하여야 한다(법 제428조 제1항). 다만 상고가 부적법하여 각하하는 때에는 상고이유서를 피상고인에게 송달할 필요가 없다. 피상고인은 상고이유서의 부본이나 등본을 송달받은 날부터 10일 이내에 답변서를 제출할 수 있다(법 제428조 제2항). 상고법원은 답변서의 부본이나 등본을 상고인에게 송달하여야 한다(법 제428조 제3항).
13) 상고인이 주장하는 상고이유에 「상고심절차에 관한 특례법」 제4조 제1항에 규정된 심리속행사유가 포함되어 있지 않거나 그러한 심리속행사유가 포함되어 있더라도 상고이유가 그 주장 자체로 보아 이유가 없는 때 또는 원심판결과 관계가 없거나 원심판결에 영향을 미치지 않는 때에는 상고법원은 상고기록을 송부받은 날부터 4개월 이내에 상고기각판결을 하여야 한다(같은 법 제6조 제2항).
심리속행사유는 (i) 원심판결이 헌법을 위반하거나 헌법을 부당하게 해석한 경우(헌법위반이나 헌법의 부당 해석), (ii) 원심판결이 명령, 규칙 또는 처분의 법률위반 여부에 관하여 부당하게 판단한 경우(명령, 규칙 또는 처분의 법률위반 여부에 대한 부당 판단), (iii) 원심판결이 법률, 명령, 규칙 또는 처분에 대하여 대법원판례와 상반되게 해석한 경우(대법원판례 위반), (iv) 법률, 명령, 규칙 또는 처분에 대한 해석에 관하여 대법원판례가 없거나 대법원판례를 변경할 필요가 있는 경우(대법원판례의 부존재 또는 변경의 필요성), (v) 그 밖에 중대한 법령위반에 관한 사항이 있는 경우(중대한 법령위반), (vi) 민사소송법 제424조 제1항 제1호부터 제5호까지에 규정된 사유가 있는 경우(이유불명시와 이유모순을 제외한 절대적 상고이유) 등이다. 중대한 법령위반이 심리속행사유에 해당하는데, 구체적인 사건에서 법령의 중대한 위반이 있는지를 판단함에 있어서는 법령해석 통일의 중요성과 당사자 권리구제의 중요성을 모두 고려하여야 한다.

3. 상고심의 심리

가. 심리의 범위

(1) 상고이유 및 불복신청의 한도

상고법원은 상고인이 주장하는 상고이유에 심리속행사유가 포함된 것으로 인정되는 때에는 상고이유에 관하여 심리를 하여야 한다. 이런 경우 상고법원은 상고이유로 주장된 사항에 한하여 불복을 신청한 한도 내에서 원심판결의 당부를 심리하여야 한다(법 제431조). 상고법원이 원심판결을 변경하는 때에도 당사자가 불복한 범위에 한정된다(법 제425조, 제407조 제1항). 다만 직권조사사항에 대하여는 불이익 변경의 금지가 적용되지 않는다(법 제434조).

(2) 직권조사사항을 제외한 새로운 소송자료의 수집과 사실확정의 불가

상고심은 법률심이므로 직권조사사항을 제외하고는 새로운 소송자료를 수집하거나 사실을 확정할 수 없다. 상고심에서는 새로운 청구에 대한 심판을 신청할 수 없으므로 원고는 청구를 변경할 수 없고, 당사자는 중간확인의 소를 제기할 수 없으며, 피고는 반소를 제기할 수 없다.

나. 심리의 방법

(1) 임의적 변론

상고법원은 상고장, 상고이유서, 답변서, 기타 소송기록에 대한 서면심리만으로 변론 없이 판결할 수 있다(법 제430조 제1항).

(2) 참고인진술 제도

상고법원은 소송관계를 분명하게 하기 위하여 필요한 경우에는 특정한 사항에 관하여 변론을 열어 참고인의 진술을 들을 수 있다(법 제430조 제2항). 참고인진술 제도는 특정 분야의 전문가의 의견을 들어 심증 형성에 도움을 받고자 하는 석명처분(법 제140조)에 해당한다. 변론을 열어 참고인의 진술을 듣는 때에는 당사자를 참여하게 하여야 한다(규칙 제134조 제1항). 대법원에서 변론을 열어 참고인의 진술을 듣는 때에는 「대법원에서의 변론에 관한 규칙」에 따라야 한다.

4. 상고심의 종료

상고심은 소의 취하, 청구의 포기·인낙, 소송상 화해, 종국적 재판에 의하여 종료하게 된다. 심리불속행 상고기각판결은 소송기록을 송부받은 날부터 4개월 이내에 하여야 하고(「상고심절차에 관한 특례법」 제6조 제2항), 그 밖의 상고심판결도 상고기록을 받은 날부터 5개월 이내에 선고하여야 한다(법 제199조 단서). 상고심의 종국적 재판으로는 상고장각하명령, 상고각하판결, 상고기각판결, 상고인용판결 등이 있다.

가. 상고장각하명령

상고심재판장은 상고장에 형식적 불비가 있고 상고인이 그 흠을 보정하지 아니한 때 또는 상고기간을 경과하여 상고가 제기된 것을 원심재판장이 간과한 때에는 명령으로 상고장을 각하하여야 한다(법 제425조, 제402조 제1항·제2항). 상고심재판장의 상고장각하명령에 대하여는 즉시항고를 할 수 없다.

나. 상고각하판결

상고요건에 흠이 있는 경우 상고법원은 판결로 상고를 각하하여야 한다(법 제425조, 제413조). 상고기간을 경과하여 상고가 제기되었으나 원심재판장 또는 상고심재판장이 명령으로 상고장을 각하하지 않았거나 각하할 수 없었던 경우에는 상고법원은 상고를 각하하는 판결을 하여야 한다.

다. 상고기각판결

(1) 상고이유서 부제출 또는 심리불속행으로 인한 상고기각판결

상고인이 상고장에 상고이유를 기재하지 않고 상고이유서 제출기간 내에 상고이유서를 제출하지 않은 때에는 상고법원은 변론 없이 판결로 상고를 기각하여야 한다(법 제429조 본문). 다만 법원이 직권으로 조사하여야 할 사유가 있는 때에는 상고법원은 상고이유서 부제출을 이유로 상고를 기각할 수 없다(법 제429조 단서, 제434조).

상고인이 주장하는 상고이유에 심리속행사유가 포함되어 있지 않는 경우, 심

리속행사유가 포함되어 있더라도 그 주장 자체로 보아 이유가 없거나 원심판결
과 관계가 없거나 원심판결에 영향을 미치지 않는 경우에는 상고법원은 상고기
록을 송부받은 날부터 4개월 이내에 상고기각판결을 하여야 한다(「상고심절차에
관한 특례법」 제4조 제1항·제3항).

상고이유서 부제출 또는 심리불속행으로 인해 상고기각판결을 하는 때에는
판결이유를 기재하지 않을 수 있다(「상고심절차에 관한 특례법」 제5조 제1항). 이러
한 상고기각판결은 선고가 필요하지 않으며, 판결정본이 상고인에게 송달되면
판결의 효력이 발생한다(「상고심절차에 관한 특례법」 제5조 제2항).

(2) 일반적 상고기각판결

원심판결이 정당하여 상고가 이유 없다고 인정되는 때에는 상고법원은 상고
기각의 본안판결을 하여야 한다(법 제425조, 제414조 제1항). 상고인이 주장하는
상고이유가 인정되더라도 다른 이유에 의하여 원심판결이 정당하다고 인정되는
때에도 상고법원은 상고기각판결을 하여야 한다(법 제425조, 제414조 제2항).

라. 상고인용판결

(1) 파기판결

상고가 정당한 이유가 있다고 인정되는 때에는 상고법원은 원심판결을 파기
하여야 한다(법 제436조 제1항). 상고인이 주장하는 상고이유가 정당한 것으로
인정되거나 직권조사사항에 관한 조사 결과 원심판결이 정당하지 않은 것으로
인정되면 상고법원은 원심판결을 파기하여야 한다. 비약상고의 경우 원심판결
의 사실확정이 법률에 어긋난다는 것을 이유로는 원심판결을 파기하지 못한다
(법 제433조).

(2) 환송 또는 이송판결, 자판

(가) 환송 또는 이송판결

상고법원이 원심판결을 파기하는 경우에는 새로운 사실심리가 필요하므로
사건을 원심법원에 환송[14]하거나 원심판결이 전속관할을 위반하여 이루어진 때

---

14) 환송판결의 기속력의 의의: 환송받은 법원이 다시 심판하는 경우 상고법원이 파기이유로 삼은
사실상 및 법률상 판단에 기속되는데(법 제436조 제2항 후문; 법원조직법 제8조), 이를 환송
판결의 기속력이라고 한다. 법령의 해석·적용의 통일, 당사자 간의 법률관계의 안정, 소송경
제 등을 도모하고 심급제도를 유지하기 위하여 환송판결에 기속력을 인정한 것이다.

에는 관할권을 가지는 법원으로 이송하여야 한다(법 제436조 제1항). 항소법원이 항소를 인용하는 경우 스스로 본안판결을 하는 것과 차이가 있다.

기속력의 법적 성질: 환송판결의 기속력의 법적 성질과 관련해서는 ① 중간판결에 대하여 인정되는 기속력과 같은 것으로 보는 견해, ② 확정판결의 기판력과 같은 것으로 보는 견해, ③ 심급제도를 유지하고 효율적으로 운영하기 위하여 상고법원의 판결이 원심법원을 구속하는 특수한 효력으로 보는 견해 등이 주장되고 있다. 판례는 환송판결의 기속력을 법원조직법 제8조와 민사소송법 제436조 제2항 후문에 의하여 인정되는 하급심에 대한 특수한 효력으로 본다(대법원 1995. 2. 14. 선고 93재다27·34 전원합의체 판결).

기속력의 인정 범위: 환송판결의 기속력은 해당 사건에 한하여 환송판결의 이유에 포함된 판단에 대하여 생기고 다른 사건에는 효력이 미치지 않는다. 환송판결의 기속력은 해당 사건에 관해서는 환송을 받은 법원뿐 아니라 그 하급심에도 미치고, 그 사건에 대하여 다시 상고가 제기된 때에는 상고법원에도 미친다. 환송판결의 하급심법원에 대한 기속력을 절차적으로 담보하고 그 취지를 관철하기 위해서는 원칙적으로 하급심법원뿐만 아니라 상고법원 자신도 동일한 사건의 재상고심에서 환송판결의 법률상 판단에 기속되는 것으로 보아야 한다. 다만 환송판결의 기속력은 재상고심의 전원합의체에는 미치지 않는 것으로 보아야 한다. 대법원은 법령의 해석·적용의 통일을 주된 임무로 하는 법원이고, 대법원의 전원합의체는 대법원이 종전에 판시한 법령의 해석·적용에 관한 의견도 스스로 변경할 수 있으므로(법원조직법 제7조 제1항 제3호) 대법원의 전원합의체가 환송판결의 법률상 판단을 변경할 필요가 있다고 인정하는 때에는 종전의 환송판결에 기속되지 않고, 통상적인 법률의 해석·적용에 관한 의견의 변경절차에 따라 환송판결의 법률상 판단을 변경할 수 있는 것으로 보아야 한다(대법원 2001. 3. 15. 선고 98두15597 전원합의체 판결).

기속력의 내용: (ⅰ) 상고심은 사실심이 아니어서 환송받은 법원이 기속되는 상고법원의 사실상 판단은 직권조사사항에 대하여 한 사실상 판단, 절차위반에 관하여 한 사실상 판단, 재심사유에 관하여 한 사실상 판단에 국한되므로 환송받은 법원은 상고법원이 본안에 관하여 한 사실상 판단에는 기속되지 않는다(대법원 1994. 9. 9. 선고 94다20501 판결; 대법원 2000. 4. 25. 선고 2000다6858 판결; 대법원 2011. 12. 22. 선고 2009다75949 판결). 환송받은 법원은 본안에 관하여 새로운 증거에 의하여 새로운 사실을 인정할 수 있다. (ⅱ) 환송받은 법원이 기속되는 상고법원의 법률상 판단은 법령의 해석·적용상의 견해를 의미하는데, 사실에 대한 법률적 평가 또는 판단도 환송받은 법원이 기속되는 법률상 판단에 해당한다(대법원 1983. 6. 14. 선고 82누480 판결). 상고법원이 명시적으로 파기이유로 설시한 법률상 판단뿐 아니라 명시적으로 파기이유로 설시하지는 않았지만 파기이유로 설시한 것과 논리적·필연적 관계에 있는 법률상 판단에 대하여도 기속력이 생긴다(대법원 1991. 10. 25. 선고 90누7890 판결; 대법원 2012. 3. 29. 선고 2011다106136 판결). 다만 상고법원이 원심판결을 파기하면서 부수적으로 지적한 사항이나 파기이유와 논리적·필연적 관계가 없는 사항에 대하여는 기속력이 생기지 않는다(대법원 1997. 4. 25. 선고 97다904 판결; 대법원 2008. 2. 28. 선고 2005다11954 판결).

기속력의 소멸: 환송받은 법원은 변론을 거쳐 새로운 증거나 보강된 증거에 의하여 본안의 쟁점에 관하여 새로운 사실을 인정할 수 있으므로 환송 후의 심리과정에서 당사자의 주장·증명이 새로이 이루어졌거나 보강되어 상고법원의 기속적 판단의 기초가 된 사실관계에 변동이 생긴 때에는 환송판결의 기속력이 소멸하게 된다(대법원 1992. 9. 14. 선고 92다4192 판결; 대법원 2011. 12. 22. 선고 2009다75949 판결).

(나) 자판

확정된 사실에 관한 법령의 해석 또는 적용의 잘못을 이유로 원심판결을 파
기하는 경우 새로운 사실의 확정이 필요하지 않고 원심에서 확정된 사실에 기
초하여 판결할 수 있는 때와 사건이 법원의 권한에 속하지 않거나 그 밖의 소송
요건의 흠을 이유로 원심판결을 파기하는 때에는 상고법원은 사건에 대하여 종
국판결을 하여야 한다(법 제437조). 이런 경우에는 소송경제 등을 고려하여 상고
법원으로 하여금 원심법원에 갈음하여 판단하도록 한 것이다.

(3) 환송 후의 심리절차

환송판결이 선고되면 사건은 환송받은 법원에 계속하게 되므로 환송받은 법
원은 새로 변론을 열어 심판하여야 한다(법 제436조 제2항 전문). 환송 후의 항소
심의 변론은 환송 전의 변론을 재개하여 속행하는 것이다. 다만 환송 후의 항소
심은 새로 재판부를 구성하여야 하므로(법 제436조 제3항) 반드시 변론의 갱신절
차를 밟아야 한다(법 제204조 제2항).

변론이 갱신되면 환송 전의 소송자료와 증거자료는 환송 후의 재판자료가
될 수 있고, 그 후의 속행절차에서는 해당 심급에서 할 수 있는 일체의 소송행
위(청구나 항소의 변경, 반소의 제기, 부대항소, 새로운 공격방어방법의 제출 등)를 할
수 있다(대법원 2013. 2. 28. 선고 2011다31706 판결). 이로 인해 환송 후의 판결이
환송 전의 원심판결보다 상고인에게 불리하게 변경될 수도 있다(대법원 1991.
11. 22. 선고 91다18132 판결; 대법원 2014. 6. 12. 선고 2014다11376·11383 판결). 또
한 환송판결에서 판단을 받지 않은 사항에 대하여는 환송 전의 원심판결과 다
른 판단을 할 수도 있다.

환송 후 항소심의 심판대상이 되는 것은 원심판결 가운데 파기되어 환송된
부분에 한정된다. 따라서 원심판결에 대하여 당사자가 불복한 부분 가운데 상고
법원이 상고가 이유 없다고 하여 기각한 부분, 당사자가 불복한 부분 가운데 상
고법원이 파기·자판한 부분, 당사자가 불복하지 아니하여 상고심의 심판대상이
되지 않은 부분은 상고심판결의 선고와 동시에 확정되므로(대법원 2004. 6. 10.
선고 2004다2151·2168 판결) 환송 후 항소심의 심판대상이 되지 않는다(대법원
2014. 6. 12. 선고 2014다11376·11383 판결).

환송 전의 원심판결에 관여한 판사는 환송 후의 재판에 관여할 수 없다(법 제

436조 제3항). 원심판결에 관여한 판사란 해당 상고인용판결에 의하여 파기된 원심판결에 관여한 판사만을 의미하고, 그 이전에 파기되었던 원심판결에 관여한 판사는 이에 포함되지 않는다(대법원 1973. 11. 27. 선고 73다763 판결).

5. 사안의 경우

甲의 X 토지인도청구에 대한 상고는 항소기각판결이라는 항소심의 종국판결에 대한 상고로서 상고의 대상적격은 인정되지만, 이에 대한 항소심판결이 정당하여 상고가 이유 없는 것으로 인정되었으므로 상고법원은 이에 대한 상고를 기각하는 판결을 하여야 할 것이다.

甲의 손해배상청구에 대한 상고는 항소심에 계속 중인 청구에 대한 상고로서 상고의 대상적격이 인정되지 않으므로 상고법원은 이에 대한 상고를 각하하는 판결을 하여야 할 것이다.

VI. 사례의 정리

甲이 乙을 상대로 소유권에 기하여 X 토지의 인도를 구하는 소를 제기하였다가 항소심에서 차임 상당의 손해배상청구를 단순 추가하였으므로 구 청구인 X 토지인도청구와 항소심에서 추가된 손해배상청구가 모두 항소심의 심판대상이 되었음에도 항소법원이 항소를 기각하는 판결만을 한 것은 손해배상청구에 대한 재판을 누락한 경우에 해당한다.

甲은 X 토지인도청구와 손해배상청구에 대하여 상고를 제기하였으나 항소심에서 재판을 누락한 손해배상청구 부분은 상고의 대상적격을 흠결하여 이에 대한 상고는 부적법하므로 상고법원은 손해배상청구에 대한 상고를 각하하는 판결을 하여야 하고, X 토지인도청구 부분에 대한 상고는 항소기각판결에 대한 상고로서 상고의 대상적격은 인정되지만, 상고법원의 심리 결과 상고가 이유 없는 것으로 인정되었으므로 법원은 X 토지인도청구에 대한 상고를 기각하는 판결을 하여야 할 것이다.

〈제 3 문〉

Ⅰ. 쟁점

甲이 乙을 상대로 X 토지에 관한 乙 명의 소유권이전등기의 말소등기절차의 이행을 구하는 소를 제기하여 제1심에서 패소한 후 항소심에서 주위적으로 X 토지에 관한 乙 명의 소유권이전등기의 말소등기절차의 이행을 구하고, 예비적으로 X 토지에 관한 시효취득을 원인으로 한 소유권이전등기절차의 이행을 구하는 것이 청구의 예비적·추가적 변경의 요건을 구비하였는지를 검토하여야 하고, 항소법원의 심리 결과 원고의 청구를 기각한 제1심판결이 정당하고 항소심에서 추가된 예비적 청구가 이유 있는 것으로 인정되는 경우 항소법원의 판단과 관련해서는 항소법원의 심판대상과 방법을 검토하여야 한다.

Ⅱ. 청구의 예비적·추가적 변경의 요건 구비 여부

1. 청구의 변경

가. 의의

원고는 청구의 기초가 바뀌지 않는 한도 내에서 사실심의 변론종결 시(변론 없이 하는 판결의 경우는 판결선고 시)까지 청구를 변경할 수 있다(법 제262조 제1항). 청구의 변경은 원고가 소 제기 시에 특정하였던 심판의 대상을 소송계속 중에 변경하는 것으로서 소송경제와 분쟁의 일회적 해결을 도모하기 위하여 인정된 것이다.

나. 요건

청구의 변경이 허용되기 위해서는 (a) 청구병합의 일반요건을 구비하여야 하고, (b) 기존 소송이 사실심 계속 중 변론종결 전이어야 하며, (c) 청구의 변경을 통해 청구의 기초가 바뀌지 않아야 하고, (d) 청구의 변경으로 인해 소송절차를 현저히 지연시키지 않아야 한다.

구 청구와 신 청구 사이에 어느 정도의 관련성이 있어야 청구의 기초가 바뀌지 아니한 것으로 볼 수 있는지와 관련해서는 ① 청구를 특정한 권리로 구성하기 전의 사실적 분쟁이익이 공통되어야 하는 것으로 보는 견해, ② 청구의 발생원인으로서의 기본적 사실이 공통되어야 하는 것으로 보는 견해, ③ 구 청구와 신 청구의 사실자료 사이에 심리의 계속 진행을 정당화할 수 있을 정도의 공통성이 인정되어야 하는 것으로 보는 견해, ④ 구 청구와 신 청구의 재판자료와 구 청구와 신 청구의 이익관계가 공통되어야 하는 것으로 보는 견해 등이 주장되고 있다.

판례는 동일한 생활사실 또는 경제적 이익에 관한 분쟁으로서 그 분쟁 해결방법에 차이가 있을 뿐일 경우에는 청구의 기초가 바뀌지 않은 것으로 본다(대법원 1998. 4. 24. 선고 97다44416 판결).

다. 유형

(1) 청구의 교환적 변경

원고가 소송계속 중에 구 청구에 갈음하여 새로운 청구에 대한 심판을 신청하는 것을 청구의 교환적 변경이라고 한다.

(2) 청구의 추가적 변경

원고가 소송계속 중에 구 청구에 대한 심판신청을 유지하면서 새로운 청구에 대한 심판을 추가로 신청하는 것을 청구의 추가적 변경이라고 한다. 청구의 추가적 변경은 청구의 단순병합·선택적 병합·예비적 병합의 형태로 이루어질 수 있다. 청구의 추가적 변경에 의해 후발적으로 병합된 청구 간의 관계에 따라 법원의 심판방법이 정해진다.

라. 사안의 경우

X 토지에 관한 乙 명의 소유권이전등기의 말소등기청구와 X 토지에 관한 시효취득을 원인으로 한 소유권이전등기청구는 별개의 소송물을 구성하므로 청구의 추가적 변경에 해당한다. 동일한 X 토지에 관한 소유권에 기한 乙 명의 소유권이전등기의 말소등기청구와 시효취득을 원인으로 한 소유권이전등기청구는 같은 생활사실 또는 경제적 이익에 관한 것으로서 분쟁 해결방법만을 달리하는 것으로 볼 수 있으므로 청구의 기초가 바뀌지 않은 것으로 볼 수 있고, 청구의 기초가 바뀌지 않는 때에는 항소심에서도 청구를 추가할 수 있다.

甲이 항소심에서 청구를 예비적으로 추가하였으므로 후발적으로 이루어진 청구의 병합 형태가 청구의 예비적 병합에 해당하는지를 검토하여야 한다.

2. 청구의 예비적 병합

가. 의의

양립할 수 없는 여러 개의 청구에 대한 심판을 구하면서 주위적 청구에 관한 소가 각하되거나 주위적 청구가 기각될 것에 대비하여 예비적 청구에 대하여 심판을 구하는 형태의 병합을 청구의 예비적 병합이라고 한다. 청구의 예비적 병합은 주위적 청구가 인용될 것을 해제조건으로 하여 예비적 청구에 대하여 심판을 구하는 것이다.

나. 요건

청구의 예비적 병합이 허용되기 위해서는 주위적 청구와 예비적 청구가 같은 소송절차에서 심판받을 수 있어야 하고(소송절차의 공통), 각 청구에 대하여 법원에 관할권이 인정되어야 하며(관할의 공통), 양 청구가 서로 양립할 수 없는 관계에 있어야 하고, 양 청구 간에 심판의 순위가 정해져 있어야 하며, 양 청구의 기초되는 사실관계가 서로 관련성이 있어야 한다.

다. 법원의 심판방법

청구의 예비적·추가적 변경이 이루어진 때에는 법원은 청구의 예비적 병합에 관한 심판방법과 동일하게 심판한다.

(1) 변론의 분리와 일부판결의 불가

청구의 예비적 병합의 경우에는 여러 개의 청구가 하나의 소송절차에 불가분적으로 결합되어 있으므로 변론의 분리와 일부판결을 할 수 없는 것으로 해석된다. 법원은 한 개의 전부판결을 하여야 한다.

(2) 법원의 판단

주위적 청구가 인용되는 때에는 예비적 청구는 법원의 심판대상이 되지 않지만, 주위적 청구가 기각되는 때에는 법원은 예비적 청구에 대하여 심판하여야 한다. 주위적 청구를 기각하고 예비적 청구를 인용하는 때에는 판결주문에서 먼저 주위적 청구를 기각하는 표시를 한 후에 예비적 청구를 인용하는 표시를 한다.

3. 사안의 경우

甲은 X 토지에 관한 乙 명의 소유권이전등기의 말소등기청구가 배척될 경우를 대비하여 X 토지에 관한 시효취득을 원인으로 한 소유권이전등기청구에 대하여 심판을 구하고 있으므로 청구의 예비적·추가적 변경에 해당한다. 청구의 예비적·추가적 변경이 이루어진 때에는 법원은 청구의 예비적 병합에 관한 심판방법에 따라 심판하여야 한다.

Ⅲ. 항소심에서 청구의 예비적·추가적 변경이 이루어진 경우 항소법원의 심판대상 및 방법

1. 항소심에서 청구의 추가적 변경이 이루어진 경우 항소법원의 심판대상

항소심에서 청구의 추가적 변경이 이루어진 때에는 구 청구와 항소심에서 추가된 신 청구가 항소법원의 심판대상이 된다. 항소법원은 청구의 추가적 변경에 의해 후발적으로 병합된 청구 간의 관계에 따라 판단하여야 한다.

2. 항소심에서 청구의 예비적·추가적 변경이 이루어진 경우 항소법원의 심판방법

원고가 제1심에서 패소하여 항소하고 항소심에서 새로운 청구를 예비적으로 추가한 경우 청구기각의 제1심판결이 정당하고 추가된 예비적 청구가 이유 있는 것으로 인정되는 때에는 항소법원은 제1심판결에 대하여는 항소를 기각하는 판결을 하여야 하고, 추가된 신 청구에 대하여는 원고의 청구를 인용하는 판결을 하여야 한다.

3. 사안의 경우

甲이 항소심에서 X 토지에 관한 시효취득을 원인으로 한 소유권이전등기청구를 예비적으로 추가하였으므로 甲이 항소한 제1심판결의 대상인 X 토지에 관한 乙 명의 소유권이전등기의 말소등기청구뿐 아니라 甲이 항소심에서 추가한

X 토지에 관한 시효취득을 원인으로 한 소유권이전등기청구도 항소법원의 심판대상이 된다.

항소법원의 심리 결과 주위적 청구인 X 토지에 관한 乙 명의 소유권이전등기의 말소등기청구는 이유 없고 예비적 청구인 X 토지에 관한 시효취득을 원인으로 한 소유권이전등기청구가 이유 있는 것으로 인정되었으므로 법원은 주위적 청구를 기각한 제1심판결은 정당하고 이에 대한 甲의 항소가 이유 없다고 하여 甲의 항소를 기각하는 판결을 하여야 하고, 甲의 예비적 청구는 이유 있다고 하여 乙로 하여금 甲에게 시효취득을 원인으로 한 소유권이전등기절차를 이행할 것을 명하는 판결을 하여야 할 것이다.

IV. 사례의 정리

甲이 乙을 상대로 X 토지에 관한 乙 명의 소유권이전등기의 말소등기절차의 이행을 구하는 소를 제기하였다가 항소심에서 주위적으로 X 토지에 관한 乙 명의 소유권이전등기의 말소등기절차의 이행을 구하고, 예비적으로 X 토지에 관한 시효취득을 원인으로 한 소유권이전등기절차의 이행을 구하는 신청을 하였으므로 甲은 항소심에서 청구를 예비적·추가적으로 변경한 것으로 볼 수 있다. 청구의 예비적·추가적 변경이 있는 경우 법원은 청구의 예비적 병합에 관한 심판방법에 따라 판단하여야 한다.

항소법원의 심리 결과 X 토지에 관한 乙 명의 소유권이전등기의 말소등기청구는 이유 없고, X 토지에 관한 시효취득을 원인으로 한 소유권이전등기청구가 이유 있는 것으로 인정되었으므로 甲의 X 토지에 관한 乙 명의 소유권이전등기의 말소등기청구를 기각한 제1심판결은 정당하고, 따라서 이에 대한 甲의 항소는 이유가 없으므로 항소법원은 주위적 청구에 대한 甲의 항소를 기각하는 판결을 하여야 하고, 항소심에서 추가된 예비적 청구인 X 토지에 관한 시효취득을 원인으로 한 소유권이전등기청구를 인용하는 판결을 하여야 할 것이다.

〈제 4 문〉

I. 쟁점

乙의 항소 취하의 효력이 다투어지고 있으므로 환송 후의 항소심에서 항소를 취하할 수 있는지와 항소를 취하하는 경우 상대방의 동의가 필요한지를 검토하여야 하고, 환송 후의 항소심에서 항소가 취하된 경우 피항소인이 환송 전에 한 부대항소의 효력이 소멸하는지를 검토하여야 하며, 항소법원의 사건처리와 관련해서는 항소 취하의 효력과 당사자 간에 항소 취하의 효력이 다투어지는데 법원의 심리 결과 항소 취하의 효력이 인정되는 경우 법원이 취하여야 할 조치를 검토하여야 한다.

II. 환송 후 항소심에서 乙이 한 항소 취하의 효력 인정 여부

1. 항소의 취하

가. 의의

항소의 취하는 항소의 신청을 철회하는 항소인의 단독적 소송행위이다.[15] 항소인이 항소를 취하하면 항소를 제기하지 않았던 것으로 되므로 원고가 제기한 소 자체를 철회하는 소의 취하(법 제266조 제1항)나 항소할 권리를 소멸시키는 항소권의 포기(법 제394조)와는 다르다. 항소의 취하는 항소법원에 대한 의사표시이므로 소송 밖에서 피항소인에게 항소 취하의 의사표시를 하더라도 항소 취하로서 효력이 발생하지 않는다.

나. 시기

항소인은 항소 제기 후 항소심의 종국판결이 선고되기 전까지 항소를 취하

---

15) 항소의 취하는 항소인의 단독적 소송행위이므로 소송행위로서의 유효요건을 갖추어야 한다. 의사무능력자가 한 항소의 취하는 효력이 인정되지 않는다. 항소의 취하에는 조건을 붙일 수 없고, 착오, 사기, 강박 등과 같은 행위자의 주관적 의사의 하자를 이유로 그 행위의 무효 또는 취소를 주장할 수 없다. 형사상 처벌받을 다른 사람의 행위로 말미암아 항소가 취하된 때에는 민사소송법 제451조 제1항 제5호의 재심사유에 관한 규정을 유추하여 항소 취하의 효력을 다툴 수 있다.

할 수 있다(법 제393조 제1항). 소의 취하를 종국판결의 확정시까지 할 수 있는 것(법 제266조 제1항)과 다르다. 항소심의 종국판결이 선고되기 전까지만 항소를 취하할 수 있도록 한 것은 항소인이 피항소인의 부대항소로 인해 항소심에서 제1심판결보다 불리한 판결을 선고받은 후에 항소를 취하하여 더 유리한 제1심판결을 선택하고 제2심판결을 백지화하는 것을 방지하기 위한 것이다.

다. 방식

항소의 취하에는 소의 취하에 관한 민사소송법 제266조 제3항부터 제5항까지의 규정이 준용되며(법 제393조 제2항), 서면으로 항소를 취하하는 때에는 항소 취하서가 법원에 제출된 때에 항소 취하의 효력이 발생한다. 항소의 취하는 항소법원에 하는 것이 원칙이지만, 소송기록이 아직 원심법원에 있는 때에는 원심법원에 항소 취하의 의사표시를 하여야 한다(규칙 제126조).

항소불가분의 원칙에 의해 항소 제기의 효력이 제1심판결 전부에 대하여 미치므로 항소의 일부 취하는 허용되지 않는다.

2. 환송 후 항소심에서 항소를 취하할 수 있는지 여부

항소인은 항소심의 종국판결이 선고되기 전까지 항소를 취하할 수 있는데(법 제393조 제1항), 항소심의 종국판결이 선고된 후라도 그 판결이 상고심에서 파기·환송된 때에는 환송 후의 항소심에서 새로운 종국판결이 선고되기 전이면 항소인은 항소를 취하할 수 있다.

항소심에서 종국판결이 선고된 후에도 그 종국판결이 상고심에서 파기되어 사건이 항소심에 환송된 경우에는 환송 전의 종국판결은 효력을 잃고 그 종국판결이 없었던 것과 같은 상태로 돌아가게 되므로 항소인은 피항소인이 부대항소를 하였는지에 상관없이 환송 후 항소심에서 새로운 종국판결이 선고되기 전까지는 항소를 취하할 수 있고, 이로 인해 피항소인이 환송 전에 한 부대항소의 이익을 잃게 되더라도(법 제404조 본문) 피항소인의 부대항소의 이익은 본래 항소인의 항소에 의존한 것으로서 주된 항소의 취하로 인해 소멸하게 되는 것은 어쩔 수 없는 일이므로 피항소인이 환송 전에 부대항소를 하였더라도 항소인은 환송 후 항소심에서 항소를 취하할 수 있다(대법원 1995. 3. 10. 선고 94다51543 판결).

3. 항소 취하 시 상대방의 동의 필요 여부

항소의 취하에는 피고가 본안에 관하여 응소한 후 원고가 소를 취하하는 경우 피고의 동의를 받도록 요구하는 민사소송법 제266조 제2항이 준용되지 않으므로(법 제393조 제2항) 항소인이 항소를 취하하는 때에는 상대방의 동의가 필요하지 않다. 피항소인이 항소의 취하에 동의하지 않더라도 항소인이 항소 취하의 요건을 갖추어 항소를 취하하면 항소 취하의 효력이 발생한다.

4. 사안의 경우

상고심에서 항소심판결이 파기·환송된 때에는 항소심판결이 없었던 것과 같은 상태로 돌아가며, 피항소인이 환송 전에 부대항소를 하였더라도 항소인이 환송 후 항소심에서 항소를 취하할 수 있는 것으로 보는 판례의 입장에 따르면 乙은 항소를 취하할 수 있고, 항소를 취하하는 때에는 피항소인의 동의가 필요하지 않으므로 甲이 乙의 항소 취하에 동의하지 않더라도 항소 취하의 효력이 인정될 것이다.

Ⅲ. 환송 후 항소심에서 주된 항소가 취하된 경우 환송 전에 한 부대항소의 효력 소멸 여부

1. 부대항소의 의의 및 법적 성질

가. 의의

피항소인이 항소인의 항소에 의하여 개시된 항소심절차에 편승하여 자기에게 유리하게 항소심의 심판범위를 확장하는 신청을 부대항소라고 한다. 항소인이 항소심에서 심판범위를 확장할 수 있는 것과 균형을 맞추기 위하여 피항소인도 부대항소에 의해 심판범위를 확장할 수 있도록 하고, 부대항소를 허용함으로써 항소인이 불복하지 않은 부분뿐 아니라 제1심판결의 대상이 아니었던 사항도 항소심의 심판범위에 포함시킴으로써 소송경제를 도모하기 위하여 부대항소를 인정한 것이다.

나. 법적 성질

① 부대항소를 항소로 보는 견해에 따르면 부대항소도 항소이므로 항소의 이익이 없으면 부대항소가 부적법하고, 제1심에서 전부 승소한 당사자는 항소심에서 청구를 확장하거나 반소를 제기하기 위하여 부대항소를 할 수 없는 데 반하여, ② 부대항소를 항소와는 다른 성질을 가지는 것으로 보는 견해에 따르면 부대항소는 공격적 신청이나 특수한 구제방법일 뿐 항소가 아니므로 항소의 이익과는 무관하게 신청할 수 있고 제1심에서 전부 승소한 피항소인도 청구를 확장하거나 반소를 제기하기 위하여 부대항소를 할 수 있다.

판례는 제1심에서 전부 승소한 원고도 항소심 계속 중에 그 청구취지를 확장하거나 변경할 수 있고, 그것이 피고에게 불리하게 되는 한도 내에서는 부대항소를 한 취지로 볼 수 있다(대법원 1995. 6. 30. 선고 94다58261 판결)는 입장이다.

부대항소에 의하여 항소심절차가 개시되는 것은 아니고 항소인의 항소에 편승하는 것이므로 부대항소를 항소로 볼 것은 아니다.

2. 부대항소의 요건

가. 주된 항소의 적법 및 부대항소의 당사자

부대항소가 허용되기 위해서는 주된 항소가 적법하게 계속되어 있어야 하고, 주된 항소의 피항소인(또는 보조참가인)이 항소인을 상대로 부대항소를 하여야 한다(법 제403조).[16]

통상공동소송의 경우에는 항소인이 아닌 다른 공동소송인이나 피항소인이 아닌 다른 공동소송인의 판결 부분은 공동소송인 독립의 원칙에 의하여 분리·확정된다. 따라서 통상공동소송인의 상대방이 공동소송인 가운데 한 사람에 대해서만 항소한 때에는 피항소인이 아닌 다른 공동소송인은 부대항소를 할 수 없고, 통상공동소송인 가운데 한 사람만이 항소한 때에는 피항소인은 항소인이 아닌 다른 공동소송인을 상대로 부대항소를 할 수 없다.[17]

---

16) 당사자 쌍방이 모두 항소를 제기한 경우에는 당사자 일방은 상대방의 항소에 부대항소를 할 수 없다.

17) 통상공동소송에서 공동소송인의 일부만이 상고를 제기한 때에는 피상고인은 상고인인 공동소

나. 부대항소의 시기

피항소인은 항소심의 변론이 종결될 때까지 부대항소를 할 수 있다(법 제403조).18) 항소장부본이 피항소인에게 송달되기 전이라도 피항소인은 부대항소를 할 수 있다. 피항소인이 부대항소를 하였다가 취하하더라도 항소심의 변론이 종결되기 전에는 다시 부대항소를 할 수 있다.

피항소인은 항소기간의 경과나 항소권의 포기 또는 상실로 인하여 자신의 항소권이 소멸한 후에도 항소심의 변론이 종결될 때까지는 부대항소를 할 수 있다. 다만 피항소인이 부대항소권을 포기한 때에는 부대항소를 할 수 없다.

다. 부대항소의 범위

피항소인이 부대항소를 할 수 있는 범위는 항소인이 주된 항소로 불복을 신청한 범위에 한정되지 않는다. 부대항소는 피항소인의 항소권이 소멸하여 독립해서는 항소할 수 없게 된 후에도 상대방이 제기한 항소의 존재를 전제로 이에 부대하여 원판결을 자기에게 유리하게 변경을 구하는 제도이므로 피항소인이 부대항소를 할 수 있는 범위는 항소인이 주된 항소로 불복을 신청한 범위에 의해 제한받지 않는다(대법원 2003. 9. 26. 선고 2001다68914 판결).

3. 부대항소의 방식

부대항소의 방식에는 항소에 관한 규정이 준용된다(법 제405조). 부대항소장이라는 서면을 법원에 제출하여야 하지만, 변론에서 말로 부대항소를 하더라도 상대방이 이의권을 포기하거나 상실하면 적법하게 될 수 있다(법 제151조). 제1심에서 전부 승소한 당사자는 독립된 항소를 제기할 수는 없지만, 청구를 변경하거나 반소를 제기하기 위하여 부대항소를 할 수 있는데, 이런 경우 부대항소장을 제출하지 않고 청구취지확장서나 반소장을 제출하더라도 상대방에게 불리하게 되는 한도 내에서는 부대항소장으로서의 실질을 가지는 것으로 볼 수 있

송인 외의 다른 공동소송인을 상대방으로 하거나 상대방으로 추가하여 부대상고를 할 수 없다(대법원 1994. 12. 23. 선고 94다40734 판결).

18) 부대상고를 할 수 있는 기한은 항소심의 변론종결 시에 상응하는 상고이유서 제출기간이 만료될 때까지이다(대법원 2007. 4. 12. 선고 2006다10439 판결).

다(대법원 1995. 6. 30. 선고 94다58261 판결).

부대항소도 취하할 수 있는데, 부대항소의 취하에는 상대방의 동의가 필요하지 않고 취하서를 제출한 경우에는 그 서면을 법원에 제출한 때에 취하의 효력이 발생한다.

4. 부대항소의 효력

가. 불이익 변경의 금지와의 관계

피항소인의 부대항소에 의하여 항소법원의 심판범위가 확대되어 항소법원은 피항소인이 불복한 사항에 대하여도 심판하여야 한다. 항소심에서의 변론은 원칙적으로 항소인이 제1심판결의 변경을 구하는 범위에 국한되어 항소인에게 제1심판결보다 불리한 판결을 할 수 없지만(법 제407조 제1항, 제415조 본문), 피항소인이 부대항소를 한 경우에는 항소인에게 불리하게 변경될 수도 있다.

피고만이 항소한 항소심에서 원고가 청구취지를 확장하거나 변경한 때에는 이로 인해 피고에게 불리하게 되는 한도에서 부대항소를 한 취지로 볼 수 있으므로 항소심이 제1심판결의 인용금액을 초과하여 원고의 청구를 인용하더라도 불이익 변경의 금지에 반하지 않는다(대법원 2000. 2. 25. 선고 97다30066 판결).

나. 부대항소의 종속성

(1) 주된 항소 취하로 인한 부대항소의 효력 상실

부대항소는 항소인의 항소에 의해 개시된 항소심절차에 편승하는 부수적 신청이므로 항소인이 항소를 취하하거나 항소가 각하된 때에는 부대항소도 효력을 잃게 된다(법 제404조 본문).

(2) 부대항소가 이루어진 항소심의 종국판결에 대하여 상고가 제기되어 항소심판결이 파기·환송된 후의 항소심에서 항소가 취하된 경우 부대항소의 효력 소멸 여부

항소인은 항소심의 종국판결이 선고되기 전까지 항소를 취하할 수 있는데(법 제393조 제1항), 항소심에서 종국판결이 선고된 후에도 그 종국판결이 상고심에서 파기되어 사건이 항소심에 환송된 때에는 환송 전의 종국판결은 효력을 잃고 그 종국판결이 없었던 것과 같은 상태로 돌아가게 되므로 항소인은 피항소인이 부대항소를 하였는지에 상관없이 환송 후 항소심에서 새로운 종국판결이 선고되기 전까지는 항소를 취하할 수 있고, 이로 인해 피항소인이 환송 전에 한 부대항소의 이익을 잃게 되더라도(법 제404조 본문) 피항소인의 부대항소의 이익은 본래 항소인의 항소에 의존한 것으로서 주된 항소의 취하로 인해 소멸하게 되는 것은 어쩔 수 없는 일이므로 피항소인이 환송 전에 부대항소를 하였더라도 항소인이 환송 후 항소심에서 한 주된 항소 취하의 효력은 인정된다(대법원 1995. 3. 10. 선고 94다51543 판결).

(3) 독립 부대항소

부대항소인이 항소할 수 있는 기간 내에 불복한 때에는 항소인의 항소가 취하 또는 각하되더라도 영향을 받지 않고 독립된 항소로 취급받게 되는데(법 제404조 단서), 이를 독립 부대항소라고 한다. 독립 부대항소는 독립된 항소로서의 요건을 갖추어야 하므로 항소의 이익이 있어야 하고 항소기간이 경과하였거나 항소권을 포기한 경우에 해당해서는 안 된다.

5. 사안의 경우

항소기간이 경과한 후에 항소장을 제출한 甲의 행위는 乙의 항소 제기로 개시된 항소심절차에 편승한 부대항소에 해당한다. 항소심에서 종국판결이 선고된 후에도 그 종국판결이 상고심에서 파기·환송된 때에는 항소인은 피항소인이 환송 전에 부대항소를 하였는지에 상관없이 환송 후 항소심에서 항소를 취하할 수 있고, 이러한 항소 취하로 인해 부대항소의 효력이 상실되는 것으로 보는 판례의 입장에 따르면 乙의 항소 취하로 인해 甲의 부대항소의 효력은 소멸할 것이다.

IV. 항소법원의 처리방법

1. 항소 취하의 효과

가. 항소기간의 경과 전에 항소가 취하된 경우

항소기간이 경과하기 전에 항소가 취하된 때에는 원심판결은 확정되지 않고, 항소가 취하된 후에도 항소기간이 경과하기 전이면 상대방은 물론 항소인도 다시 항소를 제기할 수 있다(대법원 2016. 1. 14. 선고 2015므3455 판결). 이런 점에서 항소권의 포기 후에는 다시 항소할 수 없는 항소권의 포기와 차이가 있다.

나. 항소기간의 경과 후에 항소가 취하된 경우

항소기간이 경과한 후에 항소가 취하된 때에는 항소의 취하로 인해 항소는 소급하여 효력을 잃게 되고 항소심절차가 종료하게 된다(법 제393조 제2항, 제267조 제1항). 원심판결을 소급적으로 소멸시키는 소 취하의 경우와는 달리 항소의 취하는 원심판결 자체에는 영향을 미치지 않고, 항소의 취하로 인해 원심판결이 확정된다. 다만 판결선고 후에 판결정본이 당사자에게 송달되지 않은 때에는 불변기간인 상소기간이 진행되지 않으므로 당사자가 판결정본을 송달받기 전에 상소를 제기하였다가 이를 취하하더라도 판결은 확정되지 않는다(대법원 1991. 4. 23. 선고 90다14997 판결).

항소심에서 청구가 교환적으로 변경되면 청구의 교환적 변경으로 인해 구 청구에 관한 소가 취하된 것으로 보는 판례(대법원 1995. 1. 24. 선고 93다25875 판결)의 입장에 따르면 항소심에서 청구를 교환적으로 변경한 후에 항소를 취하한 때에는 그 대상이 이미 소멸하였기 때문에 항소 취하의 효력이 발생하지 않는다.

2. 당사자 간에 항소 취하의 효력이 다투어지는데 법원의 심리 결과 항소 취하의 효력이 인정되는 경우 법원의 조치

당사자 간에 항소 취하의 효력이 다투어지는 경우 법원의 심리 결과 항소 취하의 효력이 있는 것으로 인정되는 때에는 법원은 항소의 취하로 인해 제1심판결이 확정됨으로써 소송이 종료되었음을 확인하는 의미에서 소송종료선언을 하여야 한다.

3. 사안의 경우

乙은 항소기간이 경과한 후에 항소 취하의 요건을 갖추어 항소를 취하하였으므로 乙의 항소 취하로 인해 제1심판결이 확정되었고, 甲이 乙의 항소 취하의 효력을 다투고 있으므로 항소법원은 乙의 항소 취하로 소송이 종료되었음을 확인하는 소송종료선언을 하여야 할 것이다.

V. 사례의 정리

항소심에서 종국판결이 선고된 후에도 그 종국판결이 상고심에서 파기·환송된 때에는 항소인은 피항소인이 환송 전에 부대항소를 하였는지에 상관없이 환송 후 항소심에서 항소를 취하할 수 있고, 이러한 항소 취하로 인해 부대항소의 효력이 상실되는 것으로 보는 판례의 입장에 따르면 乙이 환송 후 항소심에서 한 항소 취하의 효력이 인정되어 제1심판결이 확정되고 소송이 종료하게 되는데, 甲이 乙의 항소 취하의 효력을 다투고 있으므로 항소법원은 乙의 항소 취하로 소송이 종료되었음을 확인하는 소송종료선언을 하여야 할 것이다.

〈제 5 문〉

I. 쟁점

甲의 대표이사 B가 乙을 상대로 소를 제기하면서 소장에 그의 아들 C를 乙의 대표이사로 기재하고 송달받을 자로 지정함으로써 乙에 대한 소송서류가 C에게 송달되게 하여 자백간주에 의해 甲이 승소하였는데, 이와 관련해서는 참칭대표자에게 소송서류가 송달되게 함으로써 자백간주에 의해 받은 판결의 효력이 인정될 것인지를 검토하여야 한다. 이러한 판결의 효력이 인정된다고 할 경우 소송절차에 관여하지 않은 乙에게 판결의 효력이 미치는 것을 어떻게 배제할 것인지가 문제되는데, 이와 관련해서는 참칭대표자 C에 대한 소송서류 송달의 효력이 인정될 것인지 여부,[19] 乙이 항소를 추후보완할 수 있는지 여부, 재심의 소를 제기할 수 있는지 여부를 검토하여야 한다.

---

19) 사례의 경우와는 달리 B가 소장에 C의 주소를 乙의 주소로 기재한 다음 C로 하여금 乙에 대한 소송서류를 송달받게 하고 변론기일에 출석하지 아니하여 자백간주에 의해 甲이 승소한 때에는 허위주소 송달로 인한 자백간주에 의해 판결을 편취한 경우에 해당한다.

II. 상대방의 소송 관여를 배제한 상태에서 자백간주에 의해 받은 판결의 효력이 인정되는지 여부

1. 판결의 편취의 의의 및 유형

당사자가 상대방이나 법원을 기망하여 부당한 내용의 판결을 받는 것을 판결의 편취라고 하고, 이렇게 취득한 판결을 편취판결 또는 사위판결이라고 한다. 편취판결의 효력을 인정할 것인지는 확정판결의 기판력에 의한 법적 안정성을 중시할 것인지 편취판결의 피해자를 구제하여 구체적 타당성을 도모할 것인지와 관련이 있다.

판결 편취의 유형으로는 (i) 타인의 성명을 모용하여 판결을 받은 경우, (ii) 소를 취하하기로 합의하여 피고가 이를 믿고 변론기일에 출석하지 않은 것을 이용하여 소를 취하하지 않고 자백간주로 승소판결을 받은 경우, (iii) 피고의 주소를 알면서도 모른다고 법원을 기망하여 공시송달의 방법으로 소송이 진행되게 하여 피고 모르게 승소판결을 받은 경우, (iv) 피고의 주소를 허위로 기재하여 피고가 소송서류를 송달받고도 변론기일에 출석하지 않은 것처럼 법원을 기망하여 자백간주로 승소판결을 받은 경우 등이 있다.

2. 상대방의 소송 관여를 배제한 상태에서 자백간주에 의해 받은 판결의 효력

가. 무효인 것으로 보는 견해

편취판결의 상대방이 절차보장을 받지 못하였으므로 편취된 판결을 무효인 판결로 보아야 한다. 편취판결을 무효로 보면 재심의 소에 의해 편취판결을 취소하지 않고도 편취판결에 기해 강제집행된 것에 대하여는 부당이득반환 또는 손해배상을 청구할 수 있고, 편취판결에 기한 강제집행에 대하여는 집행문 부여에 대한 이의신청(민사집행법 제34조), 청구에 관한 이의의 소(같은 법 제44조) 등으로 다툴 수 있다.

나. 유효한 것으로 보는 견해

외관상 판결로서의 요건을 갖춘 이상, 즉 법원에 의해 내부적으로 성립되어 외부적으로 선고된 이상 유효한 판결로 보아야 한다. 민사소송법은 판결 편취의 대표적인 사유에 해당하는 공시송달에 의한 판결 편취와 자백간주에 의한 판결 편취의 경우를 재심사유로 규정하고 있는데(법 제451조 제1항 제11호), 이러한 입법은 그러한 판결이 무효인 판결이 아님을 전제로 한 것이며, 편취판결을 무효라고 하면 기판력 제도를 동요시켜 법적 안정성을 해칠 염려가 있으므로 편취판결을 유효한 판결로 취급하여야 한다.

다. 검토

편취판결의 효력은 판결로서의 외관 구비, 기판력 제도를 통해 추구하고자 하는 법적 안정성, 판결의 편취에 해당하는 사유가 재심사유로 규정되어 있는 입법 현실 등을 고려하여 판단하면 된다. 따라서 참칭대표자에게 소송서류가 송달되게 함으로써 자백간주에 의해 받은 판결도 유효하다고 할 것이다.

3. 사안의 경우

상대방의 소송 관여를 배제하고 자백간주에 의해 받은 판결을 무효라고 한다면 그 판결의 효력이 乙에게 미치지 않을 것이므로 乙은 별도로 소송상 조치를 취할 필요가 없다. 그러나 이러한 판결이 유효하다고 하면 소송절차에 관여하지 않은 乙이 판결의 효력을 받는 것은 부당하므로 乙에게 판결의 효력을 배제시킬 수 있는 방법이 인정되어야 한다.

III. C에 대한 소송서류 송달의 효력이 인정되는지 여부

1. 법인에 대한 소송서류의 송달

송달은 송달받을 사람에게 송달할 소송서류의 등본 또는 부본을 교부하는 방법으로 하는데(법 제178조), 송달받을 사람이 법인일 때에는 그 대표자에게 소송서류를 교부하는 것이 원칙이다. 법인의 대표자에게 할 송달은 그 대표자의

주소 등에서 할 수 있고,[20] 법인의 영업소나 사무소[21])에서도 할 수 있다(법 제
64조, 제183조 제1항 단서).

2. 참칭대표자에 대한 소송서류 송달의 효력 인정 여부

피고의 대표자를 참칭대표자로 기재하여 그에게 소장부본 기타 소송서류가
송달되게 하여 자백간주에 의한 판결이 선고된 경우 법원이 참칭대표자에게 적
법한 대표권이 있는 것으로 알고 그를 송달받을 자로 지정하여 소송서류 등을
송달하고 송달받을 자로 지정된 참칭대표자가 송달받은 때에는 그 송달은 무효
라고 할 수 없고, 민사소송법 제451조 제1항 제3호의 재심사유는 무권대리인이
대리인으로서 본인을 위하여 실질적인 소송행위를 한 경우뿐 아니라 대리권의
흠결로 인하여 본인이나 그의 소송대리인이 실질적인 소송행위를 할 수 없었던
경우도 포함하므로 피고의 적법한 대표자가 변론기일통지서를 송달받지 못하여
그 사실을 몰라 실질적인 소송행위를 하지 못한 결과 자백간주에 의한 판결이
선고된 때에는 민사소송법 제451조 제1항 제3호의 재심사유에 해당한다(대법원
1994. 1. 11. 선고 92다47632 판결; 대법원 1999. 2. 26. 선고 98다47290 판결).

3. 사안의 경우

피고의 대표자를 참칭대표자로 기재하여 참칭대표자에게 소장부본 기타 소
송서류가 송달되게 하여 자백간주에 의한 판결이 선고된 경우 법원이 참칭대표
자에게 적법한 대표권이 있는 것으로 알고 참칭대표자를 송달받을 자로 지정하
여 소송서류를 송달하고 송달받을 자로 지정된 참칭대표자가 송달받은 때에는
그러한 송달의 효력을 인정하는 판례의 입장에 따르면 C에 대한 판결정본 송달
의 효력이 인정될 것이고, 乙에 대한 관계에서도 항소기간이 진행할 것이다. 따
라서 乙이 甲의 청구를 인용한 제1심판결의 효력을 다투기 위하여 항소를 추후

20) 법인 등의 대표자에게 할 송달은 그 대표자의 주소 등에서도 할 수 있으므로 법인 등의 영업
소 또는 사무소에서의 송달이 불가능한 경우에는 법인등기부상 대표자의 주소지 등을 확인하
여 그곳으로 송달을 실시하여 보고 그 송달도 불가능한 때에 비로소 공시송달의 방법으로 송
달할 수 있다.
21) 영업소 또는 사무소란 해당 법인의 영업소 또는 사무소를 의미하므로 그 대표자가 겸임하고
있는 별도의 법인격을 가진 다른 법인의 영업소 또는 사무소는 대표자의 근무처에 불과하다
(대법원 1997. 12. 9. 선고 97다31267 판결).

보완할 수 있는지와 재심의 소를 제기할 수 있는지를 검토하여야 한다.

Ⅳ. 乙이 항소를 추후보완할 수 있는지 여부

1. 소송행위의 추후보완

당사자가 책임질 수 없는 사유로 불변기간을 지킬 수 없었던 경우까지 불변기간을 지키지 못한 데에 대한 제재를 가하는 것은 당사자에게 가혹하다는 점을 고려하여 당사자가 책임질 수 없는 사유로 불변기간을 지킬 수 없었던 때에는 해당 소송행위의 추후보완을 허용한다(법 제173조 제1항).

2. 항소의 추후보완사유 인정 여부

가. 당사자가 책임질 수 없는 사유로 불변기간을 지킬 수 없었던 경우

당사자가 책임질 수 없는 사유란 당사자가 해당 소송행위를 하기 위하여 일반적으로 하여야 할 주의를 다하였음에도 불구하고 그 기간을 지킬 수 없었던 사유를 의미하고, 당사자에는 당사자 본인뿐 아니라 당사자의 소송대리인과 소송대리인의 보조인도 포함된다(대법원 1999. 6. 11. 선고 99다9622 판결).

나. 사안의 경우

乙에 대한 관계에서 소장부본 기타 소송서류가 적법한 대표이사가 아닌 C에게 송달됨으로써 乙이 과실 없이 판결정본의 송달사실을 알지 못하여 乙이 책임질 수 없는 사유로 항소기간을 지킬 수 없었던 경우에 해당하므로 항소의 추후보완사유가 인정될 것이다.

3. 항소의 추후보완기간 및 추후보완의 방식

가. 소송행위의 추후보완기간

당사자가 책임질 수 없는 사유로 불변기간을 지킬 수 없었던 경우에는 그 사유가 없어진 날부터 2주 이내에 불변기간을 지키지 못한 소송행위를 보완할 수 있다(법 제173조 제1항 본문). 다만 추후보완사유가 없어질 당시 외국에 있던 당사자는 그 사유가 없어진 날부터 30일 이내에 불변기간을 지키지 못한 소송행위를 보완할 수 있다(법 제173조 제1항 단서).

나. 추후보완사유가 없어진 날의 의미

추후보완사유가 없어진 날이란 불변기간을 지킬 수 없었던 장애사유가 없어진 날을 의미한다. 천재지변 기타 이와 유사한 사유로 불변기간을 지킬 수 없었던 경우에는 그 재난이 없어진 때를 의미하고, 공시송달에 의한 판결의 송달사실을 알지 못하여 불변기간을 지킬 수 없었던 경우에는 당사자나 소송대리인이 판결이 있었던 사실을 안 때가 아니라 해당 판결이 공시송달의 방법으로 송달된 사실을 안 때를 의미한다(대법원 2000. 9. 5. 선고 2000므87 판결).

다. 소송행위의 추후보완 방식

소송행위의 추후보완은 독립된 방식을 요구하지 않으므로 추후보완사유가 있는 당사자는 기간을 지키지 못한 소송행위를 관할하는 법원에 그 소송행위의 방식대로 하면 된다. 당사자가 항소를 제기하면서 추완항소라는 문언을 기재하지 않았더라도 그 전체적인 취지에 비추어 항소를 추후보완한다는 주장이 있는 것으로 볼 수 있는 때에는 법원은 추후보완사유에 대하여 심리·판단하여야 한다. 이런 경우 증거에 의하여 항소기간의 경과가 당사자가 책임질 수 없는 사유로 말미암은 것으로 인정되는 때에는 그 항소는 처음부터 추후보완에 의하여 제기된 항소로 보아야 한다(대법원 2008. 2. 28. 선고 2007다41560 판결).

라. 사안의 경우

乙은 2024. 1. 15. 판결정본을 비롯한 소송서류가 乙의 대표이사가 아닌 C에게 송달된 사실을 알았으므로 이때 항소기간을 지킬 수 없었던 장애사유가 없어진 것으로 볼 수 있고, 乙은 2024. 1. 15.부터 2주 이내(2024. 1. 29.)에 제1심 법원에 항소장을 제출함으로써 항소를 추후보완할 수 있을 것이다.

V. 乙이 재심의 소를 제기할 수 있는지 여부

1. 재심의 소의 보충성

가. 의의 및 소송법상 의미

재심의 소는 재심사유를 재심 전 소송에서 상소로써 주장할 수 없었던 경우에 한하여 보충적으로 제기할 수 있는데(법 제451조 제1항 단서), 이를 상소에 대한 관계에서 재심의 소의 보충성이라고 한다. 재심의 소에 보충성을 요구하는 것은 당사자가 상소를 제기할 수 있는 시기에 재심사유의 존재를 안 경우에는 상소에 의하여 재심사유를 주장하게 하고, 상소로써 주장할 수 없었던 경우에 한하여 재심의 소에 의한 구제를 인정하려고 한 것이라고 할 수 있다(대법원 2011. 12. 22. 선고 2011다73540 판결).

재심의 소의 보충성의 소송법상 의미와 관련해서는 이를 ① 재심의 소의 적법요건으로 보는 견해, ② 재심요건으로 보는 견해 등이 주장되고 있다. 판례는 재심의 소의 보충성을 재심의 소의 적법요건으로 파악하여 보충성을 흠결한 때에는 재심의 소를 각하한다(대법원 1991. 11. 12. 선고 91다29057 판결).

나. 항소추완사유가 존재함에도 추완기간 내에 항소를 추완하지 아니한 경우 재심의 소의 보충성이 요구되는지 여부

(1) 추완항소와 재심의 소의 관계

추완항소와 재심의 소는 서로 목적이 다르고, 추완항소는 송달받을 사람의 주관적 사유를 기준으로 하는 데 대하여 재심의 소는 송달신청인의 주관적 사유와 관련 있는 것이어서 추완항소와 재심의 소는 피고의 구제수단으로서 양립할 수 있다. 따라서 당사자는 각각의 해당 요건이 충족되면 어느 것이든 선택할 수 있다.

(2) 판례의 입장

재심의 소의 보충성은 당사자가 상소를 제기할 수 있는 시기에 재심사유의 존재를 안 경우에는 상소에 의해 이를 주장하게 하고 상소로 주장할 수 없었던 경우에 한하여 재심의 소에 의한 비상구제를 인정하려는 것이고, 추완항소도 상소로 재심사유를 주장할 수 없었던 경우에 인정되는 구제수단이라는 점에서 추완항소와 재심의 소는 독립된 별개의 제도이다(대법원 2011. 12. 22. 선고 2011다73540 판결).

다. 사안의 경우

추완항소와 재심의 소를 별개의 제도로 보아 추완항소에 대한 관계에서 재심의 소의 보충성을 요구하지 않는 판례의 입장에 따르면 乙은 항소추완기간 내에 항소를 추완하지 않았더라도 재심의 소의 다른 적법요건을 구비하여 재심의 소를 제기할 수 있다.

2. 재심의 소의 적법요건

재심의 소가 적법하기 위해서는 (a) 재심의 당사자[22]로서 재심의 소를 제기할 이익을 가지는 자가 (b) 재심의 대상이 될 만한 재판을 대상으로 하여 (c) 재심제기기간 내에 (d) 법률에 규정된 재심사유를 주장하며 재심의 소를 제기하여야 한다.[23] 재심의 소가 제기되면 법원은 재심의 소의 적법요건과 일반 소송요건을 구비하였는지를 직권으로 조사하여야 한다.

가. 재심사유

참칭대표자를 대표자로 표시하여 소를 제기한 결과 참칭대표자에게 소장부본과 변론기일통지서가 송달되고 참칭대표자의 변론기일 불출석으로 인해 자백간주에 의한 판결이 선고된 때에는 적법한 대표자가 변론기일통지서를 송달받지 못하였으므로 실질적인 소송행위를 하지 못한 상태에서 자백간주에 의한 판결이 선고된 것으로 볼 수 있어 민사소송법 제451조 제1항 제3호의 재심사유가 인정된다(대법원 1999. 2. 26. 선고 98다47290 판결).

---

22) 재심의 소는 확정판결을 취소시켜 그 기판력을 배제하고자 하는 것이므로 확정판결의 기판력에 의하여 불이익을 받은 자가 재심원고가 되고 이익을 받은 자가 재심피고가 되는 것이 원칙이다.

23) 재심의 소는 재심의 대상이 된 판결을 한 법원에 제기하여야 하므로(법 제453조 제1항) 乙이 재심의 소를 제기하는 때에는 제1심법원에 재심의 소를 제기하여야 한다.

나. 재심제기기간

민사소송법 제451조 제1항에 규정되어 있는 재심사유 가운데 대리권의 흠(제3호)과 기판력의 저촉(제10호)을 제외(법 제457조)한 다른 재심사유의 경우에는 당사자는 재심의 대상인 판결이 확정된 후 재심의 사유를 안 날부터 30일 이내에 재심의 소를 제기하여야 하고(법 제456조 제1항), 판결이 확정된 후 5년이 지난 때에는 재심의 소를 제기하지 못한다(법 제456조 제3항).

재심제기기간의 적용이 배제되는 재심사유로서의 대리권의 흠이란 대리권이 전혀 없는 경우를 의미하는 것이므로 대리권이 있기는 하지만 개별적인 소송행위를 하는 데 필요한 특별한 수권에 흠이 있는 때에는 재심제기기간의 적용을 받는다(대법원 1993. 10. 12. 선고 93다32354 판결). 소송상 대리권이 직접 문제되지 않은 경우에도 당사자가 실질적으로 소송절차에 관여하지 못한 채 판결이 확정되어 대리권의 흠에 관한 규정이 유추적용되는 때에는 민사소송법 제457조가 유추적용되어 재심제기기간의 적용을 받지 않는다.

다. 사안의 경우

乙의 적법한 대표자가 소송절차에 전혀 관여하지 못하였으므로 대표권을 흠결한 경우에 해당하여 대리권의 흠에 관한 민사소송법 제451조 제1항 제3호가 적용될 것이고, 이러한 때에는 민사소송법 제457조가 적용되어 乙은 재심제기기간의 적용을 받지 않고 재심의 소를 제기할 수 있을 것이다.

VI. 사례의 정리

甲이 乙을 상대로 양수금청구의 소를 제기하면서 소장에 甲의 대표이사 B의 아들 C를 乙의 대표이사로 기재하고 송달받을 자로 지정하여 C로 하여금 소송서류를 송달받게 함으로써 乙이 변론기일통지서를 송달받고도 변론기일에 출석하지 않은 것처럼 법원을 기망하여 자백간주에 의한 승소판결을 받았으므로 이러한 판결은 乙의 소송 관여를 배제한 상태에서 받은 판결로서 편취판결에 해당한다. 피고의 대표자를 참칭대표자로 기재하여 참칭대표자에게 소장부본 기타 소송서류가 송달되게 하여 자백간주에 의한 판결이 선고된 경우 법원이 참칭대표자에게 적법한 대표권이 있는 것으로 알고 참칭대표자를 송달받을 자로 지정하여 소송서류를 송달하고 송달받을 자로 지정된 참칭대표자가 송달받은 때에는 그러한 송달의 효력을 인정하는 판례의 입장에 따르면 C에 대한 판결정 본 송달의 효력이 인정되어 乙에 대한 관계에서도 항소기간이 진행할 것이다.

제1심판결이 송달된 후 2주가 경과하였더라도 乙이 책임질 수 없는 사유로 항소기간을 지킬 수 없었던 경우에 해당하므로 乙은 항소기간을 지킬 수 없었 던 장애사유가 없어진 2024. 1. 15.부터 2주 이내(2024. 1. 29.)에 항소를 추완할 수 있을 것이다. 또한 乙의 적법한 대표자가 甲과 乙 간의 소송절차에 관여하지 못하였으므로 乙은 대리권의 흠에 관한 민사소송법 제451조 제1항 제3호의 재 심사유를 주장하며 재심의 소를 제기할 수 있는데, 추완항소에 대한 관계에서 재심의 소의 보충성을 요구하지 않는 판례의 입장에 따르면 乙은 항소추완기간 내에 항소를 추완하지 않았더라도 재심의 소의 다른 적법요건을 구비하여 재심 의 소를 제기할 수 있으며, 대리권의 흠을 재심사유로 주장하는 경우에 해당하 여 재심제기기간의 적용을 받지 않을 것이다.

참고사례

〈사례 1〉

    甲은 2020. 1. 5. 횡단보도를 건너던 중 D가 운행하는 화물자동차{이에 대하여는 D와 乙 보험회사(이하 '乙'이라 한다) 간에 자동차종합보험계약이 체결되어 있다}에 치여 상해를 입었다. 甲은 乙을 상대로 위 사고로 인한 치료비 손해 1,000만 원, 일실이익 손해 2,000만 원, 정신적 손해 1,000만 원의 지급을 구하는 소를 제기하였는데, 제1심법원은 치료비 손해와 일실이익 손해에 대한 청구는 모두 인용하고, 정신적 손해에 대한 청구는 500만 원을 인용하는 판결을 선고하였다. 甲은 정신적 손해에 관한 제1심판결 중 자신의 패소 부분에 대하여 항소하였고, 乙은 항소도 부대항소도 하지 아니하였다. 항소심 계속 중에 甲은 제1심에서의 일실이익 손해배상청구의 근거가 되었던 중복장애의 합산장애율에 대한 산정이 잘못되었음을 알고 일실이익 손해를 3,000만 원으로 확장하는 신청서를 제출하였다. 항소법원의 심리 결과 일실이익 손해가 3,000만 원, 정신적 손해가 500만 원인 것으로 인정되는 경우 법원은 사건을 어떻게 처리하여야 하는가?

〈사례 2〉

    甲은 乙에 대한 X 토지에 관한 매매를 원인으로 한 소유권이전등기청구권을 보전하기 위하여 乙을 대위하여 丙을 상대로 X 토지에 관한 丙 명의의 소유권이전등기의 말소등기절차의 이행을 구하는 소를 제기하였는데, 소송계속 중에 甲이 사망하자 甲의 처(妻) A, 자녀 B, C가 소송을 수계한 후 그 사실을 乙에게 통지하였다. 제1심법원은 A, B, C의 청구를 기각하는 판결을 선고하였고, A만이 항소를 제기하였다. 항소법원의 심리 결과 甲이 乙로부터 X 토지를 매수한 사실과 丙 명의의 소유권이전등기가 원인무효인 사실이 인정되는 경우 법원은 사건을 어떻게 처리하여야 하는가?

〈사례 3〉

甲은 乙에게 2억 원을 빌려주었는데, 변제기가 지나도록 乙이 2억 원을 갚지 않는다고 주장하며 乙을 상대로 2억 원의 지급을 구하는 소를 제기하였다. 乙은 甲으로부터 빌린 2억 원을 모두 갚았다고 주장하였는데, 제1심법원은 乙이 甲에게 1억 원만을 변제한 사실을 인정하여 甲의 청구 중 1억 원을 인용하는 판결을 선고하였다. 甲만이 자신의 패소 부분에 대하여 항소하였는데, 乙은 항소심에서 자신이 甲에 대하여 가지고 있는 2억 원의 매매대금채권을 甲의 대여금채권과 상계한다고 주장하였다. 항소법원의 심리 결과 乙이 甲에게 2억 원을 변제한 사실은 인정되지 않고, 乙의 매매대금채권과 甲의 대여금채권이 상계적상에 있는 사실이 인정되는 경우 법원은 사건을 어떻게 처리하여야 하는가?

〈사례 4〉

甲 명의의 X 토지에 관하여 乙과 丙 명의로 소유권이전등기가 차례로 이루어졌는데, 甲은 乙이 등기서류를 위조하여 乙 명의로 소유권이전등기를 마친 후 丙에게 X 토지를 매도하였다고 주장하며 丙을 상대로 丙 명의 소유권이전등기의 말소등기절차의 이행을 구하는 소를 제기하였다. 乙은 甲과 丙 간의 소송에 보조참가하여 甲의 주장을 다투었다. 丙은 자신이 패소하더라도 항소하지 않기로 하는 합의서를 甲에게 써 주었다가 생각이 바뀌어 그러한 합의가 없었던 것으로 하기로 하고 합의서를 돌려받았다.

1. 제1심 계속 중에 丙이 丁에게 X 토지를 매도하고 이에 관한 소유권이전등기를 해 주었고, 이러한 사실을 알게 된 甲은 丁 명의의 소유권이전등기도 말소하고자 한다. 甲은 이 소송절차에서 丁을 상대로 丁 명의 소유권이전등기의 말소등기청구를 할 수 있는가?

2. 제1심법원은 甲의 청구를 인용하는 판결을 선고하였고, 제1심판결 정본이 2024. 1. 2. 乙과 丙에게 각 송달되었다. 乙은 2024. 1. 15. 제1심법원에 항소장

을 제출하였고, 그 사실을 알게 된 丙은 2024. 1. 16. 제1심법원에 항소 취하서를 제출하였다. 그 후 항소법원에서 심리가 이루어진 경우 법원은 사건을 어떻게 처리하여야 하는가?

3. 제2문과 관련하여 丙 명의의 소유권이전등기가 말소되자 丙은 乙을 상대로 다른 사람의 토지를 아무런 권한도 없이 매도하였다고 주장하며 손해배상청구의 소를 제기하였다. 이 사건 변론에서 乙은 X 토지가 자기의 소유라고 주장할 수 있는가?

〈사례 5〉

甲은 2022. 3. 3. 乙을 상대로 甲의 위임에 따라 乙이 X 점포의 분양권을 매도하고 수령한 매매대금 1억 원의 반환을 구하는 소를 제기하였는데, 제1심법원은 2022. 8. 10. 甲의 청구를 인용하는 판결을 선고하였다. 乙이 항소를 제기하였고, 항소법원은 甲의 乙에 대한 부당이득반환채권이 시효로 소멸하였음을 이유로 2022. 12. 15. 제1심판결을 취소하고 甲의 청구를 기각하는 판결을 선고하였다. 甲은 항소심에서 부당이득반환채권의 소멸시효가 완성되지 않았음을 다투었는데도 법원이 자신의 주장에 대하여 판단하지 않았음을 이유로 상고를 제기하였고, 상고법원은 2023. 4. 20. 甲의 상고를 기각하는 판결을 선고하였다. 甲은 2023. 5. 15. 항소심판결을 대상으로 하여 자신이 항소심에서 한 부당이득반환채권의 소멸시효 기산점에 관한 주장과 법률상 장애 주장에 대하여 법원이 판단하지 않았음을 이유로 민사소송법 제451조 제1항 제9호의 사유를 주장하며 항소심판결의 취소 및 乙의 항소의 기각을 구함과 아울러 甲의 위임에 따라 乙이 X 점포의 분양권을 매도하고 수령한 매매대금 1억 원을 반환할 의무의 존재 확인을 구하는 서면을 항소법원에 제출하였다. 법원의 심리 결과 2022. 12. 15. 선고된 항소심판결이 甲의 소멸시효 기산점에 관한 주장과 법률상 장애 주장에 대하여 판단한 것으로 인정되는 경우 법원은 사건을 어떻게 처리하여야 하는가?

판례색인

저자 약력

강수미

일신여자고등학교
연세대학교 법과대학 법학과
연세대학교 대학원 법학석사, 법학박사
변호사
현재 연세대학교 법학전문대학원 교수

제2판
민사소송사례연습

초판발행	2023년 2월 28일
제2판발행	2024년 2월 29일
지은이	강수미
펴낸이	안종만 · 안상준
편 집	윤혜경
기획/마케팅	조성호
표지디자인	권아린
제 작	고철민 · 조영환
펴낸곳	(주) **박영사**
	서울특별시 금천구 가산디지털2로 53, 210호(가산동, 한라시그마밸리)
	등록 1959. 3. 11. 제300-1959-1호(倫)
전 화	02)733-6771
f a x	02)736-4818
e-mail	pys@pybook.co.kr
homepage	www.pybook.co.kr
ISBN	979-11-303-4696-0 93360

copyright©강수미, 2024, Printed in Korea

정 가 39,000원